本书系最高人民检察院检察理论研究所一般课题
《刑事案件中电子证据的审查判断》（编号：GJ2017C05）的最终成果

电子数据
审查判断与司法应用

潘申明　万世界　陈鹿林　童庆庆　著

中国检察出版社

图书在版编目（CIP）数据

电子数据审查判断与司法应用／潘申明等著. —北京：中国检察出版社，2017.12
ISBN 978－7－5102－2000－5

Ⅰ.①电… Ⅱ.①潘… Ⅲ.①电子技术－应用－司法鉴定－研究 Ⅳ.①D918.9－39

中国版本图书馆 CIP 数据核字（2017）第 243083 号

电子数据审查判断与司法应用

潘申明　万世界　陈鹿林　童庆庆　著

出版发行：	中国检察出版社
社　　址：	北京市石景山区香山南路 109 号　（100144）
网　　址：	中国检察出版社（www.zgjccbs.com）
编辑电话：	（010）86423707
发行电话：	（010）86423726　86423727　86423728
	（010）86423730　68650016
经　　销：	新华书店
印　　刷：	河北省三河市燕山印刷有限公司
开　　本：	A5
印　　张：	20
字　　数：	533 千字
版　　次：	2017 年 12 月第一版　2017 年 12 月第一次印刷
书　　号：	ISBN 978－7－5102－2000－5
定　　价：	68.00 元

检察版图书，版权所有，侵权必究
如遇图书印装质量问题本社负责调换

前　　言

　　21世纪是信息技术时代，以计算机网络为核心的计算机信息系统成为人们沟通交流的主要阵地。电子数据是信息技术发展的必然产物，客观上记录了人们在计算机信息系统中的活动轨迹。通过这些"数据基因"，我们可以勾勒出一个人或者一起事件的基本情况。在刑事司法领域，电子数据是查明事实、指控犯罪的一种关键证据，在现代司法证明过程中起着日益重要的作用。电子数据对于案件办理的意义，在我看来至少体现在三个层面：第一个层面是电子数据有利于指控犯罪，对于部分案件而言，电子数据在整个证据链中占据不可替代的一环，如果某项电子数据缺失，可能会导致案件事实无法认定，在这种情形下，电子数据能否合法规范收集提取，就意味着定案证据能否达到确实充分标准，刑事诉讼打击犯罪的功能能否彰显；第二个层面是电子数据有利于提高办案效率，确保案件质量，对于某些案件，如果没有电子数据，承办人在办理案件时经常会碰到不同证据之间相互冲突、如何取舍的问题，虽然有些案件在承办人充分调查、深入思考的情况下，最终作出了正确的选择，但是，如果有电子数据，我们可能会在办案中通过审查电子数据来作出最终决定，对于这类案件，电子数据提高了办案效率，确保了办案质量；第三个层面是电子数据有利于提升司法公信，对于某些案件而言，即使没有电子数据，根据其他证据也能达到证据确实充分的定案要求，但是，因为电子数据具有其他证据（尤其是言词证据）

不具备的客观中立性，如果有电子数据印证，那么，无论是承办人还是社会公众都会认为案件在事实认定方面无可置疑，由此，我们提升的就不仅仅是办案质量，我们的司法公信力也自然提升了。

充分运用电子数据这一客观性证据认定案件事实，是信息时代保证案件质量的重要抓手，是迅速定案、提高诉讼效率的重要手段，是提升司法公信力的重要途径，是科技强检的重要运用，是检察机关参与社会管理综合治理融入科技元素的重要体现。2012年修改的刑事诉讼法顺应时代发展要求和刑事司法需要，明确将电子数据作为一种法定的证据种类，确定了电子数据的法律地位。但囿于立法规定的原则性，电子数据的科技性、易篡改性以及司法人员自身专业的局限性，司法实践中电子数据的完整性、真实性、关联性的认定难度较大，部分司法人员在收集提取和审查判断电子数据时存在畏难情绪。2016年9月，最高人民法院、最高人民检察院、公安部联合发布《关于办理刑事案件收集提取和审查判断电子数据若干问题的规定》，就电子数据这一证据的取证规范和认证规则作出专门司法解释。该规定为司法实务操作提供了具体指导，但也对司法人员的素质提出了严峻考验，如何提升司法人员的取证、举证、质证、认证技能是电子数据实务操作的当务之急，这也是我们写作的初衷。

早在2014年7月，我们就敏锐地注意到电子数据这一新证据的理论研究价值和司法实践意义，组建了一支由全国检察业务专家、省级专家型公诉人才、优秀公诉人、检察理论研究人才、检察技术人才构成的写作团队，2017年8月，团队申请的《刑事案件中电子证据的审查判断》课题获得最高人民检察院理论研究所立项（编号：GJ2017C05）。通过数年的深入调研，梳理汇总刑事诉讼法修改后电子数据司法适用两年多来的主要问题，查找适用短板，分析适用难点，探求规律规则，突出实战技能，归纳适用技巧。两年多来，团队做了大量准备工作和写作筹备，进行充分调研论证和实证分析，按照"从理论到实战，从取证到认证，从一般规则到具体技能"的逻辑思路精心搭建写作框架。本书根据上述思路和团队成员特长，合理确定写作分工，科学设计写作体系，精心设置六块内容，即阐述"电子数据的基本理论与立法"，分析"职务犯罪案件中电子数据的收集提取与运用"，探讨"电子数据审查判断一般规则"，归纳"案件事实认定中电子数据的审查运用"，总结"常见罪名案件中电子数据的审查运用"，论述"庭审中电子数据的运用"，是目前全国范围内司法实务尤其是检察业务领域专门研究电子数据实务操作问题和司法实战技能的最新书籍。

本书体系完整，层次鲜明，重点突出，立足最新电子数据司法解释，契合当前电子数据司法应用的实践需要。与其他电子数据方面的书籍相比，本书具有以下几方面的特点：一是内容系统全面专业，本书由检察实务部门人员历经近三年时间写作完成，涵盖电子数据基础理论、立法规定以及电子数据取证、举证、质证、认证等理论和司法实务操作的各个方面，可以说当前电子数据主要理论争议、域外立法和我国相关规定，以及刑事司法适用中的主要问题和解决思路都可以在本书中找到；二是突出实务导向，强调实战技能，解决电子数据的司法适用问题是本书的最终落脚点，本书围绕电子数据的司法适用重点和难点，运用80%的篇幅重点突出职务犯罪中电子数据的收集运用技能、常见罪名电子数据审查运用技能和电子数据出庭公诉技能，为司法实务工作者提供富有针对性和可操作性的指导；三是可读性强，本书采取理论阐述和案例分析相结合的写作方法，通过众多典型生动的鲜活案例，将电子数据的适用规则和操作技能以通俗易懂的语言呈现出来，读者可以在案例分析阅读中提升对电子数据的认知和运用能力。

本书既可以作为司法实务工作者提升电子数据实务操作技能的工作参考书，也可以作为法学理论工作者研究电子数据司法适用问题的学习资料。同时，所有关注电子数据，希望认识和了解电子数据法律规定和司法实务的普通法律工作者和一般读者都可以从本书中获取需要的信息。如果我们的努力对大家提高对电子数据的重视，提升电子数据收集、审查、判断、运用能力有那么一点正向推动作用，那么，我们也就心满意足了。

最后，需要说明的是，由于电子数据研究是一个全新的领域，专业性和技术性要求非常高，研究难度较大，且不同撰稿人的写作风格、知识背景和学术观点可能存在差异，部分论述可能挂一漏万，若存在不足之处或值得进一步商榷的地方，敬请各位专家学者和广大读者给予批评指正！

潘申明

二零一七年十月二十八日

目 录

前 言 ………………………………………………………… 1

第一章 电子数据的基本理论与立法综述 …………………… 1

第一节 电子数据概述 ………………………………………… 2
一、电子数据的概念 ……………………………………… 2
二、电子数据的特征 ……………………………………… 12
三、电子数据的种类 ……………………………………… 16

第二节 电子数据域外立法比较 ……………………………… 27
一、大陆法系国家电子数据立法 ………………………… 28
二、英美法系国家电子数据立法 ………………………… 33
三、部分国际组织电子数据立法 ………………………… 40
四、电子数据域外立法比较分析 ………………………… 43

第三节 我国关于电子数据的主要规定 ……………………… 48
一、全国人大相关规定 …………………………………… 48
二、司法解释相关规定 …………………………………… 51
三、部委相关规定 ………………………………………… 56
四、各地相关规定 ………………………………………… 61
五、我国电子数据法律规定的特点与立法展望 ………… 69

第二章 职务犯罪案件中电子数据的收集提取与运用 ……… 73

第一节 大数据时代的职务犯罪侦查信息化建设 …………… 74
一、信息化背景下的职务犯罪侦查模式转型 …………… 74

二、电子数据在职务犯罪侦查中的作用 …………… 76
　　三、职务犯罪侦查信息化背景下的电子取证 ………… 82
第二节　职务犯罪初查阶段电子数据的收集与运用 …… 90
　　一、初查的任务、证明对象与收集方式 ……………… 90
　　二、初查阶段电子数据收集运用的功能与特点 ……… 93
　　三、初查阶段电子数据的收集运用 …………………… 97
第三节　职务犯罪立案侦查阶段电子数据的收集与运用 … 112
　　一、立案阶段的基本使命和职务犯罪案件的证据特点
　　　 ………………………………………………………… 112
　　二、立案阶段电子数据收集运用的功能与特点 ……… 114
　　三、立案阶段电子数据的收集与运用 ………………… 118
　　四、常见职务犯罪案件的电子数据审查判断 ………… 129
第四节　职务犯罪侦查中同步录音录像的证据问题 …… 141
　　一、同步录音录像的渊源、功能和属性探讨 ………… 141
　　二、同步录音录像规范 ………………………………… 145
　　三、同步录音录像操作技能 …………………………… 150
　　四、司法实践中同步录音录像常见问题和解决对策
　　　 ………………………………………………………… 152
第五节　职务犯罪案件电子数据收集提取流程 ………… 154
　　一、现场勘验 …………………………………………… 154
　　二、网络远程勘验 ……………………………………… 159
　　三、电子数据冻结 ……………………………………… 162
　　四、电子数据调取 ……………………………………… 163
　　五、存储介质中的电子数据提取 ……………………… 165
　　六、电子数据检验鉴定 ………………………………… 167
第六节　技术人员电子数据实务 ………………………… 173
　　一、技术人员电子数据职能定位 ……………………… 173

二、技术人员电子数据实务职能……………………… 178
　　三、常用电子数据取证工具使用介绍………………… 183
　　四、技术人员电子数据实践操作……………………… 199

第三章　电子数据审查判断一般规则……………………… 207
　第一节　电子数据与相关证据规则……………………… 208
　　一、电子数据的审查判断概述………………………… 208
　　二、电子数据与相关证据规则………………………… 229
　第二节　电子数据合法性的审查判断…………………… 239
　　一、电子数据取证主体的审查判断…………………… 241
　　二、电子数据取证程序的审查判断…………………… 248
　　三、电子数据取证方式的审查判断…………………… 251
　第三节　电子数据真实性的审查判断…………………… 254
　　一、电子数据真实性审查判断原则…………………… 256
　　二、电子数据真实性审查判断内容…………………… 261
　　三、电子数据真实性审查判断方法…………………… 264
　第四节　电子数据关联性的审查判断…………………… 270
　　一、电子数据关联性审查判断概述…………………… 272
　　二、电子数据关联性审查判断原则…………………… 274
　　三、电子数据关联性审查判断内容…………………… 275
　　四、电子数据关联性审查判断方法…………………… 278

第四章　案件事实认定中电子数据的审查运用…………… 282
　第一节　运用证据认定案件事实的基本过程…………… 283
　　一、关联信息的提炼…………………………………… 284
　　二、证据信息的甄别取舍……………………………… 289
　　三、案件事实的认定…………………………………… 296
　第二节　运用电子数据认定案件事实的基本过程……… 301
　　一、从电子数据中提炼关联信息……………………… 301

二、电子数据相关信息的甄别取舍……………………… 306
　　三、运用电子数据的信息判断案件事实…………………… 310
第三节　具体案件事实的认定………………………………… 313
　　一、运用电子数据认定主体身份…………………………… 313
　　二、运用电子数据认定犯罪主观方面……………………… 323
　　三、运用电子数据认定犯罪客观方面……………………… 331

第五章　常见罪名案件中电子数据的审查运用……………… 343
　第一节　计算机犯罪案件中电子数据的审查运用…………… 344
　　一、概述……………………………………………………… 345
　　二、计算机犯罪案件中常见电子数据……………………… 351
　　三、运用电子数据认定计算机犯罪相关事实……………… 366
　　四、电子数据综合运用的典型案例分析…………………… 394
　第二节　淫秽电子信息犯罪案件中电子数据的审查运用…… 398
　　一、概述……………………………………………………… 398
　　二、淫秽电子信息犯罪案件中常见电子数据……………… 400
　　三、运用电子数据认定淫秽电子信息犯罪相关事实
　　　　………………………………………………………… 405
　　四、电子数据综合运用的典型案例分析…………………… 421
　第三节　电信网络诈骗犯罪案件中电子数据的审查运用
　　………………………………………………………………… 428
　　一、概述……………………………………………………… 428
　　二、电信网络诈骗犯罪案件中常见电子数据……………… 430
　　三、运用电子数据认定电信网络诈骗犯罪相关事实
　　　　………………………………………………………… 434
　　四、电子数据综合运用的典型案例分析…………………… 450
　第四节　暴力犯罪案件中电子数据的审查运用……………… 455
　　一、概述……………………………………………………… 455

二、暴力犯罪案件中常见电子数据……………………457
　　三、运用电子数据认定暴力犯罪相关事实…………461
　　四、电子数据综合运用的典型案例分析………………480
第五节　毒品犯罪案件中电子数据的审查运用……………484
　　一、概述………………………………………………484
　　二、毒品犯罪案件中常见电子数据……………………485
　　三、运用电子数据认定毒品犯罪相关事实……………495
　　四、电子数据综合运用的典型案例分析………………507
第六节　走私犯罪案件中电子数据的审查运用……………514
　　一、概述………………………………………………514
　　二、走私犯罪案件中常见电子数据……………………515
　　三、运用电子数据认定走私犯罪相关事实……………523
　　四、电子数据综合运用的典型案例分析………………536

第六章　庭审中电子数据的运用……………………………544
第一节　庭审中证据的运用…………………………………544
　　一、庭前证据审查运用与庭审证据运用的关系………545
　　二、运用证据出庭公诉的基本目标……………………547
　　三、庭审举证质证的四个维度…………………………548
　　四、小结………………………………………………557
第二节　电子数据的举证……………………………………559
　　一、电子数据的举证原则………………………………559
　　二、电子数据的举证方式………………………………562
　　三、若干典型电子数据的举证…………………………567
第三节　电子数据的质证……………………………………575
　　一、电子数据质证方式…………………………………576
　　二、电子数据合法性的质证……………………………578
　　三、电子数据真实性的质证……………………………580

四、电子数据关联性的质证……………………………… 583
　第四节　电子数据鉴定人、专家辅助人出庭………………… 587
　　一、电子数据鉴定人、专家辅助人出庭概述……………… 587
　　二、电子数据鉴定意见的基本类型………………………… 591
　　三、出庭前的启动程序与庭前准备………………………… 592
　　四、出庭的庭审程序与庭审应对…………………………… 596
　第五节　电子数据举证质证的司法实例分析
　　　　　——以"快播案"为例……………………………… 603
　　一、"快播案"庭审概述…………………………………… 604
　　二、本案电子数据及其关联证据的基本情况……………… 605
　　三、具体的举证质证………………………………………… 605
　　四、本案电子数据举证质证的综合评析…………………… 611

法律规范缩略语………………………………………………… 617

后　　记………………………………………………………… 620

第一章　电子数据的基本理论与立法综述

著名法学家何家弘先生曾断言："就司法证明方法的历史而言，人类曾经从'神证'时代走入'人证'时代；又从'人证'时代走入'物证'时代。也许，我们即将走入另一个新的司法证明时代，即电子证据时代。"[①] 电子证据是现代信息技术的产物，并随着现代信息技术的发展发挥着日益重要的作用，被誉为现代诉讼制度的"证据之王"。在刑事诉讼领域，2012年3月14日第十一届全国人民代表大会第五次会议审议通过《关于修改〈中华人民共和国刑事诉讼法〉的决定》。修改后的刑事诉讼法第48条增加了一种新的证据种类，即电子数据，将其与视听资料并列作为第八种法定证据种类形式。至此，争议颇多的电子数据的法律地位问题得以首次明确。随后，民事诉讼法和行政诉讼法在修改中也新增了电子数据规定，并将其作为一种独立的证据予以规定。这既顺应了现代信息技术迅猛发展的新形势，也符合刑事诉讼司法实践的新需要。但相关立法规定过于原则，可操作性不强，相关配套法律规定滞后，使电子数据在收集、固定、鉴定、保全、审查判断和运用等方面产生司法操作上的难题。2016年9月，最高人民法院、最高人民检察院、公安部顺应证据诉讼制度发展趋势，结合四年多来各地的司法实践，联合发布《关于办理刑事案件收集提取和审查判断电子数据若干问题的规定》（以下简称两高一部《电子数据规定》），进一步规范电子数据取证程序，完善电子数据认证规则，使刑事诉讼法中关于电子数据的规定更加明确、细化，为司法实务提供了具体指

---

① 何家弘主编：《电子证据法研究》，法律出版社2002年版，"前言"第4页。

导，有助于解决电子数据司法适用难题。但兼具技术规范和证据规则的两高一部《电子数据规定》也给公安司法人员提出了更高的要求和挑战，如何提升电子数据取证、举证、质证、认证的实务操作技能是司法实务的当务之急。在此情况下，公安司法人员首先需要加强自身法律知识的学习，准确理解电子数据的内涵，把握电子数据的本质，为电子数据的法律实践打好理论基础。本章重点探讨电子数据的概念、特征、种类、与视听资料和书证等传统证据的比较，比较研究域外关于电子数据的立法规定，并介绍我国有关电子数据的主要规定。

第一节 电子数据概述

一、电子数据的概念

（一）电子数据与电子证据

准确界定电子证据是电子证据法理论研究的出发点。[1] 我国立法、理论研究和实务操作中通常将通过电子信息技术手段形成的证据统称为"电子证据"，也有计算机证据、电子数据、数字证据、科学证据、电子记录、计算机数据、网络数据、数据电文等不同称谓。电子数据与传统证据在生成、存储、收集提取、审查判断、认定采信等方面具有很大的区别。因此，"电子数据自身具有的高科技性、无形性、脆弱性、无原件性、可挽救性等特征，注定了它不可以被其他证据囊括"，[2] 不能归于传统证据种类中的任何一种，"是一种全新的证据种类，区别于现有的其他证据种类，可以符合逻辑的与现有证据形式并列在一起作为法定证据种类"。[3] 同时，与定义林总的"电子证据"相比，"电子

---

[1] 何家弘主编：《电子证据法研究》，法律出版社2002年版，第3页。
[2] 叶青主编：《诉讼证据法学》，北京大学出版社2013年版，第102页。
[3] 戴莹：《刑事侦查电子取证研究》，中国政法大学出版社2013年版，第24页。

数据"却是一个概念相对统一的源自计算机行业内部的高科技移植术语,其内涵与外延都比较明确。① 因此,2012年修改的刑事诉讼法明确将"电子数据"规定为法定的证据种类。

早在2012年刑事诉讼法修改之前,法律规定和理论研究就一直将电子证据与电子数据混用,如1998年《公安机关关于办理刑事案件程序规定》首次以成文法形式使用"电子数据"这一术语,2005年《公安机关电子数据鉴定规则》进一步强化了"电子数据"这一术语,但在2006年《公安机关办理行政案件程序规定》中又使用"电子证据"这一表述,2010年《关于办理死刑案件审查判断证据若干问题的规定》和《关于办理网络赌博犯罪案件适用法律若干问题的意见》也使用了"电子证据"这一术语。随着2012年刑事诉讼法的修改,将"电子数据"作为法定证据种类,"电子数据"这一术语取得合法和权威地位后,2012年最高人民法院《关于适用〈中华人民共和国刑事诉讼法〉的解释》、《人民检察院刑事诉讼规则(试行)》、《公安机关办理刑事案件程序规定》、《公安机关办理行政案件程序规定》等法律规定开始统一使用"电子数据"这一术语。至此,"电子数据"这一术语成为我国立法、司法和理论研究中一致使用的术语。2016年最高人民法院、最高人民检察院、公安部专门对电子数据在刑事案件中的收集提取和审查判断问题出台司法解释,制定两高一部《电子数据规定》,进一步巩固了"电子数据"这一术语在我国证据种类体系中的地位。

在修改后刑事诉讼法使用的"电子数据"与之前理论和实务界使用的"电子证据"之间的关系问题上,学界存在不同认识。如陈光中先生、王敏远教授等提出"等同说",认为"新刑事诉讼法生效之后,旧司法解释及其他规范性文件中指代同种证据的术语与其虽有差别,但究其立法原意,'电子数据'所指内

---

① 刘文斌:《"电子证据"与"电子数据"考辨——以2012版刑事诉讼法对证据制度的调整为背景》,载《天津法学》2015年第1期。

容与之前有关文件中的'电子证据'并无区别"。① 陈瑞华教授、龙宗智教授、戴莹博士等主张"区别统一说",认为电子数据与电子证据是内容与形式的关系,"电子数据是各类电子证据的本质,是各种外在表现形式的内在属性和共同特征;而电子证据代表着由电子数据转化而成的各种能够为人所直接认知的证据,是一个类别的集合"。② 我们赞成"等同说",从国内国外立法和司法实践现状看,电子数据与电子证据是一致的。因此,电子数据与电子证据没有区分的必要,既无理论研究价值又无实践操作意义,在司法实务操作中我们应将电子数据与电子证据同等看待。

(二) 电子数据概念的国内外考察

1. 域外立法实践对电子数据的界定

由于"电子证据的特点在于其生成和存储方式,是一种依托于电子技术的科技证据,具有一定的开放性和未知性",③ 因此,国外立法实践较少针对电子数据作出单独完整的定义,"仅作描述不做定义",倾向于以"电子"、"电子形式"、"数据信息"、"电子记录"等外围概念来侧面界定电子数据本身。④ 如关于电子形式,印度《1999 年信息技术法》第 2 条规定,电子形式是"由介质、磁性物、光学设备、计算机内存或类似设备生成、发送、接收、存储的任一信息的存在形式"。关于数据信息,1998 年联合国国际贸易法委员会《电子商务示范法》第 2 条规定,"数据信息"是指通过电子手段、光学手段或类似手段生成、发送、接收或储存的信息,它包括但不限于电子数据交换(EDI)、电子邮件、电报、电传或传真。关于电子记录,美国《1999 年统一电子交易法》第 2 条规定,电子记录系指通过电子

---

① 王敏远、祁建建:《电子数据的收集、固定和运用的程序规范问题研究》,载《法律适用》2014 年第 3 期。
② 戴莹:《刑事侦查电子取证研究》,中国政法大学出版社 2013 年版,第 16~17 页。
③ 戴莹:《刑事侦查电子取证研究》,中国政法大学出版社 2013 年版,第 15 页。
④ 常怡、王健:《论电子证据的独立地位》,载《法学论坛》2004 年第 1 期。

手段创制、生成、发送、传播、接收或存储的记录；加拿大《统一电子证据法》规定，电子记录指通过计算机系统或其他类似手段记录或存储的，通过为人或计算机系统或其他类似工具阅读或接受的数据；新加坡1998年《电子交易法》第2条规定："电子记录是指在某一信息系统中或从系统传送到另一系统过程中经由电子、磁学、光学或其他手段生成、传递、接收或储存的记录。"这些规定对电子数据的定义比较开放，重点突出强调电子数据的电子形式，在一定程度上反映出电子数据的发展性和包容性。

2. 我国理论研究对电子数据的界定

我国法学理论界人士倾向于对电子数据作广义上的界定，比较有代表性的观点有：（1）电子证据是指"以电子形式存在的、用作证据使用的一切材料及其派生物；或者说，借助电子技术或电子设备而形成的一切证据"。① （2）电子证据是指"以应用现代信息技术而产生的，并以电子表现形式为主的，可以用于证明案件事实的材料"。② （3）电子证据是指"以电子形式存在的、借助信息技术或信息设备形成的用作证据使用的一切数据及其派生物"。③ （4）电子证据是指数字化信息设备中存储、处理、传输、输出的数字化信息形式的证据。④ （5）电子数据，也称为电子证据或者电子资料，是指以电子形式存在的、用作证据的一切材料及其派生物，它既包括反映法律关系产生、变更或消灭的电子信息正文本身，又包括反映电子信息生成、存储、传递、修改、增删等过程的电子记录，还包括电子信息所处的硬件和软件

---

① 何家弘主编：《电子证据法研究》，法律出版社2002年版，第5页。
② 戴士剑、刘品新主编：《电子证据调查指南》，中国检察出版社2014年版，第6页。
③ 蒋平、杨莉莉：《电子证据》，清华大学出版社、中国人民公安大学出版社2007年版，第18页。
④ 皮勇：《电子证据规则研究》，中国人民公安大学出版社2005年版，第3页。

环境。① （6）电子数据是指具有电子、数字、磁性、无线、光学、电磁或类似功能的设备所产生、传递、接收或存储的用于证明案件事实的材料。② （7）电子数据（electronic evidence）是指基于计算机应用、通信和现代管理技术等电子化技术手段形成包括文字、图形符号、数字、字母等的客观资料。③ （8）电子数据是以电子、光学、磁及类似手段生成、传播、存储的数据信息。④ （9）电子数据是指与案件事实有关的电子邮件、网上聊天记录、电子签名、访问记录等电子形式的证据。⑤ （10）电子数据作为一种超越传统证据形式的新型证据，是指以电子数据形式存在并可以用于证明案件事实的材料。⑥

理论研究对电子数据定义的界定，主要特点是：（1）定义的角度大体一致，对电子数据的定义没有较大的分歧，都基本上从电子数据的产生、表现形式、载体、属性、实质、作用等方面进行界定，在电子数据的产生、形式、载体和证据属性方面基本达成一致共识。（2）都抓住了电子数据的主要特点，强调电子数据存在形态是电子形式，电子数据基于电子设备产生，且依赖于电子设备这一载体进行处理、传输、存储、展现。（3）都强调电子数据的证据属性，即电子数据是用于证明案件事实的证据。（4）对电子数据的本质属性有不同认识，存在各种争议，有的主张"材料说"，认为电子数据是能够证明案件事实的"材料"；有的提出"事实说"，认为电子数据是能够证明案件事实

---

① 卞建林主编：《刑事诉讼法》（第三版），中国政法大学出版社2014年版，第202页。

② 樊崇义、兰跃军、潘少华：《刑事证据制度发展与适用》，人民法院出版社2012年版，第214页。

③ 王彬主编：《刑事证据学》，郑州大学出版社2013年版，第153页。

④ 谢勇：《论电子数据的审查和判断》，载《法律适用》2014年第1期。

⑤ 郎胜主编：《中华人民共和国刑事诉讼法修改与适用》，新华出版社2012年版，第113页。

⑥ 张军、胡云腾：《〈中华人民共和国刑事诉讼法〉适用解答》，人民法院出版社2012年版，第190页。

的"事实";有的支持"根据说",认为电子数据是能够证明案件事实的"根据";有的倡导"信息说",认为电子数据是能够证明案件事实的"信息"等。理论研究对电子证据或电子数据概念的上述定义,没有准确界定电子数据的内涵和外延,从而导致电子数据在证据种类上与其他证据难以准确区分,如电子数据与书证之间以及电子数据与视听资料之间有何联系和区别,理论研究争论较大,见仁见智。

3. 我国司法实务对电子数据的界定

两高一部《电子数据规定》出台之前,司法实务界在电子数据实践基础上,结合相关电子数据研究理论,制定了许多相关电子数据的业务操作规则,也对电子数据概念进行了界定,代表性的观点有:(1)电子证据,是指由电子信息技术应用而出现的各种能够证明案件真实情况的材料及其派生物。① (2)电子数据是指由电子信息技术应用而出现的各种能够证明案件真实情况的材料及其派生物。② (3)电子数据是应用电子信息技术而产生的,以文字、图形符号、字母、数字等形式存在于电子设备或存储介质中,能够证明案件真实情况的结构化数据格式及其派生物。③ (4)电子数据证据,是指由电子信息技术应用而出现的以数字化形式存储的、能够证明案件真实情况的材料及其衍生物。④ (5)电子数据,是指借助于信息技术生成、修改、删除、存储、传递、获取等形成的一切数据,主要包括电脑文档、手机文档、电子邮件、即时通讯记录、博客、微博、网页历史记录、IP地址、手机短信、通话记录、传真记录、信令数据、电子签名、电子痕迹等。⑤

司法实务部门在电子数据相关工作规则、规定、规范中,对

---

① 《人民检察院电子证据鉴定程序规则(试行)》第2条。
② 《北京市检察机关电子数据取证工作规定》第2条。
③ 《浙江省检察机关电子数据技术工作规则(试行)》第2条。
④ 《安徽省检察机关电子数据证据业务工作流程规范》第2条。
⑤ 《中华全国律师协会律师办理电子数据证据业务操作指引》第2条第1款。

于电子数据的界定与学界对于电子数据的理解和认知在观点上趋同,在定义电子数据时都强调电子数据基于电子信息技术而产生,能够用于证明案件事实,基本上都主张"材料说",认为电子数据本质上是一种材料,也有的主张"数据说",认为电子数据是一种数据。同时,这些规定在内容上稍有不同,有的还强调电子数据的数字化形式,有的对电子数据的外延进行了不周延的列举。这些规定有助于增强司法实务部门工作人员对电子数据的理解和认识,引导司法实务人员在司法实践中更好地把握电子数据。需要指出的是,司法实务部门对电子数据的相关规定多数是从如何收集提取的角度重点规定电子数据取证规则,对于电子数据认证规则规定较少,缺乏具体可操作性的审查判断规则和适用规范,司法人员对于电子数据与其他证据的联系和区别把握不清,在实务操作中往往把电子数据转化为传统证据使用,从而适用传统证据规则进行举证、质证、认证。

(三) 两高一部《电子数据规定》对电子数据的界定

两高一部《电子数据规定》第1条对电子数据的概念进行了定义,即电子数据是案件发生过程中形成的,以数字化形式存储、处理、传输的,能够证明案件事实的数据。电子数据包括但不限于下列信息、电子文件:(1) 网页、博客、微博、朋友圈、贴吧、网盘等网络平台发布的信息;(2) 手机短信、电子邮件、即时通讯、通讯群组等网络应用服务的通讯信息;(3) 用户注册信息、身份认证信息、电子交易记录、通讯记录、登录日志等信息;(4) 文档、图片、音视频、数字证书、计算机程序等电子文件。以数字化形式记载的证人证言、被害人陈述以及犯罪嫌疑人、被告人供述和辩解等证据,不属于电子数据。确有必要的,对相关证据的收集、提取、移送、审查,可以参照适用本规定。

两高一部《电子数据规定》首次以司法解释形式对电子数据的技术规范和证据规则作出了全面系统的规定,围绕电子数据取证规则和认证规则,对刑事诉讼中电子数据的收集提取和审查判断进行统一和细化。该规定可以说是目前我国刑事司法领域的第一部完整的"电子证据法"。在对电子数据概念的界定上,该规定采用"定义+列举"的立法体例,呈现出以下特点:

1. 通过下定义明确电子数据的内涵,突出电子数据与案件犯罪事实的关系,即电子数据是案件发生过程中形成的,强调电子数据的数字化形式,即电子数据是数字信号形式存储的数据,而不是模拟信号存储的数据。该定义不够严谨、科学,有些提法有很大分歧,如电子数据是否一定是案件发生过程中形成的、是否一定是数字化形式、"电子数据是……数据"的定义方法是否恰当科学等,但该定义抓住了电子数据的本质,明确电子数据的主要特点,即电子数据是电子形式的数据,也从某种程度上体现了电子数据定义的开放性和实践性。

2. 通过正面列举明确电子数据的外延,列举电子数据在刑事司法实务中常见的四种主要表现形式,即网络平台发布的信息、网络应用服务的通信信息、用户注册信息等其他信息、电子文件。由于电子数据的技术性和发展性,无法穷尽电子数据的所有表现形式,所以只能列举出常见的几种表现形式,有助于公安司法人员在刑事诉讼中更好地把握电子数据。其中,"音视频"的规定有分歧,有学者提出该规定将所有音视频都视为电子数据,视听资料在广义上也属于电子数据,有专家认为该规定中的"音视频"应做狭义上的理解,以模拟信号存储的磁带、录像带等音视频仍属于视听资料。该对电子数据外延的规定具有不周延性。

3. 通过反面列举把言词证据排除在电子数据之外,即以数字形式记载的证人证言、被害人陈述以及犯罪嫌疑人、被告人供述和辩解等证据在证据分类上仍属于传统证据,实质上还是言词证据,不属于电子数据。该规定对于指导司法实务具有正面的指导意义,但对电子数据的理论研究带来很大冲击。电子数据与传统证据的主要区别在于其表现形式,即电子形式,这也是电子数据的突出特点。该规定将言词证据排除在电子数据之外,容易使人误解为"证明内容是电子数据与传统证据的主要区别",同时又规定"确有必要的",意味着某些情况下的电子形式的言词证据也可以划归电子数据。实际上,电子形态的电子数据在司法实践中可以表现为多种形态的证据,如电子物证、电子书证、电子证人证言、电子被害人陈述等。换句话说,所有传统证据都可以转化为电子形态的证据,这些电子化的传统证据仍属于学术意义上的电子数据范畴。

（四）本书对电子数据的界定

我们认为,根据两高一部《电子数据规定》对电子数据的定义方法,即"内涵+外延"的模式,可以从电子数据开放性的角度来把握电子数据的概念,一方面从字面本身把握电子数据的内涵,另一方面从电子数据与其他证据的区别把握电子数据的外延。所谓"电子",应理解为"借助电子技术、通信技术和计算机技术等信息技术而生成、存储、传递、修改、删除、获取"的特性,强调的是电子数据对信息技术和存储介质的高度依赖;所谓"数据",是信息技术领域的专业术语,可以理解为携带事物信息的载体,按其是否连续可分为模拟数据和数字数据,在传输时模拟数据和数字数据可以进行互相转化。①

1. 电子数据对信息技术和电子设备具有高度依赖性。电子数据的存在高度依赖于信息技术和一定的电磁介质,如磁盘、光盘等一切磁介质。随着信息技术的发展,信息技术和信息设备的种类日益繁多,电子数据所依赖的信息技术和信息设备也呈现多样性,因此在定义电子数据时,应突出电子数据的技术性特点。两高一部《电子数据规定》对电子数据的定义认为"电子数据是案件发生过程中形成的",笔者认为这是不够准确的,比如犯罪嫌疑人一开始注册电子邮箱、QQ、微信等通讯工具时,其本身并没有犯罪的动机和犯意的表示,只是单纯的网络通讯行为,

---

① 彭澎:《计算机网络实用教程》,电子工业出版社2002年版,第21页。

但此时留下的个人身份、年龄、地址等注册信息,尤其是实名认证情况下的注册信息,对于案件发生后确定犯罪嫌疑人、查证案件事实都具有极大的价值和意义,如果电子数据仅限于案件发生过程中形成的,等于把上述电子数据排除在外。同时,上述规定还存在前后矛盾,在定义电子数据时一边强调电子数据在案件发生过程中形成,一边在电子数据表现形式方面又列举了用户注册信息、身份认证信息等发生于案件之前的电子数据。最高人民法院喻海松法官认为,对于"案件发生过程中"应做广义上的把握,只要与案件事实相关均可以视为"案件发生过程中"形成的电子数据,我们认为这种理解是准确的,但"案件发生过程中"的表述放在电子数据定义里已经没有意义。

2. 电子数据是以电子形式存在的数据,包括模拟数据和数字数据。模拟数据是指用连续变化的物理量表示的信息,如以磁带、胶片等形式存储的声音、图像等信息。磁带、胶片等虽然过去常用,但现在实际并未淘汰,仍尚有部分人在使用,某些甚至具有很大的纪念意义和收藏价值,如怀旧的或记载重要内容的磁带、黑胶唱片等。数字数据是当前社会广泛普及的一种电子数据形式,是指离散的值,一般是由0和1二进制代码组成的数字序列,如文本信息和整数。模拟数据和数字数据都需要依赖电信号进行传输。两高一部《电子数据规定》重点突出数字形式的电子数据,但把电子数据仅仅定义为数字化形式的电子数据,把模拟数据排除在电子数据之外,这是不够严谨、不够周延的。有学者提出,司法实践中大多数的电子数据形态都是数字数据,即使是模拟数据也可以转化成数字数据,因此强调数字数据就行了,法律规定模拟数据没有必要。也有人认为,模拟信号存储的磁带、录像带等音视频应当作为视听资料证据,按照法律规定的视听资料相关规则进行审查判断。上述两种理解对于司法实务操作是可行的,也与视听资料司法实践相契合,但就电子数据本身来说,该定义是不够科学的,其造成了数字证据与模拟数据的主观割裂,人为缩小了电子数据的外延,不利于电子数据证据制度的长远发展。

3. 数据的存在形态是电子数据区别于其他证据的重要依据。书证、物证等证据都是以人们可以直接感受的客观实在物来证明案件事实，而电子数据存在于虚拟空间内，以人们无法直接感受的数据来证明案件事实，需要依赖信息技术进行转换并存储于一定的电子设备上方能呈现。当然，任何传统证据都存在电子化形态，从学术意义上看，这些传统证据属于电子数据范畴。但司法实践中，我们往往为了证据运用的方便，从其证明内容来区分，仍将电子化形态的传统证据划入传统证据种类。两高一部《电子数据规定》就明确规定，以数字化形式记载的证人证言、被害人陈述以及犯罪嫌疑人、被告人供述和辩解等言词证据，不属于电子数据。同时，刑事诉讼中，电子数据是一定能够证明案件事实的，否则会因为缺乏与案件事实的关联性而失去证据资格和证据价值。但作为客观中性的电子数据定义而言，笔者认为应把电子数据在刑事诉讼中的功能排除在定义之外。我们不能仅仅把用作证明案件事实的数据叫作电子数据。人们日常生活、工作交流中使用计算机网络、通讯工具等产生的海量不用于证明案件事实的数据本质上也是电子数据。

因此，对电子数据的概念，我们主张从电子数据存储形式的角度，突出电子数据的本质，做开放性和广义上的理解。电子数据是指借助电子技术、通迅技术和计算机技术等信息技术而生成、存储、传递、修改、删除、获取的，以电子形式存储在电子设备和存储介质中的数据。简言之，电子数据是指电子形式存在的数据。

二、电子数据的特征

传统证据如证人证言、被害人陈述、犯罪嫌疑人和被告人供述等言词证据易受主观因素的影响；书证容易被毁损或误记；物证容易受周围环境的影响，发生物理变化或化学变化。但电子数据在排除人为篡改、错误操作和设备故障等因素外，很少受主观因素的影响而改变自身的属性,其一旦自动生成就在计算机、网络或存储介质中留下痕迹或记录并被保存于系统日志或软件日志中,始终保持最初的原始状态,即使被破坏也可以通过专业的技术手段进行恢复。因此,电子数据具有客观物质性,在证据分类上属于实物证据、客观性证据、技术性证据等,相对传统证据而言更能客观地反映案件的真实情况,具有很强的证据价值,被人们称为"不会说谎的证据"。这也是电子数据优于传统证据的一个重要体现,在司法实践中具有较强的证明力,被称为信息时代的"证据之王"。总体而言,电子数据作为独立于传统证据的一种法定证据种类形式,与物证、书证、证人证言等传统证据相比,具有科技性、虚拟性、多样性、海量性、易毁性、再生性等特征。

(一)科技含量高,虚拟性强

电子数据是计算机技术、通讯技术和电子技术等信息技术迅猛发展的产物,从本质上看是由"0"和"1"二进制代码组成的一种数字信息符号。可以说,数字化、电子化是电子数据区别传统证据的本质特征,"电子化是在目前信息技术应用环境中电子证据的技术特性,即在目前科学技术发展程度上电子证据在物理特性上是一种电磁记录"。[①] 同时,电子数据的生成、存储、传输、加工及显示等都必须借助一定的技术设备、采取一定的技术手段、通过专业的技术人员才能被读取和展现出来。所以,电子数据的设备依赖性、技术依赖性、收集和审查判断的技术性决定了电子数据具有科技性。随着计算机、手机、光盘、磁盘、U盘等电子设备和系统环境的日益更新换代以及信息技术的不断发展,电子数据的物质依赖性、系统依赖性和技术依赖性将会越来越强。

传统证据如物证、书证等,往往具有一定的物质载体,且与

---

① 皮勇:《电子证据规则研究》,中国人民公安大学出版社2005年版,第4页。

物质载体不可分离，容易被人们所直观感知和发现，如物证的载体主要表现为各种痕迹和实物，书证的载体主要表现为各种纸质文字材料或书面文件。但电子数据是无形的，"实质上只是一堆按编码规则处理而成的'0'和'1'，看不见、摸不着，只能借助相应设备进行读取和演示"，[①] 这些数字信息符号不能为人们直接感知和识别，存在于虚拟的网络空间和计算机系统中，并且传播速度非常快，可以借助网络或光纤无限快速传递。要使电子数据从无形变为有形，必须经过二进制编码才能为计算机所识别和处理，并通过一定的电子设备和系统环境为人们直接感知。同时，随着各类技术设备和计算机系统存储空间的越来越大，数字信息量不断扩大，这就使电子数据的隐蔽性越来越强，从海量的数字信息中找出能够用于证明案件事实的电子数据不是一件容易的事。

(二) 形式多样，存储海量

一方面，电子数据展现形式具有多样性。电子数据仅凭人们的感官无法直接感知，但是一经存储介质的保存并通过运用科技手段的屏显、打印和输出转换就可以文本、图形、图像、动画、音频、视频等形式展现出来，其中文本形式的电子数据是可以书面的形式打印出来的。同时，电子数据还有存储介质形式的多样性，如U盘、硬盘、磁盘等。另一方面，电子数据的证据形式具有多样性。几乎所有传统证据类型，都可以表现为电子形式的数据信息。换句话说，电子数据可以表现为电子物证、电子书证、电子被告人供述、电子陈害人陈述等多种形式，是各种传统证据电子形式的综合体。因此，电子数据在刑事诉讼过程中具体以何种证据形式、何种存储载体进行收集提取和审查运用又具有选择的多样性。

传统证据如查获的作案工具、记录犯罪过程的笔记、讯问和

[①] 戴士剑、刘品新主编：《电子证据调查指南》，中国检察出版社2014年版，第12页。

询问笔录等所包含的信息量是非常有限的，但相同物理空间的电子数据存储介质，如计算机、硬盘、磁盘、U盘等所包含的信息量则是传统证据信息量的几百万倍甚至几十亿倍。信息化时代的电子数据信息量巨大，且不断呈现几何式增长的趋势。与传统意义上的纸质储存相比，电子数据不需要占用一般物理意义上的实体空间，储存内容大，通常以"GB"、"TB"为单位来计算，具有存储的海量性。刑事诉讼过程中，侦查人员需要对查扣的原始存储介质中的海量电子数据通过恢复、破解、统计、关联、对比等方式进行检查，进而收集提取与案件事实有关的电子数据。

（三）容易被篡改但可恢复

传统的物证、书证一旦固定就具有相对稳定性，一般不容易被破坏，即使被破坏也很容易识别和鉴别。但电子数据不是实体证据，其数字信号也是不连续的，且对计算机系统、环境和存储介质具有很强的依赖性，在存储、传输和使用过程中，一旦遭到如人为因素的篡改、删除、操作失误等，环境因素的供电系统和通讯网络故障、病毒入侵等以及计算机自身的硬件设备故障等，很容易遭到破坏且不留下痕迹，除非使用科技手段很难被察觉，从而造成电子数据原始数据灭失，使电子数据因无法客观反映案件的真实情况而失去证据资格。尤其是人为因素的干扰，电子数据很容易被随时、随地、随意地编辑、伪造、修改、删除等，如果没有可对照的副本或影像文件，很难被查证，如对一个电子文件的访问会导致计算机系统记录的该文件的最后访问时间的变更且不可逆转。部分电子数据如计算机内存数据、网络传播中的数据、网络缓存数据等，还会因计算机系统的定期或不定期自动删除而流逝。

传统的物证、书证等证据一般原件具有单一性，一旦原件遭到毁损就无法挽救和复原。但电子数据的科技性决定了电子数据可以多次复制和随时存储在不同的磁性介质上。一个存储介质上的电子数据毁损，其他存储介质上同内容的电子数据具有相同的证明作用，即使全部电子数据被损毁，通过科技手段，如存储信息恢复技术可以复原再生。这也对传统证据的原件理论产生很大的冲击，因为电子数据的原件和复制件区分不明显，只要电子数据未经篡改、系统环境稳定，其原件和复制件除了生成时间不同外，基本上没有差别。因此，刑事诉讼中区分电子数据的原件和复制件没有任何意义，实践中多是从电子数据有无篡改、系统环境稳定性和取证技术的规范性等方面来证明电子数据的真实性。

三、电子数据的种类

电子数据的物质依赖性以及各类存储介质的日益丰富决定了电子数据表现形式的多样性。这些海量的电子数据虽然内容庞杂、无法统计，但从整体上考虑，根据不同的划分标准，是可以进行分类的。就某个具体刑事案件而言，其涉及的电子数据也是有限的。对电子数据进行分类有助于掌握不同种类电子数据的特点，便于实务操作中对不同的电子数据进行正确的收集提取和审查判断。

（一）电子数据的学理分类

1. 根据电子数据生成技术的不同，可以分为三类：一是由现代通讯技术生成的电子数据，如通话记录、电报电文、传真记录、手机短信等，这类电子数据一经生成稳定性很强，比较客观；二是由计算机技术生成的电子数据，如文档、图片、计算机程序以及单个计算机文件、数据库文件、计算机系统日志等，这类电子数据很容易被人为篡改，并受到病毒、故障等系统环境的影响；三是由互联网络技术生成的电子数据，包括电子邮件、QQ、MSN、微信等聊天记录、微博、博客、电子数据交换、电子公告板记录、电子报关单、智能卡资料等，这类电子数据一般稳定性较差，取证较为困难。

2. 根据电子数据的形成方式不同，可以分为生成电子数据、存储电子数据和混合电子数据。

生成电子数据是计算机等设备的程序运行结果数据，如系统日志、历史记录、脚本、进程等,这类电子数据由计算机等设备自动生成,完全依赖计算机等设备的内部命令运行,不受人为主观因素的干扰,稳定性非常强。存储电子数据是人通过手写录入计算机或其他电子设备中的数据,如存储在计算机或其他电子设备中的电子文档等,这类电子数据由人主观操作形成,具有很大的不稳定性,客观性和真实性有待进一步认定。混合电子数据是人为输入计算机或其他设备信息后再由计算机或其他设备按照内部指令运行形成的数据,如通过计算机制作编辑的电子文档信息以及电子文档的最后访问日期等,这类电子数据具有一定的稳定性,但也需要进行综合判断。

3. 根据电子数据的内容不同,可以分为主体电子数据和附属电子数据。

主体电子数据是指记录主体主要活动内容的电子数据,如电子邮件的正文、电子聊天记录,电子文档正文等。主体电子数据记载一定的事实情况,对直接证明案件事实一般起到决定性的作用。附属电子数据是指与内容相关的记录电子数据生成、存储、传输、系统环境、适用条件等信息的电子数据,如电子文档的大小、存储位置、修改时间,电子邮件的发送时间、发送者,电子聊天中的聊天者IP地址等。附属电子数据稳定性和客观性强,对案件事实真实性的认定具有重要作用。实践中,附属电子数据一般用来证明电子数据的完整性、原始性以及主体电子数据来源的合法性等。

4. 按照电子数据的存储方式和运行环境的不同,可以分为静态电子数据和动态电子数据。

静态电子数据,是指数字化信息处理、存储、输出设备中存储、处理、输出的证据,包括计算机信息系统中存储的计算机文档、计算机音视频文件等,还包括数字化寻呼机、数字化移动电话、掌上电脑等数字化信息处理设备中处理、存储的电子数据。[1]

---

[1] 皮勇:《电子证据规则研究》,中国人民公安大学出版社2005年版,第9页。

静态电子数据一般固定在一定的存储介质上，稳定性强，存储时间较长，在排除人为因素和外界因素干扰的情况下，具有完整性。因此，静态电子数据易于收集固定，可以采取扣押封存原始存储介质、冻结等措施。动态电子数据，是指数字化信息网络中传输的电子证据，包括数字化信息网络中传输的电子邮件和数据电文、下载中的计算机文件、浏览中的网页、网络播放的流式计算机文件如流式音视频文件等。① 动态电子数据不固定附着于一定的存储介质中，而是处于数据传输过程中，保存时间较短，具有实时性，不及时收集可能会灭失。同时，动态电子数据的收集提取可能侵犯公民的隐私和通信自由，因而收集提取条件比较严格，一般采取网络在线提取、远程勘验、调取，或采取打印、拍照、录像等措施。

5. 根据电子数据来源的不同，可以分为原始电子数据和传来电子数据。

这种区分的意义在于，两类电子数据的证据效力不同，原始电子数据的证明力一般大于传来电子数据的证明力。在证明力问题上，英美法系国家习惯上适用"最佳证据规则"，在大陆法系国家一般也有书证原本优于副本的规定，我国相关法律规范更是多次明文规定书证应当提交原件、物证应当提交原物等。② 但如果按照传统证据理论的"原件"理论区分原始电子数据和传来电子数据，将首先固定于某台计算机等设备的硬盘上的电子数据视为原始电子数据，将通过显示、打印等手段转化的电子数据视为传来电子数据，则电子数据将在司法实践中遇到难以克服的障碍，如我们不能、不方便也没有必要将网络诈骗案中涉及的计算机硬盘、银行 ATM 的存储器直接展示在法庭上或当庭播放，实践中多是将其通过显示、打印等方式输出，再对输出物进行举证、质证。但按照传统证据理论，这必将导致出示的电子数据失

---

① 皮勇：《电子证据规则研究》，中国人民公安大学出版社 2005 年版，第 10 页。
② 何家弘主编：《电子证据法研究》，法律出版社 2002 年版，第 41 页。

去证明力或仅有很小的证明力。

对于电子数据的"原件"问题，我国部分学者坚持传统的证据"原件"理论，联合国国际贸易法委员会坚持"功能等同法"，美国立法对"原件"作扩大解释，韩国学者李井杓提出"电子数据与输出物一体化"的观点。① 我国著名证据法学家何家弘先生主张"拟制原件说"，认为原始电子数据是指"该电子数据本身，或者制作者或发行者意图使其具有同等效力的复本；它不局限于信息首先固定所在的媒介物，而是对当事人而言具有法律效力的、具有最终完整性的数据。对于任何直接源于该电子数据的打印输出或其他可感知的输出物，只要其能够准确地反映该记录内容，则均可视为原生电子证据"。并认为传来电子数据是指"通过电子的再录制方法，或者通过其他能正确复制原件的相应技术而产生的复本"。②

（二）电子数据的法定分类

我国法律上对电子数据的种类并未作出专门规定，相关规定多数采取的是以列举的形式确定电子数据的常见实务表现形式，

---

① （1）联合国国际贸易法委员会在《电子商务示范法》中坚持"功能等同法"，即如果某一数据电文是直接输入计算机的，则只要自它首次转成电子形式起保持完整和未予改动，且后来可显示为人们可知的形式，则不违反"原件"要求；如果某一数据电文最初是制成书面文件，而后才输入计算机的，则要求它自制成书面文件时起就保持完整性，且在需要时可打印或显示出来，才不违反"原件"的要求。此种观点只适用于作为书面文件的电子证据即电子书证，但不适用于电子物证或视听资料。(2)《美国联邦证据规则》提出，制作者或发行者意图使其具有同等效力的复本，与文书或录音本身一样，均为原件；存储在计算机或类似装置中的电子数据的打印件或其他输出物，如果能准确反映数据且可用肉眼阅读，和电子数据本身一样，均为原件。此种观点将原件范围扩大至拟制意义上，但仅适用于文书与录音。(3) 韩国学者李井杓认为，电子数据虽然无可读性、可视性，但依照当事人的意思，若用转换软盘，就可立刻变为可读的、可视的。因此，应视为与打印出的文件一起构成原本。此种观点解决了电子数据可视性问题，但认为无论电子形式证据还是打印出来的证据都只是原始电子证据的一部分的观点有失偏颇。参见何家弘主编：《电子证据法研究》，法律出版社2002年版，第42~45页。

② 何家弘主编：《电子证据法研究》，法律出版社2002年版，第47页。

如最高人民法院、最高人民检察院、公安部、国家安全部、司法部《关于办理死刑案件审查判断证据若干问题的规定》列举了电子证据的表现形式，包括电子邮件、电子数据交换、网上聊天记录、网络博客、手机短信电子签名、域名等，最高人民法院、最高人民检察院、公安部《关于办理网络赌博犯罪案件适用法律若干问题的意见》列举了赌博犯罪中电子数据常见的几种表现形式，包括网站页面、上网记录、电子邮件、电子合同、电子及交易记录、电子账册等。

这里，重点介绍两高一部《电子数据规定》列举的四种常见的电子数据表现形式。

1. 网络平台发布的信息，如网页、博客、微博客、朋友圈、贴吧、网盘等。其中，网页、博客、微博客、贴吧上的信息属于公开发布的信息，是公共空间的信息，任何人都可以进行浏览查阅等操作，而朋友圈、网盘上的信息属于个人空间的信息，是特定空间的信息，只有使用者授权的人或者使用者本人才能进行浏览查阅等相关操作。从权利性质的角度看，朋友圈、网盘中的信息属于个人信息，是私权利，属于隐私权保护的范围。因此，相比于网页、博客、微博客、贴吧上发布的信息，侦查机关在对朋友圈、网盘等网络平台发布的信息进行收集提取时要求更为严格，尤其应特别注意保护公民的个人隐私，严格按照法律规定的取证程序和技术要求进行取证。

2. 网络应用服务的通迅信息，如手机短信、电子邮件、即时通迅、通讯群组等。这是对通讯类的信息进行的列举。其中，微信群、QQ群、MSN等通讯群组中的信息属于特定空间内的信息，而手机短信、电子邮件、即时通讯等中的信息则属于个人空间中的信息。对于通迅信息的收集提取可能涉及更为严格的程序要求，如在对远程计算机信息系统上的电子数据进行网络远程勘验时，如果需要采取技术侦查措施，应当依法经过严格的批准手续。

3. 用户注册信息、身份认证信息、电子交易记录、通讯记录、登录日志等信息。其中，用户注册信息、身份认证信息、登录日志等信息在司法实务中主要用于证明犯罪行为的指向，在犯罪行为与犯罪嫌疑人之间建立"人—数据"关联，是审查判犯罪嫌疑人现实身份和网络身份同一性的关键证据，对于认定电子数据的关联性具有重要作用。电子交易记录、通讯记录等信息则在司法实务中主要用于证明犯罪过程事实本身，包括犯罪行为造成什么危害后果、犯罪嫌疑人的获利情况、犯罪行为发生的时间、地点以及具体作案内容等，有些犯罪中电子交易记录反映的犯罪嫌疑人获利情况直接影响对犯罪嫌疑人的定罪量刑，在收集提取时应特别注意保护电子数据的原始性和完整性，提取校验值。

4. 电子文件，如文档、图片、音视频、数字证书、计算机程序等。这些电子文件主要用于证明犯罪嫌疑人的具体犯罪行为事实，如电子文档记录犯罪嫌疑人的具体作案过程、从犯罪嫌疑人QQ聊天记录中提取的被害人照片、从犯罪嫌疑人手机中提取的反映犯罪嫌疑人诈骗过程的微信聊天语音、包含数字签名并对电子数据来源和完整性进行认证的数字证书、反映犯罪嫌疑人实施犯罪行为使用的作案工具的计算机程序等。在证实具体作案过程时，有时需要专门鉴定机构进行技术协助，如对于数字证书、计算机程序等需要专门鉴定机构鉴定，以确定该数字证书、计算机程序的功能和犯罪嫌疑人使用数字证书、计算机程序进行作案的方法。

（三）电子数据与视听资料

《刑事诉讼法》第48条规定："可以用于证明案件事实的材料，都是证据。证据包括：（一）物证；（二）书证；（三）证人证言；（四）被害人陈述；（五）犯罪嫌疑人、被告人供述和辩解；（六）鉴定意见；（七）勘验、检查、辨认、侦查实验等笔录；（八）视听资料、电子数据。证据必须经过查证属实，才能作为定案的根据。"该条规定明确了电子数据的法律地位，但没有给予电子数据以区别于八种法定传统证据种类完全独立的法律地位，而是将电子数据与视听资料并列作为第八种法定证据种类。值得一提的是，刑事诉讼法修改后民事诉讼法、行政诉讼法也相继修改，两法在划分证据种类时，都将电子数据与视听资料进行了区分，使电子数据作为一种独立的法定证据种类。由于电子数据与视听资料关系的认定没有一个统一的认识，这就在立法上造成电子数据陷入不同诉讼法、不同法律地位的尴尬境地。

1. 电子数据与视听资料的联系

刑事诉讼法修改前，"证据法学的主流理论将电子计算机所记录的资料也纳入视听资料的范畴"，① 认为视听资料包括录音资料、录像资料、电子计算机储存资料和运用专门技术设备得到的信息资料四种类型。② 该种理论认为视听资料范围广泛，视听资料包括电子数据。主要依据和理由如下：（1）相关立法和司法解释明确采纳。如最高人民检察院 1997 年 1 月 1 日制定实施的《关于检察机关侦查工作贯彻刑诉法若干问题的意见》第 3 条第 1 款规定："视听资料是指以图形和声音形式证明案件真实情况的证据。包括与案件事实、犯罪嫌疑人以及犯罪嫌疑人实施反侦查行为有关的录音、录像、胶片、声卡、视盘、电子计算机内存信息资料等。"该规定明确将"电子计算机内存信息资料"类的电子证据划归视听资料范畴。③（2）电子数据与视听资料物理性质和存在形式相同，两者都依赖于存储介质，都是电磁记录物。视听资料是可视、可听的录像、录音等资料，需要借助一定的工具和手段才能为人所感知。同样，电子数据也必须借助计算机系统，通过一定的工具和手段转化为可读形式，才能为人所感知。两者的正本和副本均没有区别。④（3）电子数据与视听资料具有很多相同的特点，如都具有技术性、科技性、脆弱性和易更

---

① 陈瑞华：《刑事证据法学》，北京大学出版社 2013 年版，第 110 页。
② 陈光中主编：《刑事诉讼法》，北京大学出版社 2005 年版，第 170 页。
③ 皮勇：《刑事诉讼中的电子证据规则研究》，中国人民公安大学出版社 2005 年版，第 23 页。
④ 何家弘主编：《电子证据法研究》，法律出版社 2002 年版，第 19 页。

改性等特点。"除了在证据的载体方面有一定区别以外,电子数据与视听资料在证明力和证据能力方面并没有实质性的区别,它们可以适用极为相似的证据规则。"①

视听资料证据是从"物证"或"书证"中分离出来的。基于视听资料在司法实践中的作用日益凸显,1982年制定的《民事诉讼法(试行)》率先将其规定为一种独立的证据形式,1989年制定的《行政诉讼法》和1991年修改后的《民事诉讼法》继续确认视听资料为独立的证据种类,1996年修改后的《刑事诉讼法》也将视听资料补充规定为独立的证据形式。这一过程中,学者们一致主张视听资料包括录音资料、录像资料、计算机存储资料和其他音像证据等,相关立法、司法和部门规章也认可电子数据属于视听资料的观点。随着科技的发展,电子数据在现代司法中的作用也日益重要,被称为"现代证据之王",2012年相继修改的《刑事诉讼法》和《民事诉讼法》又把电子数据从视听资料中分离出来,作为独立的证据种类。因此,视听资料与电子数据具有密切的联系。最高人民法院《关于适用〈中华人民共和国刑事诉讼法〉的解释》(以下简称《刑事诉讼解释》)从司法解释的角度,将视听资料和电子数据规定了几乎相同的审查认定办法,就是考虑到了两种证据之间的密切联系。由于电子数据与传统的视听资料存在密切联系,刑事诉讼法将电子数据与视听资料并列作为一种法定证据,这样既为实践中将电子数据用作证据提供了法律依据,同时也避免了有些情况下视听资料与电子数据难以截然分开的难题。②

需要特别指出的是,在电子数据与视听资料彼此关系的定位上,两高一部《电子数据规定》迈出了关键性的一步,该司法解释颠覆了传统理论对电子数据与视听资料的认识,认为不是视

---

① 陈瑞华:《刑事证据法学》,北京大学出版社2013年版,第110~111页。
② 陈光中主编:《〈中华人民共和国刑事诉讼法〉修改条文释义与点评》,人民法院出版社2012年版,第51~52页。

听资料包含电子数据，而是电子数据包含视听资料。该规定第一条中将"音视频"明确界定为是电子数据，虽然没有明确规定"音视频"就是视听资料，但根据逻辑推理，视听资料本质上就是音视频，这就意味着电子数据在外延上包括视听资料，即视听资料本身属于电子数据。

2. 电子数据与视听资料的区别

虽然两高一部《电子数据规定》突破了对电子数据与视听资料之间关系的传统认识，规定视听资料从属于电子数据，但民事诉讼法、行政诉讼法和刑事诉讼法等上位法在规定证据种类时，是把视听资料与电子数据并列作为一种证据种类，或分别规定为两种证据种类，其逻辑前提暗含着视听资料与电子数据是并列的关系，而非上位概念与下位概念的区别。理论研究中，部分刑事诉讼法学教材对于视听资料和电子数据的联系和区别甚至没有作出明确的区分。[①] 但也有学者认为，电子数据与传统的视听资料在证据的形式、属性等层面有本质的区别。[②] 在这种立法与司法解释冲突的情况下，如何准确把握电子数据与视听资料的关系、如何审查判断和正确运用电子数据与视听资料则考验着广大司法实务工作者的经验和智慧。笔者赞同视听资料从属于电子数据的观点，但在司法实务操作中，也应充分认识到电子数据与视听资料，尤其是传统视听资料的几点区别：

（1）电子数据与视听资料的外延不同。电子数据是指电子化的数据信息，范围很广，视听资料表现出来的声音、图像等形式都能在电子数据上得到体现，但视听资料却不能涵盖所有的电子数据，如计算机系统自动产生和存储的各类数据信息，包括系统日志、缓存文件、电脑程序进程等，又如电子邮件、电子聊天记录、电子数据交换等。因此，电子数据的外延大于视听资料，

---

① 宋英辉、甄贞主编：《刑事诉讼法学》（第三版），中国人民大学出版社2012年版，第195页。

② 王彬主编：《刑事证据学》，郑州大学出版社2013年版，第154页。

视听资料是电子数据的一部分。

（2）电子数据与视听资料的侧重点不同。视听资料侧重于采取传统的电子技术如录音、录像以模拟信号形式进行存储和传输，如影视胶卷、光盘、电报、录音、传真等。电子数据侧重于通过计算机技术和网络技术，由"0"和"1"二进制代码组成的一种数字信息符号，如计算机数据库文件、文字处理文件、图形处理文件，电子邮件、电子签名等。在此意义上，修改后刑事诉讼法规定的电子数据应当从狭义上进行理解，即排除视听资料之外的电子数据。

（3）电子数据与视听资料的稳定性不同。视听资料主要以模拟信号进行传递，信息损害的可能性很大，它以声音、图像等内容证明案件事实，是对储存信息的简单再现，且一旦修改，很容易被发觉。而电子数据是以数字信号进行传递的，信息稳定性很强，以有规律的数据组合反映案件事实，技术含量要求较高，且一旦修改不容易被发现。

（4）电子数据与视听资料的存在形式不同。视听资料是直接以图像、声音等可视、可听的能够被人们所形象感知的形式存在的，能够动态展示证明案件的真实情况。而电子数据往往不能为人们直接感知，其依赖于各类存储介质，表现形式具有多样性，且需要通过打印等方法进行技术处理才可以为人们所感知，常常表现为静态的记录、文档等形式。

（5）电子数据与视听资料的适用规则不同。视听资料的审查判断遵循原件理论，适用最佳证据规则和传闻证据规则。《刑事诉讼解释》第92条规定，对视听资料应着重审查其是否为原件。而电子数据生成、存储和传输过程中很容易被篡改，因此表面上很难区分原件和复制件、真实件和伪造件，不适用最佳证据规则和传闻证据规则。

（四）电子数据与书证

由于电子数据具有技术性、虚拟性等特点，电子数据作为证据使用必须通过技术手段进行屏显、打印和输出转换，才能以文本、图形、图像、动画、音频、视频等形式展现出来，其中文本形式的电子数据是可以书面的形式打印出来的。在司法实务中，书面打印的文本形式的电子数据是最常见的一种形式。由于立法和相关司法解释对于电子数据的证明规则没有作出明确的规定，根据以往的司法实践经验，大多数电子数据往往被转化为书证在法庭上进行举证和质证。笔者认为，电子数据与书证是两种不同种类的证据，两者既有联系又有区别，不能混为一谈。

1. 电子数据与书证的联系

电子数据与书证的联系在于都属于客观性证据，在证据分类上都属于实物证据，具有相同的表现形式、证明要求和记录功能。书证是将有关内容记录在书面材料上，一般通过书面文件或文字材料表现出来；而电子数据则是将有关内容记录在各种存储介质上，部分电子数据也可通过计算机输出、打印，进而反映到书面文件或文字材料中。因此，两者都是以书面材料记录的内容证明案件事实。因此，两者虽然记录的方式和依赖的载体不同，但在功能上是一致的，都具有记录功能。这也是主张电子数据是书证的主要理由。但记录功能不是书证独有的功能，书面形式也不是书证独有的形式，证人证言、被害人陈述、鉴定意见等言词证据也是记录在书面材料上的。

2. 电子数据与书证的区别

电子数据与书证具有明显的区别：

（1）证据特性不同。书证具有不易篡改的特点，稳定性较强，一旦被篡改很容易被发现并鉴定出来；而电子数据具有脆弱性，很容易被伪造、修改、删除、复制，一旦被篡改不易被发现，有些电子数据篡改后难以鉴定和恢复。

（2）证明力不同。书证的原件特征明显，只要外形和物质载体存在，其记载和反映的内容就不会改变，一般作为直接、原始的证据使用。《刑事诉讼解释》第71条明确规定："据以定案的书证应当是原件……"而电子数据依自动程序生成、传输、交换，很难认定哪种电子数据是原件。由于原件特征不明显且极易遭到破坏，证明力较弱，一般作为间接证据使用。

（3）本质不同。书证本质上是一系列的文字、符号、图画等组成，其通过纸张、布匹、塑料等介质直观展现出来；而电子数据本质上则是一系列模拟信号、数字信号的组合，其存储在各类磁性介质上，通过各种科技手段间接展现出来。同时，"书面形式并不等同于书证，某一事物若属于书面形式则不一定得出其就是书证，如勘验笔录、鉴定意见以及部分当事人陈述、证人证言、视听资料都可能是书面形式，但肯定不是书证"。[1]

（4）法律规定不同。修改后的刑事诉讼法在法定证据种类上也将电子数据与书证进行了区分，《刑事诉讼解释》、《人民检察院刑事诉讼规则（试行）》和《公安机关办理刑事案件程序规定》在证据的收集、鉴定、保全、审查判断和运用等方面对电子数据和书证也分别进行了不同的规定。《刑事诉讼解释》第69条至第73条规定了物证和书证的审查与认定办法，第92条至第94条规定了视听资料和电子数据的审查和认定办法。如书证的收集有原件的要求。书证的收集应当是原件，书证有更改或者更改迹象不能作出合理解释，或者书证的副本、复制件不能反映原件及其内容的，不得作为定案的根据等。电子数据的收集有技术要求和完整性要求。电子数据的收集应当符合法律及有关技术规范，保证电子数据的完整性，经审查无法确定真伪以及制作、取得的时间、地点、方式等有疑问且不能提供必要证明或者作出合理解释的电子数据不能作为定案的根据等。

第二节　电子数据域外立法比较

现代信息技术的迅猛发展犹如一把"双刃剑"，在给人们带来信息沟通和数据传输便利的同时，也在客观上制造诱惑、催生

---

[1] 何家弘主编：《电子证据法研究》，法律出版社2002年版，第22页。

犯罪，运用高科技手段和现代信息工具实施计算机犯罪、网络犯罪的案件日益增多。而在这些犯罪实施过程中产生的电子数据对于刑事案件的侦破和犯罪的指控呈现出强大的证明力。因此，世界各国和地区都非常重视电子数据的作用，有的制定专门电子数据法律，有的在刑事诉讼法或相关法律中作出专门规定，有的完善电子数据的相关规则等。我国在电子数据的立法、理论研究和实务运用上存在诸多问题。对此，我们既需要运用世界的眼光，比较借鉴世界上关于电子数据立法和实践的先进经验，取长补短，为我所用，又要立足本国国情，加强电子数据的理论和实务研究，探索符合中国实际的电子数据立法规范。在比较法视野中，法系是具有相同或相近的法律传统、原则、制度和特征等一系列要素的某类法律制度的总和。根据法律传统、法律原则、法律制度等要素的不同，可以将世界上的主要法系分为大陆法系、英美法系和社会主义法系三类。法国、德国、意大利、日本是典型的大陆法系国家，英国、美国、加拿大、印度是典型的英美法系国家。不同法系国家基于不同的证据传统和证据制度，对电子数据的认识和立法、司法实践也有所不同。本节按照"证据—证据制度—电子数据法律—典型电子数据规则—法律规定主要内容"的逻辑思路，比较研究大陆法系、英美法系的几个典型代表国家以及部分国际组织的电子数据立法和电子数据证据规则。

一、大陆法系国家电子数据立法

（一）法国

法国刑事诉讼证据制度的一个重要特点是"证据自由"。[①]
因此，在法国刑事诉讼法典中没有对证据设立专章规定，只在各

[①] 宋英辉、孙长永、刘新魁等：《外国刑事诉讼法》，法律出版社2006年版，第261页。

相关章节中，对证据的调查收集、证明力、举证责任等方面有分散的规定，且几乎不存在完整意义上的证据规则。[1] 法律对证据的证据能力和证明力没有任何限制性规定，完全由法官根据自己的良心和内心确信进行自由判断。电子证据与其他证据一样，不存在法庭不接受的情况，由法官基于自由裁量赋予各种证据以证明力。[2] 书面证据的规则也同样可以适用于电子证据，除法律上有明确的例外或技术上有明确的例外。[3] 法国《刑事诉讼法典》对电子证据取证规则作了明确规定，专门规定收集提取电子证据的侦查措施。该法典第100条规定，在重罪案件与轻罪案件中，如果可能判处的刑罚为两年或两年以上监禁，预审法官为了侦查的必须，可以决定截留、录制和抄录邮电渠道发送的通讯。[4] 法国《民法典》也注重最佳证据规则的适用，专门规定如何解决电子证据的原件问题。该法典第1316条规定，当证据是由一系列文字、字母、数字或其他任何具有可理解的内容的符号或标志组成的，无论其载体和传输方式如何，均为书证。同时，该法典第1316－1条规定，以电子形式做成的文书与书面载体的文书一样被视为证据，前提是做成该文书的人能够正式地得以识别，该文书的制作与保管的条件应能保持其完整性，签字应与签名人相一致，并代表当事人对由该行为所产生的义务的同意。[5]

（二）德国

证据法在德国法上还没有成为一个独立的法律概念，学理上

---

[1] 卞建林、刘玫主编：《外国刑事诉讼法》，中国政法大学出版社2008年版，第184页。
[2] 蒋平、杨莉莉：《电子证据》，清华大学出版社、中国人民公安大学出版社2007年版，第13页。
[3] [法]达尼埃尔·马丁、弗雷德里克－保罗·马丁：《网络犯罪——威胁、风险与反击》，卢建平译，中国大百科全书出版社2002年版，第147~149页。
[4] 何家弘主编：《外国证据法》，法律出版社2003年版，第368页。
[5] 刘品新：《中国电子证据立法研究》，中国人民大学出版社2005年版，第125页。

虽然经常使用这个术语,但对该术语的含义却没有任何界定。①德国普遍认为证据是"法院据之可以确认诉讼争议事实真实或者不真实的各种可能的途径或者方法的总称"。② 其对证据种类的划分是以证据调查的方法为依据的。物证和视听资料通常作为勘验的客体,不属于独立的证据种类。③ 德国证据法不但表现为分散的规范或者判例,而且没有自己特殊的范围、原则、方法和体系,还没有成为一个独立的法域或者法律部门。④ 德国《刑事诉讼法》在第一编第八章,集中规定了部分电子证据的取证规则。该法第98a、99、100a、100b、100c条对侦查措施中的"扣押、监听、扫描、使用技术手段、派遣秘密侦查员、搜查"加以规定。其中,该法第98a条规定用机器设备比对、传输个人数据,如果有足够的事实依据表明存在法定情况时,允许对认为具备特定审查要件的人员,采取技术设备,将其个人数据与其他数据对比排查,以便排除无嫌疑人员与确定具有侦查意义事实要件的人员。该措施只能在以其他方式侦查案情、搜寻行为人居所十分困难、难以奏效的情况下采取。数据存储部门应当向追诉机关提供传送排查所需的数据。第99条规定对邮件的扣押,侦查人员可以在邮局和电报局扣押寄送被指控人的信件、邮局或者电报;对有根据认为由被指控人寄发或者转交、其内容具有侦查意义的信件、邮件和电报,也可以扣押。另外,第100a条规定监听电讯的条件,对于有事实佐证的部分刑事犯罪,可以命令监听和记录电讯。监听和录音只允许针对被指控人、有根据认为为被指控人代收或者转送信息的人员,或者被指控人使用其电话线的人员。第100b条规定监听电讯命令、监听和记录电讯的处分。第100c条规定不经当事人知悉采取的处分,如果采取其他方式

---

① 何家弘主编:《外国证据法》,法律出版社2003年版,第387页。
② 何家弘主编:《外国证据法》,法律出版社2003年版,第402页。
③ 何家弘主编:《外国证据法》,法律出版社2003年版,第403页。
④ 刘品新:《中国电子证据立法研究》,中国人民大学出版社2005年版,第126页。

进行侦查成果甚微或者难以取得成果，不经当事人知晓，则可以制作照片、录像，或者使用其他特别技侦手段侦查案情、搜寻行为人的居所；如果有根据认为某人具有实施前述罪行的嫌疑，并且采用其他方式不能或者难以查清案情、侦查被指控人居所，则可以使用技术手段，窃听和录制非公开的言论。

（三）意大利

意大利没有统一单列的证据法典，有关证据法方面的一些基本原则被分别纳入诉讼法典及宪法的某些条款中。[1] 意大利《刑事诉讼法》第三编专门规定了证据制度。该法对刑事诉讼中的"文书"概念的外延规定比较广泛。它既包括与案件有关的文字方面的材料，也包括诸如照片、电影胶片、留声机软片、录音磁带、光盘等可以以其形象、声音记载有关案情的材料，其中也涵盖了电子证据。[2] 意大利《刑事诉讼法》在取证规则方面，规定了信息联络拦截这一特殊的电子证据取证方法。通常由预审法官发布实施拦截行为命令，由检察官、司法警察实施具体拦截行为。当出现紧急情况时，也可由检察官发布命令，但必须在此后的 48 小时内提请预审法官批准，否则其行为无效，由此获得的证据材料也不得使用。此外，法律还规定了一系列由于拦截行为不当或信息内容不当而导致的证据材料不可使用的情况。诸如信息内容与案件无关，信息内容涉及职业或国家秘密，无效的采录行为（如未经预审法官的批准命令而实施的行为），不规范的采录行为（如对所拦截信息未加编辑而致使无法使用），无内容采录行为（未显出有价值可取用之信息），案件已宣布最终判决后所实施的拦截行为等。实施拦截行为一般不得超过 15 日，对于

---

[1] 何家弘主编：《外国证据法》，法律出版社 2003 年版，第 308 页。
[2] 皮勇：《刑事诉讼中的电子证据规则研究》，中国人民公安大学出版社 2005 年版，第 37 页。

有组织犯罪可以延长到 20 日。①

(四) 日本

日本诉讼理论所称证据，包括证据方法和证据资料两方面的含义，是证据方法的形式与证据资料的内容的统一，如对于证人证言，提供证言的人（证人）是证据方法，而证人陈述的内容是证据资料。② 日本传统上属于大陆法系国家，第二次世界大战后在刑事诉讼领域大量吸收了英美法系当事人主义因素，形成了以当事人主义为基调、以职权主义为补充的刑事诉讼构造。③ 这也造成日本民事证据制度与刑事证据制度在电子证据的规定方面有所区别。在民事领域，日本学者早于 20 世纪 80 年代就对计算机数据的证据能力进行过讨论，存在书证说、检证说和新书证说三种学说。④ 1996 年颁布的《民事诉讼法》规定，虽然视图、照片、录音带、录像带等电子证据不属于书证，但可以援用有关文书证据的认证规则。该法第 231 条规定："本节的规定，准用于有关视图、照片、录音带、录像带等其他记载信息的非文书物件。"在刑事领域，日本判例和通说将照片、录音磁带等视为非陈述证据，这些电子证据真实性存在疑问时，需要进行交叉询问并适用传闻证据规则。⑤ 犯罪嫌疑人入侵了计算机信息系统，并将文件资料下载到电脑存储介质中，如软盘、硬盘或光盘等，或者把证据从计算机中取出并在磁盘上进行拷贝，这种存储介质即被视为准文书，具有书证效力，如果以声音、图像形式表现，即

---

① 宋英辉、孙长永、刘新魁等：《外国刑事诉讼法》，法律出版社 2006 年版，第 491~492 页。

② 卞建林、刘玫主编：《外国刑事诉讼法》，中国政法大学出版社 2008 年版，第 268~269 页。

③ 何家弘主编：《外国证据法》，法律出版社 2003 年版，第 480 页。

④ 刘品新：《中国电子证据立法研究》，中国人民大学出版社 2005 年版，第 128 页。

⑤ 刘品新：《中国电子证据立法研究》，中国人民大学出版社 2005 年版，第 129 页。

为视听资料。① 日本还制定《关于犯罪侦查中监听通讯的法律》,专门规定电子证据取证问题。该法对"通讯"与"监听"等基本定义、监听通讯的要件及实施的程序、监听通讯的记录、尊重通讯秘密等加以明确。②

二、英美法系国家电子数据立法

(一) 英国

英国刑事证据法中没有对证据的含义作出明确规定,证据法对证据主要是从关联性和可采性两个方面进行规定的。③ 英国没有制定独立的电子证据法,有关电子证据规定主要分散在《1968年民事证据法》和《1984年警察与刑事证据法》中,后来又分别被《1995年民事证据法》和《青少年审判与刑事证据法》所删除。这些法律主要集中规定了电子证据的一种特殊形式,即计算机打印输出,而没有面面俱到。④ 在英国,根据计算机等电子设备所起的作用,将电子证据分为三类:一是完全由计算机本身生成的证据,如银行计算机自动计算客户的到期支出情况、柜台交易情况、到期存款支付情况得来的材料。这些电子证据由计算机自动完成,不含有任何人为的主观因素,因此被称为"实在证据"(Real Evidence)。二是由计算机记录或复制人类所输入信息得来的材料,如开具发票与划款入账的材料,这些材料往往遵照传闻证据(Hearsay Evidence)处理。三是由计算机对人类输入信息进行运算处理得来的混生材料,如银行每天收支平衡表中的数字。该数字既包含客户支取信息,又包含银行计算机

---

① 蒋平、杨莉莉:《电子证据》,清华大学出版社、中国人民公安大学出版社2007年版,第14页。
② 宋英辉译:《日本刑事诉讼法》,中国政法大学出版社2000年版,第211~224页。
③ 卞建林、刘玫主编:《外国刑事诉讼法》,中国政法大学出版社2008年版,第44页。
④ 何家弘主编:《电子证据法研究》,法律出版社2002年版,第309页。

的自动计算结果,故是实在证据与传闻证据的混合体,即"衍生证据"(Derived Evidence),一般也要遵照传闻规则处理。① 在电子证据证明力问题上,英美普通法一直延续一项推定:"在没有相反证据的情况下,法庭将推定机器装置在关键时刻是正常运行的",以此可以推定某些电子证据是否具有足够的可靠性。人们需要审查原始数据的质量、计算机内部处理的质量、计算机控制或稽核装置能否减少运算错误或确保运算正常、计算机数据显示的完整性、计算机数据被篡改的可能性以及监测手段的有效性等,以及它们发生的相互作用,进行作出电子证据的可靠性判断。② 此外,大不列颠协会出台了规范计算机系统实践运作的标准,如"PD0008 标准"(判断电子存储信息的法律可采性与证明力的操作手册)、"BS7768 标准"(为确保其中的文件记录能作为证据使用而拟定的光盘系统管理标准)、"BS7799 标准"(信息安全管理的操作手册)等,它们为法官审查判断相关电子证据可靠性乃至其证明力提供了重要参考依据。③

(二)美国

美国没有制定专门的电子证据法。电子证据法律规范的立法渊源主要有制定法、判例法、国际示范性立法和国际公约,这些形式的规范与司法实践糅合在一起,共同构成美国电子证据法律制度。④《联邦证据规则》和《1999 年统一证据规则》是美国比较重要的两部证据法典,以及《业务记录与公共记录的摄影复本用作证据的统一法》,都对电子证据作了专门规定。部分州法以及电子商务和打击信息犯罪的法律也包含电子证据的相关规定,如《全球与国内商务电子签名法》、犹他州《数字签名法》、

---

① 刘品新:《中国电子证据立法研究》,中国人民大学出版社 2005 年版,第 70~71 页。
② 刘品新:《中国电子证据立法研究》,中国人民大学出版社 2005 年版,第 78 页。
③ 刘品新:《中国电子证据立法研究》,中国人民大学出版社 2005 年版,第 78~79 页。
④ 何家弘主编:《电子证据法研究》,法律出版社 2002 年版,第 308 页。

《统一电子交易法》、《统一计算机信息法》等。在美国,电子证据不是一种单一的证据,根据产生方式将计算机记录分为计算机存储记录和计算机生成记录两种。计算机存储记录是指以电子形式表现出来的书面材料,如电子邮件电文、字处理文件、网络聊天室讯息等。这类电子证据包含有人类的陈述,必须接受传闻证据规则的检验。计算机生成记录是指不经过人手而由计算机程序输出的信息,如计算机日志记录、电话记录、自动取款机凭条等。这类电子证据是计算机程序遵照既定的运算法则对所输入信息进行加工处理的结果,用作证据时需要考虑生成其的计算机程序是否正常运行的问题,即鉴证问题。对于包含计算机存储信息和计算机生成信息的电子证据,属于人类的陈述与计算机程序的混合产物,如诈骗嫌疑犯使用电子制表程序运算财务数据得出的欺诈性数据表,必须接受传闻规则与鉴证规则的双重检验。[1]

1. 在电子证据的鉴证方面,当事人在举出电子证据时必须证实其是真实的。对于当事人提出电子证据可能遭到篡改、处理或毁损的质疑,应主要考察其形式上的真实性,如果找不到进一步的证据证明发生了篡改,那么这种篡改的可能性只影响计算机记录的证明力问题,不影响其作为证据的可采性问题;对当事人提出的计算机程序可靠性的质疑,只要举证方基于正当理由,如该程序用于正常的业务活动汇总等,或说明该计算机是如何按照指令运行的以及计算机准确地收到了什么样的指令,即可证实该程序的可靠性;对于当事人提出的对于电子证据制作者身份的质疑,主要采取侧面认定的鉴证方法,如自认、证人作证、推定等,通过间接证据证实电子证据制作者的真实身份。[2]

2. 关于电子证据的传闻规则仅适用于电子设备存储记录与

---

[1] 刘品新:《中国电子证据立法研究》,中国人民大学出版社2005年版,第85~86页。

[2] 刘品新主编:《美国电子证据规则》,中国检察出版社2004年版,第38~41、109~112页。

衍生记录，而不适用于由电子设备生成的记录，主要方式是作为业务记录，按照"传闻例外"处理，但也不排除按照其他"传闻例外"方式处理，主要是依照《联邦证据规则》之规则第803（6）条和第803（8）条等加以认定，同时设定了特殊的限制标准，包括：（1）该记录是在正常的业务过程中产生；（2）参与该记录产生过程的人都在依业务的惯常流程行事；（3）输入程序无误；（4）输入程序在业务活动发生的合理时间内完成；（5）信息由对记录事项知情的可靠人员传输。①

3. 运用电子证据还要受到最佳证据规则的检验。对于电子证据的原件和复制件问题，美国采用人为的拟制标准，对原件采用扩大解释法。②《联邦证据规则》第1001（3）条规定："文书或录音的'原件'是指该文书或录音本身，或者制作者或发行者意图使其具有同等效力的复本……如果数据被储存在计算机或类似装置里面，则任何可用肉眼阅读的、表明其能准确反映数据的打印物或其他的输出物，均为'原件'。"《联邦证据规则》第1001（4）条规定："'复制件'是指通过下述方法产生的复本；即通过与原件相同的印模或用同一字模，或者通过包括放大照相和缩小照相在内的照相方式，或者通过机械或电子的再录制，或者通过化学复制方法，或者通过其他能正确复制原件的相应技术。""法庭在电子证据数量太大不便于举证、法官裁定举证方不便于举出电子证据原件或者虽能举出电子证据原件但效果不佳等特定条件下，可以许可采纳电子证据的复制件。"③《联邦证据规则》第1006条规定："对于数量太大、不便于在法庭上审查的文书、录音或照片，可以通过图表、摘要或计算结果的形式提出其内容。原件或副本应供其他当事人在合理时间与地点审查或

---

① 刘品新主编：《美国电子证据规则》，中国检察出版社2004年版，第173~176页。

② 刘品新主编：《美国电子证据规则》，中国检察出版社2004年版，第229~231页。

③ 刘品新主编：《美国电子证据规则》，中国检察出版社2004年版，第232页。

复制，或者审查并复制。法庭可以命令在法庭上提出它们。"

4. 美国关于电子证据非法证据排除规则的主要渊源包括美国宪法第四修正案及宪法性判例，以及《非法监听法》、《储存信息法》、《电子通讯隐私保护法》、《爱国者法》等。由于电子证据形态上的无形性以及取证方式上的特殊性，美国对非法证据排除规则的适用范围不断进行调整。① 电子证据的非法证据排除规则不仅包括电话录音资料、电话拨号记录仪记录资料等传统的模拟式电子证据，还包括计算机加密文件、电子邮件、计算机图片、计算机网页等现代的数字化式电子证据。② 电子证据的非法证据排除规则建立在宪法第四修正案有关隐私权保护的规定的基础上，其主旨在于限制官方人员在刑事诉讼中开展的、针对电子证据的非法搜查与扣押。③

（三）加拿大

加拿大关于电子证据的立法主要包括：《1998年统一电子证据法》、《1985年证据法修正案》、《安大略省证据法》、《魁北克省民法典》、《个人信息保护法》、《电子文件法》等。其中，《1998年统一电子证据法》是世界上第一部单独为电子证据制定的法规。《1998年统一电子证据法》对电子证据作了偏狭义的界定，对"电子记录"的内涵和外延作了严格规定，只限制在可感知的范畴内，认为并非一切以"数字"形式记录或存储的数据均是"电子记录"，其必要手段是计算机或类似设备必须已经卷入该数据的创制或存储环节。④ 该法第1条第2款规定："'电子记录'是指以任何媒介形式在计算机系统或其他类似设备中，

---

① 刘品新：《中国电子证据立法研究》，中国人民大学出版社2005年版，第93页。

② 刘品新主编：《美国电子证据规则》，中国检察出版社2004年版，第352页。

③ 刘品新主编：《美国电子证据规则》，中国检察出版社2004年版，第352~353页。

④ 蒋平、杨莉莉：《电子证据》，清华大学出版社、中国人民公安大学出版社2007年版，第12页。

或者借助计算机系统或其他类似设备记录或存储的，且能够为某人、某一计算机系统或其他类似设备读取或感知的数据。它包括关于该数据的如下显示、打印输出物或其他输出物——除本法第4条第2款所指打印输出物以外的显示、打印输出物或其他输出物。"加拿大《1998年统一电子证据法》采用置换原件的方法解决电子证据的最佳证据规则问题，认为计算机纸面打印输出物是符合最佳证据规则的原件。该法第4条规定，输出数据形式的电子记录，如果已经明显地经常地发挥作用，并且被依靠，或用来作为存储在输出数据中的信息的记录，那么它就是符合最佳证据规则的记录。在最佳证据规则应用到电子记录方面，它被通过保存或记录数据的电子记录系统的真实性的正面得到满足。① 为解决计算机系统的完整性问题，《1998年统一电子证据法》创设了三项推定规则。② 该法第5条规定，没有相反的证据，可以推定产生或存储记录的电子记录系统的真实性。这项推定规则包含三方面内容：（1）通过支持所有材料都记录计算机系统或其他类似装置曾正常运行，或者即使有所纰漏，也不影响电子记录的真实性的调查结果的证据，可以使对电子记录系统的怀疑丧失合情合理的基础；（2）如果证明电子证据被与试图提出它的一方在利益上相反的另一方记录或保存，而另一方拒不提供，可以推定该证据的可靠性；（3）如果证明该电子记录在通常的交易中被一个与正在进行的诉讼程序无利害关系的人所记录和存储，并且他不是在试图提出它的一方的控制下记录和存储的，可以推定该证据的可靠性。第一条是关于计算机系统真实性的推定。第二条、第三条是当证据为对方及无利害关系的第三方控制、保存时推定该记录为真实的证据规则。该规定使对计算机系统真实性及特殊情形下记录真实性的推定成为法律推定，从而使电子证据在

---

① 何家弘主编：《电子证据法研究》，法律出版社2002年版，第341页。
② 刘品新主编：《美国电子证据规则》，中国检察出版社2004年版，第109页。

诉讼中的运用更加便捷。① 该法许可在当事人向法庭提交电子证据时，也可以采取具结方式进行，但对方当事人有交叉询问的权利。②

（四）印度

印度电子证据法的主要渊源包括：《1872 年证据法》、《1891 年银行簿据证据法》、《1998 年电子商务支持法》、《1999 年信息技术法》等。印度电子证据立法的特点是，立法既有法律界人士的贡献，更有一些真正了解且急切需要规范电子证据的人（例如电子商务从业者）的参与。③ 印度没有完整的电子证据定义，而是在《1998 年电子商务支持法》、《1999 年信息技术法》等法律规定中，对电子证据的一些相关名词，如计算机、计算机系统、数据、信息、数字签名、电子形式、电子记录等进行了界定。如《1998 年电子商务支持法》和《1999 年信息技术法》对"电子形式"的界定是，由媒介、电磁、光学、计算机内存或者类似设备生成、发送、接收或者储存的任何信息。在印度，电子证据通常被作为书证处理，但《1999 年信息技术法》规定，计算机输出物等电子证据在司法实践中无须考虑最佳证据规则问题。④ 该法第 9 条规定："不论本法另做如何规定，只要通过计算机打印在纸上的、或者存储、记录、复制在光学介质或磁性介质上的任何信息，满足本条规定的有关受到争议的信息与计算机的条件，则均应同等视为文书；在任何程序中，该计算机输出物应具有可采性，而无须另外证明或者出示原件以用作原件内容的证据，或者另外证明表明直接证据具有可采性的任何事实。"印

---

① 何家弘主编：《电子证据法研究》，法律出版社 2002 年版，第 342～343 页。
② 刘品新主编：《美国电子证据规则》，中国检察出版社 2004 年版，第 109～110 页。
③ 刘品新：《中国电子证据立法研究》，中国人民大学出版社 2005 年版，第 118 页。
④ 刘品新：《中国电子证据立法研究》，中国人民大学出版社 2005 年版，第 119 页。

度证据制度的一个主要特色是强调证据的关联性。关于电子证据关联性的规定主要包括自认的关联性、财务账簿中记载的关联性、因履行职责而形成的公共记录中记载的关联性和数字签署意见的关联性。①《1999年信息技术法》专门规定了电子证据的相关推定规则，包括对电子形式的政府公报、电子合同、电子记录与数字签名、电子讯息、有5年历史的电子记录等进行推定。如《1872年证据法》第85c条规定，如果数字签名证明为签名者所接受，则除相反事实获得证明外，法庭应当推定，数字签名证书上列出的信息，除签名者指明未予审核的信息外，均是准确的。在印度，对于电子证据的采纳，主要围绕电子证据真实性和完整性进行，而对电子证据的采信，主要围绕电子证据的关联性进行。②

三、部分国际组织电子数据立法

由于电子商务在国际贸易中的比重和地位日益重要，国家间的相关利益纠纷也日益增多，亟须明确并细化电子数据的地位、鉴证和效力问题，有关国际组织就如何规范电子商务活动中的电子数据相继制定了相关法律。

（一）联合国国际贸易法委员会

联合国国际贸易法委员会（以下简称联合国国际贸法会）为电子商务问题，主要制定了《电子商业示范法》和《电子签字示范法》，两部法律的主要特点是：运用"功能等同法"解决数据电文的书面形式、原件与签字问题；遵循平等对待原则处理电子证据可采性和证明力问题；创设电子证据保全制度。③对于电子证据的书面形式，《电子商业示范法》第6条强调"一项数

---

① 何家弘主编：《电子证据法研究》，法律出版社2002年版，第328～330页。
② 何家弘主编：《电子证据法研究》，法律出版社2002年版，第332页。
③ 皮勇：《电子证据规则研究》，中国人民公安大学出版社2005年版，第30页。

据电文所含信息必须是可以随时查找到以备日后查阅"。对于电子证据的签字问题,《电子商业示范法》第 7 条侧重于对于不同种类和层次的签字方法,选择签字的两种基本功能进行功能等同,一是确定一份文件的制作者的功能,二是证实该制作者同意了该文件内容的功能。对于电子证据原件问题,《电子商业示范法》第 8 条规定,只要一项数据电文满足完整性和可读性要求,即可认为功能上等同于原件。[①] 对于电子证据的可采性和证明力问题,《电子商业示范法》第 5 条规定:"不得仅以某项信息采用数据电文形式为理由而否定其法律效力、有效性或可执行性。"第 9 条规定:"在任何法律诉讼中,证据规则的适用在任何方面均不得以下述任何理由否定一项数据电文作为证据的可接受性:(a) 仅仅以它是一项数据电文为由;(b) 如果它是举证人按合理预期所能得到的最佳证据,以它并不是原样为由。(2) 对于以数据电文为形式的信息,应给予应有的证据力。在评估一项数据电文的证据力时,应考虑到生成、储存或传递该数据电文的办法的可靠性,保持信息完整性的方法的可靠性,用以鉴别发端人的办法,以及任何其他相关因素。"《电子商业示范法》第 10 条规定了电子证据保全的三项条件:一是该项数据电文必须符合以"书面形式"提交的要求;二是该项数据电文不必不变动地留存,但所存储的信息必须精确地反映了当初发出的数据电文;三是所保存的应当是全部信息,除数据电文本身外,还包括某些用以确定具体电文的传送信息。[②]

(二) 欧洲理事会

欧洲理事会于 2001 年 11 月 8 日通过了《网络犯罪公约》。该公约于 2004 年 7 月 1 日生效,是国际社会第一个防范网络犯

[①] 刘品新:《中国电子证据立法研究》,中国人民大学出版社 2005 年版,第 47~50 页。

[②] 刘品新:《中国电子证据立法研究》,中国人民大学出版社 2005 年版,第 52 页。

罪的国际公约，规定了电子证据的适用范围、取证程序和取证措施等内容。该公约所称电子证据限定为网络空间的计算机类证据与通信类证据。取证措施包括对已存储计算机数据的紧急保护、对已存储计算机数据的搜查与扣押、对计算机数据的实时收集、对内容数据的截获、对通讯数据的紧急保护和部分披露、提交令等，如缔约国应当通过立法或者其他必要的措施，确保不论通讯过程涉及多少个服务提供商总能对通信数据进行紧急保护；确保缔约国的主管当局或者其指定人员，能够及时获得足够数量的通信数据，并能确认服务提供商和通讯传输的路径；缔约国应当通过立法或者其他必要措施，授权主管当局命令：（1）其本国领域的人提交本人拥有或控制，并存储在计算机系统或者计算机数据存储介质中的特定计算机数据；（2）在本国领域内提供服务一方提交与其拥有或控制的服务相关的用户信息；缔约国应当通过立法或者其他必要的措施。授权主管当局对国内法规定的一系列严重犯罪：（1）在本国领域内通过技术手段收集或者记录；或者（2）强制服务提供商，在其现有的技术能力范围内，通过技术手段收集或者记录，或者配合有关当局，实时收集或者记录前述内容数据。①

此外，国际商会制定《电传交换贸易统一行为规则》，为 EDI 用户及 EDI 系统的经营者拟定具体的通讯协议创造基础。该规则有助于当事人通过订立通讯协议的方法解决 EDI 涉及的法律困难，包括 EDI 的证据价值、书面形式要求、亲笔签名等。国际商会还制定《国际贸易术语解释通则》，对电子单证的法律地位问题作了明确规定；国际海事委员会制定《电子提单规则》，供无纸贸易当事人协商援用，规定采用该程序的当事人同意电子数据符合书面形式要求，并不再提出合同非书面形式的抗辩；欧盟制定《电子签章指令》，该指令的目的在于降低使用电

---

① 刘品新：《中国电子证据立法研究》，中国人民大学出版社 2005 年版，第 54～56 页。

子签名的困难,并按照非歧视原则承认电子签名的法律效力,成员国应保障电子签章在法律程序上作为证据被接受。①

需要说明的是,相关国际组织关于电子数据的立法基本上属于"软法",是一种国际性规范,其本身不具有法律的强制性,只具有示范性或参考意义,且其在涉及范围上受到限制,其要么仅针对电子商务中的证据问题,要么仅针对犯罪侦查中的证据问题,且条款过于原则,可操作性不强。②

四、电子数据域外立法比较分析

(一) 两大法系电子数据立法的相同点

通过分析比较两大法系国家制定的有关电子数据的立法规定,我们可以发现,大陆法系国家和英美法系国家具有一些电子数据立法的共同特征,如制定具有效力的法律规范、平等对待电子证据和传统证据、大胆启用"功能等同法"解决电子签名和电子原件的法律地位问题等。

1. 都对电子数据证据进行立法规范

随着新技术的不断发展和智能犯罪的不断涌现,两大法系国家都非常注重电子数据在司法实务中的运用,或在原有法律制度的基础上修改、增加、变更、扩充部分条款,如法国在《刑事诉讼法典》中规定收集电子证据的侦查措施,德国在《刑事诉讼法》中规定部分电子证据的取证规则,英国在《1984年警察与刑事证据法》、《1995年民事证据法》和《1999年青少年审判与刑事证据法》中就电子数据打印输出问题作出规定,意大利在《刑事诉讼法》中规定信息联络拦截这一特殊的电子证据取证方法,印度在

---

① 皮勇:《电子证据规则研究》,中国人民公安大学出版社2005年版,第34~35页;刘品新:《中国电子证据立法研究》,中国人民大学出版社2005年版,第58~62页。

② 刘品新:《中国电子证据立法研究》,中国人民大学出版社2005年版,第67~69页。

《1999年信息技术法》专门规定电子证据相关推定规则等；或单独就电子数据问题进行专门立法，日本专门就电子证据取证问题制定《关于犯罪侦查中监听通讯的法律》，加拿大《1998年统一电子证据法》，南非《1983年计算机证据法》等。但无论是单独立法还是通过增加、修改、变更部分条款进行立法，这些法律规定一旦颁布实施即在管辖区内具有强制执行的法律效力。

2. 都明确承认电子数据的证据法律地位

作为一种新的证据形式，电子数据的概念、范围、采纳、采信等问题已引起两大法系的理论界和实务界的普遍关注和高度重视，立法、司法解释、判例等针对电子数据相关问题均作出了积极回应。因此，两大法系都承认电子数据的证据效力，并认为电子数据与传统证据如书证、物证等在证据地位上是同等的。但电子数据与传统证据在运用规则上有所不同，英美法系一般将电子数据分为计算机生成证据、计算机存储证据、计算机生成兼存储证据，并按照实在证据、传闻证据、混合证据的证据规则进行处理；大陆法系则很少全面考虑电子数据，关注较多的是电子数据形式上的问题，即取证程序问题，在运用上多将电子数据转化为传统证据类型如书证等，遵循传统证据规则进行审查判断。

3. 都运用功能等同法和推定方式分别解决电子数据原件和真实性问题

不同国家基本上都是按照联合国国际贸法会提出的"功能等同法"方式应对电子数据原件问题的，即如果某一数据电文是直接输入计算机的，则只要自它首次转成电子形式起保持完整和未予改动，且后来可显示为人们可知的形式，则不违反"原件"要求；如果某一数据电文最初是制成书面文件，而后才输入计算机的，则要求它自制成书面文件时起就必须保持完整性，并且在需要时可打印或显示出来，这样才不违反"原件"的要求。在具体立法规定上，或将具有传统原件基本功能的电子数据纳入"原件"之列，或将其视为符合最佳证据规则要求的证据，或规定不得仅以电子形式为由进行抗辩。在判断电子数据真实性方面均运用间接认定的方式,如果存在计算机系统合格并运行正常、对方当事人认可、负责监控计算机的人作证、电子账簿得到正常保管、电子公共记录系履职时正常制作、电子记录经过可靠电子签名等情形的,均可以推定电子数据真实属实。①

(二) 两大法系电子数据立法的不同点

证据法律制度影响电子数据的立法。大陆法系国家和英美法系两个不同法系国家对证据法律制度认识的差异反映到电子数据立法和司法适用上也呈现出不同的特点。

1. 电子数据立法形式和渊源不同

"大陆法系遵从以自由采信和自由裁量原则为基础的自由心证制度,允许任何有关的、能证明案件真实情况的材料被采用为证据,因此,这些国家的法官可自由裁量是否采纳或采信某一电子证据,而不必拘泥于法律的规定。"②从立法形式上看,大陆法系国家没有专门的电子数据立法,很少从法律上对于电子数据作出明确规定。从立法渊源上看,大陆法系国家一般将电子数据规定在有关的诉讼法中,比较单一。英美法系国家对电子数据具有明确的法律规定。从电子数据的立法形式看,有的在保留原有证据法的基础上,制定新的证据规范扩大证据法的适用范围,但电子数据的采纳和采信依原有的证据法规定进行,如美国的《1999年统一证据规则》;有的制定单独的电子数据法,如加拿大《1998年统一电子证据法》、菲律宾《电子证据规则》、南非《1983年电子证据法》;有的变更有关电子数据的法律规定,如英国的《1984年警察与刑事证据法》、《1995民事证据法》、《1999年青少年审判与刑事证据法》;有的直接修改现有证据法的有关条款,加入电子数据的相关内容,如印度的《1999年信息技术

---

① 刘品新:《中国电子证据立法研究》,中国人民大学出版社2005年版,第135~136页。

② 何家弘主编:《电子证据法研究》,法律出版社2002年版,第393~394页。

法》修正了《1872年证据法》。① 总体而言，英美法系国家电子数据立法形式多元、内容丰富。

2. 电子数据证据规则侧重不同

大陆法系国家的证据法侧重于证据的收集和提取，其主要表现是证据法内容大都与证据调查有关，② 注重完善电子数据的取证规则，"往往是在电子商务立法中有原则性规定，在诉讼法再作涉及电讯的截留、电话的监听等取证规定"。③ 总体而言，大陆法系国家承认电子数据的证据效力，在运用时一般先将其归入传统的证据种类，然后遵循传统证据规则或适当调整进行认证。在电子数据真实性的审查判断方面，大陆法系国家在自由心证证据制度的影响下，由法官结合案件事实进行全面调查，按照一般的经验法则认定电子数据的真实性。在电子数据原件问题方面，大陆法系国家是"按照联合国国际贸法会提出的'功能等同法'方式应对的，或者将具有传统原件基本功能的电子数据纳入'原件'之列"。④ 英美法系国家尤其注重电子数据的可采性规则。"英美法系国家推崇包括诸多证据规则的证据制度，只有符合证据规则规定的各种材料才能被接纳为定案的依据；因此，针对电子证据这种新型证据，英美等国家自然会以直接、间接或判例的方式就其法律问题作出明确的回应与界定。"⑤ 在电子数据真实性的审查判断方面，"只有符合证据规则规定的证据才能被接纳而进入诉讼程序，因此对电子证据英美法系国家自然要考它们与鉴证规则、最佳证据规则及传闻规则等的关系，以直接、间

---

① 何家弘主编：《电子证据法研究》，法律出版社2002年版，第395～397页。
② 刘品新：《中国电子证据立法研究》，中国人民大学出版社2005年版，第134页。
③ 刘品新：《中国电子证据立法研究》，中国人民大学出版社2005年版，第132页。
④ 刘品新：《中国电子证据立法研究》，中国人民大学出版社2005年版，第136页。
⑤ 何家弘主编：《电子证据法研究》，法律出版社2002年版，第394页。

接或判例的方式作出明确的回应与界定"。①

通过对两大法系关于电子数据域外立法的比较分析，我们认为能够对我国电子数据立法起到借鉴吸收作用的比较法经验主要有：（1）注重电子数据立法的顶层设计。两大法系基于法律传统、法律制度和法律原则的不同，对于电子数据立法呈现出不同的立法例，有的在国家诉讼法、证据法中进行补充规定，有的制定专门的电子数据法，但无论采取何种立法例，都是从顶层设计的角度进行规定。我国电子数据立法表现为多层次的法律规范，但目前尚无国家层面的全面系统的电子数据立法。因此，需要全国人大、国务院、"两高"、公安部等国家机关从全国范围电子数据的法律规定实际出发，制定国家层面的电子数据法。（2）突出电子数据取证和认证两方面的法律规制。取证和认证是电子数据运用的两个主要环节，任何一方面都不可偏废。电子数据的技术性和专业性客观上决定了电子数据的收集提取和审查判断具有很高的技术要求和特殊的证据规则，因此需要进行取证和认证的法律规制，强化电子数据可采性和证明力条款的设计，为司法实务提供可操作性的立法指导。（3）借鉴电子数据真实性和完整性的认定方法。真实性和完整性的认定是电子数据认定的重点和难点。两大法系国家都采用推定方式对电子数据的真实性进行侧面的间接认定，如果存在计算机等系统是正常运行的、电子数据是由对其不利的当事人保存的、电子数据是由第三方在正常业务活动中保存的等情形，可以推定电子数据真实完整。我国电子数据立法需要结合司法实践具体细化电子数据真实性和完整性认定的方法。

---

① 刘品新主编：《美国电子证据规则》，中国检察出版社2004年版，第25页。

第三节　我国关于电子数据的主要规定

中国社会主义法律制度具有制定法的传统，接近于大陆法系，也重视司法判例的重要参考作用，具备英美法系的一些特点，因此是自成一体的中国特色社会主义法律体系。在电子数据的立法方面，我国自法律位阶最高的全国人大立法到"两高"司法解释和各部委规定，很少有专门的电子数据立法规定和相关解释，更多的是散见于诉讼法、相关实体法以及行政法规和部门规章中的部分规定。而这些规定和大陆法系相似，侧重于对电子数据的取证和审查判断的规制。同时，检察实务中，各地检察机关也为规范电子数据的收集、鉴定、审查判断等行为，制定了许多地方性规范。

一、全国人大相关规定

全国人大顺应经济和社会发展形势，尤其是信息化发展趋势，不断强化科学立法，推动改革发展。一方面，结合司法实践需要，尤其是电子数据在诉讼过程的司法适用难题，及时修改了刑事诉讼法、民事诉讼法和行政诉讼法等部门法，确立了电子数据的证据地位，在立法上对电子数据作了原则性规定；另一方面，为促进电子商务的发展，从全国性立法的角度，制定了我国首部真正意义上的信息化法律——《电子签名法》，该部法律专门规范电子签名行为。

（一）刑事诉讼法

2012年3月14日第十一届全国人民代表大会第五次会议审议通过了新修改的刑事诉讼法。该法新增电子数据这一证据种类，明确规定电子数据作为与视听资料并列的法定证据种类，并规定行政执法中收集的电子数据可以在刑事诉讼中作为证据使用。该法第 48 条规定："可以用于证明案件事实的材料，都是证据。证据包括：（一）物证；（二）书证；（三）证人证言；（四）被害人陈述；（五）犯罪嫌疑人、被告人供述和辩解；（六）鉴定意见；（七）勘验、检查、辨认、侦查实验等笔录；（八）视听资料、电子数据。证据必须经过查证属实，才能作为定案的根据。"第 52 条第 2 款规定："行政机关在行政执法和查办案件过程中收集的物证、书证、视听资料、电子数据等证据材料，在刑事诉讼中可以作为证据使用。"

（二）民事诉讼法

2012 年 8 月 31 日第十一届全国人大常委会第二十八次会议表决通过了新修改的民事诉讼法。该法新增了电子数据这一证据种类，并将其作为与视听资料相区别的一种独立的法定证据种类，以及电子数据在法庭调查中的出示顺序。该法第 63 条规定："证据包括：（一）当事人的陈述；（二）书证；（三）物证；（四）视听资料；（五）电子数据；（六）证人证言；（七）鉴定意见；（八）勘验笔录。证据必须查证属实，才能作为认定事实的根据。"第 138 条规定："法庭调查按照下列顺序进行：（一）当事人陈述；（二）告知证人的权利义务，证人作证，宣读未到庭的证人证言；（三）出示书证、物证、视听资料和电子数据；（四）宣读鉴定意见；（五）宣读勘验笔录。"

（三）行政诉讼法

2014 年 11 月 1 日第十二届全国人大常委会第十一次会议表决通过了新修改的行政诉讼法。该法也新增了电子数据这一证据种类，并将其作为一种独立的法定证据种类。该法第 33 条规定"证据包括：（一）书证；（二）物证；（三）视听资料；（四）电子数据；（五）证人证言；（六）当事人的陈述；（七）鉴定意见；（八）勘验笔录、现场笔录。以上证据经法庭审查属实，才能作为认定案件事实的根据。"

（四）合同法

1999年3月15日，第九届全国人民代表大会第二次会议审议通过合同法。该法将部分电子数据表现形式（如电子邮件、电子数据交换）规定为书面形式的内容。该法第11条规定："书面形式是指合同书、信件和数据电文（包括电报、电传、传真、电子数据交换和电子邮件）等可以有形地表现所载内容的形式。"

（五）电子签名法

2015年4月24日，第十二届全国人民代表大会常务委员会第十四次会议审议通过了新修改的电子签名法。该法明确规定电子签名的法律效力、电子签名所需要的技术和法理条件、电子商务认证机构和行为以及电子商务交易双方和认证机构在电子签名活动中的权利义务和行为规范等内容。如该法第2条明确电子签名与数据电文的含义，规定："本法所称电子签名，是指数据电文中以电子形式所含、所附用于识别签名人身份并表明签名人认可其中内容的数据。本法所称数据电文，是指以电子、光学、磁或者类似手段生成、发送、接收或者储存的信息。"第3条明确电子签名的法律效力，规定："民事活动中的合同或者其他文件、单证等文书，当事人可以约定使用或者不使用电子签名、数据电文。当事人约定使用电子签名、数据电文的文书，不得仅因为其采用电子签名、数据电文的形式而否定其法律效力……"第13条确定电子签名的条件，规定："电子签名同时符合下列条件的，视为可靠的电子签名：（一）电子签名制作数据用于电子签名时，属于电子签名人专有；（二）签署时电子签名制作数据仅由电子签名人控制；（三）签署后对电子签名的任何改动能够被发现；（四）签署后对数据电文内容和形式的任何改动能够被发现。当事人也可以选择使用符合其约定的可靠条件的电子签名。"

二、司法解释相关规定

在电子数据被赋予明确的法律地位,确立为法定证据种类之前,最高人民法院、最高人民检察院、公安部、国家安全部、司法部等部门根据立法规定,结合司法实践经验,针对实务操作中适用广泛的电子证据的取证、鉴定、审查判断等问题,联合或单独制定若干司法解释,为电子证据的司法实务操作提供了规范和指导。

(一)关于办理刑事案件收集提取和审查判断电子数据若干问题的规定

2016年9月20日,最高人民法院、最高人民检察院和公安部首先在刑事诉讼领域,制定规范电子数据收集提取和审查判断的专门性解释——《关于办理刑事案件收集提取和审查判断电子数据若干问题的规定》,这也是我国首部关于电子数据证据的专门性规定。该规定详细规定了电子数据的含义、收集提取程序、移送与展示、审查判断内容和方法等。(1)明确电子数据的内涵。电子数据是案件发生过程中形成的,以数字化形式存储、处理、传输的,能够证明案件事实的数据。以数字化形式记载的证人证言、被害人陈述以及犯罪嫌疑人、被告人供述和辩解等证据,不属于电子数据。(2)规范电子数据收集提取程序。收集、提取电子数据,应当由二名以上侦查人员进行。取证方法应当符合相关技术标准。收集、提取电子数据,能够扣押电子数据原始存储介质的,应当扣押、封存原始存储介质,并制作笔录,记录原始存储介质的封存状态。(3)强化电子数据的保全。在收集、提取电子数据过程中,办案人员可通过扣押、封存电子数据原始存储介质,计算电子数据完整性校验值,制作、封存电子数据备份,冻结电子数据,对收集、提取电子数据的相关活动进行录像等方式方法对可作为证据使用的电子数据进行保护。(4)规定电子数据的冻结措施。当具有数据量大,无法或者不便提取的；提取时间长，可能造成电子数据被篡改或者灭失的；通过网络应用可以更为直观地展示电子数据的，或有其他需要冻结的情形时，经县级以上公安机关负责人或者检察长批准，可对电子数据实施冻结。冻结电子数据，应当制作《协助冻结通知书》，注明冻结电子数据的网络应用账号等信息，送交电子数据持有人、网络服务提供者或者有关部门协助办理。（5）规定电子数据检查和鉴定方法。对扣押的原始存储介质或者提取的电子数据，可以通过恢复、破解、统计、关联、比对等方式进行检查。对电子数据涉及的专门性问题难以确定的，由司法鉴定机构出具鉴定意见，或者由公安部指定的机构出具报告。对于检察院直接受理的案件，也可以由最高人民检察院指定的机构出具报告。（6）规范电子数据的移送和展示。收集、提取的原始存储介质或者电子数据，应当以封存状态随案移送，并制作电子数据的备份一并移送。公安机关报请检察院审查批准逮捕犯罪嫌疑人，或者对侦查终结的案件移送检察院审查起诉的，应当将电子数据等证据一并移送检察院。控辩双方向法庭提交的电子数据需要展示的，可以根据电子数据的具体类型，借助多媒体设备出示、播放或者演示。必要时，可以聘请具有专门知识的人进行操作，并就相关技术问题作出说明。（7）细化电子数据审查判断方法和内容。检察院、法院应当围绕真实性、合法性、关联性审查判断电子数据。其中，在电子数据真实性上，应当着重审查是否移送原始存储介质；在原始存储介质无法封存、不便移动时，有无说明原因，并注明收集、提取过程及原始存储介质的存放地点或者电子数据的来源等情况；电子数据是否具有数字签名、数字证书等特殊标识；电子数据的收集、提取过程是否可以重现；电子数据如有增加、删除、修改等情形的，是否附有说明；电子数据的完整性是否可以保证等内容。

（二）关于适用《中华人民共和国刑事诉讼法》的解释

2012 年 11 月 5 日，最高人民法院审判委员会第 1559 次会议通过最高人民法院《关于适用〈中华人民共和国刑事诉讼法〉

的解释》。该司法解释规定行政机关收集的电子数据可以作为定案证据以及对电子数据的具体审查判断要求。该解释第 65 条规定，行政机关在行政执法和查办案件过程中收集的电子数据经法庭查证属实，且收集程序符合有关法律、行政法规规定的，可以作为定案的根据；第 93 条对电子数据规定了是否随原始存储介质移送、收集程序和方式是否符合法律及有关技术规范、内容是否真实、与案件事实有无关联、是否全面收集等 5 个方面的审查内容，对于有疑问的电子数据应当进行鉴定或检验；第 94 条规定，经审查无法确定真伪的和制作、取得的时间、地点、方式等有疑问，不能提供必要证明或者作出合理解释的电子数据不能作为定案的依据。

（三）人民检察院刑事诉讼规则（试行）

2012 年 10 月 16 日，最高人民检察院第十一届检察委员会第八十次会议通过《人民检察院刑事诉讼规则（试行）》。该规则明确行政机关收集的电子数据可以在刑事诉讼中作为证据使用、电子数据的保管和使用要求、审查判断电子数据的主要方法等。该规则第 64 条规定，行政机关在行政执法和查办案件过程中收集的电子数据，应以该机关名义移送并经检察机关审查符合法定要求的，可以作为证据使用；第 228 条规定，查获的电子数据的放置和存储地点应当拍照并有文字说明，必要时可以录像；第 238 条规定，作为证据使用的电子数据存储介质应当记明案由、对象、内容等，妥为保管，制作清单，随案移送；第 370 条规定，对存在疑问的电子数据可以要求侦查人员提供获取、制作的有关情况，必要时可以提供电子数据的人员和见证人，对电子数据进行技术鉴定；第 434 条规定，公诉人应当在法庭播放作为证据的电子数据。

另外，最高人民检察院还制定了《人民检察院电子证据鉴定程序规则（试行）》和《人民检察院电子证据勘验程序规则（试行）》等。其中，《人民检察院电子证据鉴定程序规则（试行）》专门规范了电子证据鉴定方面的工作，包括电子证据的含义、鉴定范围、受托与受理、检验鉴定、检验鉴定文书等方面的程序和规范。电子证据是指由电子信息技术应用而出现的各种能够证明案件真实情况的材料及其派生物。电子证据鉴定范围包括：(1) 电子证据数据内容一致性的认定；(2) 对各类存储介质或设备存储数据内容的认定；(3) 对各类存储介质或设备已删除数据内容的认定；(4) 加密文件数据内容的认定；(5) 计算机程序功能或系统状况的认定；(6) 电子证据的真伪及形成过程的认定；(7) 根据诉讼需要进行的关于电子证据的其他认定。检验鉴定应当由两名以上鉴定人员进行。必要时，可以指派或者聘请其他具有专门知识的人员参加。检验鉴定完成后，应当制作检验鉴定文书。检验鉴定文书包括鉴定书和检验报告，经检验鉴定确定的电子证据作为检验鉴定文书的附件。

(四) 关于办理死刑案件审查判断证据若干问题的规定

2010年7月1日，最高人民法院、最高人民检察院、公安部、国家安全部、司法部联合制定出台《关于办理死刑案件审查判断证据若干问题的规定》。该规定第29条具体列举了电子证据的几种常见表现形式并规定了电子证据的审查内容。对于电子邮件、电子数据交换、网上聊天记录、网络博客、手机短信、电子签名、域名等电子证据，应当主要审查以下内容：(1) 该电子证据存储磁盘、存储光盘等可移动存储介质是否与打印件一并提交；(2) 是否载明该电子证据形成的时间、地点、对象、制作人、制作过程及设备情况等；(3) 制作、储存、传递、获得、收集、出示等程序和环节是否合法，取证人、制作人、持有人、见证人等是否签名或者盖章；(4) 内容是否真实，有无剪裁、拼凑、篡改、添加等伪造、变造情形；(5) 该电子证据与案件事实有无关联性。对电子证据有疑问的，应当进行鉴定。对电子证据，应当结合案件其他证据，审查其真实性和关联性。

第一章 电子数据的基本理论与立法综述

（五）关于办理网络犯罪案件适用刑事诉讼程序若干问题的意见

2014年5月4日，最高人民法院、最高人民检察院、公安部联合制定出台《关于办理网络犯罪案件适用刑事诉讼程序若干问题的意见》。该意见第13条至第18条规定了电子证据的取证程序和审查方法。规定收集、提取电子数据，应当由二名以上具备相关专业知识的侦查人员进行。取证设备和过程应当符合相关技术标准，并保证所收集、提取的电子数据的完整性、客观性。收集、提取电子数据，能够获取原始存储介质的，应当封存原始存储介质，并制作笔录，记录原始存储介质的封存状态，由侦查人员、原始存储介质持有人签名或者盖章；持有人无法签名或者拒绝签名的，应当在笔录中注明，由见证人签名或者盖章。有条件的，侦查人员应当对相关活动进行录像。收集、提取电子数据应当制作笔录，记录案由、对象、内容，收集、提取电子数据的时间、地点、方法、过程，电子数据的清单、规格、类别、文件格式、完整性校验值等，并由收集、提取电子数据的侦查人员签名或者盖章。远程提取电子数据的，应当说明原因，有条件的，应当对相关活动进行录像。通过数据恢复、破解等方式获取被删除、隐藏或者加密的电子数据的，应当对恢复、破解过程和方法作出说明。收集、提取的原始存储介质或者电子数据，应当以封存状态随案移送，并制作电子数据的复制件一并移送。对文档、图片、网页等可以直接展示的电子数据，可以不随案移送电子数据打印件，但应当附有展示方法说明和展示工具；人民法院、人民检察院因设备等条件限制无法直接展示电子数据的，公安机关应当随案移送打印件。对侵入、非法控制计算机信息系统的程序、工具以及计算机病毒等无法直接展示的电子数据，应当附有电子数据属性、功能等情况的说明。对数据统计数量、数据同一性等问题，公安机关应当出具说明。对电子数据涉及的专门性问题难以确定的，由司法鉴定机构出具鉴定意见，或者由公安部指定的机构出具检验报告。

(六) 关于办理网络赌博犯罪案件适用法律若干问题的意见

2010年8月31日,最高人民法院、最高人民检察院、公安部联合颁布《关于办理网络赌博犯罪案件适用法律若干问题的意见》。该意见第五部分规定侦查机关对电子证据的收集和保全要求。侦查机关对于能够证明赌博犯罪案件真实情况的网站页面、上网记录、电子邮件、电子合同、电子交易记录、电子账册等电子数据,应当作为刑事证据予以提取、复制、固定。侦查人员应当对提取、复制、固定电子数据的过程制作相关文字说明,记录案由、对象、内容以及提取、复制、固定的时间、地点、方法,电子数据的规格、类别、文件格式等,并由提取、复制、固定电子数据的制作人、电子数据的持有人签名或者盖章,附所提取、复制、固定的电子数据一并随案移送。对于电子数据存储在境外的计算机上的,或者侦查机关从赌博网站提取电子数据时犯罪嫌疑人未到案的,或者电子数据的持有人无法签字或者拒绝签字的,应当由能够证明提取、复制、固定过程的见证人签名或者盖章,记明有关情况。必要时,可对提取、复制、固定有关电子数据的过程拍照或者录像。

此外,最高人民法院《关于民事诉讼证据的若干规定》,最高人民法院《关于行政诉讼证据若干问题的规定》,最高人民法院、最高人民检察院《关于办理危害计算机信息系统安全刑事案件应用法律若干问题的解释》,最高人民法院、最高人民检察院《关于办理利用互联网、移动通讯终端、声讯台制作、复制、出版、贩卖、传播淫秽电子信息刑事案件具体应用法律若干问题的解释》等相关司法解释也有关于电子数据的部分规定。

三、部委相关规定

公安部、信息产业部、国家工商行政管理总局、国家税务总局、交通部等部门在各自的管理权限和职责范围内,围绕各自领域内可能涉及的电子数据的鉴定、互联网电子公告服务服务管理和上网服务营业场所管理、电子数据取证、电子数据处理、电子数据交换等工作，也分别制定了若干规定和管理办法。这些规定和管理办法是我国电子数据法律体系的一部分。

（一）计算机犯罪现场勘验与电子证据检查规则等规定

2005年，公安部颁布施行《计算机犯罪现场勘验与电子证据检查规则》。该规则共7章39条，对勘验检查、鉴定的对象、主体、过程、手段等方面都制定了比较详细的操作要求。其中，第3条规定计算机犯罪现场勘验与电子证据检查的内容，主要包括现场勘验检查、远程勘验和电子证据检查。第4条规定了计算机犯罪现场勘验与电子证据检查的任务，即发现、固定、提取与犯罪相关的电子证据及其他证据，进行现场调查访问，制作和存储现场信息资料，判断案件性质，确定侦查方向和范围，为侦查破案提供线索和证据。该规则第三章至第七章详细规定了电子证据的固定与封存、电子证据现场勘验检查、目标网站远程勘验检查、电子证据检查分析以及勘验检查记录制作的具体方法等内容。第14条规定固定存储媒介和电子数据包括完整性校验、备份、封存三种方式。第15条规定现场勘验检查程序包括：保护现场、收集证据、提取和固定易丢失数据、在线分析、提取固定证物。第23、24条规定远程勘验过程中提取的目标系统状态信息、目标网站内容以及勘验过程中生成的其他电子数据，应当计算其完整性校验值并制作《固定电子证据清单》。采用录像、照相、截获计算机屏幕内容等方式记录远程勘验过程中提取、生成电子证据等关键步骤。第26条规定办案人员将电子证据移交给检查人员时应同时提供《固定电子证据清单》和《封存电子证据清单》的复印件，检查人员应当对电子证据进行完整性检查。可以说，《计算机犯罪现场勘验与电子证据检查规则》第一次正式规定了电子证据的分析检查原则、方法和程序。

2008年6月1日，公安部颁布施行《公安机关电子数据鉴定规则》。该规则专门规范了公安机关电子数据鉴定工作，规定了电子数据的含义、鉴定机构和鉴定人、回避、委托与受理、鉴定种类和程序、鉴定文书等方面的内容。电子数据，是指以数字化形式存储、处理、传输的数据。省级以上公安机关公共信息网络安全监察部门和有条件的地市级公安机关公共信息网络安全监察部门可以设立电子数据鉴定机构。公安部对电子数据鉴定人实行鉴定人资格管理制度。鉴定委托单位送检时应当向电子数据鉴定机构提交下列材料：（1）《电子数据鉴定委托登记表》；（2）证明送检人身份的有效证件；（3）委托鉴定的检材；（4）鉴定人要求提供的与鉴定有关的其他材料。公安机关电子数据鉴定机构接到鉴定委托时，应当审查以下内容：（1）委托主体和有关手续是否符合要求；（2）送检材料有无鉴定条件；（3）核对送检材料的名称、数量；（4）《固定电子证据清单》中的完整性校验值是否正确；（5）《封存电子证据清单》记载的内容与送检的原始电子设备或原始存储媒介的封存状况是否一致。电子数据鉴定分为首次鉴定、补充鉴定、重新鉴定。电子数据鉴定应当由两名以上鉴定人员参加。必要时，可以指派或者聘请具有专门知识的人协助鉴定。电子数据鉴定机构应当在十四个工作日内完成鉴定，出具鉴定文书；法律法规另有规定或者情况特殊的，经鉴定机构负责人批准可以适当延长时间，但应当及时向鉴定委托单位说明原因。鉴定完毕后，鉴定人应当制作《电子数据鉴定书》。电子数据鉴定能够作出明确结论的，《电子数据鉴定书》应当写明鉴定结论；因鉴定条件不足或者其他原因无法作出明确结论的，《电子数据鉴定书》可出具鉴定意见。

此外，2012年12月3日公安部部长办公会议通过修改后的《公安机关办理刑事案件程序规定》和《公安机关办理行政案件程序规定》。两部规定的部分条文涉及电子数据问题。《公安机关办理刑事案件程序规定》第56条和《公安机关办理行政案件程序规定》第23条依照刑事诉讼法规定，都肯定了电子数据的法定证据地位。在勘验检查、搜查、查封扣押、鉴定等侦查措施和行政措施中规定了电子数据的相关内容，如《公安机关办理刑事案件程序规定》第 227 条规定，扣押犯罪嫌疑人的电子邮件应当经县级以上公安机关负责人批准，制作扣押邮件通知书，通知网络服务单位检交扣押。《公安机关办理行政案件程序规定》第 28 条规定，电子数据的复制件应当附有关制作过程及原件、原物存放处的文字说明，并由制作人和物品持有人或者持有单位有关人员签名。

（二）互联网电子公告服务服务管理规定

2000 年 10 月 8 日，信息产业部第四次部务会议通过《互联网电子公告服务服务管理规定》。电子公告服务，是指在互联网上以电子布告牌、电子白板、电子论坛、网络聊天室、留言板等交互形式为上网用户提供信息发布条件的行为。电子公告服务提供者应当记录在电子公告服务系统中发布的信息内容及其发布时间、互联网地址或者域名。记录备份应当保存 60 日，并在国家有关机关依法查询时，予以提供。互联网接入服务提供者应当记录上网用户的上网时间、用户账号、互联网地址或者域名、主叫电话号码等信息，记录备份应当保存 60 日，并在国家有关机关依法查询时，予以提供。

（三）关于工商行政管理机关电子数据证据取证工作的指导意见

2011 年 12 月 12 日，国家工商行政管理总局制定《关于工商行政管理机关电子数据证据取证工作的指导意见》。该意见就工商行政管理机关电子数据证据取证工作提出指导意见，规定了电子数据取证方法和取证程序等方面的内容。电子证据是指以电子数据的形式存在于计算机存储器或外部存储介质中，能够证明案件真实情况的电子数据证明材料或与案件有关的其他电子数据材料。执法人员应当收集电子证据的原始载体。收集原始载体有困难的，可以采用书式固定、拍照摄像、拷贝复制、委托分析等四种方式取证，取证时应当注明制作方法、制作时间、制作人和证明对象等。工商行政管理机关查处违法案件涉及电子证据时，执法人员在案件现场应制作现场检查记录，现场检查记录应客观、详细、真实地记录计算机系统中显示与违法事实相关的内容和储存位置。在案件调查阶段制作询问笔录中，对于现场检查记录、打印书证、拷贝复制文件时已经取得的电子证据内容，应专门询问案件当事人，并详细记载回答内容，使询问笔录与其他证据相互印证。根据法律、法规的规定，执法人员对于专门用于违法经营的计算机系统中发现涉及违法经营的证据材料，经报请批准，可以直接对计算机及相关设备进行查封或扣押，防止案件当事人损毁、破坏数据。

（四）税务系统电子数据处理管理办法（试行）

2006年2月20日，国家税务总局发布《税务系统电子数据处理管理办法（试行）》。该办法专门规范税务系统电子数据处理工作，规定电子数据的采集、传输、存储、备份和恢复、维护、安全管理、加工和使用等方面的内容。电子数据是指通过计算机应用系统采集、加工而产生的各类数据，以及以各种方式接收的外部数据。电子数据处理工作包括数据采集、数据传输、数据存储、数据的备份和恢复、数据维护、数据安全管理、数据的加工和使用。数据采集工作主要集中在各应用系统的操作环节，为保证数据质量，各应用系统的数据录入应遵循及时性、完整性和准确性的原则，严格以原始资料为依据，做到数据真实无误，并且逻辑相符。各级信息技术部门应加强对各类数据存储和备份的管理，以保障应用系统的正常运行，保存完整的历史数据。数据安全管理的内容包括数据访问的身份验证、权限管理及数据的加密、保密、日志管理、网络安全等。数据加工包括：数据的抽取、集中、归类、比对、统计，并以报表、图形、文字等形式展现数据处理结果。数据使用单位和人员必须严格按照授权使用数据，负责管理本单位、本人口令，不得越权使用数据；不得采取任何方法破坏数据；对所使用的涉密数据负有保密责任；对外公布数据必须经办公厅（室）审核，并报局领导审批，不得擅自对外公布数据。

此外，交通部《海上国际集装箱运输电子数据交换管理办法》、《海上国际集装箱运输电子数据交换协议规则》、《海上国际集装箱运输电子数据交换电子报文替代纸面单证管理规则》、《海上国际集装箱运输电子数据交换报文传递和进出口业务流程规定》等部门规章就海上国际集装箱传输电子数据交换问题进行了规定。国务院为加强对互联网信息服务和计算机信息网络国际联网的管理颁布了《互联网信息服务管理办法》、《计算机信息网络国际联网管理暂行规定实施办法》、《互联网上网服务营业场所管理条例》等。

四、各地相关规定

在两高一部《电子数据规定》这一规范电子数据的专门法律规定出台之前，在刑事诉讼领域，各省、市、区人民检察院为规范和指导电子数据的取证、勘验检查、鉴定、审查等工作，进行了适应本地发展和司法实践需要的有益探索，制定了适用于本级和辖区检察院的规定。我们在部分省市检察院的支持和帮助下收集了相关检察院有关电子数据的规定。限于文章篇幅，这里简要介绍北京、上海和浙江三地部分省市检察院关于电子数据的相关规定。

（一）北京

北京市人民检察院制定《北京市检察机关电子数据取证工作规定》。该规定对电子数据取证范围、取证方式、取证人员职责和取证程序等进行规范。其中，电子数据取证的范围包括：获取或恢复存储介质或设备数据内容；获取或恢复手机、SIM卡数据内容；分析、判断计算机程序功能或系统状态；分析、判断电子数据的真伪及形成过程；分析、判断加密文件数据内容；获取、分析和判断应用互联网形成的数据；获取、分析和判断调取的涉案电子数据；根据案件侦查、调查的要求进行电子数据的其他获取、恢复、分析、判断和审查。电子数据取证的方式主要包括：（1）搜查。案件承办人员对犯罪嫌疑人以及可能隐藏罪犯或者犯罪证据的人的住处、工作地点和其他有关的地方进行搜查时，可以委托检察技术部门实施电子数据及其载体的搜查。对于查获的重要电子数据及其载体，应当注明其存储位置、数量等特征，必要的时候可以拍照或者录像。检察技术人员协助案件承办人员完成电子数据及其载体的搜查工作后，应当协助案件承办人员制作相应的搜查笔录。（2）调取、查封、扣押。确有必要向有关单位和个人调取能够证明犯罪嫌疑人有罪或者无罪以及犯罪情节轻重的电子数据的，案件承办部门可以委托检察技术部门向有关单位和个人调取电子数据。应当调取原件，取得原件确有困难或者因保密需要不能调取原件的，可以调取副本或者复制件，出具《调取证据通知书》，严格按照操作规范对电子数据予以固定，并制作《调取证据清单》，注明电子数据的名称、哈希值特征码、数量等。对于应当查封、扣押并且具备查封、扣押条件的电子设备、储存介质，案件承办部门可以委托检察技术部门实施，并给予必要的协助。调取、查封、扣押的电子数据或者电子数据载体应当密封保存，案件承办人应当根据办案需要及时委托检察技术部门出具鉴定报告。启封时，应当有见证人或者持有人在场并且签名或者盖章。（3）现场勘验。对于不具备查封、扣押条件的，经案件承办人员同意，检察技术人员可以进行电子数据现场勘验。现场勘验应当按照场所勘验、电子设备或存储介质勘验、数据勘验的顺序进行，并通过文字、照相等进行记录。必要时可以对活动情况进行录像。对电子数据场所进行勘验的，应当记录电子数据的现场环境，电子设备或存储介质的存放地点、方位等。对电子设备或存储介质进行勘验的，应当记录电子设备或存储介质的名称、品牌、型号、数量、序列号，以及设备运行状况等。进行现场数据勘验时，应当记录目标系统、设备和工具的名称、版本号、系统时间及误差等信息，发现涉案数据位于异地目标系统的，可以进行远程数据勘验。进行远程数据勘验的，还应当记录目标网络地址、网络域名、网络路径等信息。固定与案件相关的数据,可以通过打印、拍照、录像或者完整性校验进行。(4) 实验室检验。对于需要进行数据检验的,应当运用实验室工具进行检验分析,完成委托要求。进行实验室检验,应当在调取、查封、扣押、现场勘验后10个工作日内完成。特殊情况不能完成的,经主管检察长批准,可以适当延长,并告知委托单位。对于实验室检验活动,应当制作《电子数据实验室检验工作记录》。

北京市人民检察院第一分院制定《电子数据技术协查工作实施办法》。该办法明确了电子数据技术协查的概念及协查的主要内容、电子数据技术协查工作的范围及协查方式、电子数据技术协查人员的职责、电子数据技术协查委托受理的程序和要求,规范了技术协查的各环节具体操作流程、技术协查的终结报告以及辅助性问题。技术协查五个重要环节分别是:(1) 扣押(查封)。对于需要扣押(查封)且具备扣押(查封)条件的电子设备、存储介质,技术人员可根据案件承办人的要求予以技术协助。(2) 现场勘验(搜查)。电子数据现场勘验活动由案件承办人统一指挥,技术人员实施,应当根据技术协查委托事项进行,必须严格遵守专业技术规程和要求。电子数据现场勘验活动应当按照场所勘验、电子设备或存储介质勘验、数据勘验的顺序进行。(3) 调取证据。对于需要向有关单位、个人调取电子数据的,由案件承办人主持,可以委托技术人员协助向调取单位、个人说明技术要求、协助操作调取电子数据、协助制作或审查《调取证据清单》。(4) 实验室检验。对于需要进行电子数据检验的,应当运用实验室工具进行检验分析。对于电子数据实验室检验活动,技术人员应当制作《电子数据实验室检验工作记录》。(5) 审查证据。对于需要作为证据的电子数据鉴定意见等文书材料,案件承办人认为存在疑问或有必要的,应当进行电子数据文证审查。完成电子数据文证审查的,技术人员应当制作《电子数据文证审查意见》;对于需要进行电子数据复检的文证审查工作,技术人员应当制作《电子数据文证审查工作记录》。

北京市人民检察院第二分院技术处制定《检验鉴定工作规则》。该规则明确检察技术包括法医、文检、司法会计、视听技术、计算机技术等五个专业门类。检察技术处对公安机关移送审查逮捕、起诉案件中出具的鉴定材料进行文证审查，并参与公安机关对重、特大案件的现场勘验。严格执行案件受理程序，各检察业务部门对承办案件的物证需要检验鉴定的，应填写《检验鉴定委托书》，并由处室负责人签字后，送交技术处进行检验鉴定。严格遵守检验的操作规程和各项规定，一般案件7日内作出结论意见，特殊情况经领导批准可适当延长时间。检验鉴定结论意见应集体讨论作出，书面结论意见须经处负责人签发，委托部门对结论有异议的，由鉴定人负责解释。重大、疑难案件应报上级技术部门共同解决，必要时可邀请专家会检。必要时，鉴定人应出席法庭作证。

此外，北京市丰台区人民检察院还制定《电子数据取证实施细则（试行）》、《丰台区人民检察院受理司法鉴定程序规定》、《电子物证鉴定实验室管理规定》、《电子物证鉴定实验室工作规范》、《电子数据云平台操作规程》、《电子数据实验室管理规定》等规范性文件，建立工作日志制度、云平台使用日志制度，严格权限管理，从而在制度上确保检验鉴定流程有章可循，人员管理有据可依，关键操作有迹可查。

（二）上海

上海市人民检察院制定《关于在办案中加强电子证据勘验检查、审查和鉴定工作的若干意见》。该意见对电子证据的勘验检查、鉴定和审查问题进行规定。（1）当出现勘验、搜查中涉及的电子设备或存储介质，需要固定、提取与案件关联的电子数据，网络犯罪案件中需要对计算机网络系统实施勘验，以固定、提取与犯罪有关联的电子数据，以及侦查中接收、调取、扣押、收集的证据中涉及电子证据需要检查三种情形时，办案部门应当提交《勘验检查委托书》，一般应提前一个工作日通知技术部门协助勘验、检查。涉及电子证据现场勘验的，检察人员应当及时封存、保护现场涉及电子证据的各类存储介质和设备，并及时通知技术人员到场，合法、规范地收集电子证据，确保电子证据的完整性、真实性和原始性。技术人员参与勘验检查时，检察人员应当向技术人员介绍基本案情。技术人员应当根据办案部门要求，提取、收集、固定与案件相关的电子证据材料，拍摄现场照片或绘制现场图，并制作电子证据勘验检查笔录。必要时，对提取、收集、固定电子证据材料的过程进行同步录像。（2）当出现公安机关移送的涉案电子设备或存储介质未经检验鉴定，检察机关自行侦查过程中接收、收集、调取和扣押的电子设备或存储介质，需作为证据使用，以及民事检察、监所检察案件中涉及电子证据，需要进行检验鉴定等情形时，办案部门应提交《鉴定委托书》，委托市院司法鉴定中心进行检验鉴定。检察人员应当向鉴定人介绍案情，鉴定人可以进一步了解案情，查阅案卷，参与询问或讯问。（3）当出现对案件定性或量刑起关键作用的电子证据鉴定意见，承办人、犯罪嫌疑人、法定代理人等诉讼参与人对案件中电子证据检验鉴定意见提出异议，重大疑难案件中涉案的电子证据能够与其他证据相互印证，有利于补强证据，以及死刑案件中涉及的相关电子证据需要审查等情形时，办案部门应提交《电子证据审查委托书》，委托技术部门进行审查。审查前，检察人员应当向鉴定人介绍基本案情，鉴定人可以查阅案卷，参与询问或讯问。对于原检验鉴定意见，鉴定人应当从程序的合法性、依据的真实性、内容的完整性、方法的科学性、文书的规范性进行审查。根据审查结果，鉴定人应当分别作出维持原鉴定意见、建议补充鉴定、重新鉴定或复验、复查的意见，并出具《电子证据审查意见书》。必要时，鉴定人可以对送审的检验结果进行验证，验证应当严格按照技术规范操作，并制作工作记录。

上海市人民检察院制定《关于加强和规范技术办案的规定》。该规定明确技术办案就是为查明案情，采取司法鉴定、文证审查、技术协助等手段解决案件中的专门性问题。业务部门需要运用技术办案的，经部门负责人同意，向市院司法鉴定中心提出书面委托；情况紧急，采取口头委托的，应当在委托后三日内补齐书面委托手续。市院司法鉴定中心受理技术办案后，应当在法定的期限内完成并出具检验、鉴定报告、文证审查意见书；技术咨询的，一般口头答复，但应当做好答复记录。检委会讨论疑难复杂案件，涉及技术性问题的，专业技术人员根据通知列席检委会，并就技术性问题发表意见。根据人民法院出庭通知，鉴定人应当出庭就出具的鉴定意见作证；有专门技术的人就鉴定人的鉴定意见提出意见。自侦部门在立案侦查职务犯罪中、刑检部门在审查逮捕和审查起诉中、监所部门在执法监督中以及业务部门在执法办案中如存在技术办案需要的，应当发起技术办案。

此外，上海市人民检察院还制定《2014—2016年上海检察技术工作发展规划》明确提出，要全面推进检察技术应用于执法办案，深化检察技术在职务犯罪侦查中的作用，突出技术证据鉴定、审查在诉讼监督中的作用，发挥专业技术人员出庭质证作用，扩大检察技术工作影响力，要创建一类司法鉴定实验室，增加专业门类和应用领域，建立健全各专业门类协同办案工作机制，进一步加强司法鉴定中心管理层，设立法医、物证技术、视听技术三个专业室和一个负责质量管理的质量控制室，要加强全市技术人员资源整合力度，加强基层基础建设。

(三) 浙江

浙江省人民检察院制定《浙江省检察机关电子数据技术工作规则（试行）》。该规则规范了电子数据勘验检查、检验鉴定、证据审查和技术协助等四项工作。（1）勘验检查。应当在检察机关办案人员的主持下进行，并邀请两名与案件无关的公民作见证人。实施勘验检查前，检察技术人员应当根据办案部门委托要求和案件实际情况，明确勘验检查对象、范围，制定勘验检查方案。现场勘验应当详细记录勘验地点、现场环境，电子数据存储介质或设备的存放地点、方位等，并拍摄现场照片或绘制现场图。勘验检查应当严格按照技术规范实施，并及时提取、收集、固定与案件相关的电子数据存储介质或设备等电子数据材料或者物品。对提取的电子数据材料或者物品应当场封存,由提取人在封条或密封件上签名或者盖章,需要进一步检验的应当送交检验鉴定。必要时,可以对提取过程进行录像。(2)检验鉴定。开展电子数据检验鉴定前,应当制作《电子数据检材清单》,检材未采取封存措施或记录材料不全的应当予以注明。检验鉴定过程应当严格按照技术规范操作,并制作《电子数据检材使用和封存记录》和相应的工作记录。检验鉴定过程中遇到重大、疑难、复杂的专门性问题时,经分管检察长或检察长批准,检察技术部门可以组织会检鉴定。(3)证据审查。电子数据证据审查应当审查以下内容:文书制作机构和制作人是否具备相应资格,工作程序是否合法;文书所依据的材料是否真实、完整、充分,来源是否合法;文书是否规范,内容是否全面,相互之间是否存在矛盾;运用的检验或勘验方法是否科学,过程是否规范,能否得出相应的结论或意见等。检察技术人员可以对送审的电子数据类证据进行验证,验证应当严格按照检验鉴定规范进行,并制作相应的工作记录。(4)技术协助。检察技术人员根据检察机关办案部门需要,对查封、扣押电子设备或存储介质及复制、提取、恢复电子数据等不属于勘验检查、检验鉴定和证据审查的其他技术活动进行技术协助。根据技术协助内容的不同情形,可以分别进行拍照、录像、绘制图示、制作工作记录等工作。

浙江省人民检察院制定《浙江省检察机关电子数据现场勘查取证操作规范(试行)》。该规范规定电子数据现场勘查取证工作。电子数据现场勘查取证是指受办案部门委托,在犯罪嫌疑人办公场所、住所等地点,对可能含有与犯罪案件有关电子数据的电子设备、存储介质等进行现场勘查取证。主要包括三个环节:(1)前期准备。在进行电子数据现场勘查取证的前期准备时,应了解以下几方面情况:案件的基本案情;现场所在位置及相关环境;现场可能存在的人员;取证对象的范围大小及可能的电子设备和存储介质类型;其他应事先掌握的与现场勘查相关的情况。（2）发现和收集证据。到达现场后，应协同配合侦查人员保护现场，以保证电子数据的完整性。在现场勘查时，应通过录像或拍照的方式固定现场环境，并记录所收集的每个电子设备和存储介质的原始位置、外观式样和运行状态等。现场的电子设备正在运行且继续运行可能会导致涉案电子数据灭失或受损的，应当根据具体情况采取切断电源、断开网络、屏蔽信号等相应应急措施。在收集现场证物时，应尽可能收集可能涉案的计算机、移动存储设备、手机以及相关的附属设备和物品。（3）提取及固定证据在。对于可能涉案的计算机和手机处于关机或开机状态或者可能涉案的移动存储设备（如移动硬盘、U 盘、存储卡等），应区分不同情形，按照该规范规定的步骤提取及固定证据。

浙江省人民检察院制定《浙江省检察机关电子数据实验室建设规范和技术标准（2013—2017 年）（试行）》，明确规定电子数据实验室的建设规范和技术标准。2013—2017 年，浙江省人民检察院建设一类电子数据实验室，市院根据自身实际情况整合基层院技术力量共同建设二类或三类电子数据实验室（杭州、宁波和温州原则上建成二类实验室；其他市院根据人员、资金和用房等条件，自行选择建设实验室类别），基层院原则上不单独建设电子数据实验室，但应按需配备基本的现场勘查取证设备。同一市院所辖范围内，购买相同类型仪器设备时，尽量选择不同品牌和型号，避免重复建设。

浙江省人民检察院还制定《浙江省检察机关公诉案件技术性证据审查工作规定（试行）》。公诉部门受理、审查起诉的各类案件，可以委托检察技术部门对技术性证据进行审查。公诉部门委托检察技术部门进行技术性证据审查，应填写《委托书》，经部门负责人批准后，连同技术性证据和基本案情等案卷材料一并移送本院检察技术部门。本院没有技术性证据审查力量的，应委托上级院检察技术部门审查。检察技术部门收到委托书后，应当填写《技术性证据审查受理登记表》，经部门负责人同意后，指派 1~2 名具备相应资格的专业技术人员承办。必要时可聘请其他具有专门知识和相应资格的人协办。检察技术部门应当对送审技术性证据进行形式审查和实质审查。技术性证据审查一般应在检察技术部门决定受理之日起五个工作日内完成。审查完成后，检察技术部门承办人应制作《技术性证据审查意见书》，针对审查要求，明确提出同意、不同意、建议重新鉴定或补充鉴定等审查意见，并说明理由；对于原技术性证据材料未分析明确的审查事项，应进行必要的分析论证，并提出审查意见。公诉部门可根据技术性证据审查意见，结合具体案情，对送审的技术性证据作出采信、不采信、重新鉴定、补充技术性证据等相应的处理决定。

此外，广西壮族自治区人民检察院制定《广西检察机关电子证据技术工作规范（试行）》，就电子证据技术工作的类型、原则以及勘验检查、检验鉴定、技术性证据审查和技术协助等四个方面的内容进行了规定。安徽省人民检察院制定《安徽省检察机关电子数据证据业务工作流程规范》，规定了电子数据证据业务范围、技术协助、检验鉴定、文证审查等方面的内容。还有许多市级院和县级院对电子数据的取证和审查判断等问题进行了规范，如大连市人民检察院制定《电子数据审查工作规范》，天津市河北区人民检察院制定《利用网络实施犯罪案件的电子数据审查规则》，江西省信丰县人民检察院制定《电子数据的侦查和审查工作规范》等。

五、我国电子数据法律规定的特点与立法展望

（一）我国电子数据法律规定的特点

总体而言，我国电子数据的法律规定具有如下特点：

1. 多部门多层次，注重与部门自身业务实际的深度结合

我国电子数据法律规定既有国家一级的法律，如全国人大制定的电子签名法、刑事诉讼法、合同法等，又有"两高"制定的若干司法解释、部委制定的相关法律规定、地方法规，如上海

市《国际经贸电子数据交换管理规定》、广东省《电子交易条例》等,以及部分省、市、区级检察机关制定的电子数据取证、勘验、鉴定、审查等工作规定、实施意见、工作规范等。上述规定是相关部门积极回应信息化时代要求,结合自身业务专业领域实际需要,针对本部门涉及的电子数据有关问题制定的规范性文件,有利于指导电子商务、电子政务以及诉讼法领域的电子司法活动。

2. 缺乏体系性,概念不清,刚性不足

由于自上而下多个部门都可以针对本领域内的电子数据问题制定一些规范性文件,导致全国范围内电子数据规定多而松散。且多数电子数据规定都是对应用电子数据的某一方面、某一行业、某一领域进行的规范,如海上国际集装箱运输电子数据交换、互联网电子公告服务、工商行政管理处罚、税务系统电子数据处理等,全国层面除两高一部《电子数据规定》之外,缺乏对电子数据问题的总体框架的系统考虑和整体统筹,显得繁冗杂乱,容易出现适用冲突。各规范性文件对电子数据的概念、证据能力、证明力、证明方法、证据规则、审查认定等缺乏统一的认识,如"电子数据"、"电子记录"、"电子信息"、"数据电文"等词语在各种规定中使用较多,但含义很不统一。同时,相关文件规定的强制性条款较少,尤其是处罚后果缺乏刚性,如证据规则如何适用、违反取证程序如何处理、当事人应承担什么责任等,这些在电子数据有关规范性文件中均不同程度上存在缺位现象。

3. 电子数据取证规则比较丰富,可采性规则适用条款较少

我国对电子数据的取证规则比较重视,注重电子数据处理行为的规制,如在电子商务和电子政务领域,电子数据如何存储、备份、传输、查阅和恢复等。尤其是在诉讼领域,受大陆法系传统、职权中心主义和法官自由裁量权的影响,电子数据证据的采信和采用完全由法官结合案件情况进行综合考量,法律规定上偏重于从程序上把握电子数据的取证规则,如电子数据如何搜查、

如何勘验、如何扣押、如何保全、如何鉴定等。电子数据规范性文件的多数条款都围绕电子数据取证行为，缺乏可采性规则的适用条款。目前来看，除刑事领域两高一部联合出台的《电子数据规定》外，民事、行政、工商、税务等领域的相关规定对于如何审查判断、运用采信电子数据的可采性条款的规定较少。因此，总体上看，电子数据取证和认证规则重视程度不一，导致我国电子数据证据规则极不健全。

（二）我国电子数据立法展望

从发展的角度看，电子数据成为一种独立的证据形式，是社会发展的必然趋势。通过比较分析域外关于电子数据的立法可以发现，世界多数国家均未明确将电子数据作为一类独立的证据种类，但在司法适用时也不否认电子数据的证明力和证明能力的存在。我国立法根据社会发展趋势和司法实践，明确将电子数据作为一种独立的证据种类，体现了对电子数据重要性的深刻认识和高度重视，解决了电子数据的司法适用难题，具有前瞻性。尤其是两高一部《电子数据规定》，对于刑事领域而言无疑是最全面深刻的，对民事诉讼、行政执法等其他相关领域电子数据规定的修改完善具有参考借鉴作用和重要的示范意义。中国今后的电子数据立法应积极借鉴世界不同国家和地区电子数据立法的有益经验，充分吸收符合中国国情、具有适用性和可行性的证据规则，在总结我国司法实践经验基础上进行统筹规划，分步实施。

1. 建立多层次一体化的电子数据法律架构。对于涉及全国各行各业、各民族共同利益的，从国家层面进行立法；对符合经济发展需要的，在具体商贸等领域有特殊性的地方，进行地方立法。在电子数据具体内容和形式上，对于涉及电子数据定义、证据能力、证明力、证明方法及证据规则等问题的，在同一证据法中规定；涉及特殊电子数据举证责任倒置和电子数据认定等问题的，在相关实体法中规定；涉及电子数据有关程序问题的，在诉讼法中规定；涉及电子商务或电子政务提出的特殊电子数据问题的,在电子商务法、电子政务条例等法律中规定。①

2. 在总结提炼电子数据取证、举证、质证规则的基础上,重点强化认证规则,即可采性规则的立法规制。我国现有的电子数据取证规则已经非常丰富,可以在此基础上进行梳理总结。认证制度的完善是我国证据制度改革的重点。可采性规则是现代证据规则的灵魂,其重要性远远大于取证、举证、质证等程序性规范。②

3. 刑事、民事、行政电子数据法律规范合一,明确电子数据立法的主要内容。在立法偏重可采性规则的情况下,刑事、民事、行政诉讼中,电子数据可采性规则共性大于个性,没有必要进行条块分割。在此基础上,确立电子数据的立法内容,包括定义条款、定性条款、证明能力条款或可采性条款、证明力条款、证明方式条款等。③

---

① 蒋平、杨莉莉:《电子证据》,清华大学出版社、中国人民公安大学出版社2007年版,第26页。

② 刘品新:《中国电子证据立法研究》,中国人民大学出版社2005年版,第181页。

③ 何家弘主编:《电子证据法研究》,法律出版社2002年版,第412~413页。

第二章　职务犯罪案件中电子数据的收集提取与运用[①]

每个人在工作、学习、生活中都会有数据基因留下来，犯罪分子和犯罪行为的发生也同样会留下"数据痕迹"。与言词证据相比，电子数据具有天然的优势。但是，从游离于侦查人员之外的"素材"到侦查人员手里的证据材料，从单个散乱的客观性证据材料到完整严密的指控犯罪证据链之间，有很长的路要走。这需要我们侦查人员秉持法治思维，依照程序规定，依法规范地收集提取和科学运用。本章主要是从国家工作人员职务犯罪侦查角度展开阐述，同时对于普通刑事案件也是具有借鉴意义。相对而言，侦查思维更具开放性，有模式但又不限于模式，而审查判断相对比较规范，有章可循。相应地，我们对于侦查活动中电子数据的收集提取运用，也要从启发思维的视角去谈。

---

① 根据2016年10月27日十八届六中全会公报精神，11月7日中共中央办公厅印发《关于在北京市、山西省、浙江省开展国家监察体制改革试点方案》，12月26日全国人大常委会通过《关于在北京市、山西省、浙江省开展国家监察体制改革试点方案》，2017年1月20日发布《中国共产党纪律检查机关监督执纪工作规则（试行）》，2017年11月4日，全国人大常委会通过在全国各地推开国家监察体制改革试点工作的决定。从这些规定看，监察委员会行使"调查"权，采用的限制自由的方式是"留置"，因为目前只有三个省市开展监察委员会改革试点，对于职务犯罪存在检察机关立案侦查和监察委员会"调查"两种模式，本书针对全国绝大部分地区还是检察机关立案侦查，而且即使监察委员会的调查，其反腐倡廉功效与之前检察机关侦查相似，故本书为方便起见，对于职能机构多数表述为"职务犯罪侦查机关"，对职务犯罪的查处称为"侦查"，此仅为表述方便，望读者注意。

第一节　大数据时代的职务犯罪
　　　　侦查信息化建设

　　信息化已经成为人类社会发展中一个不可逆转的趋势，电子设备渗透到人们日常工作生活方方面面的同时，催生了包括职务犯罪在内的诸多犯罪行为方式的变化。许多职务犯罪案件就是通过计算机、手机、网络平台等方式进行的，职务犯罪形式更加多样，隐蔽性更强。由于人们对电子产品的依赖性和国家信息化建设不断升级，使本来没有"犯罪现场"的职务犯罪也经常会留下一些痕迹，为侦查人员"再现犯罪过程"提供片段信息。尤其是 2012 年修改后的《刑事诉讼法》第 48 条新增加了"电子数据"作为法定的证据类型，使职务犯罪侦查工作面临着更大的挑战和机遇①。但是，电子数据是以数字编码的形式存在的，它需要借助专门的设备才能读取其中的信息，而且容易被删除和篡改。于是，职务犯罪侦查信息化成为近年来全国职务犯罪侦查机关推动侦查模式转型升级的重要内容之一，相信随着今后监察体制改革的全面推进，检察机关反贪反渎预防部门转隶以后，监察委员会也必定会非常重视侦查信息化建设。

一、信息化背景下的职务犯罪侦查模式转型

　　传统的侦查模式主要依靠"一张嘴、一支笔、两条腿"，查询资料主要靠人力或单机，相对现在信息爆炸时代，已然很不适

---

　　① 美国为了推进电子取证出台的文件有《网络犯罪侦查指南》《电子犯罪现场勘查指南》《手机取证指南》《扣押电子证据实用指南》《电子证据司法鉴定指南》，英国的《基于计算机的电子证据实用指南》也是针对电子证据和电子取证的，它们都对推动侦查工作产生了深远的影响。刘品新：《职务犯罪侦查信息化与电子取证》，载《国家检察官学院学报》2013 年第 6 期。

应。根据电子数据在侦查过程中的应用程度不同,有人将它区分为电子数据辅助的侦查模式与电子数据主导的侦查模式。当前大部分地区的自侦部门还处于电子数据辅助的侦查模式,在这种模式下,电子数据的采集以办案人员经验为主导,所采集的数据只是传统侦查模式下信息的电子化版本,采集方式主要依赖人工采集而非通过网络采集,各种数据只服务于个案,没有进行智能挖掘,对数据的应用和整合缺少统一的机制。信息技术的发展,电子数据将记录人的大部分行为和生活轨迹,尤其是大数据和云计算技术使侦查模式转型升级成为可能。电子数据主导侦查模式就是强调以大数据、智能信息技术为基础,通过对职务犯罪可疑人员的电子数据的收集、分析、研判,以提高线索识别能力、证据固定收集能力、综合分析判断能力、检察辅助决策能力等为目标,建立起利用电子数据为侦查手段的侦查工作模式和侦查信息化应用模式。强调侦查机关主动出击,在收集电子数据时,通过对大数据的综合分析发现案件线索。初查阶段,侦查人员通过互联网、政务网对银行账单、话单进行有效分析和比对,既使侦查机关对初查对象的社会关系网等信息有了充分的掌握,又使初查活动在当事人完全不知情的情况下开展,不会对社会造成任何影响,更加有利于侦查部门在控制风险的情况下对案件进行排摸调查。初查时基于大数据收集分析,对于一些呈现异常的岗位和人员,可以分析其职务犯罪可能性大小,并依据数据模型去预测其犯罪的概率,为自行发现线索提供了助力,也为后期办案打下了坚实的基础。立案侦查阶段,基于人际关系关联、行为关联、事件关联等多个元素的关联性分析,快速拓展案件的侦破范围,由一笔犯罪事实拓展到多笔犯罪事实,由一个犯罪对象拓展到多个犯罪对象,从而达到由点到面,由个案到窝串案的重大突破。平时,通过对腐败高发的重点领域、重点行业、重要岗位进行大数据分析预测,做到职务犯罪惩防一体化。正是因为电子数据在职务犯罪侦查中的重要性,在司法实践中有"反贪必查手机,反渎必查电脑"[1] 的说法。

二、电子数据在职务犯罪侦查中的作用

在职务犯罪案件侦查过程中,侦查机关通过扣押涉案计算机和各类存储介质,运用数据恢复、密码破译等取证技术获取各类涉案电子数据,进而以数据来引导案件侦查,促进侦查活动的顺利开展。在职务犯罪侦查中,电子数据的价值主要体现在提供案件线索、调整侦查方向、查获犯罪嫌疑人、突破口供、甄别证据真伪、全面及时固定相关证据等方面。

(一) 提供案件线索

在职务犯罪案件侦查中,案件线索收集是侦查工作开展的前提。传统的案件线索一般来源于举报或上级交办、有关部门移送等,而在数字时代,手机、电脑、网络等已经成为人们日常生活所必需,在给人们带来沟通、操作、传输等便利的同时也记录了大量的数据信息,如手机短信、通讯记录、电子文档、聊天记录、电子邮件等。这些数据信息无不反映出人们的日常活动轨迹,如通过手机短信,能够知道该手机联系的手机号码、联系内容、时间等信息;通过通话记录,我们能够知道该手机联系的手机号码、联系时间、通话时间等信息;通过电子文档能够掌握文档内容、操作时间、访问时间、操作者等信息;通过聊天记录,能够知道使用者的聊天时间、IP 地址、聊天内容、所思所想以及已经或可能采取的行动等信息。对于职务犯罪来讲,一般犯罪嫌疑人会利用相同的方式开展多次职务犯罪活动,这些活动可能对应到不同的人,利用电子数据能够确定犯罪嫌疑人的各种活动信息,通过收集和整理这些特定对象的"数据基因"为查明违法犯罪事实提供客观的案件线索。简言之,传统是先有线索,再

---

[1] 刘品新:《职务犯罪侦查信息化与电子取证》,载《国家检察官学院学报》2013 年第 6 期。

有案件，在以电子数据收集提取为主要内容的职务犯罪初查信息化推行后，通过大数据分析，可以在海量无序数据信息中筛选梳理出高价值的职务犯罪线索，这种线索成案价值高。职务犯罪侦查机关可以实现从根据线索牵引被动查案到根据大数据分析发现有价值线索主动查案的转变。

【案例1】反贪侦查部门收到群众举报线索，反映村支部书记王某贪污该村公款，但举报内容缺乏具体的事实，没有明确指向。侦查人员收到线索后，通过注册账号，在该村的百度贴吧、网上聊天室和集体QQ群与该村村民聊天，寻找村干部涉嫌职务犯罪的聊天记录，最终发现有村民反映村会计郭某曾挪用大笔征地拆迁的补偿款借给他人使用的事实。但经调查，该村的公共账户上并无大笔款项进出，该村账上仅有几万元资金。于是，侦查人员借助这一网络聊天记录线索，以村会计郭某的个人账户为突破口，追查资金来源和使用人，顺利侦破了该村村支部书记王某利用负责统筹征地拆迁补偿款的职务便利，与村长王某甲、村会计郭某合谋，虚构征迁事实，骗取征迁补偿款两百余万元的村集体贪污案件。

（二）调整侦查方向

完整的侦查过程就是"再现犯罪过程"的活动。有时，在职务犯罪案件侦查过程中收集和查明的传统证据，如物证、书证、证人证言、被害人陈述等，不能全面反映违法犯罪事实，证据链条有欠缺或证据体系不扎实，使侦查陷入僵局，难以打开局面。这时，电子数据往往可以起到关键性作用。通过电子数据取证、数据恢复和还原等技术能够获取大量的数据信息，在这些数据信息中可能有一些是记录犯罪事实的，如资金的使用情况和去向、诈骗的时间和方式等，如按照原来侦查思路是拟追究犯罪嫌疑人的贪污罪的，电子数据信息反映出犯罪嫌疑人有挪用资金、受贿等犯罪嫌疑或事实；或者原拟追究犯罪嫌疑人行贿罪的，但又涉及其有诈骗的犯罪嫌疑或事实。这时侦查机关及时调整侦查的方向和思路，追究犯罪嫌疑人涉及的其他犯罪，有时能够起到

"柳暗花明又一村"的效果。

【案例2】某开发区管委会副主任赵某利用其主管招商工作的职务便利,收受请托人关某送予的黄金项链一条及现金三十万元,并为关某的企业提供土地和税收优惠。侦查部门在对赵某立案侦查并采取强制措施的过程中,赵某承认收受现金两万元,但拒不承认收受黄金项链及三十万元现金的事实,致使侦查工作陷入困境。侦查人员在搜查赵某办公室和住宅的过程中,从赵某随身携带的包中扣押了一张中石化加油卡、一张娱乐会所会员卡及一张类似门禁的蓝色磁卡。于是,侦查人员及时调整侦查方向,从加油卡、会员卡、蓝色磁卡等电子卡片入手展开调查。通过调取加油卡信息,发现赵某经常在某加油站加油,通过查询娱乐会所会员卡,发现会所就在该加油站附近,但侦查人员并未发现赵某在该加油站附近小区有住房的信息。侦查人员大胆判断赵某在该地有秘密住房。通过大量的实地走访调查并结合扣押的蓝色磁卡,最终确认该蓝色磁卡为某小区的停车库出入卡,赵某以其远房亲戚的名义在某小区购买住房一套。于是,侦查人员迅速布控,对赵某的秘密住房进行搜查,从其住宅中查获关某行贿的黄金项链,并发现大量现金及名贵字画。侦查人员根据装现金的信封又发现数名行贿人,最后案件得以突破,查实赵某受贿两百余万元的犯罪事实。

(三) 查获犯罪嫌疑人

有些犯罪嫌疑人社会关系复杂、反侦查能力较强,在检察机关尚未立案侦查时就已经毁灭罪证、串供并逃之夭夭,无法查知其具体逃跑的路线和藏匿的地点。或者在听到风声之后刻意躲避侦查机关的搜索,使侦查机关无法及时将犯罪嫌疑人捉拿归案。此时,通过查扣的电脑、车辆、使用的手机、QQ号码、电子邮件等,利用人脸识别、手机定位等技术,能够收集到很多犯罪嫌疑人的电子数据,如车辆行驶记录、手机使用位置、QQ聊天和电子邮件的IP地址记录和内容等,通过对这些数据的综合分析能够准确地判断犯罪嫌疑人的位置。尤其是手机定位技术,能够通过基站位置信息分析大致确定犯罪嫌疑人所在的方圆一公里范围,再通过手机车载定位系统准确找到犯罪嫌疑人。因此借助不同工具,能够反映出犯罪嫌疑人藏匿地点的蛛丝马迹甚至直接定位到犯罪嫌疑人的具体位置,有利于及时抓获犯罪嫌疑人,从而推进整个侦查活动。

【案例3】犯罪嫌疑人刘某在担任某市卫生局基妇科科长期间,滥用职权给国家造成损失200余万元,并收受贿赂70余万元。侦查机关在对刘某立案调查时,刘某逃跑藏匿并被网上通缉。侦查人员在技术人员的配合下,对刘某进行定位侦查,发现刘某已离开该市。通过高速收费查询并比对犯罪嫌疑人车辆号牌时,发现刘某已驾驶车辆前往某省,侦查定位无法进行。当晚通过对刘某的手机进行定位,发现刘某已返回该市。于是侦查人员在刘某住处进行侦查,发现其手机信号并且有移动轨迹。但经过一天侦查,刘某并未出现,也未发现其驾驶的车辆。于是,技术人员分析,刘某已经有所觉察,采取人机分离的办法,迷惑办案人员。侦查人员再次通过高速收费查询,发现刘某已驾驶车辆前往某县。技术人员及时调取刘某高频联系电话,经过话单分析找出一个疑似新号码,而且这个号码的通话地也在该县。侦查人员大胆判断这个号码就是刘某所使用的最新联系电话。侦查人员立即前往该县抓捕刘某,根据其仅有的十几次通话记录,通过话单分析得出的高频基站位置,利用设备寻找其可能出现的地点。技术人员经过仔细搜索最高频位置的基站扇区,扩大搜索范围,通过近2个小时的搜索,在当地某酒店发现刘某手机信号。于是,通过单兵定位设备锁定了犯罪嫌疑人所在的楼层和房间,并在当地警方配合下成功将其抓捕。

(四) 突破口供

在某些职务犯罪案件中,犯罪嫌疑人的口供在收集其他证据、查找同案犯、证实犯罪事实等方面往往起到非常重要的作用。尤其在贿赂犯罪中,由于受贿的隐蔽性以及受贿人和行贿人的彼此包庇等原因,受贿罪的侦查取证工作非常困难,如何尽快有效地获取犯罪嫌疑人的口供是案件突破的关键所在。此时，通过获取涉案的相关电子数据信息，如手机短信、通话记录、微信记录、扣押电脑中的日记账等电子文档，能够查找到相关涉案细节，给犯罪嫌疑人出其不意的震慑效果，迫使其无法抵赖相关事实，从而促进其如实供述。电子数据在突破口供上具有良好的效果，一般犯罪嫌疑人并不了解电子数据恢复等技术手段，认为删除即无法被知晓，一旦被恢复出数据能够突破犯罪嫌疑人心理防线，从而打开案件突破口。

【案例4】某县教育局工作人员黄某，收受他人贿赂，非法为他人办理教师资格证，被该县检察院反贪部门立案侦查。黄某自认为擅长计算机技术，他与委托办证人联系的资料和收受的款项都是通过电脑进行的，这些信息已被清除，办案人员无法查到他犯罪的证据。于是，黄某与委托办证人订立攻守同盟，一致否认违法办理教师资格证的犯罪事实，案件难以取得突破。在侦查受阻的情况下，侦查人员委托技术人员对扣押的黄某使用的电脑主机和硬盘进行技术处理，恢复电子数据。技术人员用硬盘数据恢复软件和密码破译软件，获取了黄某使用的电脑主机和硬盘的密码，并恢复了银行交易记录等大部分电子数据。经过对电子数据统计分析，发现犯罪嫌疑人黄某自2011年至2013年，先后15次违法为他人办理教师资格证425本，收受好处费172975元。同时，侦查人员和技术人员又将行贿人赵某的电脑数据进行恢复，并与黄某电脑中的电子数据进行比对，发现收贿与行贿的相关数据基本一致。侦查人员根据这些电子数据对黄某进行讯问，黄某最终承认了全部犯罪事实，口供得以突破。

(五) 甄别证据真伪

言词证据，尤其是犯罪嫌疑人的供述，真假难辨，稳定性不强，部分实物证据如物证、书证等也有被犯罪嫌疑人等人员伪造、变造的可能性。电子数据如果没有被改变客观性就很强，如果只是被非专业人士被删改，那么，侦查技术人员很容易通过技术手段恢复、还原。而且，电子数据是一个庞大体系中的一环，仅仅改变其中某一环节的数据内容,会导致不同数据之间冲突,从而为侦查人员留下发现端倪的痕迹。侦查人员通过查扣涉案的电脑、手机、U盘等存储介质能够全面收集电子数据信息,从中筛选出反映犯罪事实的相关数据信息,进而与已经掌握的各类证据进行分析比对,从而发现相关证据之间的关联性和矛盾性,将虚假的证据剔除,保证证据的真实性和合法性。

【案例5】某国土部门负责人张某利用其负责土地招拍挂的职务便利,为某企业在当地低价获得土地提供帮助,收受他人贿赂20余万元。侦查部门对张某立案侦查并对张某采取拘留强制措施。张某到案后辩称其收受的20余万元贿赂款已在两年前上交该单位纪检部门,并且有该单位纪检部门负责人收到该笔上交款项的证明材料。至此,从书面材料到当事人陈述都有合理的依据,案件似乎已经明了,如不能突破犯罪嫌疑人的口供,或者查明该份证明材料的真实性,不排除撤案的可能。但侦查人员通过对依法扣押的张某办公室电脑文档的深挖、比对、研判,发现张某制作的"上交说明"Word文档中系统生成的"创建时间"是本年,而不是张某辩称的两年前。面对侦查人员出示的电子数据,该单位纪检部门负责人最终承认了伪造证明材料,包庇张某的犯罪事实,张某也承认与他人串通伪造证明材料的犯罪事实,最终证明该笔贿赂款在侦查部门调查前的一个星期才予以退还。

(六)强化证据链条

职务犯罪尤其是贿赂犯罪中口供非常重要,客观性证据不多。随着法治文明推进,人权保障越来越重要,只有犯罪嫌疑人、被告人供述不能定案,现在又推行客观性证据审查模式。能够表明指控犯罪证据确实充分性的稳固的证据链是必需的,电子数据作为信息社会常见形态,无时无刻不在产生、更新,如相关人员的通讯、消费、工作、出行,甚至转账汇款、工资收入等,它不仅能记录当事人电话、聊天等行为,还能展示电子邮件、聊天记录等内容,能够在时间和逻辑上帮助侦查人员理顺案件经过,为犯罪嫌疑人独立的犯罪行为提供丰富生动和有力客观的旁证，从而为指控犯罪的稳固证据链形成奠定基础。

【案例6】侦查部门在立案侦查某国有公司负责人李某贪污案中，发现李某有使用手机、电脑等电子设备进行通讯联系、上网办理业务的习惯。于是第一时间收集相关的电子数据，为找到关键证据，突破案件打下基础。侦查人员一方面调取犯罪嫌疑人的网银账户。侦查人员在接触李某时即要求其列出开户银行账号，当场登录网银账户打印交易明细。再根据账单上的日期、金额、备注等内容，结合公司相关业务凭证，要求李某说明款项来源和去向，重点关注其与客户、供应商及同事之间的资金往来情况。在此攻势下，李某措手不及，最终如实交待套现侵吞公款的犯罪事实。另一方面调取手机通话记录。某广告公司负责人陈某被通知到案后，侦查人员要求其配合登录移动网上营业厅，自行下载打印近几个月的通话记录，发现其近期与犯罪嫌疑人李某有多次通话往来，且在其到案前几分钟刚与李某进行过通话。通过政策教育，陈某承认其与李某串供并企图欺骗检察机关，进而侦破了犯罪嫌疑人李某通过该广告公司套取侵吞公款8万元的犯罪事实。

三、职务犯罪侦查信息化背景下的电子取证

科技信息化的推进，使人类跨入了大数据时代，一方面，信息科技使得相应犯罪手段更加隐秘，证据更难查找；另一方面，科技为有关犯罪线索的发现和侦查活动的开展提供了便捷，有时一条短信、一个U盘，甚至是被废弃的电脑硬盘就成了案件突破的关键所在。而且，职务犯罪中纯粹没有利害关系的证人也较少（多为污点证人）。因此，证人证言的稳定性也较差。在刑事诉讼不断强化打击犯罪和保障人权并重的背景下，要尽量减少对口供的依赖，树立依靠正面接触和讯问前的秘密初查工作，通过科技手段和技术侦查措施获取和固定证据突破案件的观念。我们的侦查技术人员必须善于运用大数据技术，从海量的数据中，快速提取有价值信息，包括数据采集、存储、管理、分析挖掘、可

视化等技术及其集成,通过数据恢复、密码破译、在线分析评断、隐藏数据再现等手段分析数据信息,积极探索新形势下如何利用信息技术为侦查办案服务,提高收集、分析、运用证据的能力和水平。司法实践中,对于职务犯罪侦查中电子数据应用情况,天津市河东区人民检察院课题组曾就该区 2012 年至 2015 年 9 月进行统计分析,发现:"侦查部门在初查、立案侦查阶段委托技术部门调取电子数据、交换分析电子数据的件数却始终在个位数徘徊,平均每年只有 1 件,甚至有的年份还出现了零记录。""地方各级人民检察院利用电子数据获取的案件线索数和查办的案件数,只占非常小的比例。"[1]

（一）当前存在的问题

1. 系统全面收集电子数据的大数据平台欠缺,大数据积累的深度和广度还不够

除了部分地区公安机关大数据平台建设在侦查活动中运用非常充分外,职务犯罪侦查部门的信息化建设前几年一般都还局限在办公设备和办案设备的配置,对于服务于职务犯罪侦查的公共数据平台建设仍然比较落后。有的检察机关积极与公安、房产、银行等单位沟通联系,加强信息共享取得了一些成效,但是,有些地方也只是局限于派人每间隔一段时间复制相关数据,数据的实时性欠缺,而且,一旦两个单位领导更换,就有可能导致沟通渠道的关闭。监察体制改革后,无论从检察机关三大部门转隶后,仍然具有延续性的角度,还是从原先纪委监察部门角度看,在这方面也同样是欠缺的,即使要解决,也必须假以时日。

2. 分析运用大数据的能力不足

经过多年的努力,现在各单位职务犯罪侦查部门都有大量的数据囤积着,但是很多都是无效数据或者冗余数据,面对这些数据,侦查人员如果不善于运用信息技术进行数据挖掘,要找到有

---

[1] 天津市河东区人民检察院课题组:《职务犯罪侦查中电子数据应用情况分析》,载《中国检察官》2016 年第 4 期。

价值的线索，几乎是一个不可能实现的任务。而职务犯罪侦查人员一般都是法律科班出身，缺少这方面的能力。在司法实践中，普遍会存在侦查情报人员手中有一大堆电子数据，同时在线索获取和案件拓展方面却又存在信息不足的情形。电子数据的收集只是第一步，善于对大数据的分析是第二步，对电子数据进行大数据分析后，在初查和侦查中运用结果补强证据链，推动案件新进展才是其价值的真正实现。侦查人员如果通过手工查阅当事人的计算机、手机、存储设备来获取信息显然无法适应实践需求。如何通过提取电子数据来收集职务犯罪的信息和线索，以帮助侦查人员快速找到案件切入点，是侦查部门和技术部门需要共同思考的问题。

3. 电子数据反取证技术客观存在

自电子数据取证技术诞生的那刻起，反取证概念必然同时诞生。与电子数据取证研究相比，人们对反取证技术的研究相对较少。对于取证人员来说，研究反取证技术意义非常重大，一方面可以了解反取证常用手段，另一方面可以开发出更加有效、实用的计算机取证工具。电子数据反取证就是删除或者隐藏相关数据导致电子数据收集提取无效的技术手段。目前的电子数据反取证技术主要有数据擦除、数据隐藏等。数据擦除是最有效的反取证方法，数据擦除旨在清除所有可能的电子数据，包括文件、日志信息，以及底层数据，一旦硬盘中保存的底层文件数据被擦除，那么数据恢复工作将徒劳无功。数据隐藏是指使用者将文件伪装成其他类型或者将它们隐藏在图形或音乐文件中，也有人将数据文件隐藏在磁盘上的交换空间或者未分配空间中，这类技术统称为数据隐藏。数据擦除是阻止取证人员获取、分析犯罪证据的最有效的方法，一般情况下是用一些毫无意义的、随机产生 0、1 字符串序列来覆盖介质上面的数据，使取证调查人员无法获取有用的信息。目前比较流行的数据擦除工具是 MHDD 和 Winhex，这些该工具可以按位进行填零操作，从而彻底擦除计算机硬盘上的所有数据信息。数据隐藏主要是阻止取证人员在取证分析阶段对获取的数据进行有效的分析。目前实现数据隐藏的常用方法主要有以下几种：一是数据加密。数据加密是用一定的加密算法对数据进行加密，使明文变为密文。但这种方法不是十分有效，因为有经验的调查取证人员往往能够感觉到数据已被加密，并能对加密的数据进行有效的解密。二是更改文件的扩展名。在Windows系统中，更改文件的扩展名是一种最简单的数据隐藏方法。比如将Word文档的扩展名从.doc改为.jpg，在系统中该文件将显示为图片文件。对于经验不足的调查取证人员，可能永远也不会想到该文件其实是一个文档，即使你双击该图标，操作系统也会试图使用默认的.jpg文件打开方式打开。三是隐写术。隐写术的意思是"隐藏在普通的视觉之下"。隐写术或信息伪装夹带技术是使用一些其他的非加密数据对目标进行隐藏，我们把这种非加密的数据称为"载体"。载体通常是一个多媒体文件，可能是声音文件也可能是图像文件。伪装夹带技术通常通过两种方法对数据进行保护：第一种是使数据不可见，隐藏它的所有痕迹；第二种是对数据进行隐藏并加密，其过程不仅仅是对数据进行隐藏。如果隐藏的文件被发现，那仍需要对其进行解密才能使用。伪装夹带技术会给取证调查带来很大的麻烦。但幸运的是它的使用受到时间因素的限制，因而没有得到广泛的使用。如果你想要"伪装夹带"一个文件，那你一次只能对一个文件进行操作。许多事件中包含成百上千个文件，犯罪嫌疑人不可能有时间来找到那么多合适的载体并伪装夹带所有的文件。四是改变系统环境。系统环境改变之后，系统会给出假的数据内容和活动信息。最简单的修改系统环境方法就是修改系统时间，系统时间被修改后，所有文件的时间戳也将被相应修改，将导致证据链的破坏。

（二）症结分析

1. 软硬件设备上跟不上形势

虽然现在在中央转移支付等政策支持下，司法机关经费保障得到了很大改善，但一些地方的检察机关还是没有足够的经济实力去配置前沿的电子数据取证等信息化设备。司法改革以后，省以下人财物统管，在经费保障的平衡性上也许会有较大改善。尤其是监察体制改革后，作为国家政治体制改革的一项重要内容，国家一定会在这方面加强。而且新的机构组建后，通常会有新的气象，所以，软硬件改善是必然的，只是一个时间问题。

2. 既懂专业又通技术的复合型专业人才欠缺

有的地方技术部门主要职能局限于办公电脑和内网的维护。而且，技术人员不多，没有受过专门的电子数据取证的训练。侦查人员又不懂技术，复合型人才的欠缺，导致在实践中即使存在有价值的数据，也分析不出来，无法达到效用的最大化。在检察机关，一方面，一些侦查人员还是局限于"一张嘴、一支笔、两条腿"的传统办案模式，在其思维体系中欠缺运用电子数据主导案件侦查的概念；另一方面，在科技强检背景下，各级检察机关的技术设备不断配强，却因技术人员不了解案情，不熟悉侦查实务而无法在职务犯罪侦查中如鱼得水地运用技术设备辅助侦查。任何一个侦查机关，培养复合型的懂技术的侦查人才和专业的电子数据取证人才是必由之路。

3. 电子数据取证规范性有待加强

如果侦查部门在扣押或查封相关证物的时候未采取任何的措施确保证物的原始性，就可能由于收集取证不规范，导致数据丢失。司法实践中，技术部门在进行电子数据收集提取的过程中，往往只是技术协助，也未完全按照程序规范地进行数据提取。在刑事诉讼法修改以后，非法证据排除规则全面确立，电子数据收集阶段的不规范，可能导致后期被当作非法证据排除。因此当电子数据真正成为案件关键因素的时候，侦查部门时有因取证欠规范而陷入被动。尤其是在以审判为中心的诉讼制度改革推进后，非法证据排除规则贯彻得会越来越坚决彻底。当然，近年来有关电子数据取证各地检察机关出台了一系列规范性、指导性意见，取证不规范的情况会越来越少。

4. 各地侦查部门与技术部门未形成合力

电子数据容量巨大，收集过程复杂，需要的技术设备也很专业，有的价位也很高，让每个单位配齐所有电子数据取证设备是不可能的。因此地域上相近的各单位在收集取证设备采购时可以互通有无，取长补短，实现不同地域、不同层级之间的资源共享。而且，对于电子数据方面的人才也要在侦查指挥中心的统一调度下，提高人才方面的互补，只有这样才能整合有限的资源和力量，提升职务犯罪侦查机关整体的电子数据的取证能力。

（三）提升路径

1. 加强软硬件配备和专门人才培养

最高人民检察院很多年前就提出职务犯罪侦查装备现代化建设，要实现侦查装备现代化。在电子数据硬件设备配置上，为了整合资源，可以以地区为单位进行统筹配备。将电子取证侦查装备根据价位、使用频率进行适当区分，一些常见的侦查信息化设备如手机信号定位跟踪设备、秘录秘拍设备、数据恢复软件和工作平台、硬盘取证设备、网络取证设备，至少在一个地区级职务犯罪侦查机关应该配备，同时可以地级市为基本单位，由地区一级侦查机关和本辖区基层侦查机关分别购置电子数据取证装备，在本地区统一调度使用。而对于一些常用的，经费花费不大或者不太适合共享的，由各基层院自行配置。在每年财政预算中，应当安排部分资金用于电子数据取证体系的建设与升级。同时，职务犯罪侦查机关要加强与公安机关等部门的相互协作。

与此同时，必须加强对职务犯罪侦查人员和技术人员的专业培训，确保侦查人员熟悉具体职务犯罪中常见的电子数据类型，明确该类电子数据的证明效果，以及明确它的收集流程，熟练掌握电子数据取证设备等信息化作战的各项技能。侦查人员与技术人员之间平时要加强相互学习，工作中要加强沟通。开始收集电子数据前，侦查人员要讲明白意图，技术人员收集完电子数据后，不仅要形成相关分析报告，而且说明电子数据提取过程以及隐藏、删除的文件等内容。① 党的十八届六中全会后，党中央为了整合反腐败力量，在北京、山西、浙江试点成立监察委员会，明确检察机关反贪、反渎、预防三个部门转隶到监察委员会，相应的检察机关职务犯罪侦查权转由监察委员履行。那么下一步，如何加强监察委员会的信息化建设也就提上了日程。

2. 系统梳理、类型化研究职务犯罪侦查中常见的电子数据

根据 2016 年 9 月 9 日两高一部《电子数据规定》第 1 条规定："电子数据包括但不限于下列信息、电子文件：（一）网页、博客、微博客、朋友圈、贴吧、网盘等网络平台发布的信息；（二）手机短信、电子邮件、即时通信、通讯群组等网络应用服务的通信信息；（三）用户注册信息、身份认证信息、电子交易记录、通信记录、登录日志等信息；（四）文档、图片、音视频、数字证书、计算机程序等电子文件。"虽然列举式的规定无法穷尽电子数据的种类，但是依然能够较为直观地指导我们的办案工作。对于法律、司法解释列举性规定的电子数据种类侦查人员应当熟练掌握。需要注意的是，职务犯罪侦查需要提取的电子数据不仅包括犯罪嫌疑人或其他相关人员所持有的电脑、手机、移动存储设备、录音笔、数码相机等电子设备中的电子数据，而且，要注意存储在第三方网络云盘（如百度、360）中的相关数据。同时对苹果、华为、小米等一些手机厂商的云同步的通讯录、照片等信息要特别留意，这对排摸当事人的社会关系非常有意义。职务犯罪侦查机关的侦查人员和技术人员要对电子数据类型，尤其是常见的载体进行系统研究，熟悉整理相关的知识，提高操作技能。

3. 善于对海量电子数据的分析运用

侦查机关对于前期收集的海量电子数据，要善于运用智能检索技术，实现由模糊查询到精确查询的转变，将海量无序的原始

---

① 乔元猛：《职务犯罪侦查工作中电子数据取证研究》，载《法制与经济》2014 年第 18 期。

数据，整理成有价值有条理的信息，在此基础上，实现证据链分析、案件串并、人案、案案、时空等的关联研究，为侦查人员提供数据共享、多维分析，从而实现开拓侦查思路，寻找案件突破口的目标。"任何犯罪都存在着虚拟空间的犯罪现场，职侦工作可以从虚拟空间的现场勘查开始"、"在信息时代，电子设备或账号是犯罪帮凶和知情人，可以作为侦查的切入点"①。职务犯罪初查阶段，可以通过数据分析，梳理初查对象的社会关系网络，明确侦查方向；案件突破阶段，可以通过数据分析比对，有效突破侦查对象心理防线，打破审讯僵局；案件侦查终结时，可以强化证据链之间相互印证，稳固控方证据体系。电子数据作为客观性证据，在未来司法实践中必将发挥越来越大的作用。

4. 善于借力专业鉴定机构

近年来，职务犯罪侦查机关对电子数据越来越重视，信息化建设和专业人才培养力度也逐步加大。但是，与专业鉴定机构相比，不仅在专业技术上存有很大差别，而且，有些电子数据未经专门机构鉴定，不能用来证明案件事实。可以说，侦查机关与电子数据鉴定机构建立协作机制，不仅是能力上强化的需要，也是资质和中立性立场选择的结果，专业鉴定机构依据法定程序提供的鉴定意见比职务犯罪侦查机关自行获取的电子数据更具说服力。两高一部《电子数据规定》第17条规定："对电子数据设计的专门性问题难以确定的，由司法鉴定机构出具鉴定意见，或者由公安部指定的机构出具报告。对于人民检察院直接受理的案件，也可以由最高人民检察院指定的机构出具报告。"最高人民检察院在《人民检察院电子证据鉴定程序性规则（试行）》第4条规定"电子证据鉴定范围：（一）电子证据数据内容一致性认定；（二）对各类存储介质或设备存储数据内容的认定；（三）对各类

---

① 刘品新：《职务犯罪侦查信息化与电子取证》，载《国家检察官学院学报》2013年第6期。

存储介质或设备已删除数据内容的认定;(四)加密文件数据内容的认定;(五)计算机程序功能或系统状况的认定;(六)电子数据的真伪及形成过程的认定;(七)根据诉讼需要进行的关于电子证据的其他认定。"

第二节　职务犯罪初查阶段电子数据的收集与运用

职务犯罪初查的目的,就是要查清有无犯罪事实存在,是否需要追究刑事责任。通过对案件线索材料的综合审查分析,判断其是否真实可靠,梳理需要进一步查证确认的问题和可能发展的方向。职务犯罪初查关键要抓住是否符合立案条件,有无立案侦查的可能,只要具备了立案条件,初查的任务就可初步完成。与立案侦查不同,职务犯罪初查最重要的一点是隐蔽性,而大数据时代信息分散性和共享性为侦查机关开展初查提供了极大的便利。朱孝清在《职务犯罪侦查教程》一书中指出,初查的任务就是获取证据和有关信息,判明是否有犯罪事实需要追究刑事责任,从而决定是否立案。[①] 在这个过程中,电子数据收集取证的基本功能是快速的帮助侦查人员收集尽可能多的信息,能够让侦查人员足不出户确定相关信息的真实性,尽可能地防止相关人员泄露案件信息。

一、初查的任务、证明对象与证据收集方式

（一）职务犯罪初查的任务

职务犯罪案件初查,是指职务犯罪侦查机关（部门）对于接收和在办案中发现的贪污贿赂和渎职犯罪案件线索进行审查和

---

① 朱孝清:《职务犯罪侦查教程》,中国检察出版社2004年版,第102页。

调查的工作。初查的基本任务是获取证据和相关信息，判明是否有犯罪事实需要追究刑事责任，从而决定是否立案。具体来说，初查任务就是"明网络、抓证据、辨真伪、探动静、找缺口、储信息"。①"明网络"就是查明初查对象的社会关系网；"抓证据"就是围绕有无犯罪事实，是否应当追究刑事责任，收集证明有罪无罪的各种证据材料以及在后续侦查中可以利用的有关犯罪嫌疑人的各种"素材"；"辨真伪"就是对举报材料所反映的犯罪事实进行核查；"探动静"就是摸清被举报人现在的动态情况，有无串供、准备逃跑等反常表现；"找缺口"就是综合分析案情后，选择案件可能的突破口；"储信息"就是尽可能收集和储存对分析判断案情、侦查讯问有用的有关案件背景的资料，包括被举报人家庭情况、经济状况、社会关系、群众反映、性格气质、家庭住址、通讯资料等，以备在后面办案过程中可能遇到的不时之需。

(二) 职务犯罪初查的证明对象

职务犯罪案件初查的目的是解决是否立案的问题，初查的中心就是要围绕被初查对象是否有犯罪事实以及是否需要追究刑事责任来展开。初查内容主要包括两个层面三个问题：

第一个层面是案件事实层面，包括两个问题：第一个问题，是否存在犯罪事实，主要看材料所反映的问题是否真实，根据初查工作收集的材料，贪污贿赂犯罪的嫌疑事实一旦被否定，则初查工作就终结，侦查机关作出不予立案的决定，针对被查对象的刑事诉讼程序将不会启动。材料所反映的问题是否符合犯罪构成要件，特别是主体是否属于国家工作人员或国家机关工作人员，行为是否利用职务上的便利，是否达到了构成犯罪的程度。第二个问题，初查对象是否具有依法不追究刑事责任的情况。通过初查，如证明贪污贿赂行为人不具有刑事责任能力，就无刑事责任

---

① 朱孝清：《职务犯罪侦查教程》，中国检察出版社 2004 年版，第 102 页。

可供追究，使得该贪污贿赂行为难以入罪。如果侦查机关通过初查，收集到的证据材料能够证明贪污贿赂犯罪线索，有犯罪事实存在，应当追究刑事责任，则标志着立案条件成立。这时，就应果断结束初查，及时立案，转入侦查，启动相关刑事程序。

第二个层面是涉嫌犯罪人员的有关情况，包括个人以及家庭基本情况，财产状况，生活习惯、消费观念、社交圈和关系网，所在单位的基本情况，管理运作状况等。这部分信息主要是为了分析案情、拓展办案思路用。

（三）初查证据的特征和收集方式

刑事案件初查是在刑事立案以前，所以初查证据的特征呈现以下几个特征：（1）证据材料获取时间早；（2）获取证据材料的目的是证明案件线索能否成案，是否符合立案条件；（3）并不当然具有诉讼证据属性，在证据收集的主体、法律依据、证据功能、证据的表现形式等方面都与诉讼证据不同，初查调取的证据有些欠缺合法性，未必可以直接进入诉讼阶段。

依据《人民检察院刑事诉讼规则（试行）》第128条规定："在举报线索的初查过程中，可以进行询问、查询、勘验、鉴定、调取证据材料等不限制被查对象人身、财产权利的措施。不得对被查对象采取强制措施，不得查封、扣押、冻结被查对象的财产。"由此，在初查过程中的调查措施，都是任意性的调查行为，不限制被调查对象的人身和财产权利，不能采取查封、扣押等强制性的措施提取证据。根据两高一部《电子数据规定》第6条规定："初查过程中收集、提取的电子数据，以及通过网络在线提取的电子数据，可以作为证据使用。"所以，初查阶段的电子数据收集、提取仍然要遵循合法性、规范性、完整性的基本原则。监察体制改革后，国家工作人员职务犯罪由监察委员会负责调查，根据2017年1月8日公布的《中国共产党纪律检查机关监督执纪工作规则（试行）》第23条规定："核查组经批准可采取必要措施收集证据，与相关人员谈话了解情况，要求相关组织作出说明，调取个人有关事项报告，查阅复制文件、账目、档案等资料,查核资产情况和有关信息,进行鉴定勘验。需要采取技术调查或者限制出境等措施的,纪检机关应当严格履行审批手续,交有关机关执行。"第 28 条规定:"审查组可以依照相关法律法规,经审批对相关人员进行调查谈话,查阅、复制有关文件资料,查询有关信息,暂扣、封存、冻结涉案财物,提请有关机关采取技术调查、限制出境等措施。"虽然,现在有关监察委员会相关配套法律法规还未跟进,但是,办案的一般原理是不会改变的。

二、初查阶段电子数据收集运用的功能与特点

(一)初查阶段电子数据收集运用的功能

1. 获取犯罪线索

职务犯罪的犯罪黑数比较高,主要是由于犯罪主体的特殊身份,身居一定领导岗位,具有一定社会地位,知情人一般都是有利害关系或者工作、人身关系的人,不仅之前,在之后的工作生活中还会交集,如果实名举报,容易被打击报复。但互联网和自媒体发达了,匿名举报成为可能,对于此种信息,如果侦查人员能及时关注、收集、提取,并及时验证,一定可以收集到有价值的案件线索。

2. 明确侦查方向

任何一个线索材料,离案件真相总是有很大距离,对每一份材料的解读也有多种可能,哪怕文义明确的书证,也要看是否存有反面的阻却事由。职务犯罪初查就是通过对管辖范围内的线索进行调查后,判明是否符合立案条件的诉讼活动。职务犯罪初查一般是"由人查事,因而在案件线索中往往有明确的犯罪嫌疑人,而是否有犯罪事实往往不明确,需要经过初查才能判明是否符合立案条件"。"初查既是对案件线索的筛选和过滤,更是对有价值案件线索的深化和发展。""在'是否认为有犯罪事实需要追究刑事责任'问题上,由原先不明确到明确,从而决定是

否立案的过程。"①通过对收集、提取的电子数据进行分析整理,对案件的侦查方向,厘清侦查思路,包括后期办案与犯罪嫌疑人正面交锋时采取何种策略都是非常有用的。

3. 给相关人员定位

由于职务犯罪嫌疑人一般都有强大的社会关系网,侦查机关初查开始,尽管注意保密,也容易惊动相关人员,如果他们听到风声即逃匿,那么,因为人员不能到位,案件就无法推进。所以,让相关人员及时到位是职务犯罪侦查中必须要解决的问题,现在的技术已经可以非常精准地根据手机信号定位在几平方米的小范围内,为侦查机关抓捕人员提供了极大的便利。

4. 排摸社会关系网

职务犯罪嫌疑人一般都具有一定社会地位,在正式行动之前先弄清关系网络,即案件发生的复杂背景和涉案人员的相互关系,以便明确依靠谁、调查谁、回避谁、利用谁、争取谁、保护谁,这样既可以防止关系网的干扰,又能够目标明确地及时控制涉案人。中央打"老虎"行动中,都是经过事先排摸社会关系网,精心准备制作预案,经常同时采取行动控制相关人员,防止消息面不当泄露。如果没有排摸好社会关系,很容易发生"打草惊蛇"的事情。

5. 及时固定证据

收集证据是一项时间性很强的工作。不仅是为了防止犯罪嫌疑人逃跑,而是离案发时间越近,一个人对案件事实的记忆也越清晰,犯罪嫌疑人进行反侦查以及销毁证据的可能性也大大减小。办案人员发现犯罪事实后要抓住有利时机,及时收集证据,为以后的侦查工作奠定基础。

---

① 朱孝清:《职务犯罪侦查教程》,中国检察出版社 2004 年版,第 100~101 页。

（二）初查阶段电子数据收集运用特点

1. 合法性

合法性原则是任何收集过程的一个基本原则，非法证据排除已经是一项基本证据规则，一个证据的合法性是其可采性的前提。电子数据的收集同样要以合法为前提，在开展电子数据收集提取前，需要经过一定的审批和授权。一旦在程序上出现瑕疵或漏洞，轻则成为瑕疵证据，需要补正后才能作为证据定案，重则因不可逆导致无法补正，或者直接作为非法证据被排除，导致电子数据证明力的缺失，一次取证失败可能会影响再次取证的效果，因此侦查人员既要追求实体上的真实，又要追求程序上合法。

2. 保密性

保密性也是职务犯罪侦查的基本特点，而电子数据收集提取过程中保密尤为重要，一旦相关电子数据被泄露，其严重性远比某个办案人员通过语言方式泄密更严重。一个 U 盘或者一张光盘能够复制大量的案件信息，而电子数据复制的过程不过几分钟时间。在著名的"棱镜门"事件中，前美国国家安全部门员工通过电子设备将大量的绝密文件复制并带离，最终给美国国家形象造成了巨大的损害。在职务犯罪案件尚未立案，侦查机关在对案件进行摸底的情况下，一旦泄露了相关信息给涉嫌人员，会对案件的侦破造成巨大障碍，甚至导致某些证据直接被毁损。当前社会公众对于腐败的容忍度很低，一旦官员被曝光涉嫌贪腐必然受到全民声讨。腐败案件牵涉面广，其社会敏感性和政治敏感性都很强。在职务犯罪侦查中使用电子数据收集提取技术，必然会受到社会和舆论高度关注。社会舆论不仅关注涉嫌贪腐的官员的情况，也会关注电子数据收集提取是否涉及官员隐私，是否能够挖掘更多线索，甚至有可能被别有用心者利用，反过来攻击侦查机关电子数据收集提取的合理合法性，或者把电子数据收集提取与技术侦查混为一谈，从而使侦查机关陷入不必要的舆论旋涡，妨碍侦查部门公正独立办案。侦查机关使用电子数据收集提取作为新的侦查手段,应当尽可能地低调务实,一切从有利于案件侦破的角度出发。

3. 时效性

初查是为是否立案提供依据的,要求牵涉范围小、查证时间短,能够快速地确定某些犯罪事实是否成立。因此时效性对于初查来说至关重要。通过电子数据进行初查信息的收集,能够为侦查部门节省大量的时间,在较短的时间内获取相关信息,并对相关信息进行综合分析,从而确定是否立案侦查。如果涉嫌人员在初查阶段有购买机票、动车票等情况,利用电子数据能在第一时间知悉相关情况,作出紧急处理。而且,一方面,由于电子数据具有易灭失的属性,人为删除、病毒侵袭或者意外物理损坏等原因都可导致电子数据的毁损、灭失,电子数据本身极易被覆盖和修改。另一方面,被修改过的电子数据,虽然可以通过技术手段恢复,但恢复本身是一个具有风险的过程,并且数据恢复存在一定的失败概率,有些数据是永久地消失了,不可以再恢复。有些涉嫌人员具备一定的计算机相关知识,能够比较完全地删除相关内容,导致数据无法恢复。

4. 全面性

职务犯罪发生后,犯罪嫌疑人为了掩盖犯罪事实,逃避刑事处罚,常常伪造或毁灭证据,知情人也因为种种原因不敢或不愿作证,侦查人员如何再现犯罪过程,并取得确实充分证据加以证实是需要有充分的想象力的。由于前期获取的信息不可能很全面,多是片段性的,这就要求侦查人员在开展初查活动时对一切与案件有关的细节都不能忽视。在初查过程中,侦查人员可能会遇到数量较大的电子数据,而逐个查看数据也是不可能完成的任务,因此侦查人员应该多层次地发现可能有用的电子数据,全面并且细致地查找与案件相关的文档等数据,尽量避免遗漏重要信息。同时,因此对涉嫌人员的手机、计算机、财产信息、话单信息等数据全方位进行筛查和判断,尽量形成完整的数据链来证明案件。侦查人员还应注意被刻意隐藏的电子数据,比如将 Word

文档后缀改为.jpg，后者将文档隐藏在图片当中等情况。前期初查工作的"广种"是后期"薄收"（梳理排摸出重点信息）的基础。

5. 系统完整无损

在电子数据收集提取和取证过程中，应当保证对原始介质的完整无损，即一般的电子数据收集提取过程应该在镜像文件或者复制件上进行。一方面，可以保护原始介质不受破坏，从而能够重复再现电子数据收集提取过程。另一方面，在一次收集取证失败的情况下，保护证物不被破坏。而在法庭庭审阶段，无损性原则是证据效力的重要保证。所以，电子数据提取尽可能是存储介质与电子数据一并提取。

6. 比例原则

侦查过程是一个必然会涉及个人隐私的过程，为了打击犯罪，保护更大法益，侦查活动合理地介入个人隐私领域是允许的，但是应该在一个合理的范围之内，尽量保护公民基本权利不受干扰。而在电子数据收集提取和取证过程中，对公民隐私的侵犯变得更加容易而难以控制。电子取证中"比例原则"的贯彻，就是侦查机关需要制定相应规范，把对公民权利的影响程度降到最低，在侦破案件和保护权利之间取得平衡。

三、初查阶段电子数据的收集运用

（一）初查阶段有关电子数据存储介质与主要内容

电子数据的外延非常广泛，内容非常丰富，常见的电子数据种类有：一是单个存储介质或设备内的电子数据，包括电子计算机、平板电脑、手机、照相机、打印机、移动硬盘、U盘等存储介质中的电子数据；二是互联网第三方运营商存储的电子数据，包括QQ记录、微信记录、微博、论坛、邮件、通话记录、短信记录等从第三方运营商中获取的电子数据；三是其他机构存储的电子数据，包括金融机构、公安、电信、车管、房产交易、有线电视查询、公交卡使用信息查询等。

职务犯罪的初查一般是在立案前秘密进行，初查阶段收集证据一般不跟犯罪嫌疑人直接打照面，有关案件的电子数据来源也主要是由公共网络或者公共信息平台收集得来的，对于犯罪嫌疑人个人所有的手机、U盘、计算机等有形的电子数据存储介质，只有等正式立案侦查后才能扣押收集。初查阶段需要收集的电子数据的具体内容包括：

1. 个人基本信息

初查阶段的个人基本信息一般来源于政法信息共享平台、公安机关的户籍管理系统、民政部门的基础数据库、组织部门的干部管理系统以及其他行政机关的数据库。基本信息包括姓名、照片、身份证号码、籍贯、出生年月日、性别、民族、学历学位、职务职称、婚姻状况、住址、服务处所等。对于行贿人，还可以通过工商信用网站查询企业的相关状况。初查阶段，还需要查询行贿人数据库，对涉案人员之前的相关行为进行搜索查验。如之前即存在行贿行为，那么侦查部门可以提前做好相关准备。

2. 家庭成员状况

初查中，家庭成员当前状况也是必查的内容之一。有些犯罪行为，当事人可能通过家人实施，隐蔽性较强。家庭成员的基本信息查询也要尽量全面细致，对于后期的侦查来说，能够全面掌握涉嫌人员的基本情况，就能够更好地掌握侦查的主动权。家庭成员状况需要延伸到当事人亲戚，原因在于血缘关系天然容易被信任，同时比较隐蔽。

3. 财产状况

财产状况的电子数据来源，主要是通过人民银行和商业银行的数据库、房产交易中心的管理系统、公安部门的车辆登记管理系统、证监会的数据库等。需要收集的电子数据内容包括各商业银行账单记录，涉嫌人员及其配偶、子女名下的房产、车辆记录，有价证券的交易记录，支付宝账号、微信钱包等互联网金融账户。

4. 手机通话清单

手机通话清单的电子数据来源于移动通信运营商。目前市面上的移动通信运营商主要有中国移动、中国电信、中国联通三家公司。侦查人员通过运营商的通话记录，可以清晰而准确地得到涉嫌人员近期通话清单，话单分析系统可以将这些通话清单进行深度分析，从而得到涉嫌人员的人际关系网络和生活轨迹。

5. 社交网络平台

社交网络平台电子数据来源于互联网和互联网服务运营商。由于现在政府网络通过 QQ 等即时通讯来发布通知并不在少数，侦查人员可以通过不同的渠道，比如工作群、相关单位熟悉人员问询等方式获得涉嫌人员的 QQ 号码与微信账号等。通过关注或加好友等方式，可以收集到涉嫌人员相对私密的一些信息，而这些信息往往是涉嫌人员内心的写照。

6. 水电网气

水电网气等信息主要是为了搜索当事人常用居住地，这些居住地是与当事人有重要联系的人所居住的地点，通过水电网气基本能够查清当事人的家庭关系，并且水电网气等信息准确率较高，一般不需要深入分析比对，简单地查询即可得到相应结果。

7. 出行和居住信息

出行和居住信息是挖掘当事人社会关系的重要手段和方法，内容包括出行关联人、所住宾馆信息等，出行关联人包括同机人员、同车人员、出行安排人员、消费付款人员等，这些人员往往与当事人有密切联系。宾馆信息包括共同入住人的信息以及消费付款人信息，这些信息当中往往包含当事人情妇的相关信息。

8. 岗位业务相关信息

岗位业务相关信息是当事人进行权钱交易的载体，没有相关业务就不会发生权钱交易，因此岗位业务相关信息的收集至关重要。这些信息包括业务联系人、中标单位负责人、经常合作者，以及各项业务的内容和所涉及的金额等。侦查人员还需要关注大型工程的细节，比如是否存在违法操作，是否存在追加预算以及加开工程联系单，未按照规定进行采购的情况等。

9. 行踪轨迹

行踪轨迹主要是为了寻找当事人是否有情妇，以及是否经常出入与工作无关的其他场所，行踪轨迹能够描述一个生活的基本轮廓，当事人的每次权钱交易必然伴随其出入消费场所，并且与行贿人共同出现的概率非常大。因此，行踪轨迹是印证当事人行为的重要辅助判断工具。

10. 民政信息

民政信息主要用来掌握当事人现在的状况以及婚姻、丧葬、子女状况，由于初查阶段保密性原因，一切都是在当事人未知的情况下进行的，那么数据收集未必是实时的，而是通过大数据搜索积累的数据来获取相关信息，民政信息的验证可以保证所做工作的有效性，不至于在当事人发生重大变故时，侦查部门依然不知晓的情况。

(二) 常见职务犯罪初查重点内容

1. 贪污案件初查重点内容

(1) 查明初查对象的主体资格，尤其是一些在企业从事管理工作的人员，要把调查行为人的主体资格问题作为一个重点，可以通过走访所在单位、审查工商注册资料、职务任免、委派文件以及承包、租赁和聘用合同等，查明初查对象所在单位的性质、职务及其来源，从而辨别其是否符合贪污罪的主体要件。国家机关工作人员是指国家机关中从事公务的人员，包括在各级国家权力机关、行政机关、司法机关和军事机关中从事公务的人员。在依照法律、法规规定行使国家行政管理职权的组织中从事公务的人员，或者在受国家机关委托代表国家行使职权的组织中从事公务的人员，或者虽未列入国家机关人员编制但在国家机关中从事公务的人员，视为国家机关工作人员。国家机关、国有公司、企业、事业单位委派到非国有公司、企业、事业单位、社会团体中从事组织、领导、监督、管理等工作的，可以认定为国家机关、国有公司、企业、事业单位委派到非国有公司、企业、事业单位、社会团体从事公务的人员。虽然不属于前列范围，但是如果是在特定条件下行使国家管理职能，依照法律规定从事公务，具体如依法履行职责的各级人民代表大会代表、依法履行审判职责的人民陪审员、协助乡镇人民政府、街道办事处从事行政管理工作的村民委员会、居民委员会等农村和城市基层组织人员或者其他由法律授权从事公务的人员，可以认定为"其他依照法律从事公务的人员"。

（2）查明行为人非法占有的财物是否属于公共财物。首先看是否属于国有财物、劳动群众集体所有的财物、用于扶贫和其他社会公益事业的社会捐助或者专项基金的财物。同时要注意，国家机关、国有公司、企业、集体企业和人民团体管理、使用或者运输中的私人财物以公共财物论。

（3）查明非法占有公共财物的行为是否利用职务上的便利实施。利用职务上的便利是指利用职务上主管、管理、经手公共财物的权力以及便利条件。如果行为人不具备职务上的便利，仅仅是工作上便利，那就不能认定为职务犯罪。

（4）查明有无贪污贿赂刑事司法解释规定的六种"降格入罪，升格量刑"的情形。根据2016年4月18日"两高"新的贪污贿赂刑事司法解释，贪污罪此六种情形会"降格入罪，升格量刑"。主要是：贪污救灾、抢险、防汛、优抚、扶贫、移民、救济、防疫、社会捐助等特定款物的，曾因贪污、受贿、挪用公款受过党纪、行政处分；曾因故意犯罪受过刑事追究；有无是否曾因故意犯罪；赃款赃物用于非法活动的；拒不交待赃款赃物去向或者拒不配合追缴工作，致使无法追缴的；造成恶劣影响或者其他严重后果的。

2. 贿赂案件初查重点内容

（1）案件线索所反映的犯罪嫌疑人据以受贿的事情是否存在。否则，皮之不存毛将焉附。行为人利用职务上的便利为他人谋取利益的事实是否存在，证据材料有哪些，主要包括证明行为人承诺为他人谋取利益的证据、证明行为人已经开始实施为他人谋取利益的行为的证据、证明行为人已经为他人谋取了部分或者全部利益的证据。

（2）犯罪嫌疑人有无收受财物，以及所收受财物的时间、地点、数额、特征、具体经过，收受财物与职务行为之间有无关联性。具体包括行为人是否存在以借款为名实施索取或者非法收受他人财物的行为，是否以交易形式收受贿赂，是否以收受干股的形式受贿，是否以开公司等合作投资名义收受贿赂的证据，是否以赌博形式收受贿赂，是否以委托请托人投资证券、期货或者其他委托理财的名义收受贿赂，是否以特定关系人"挂名"领取薪酬而收受贿赂等。行为人是否在经济往来中，违反国家规定，收受各种名义回扣、手续费，归个人所有；是否利用本人职权或者地位形成的便利条件，通过其他国家工作人员职务上的行为，为请托人谋取不正当利益，索取请托人财物或者收受请托人财物的行。有无存在国家工作人员的近亲属或者其他与国家工作人员关系密切的人，通过该国家工作人员职务上的行为，或者利用该国家工作人员职权或者地位形成的便利条件，通过其他国家工作人员职务上的行为，为请托人谋取不正当利益，索取请托人财物或者收受请托人财物。

（3）犯罪嫌疑人基本情况，包括犯罪嫌疑人所在单位的基本情况以及嫌疑人个人的情况。具体包括身份证明、户籍证明、任职证明、工作经历证明、特定职责证明等，主要是证明行为人的姓名（曾用名）、性别、出生年月日、民族、籍贯、出生地、职业（或职务）、住所地（或居所地）等证据材料，如户口簿、居民身份证、工作证、出生地、专业或技术等级证、干部履历表、职工登记表、护照等。还有就是行为人是否系人大代表、政协委员，是否有完全刑事责任能力。

受贿犯罪行为人个人财产异常增长的，相对嫌疑就较大，通过比对银行账户投资理财情况，以及名下房产、车辆情况可以初步判断个人财产是否异常增长。同时，受贿因为是与行贿对应的犯罪，所以，必须有异常的社会关系交往网络，通过手机电话话单分析，对于重点对象通讯频繁异常的，就值得重点关注。同时，与贪污犯罪一样，犯罪嫌疑人的出国记录、个人生活作风、水电网气、职务行为的异常性也是初查应该关注的重点。

（4）查明有无贪污贿赂刑事司法解释规定的八种"降格入罪，升格量刑"的情形。主要是：曾因贪污、受贿、挪用公款受过党纪、行政处分；曾因故意犯罪受过刑事追究；有无是否曾因故意犯罪；赃款赃物用于非法活动的；拒不交待赃款赃物去向或者拒不配合追缴工作，致使无法追缴的；造成恶劣影响或者其他严重后果的；多次索贿的；为他人谋取不正当利益，致使公共财产、国家和人民利益遭受损失的；为他人谋取职务提拔、调整的。

3. 渎职犯罪案件初查重点

（1）查明犯罪嫌疑人的主体资格，一般只要调查行为人所在单位的性质、行为人的身份、所任职务或所从事的工作就可以搞清楚了。渎职犯罪主体是国家机关工作人员，在国家机关中从事公务的人员，包括在各级国家权力机关、行政机关、司法机关和军事机关中从事公务的人员。在依照法律、法规规定行使国家行政管理职权的组织中从事公务的人员，或者在受国家机关委托代表国家机关行使职权的组织中从事公务的人员，或者虽未列入国家机关人员编制但在国家机关中从事公务的人员，在代表国家机关行使职权时有渎职行为构成犯罪的，依照刑法关于渎职罪的规定追究刑事责任。依法或受委托行使国家行政管理职权的公司、企业、事业单位的工作人员，在行使行政管理职权时玩忽职守，构成犯罪的，适用渎职罪的规定追究刑事责任。

（2）调查、确定损失或危害后果。损失包括直接经济损失和间接经济损失，有些损失尚不确定的，要等损失确定无法挽回，才能计算具体损失数额。初查时要查明直接经济损失，也要查明间接经济损失，为挽回渎职犯罪所造成的损失而支付的各种开支、费用等也要计算在内，直接经济损失是定罪量刑的依据，间接经济损失只是作为量刑的情节。具体包括死亡、重伤人数，经济损失是否达到 30 万元，是否造成恶劣社会影响。

（3）犯罪嫌疑人的职务以及其作为或不作为与损失之间的相当因果关系是否成立。在玩忽职守罪中，由于行为人既可以是作为，也可以是不作为，在因果关系判断上可以分两步走：一是判断玩忽职守行为与结果之间是否有条件关系，当行为人实施的是作为（不认真履行职责）时，应当判断"如果没有该作为，结果是否发生"，若结论是"如果没有该作为，重大损失这一结果就不会发生"，那么该作为与结果之间就存有条件关系；当行为人实施的不作为（不履行职责）时，判断如果该行为人正确履行了职责，是否能够避免重大损失，如果是，则存在条件关系。如果条件关系不成立，则因果关系不成立，如果条件关系成立，则继续参照社会生活的经验，判断是否具有相当因果关系。

（4）行为人是否存在徇私舞弊的加重处罚情节，国家机关工作人员为徇私情、私利，故意违背事实和法律，伪造材料，隐瞒情况，弄虚作假的都属于徇私舞弊。

玩忽职守主要是因为事故倒追的，所以，相对来说事先留下的犯罪痕迹较少。而对于滥用职权案件，通常都是双料案，与受贿关联性大的占多数，为财、为色、为情滥用职权的，其职务行为的异常性和社会交往的异常性具有较大的关联性。

（三）初查阶段常见电子数据收集提取

1. 涉案人员基本信息收集

基本信息收集过程中，能够通过本院专网进行查询的必须通过专网进行查询，通过网络查询可以最大程度上缩小知悉者的范围，降低泄露秘密的风险。有些地方由于各种原因，无法实现在本院查询的，需要通过一定的技巧来降低泄露风险。比如要查询涉嫌人员基本信息的，在提供涉嫌人员信息的同时，应多提供一些无关人员的信息，将涉嫌人员的信息嵌入在无关人员信息当中，即使经办人员有意泄露也无法马上就点出涉嫌人员。公安部门拥有大多数公民的基本信息，有条件的检察机关需要与公安部门建立网上信息共享平台，一方面可以提高查询的效率，另一方面可以降低初查信息泄露的风险。

【案例7】2015年,某地检察机关接到群众举报,称该地卫生局局长张某拥有多套住宅,所拥有的财产明显高出收入,存在巨额财产来源不明的嫌疑。接到举报后,侦查机关通过互联网上的各个平台以及检察机关与其他政府机关的专网开展初查工作,并对张某名下的房产和存款进行统计。统计结果显示,张某及其近亲属名下一共拥有十套房产,总价值超过1500万元,确实明显超过了其收入的总和。并且张某的房产数量的增长是在其担任卫生局副局长和局长期间保持着每年一套的增量,确实存在巨额财产来源不明的情况。侦查机关以房产为线索,对张某的信息进行更进一步的查询,发现在互联网各大论坛里都有针对张某的传言或举报,这些传言或真或假引起了侦查人员的注意。侦查人员开始搜索卫生局近些年来的重大项目信息,发现绝大多数项目为当地一个建设公司承包。并且张某的居住地并非是其户籍登记地,而是该地另外一个小区的高档住宅里,至此,侦查人员基本了解了张某的规律和轨迹,为案件的顺利突破打下坚实的基础。最后查明张某犯受贿罪、滥用职权罪,被判处有期徒刑10年。

2. 手机话单收集与分析

话单分析是初查阶段电子数据收集取证的一个重要手段,并且已经被广泛地运用。话单中一般包括:(1) 机主情况;(2) 开户信息;(3) 通话时间;(4) 通话时长与计费;(5) 主被叫号码情况;(6) 基站位置;(7) 主被叫通话地信息等信息。将基站位置与话单结合起来,可以掌握涉嫌人员的活动轨迹,从而在话单中获取涉嫌人员在一段时间内的活动规律,为下一步行动打下基础。

一般话单分析系统都有以下几个方面的功能:(1) 可视化统计:以图形方式显示每日通话情况。(2) 每日通话轨迹:显示每天的通话轨迹。(3) 关系判定:通过查看共同号码来判定待定号码与其他号码之间的关系密切程度。(4) 矩阵关系:快速判定多人之间的关系。(5) 多对象关系图:以关系图形式展示多个对象之间相互联系情况及共用联系人数。（6）显示关系图：以关系图形形式展示指定对象联系密切的关系人相互之间的联系情况。（7）自动碰撞号码：实现任意多个话单自行按照设定数目进行碰撞，以期发现共同号码、新号码及小时的号码等。（8）自动碰撞基站：实现任意多个话单自行按照设定数目进行碰撞，以期发现多个号码共同出现过的基站。

通过话单系统的分析，侦查人员需要学会解读话单分析系统中的各项数据的含义，从而在话单数据和案件事实之间建立起一座桥梁。通过话单分析系统，需要掌握以下几个方面：

（1）活动轨迹判断。通过话单中的基站信息，结合已掌握的基础信息，能够在地图上形成手机持有人可视化的活动轨迹图。在卫星地图中标注出手机持有人的具体的通话位置，连接形成手机持有人的日活动轨迹。再通过连续几天的活动轨迹，便可发现手机持有人的工作地点、家庭住址、上下班线路、活动规律及场所，尤其是非工作时间的活动轨迹等。掌握活动轨迹，可以快速准确地寻找到涉嫌人员，尽早发现其生活的规律，能够较好地掌握其个人生活，从而可以为涉嫌人员的作案动机提供分析依据。

（2）人际关系网分析。手机通话次数频率较多的，通话时间比较长的，非工作时间通话关系人等，按特定角度汇总，利用关联、聚类规则，提取不同的侦查信息。

一是确定与涉嫌人员的关系：根据通话的时长、次数、通话时间段（是在工作时间还是在非工作时间等）、短信次数来进行分析比对，综合频率最多的联系人和手机持有人的关系最为密切。同时可以根据通话情况确定疑似司机、疑似情人、疑似家人等身份关系。人际关系一般包含以下几种：a. 业务型。主要是上班时间通话，其他时间基本不通话或通话次数时长明显少，一般都是工作或业务上的关系。b. 朋友同学型。一般都是饭前联系较多，如果排除了家人在这段时间的联系，较大可能为朋友或同学关系。c. 贿赂型。一般在特定节假日联系较多，这种联系包括通话和短信,尤其是重大节假日,平时也有往来,但并不频繁。d. 情人型。该类型的联系一般发生在休息时间,包括午休和晚上,甚至凌晨,这类通话往往存在单个通话时间较长,且时间规律较为明显。

二是确定碰面情况:利用自动碰撞基站功能,能够统计不同号码之间在同一时间出现在同一基站内的次数,次数越多的说明碰面机会越多。通过对这些号码话单的分析,便可以发现碰面地点、碰面时间等情况。

三是寻找共同联系人:将两个以上的话单导入到话单分析系统,可以统计出两个话单的共同联系人,以及这些当事人之间的熟悉程度、通话时间、频率等数据,从而可以确定话单所有人之间的共同关系属性。

【案例8】 某市检察机关在春节后接到举报,举报内容是关于张某在春节前大肆受贿的情况,但举报内容简单,并未有实质性的犯罪事实。检察机关根据举报及前期初查所掌握的情况,从张某的话单入手分析,发现张某名下的手机号码春节期间通话对象和时间都正常,每天与同事和亲人之外的人通话的记录。检察机关进一步调取了张某爱人的话单,多次发现在同一时间点,张某爱人不仅呼叫过张某的手机,在张某手机未接通的情况下,张某爱人呼叫了另外一个手机。检察机关据此推断张某有使用两个号码,其中一个并未在张某名下。检察机关再次调取张某另外一部手机的话单,发现该号码在春节前有很多短暂性的通话且都是被叫,没有主叫,时间都是在下班后的晚上,基站位置显示,主叫方是在张某家附近拨打的电话。侦查人员据此分析,有可能是行贿人在与张某碰面前,打电话知会张某。经过上述分析,侦查人员迅速确定几名业务上与张某有联系的涉嫌人员,并通过话单寻找到涉嫌人员,打开了案件的突破口。

(3) 利用关系人话单分析确定涉案对象的新号码。近几年,由于检察机关的侦查手段被有意无意地泄露,犯罪分子的反侦查手段也不断更新,比如经常使用几个非自己名下的手机号码来与不同的人群联系。犯罪分子一旦听到风声便开始毁灭证据。针对这些情况，侦查人员可以对与涉嫌人员联系紧密的相关人员，比如涉嫌人员的家人、亲戚的话单进行分析，比如在下班后的半小时中，涉嫌人员的配偶经常与某个号码联系，该号码很可能是涉嫌人员使用的另外一个号码。利用这个方法可以进一步推断出涉嫌人员同时在使用几个号码。

【案例9】在 2014 年 1 月，某跨国制药公司被爆出在华销售存在商业贿赂，该案件中行贿者是医药代表，受贿者是公立医院负责采购的相关负责人。医院采购负责人无可避免地需要与医药公司代表联系合作，通过相关采购程序采购药品和医药器材，而业界对于医生收受医药代表的回扣成为潜规则已默认。在案件侦查过程中，侦查机关瞄准医药代表的手机通话记录，对于这些记录进行比对碰撞分析，通过分析通话频率和通话时长，结合医院采购药品的时间和举报线索初步确定涉案对象和范围。医药公司销售人员往往会使用同样的手段行贿多名医生和采购负责人，因此通过手机话单的长期跟踪分析，收集到了多名存在受贿嫌疑的医生和采购人的相关资料。侦查机关进一步收集所有医院管理药品采购的人的号码，并调取其话单，利用话单分析系统碰撞出这些话单的共同联系人，就有可能是这些医药代表，再依据其他电子数据进行综合判断，由此可以寻找到新的线索。

3. 金融及财产信息收集与分析

金融与财产信息收集是职务犯罪侦查重要环节，由于信息化社会，各类服务都与金融息息相关，而个人财产变动是职务犯罪案件涉案财物去向查找的重要指向。金融信息一般包括银行账单、有价证券、互联网消费账号等。这其中，银行账单是核心，因为任何一个消费账号和证券交易账号，都需要与银行卡绑定才能进行有效的操作。因此，金融信息查询的关键是对涉嫌人员银行账单的查询，但银行查询工作量大，侦查人员需要到各个商业银行查询涉嫌人员的银行账单信息，导致银行查询工作效率较低，同时存在初查信息被银行经办人员泄露的风险。有条件的地区应当与当地人民银行合作建立银行信息网上查询系统,一方面可以极大地提高查询工作的效率,有利于快速推进案件侦破;另一方面可以降低风险,避免一些不确定的因素。银行账单信息可以分为以下几类:(1)收入类,包括工资收入、转账汇入、互联网金融账号金额提取汇入、利息收入、投资类收入、柜台存入等。这里应该重点关注转账汇入、柜台存入以及互联网支付账号提取汇入等情况。由于职务犯罪是高智商犯罪,犯罪者的反侦查意识很强,通过转账汇入的受贿款虽然有,但是不断在减少当中,而通过互联网支付账号则会变得越来越多,而柜台存入的受贿款一般都无法查找资金链和来源。(2)支出类,支出类包括刷卡消费、互联网支付账号消费、转账支出以及取款等几大类。厘清这几大类支出,有助于掌握涉嫌人员的生活状况和轨迹。尤其是转账汇出类,需要设法搞清楚每笔资金的去向。(3)投资类,投资类支出也是需要完全搞清楚的,因为投资类支出必然伴随着投资回报,而投资回报容易被涉嫌人员当作借口,将部分受贿款转移到投资收入中,尤其是巨额财产来源不明罪,厘清正常收入是定罪的必要条件。

除了银行信息,财产信息也是重要查询对象,财产信息除了基本的涉嫌人员名下的房产、车辆等,要特别注意涉嫌人员平时的住所和出行。很多职务犯罪分子会通过各种手段将自己的房产和车辆挂在他人名下,包括挂在家人、亲戚、同学甚至普通朋友名下。有些不法分子受贿的并非所有权而是使用权,比如受贿一辆轿车,车主姓名并非是受贿者本人,但却是受贿者常年使用,更有甚者,平时消费刷卡都是用行贿人的银行卡。因此在进行收集金融财产信息的同时,应该与其他电子数据相互比较相互印证,才能收集到比较准确的信息。金融和财产类的电子数据,应当导入可视化数据分析系统进行分析,可以提高人工查阅的准确率和效率。

【案例10】某市检察院收到贪污案件的线索,指出某国有银行内部人员有贪污嫌疑。侦查机关从银行对账单入手,联合司法会计鉴定人员通过银行电子对账单核对该单位银行日记账。再用银行日记账逐笔核对现金日记账，发现上级拨入的预算外资金有20笔共计598万元未入单位银行日记账，同时通过分析银行电子账单显示有20笔58.9万元现金支款未记入单位银行日记账和现金日记账。然而从银行对账单的贷方显示该单位账户已经收到拨入经费，而单位的银行存款日记账上却没有找到这20笔拨入经费的踪迹。根据这一线索，侦查人员调取了财政拨款及现金支款的原始单据。充分证实此款拨入没有记账，出纳员经手支出现金58万余元也未记账。掌握了这一证据侦查机关立即传唤出纳员，经询问，出纳员交待了贪污同伙和犯罪过程。同伙人是某县财政局的业务股长，主管事业单位的拨款。该出纳员利用其一人保管财务专用章、财务名章及填写现金支票的便利，与某股长合谋，采取撕毁财政拨款通知单和现金支票存根，以不入账的方式侵吞公款。在证据面前，二人如实供述了自己的犯罪经过，并为此付出了惨痛的代价。

4. 社交网络平台信息收集与分析

社交网络平台是互联网时代的标志性特征之一，国外的社交网络主要有脸书（Facebook）、推特（Twitter）、"谷歌+"（Google +）等，国内的社交网络根据功能的不同主要包括QQ空间、百度空间、豆瓣网、微博、博客、知乎等。社交网络的信息虽然对案件突破未必有直接的帮助，但是如果能够收集到涉嫌人员的社交网站信息，对于分析涉嫌人员的动机会有较大的帮助。社交网络记录的是当事人的私人信息，在这个相对隐蔽和私人的空间里，当事人可能会与关系密切的人有一定的联系，比如情人、利益相关人等。通过这些信息的比对会大致勾勒出当事人的生活轨迹和习惯，甚至能够挖掘出当事人不想被外人知晓的生活情况，而这些信息正是突破当事人心理防线的最好的证据。

然而在初查阶段，信息收集具有较强的隐蔽性，不可因为收集信息而打草惊蛇，从而导致涉嫌人员提前毁灭证据或串供等。有些社交网络的关注比较方便,比如微博、博客等,而有些社交网络关注需要通过一定的伪装技巧来实现,在此不作详述。微信朋友圈也属于社交网络的一种,应重点关注其朋友圈内容,通过朋友圈一方面可了解其生活规律,家庭关系,行动轨迹等;另一方面可以用来分析其性格与人格,为下一步侦查打下基础。

微博的关注则相对容易,通过涉嫌人员单位同事等第三人,可以比较容易的获得微博账号。通过关注其微博,即可查阅微博的历史信息。在查阅其微博的同时,应重点关注相关的评论,评论有时候能够反映出涉嫌人员的动机等信息。初查阶段电子数据收集一定要以保密为主,无论立案与否,都不可因为要收集电子数据而暴露了侦查意图。否则会导致案件侦查受阻,或者对当事人造成一定的影响。如果需要进一步地收集电子数据相关内容,要等到正式立案后才能进行。

【案例11】2013年,某地检察机关在办理城中村拆迁案件时,遇到当事人的强烈抵抗,当事人以自己的拆迁政绩和荣誉为挡箭牌,认为自己为本地拆迁工作作出了巨大贡献,拒不承认自己的受贿行为,也不说明受贿款的去向。在案件办理遇到困难后,侦查人员开始查阅其手机,发现在其QQ空间里经常有一名女性表达暧昧的语言。侦查人员意识到这名女性与当事人的关系可能非同一般,于是利用手机恢复技术对其手机的社交平台软件进行数据恢复,获得了大量的QQ聊天记录,其中有一大部分与该名女性聊天的记录,证实该名女性为当事人情人。侦查部门立即对该名女性进行查询并定位,该名女性即被抓获。到案后,该名女性承认了与当事人的情人关系,并交待了当事人经常提供现金用于购物和生活支出,随后案件顺利突破,侦查机关一举查获了城中村拆迁贪污受贿窝串案,将数名犯罪嫌疑人送上法庭。

第三节 职务犯罪立案侦查阶段电子数据的收集与运用

根据刑事诉讼法规定,刑事诉讼有立案、侦查、起诉、审判、执行五个阶段,而立案是刑事诉讼的开始程序,也是必经程序。刑事立案,标志着案件已经进入侦查程序,并可能在下一步进入起诉、审判、执行程序。而且,职务犯罪案件的绝大部分证据,都是立案以后,侦查终结前收集、提取的。研究立案阶段如何收集、运用电子数据对司法实践非常有意义。

一、立案阶段的基本使命和职务犯罪案件的证据特点

(一)立案阶段基本使命

刑事立案的条件是有证据证明犯罪嫌疑人的行为已经触犯刑法构成犯罪,应当追究刑事责任。《人民检察院刑事诉讼规则(试行)》第286条第2款、第3款规定:"人民检察院经过侦查,认为犯罪事实清楚,证据确实、充分,依法应当追究刑事责任的案件,应当写出侦查终结报告,并且制作起诉意见书。对于犯罪情节轻微,依照刑法规定不需要判处刑罚或者免除刑法的案件,应当写出侦查终结报告,并且制作不起诉意见书。"所以,立案以后职务犯罪侦查部门必须对犯罪嫌疑人涉嫌的犯罪事实予以查清,根据最后的事实认定和证据情况分类处理。与初查阶段不同,立案以后,需要查明的犯罪事实是全方位的,不再局限于立案的标准,而是以案件终局性处理为标准。

(二)证据特点

1. 开始多数拒供

与普通刑事犯罪相比,职务犯罪嫌疑人多数学历层次较高,拥有法律知识多,工作经验与生活阅历丰富,反侦查能力

强。出于侥幸心理和畏罪心理,案发初始,多数不认罪,尤其是贿赂犯罪,由于行贿受贿本身就是利益一体,行受贿双方在案发后很容易达成攻守同盟,拒不认罪或者串供,给侦查带来困难。

2. 物理空间上无明显留痕的作案现场

即便是贪污犯罪,因为与盗窃等不是利用职务上便利的侵财型犯罪不同,具有职务上便利的犯罪行为人一般都是采取秘密的方式进行。而且,从行为实施到案发往往经历了较长的时间,即使有犯罪现场或当时在犯罪现场留下某些痕迹,也通常会被行为人"特殊处理",所以,侦查机关希望像办理普通刑事犯罪一样通过现场勘验,获取有价值的案件线索估计比较困难。

3. 多无第三人在场,缺乏直接证据相互印证

行受贿双方进行权钱交易,往往是单线联系,现场无第三人在场。在贿赂案件中,即使有第三方证人往往也只能证明行贿款项来源,或者在某个时间地点行受贿双方曾经碰过面,而且,行贿人怎么说的,或者受贿人后来怎么说的,行受贿双方在见面当时发生了什么,只有他们两个人知道,如果两个人供述对不上,那就需要侦查人员甄别取舍。贪污罪也是秘密进行,而且有职务上便利作掩护,作案到案发时间跨度大,行为人犯罪后有充分的时间进行技术处理。

4. 涉案财物多为现金

在侵财型犯罪侦查中,一般都会问及赃款赃物的去向,而职务犯罪中,比如贪污、受贿一般都是种类物——现金,极少会通过银行转账留下痕迹,除非特别巨大的赃款,其实很难说清楚,哪一笔钱是哪个行贿人送给他的,而且,现金作为种类物,又便于携带和交换,如果犯罪嫌疑人不交待赃物去向,侦查机关很难查实固定证据链。

5. 尤以贿赂犯罪言词证据反复性大

除了贪污挪用公款外,贿赂犯罪的很多证据还是需要依靠行受贿双方的供述,基于利益同盟的考虑,或者行贿人、受贿人碍

于情面等多种原因,在不同时间段,不同的场景下,容易对同一件事情作出不同的供述,导致前后笔录翻供比较大。尤其是现在推行以审判为中心的诉讼制度改革,一些控辩双方有争议、对定罪量刑有重大影响的、人民法院也认为有必要出庭作证的关键性证人将会直接到法庭作证。在中国这个人情社会,单独面对侦查机关的表述贴近客观真实,一旦面对曾经对自己业务有重大帮助的被告人及其家属,要直接作证对被告人不利,行贿人将承受非常大的心理压力,容易导致当庭翻供。如果行受贿双方在法庭翻供,再加之以侦查阶段一些取证不规范,辩护方提出非法证据排除,那么对指控犯罪是非常不利的。

二、立案阶段电子数据收集运用的功能与特点

（一）立案侦查阶段电子数据收集运用的主要功能

1. 突破、固定口供

职务犯罪侦查初期,犯罪嫌疑人由于心态没有稳定,情绪波动大,侥幸心理犹存,口供不仅难突破,而且即使突破也容易反复。此阶段,如果能收集到电子数据来驳斥犯罪嫌疑人狡辩或者翻供,对于突破其心理防线非常给力。如山东某区检察院在办理某机关汽车修理厂工作人员贪污案中,犯罪嫌疑人在汽车未进厂修理的情况下虚开修理单,冒领材料贪污公款。由于虚开维修单时间跨度长、数量多,无法确定具体贪污数额,而嫌疑人对于时间、数量等具体问题的回答就三个字"记不清"。面对一屋子的修理单和车辆修理记录表,侦查员们一筹莫展。如果采取人工对账方式,用时长、错误率高,直接影响办案质量。于是,技术人员尝试利用计算机软件程序,编写了电子对账程序,取得了成功。在计算机上输入车辆维修的相关数据后,电子对账程序启动,虚开的修理单条目显现无疑,所有金额一目了然,案件随之

告破。[1] 可以说，在这起案件的办理中，电子物证技术起到了决定性的作用。

2. 查明和印证主观故意

刑事诉讼具有打击犯罪与保障人权两大价值，而近年来的刑事司法改革基本是更加强调人权保障，不得强迫任何人证实自己有罪、非法证据排除、律师辩护权的扩张都给职务犯罪侦查带来了挑战，这一点在查明犯罪嫌疑人主观故意方面体现得尤为明显。如果能通过手机、电子邮件、微信和 QQ 等即时通讯工具中收集到的信息证实犯罪嫌疑人主观故意，对于定案就非常重要。

3. 深挖犯罪，扩大战果

在趋利避害心理驱使下，案发后，职务犯罪嫌疑人一般不会主动完整供述犯罪事实，即使侦查人员掌握充分证据，并进行出示，也是"挤牙膏"一样一点一点交待，试探着侦查人员掌握证据材料的多少，在办案中，拓展侦查思路，通过侦查技术，获取一些有价值的信息，对于推进案件进程，扩大战果意义非常重大。

某检察机关在查办农业银行杨某贪污案时，技术人员发现杨某的笔记本电脑硬盘上没有任何数据，怀疑被格式化处理过了，随即通过技术手段对电脑中被格式化的硬盘内数据进行恢复、固定，使电脑中被删除的有关财务记录得以全部恢复，一起百万元的贪污案得以告破。[2]

4. 提取、固定电子数据，完善证据体系

案件一旦进入立案程序，初查对象就成为法律上的刑事犯罪嫌疑人，但是立案的条件是只要有证据证明有犯罪事实，应当追究刑事责任。而立案之后侦查终结必须将所有涉嫌的犯罪事实查

---

[1] 卢金增：《电子证据，让职务犯罪侦查"如虎添翼"》，载《检察日报》2011年4月25日第5版。

[2] 卢金增：《电子证据，让职务犯罪侦查"如虎添翼"》，载《检察日报》2011年4月25日第5版。

明,再做相应的处理。职务犯罪案件主观性言词证据多,通过电子数据可以使证据体系更加完整、紧固。

(二) 职务犯罪立案侦查阶段电子数据收集运用特点

1. 实效性

立案侦查阶段电子数据收集运用与初查阶段有很大不同,初查阶段注重隐蔽性,立案侦查阶段注重实效性。根据《刑事诉讼法》第154条的规定,对犯罪嫌疑人逮捕后的侦查羁押期限不得超过二个月。案情复杂、期限届满不能终结的案件,可以经上一级人民检察院批准延长一个月。因此在立案侦查阶段,侦查人员需要注重电子数据收集的及时性,一般在案件立案之后应该立即着手开展搜查工作,如发现有相关的电子数据载体,应立即妥善保存,联系技术部门开展数据收集与恢复工作,以确保侦查取证的实效性。

2. 针对性

侦查阶段,某些犯罪事实已经基本明确,只是需要寻找证据来证明犯罪事实成立。因此在侦查阶段,侦查人员要针对已经较为明确的犯罪事实开展电子数据收集,而深入挖掘犯罪事实需要在已完成现有犯罪事实的电子数据收集后开展。由于侦查阶段时间有限,除了电子数据收集之外侦查人员还需要进行大量的取证工作,因此侦查人员要将宝贵的时间用在刀刃上,不能在海量电子数据中迷失侦查方向。对于那些没有关联的电子数据应该明确无误地跳过,同时不应该追求可有可无和细枝末节的细节问题。

3. 规范性

与初查阶段不同,侦查阶段电子数据收集完成之后,能够明确证明案件事实的电子数据需要转换为电子证据。如果此时电子数据收集过程中由于程序不合法,不仅将导致电子数据不可用,而且会导致原数据被污染,从而完全失去作为证据的价值。因此在侦查过程中,电子数据收集从一开始就应该严格按照最高人民检察院的相关程序进行,不要抱有侥幸心理。电子数据具有天生脆弱性,容易被篡改,一旦被修改,在没有备份或者保护的情况下无法回复到原来的状态，侦查人员对这个特点应该有清晰的认识。

（三）职务犯罪案件初查与立案侦查阶段电子数据收集与运用差异

职务犯罪立案侦查阶段，因为已经办好法律上手续，已经可以正面接触犯罪嫌疑人了，所以，在电子数据的收集上不再局限于通过游离于犯罪嫌疑人的网络信息，可以对犯罪嫌疑人日常使用的一些电子存储介质直接进行搜查、扣押，而且，因为犯罪嫌疑人及其家属、利害关系人都已经明知，存在毁灭证据对抗调查的可能性，对侦查人员取证的时效性提出了更高的要求。

1. 收集上的差异

（1）方式不同。初查阶段电子数据收集处于一个较为秘密的状态，保密是初查的重要原则，电子数据收集尽量通过不被涉嫌人员察觉的方式进行。立案侦查阶段，犯罪嫌疑人已被侦查机关控制，侦查人员能够接触到未被犯罪嫌疑人隐藏的所有电子数据载体，在相关硬件上提取和恢复电子数据。初查阶段，一般使用网络查询，包括政法专网、政府网以及其他专网和互联网，侦查阶段主要通过对犯罪嫌疑人的手机、计算机、存储设备的数据分析来收集相关的电子数据，两者的收集方式完全不同。

（2）范围不同。初查阶段应尽量收集较多的关于涉嫌人员的直接的或者间接的电子数据，收集范围较广，收集的信息准确率相对低，大多以侧面分析为主。侦查阶段，电子数据都是从犯罪嫌疑人的电子设备上提取，收集针对性强、范围小，所提取的信息是与犯罪嫌疑人有直接联系的信息。

（3）方向不同。初查阶段电子数据收集主要以发现更多的犯罪线索为主要目的，侦查阶段首先要以突破和固定在初查中发现的犯罪事实为主，其次追求在犯罪嫌疑人电子设备中发现更多的犯罪线索和信息。因此两者在收集方向上存在差异，但也并不绝对，随着案件侦查的不断推进，在犯罪嫌疑人电子设备中发现犯罪信息的案例也不鲜见。

（4）程序不同。初查阶段电子数据的收集，主要是通过侦查部门内部审批流程,侦查人员获得授权即可进行收集。侦查阶段电子数据收集程序有所不同,一方面,侦查部门需要同技术部门合作开展收集和固定的工作;另一方面,电子数据收集更加注重程序要求。由于侦查阶段电子数据收集部分是为诉讼阶段服务,因此必须合乎电子数据收集取证的相关规定,否则有可能影响电子数据的证据效力问题。

2. 运用上的差异

(1) 功能不同。一方面,初查阶段电子数据的运用分析主要用来判断是否能够成案,必须要先解决成案问题,才能进入到下一步的侦查。侦查阶段电子数据的运用主要是用来证明犯罪嫌疑人有罪,同时尽可能发现更多的线索,寻求再次突破。另一方面,初查阶段电子数据用来寻找线索角度,而在侦查阶段电子数据更多是用来突破口供,扩大战果。

(2) 路径不同。初查阶段电子数据运用的路径是通过多个不同的网络暗中进行收集分析和比对,然后在分析比对的基础上得出结论。侦查阶段电子数据运用的路径是通过扣押的电子设备获取案件所需要的信息,然后固定其中重要的几条数据证明案件的真实性,固化证据链。

(3) 目标差异。初查阶段电子数据收集一方面是为判断是否立案侦查,另一方面是为了侦查做准备。而侦查阶段电子数据收集一方面是为了突破案件,另一方面是为了诉讼做准备,因此两者之间在目标上存在差异,导致电子数据运用的侧重点也有所不同。初查阶段收集电子数据更具开放性,而侦查阶段收集电子数据更具针对性。

三、立案阶段电子数据的收集与运用

(一) 基本原则

1. 遵循电子数据特性

如果说初查阶段收集电子数据主要是作为查证举报线索是否

属实,那么立案阶段,电子数据的收集主要是为了拓展侦查范围和固化证据体系。初查阶段因为没有立案,又是秘密进行,侦查机关进退自如。而立案以后,就应该让犯罪嫌疑人绳之以法,如果最终撤案,虽然是体现了保障人权的基本精神,但是也反向说明了案件当初立案条件存在问题,当然,如果是因为立案后法律或事实的变化,导致对案件处理结果变化的不在此列。

2. 紧扣犯罪构成要件

立案阶段与初查阶段不同,初查只是一个模糊的范围,情况不是很明朗,包括对初查对象。所以,侦查机关通常是网撒的比较大,采用广种薄收的策略,而一旦进入立案阶段,对犯罪嫌疑人基本情况已经了解的比较清楚,侦查范围紧紧围绕前期初查的犯罪事实,已经审讯犯罪嫌疑人或询问关键证人之后获取的新的线索,而后进行证据的收集固定。这一阶段,我们开展电子数据的收集提取,一定要紧紧围绕每个罪名的犯罪构成要件进行,不要浪费精力在不必要的信息上。

3. 以电子数据为契机推行客观性证据审查模式

在职务犯罪中,尤其是贿赂犯罪中,主要的证据是行受贿双方的笔录,相对于其他刑事犯罪,实物证据少,言词证据多,但是即便如此,我们也要积极收集双方口供之外的其他证据。侦查人员对于行受贿双方口供对得上的案件,也不要简单地鸣金收兵,而是要尽量收集一些与他们的笔录能够很好对应起来的电子数据作为客观性证据,以印证口供的真实性,使案件的证据链更加稳固。这一点在以审判为中心的诉讼制度改革不断深入推进的情况下尤为重要。

(二) 固件电子数据收集

1. 手机电子数据的收集

手机是重要的电子数据收集来源,在智能手机普及的时代,手机保存了犯罪嫌疑人大部分电子数据。而手机电子数据的提取和恢复技术上已经非常成熟,因此在大多数职务犯罪案件侦查过程中,手机电子数据的提取和恢复是电子数据收集必做的步骤。

一般的手机电子数据提取包括通话记录、短信、应用程序、存储等多种类型数据的收集，其中通话记录、短信是每个手机都包含的内容，应用程序要看犯罪嫌疑人是否安装有包括QQ、Skype、Facebook、Twitter、微信、微博、移动飞信、米聊、旺信、陌陌、上网记录、邮箱、淘宝、地图等软件。同时对手机收集取证获得的数据需进行必要的关联性分析，比如对电话簿、通话记录、短信、QQ、微信、移动飞信、邮件等，可导入到图形化数据分析系统进行分析，尽可能地获取犯罪证据。

手机证据获取一般有三种方式：（1）直接手动获取，即由侦查人员对手动查阅犯罪嫌疑人的手机，对相应信息进行拍照，然后提供给犯罪嫌疑人确认的方式。这种取证方式操作简单、容易上手，缺点是获取的信息非常有限。（2）利用取证设备获取，即通过专业的手机取证设备获得相关信息。这种方法是当前手机取证的最为安全重要的方式，能够详尽地提供手机里未删除的数据，并且恢复部分已删除的数据。利用数据分析软件，将相应的手机数据导入数据分析软件中能够得到犯罪嫌疑人较多的数据。（3）物理方式取证，即在手机损坏的前提下，将手机中的存储芯片接入专门的读取设备中，从而获得手机相关信息。这种方式大多数用在犯罪嫌疑人提前毁坏手机的情况下，侦查人员需将手机送到专门的实验室进行数据提取。目前手机电子数据收集一般包含以下几方面的内容：

（1）通讯录提取。通讯录是手机最基本的数据，几乎每个手机都有其相应的通讯录。通讯录是犯罪嫌疑人的人际关系网，如何将通讯录进行分析，并在大数据环境下进行数据碰撞，是描绘犯罪嫌疑人人际关系圈的最有力的工具。在智能手机中，通讯录融合了移动社交网络信息，能够全面地了解犯罪嫌疑人使用除电话和短信外的社交工具，从而为打开犯罪嫌疑人的交际圈提供了窗口。通讯录中不仅记录了其交际圈里相关人员的姓名和电话，甚至可能还保存了相关人员的电子邮箱、地址、生日等信息，记录越详细越能显示其与犯罪嫌疑人的关系密切程度。通讯录提取一个重要步骤是利用可视化智能分析系统进行分析,包括关联分析、社会网络分析、路径分析、时间序列分析、地理信息分析等。这些分析需要将行贿人与受贿人的以及案件相关人的通讯录导入到系统当中,由系统经过数据格式转化、数据过滤、数据综合分析等步骤,生成图形化的展示界面。通讯录是确定犯罪嫌疑人社会关系网络的重要手段,对某一个地区的通讯录数据经过一定的积累,甚至能够为反贪侦查提供重要案件线索,因此需要对通讯录的提取加以重视。

(2) 短信提取。短信息是用户通过手机或移动终端直接发送或接收的文字或数字信息。它属于一种数据通信业务,可以精确、快速地传递信息。短信息已经从原来的一种通信方式,进化到身份验证方式。无论是银行账号办理、网上购物、快递收发、网上购票、网上订住宿,还是水电费收缴、保险业务等,只要是登记过手机号码的相关事件,都会以短信的方式作为通知手段。因此,对于取证人员来说,短信数据的收集取证价值是非常巨大的。只要时间跨度足够大,短信能够分析出当事人拥有哪几个银行的银行卡,银行资金的出入,近期的生活轨迹,甚至当事人的消费水平也能一定程度得到体现。短信的基本功能是通信,侦查过程中需对收件箱、发件箱、草稿箱等文件夹都予以关注。

(3) 备忘录提取。备忘录是用来提醒手机使用者的一些重要事项的记录。一般领导干部在日常工作中需要处理的事务较多,对于一些重要的私人事项,往往会采用备忘录的方式来提醒自己。备忘录会简短地记录事项内容、时间、地点等,具有较高的可信度。尤其是备忘录可能会记录犯罪嫌疑人与情人之间的一些重要事项,一旦侦查人员发现这个事实,可能为案件打开新的突破口。备忘录提取数据量小,数据比较简单,但包含的信息准确内容丰富,在手机电子数据收集过程中,侦查人员不能忽略备忘录数据的提取。

(4) 手机通话录音提取。手机录音功能是大多数手机都具备的功能，能够实时录下双方通话的内容，所反映的信息具有高度准确性。手机通话录音直接反映了犯罪嫌疑人与通话对象之间的通话内容，不仅能够印证已掌握的犯罪事实，而且能够为侦查人员带来未掌握的一些信息，在帮助侦查人员厘清犯罪事实的细节，为进一步深入挖掘犯罪事实具有重要的作用。手机通话录音有可能被经常清理，因此要注意对手机通话录音文件进行删除恢复。同时，支持手机通话录音的软件有很多，各个品牌的手机都有自己的通话录音软件，大多数第三方软件也能够支持通话录音，因此侦查人员要细心寻找支持通话录音的软件。

（5）手机话单分析。通过话单分析和机身检查等可以提取涉案相关人员名单、联系方式及与犯罪嫌疑人的亲友关系等；通话次数、频率及通话时间段可以推测犯罪嫌疑人与相关人的亲疏关系等。

2. 计算机电子数据的收集

计算机电子数据收集一般来源包括犯罪嫌疑人的工作或家庭计算机、笔记本电脑和平板电脑。计算机电子数据收集取证内容主要包括文档、图片、通讯软件、业务软件数据等。文档类主要包括办公软件，比如微软 Office 的 Word、Excel，金山 WPS 的 WPS 文档、WPS 表格，以及其他的一些办公软件文件。图片也是计算机电子数据收集取证的一个内容，图片收集主要包括 jpg 格式、bmp 格式、gif 格式等图片文件。通讯软件数据的提取也是重点之一，通讯软件包括 QQ、微信电脑端、YY 语音、飞信、米聊、百度 Hi 等，除了个人即时通讯软件，还有商务即时通讯软件，比如阿里旺旺、京东咚咚等，这些聊天工具功能大致相同，关键在于大多数即时通讯软件电脑端的聊天记录与手机端的数据同步，甚至有些记录上传到云空间，这样有利于完整获取聊天记录。

（1）文档及图片电子数据，包括办公软件文档、文本文档、pdf 文档等，图片格式包括 jpg 格式、gif 格式等。其中办公软件电子数据收集是计算机电子数据收集过程中的重要方面。办公软件一般包括文字处理、表格处理、幻灯片制作等功能，市面上流行的办公软件包括 Microsoft Office、金山 WPS 等，由于办公软件之间格式基本通用，这里以微软的 Office 软件为例。Office 办公软件包括文字处理软件 Word、表格处理软件 Excel、幻灯片处理软件 PowerPoint、数据库处理软件 Access、电子邮件处理软件 Outlook、网页制作软件 FrontPage、便笺软件 Onenote 等 14 种软件，常用的一般包括 Word、Excel、PowerPoint 三种。Word 文档是大多数软件及工作文档的记录载体，是犯罪嫌疑人记录工作内容不可或缺的手段，搜索计算机内的 Word 文档有助于侦查人员厘清犯罪嫌疑人的工作内容。同时，Word 文档能够用来记录以文字为内容的事件，侦查人员能够通过全文搜索功能对系统内所有 Word 文件进行关键字搜索，为侦查人员获取相关信息提供了便利。表格处理软件 Excel 也是查看的重点之一，对于行贿人来说，多次行贿后容易发生行贿事件之间混淆，因此有些行贿人通过 Excel 表格来记录每次行贿或与行贿对象聚会的金额。一旦侦查人员能够获取到相关内容，对于侦查的突破有极大的帮助作用。例如在办理某建筑公司老板赖某行贿案中，侦查人员通过对其工作笔记本的数据提取，发现赖某经常打开一个 Excel 表格，并且还对该表格进行了加密处理。赖某的行为引起了侦查人员的警觉，后对该电子表格破解密码后，发现该表格记录了赖某大部分的行贿行为，据此侦查人员顺利突破案件。

（2）通讯软件电子数据，包括电子邮件和即时通讯软件。电子邮件是通过部署在互联网上的服务器来实现信息交换的通信方式，是互联网上应用最广的一种通讯工具，基本上所有的商业门户网站都提供了免费的电子邮件服务。通过网络的电子邮件系统，用户可以和覆盖互联网的任何地方的用户联系。电子邮件内容可以是文字、图像、声音等多种形式，作为附件电子邮件能够上传任何格式的文件。常用的即时通讯软件包括腾讯 QQ、微信电脑客户端、阿里旺旺、百度 Hi、Skype、电子邮件等，这些软件的功能大同小异，一般使用较多的包括腾讯 QQ、微信客户端等。即时通讯软件与电子邮件的区别在于,即时通讯软件的通讯即时显示在客户端或者网页上,所传送的信息不会在通讯服务器上存留,或者只存留少部分,而电子邮件的信息是存留在电子邮件服务器上,因此在电子数据收集过程中,即时通讯软件的信息只能在本地计算机中获取,而电子邮件的数据一方面可以从本地计算机获得,另一方面也可以从邮件服务提供商处获得。通讯软件电子数据收集的价值在于,为侦查人员提供了直接的信息,并且通过数据分析可以了解犯罪嫌疑人的网络交际圈。

(3)其他软件电子数据,包括网上银行相关数据信息、特殊的业务软件以及娱乐软件信息。通过查看网上银行的安装信息,侦查人员能够获知犯罪嫌疑人的开户银行。其他软件的信息根据侦查需要,收集侧重点有所不同。比如受贿案件中,其核心是权钱交易,重点关注的是通讯软件中电子数据的分析,从而推测出犯罪嫌疑人的交际圈。在贪污案件中,会计凭证是重要证据,因此需要分析其财务软件中的数据。而在渎职案件中,案件事实与业务有紧密联系,因此需要分析其业务软件中的数据。另外,计算机软件电子数据可以从侧面反映出犯罪嫌疑人的性格爱好,能够为案件事实提供侧面的证据。

3. 移动存储介质电子数据的收集内容

移动存储介质一般存放文档、图片、视频等,这些文件可能被删除或隐藏,侦查人员要注意对其做删除恢复。在侦查过程中,侦查人员要特别注意移动存储介质的电子数据收集,因为存放在移动存储介质当中的数据,一般是犯罪嫌疑人认为比较重要的数据,这种重要数据包含的信息量一般较大,侦查人员需要对其进行分析。移动存储介质形式多样、五花八门,包括 U 盘、移动硬盘、TF 卡、SD 卡、MP3 播放器、录音笔等,侦查人员在搜查的时候要特别注意这些设备,只要发现就应收缴,收缴后再利用只读工具对原设备做完全复制,所有的恢复和提取操作都在镜像文件中进行操作,防止恢复失败而污染了原设备的数据。对于直接涉及案件事实的电子数据证据,可打印成书面文本,参照提取书证的方式予以固定,防止数据信息发生变化。

4. 不同硬件载体电子数据收集差异比较

不同硬件载体承载的不同的功能和用途,在电子数据收集过程中侧重点也不同。(1)收集内容不同。一般手机电子数据手机主要是针对通讯内容以及与通讯相关的数据的收集与分析,由于手机是不可替代的通讯工具,因此在收集过程中始终要以收集通讯信息为核心。计算机电子数据不仅包括了通讯信息的收集,还包括一般性的文档、图片等文件的收集与恢复。而普通的存储设备不包括通讯软件等内容,因此只要关注文档和图片等文件即可。(2)收集步骤不同。手机和计算机都包含操作系统,在开机状态下,系统文件随时在变化,因此操作流程更加规范和复杂。而普通的存储设备在不接入计算机的情况下存储的都是静态文件,只要将存储设备妥善存放即可。(3)收集方法不同。手机电子数据一般通过取证大师等软件进行提取,没有软件则很难提取相关信息。计算机电子数据一方面可以通过取证大师提取,另一方面也可以利用系统自带的一些功能进行搜索。比如要寻找所有的 doc 文档,可以在系统仿真的情况下利用系统自带的搜索功能进行全盘搜索。而存储设备电子数据的收集和提取则更加简便,只要读取出里面现存的文件或者做删除恢复即可搜索到所有的文件。有人将电子数据固定方法区分为静态固定法和动态固定法,静态固定法是指电子数据和电子数据所依赖的载体同处一个相对静止的状态。动态固定方法有"只读锁+软件"固定法和硬盘复制固定法、基于时间戳的电子数据固定方法、以公证的形式对电子数据进行固定等,一般流程为:(1)记录涉案对象的计算机连接状态;(2)固定该计算机易丢失数据信息;(3)关机并取出该计算机硬盘;(4)对该硬盘进行写保护处理;(5)之后对硬盘进行复制备份;(6)再对原硬盘进行数字签名、封存、记录。[1]

---

[1] 霍忠诚:《浅谈职务犯罪侦查中电子数据的收集、固定和使用》,载《法制与社会》2015 年第 5 期。

(三) 互联网通讯工具电子数据的收集

1. 微信

微信数据提取。微信是时下最流行的即时通讯软件,其使用范围极其广泛,且功能强大。现在的微信,不但是一款即时通讯软件,而且当使用人绑定了银行卡,可以进行转账、理财、订票、网购等。不论在手机还是平板电脑上都可以使用微信,微信使互联网通信逐步取代了传统的短信、彩信。因此,在智能移动终端对微信以及其他即时聊天软件收集取证的实际意义,已经远大于传统的短信、彩信收集取证。

微信支持多种形式的信息传送,包括语音、文字、视频、图片(包括静/动态表情)和文件,支持微信群的建立,且对建群基本没有限制,支持视频聊天。同时微信钱包还支持出行、购物、缴费和理财等功能,可以说微信基本涵盖了智能手机的全部的基本功能,满足使用者生活的需求。由此可见,微信已经成为用户获取信息、与他人交流沟通的一个重要平台。由于微信的推广使用,使侦查部门格外重视对于微信数据的恢复和收集。在取证软件中,某厂商的 DC4501 是微信取证的一把利器,能获取微信的基本信息及删除的信息。

2. QQ

QQ 作为国内主流的在线即时通讯软件,QQ 的用户数已经覆盖了我国网民的 90% 之多。针对通过 QQ 进行的网络犯罪,QQ 客户端的数据文件是调查取证的重要对象,尤其是对本地好友列表和聊天内容的取证极为重要,可以从中发现联系,进而挖掘、捕获直接的犯罪信息。

存储好友列表和聊天内容数据的文件是以 .db 结尾的复合文档格式,并且其中的有效信息已经过加密处理。其中好友列表信息包括账号、昵称、备注、真实姓名、年龄、性别、国家/地区、州/省、城市、个性签名、生肖、血型、职业、星座、生日、毕业院校、电子邮件、联系地址、邮政编码、手机号码、固定电话号码、个人主页、个人说明等信息,聊天内容包括好友信息、群组信息、临时会话信息等信息。

3. 电子邮件

由于手机信息技术的不断发展，移动办公已经越来越普遍。邮件作为一种通信方式，在国家工作人员大部分岗位当中都是必不可少的通信手段。邮件与短信息的不同在于，一封电子邮件详细地记录了一件事情的始末，同时不少电子邮件还带有附件。因此，邮件提取能够比较清晰地了解到犯罪嫌疑人的工作和生活背景。当前比较常用的邮箱包括腾讯的 QQ 邮箱、网易的 163 邮箱、新浪邮箱。这些邮箱都有手机端可以在手机上进行操作，侦查人员应予以关注。提取电子邮件数据后，侦查人员应该逐一查看电子邮件的相关内容。一般电子邮件记录的是比较重要的事件，有些电子邮件能够直接证明犯罪事实，大部分邮件虽然无法直接证明犯罪事实，但将这些事件放到犯罪嫌疑人的日常工作背景当中，可以进一步明确其犯罪动机。根据我国《电子签名法》第 8 条的规定："审查数据电文作为证据的真实性，应当考虑以下因素：（一）生成、存储或者传递数据电文方法的可靠性；（二）保持内容完整性方法的可靠性；（三）用以鉴别发件人方法的可靠性。"我们收集提取电子邮件时，也要注意这方面内容。

【案例 12】2014 年，某区检察院成功办理了该区教育局局长傅某受贿、巨额财产来源不明案。具体经过如下：2010 年，该区检察院收到举报信，内容为该区教育局局长傅某多次索贿受贿，影响恶劣。举报信中详细列举了该区教育局的多个学校改造项目和承包商的名字。该区检察机关认为可信度很高，随即开展初查。

在初查过程中发现，群众对傅某的举报从来没有中断过，但是这些举报都比较模糊，检察机关在初查过程中都没有特别发现。然而天下没有不透风的墙，傅某已经知晓检察机关在调查他受贿行为，因此有可能已经隐匿或转移个人资产，傅某本人也已经做好了与检察机关抗争的准备。侦查人员意识到，利用常规的侦查手段对傅某开展侦查可能会事倍功半,但利用电子数据侦查可能会起到出其不意的效果。

检察机关通过数据共享平台查清了傅某家庭基本情况,并通过人民银行和检察机关的检银系统发现傅某及其家庭成员资产情况达 500 万元,这已经远远超出了傅某的家庭收入,基本可以认定傅某巨额财产来源不明。为了进一步巩固案件的基础,侦查人员稳扎稳打,从运营商处调取了傅某的手机话单,并通过手机话单分析基本描述出了傅某人际关系圈,以及较大可能与傅某之间存在行受贿关系的商人。

在基本摸清傅某涉案情况后,侦查人员立即着手抓捕傅某。侦查人员利用手机定位确定了傅某的大致位置,结合前期对傅某基本情况的了解,确定了傅某在老家的位置,侦查人员立即组织赶往傅某老家。侦查人员以送快递的名义进入傅某家中后,对傅某亮明了身份,傅某感到极度震惊,侦查人员随即要求傅某交出手机。

由于前期电子数据收集较为完整,侦查人员在知晓傅某有强烈抵抗心理的情况下,完整地向傅某阐述了他个人信息,傅某感到检察机关已经基本掌握了他的犯罪事实,对于检察机关点明的几笔受贿事实供认不讳,但对其他受贿事实依然矢口否认,并坚称自己的全部资产已向检察机关说明。侦查人员料到傅某会找这样的借口,因此在初查过程中,不仅收集了傅某本人的所有电子数据,包括银行、房产、车辆等,也收集了傅某配偶元某以及傅某子女的所有电子数据,通过电子数据显示,傅某已将部分资产转移到其子女名下。而在查询傅某房产情况时发现傅某有多次房产买卖记录,有些房产则是卖给傅某亲弟弟傅裕某的,这些引起了侦查人员的注意,傅某很可能是将受贿所得转化成固定资产再转到其弟名下。因此在审讯过程中,侦查人员清晰地向傅某发问在 2008 年 7 月 21 日利用其弟的身份证做了什么,傅某依然拼死抵赖,在经过几个小时的交锋后,傅某无奈地承认了其转移资产的事实。

为了进一步厘清傅某巨额财产的来源,侦查人员进入教育局项目数据库,将各个项目的负责人以及联系方式全部导入到话单分析系统里,手机话单的时间段恰好包含了春节前后,而这些项目负责人有部分在春节前联系过傅某,侦查人员认为这些人具有行贿的动机和时机,便从这些具有较大行贿可能性的负责人上寻找突破。在众多电子数据的支持下,有几个行贿人没过多久便承认了他们的行贿行为。至此,傅某特大受贿案获得了实质性突破。

在傅某受贿案中,侦查部门之所以能够较快获得突破,重要的原因在于初查阶段收集了大量的电子数据,通过这些电子数据,侦查人员不但能够掌握傅某受贿及转移资产的行为,同时能够充分掌握傅某行为的细节,这给傅某带来了极大的震撼,让傅某以为检察机关不但掌握了许多事实,甚至已经从相关行贿人和亲属那里打开了突破口,让其感觉抵赖已经失去意义。而实际上,初查阶段的电子数据不仅能够为案件提供线索,甚至能够为侦查提供时间、地点等细节,这对于突破和形成证据链具有重要意义,同时也能够使证人证言和相关证据之间相互印证。

四、常见职务犯罪案件的电子数据审查判断

(一) 贪污案件的电子数据收集

《刑法》第382条规定:"国家工作人员利用职务上的便利,侵吞、窃取、骗取或者以其他手段非法占有公共财物的,是贪污罪。受国家机关、国有公司、企业、事业单位、人民团体委托管理、经营国有财产的人员,利用职务上的便利,侵吞、窃取、骗取或者以其他手段非法占有国有财物的,以贪污论。"根据《刑法修正案(九)》和最高人民法院、最高人民检察院《关于办理贪污贿赂刑事案件适用法律若干问题的解释》规定,贪污或者受贿数额档次分别为3万元、20万元、300万元;但是存在某种特殊情节的,即使数额只有1万元、10万元、150万元,应当认

定"其他较重情节"、"数额特别巨大"、"其他特别严重情节"。侦查机关获得案件线索后，应当围绕犯罪构成要件分析线索：（1）查明犯罪嫌疑人是否具备职务犯罪主体资格。以往审查犯罪嫌疑人主体资格都是通过调取档案，或者犯罪嫌疑人单位的任命文件和公安机关的人员信息登记表来判定，这种方式相对效率较低，耗时耗力。如果利用电子数据收集犯罪嫌疑人身份信息，侦查人员可以依托政务网和公检法信息共享平台等网络平台，来实现主体资格认定的网络化数据化。（2）快速查明行为人职责权限。主要是有关岗位职责或者分工的文件、会议纪要等，在当下电子政务广泛推行的情况下，有关国家公职人员的分工一般都会有电子公文上传在政务网站。（3）公共财物的所有权是否发生转移，以及转移的数额大小，目前款项的去向。（4）行为人获取公共财物的手段，是否利用职务上的便利侵吞、窃取、骗取公共财物。

在贪污案件立案侦查过程中，有关电子数据取证重点如下：

1. 围绕账目和财物确定证据收集范围，寻找案件突破口

（1）侦查机关主要围绕犯罪嫌疑人罪与非罪、此罪彼罪、罪重罪轻，但也要关注追诉时效以及程序性问题开展证据材料的收集。贪污案件涉及公共财物所有权被非法占有，所以可以从会计科目往来账目、各账本之间的一致性、账目记载与实际库存之间的比对三个角度去审查、寻找突破口，其中会计资料审查主要包括会计凭证和账目审查，会计凭证审查既要检查原始凭证，又要检查记账凭证，填制的手续是否符合规定，报销手续是否完备，审批手续是否真实，有无经手人签字盖章等，原始凭证有无伪造、涂改、冒名顶替或不合常规等情况。记账凭证检查主要是内容是否完备，编号是否连续，与原始凭证是否一致等。

（2）核对账目之间的一致性，主要包括总账与明细账、借和贷、总账金额与明细账金额之和是否一致；检查有关联的账目如账账、账实之间是否一致银行日记账与银行对账单是否相符。银行对账单的真实性是否有问题，有无伪造、篡改痕迹，

并把将银行对账单与单位的银行日记账逐笔核对；检查本单位账目与外单位账目是否相符，是否存在收款不入账、虚报支出等情况。

（3）检查账目和实际款物之间的一致性，账面现金和库存现金是否相符；有无小金库数据库。一旦发现私设小金库的，要立即寻找其财务系统的数据库，通过对数据库的分析，追查小金库账目往来明细。核对固定资产管理系统与实物是否对应。

2. 善于运用搜查及时收集相关电子数据、书证、物证

贪污案件的罪证一般比较分散，依法对犯罪嫌疑人住处或其他可能隐藏证据的场所进行搜查是行之有效的取证措施。搜查时除了寻找赃款、赃物外，既要留意与案件有关的信函、单据、记事本、通讯录等物品，更要留意电子设备、电子产品和移动存储介质，有的时候就会有一个文档解决关键问题的好事降临。搜查过程中要密切关注在场犯罪嫌疑人及其家属反应，注意搜查过程中其情绪的波动和不自然的言行。

3. 适时采取强制措施，通过审讯收集证据

虽然只有被告人供述不能定罪，但是犯罪嫌疑人口供还是非常重要的证据，而且，对于贿赂犯罪，客观性证据少，言词证据也往往只有行受贿双方的供述，侦查机关到了一定阶段，就必须立即正面接触犯罪嫌疑人，通过审讯来获取更多的更直接的证据。当然，侦查人员在讯问犯罪嫌疑人前，必须根据案件特点和审讯对象个性，精心制作方案。审讯时既要收集有罪、罪重的供述，又要关注无罪、罪轻的辩解，必要时及时采取拘留、逮捕强制措施。

4. 重视收集再生证据

再生证据往往是犯罪嫌疑人在实施犯罪后，为掩盖罪行，而采取的一系列反侦查行为，具体表现有串供、攻守同盟、隐匿、毁灭罪证、转移赃款赃物等。有的案件在第一次接触犯罪嫌疑人时效果并不理想，但是采用欲擒故纵的方法"放虎归山"，重获自由身的犯罪嫌疑人也许会自作聪明地做一些隐匿罪证、转移赃

物的事情，从而产生再生证据，侦查机关一旦掌握犯罪嫌疑人涂改账册、串供等再生证据，突破口供就轻而易举。

【案例13】2015年，某区人民检察院反贪污贿赂侦查局接到当地邮政公司报案，称其发现下属单位商务部门电脑系统中100余万元不知去向，举报材料中只表明了总账缺失100余万元，并未提供任何线索和可能的涉嫌人员。为了尽快找到案件线索，侦查人员从贪污案件的关键查账入手，同时邮政公司的审计人员配合侦查人员同步开展工作，很快排查出可能涉案的相关人员。同时侦查人员结合外围侦查的结果，很快锁定了重大犯罪嫌疑人商务部门总经理张某。

为了尽快控制犯罪嫌疑人，侦查人员在确定了方案后，果断出击，控制了犯罪嫌疑人。由于本案的所有犯罪行为都在计算机系统内完成，没有其他人证、书证，犯罪嫌疑人自认为手段隐蔽，态度非常嚣张。侦查人员及时与技术部门联系，并与该单位技术部门合作开展侦查工作。由于本案的证据都是电子数据，因此在案件侦查过程中，要不断地通过技术手段来固定相关证据。经查，在该单位100余万元丢失的前一天，该单位的计算机业务系统进行了系统升级。很多数据在升级过程中被覆盖或删除。这给侦查带来了巨大的困难，一方面，侦查人员不能以办案为由停止该单位计算机系统的业务；另一方面，该单位的计算机系统一直处于工作状态，不断产生新的数据，并且数据量巨大。

侦查人员与技术人员协商后，最后着眼于数据库，希望能够从数据库当中寻得蛛丝马迹。在排查了近百万条数据后，数据库里清晰地记录了张某将本单位系统中的100余万元存入自己的账户。并且在犯罪行为发生之后，张某删除了相关的汇款记录，并进一步删除了自己的操作记录。然而由于张某没有管理员权限，同时张某无法删除其账户里的银行存款明细，这为侦查人员的突破留下了证据。在侦查人员严密的逻辑下，张某不得不承认自己的犯罪行为。

案情终于真相大白，犯罪嫌疑人张某在担任邮政公司商务部门经理期间,利用职务便利,以该单位业务系统升级存在漏洞为掩护,将单位公款 100 余万元汇入自己账户据为己有,符合贪污罪的各要件。最后张某被判处有期徒刑 10 年。本案与传统的贪污案存在一定的不同,传统的贪污案都是通过查询纸质账目来发现犯罪事实,而本案没有任何纸质证据,全程都是电子数据记录了相关的犯罪细节。在电子支付越来越主流的今天,电子数据侦查逐渐成为新型犯罪的重要手段。

(二)受贿案件电子数据的收集与运用

根据《刑法》第 385 条规定,国家工作人员利用职务上的便利,索取他人财物的,或者非法收受他人财物,为他人谋取利益的,是受贿罪。国家工作人员在经济往来中,违反国家规定,收受各种名义的回扣、手续费,归个人所有的,以受贿论处。由此受贿罪的犯罪构成要件是:一是犯罪客体是国家机关工作人员的职务廉洁性。二是客观方面表现为行为人利用职务上的便利,索取他人财物,或者非法收受他人财物,为他人谋取利益。利用职务上的便利是指利用本人职务上主管、负责或者承办某项公共事务的权利所形成的便利条件。三是犯罪主体是国家工作人员。四是犯罪主观方面是直接故意。关于定罪量刑的标准参照贪污罪。

1. 受贿罪构成要件和电子数据运用分析

在受贿案件中,侦查人员围绕构成要件应当注意从以下问题分析:(1)犯罪嫌疑人的人际关系网分析。由于受贿案件都是一对一发生,并且都是发生在关系比较近,且具有业务和职务上联系的人之间,因此人际关系网的发现是比较重要的步骤。人际关系网的发现可以通过话单分析系统中的各项功能进行归类和比对,从而构建可视化人际关系图,帮助侦查人员进一步深入挖掘犯罪事实。(2)犯罪嫌疑人的通讯记录。通讯记录包括通话记录、短信记录、邮件记录、即时通讯软件记录等,这些记录能够真实地反映受贿案件双方之间联系的时间及相关内容,有些能够作为间接证据,有些甚至能够作为直接证据来证明犯罪行为。即使有些记录比如通话记录无法反映内容,然后可以反映受贿者与行贿者之间联系的时间、位置等信息,也能够为案件提供犯罪细节。(3)犯罪嫌疑人的银行电子账目。犯罪嫌疑人在受贿之后,一般会将受贿的钱转移到其他地方,或者存入银行账户,或者进行投资,或者进行消费。而犯罪嫌疑人为了掩盖自己受贿的行为,一般在受贿后会采取低调处事的策略,防止自己的受贿行为露出马脚,因此存入银行账户是比较保险的方法。但所存入的银行账户不一定是自己的账户,因为容易被查到,一般犯罪嫌疑人会选择配偶或直系亲属的银行账户,因此侦查人员同时需要关注犯罪嫌疑人近亲属和较为亲密人的银行电子账目。

2. 受贿案件电子数据呈现的特点

首先,针对性强。受贿案件的核心是权钱交易,一般都是一对一。因此在受贿案件的电子数据收集过程中,针对性较强,通常是直接收集受贿人和行贿人的相关涉案电子数据。即使是犯罪嫌疑人涉及多笔受贿事实,侦查人员需要扩大电子数据收集范围,收集的方法也还是类似的。

其次,形式多样。由于计算机、手机、电话等提供了多种通讯方式,导致了电子数据收集过程中形式多样。常见的电子数据类型包括通话记录、短信、微信、邮件等,这些数据类型的分析方法和运用方式不尽相同,需要用不同的工具来分析处理,侦查人员需要根据侦查的需要来酌情分析处理。

最后,大多数需要数据恢复才能更好地为侦查所用。犯罪嫌疑人在受贿行为结束后,第一时间会想到毁灭所有痕迹,包括通讯记录、相关实物等。侦查人员扣押所得的手机、计算机等设备,也是犯罪嫌疑人采取反侦查措施后的信息载体,难以直接获取到有价值的信息。侦查人员需要与技术人员配合,尽快对设备进行数据恢复等操作,最大限度地还原电子设备内部的数据。手机短信、微信内容,手机能恢复的通话记录和短信内容时间跨度长,只要不是常换手机,有录音功能,要收集扣押曾经用过的手机,对于一些业务繁忙的行贿人或者受贿人可能会有两个号码,这是侦查人员在办案时必须注意的。

3. 受贿案件电子数据收集运用技能

在受贿案件的侦查过程中,侦查人员需要从以下方面入手进行电子数据收集:第一,从行贿人的电子数据收集入手。大多数的行贿人和受贿人,在进行行贿和受贿的过程中往往不止发生一次行受贿行为,一个行贿人有可能有多次行贿行为,一个受贿人也可能有多次受贿行为。但是要从受贿人那里打开突破口,存在较大困难,一方面受贿人要对其交待的事实承担法律后果,另一方面受贿人往往是智商较高,对体制内部的情况较为了解,甚至存在较大的侥幸心理。因此,侦查人员需要从行贿人入手,收集其手机、计算机等相关电子数据,一旦发现其存在与受贿人的通话记录或联系记录,即可通过该事实尝试进行突破。如果行贿人这方突破了,受贿人一般也就会承认了。第二,从受贿人家属的电子数据为突破口。当前受贿案件中,有一部分案件是通过家属作为第三人进行相关交易。因此,如果家属与行贿人之间存在一定的联系或往来,则可以通过分析家属的电子数据来进行突破。在获得家属的一定程度上的交待后,再对行贿人、受贿人进行审讯,突破的机会将大大提高。第三,从受贿人及其家属的银行电子数据入手。如果受贿人及其家属的银行账户有异常资金往来,或者急剧增长,明显与其收入不相匹配,那么以异常的银行账单为突破口,也许会给受贿人较大的心理压力。

【案例14】2014年5月,某市检察机关接到群众举报,反映该市环保局局长张某涉嫌贪污受贿犯罪问题,经检察长批准,反贪部门展开调查。通过对线索进行深入细致的分析,确定了初查方向:一是以张某本人基本信息为主线,包括工作经历、家庭概况、性格特点等;二是以张某工作职权展开,包括权力清单、接触对象等;三是以个人及家庭财产为主线,包括银行存款、房产、股票、基金等。初查方向确定后,随即展开调查。

张某,男,在职研究生学历,曾任该市政府多部门要职,任职经历丰富关系网复杂。张某平时工作风格张扬,群众反映强烈。初查中，侦查人员利用电子数据侦查手段收集了张某大量的信息，包括其家庭财产状况，通过与人民银行的合作平台，发现张某在上海有10个银行账户，往来资金达1000余万元。同时在公安机关和房产交易中心的积极配合下，发现张某在上海有5套房产、多部车辆，张某受贿的案情渐渐浮出水面。然而，当侦查人员正在对张某进行深入秘密侦查时，负责秘密监控张某行踪的办案小组反映张某近日将出国旅游。为了降低风险，分管领导立即向检察长汇报，检察长随后决定提前收网。

在抓捕张某的过程中，侦查人员通过话单分析和手机定位技术，确认张某位于上海的某处住所中。为了避免打草惊蛇，侦查人员假扮身份先与物业取得联系，确认张某确实在该小区内，抓捕小组立即行动。同时，抓捕小组得到了当地检察机关和公安机关的大力支持。当地公安机关通过侦查确认张某确实在上海。经过对各方面信息的分析比对，张某在上海某小区的可能性最大。抓捕小组分头出击，同步监控张某在上海的其他房产。张某所住楼层较高，为了避免刺激张某知道情况后发生极端行为，侦查人员在所有出入口蹲守一天后成功将张某抓获归案。

在成功控制张某的情况下，侦查人员立即对张某的住所进行搜查。尤其是张某平时所使用的计算机、手机等电子设备。同时，密切关注张某配偶李某的动向。侦查人员发现，李某在张某被抓捕之后，其手机一直处于关机状态，这引起了侦查人员的怀疑。在张某被抓后那段时间是销毁罪证的重要时间，李某不可能什么都不做，甚至连家人也不通知。侦查人员由此怀疑李某可能在使用多个手机号码。通过对张某其他亲属手机话单的分析，成功分析出李某秘密使用的手机号码。在张某被捕后的一天之内，李某用该手机与多人有过长时间的联系，侦查人员通过对这些号码进行分析。将行贿人刘某、徐某、陈某一一抓捕归案，案件侦查获得极大的进展。

张某到案之后，觉得自己手法隐蔽，拒绝与侦查部门配合。但侦查人员通过电子数据恢复等手段，成功获取张某手机内的短信、微信等通讯内容，已经形成完整的证据链锁，足以证实张某的犯罪事实。如张某涉嫌受贿80万元的事实，是侦查人员通过手机查看短信得知。张某的一张银行卡在2013年8月间分四次每次汇入20万元，而汇款人是同一个，并且汇款人在汇款之后也用短信的方式提醒张某查收。银行的短信提醒功能同时印证了张某在这期间收到80万元汇款的事实。面对事实铁证如山，张某无可抵赖。经查，张某涉嫌受贿400余万元、3万英镑、2万美元，最后张某被判处有期徒刑15年。

（三）巨额财产来源不明案件电子数据的收集与运用

巨额财产来源不明罪，是指国家工作人员的财产或者支出明显超过合法收入，差额巨大，本人不能说明其来源是合法的行为。本罪侵犯的客体是复杂客体。即国家工作人员职务行为的廉洁制度和公私财物的所有权。本罪在客观方面表现为国家工作人员的财产或支出明显超过合法收入，且差额巨大，本人不能说明其合法来源。本罪的主体是特殊主体，即国家工作人员。非国家工作人员不能成为本罪主体。本罪在主观上是故意，即行为人明知财产不合法而故意占有，案发后又故意拒不说明财产的真正来源，或者有意编造财产来源的合法途径。

1. 巨额财产来源不明罪构成要件和电子数据运用分析

根据刑法和最高人民检察院《立案标准》的有关规定，巨额财产来源不明罪的要件包括：（1）犯罪主体是国家机关工作人员。（2）犯罪的客观方面表现为行为人的财产或者支出明显超过其合法收入，差额在30万元以上，且本人不能说明其来源。（3）行为人主观方面是故意，并且具有拥有巨额非法财产的目的。（4）行为人的行为侵犯了国家工作人员职务行为的廉洁性。

巨额财产来源不明案件侦查的核心是调查犯罪嫌疑人及其近亲属财产的总和，侦查人员围绕构成要件应当注意从以下角度分析：（1）全面查明犯罪嫌疑人财产的总和。巨额财产来源不明案件首先要查明犯罪嫌疑人及其近亲属的财产总和，包括现金、银行存款、房产、理财及证券、车辆等物品。只要能够计算出这些财产的总和远远超过犯罪嫌疑人家庭的总收入，那么巨额财产来源不明罪的成案可能性极大。为了便于计算犯罪数额，对于行为人的财产和合法收入，一般可以从行为人有比较确定的收入和财产时开始计算。（2）全面调查犯罪嫌疑人及其近亲属的合法收入，包括工资、奖金、亲友馈赠、利息收入、租金收入、继承的财产等。在调查合法收入过程中，需要从犯罪嫌疑人的工资存入卡的所有账单中，尽可能全面地统计出合法收入。总收入中应当相应地扣除购房、购买理财产品后再售出或收回的财产，并应当相应地扣除原价，避免重复计算。（3）适当从高计算犯罪嫌疑人的总支出，包括刷卡消费、现金取出、转账汇款等。行为人的支出包括合法支出和不合法支出，包括日常生活、工作、学习费用、罚款及向他人行贿的财物等，从刑法谦抑精神出发，对于支出的宜从高计算。（4）计算现有财产总额与收入支出差额，计算超过合法收入差额的过程中，应当注意时间点，从犯罪嫌疑人担任国家工作人员时起算。如果存在近亲属巨额财产来源不明的，应当要求犯罪嫌疑人说明情况，不能说明来源情况的，应认定其巨额财产来源不明罪。（5）行为人负有向有关机关说明其巨额财产来源合法性的义务。这里的说明义务是指刑法上的义务，而非行政法上的义务，行为人所在单位责令行为人说明的，不产生本罪的说明义务，而且由于"责令说明"属于刑事诉讼活动，应当是侦查机关"责令说明"后，行为人才有刑法上的说明义务。（6）行为人不能说明其巨额财产的来源。不能说明是一种不作为，具体包括：行为人拒不说明财产来源、行为人无法说明财产的具体来源、行为人所说的财产来源经司法机关查证并不属实、行为人所说的财产来源因线索不具体等原因，司法机关无法查实，但能排除存在合法来源的可能性和合理性。

2. 巨额财产来源不明案件电子数据呈现的特点

第一，以公共系统中呈现的数据表格为主。巨额财产来源不明罪主要需要统计犯罪嫌疑人当前的财产总额，以及担任国家工作人员以来的总收入和总支出,所以,银行的电子数据账单、房产证明、证券账户等是侦查人员侦查的核心。

第二,分布散。只要记录了犯罪嫌疑人的财产都需要收集,不能有遗漏,包括所有银行电子账单、有价证券和基金、理财产品、房产、车辆、外币、耐用品及奢侈品等都在收集之列。

第三,大多通过网络即可查询。如果侦查机关与相关部门建立很好的协作机制,除了需要进行现场搜查的物品意外,巨额财产来源不明案件的侦查,基本可以做到。

3. 巨额财产来源不明案件电子数据收集运用技能

一是在查明财产范围上,要以家庭为单位去查明犯罪嫌疑人财产,既要清查犯罪嫌疑人的财产,也要清查其近亲属的财产。通过对犯罪嫌疑人及其近亲属财产的调查,通过网络和查询平台收集尽可能多的家庭财产电子数据,然后制作以家庭为单位的财产分布图,从而能够清晰直观地了解不同时间段犯罪嫌疑人家庭财产的轮廓,为案件侦查打开突破口。有的犯罪嫌疑人还会把一些房产挂在远房亲戚名下,这是侦查机关很难直接查明的。

二是在查明财产时间上,要注意区分犯罪嫌疑人担任国家工作人员前后的财产状况。根据巨额财产来源不明罪的构成要件,犯罪嫌疑人担任国家工作人员之前的相关财产都不能算作定案额度,因此在处理相关电子数据的过程中,可以年份为单位分别统计财产状况,注意区分担任国家工作人员前后财产状况的不同。

三是要关注是否有其他职务犯罪,在收集巨额财产来源不明罪的相关电子数据的同时,应当注意犯罪嫌疑人是否有受贿或者贪污情况。巨额财产来源不明罪是针对国家工作人员非法获取财物的兜底式惩罚方法,可以说国家工作人员的巨额财产绝大多数情况下都与其职务有千丝万缕的联系,有些甚至犯有受贿罪或者贪污罪,只是缺少证据或尚未被揭发。所以,侦查人员要时刻留意犯罪嫌疑人是否构成贪污受贿罪,只有当其他职务犯罪无法定罪,才兜底式认定为巨额财产来源不明罪。

【案例 15】 2015 年，某区卫生局下属科室科长钱某，为人高调爱出风头，经常出没于高档消费场所，平时喜爱结交各类朋友，甚至上当地媒体头条，这引起了该地区纪委的注意。经纪委摸底和谈话，并未发现其有何职务犯罪的线索。

检察机关在整理各类线索时，发现有人声称钱某拥有十余套住房，这引起了侦查人员的注意。侦查人员通过该地房产交易中心查询平台发现，钱某及其配偶名下确实拥有十套住房，经核算价值近千万，同时钱某还拥有百万元豪车一辆，家用车两辆。钱某配偶也是事业单位工作人员，钱某所拥有的资产总额远远超出其收入总额，并且这些资产都是在钱某到卫生局工作后购买的。

侦查人员根据职业敏感性，对钱某展开初查。通过查询人民银行数据库发现，钱某的多张银行卡有多笔大额现金存入，钱某利用这些现金购入多套房产，并且通过低买高卖赚差价等手段，使得其手上的房产越来越多，然而对于最初买房的现金来源于何处，侦查人员在初查中始终未发现其来源。于是，侦查人员对钱某正式立案侦查。

在侦查中，侦查人员要求钱某说明巨额现金的来源，钱某推说是亲友馈赠所得，侦查人员继续问何人所赠，钱某又无法回答。于是侦查人员对钱某话单和手机电子数据进行分析，发现钱某与医药器械供应商长期保持联系，并且手机中的短信显示双方话中有话，侦查人员怀疑双方存在权钱交易。侦查人员通过手机定位技术找到供应商并进行问话，供应商最终承认为钱某输送利益，案件得以顺利侦破。

虽然钱某一部分现金来源得以查明，然而更多的巨额财产依旧缺少来源，最后公诉部门以受贿罪和巨额财产来源不明罪对钱某提起公诉。

第四节 职务犯罪侦查中同步录音录像的证据问题

一、同步录音录像的渊源、功能和属性探讨

(一) 同步录音录像的渊源

同步录音录像制度最早起源于英国，20世纪70年代英国警察在执法过程中出现一系列违法行为，导致了大量冤假错案，引起了民众的巨大反响，导致英国各地发生了多起反对警察滥用职权的运动。为了解决这些问题，英国成立了专门的委员会，提出了一系列改进措施，讯问录音制度作为其中一项予以试行。经过多年的司法博弈，英国政府于1984年颁布了《警察与刑事证据法》，在其中确定讯问同步录音制度，自此讯问同步录音制度正式问世。随后在1988年英国政府颁布了《会见犯罪嫌疑人的录音带操作守则》，其中对讯问录音制度作了详细的操作规定，同步录音制度日趋完善。2001年英国政府颁布了《刑事审判与警察法》，正式引入同步录音录像制度。

我国检察机关引入同步录音录像稍晚。2005年11月，最高人民检察院颁布《人民检察院讯问职务犯罪嫌疑人实行全程同步录音录像的规定（试行）》，正式引入讯问同步录音录像制度，规定从2006年3月1日起，全国检察机关分阶段完成同步录音录像硬件设施建设和人员配备，并于2007年10月1日全国检察机关全面开始实施同步录音录像制度。2012年3月14日，第十一届全国人民代表大会第五次会议正式通过《关于修改〈中华人民共和国刑事诉讼法〉的决定》，第二次修正第121条，规定侦查人员在讯问犯罪嫌疑人的时候，可以对讯问过程进行录音或者录像；对于可能判处无期徒刑、死刑的案件或者其他重大犯罪案件，应当对讯问过程进行录音或者录像。至此，同步录音录像

制度获得法律确认，其法律地位正式被固定下来。

(二) 同步录音录像的功能

人民检察院讯问职务犯罪嫌疑人实行全程同步录音录像，是指人民检察院办理直接受理侦查的职务犯罪案件，讯问犯罪嫌疑人时，应当对每一次讯问的全过程实施不间断的录音录像。从技术角度看，同步录音录像是通过数字、光学等技术将讯问的内容和情景以音视频的形式记录下来，以保证在后续的诉讼和审批程序中能够真实地还原讯问时的场景。通过同步录音录像，不仅能够记录职务犯罪讯问现场的情况，也能够保证整个讯问过程有据可查，使讯问过程通过一定的程序能够公开。因此，同步录音录像也被称为"讯问程序之窗"，通过这个方式，控、辩、审三方能够看到讯问过程中发生过的一切。

从理论上讲，同步录音录像制度能够起到遏制刑讯逼供行为，为非法证据排除提供依据。同步录音录像直观与客观地记录了侦查讯问全过程，以此证明侦查人员是否存在刑讯逼供行为。按照我国现行法律，一旦刑讯逼供行为得到证实，不仅案件的可信程度大打折扣，甚至侦查人员需要承担一定的责任。而同步录音录像对于证明讯问过程中是否存在刑讯逼供行为具有较高的证明价值，所以理论界不仅将全程录音录像制度看作贯彻落实非法证据排除规则的重要保障，而且在侦查事物中同步录音录像制度对遏制刑讯逼供也存在较大的作用。由此看来，同步录音录像对提升我国侦查程序的法治化水平具有重要作用。

同步录音录像具有三大基本功能：保障权利功能、保障诉讼功能和固定口供功能。保障权利主要是防止侦查机关使用刑讯逼供、指供、诱供以及其他非法手段获取犯罪嫌疑人供述；由于同步录音录像记录了讯问的全部过程，一旦侦查机关使用非法手段获取口供，犯罪嫌疑人可以在法庭上指出相关问题，法庭必然会要求调取同步录音录像。因此，同步录音录像制度能够大幅度减少侦查机关的非法取证现象。诉讼保障是指侦查机关能够使用同步录音录像来固定证据、避免犯罪嫌疑人翻供，同时也能防止犯罪嫌疑人诬陷办侦查人员非法取证。在侦查阶段结束后，公诉机关会告知犯罪嫌疑人案件流程。由于侦查机关与公诉机关在案件办理当中的角度不同，会引起犯罪嫌疑人心态的变化，犯罪嫌疑人会尽一切可能为自己的罪名开脱，更有甚者会诬告侦查机关。因此在法庭审理期间，一旦发生这类情况，法庭必然会调取相关同步录音录像来证明犯罪嫌疑人说法的真伪。固定口供功能是指同步录音录像能够记录侦查人员讯问内容和犯罪嫌疑人的供述与辩解，它又可以细分为查明犯罪事实的功能和证明犯罪事实的功能，前者主要是指在侦查阶段侦查机关基于同步录音录像的声像所包含潜在的内容，通过画面分析等手段判断犯罪嫌疑人言词的真伪、发现案件线索、寻找案件突破口；后者是指以同步录音录像作为证据证明犯罪事实的功能。

无论侦查保障还是诉讼保障，同步录音录像都是作为视听资料使用的，仅仅被用于证明讯问笔录的证据资格（具有真实性、合法性和关联性），是一种补助证据；而口供功能则是将同步录音录像作为犯罪嫌疑人供述和辩解这一实质证据使用，其不再是证明讯问笔录证据资格的补助证据，因此其功能也有了本质的变化。

（三）同步录音录像的证据属性

全程同步录音录像制度在实践进行之初，只是作为一项保存证据的方式，以防止犯罪嫌疑人随意翻供。由于全程同步录音录像具有能还原讯问过程原貌的特点，其逐渐成为在法庭上再现侦查讯问过程是否合法、规范，被告人在侦查阶段供述是否自愿、真实、可信的重要方式。但是这种在法庭上展示的录音录像，其性质应如何界定还需要进行推敲。笔者认为，从法律上赋予全程同步录音录像以证据属性比较妥适。

1. 赋予全程同步录音录像证据属性之缘由

在我国《刑事诉讼法》规定的八种法定证据类型中，证人证言、被害人陈述、犯罪嫌疑人的供述和辩解等三种证据类型离不开笔录的承载，笔录的作用由此可见一斑。讯问笔录是最常见的证据,而全程同步录音录像作为保存证据的方式,其与讯问笔录有许多相似之处。侦查讯问笔录之所以能够成为证据,是因其能够记载讯问活动的实际情况、侦查人员的提问内容和讯问方式,以及犯罪嫌疑人有罪的陈述或无罪的辩解,并且能够较为全面和准确地证明某一事实的客观存在。而与笔录相比,全程同步录音录像在这方面的意义和作用有过之而无不及。

首先,全程同步录音录像的记录内容全面且完整。全程同步录音录像对讯问过程是一种三维的展示,不但可以记录陈述者叙说的内容,而且可以记载叙述者的表情。笔录虽然也是同步进行,但由于是人工记录,记录者的语言表达习惯和记录速度的快慢等都会影响其对讯问内容的捕捉和把握。而全程同步录音录像则不存在这个问题,其可以完整地重新展示过去,足以让我们回到当时的情景。

其次,全程同步录音录像可以起到监督司法人员的作用。由于笔录是一种静态的记录,其制作过程中无处不充斥着人的主观意向的选择,由此为违法操作留下了太多的空间。而全程同步录音录像则可以有力弥补这一缺陷。

最后,全程同步录音录像可以提高整个刑事诉讼的效率。在记录方式上,全程同步录音录像有着即时性特点,使整个讯问不再拘泥于记录者的速度。因而,如果从现在开始逐渐发挥全程同步录音录像的作用,让全程同步录音录像在不久的将来完全替代笔录,刑事诉讼的效率将可以得到大幅度的提升。

2. 全程同步录音录像的证据类型的确定

我国《刑事诉讼法》第48条明确规定了八种证据类型。如果把全程同步录音录像归为证据,那么它是归属于以上某一证据种类,还是作为一种新的证据类型?对此,理论界有全程同步录音录像应属于视听资料证据,应属于保全证据的方式,以及实体上属于固定讯问结果的方法、程序上属于视听资料证据这三种观点。笔者认为,从通说对视听资料的定义即可看出,视听资料作为单独的证据类型有着其他类型证据无法替代的作用,它用其他证据类型无法比拟的优势特点来还原真实的过去。

而全程同步录音录像现在还不能完全承担起这些责任。但是，我们也不能因此而认为全程同步录音录像只是固定保全证据的一种方式而没有任何的证据效力。它有可能被作为呈堂证据。此外，全程同步录音录像确实只是一种保全证据的方法，但是当控辩双方把它作为证据提出时，其就应该具有证据的属性，而且不一定归属于视听资料这一类型。

笔者认为，讨论一项现实证据应该归属于哪个证据类型，最重要的不是证据本身而是举示证据时举示人要用其说明的问题。全程同步录音录像到底应该归属于哪种证据类型，也应以其被用来证明何种内容而定，这在现实的诉讼中主要有以下几种情况：（1）如果控辩双方对陈述者的内容产生了争议，播放全程同步录音录像的目的只是了解犯罪嫌疑人当时的陈述，那么全程同步录音录像与犯罪嫌疑人的供述和辩解没有区别；（2）如果犯罪嫌疑人是作为证人出现而要求播放全程同步录音录像的，那么全程同步录音录像就是证人证言；（3）如果举示方播放全程同步录音录像的目的是证明侦查机关在整个讯问的过程中有无刑讯逼供等违法行为等，那么全程同步录音录像则是视听资料。

综上所述，笔者认为全程同步录音录像既是侦查机关固定证据的方式，也具有证据属性，其应归属于哪种证据类型是由其所拟证明的事项所决定的，它既可能是被告人供述或辩解、证人证言，也可能是视听资料。

二、同步录音录像规范

（一）同步录音录像的制作规范

全程同步录音录像采集方式的规范与否决定着其立法目的是否能够实现。虽然最高人民检察院提出了进行全程同步录音录像的"四条原则"，并出台了《人民检察院讯问职务犯罪嫌疑人实行全程同步录音录像的规定》（以下简称《全程同步录音录像规定》),对全程同步录音录像取证的实施主体、取证程序、录制资料的确认等方面作了具体的规定。"但在实际操作中,个别办案人员由于受主客观因素的影响……随意化、不规范现象依然较为突出:一是突破犯罪嫌疑人心理防线获取到口供后才录像;二是只固定有罪证据,对无罪供述则不进行录音录像;三是单次讯问只对部分讯问过程进行录音录像以代替该次讯问全过程。"对此,有立法加以统一、专门规定,实行讯问犯罪嫌疑人辩护律师在场制,以及侦查权与羁押权的行使相互分离、相互制约等观点。笔者认为,这些观点有着其各自的价值,但是缓不济急,还是需要在现有制度条件下先加以规范,这就需要注意以下四个方面的问题:

1. 保证全程同步录音录像的物质条件

笔者建议,在最高人民检察院的统一调度下,采取"一对一"物质扶持的方式,使每一个检察院都能实现《人民检察院讯问职务犯罪嫌疑人实行全程同步录音录像系统建设规范(试行)》要求的物质基础;在整个检察院系统内部,特别是检察院侦查部门之间实现临时性的人员互相调动学习,以实现全程同步录音录像的人力保证。

2. 全程同步录音录像前告知义务的确定

讯问全程同步录音录像的事前告知义务,是指录取前要有一个正式的、类似于告知犯罪嫌疑人有委托律师权利的告知程序。告知犯罪嫌疑人"这次讯问我们要进行录音录像。你的所有言语及行为将被记录,并有可能作为证据在法庭出示"之类的话,这样,犯罪嫌疑人就有一定的心理准备,就会努力不作出违心的陈述。侦查机关如有对其实施违法行为的,其可以积极表达出异议。

3. 全程同步录音录像的始后全程要求

所谓始后全程是指,当有了第一次对某一犯罪嫌疑人讯问的全程同步录音录像后,如还需要对其再讯问,以后的每次讯问都要进行全程同步录音录像。不能因为犯罪嫌疑人在一次讯问过程中作了有罪或无罪的陈述,以后就不再给予其辩解或坦白的机会,其如果再辩解或坦白,理应有全程同步录音录像作支撑。而且,即使犯罪嫌疑人在侦查人员违法的情况下作了一次违心的陈述,如果还给其提供辩解的机会,那么客观上也能起到监督侦查机关的作用。

4. 全程同步录音录像的保存问题

全程同步录音录像的易改性、容易伪造等特点也增加了保存的难度。因此,在全程同步录音录像制作完成后,应该播放给犯罪嫌疑人看,然后让其签名证明是否相符,而后再制成原始版,如果涉密的话,则应该由国家保密部门标明密级进行保存。但是,为了保证诉讼效率,对全程同步录音录像做必要的增删取舍也是允许的。为了协调双方需要,笔者建议每次讯问全程同步录音录像都要制作两份原始备份:一份作为档案保存,另一份可以用来做增删取舍之用。当遇到控辩双方对其真实性有异议时,则可以调取原始版加以对照。

(二) 同步录音录像作为证据的示证规范

如前文所述,全程同步录音录像既是一种保存证据的方法,又可以成为证据在法庭上起到说明事实的作用。全程同步录音录像推广以后,效果是显著的。但是,如此重要的一项证据,在庭审时候应该遵从怎样的规则来举示,这仍然需要着重加以探讨。

1. 全程同步录音录像作为证据的提请权

全程同步录音录像作为犯罪嫌疑人的供述和辩解与证人证言时,是因为控辩双方对陈述者的内容产生了争议。此时提请播放全程同步录音录像的一方为对陈述人的当庭陈述或笔录记录有异议者。控诉方提请播放已经在实践中开展,也取得了显著的效果。《全程同步录音录像规定》第 15 条的规定赋予了控诉方播放全程同步录音录像的提请权。相应地,辩护方享有这项权利也是应有之义。但是在立法上却没有相应的表述。笔者认为,侦查机关的职责就是证明犯罪事实是否存在,存在怎样的犯罪事实,以及收集影响犯罪嫌疑人有罪或无罪、罪重或罪轻的一切证据。

因此，如果提请举示证据就理应在法庭上得到互相质证，而无论提请人是控诉方还是辩护方。

全程同步录音录像作为视听资料证据形式时的情况则相对比较简单。全程同步录音录像作为视听资料的场合，一般是为了证明侦查机关在整个讯问全程中有没有刑讯逼供等违法行为，很显然，此时提请播放全程同步录音录像的主体一般是辩护方。但是，如果侦查机关真的有刑讯逼供的事实并且全程同步录音录像也能够展现出来，侦查机关总会以各种理由拒绝提供，其最经常使用的理由就是涉及国家秘密。这是实践中亟待解决的问题，目前我们只能先赋予辩护方播放全程同步录音录像的提请权。

2. 全程同步录音录像的举示决定权

笔者认为，考虑到全程同步录音录像的特殊性，如果公诉方认为要出示同步录音录像，则可以根据需要采用多媒体示证的方式直接出示，并加以说明。但是，如果是其他诉讼参与人要求公诉机关出示全程同步录音录像的，则可以设置一定程序：首先由该诉讼参与人提出申请；承办法官接到申请后，转交给公诉机关，公诉机关接到申请后再转交给侦查机关，如果侦查机关同意出示相关录音录像，则可通过公诉人向法庭和其他诉讼参与人出示；如果侦查机关不同意的，应书面说明理由，并由法庭审核，法庭认为理由不能成立的，可以直接决定向侦查机关调取相关录音录像资料。

3. 全程同步录音录像的示证规范

（1）不能当庭出示全程同步录音录像。全程同步录音录像是侦查机关整个讯问过程的音像记载，其中不仅包含了被告人的供述和辩解，而且还包含了侦查机关在讯问过程中侦查谋略和侦查语言、技巧的运用情况。如果要求全程同步录音录像当庭向所有诉讼参与人以及旁听群众出示，可能会给侦查机关日后办理同类案件增加难度。因此，如果日后全程同步录音录像作为刑事诉讼中的证据，那么肯定不能要求全程同步录音录像的当庭出示，当然，如果诉讼参与人要求节录出示，侦查机关认为该部分出示不会造成不利影响的除外。

（2）不能全程出示同步录音录像。正如前述，如果要证明侦查过程不存在刑讯逼供，最好的做法是全程出示同步录音录像，但果真如此，则庭审效率之低下就可想而知了。这在"案多人少"矛盾非常突出的当前，必然会造成公诉机关和审判机关的瘫痪。所以，对于诉讼参与人要求全程出示同步录音录像的申请，司法机关一般不应当允许。因此，诉讼参与人应当就所要求公诉机关出示的同步录音录像资料作出比较明确的时间界定和目的说明。

（3）不当庭出示的示证方案。不当庭出示的示证方案主要有两种：一是当诉讼参与人提出要求公诉机关出示侦查机关的全程同步录音录像时，应该经侦查机关同意或人民法院决定后，调取相关同步录音录像，交一具有公信力的第三方，如公证处、上级检察机关、纪检、监察机关或者检务督察等部门进行查看后，向法庭出示相关的书面审查结论。二是由公诉机关将全程同步录音录像在有被告人及其辩护人、公诉人、合议庭成员、书记员参加的情形下在法院指定的场所进行播放，并进行质证，即就出示全程同步录音录像部分进行开庭，如果公诉机关或侦查机关认为不适宜公开开庭出示的，可以转为不公开开庭进行举证、质证，并待该项活动进行完毕后，再恢复公开开庭审理程序。[①]

（三）同步录音录像的操作使用规范

1. 法律程序规范

法律程序规范是指侦查机关在对被讯问人开展讯问前，应当通过全国检察机关统一业务应用系统发起同步录音录像业务，经科室领导审批，填写同步录音录像通知单，与技术部门配合完成同步录音录像的过程。同步录音录像的程序要求虽然不像检验鉴

[①] 潘申明、魏修臣：《侦查讯问全程同步录音录像的证据属性及其规范》，载《华东政法大学学报》2010年第6期。

定那么严格，但却是侦查部门和技术部门业务配合的重要手段。在某些紧急情况下，技术部门可以依据侦查部门的口头要求开展同步录音录像工作，但程序规范是长久工作的机制保障。

2. 现场操作规范

现场操作规范是指技术部门以上级部门出台的操作规范为依据，独立开展同步录音录像的现场操作要求。侦查部门在开展侦查工作期间，由于存在一些不可控因素，会要求重新录制或中断录制，破坏同步录音录像的完整性，技术部门依据操作规范应当予以拒绝。侦查部门在侦查过程中应当与技术部门充分沟通，了解同步录音录像的操作规范和要求，避免引起部门间的矛盾和摩擦。

3. 视频技术规范

视频技术规范是指同步录音录像应当符合相关的技术标准，做到视频完整清楚，声音清晰可辨，同时应当包含讯问现场时间、温度、湿度等环境要素。尽可能避免存在不规范讯问的技术漏洞，给讯问造成影响。

4. 使用调阅规范

在案件侦查结束后，公诉阶段以及庭审阶段都有可能需要调阅同步录音录像。由于同步录音录像资料是检察机关内部资料，并且具有一定的保密性，在调阅同步录音录像过程中，应当由侦查部门填写调阅清单，经分管副检察长和检察长的批准，由专人负责送往相关部门或相关单位。在相关部门或相关单位接收后，应当要求其填写接收清单并签名。完成相关事项后，侦查部门应当及时收回同步录音录像光盘，避免遗失或损坏。

三、同步录音录像操作技能

由于同步录音录像是技术部门在职务犯罪侦查过程中必须配合的工作，因此技术部门需要充分了解相应的制度和规范，以保证同步录音录像工作的万无一失。

1. 在进行同步录音录像系统建设时，必须做到双机热备，以保证在一台主机故障的情况下不影响讯问的进行。同步录音录像系统由前端摄像设备、中间音视频传输设备，以及后端的录音录像主机三大部分组成。在实践操作过程中，每一部分都有可能出现故障而导致同步录音录像的丢失。因此，建设两套相对独立的系统是保证同步录音录像不间断进行的重要方法。

2. 需要经常查看主机硬盘容量，保证每一次录像资料不丢失。由于同步录音录像保存的格式为视频文件，需要占用较大的硬盘空间，而大多数同步录音录像系统在设计时为了保证录像的不间断性，在计算机硬盘存满数据的情况下，会覆盖掉最早的数据，从而导致数据丢失。技术部门可以通过采购相应的存储设备来长期存放同步录音录像文件。

3. 根据《全程同步录音录像规定》，讯问录音录像的，应当由检察人员填写《录音录像通知单》，写明讯问开始的时间、地点等情况送检察技术部门或者通知其他检察人员。检察技术部门接到《录音录像通知单》后，应当指派检察技术人员实施。而自全国检察机关统一业务应用系统部署以来，同步录音录像需要通过统一业务应用系统来发起。而在实际操作过程中，侦查机关由于时间上比较紧迫或者案件侦查的需求，往往直接电话通知技术部门进行同步录音录像。技术部门有时候不得不作出让步，在没有收到统一业务应用系统通知的情况下配合侦查部门开展同步录音录像工作。而事后再补发通知，存在一定的隐患。因此在条件许可的情况下，技术部门应当要求侦查部门通过统一业务应用系统来发起同步录音录像的需求，技术部门在收到通知后再进行同步录音录像工作。

4. 由于各个单位同步录音录像系统品牌存在较大差异，同步录音录像文件的格式也千差万别。技术部门在制作光盘时，需要同时将播放器刻录进光盘中，以方便日后查阅或播放。

5. 技术部门在完成同步录音录像工作后，应当及时制作相应的光盘，交由侦查人员和犯罪嫌疑人签字确认后，妥善保存。如果没有当场确认签字，日后再找犯罪嫌疑人签字，不仅工作上不符合规定，而且可能存在犯罪嫌疑人拒绝签字的情况，需要加以重视。

6. 侦查部门或公诉部门在案件办理过程中需要调取同步录音录像的，需要制作光盘移送清单，清单上需注明犯罪嫌疑人名字、罪名、讯问起止时间、光盘数量等要素。如案件在审判过程中需要调取同步录音录像，在制作移送清单的基础上，需要由检察长签字方可移交。

四、司法实践中同步录音录像常见问题和解决对策

1. 适用对象范围偏窄

按照《全程同步录音录像规定》要求，侦查机关只有在讯问职务犯罪嫌疑人时才应当实行全程同步录音录像。但在职务犯罪侦查过程中，除了对犯罪嫌疑人进行讯问之外，还有很多外围取证工作需要完成。比如对证人和行贿人的询问，其笔录是纳入证据范围，但是按照高检院的规定，不需要对这些行为进行同步录音录像，成为规定的一大漏洞。而在侦查实践过程中，侦查机关往往是先突破了行贿人的口供，进而对职务犯罪嫌疑人采取进一步的控制措施。而如果行贿人经过侦查不存在行贿行为，那么案件可能会走向另外方向。侦查机关在对行贿人进行突破时，必然是先经过询问，再根据侦查结果确定下一步走向。侦查人员假如较为冒进，可能在行贿人进行询问时，采取非法手段获取证据，而该询问过程没有同步录音录像，即使存在非法取证行为也无法再现整个过程。因此，同步录音录像的实施对象范围过于狭窄。

2. 同步录音录像时间段存在漏洞

在讯问过程中，职务犯罪嫌疑人必然会遇到需要去洗手间，或者因身体不适需要体检等情况。一旦出现这种情况，犯罪嫌疑人需要离开正在进行同步录音录像的讯问室。而《全程同步录音录像规定》对离开时间没有作出要求或说明，导致在实际办案中，出现将犯罪嫌疑人叫到另外没有进行同步录音录像的讯问室进行讯问，该过程容易出现非法取证的情况。全程同步录音

像，就是在讯问犯罪嫌疑人过程中全程、实时进行录音录像，如果犯罪嫌疑人离开讯问室，则离开这段时间的录像中并没有犯罪嫌疑人，不符合全程概念的实质内涵。

3. 犯罪嫌疑人当场签字确认执行存在不足

根据《全程同步录音录像规定》第11条对同步录音录像的签字确认作了规定，录制人员应当制作同步录音录像光盘，并经讯问人员和犯罪嫌疑人签字确认后当场封存。在侦查实践中，由于侦查人员在结束讯问后需要对犯罪嫌疑人采取强制措施，而技术部门制作光盘需要一定的时间，侦查人员容易忽略同步录音录像签字捺手印的步骤。

4. 证据合法性审查的漏洞

根据《全程同步录音录像规定》第11条，讯问结束后，录制人员应当立即将讯问录音、录像资料原件交给讯问人员，经讯问人员和犯罪嫌疑人签字确认后当场封存，交由检察技术部门保存。而在实践过程中，案件侦查终结移动起诉后，公诉部门需要对证据进行合法性审查，而在审查过程中，观看同步录音录像是必要的步骤。侦查笔录虽然得到犯罪嫌疑人的签字确认，但是笔录的内容并不一定完全符合犯罪嫌疑人自身所表达的意思，甚至侦查人员可能存在利用模糊语言来诱取犯罪嫌疑人签字的行为。因此，侦查笔录的意思真实性需要公诉部门通过观看同步录音录像并加以确认。而当前的规定没有对同步录音录像的随案移动作强制性规定，使公诉部门的证据合法性审查工作存在一定的障碍。

5. 同步录音录像的保存问题

依照《全程同步录音录像规定》，同步录音录像由技术部门保存。在实际过程中，技术部门是配合进行同步录音录像，一旦讯问结束，同步录音录像光盘制作完成，应当交由侦查机关保存。一方面，技术部门在案件侦查过程中扮演的是后勤保障的角色，保存光盘主体资格存在疑问；另一方面，同步录音录像光盘属于补助证据，应当作为案卷或笔录的附件一同移送或保存。因此，经过签字确认的同步录音录像，应该交由侦查部门保存，技术部门可以存留相应的备份,协助侦查部门长期保留同步录音录像。

第五节 职务犯罪案件电子数据收集提取流程

电子数据提取收集必须依照法定程序进行,否则收集的电子数据可能会因为缺少相关程序使其证明效力受到质疑。电子数据收集的主要流程包括:(1)依照法定程序获得审批;(2)要有两名以上合法的收集人员进行;(3)做好收集预案,准备相关收集工具;(4)明确收集思路,了解相关案情。这四个步骤缺一不可,其中第4个步骤有时候需要提前进行,了解案情能够帮助收集人员对整个收集过程有一个充分的认识和把握,提高电子数据收集的效率和成功率。例如,通过了解犯罪嫌疑人的年龄、工作、所学专业等可以分析犯罪嫌疑人可能使用的电子数据载体的类型,从而可以有针对性地采取相关步骤。

在整个电子数据收集提取过程中,应对整个过程进行全面的照相或全程录音录像,记录电子数据载体的位置、序列号、电脑屏幕显示和人员操作等,保证电子数据的可采性和有效性。同时要详细制作勘验笔录,并制作相关扣押清单,详细记录收集和提取到的各个电子数据载体的品牌型号、序列号、外观、数量等信息,能够与照片、录像相互印证,并由取证人员、持有人、见证人签字确认。

一、现场勘验

(一)准备

在开展现场勘验检查前,技术人员需要进行准备相应的勘验设备,包括:

1. 勘查工具:照相机、摄像机、螺丝刀工具套装、标签和水笔、电磁屏蔽袋、充电器、只读工具、泡沫和纸箱等。
2. 数据复制设备：全新的硬盘、硬盘复制机、移动硬盘等。
3. 取证工具：取证大师、Encase 等分析软件。
4. 便携式电脑和打印机、A4 纸等。

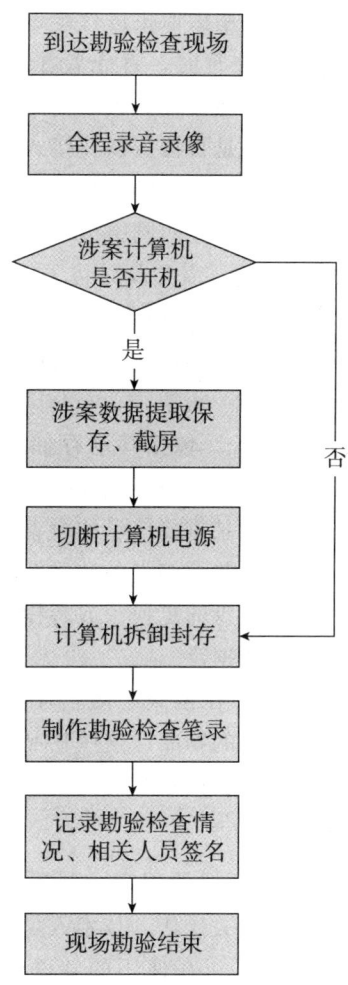

图 1　现场勘验流程

(二) 现场勘验

1. 记录现场布局和相关情况。在到达现场后,首先要对现场进行整体拍照和摄像,对所有设备的位置进行详细记录,并绘制现场布局图。在对每个设备进行操作之前,都应该详细记录设备的型号和状态,并且应该用摄像机进行全过程拍摄。

2. 计算机搜查要点。搜查时,首先要注意主要计算机的运行和网络情况,同时要注意连接计算机的电源情况。在查看网络情况的同时要注意无线网络是否覆盖以及接入无线网络的设备和人员。如果网络是局域网,应当找到网络管理部门进行相应的询问,如果网络是互联网,应当查明网络拨号相关信息。

3. 对于手机的现场扣押,需要及时将手机装入手机屏蔽袋,防止其因为接收新的内容而导致其存储数据发生改变。如果手机处于开机状态,要及时对其进行充电,手机的开关机也会对数据的原始性造成影响。

4. 搜查所有数字化设备,包括移动存储介质、硬盘、移动电话、数码相机、数码摄像机、录音笔、扫描仪、打印机、复印机等。对于可疑的设备或记录重要信息的设备,应当查封带回检验。这里应当注意,对于一些存储设备和系统的更换升级,技术人员应当充分关注,比如硬盘的更换,或者操作系统的升级与备份等,往往隐藏着大量的数据。

5. 收集其他相关物品。在搜查中应当注意犯罪嫌疑人使用过的笔记本或其他记录信息的物品,这些物品可能记录了账号密码等重要信息,同时也可能会记录嫌疑人重要事项。

(三) 现场证据提取固定

1. 开机状态下易丢失证据的固定。到达现场后,如果犯罪嫌疑人正在进行电子数据相关操作,技术人员应当提取易丢失证据,包括计算机时间信息、正在使用的软件信息、屏幕显示信息、系统运行状况、即时通讯软件记录等。对于时间信息,技术人员应当对屏幕进行拍照固定。对于即时通讯软件,在在线状态下应当查看其相关记录，对于重要的信息应当拍照记录。

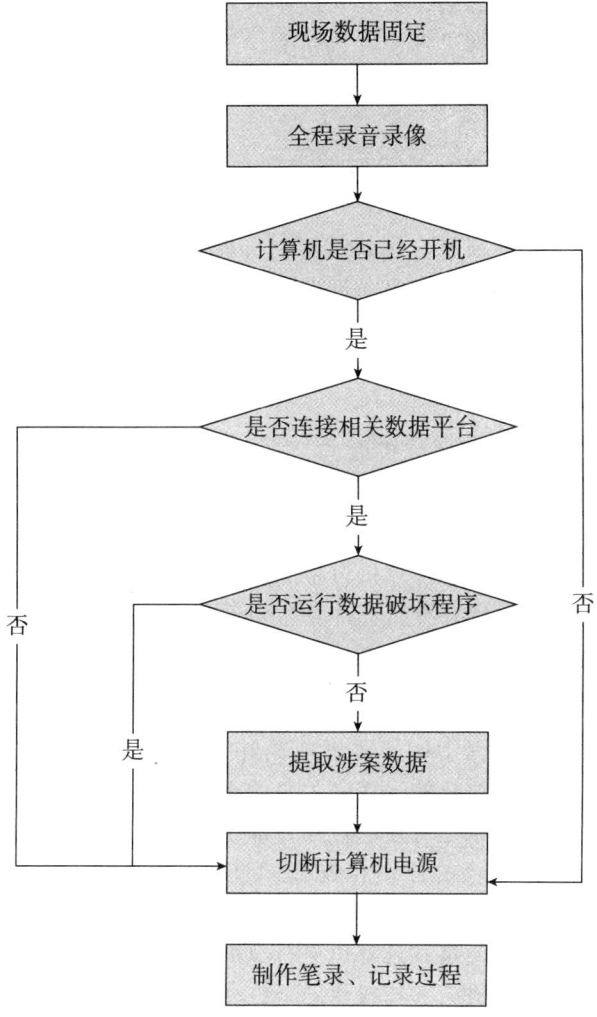

图 2　现场数据固定流程

2. 时间信息提取固定。由于计算机时间是依靠主板上的纽扣电池供电，因此在计算机搬运过程中的振动有可能导致电池松动，从而引起系统时间丢失。技术人员在勘验现场一定要对时间进行固定，否则时间信息丢失将导致大量的文件属性变化。使提取过的数据可信度降低。开机状态下的时间信息提取比较容易，只要将屏幕拍照即可。关机状态下，技术人员要进入主板 BIOS 提取时间信息。

3. 需要账号登录的平台信息固定。勘验现场如果计算机处于开机状态，有些平台可能处于登录状态，技术人员应当现场查看并记录有用的信息。比如微博、百度云、网易云、社交平台、微信网页版等，这些平台在技术重启后将丢失登录状态，如果犯罪嫌疑人不愿意告知密码，技术人员很难再次登录查看，因此在勘验现场技术人员对于开机状态下的各个系统应当仔细查看并记录。

4. 对于现场拍照或提取的信息，需有见证人或犯罪嫌疑人签名，同时对于这些信息的电子数据应当进行 MD5 校验。对于现场提取信息，能够通过屏幕显示的信息一般都利用拍照来进行提取，不得使用目标计算机自带的功能进行提取，比如利用印屏幕、画图等工具保存在目标计算机内部存储中，否则将导致目标计算机数据失真。

（四）关机

现场勘验过程中，如要将现场计算机带回实验室做后续处理，必然会涉及关机的过程。关机的方法要视计算机运行状态而定，如果计算机未运行任何程序，那么只需正常关机即可。如果计算机在运行重要的程序和软件，那么需要直接拔出计算机电源，拔出计算机电源应当拔出计算机背部的电源接口，而非插座上的插头。在对便携式计算机进行电源拔出时，应当注意同时拔出背部电池。在进行关机操作时，技术人员应当全程佩戴防静电手套，防止自己的指纹留在计算机部件上，同时做好相关记录工作。

（五）包装和运输

当技术人员完成现场勘验后，应当对现场的设备进行包装并运回实验室进行进一步的分析和提取。在包装过程中，技术人员应当详细地进行打包和贴标签，同时要对计算机各个设备间的连线贴好标签，并对其进行拍照。包装过程中，应当使用防静电保护袋、泡沫、硬纸板盒等物品进行包装，保证现场设备能够较好地受到保护。包装和贴标签的目的在于在实验室中能够尽可能地还原现场的状态。

（六）现场勘验记录清单

现场勘验过程中，需要对收集到的设备逐个进行登记，同时对整个勘验过程要如实进行记录。现场勘验需要用到一些记录材料，这些材料包括：勘验笔录，设备清单。勘验照片、电子证据清单等，以上材料都需要见证人或犯罪嫌疑人签字，同时技术人员也应当签字确认，并将勘验的所有材料装订成册、盖技术部门骑缝章。

电子数据勘验检查需指派两名以上具有专门知识的检察技术人员实施，必要时可以聘请其他具有专门知识的人员参加。在基层办案过程中，有些院缺少电子数据相关技术人员，无法开展现场勘验工作，此时技术部门应当与上级院技术部门沟通，在办案部门允许的情况下可以聘请具有专业知识的人员或其他院的技术人员参加。电子数据勘验检查应当在检察机关办案人员的主持下进行，并邀请两名与案件无关的人员做见证人。

实施勘验检查前，检察技术人员应当了解案件相关情况与需求，制定勘验检查方案。勘验检查的相关程序和方法应当严格按照技术规范实施，对于重要部位要进行拍照记录，并对提取、固定相关设备的过程进行全程录像。对于当场封存的设备，技术人员应当在封条或密封件上签名盖章，并要求相关见证人和办案人员签名。

二、网络远程勘验

远程勘验是指通过网络对远程目标系统实施勘验，以提取、

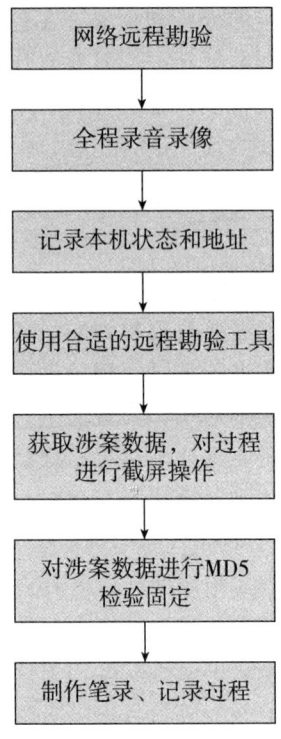

图 3 网络远程勘验流程

固定远程目标系统的状态和存留的电子数据等。在大数据云平台技术十分成熟的现在,很多的电子数据并没有存储在犯罪嫌疑人本地设备当中,而是通过网络应用将电子数据上传至互联网不同平台上,一方面可以节省资源,另一方面可以实现较好的隐蔽性。一般无法扣押原始存储介质的电子数据都是存储于互联网平台,这些平台包括支付宝等网络应用平台,也包括百度云等云存储平台,当然还包括网页、博客、微博客、朋友圈、贴吧、网盘等网络平台上的数据,同时包括一些境外的网络平台比如 Facebook 和 Twitter 等。

对于无法扣押存储介质的电子数据收集,一般性规定包括:

《关于办理刑事案件收集提取和审查判断电子数据若干问题的规定》第9条，具有下列情形之一，无法扣押原始存储介质的，可以提取电子数据，但应当在笔录中注明不能扣押原始存储介质的原因、原始存储介质的存放地点或者电子数据的来源等情况，并计算电子数据的完整性校验值：（1）原始存储介质不便封存的；（2）提取计算机内存数据、网络传输数据等不是存储在存储介质上的电子数据的；（3）原始存储介质位于境外的；（4）其他无法扣押原始存储介质的情形。对于原始存储介质位于境外或者远程计算机信息系统上的电子数据，可以通过网络在线提取。为进一步查明有关情况，必要时，可以对远程计算机信息系统进行网络远程勘验。进行网络远程勘验，需要采取技术侦查措施的，应当依法经过严格的批准手续。另外，公安部在2005年出台的《计算机犯罪现场勘验与电子证据检查规则》第3条第2款也规定了对于无法扣押原始存储介质的，可以进行网络远程勘验，并对远程勘验有如下定义：远程勘验是指通过网络对远程目标系统实施勘验，以提取、固定远程目标系统的状态和存留的电子数据。其中第22条、第23条、第24条分别对远程勘验的程序、过程和要求作了相关规定。

远程勘验的工作流程有以下要求，两名以上侦查人员在场方可进行远程勘验程序，在勘验过程中应邀请两名以上与案件无关的见证人参与整个勘验过程。远程勘验应当制作勘验笔录，由参加侦查人员、勘验人和见证人签名或者盖章。整个远程勘验过程都要进行全程录像，并且对于勘验的截图等电子数据要做MD5校验。电子数据的远程勘验应当遵循一般性勘验规定，包括现场保护、现场访问等方面的内容，遵循勘验顺序，一般是按照场所勘验、物品勘验和电子数据勘验三个步骤进行勘验，当然勘验过程也需要结合实际情况灵活机动。

电子数据远程勘验的目标是提取到互联网平台上的与案件内容相关的信息和内容，同时要收集在勘验过程中产生的信息和数据，用以增强远程勘验电子数据的证明效力。完成远程勘验后，应当计算完整性校验值，制作电子数据相关的清单材料；电子数据勘验过程应当采用录像、照相、截屏等方式记录远程勘验过程中提取和生成的电子数据。在远程勘验结束后，应当及时制作远程勘验笔录、电子数据清单，同时附上截屏图片和勘验获取的电子数据。通过网络监听获取的电子数据，也遵循与远程勘验相同的规定。在远程勘验结束后，要对勘验过程中的录像和图片进行封存，随电子数据一同移送。

远程勘验需要注意的是，一旦完成了远程勘验，勘验所获得的电子数据应当进行校验固定，校验固定后的电子数据不能再修改，如果因案件办理的需要，要对电子数据进行二次利用的，应当制作复制件，在复制件上进行数据挖掘或检查。远程勘验的内容要与案件事实有关联性，对于没有侦查利用价值的电子数据，可以忽略，而对于勘验过程中产生的电子数据，也应当作为过程文件予以保留。勘验人在固定勘验的电子数据后，应当制作备份件，以便办案过程或者法庭查看，而原件则应当封存后随案移送。

三、电子数据冻结

《关于办理刑事案件收集提取和审查判断电子数据若干问题的规定》规定特别明确了在经县级以上公安机关负责人或者检察长批准下，电子数据可被冻结的四种情形：（1）数据量大，无法或者不便提取的；（2）提取时间长，可能造成电子数据被篡改或者灭失的；（3）通过网络应用可以更为直观地展示电子数据的；（4）其他需要冻结的情形。规定要求，冻结电子数据，应当制作协助冻结通知书，注明冻结电子数据的网络应用账号等信息，送交电子数据持有人、网络服务提供者或者有关部门协助办理。

电子数据冻结的意义在于，在网络普及化的今天，任何人手持网络终端设备都可以实现数据的传输、存储等操作，网络存储在安全性、便利性上都具有较大的优势，因此网络存储的趋势将愈加明显。与传统证据存在较大不同的是，电子数据具有的一系列特点，使电子数据在固定方面与其他证据存在较大差异。由于电子数据具有易修改性、不稳定性等特征，存储在网络上的数据一旦被修改或删除，其可用性可能会受到较大影响，从而影响案件的侦查或办理。因此，《电子数据规定》十分及时地对电子数据的冻结作出规定，为电子数据的提取奠定了基础。

电子数据冻结的工作流程相对简单，侦查人员或办案人员在办案过程中遇到数据量大、提取时间长等情况，公安机关可以向本单位负责人申请冻结电子数据，检察机关可以向本单位检察长申请冻结电子数据。申请冻结电子数据，《电子数据规定》对具体流程也作了以下规定：应当制作协助冻结通知书，注明冻结电子数据的网络应用账号等信息，送交电子数据持有人、网络服务提供者或者有关部门协助办理。解除冻结的，应当在三日内制作协助解除冻结通知书，送交电子数据持有人、网络服务提供者或者有关部门协助办理。

电子数据冻结的要点在于，如何能够在合理的范围内冻结对办案提供有效证据的电子数据，在理论情况下，将服务器所有的数据冻结是最好的保全电子数据的方式，但是冻结电子数据的范围超过一定限度，必然会影响网络服务商以及相关协助单位的业务。因此在申请冻结电子数据之前，办案人员需要充分明确所冻结的电子数据是否会影响协助单位的正常工作，尽量将冻结的电子数据缩小在一个合理且必要的范围内。

四、电子数据调取

调取电子数据是办案实践当中最为常见的获得电子数据的方式，几乎所有的职务犯罪案件办理过程中，都会调取当事人的手机话单、银行账户往来明细清单。调取电子数据具有十分重要的意义，调取电子数据能够为办案提供直接的证据支持，为办案提供有力的保障；并且由于调取的电子数据准确率高，对这些数据进行关联比对能够进一步拓展办案思路，有效发挥电子数据的优

势作用。关于电子数据调取的规定包括:

1.《刑事诉讼法》第 52 条规定:"人民检察院、人民法院、公安机关有权向当事人或相关单位调取证据,调取对象应给予配合,如实提供证据。"第 141 条规定:"侦查人员需对犯罪嫌疑人的电报、邮件等进行扣押时,经人民检察院或公安机关许可,即可通知邮电机关将相关的电报、邮件检交扣押。"

2.《关于办理刑事案件收集提取和审查判断电子数据若干问题的规定》第 13 条规定,调取电子数据,应当制作调取证据通知书,注明需要调取电子数据的相关信息,通知电子数据持有人、网络服务提供者或者有关部门执行。

在办案实践当中,各单位会依据自身情况的不同,与相关协查单位建立有利于开展工作的制度,比如查询与中国移动、中国电信建立通信信息工作制度,反贪污贿赂局、反渎职侵权局分别确定联络员,专职负责与运营商联系协助查询。与当地银监局合作,建立检银互联平台,能够帮助检察机关足不出户查询相关银行的信息,使调取电子数据的工作迈出了具有时代意义的步伐。

虽然电子数据调取的工作随着技术的不断进步也变得更加多元,然而传统的电子数据调取工作依然占据了比较大的比重。因此,调取电子数据的工作流程也是办案人员需要重视的内容。各地手机、网络、互联网服务运营商的情况有所不同,有专门联络员的手续相对比较简单,比如中国移动能够提供三个月的通话记录,办案人员只要携带移动存储设备比如 U 盘、移动硬盘等,再携带介绍信,即可获得到相关人员的通话记录。

有些互联网邮件服务商会要求携带工作证、单位介绍信,工作人员依据办案人员的要求提供相应邮箱的内容,但相关内容无法通过移动存储设备复制,而是通过光盘刻录的形式向办案人员移交相关内容。一般邮件服务商都能够提供收件箱、发件箱,以及邮件回收站里面的内容,但对于彻底删除需要数据恢复的邮件无法提供。也就是说,办案人员无法对在线使用中的服务器进行数据恢复,除非案件特别重大需要扣押相关服务器,扣押的流程在这里不做赘述。

办案人员通过以上方式获取相关电子数据后，应当对电子数据制作备份件，在备份件的基础开展电子数据提取等相关工作。对于重要的电子数据需要作为证据使用的，办案人员需要携带《调取证据通知书》调取相关电子数据。在获取电子数据后，办案人员需要与技术人员合作对电子数据进行固定，并计算电子数据的 MD5 值，经电子数据提供方确认，进行签字盖章。

五、存储介质中的电子数据提取

《关于办理刑事案件收集提取和审查判断电子数据若干问题的规定》第 16 条规定，对扣押的原始存储介质或者提取的电子数据，可以通过恢复、破解、统计、关联、比对等方式进行检查。必要时，可以进行侦查实验。

电子数据取证主要分为收集和提取两个步骤，其中收集是基础和前提，只有有效地收集才能进行有效的提取。提取的过程基本如下：对扣押计算机硬盘、收集、移动存储介质等具有存储功能的设备，在良好的保存下，通过专业设备制作复制件，通过对复制件进行数据恢复、数据分析、数据检索、密码破解、关联比对、数据挖掘等工作，寻找与案件事实相关的电子数据。在数据提取过程中，首先要保证原件的原始性，假如原件受到污染，那么可能影响数据提取的证明力，甚至导致证据的毁坏灭失。其次要保证提取过程能够重复实现，虽然电子数据容易被修改，但是提取人员假如按照程序执行，能够保证每次都能够获得同样的结果，将来一旦法庭对该证据表示异议，能够通过同样的实验重复提取过程，使证据效力经得起推敲。

电子数据提取必然涉及相关的取证设备，取证设备的作用主要包括对扣押的设备进行只读操作，制作复制件，对设备进行数据恢复和分析等。这些设备主要分为两大类，一类是对计算机硬盘进行操作的，另一类是对手机进行操作的。计算机硬盘数据提取设备主要包括：（1）电子数据只读设备，能够对原始设备进行只读操作，从而保护了原始设备的完整性。（2）硬盘复制设备，用来制作硬盘复制件，为之后的数据恢复和分析奠定基础。（3）数据恢复设备，比如取证大师等，能够实现数据恢复、系统痕迹提取、用户痕迹提取、上网记录提取、即时通讯软件解析、邮件解析、文件分析等功能。（4）数据分析系统，比如可视化数据智能分析系统等，能够实现智能数据清洗、对话单、账单、虚拟身份日志、服务器日志等进行深度挖掘和关联分析，并支持模型化分析等功能。手机数据提取设备主要包括：（1）便携式手机取证专用设备，能够提供手机数据提取、恢复浏览、检索、分析、生成报告等功能，并支持简单的数据分析服务。（2）手机取证一体机，能够实现在数据提取过程中对手机物证进行拍照和录像，并且支持话单账单等数据的导入分析，进行线索的二次挖掘。（3）手机画像系统，能够对手机取证数据进行深入挖掘分析从而对机主进行详细刻画的数据分析系统。系统通过网络或数据线导入获得的手机取证数据，利用数据管理、概率统计、语义分析等分析方法挖掘出深层次的信息以及数据间的关联关系，并以表格和图形两种方式对机主的社会关系、行为习惯、行为轨迹、经济行为等信息进行刻画。

办案人员需要根据扣押设备情况的不同，采取不同的提取方案才能保证数据提取的效果。虽然现在很多取证设备都有综合性的一些功能，但是选择合适的设备和软件能够为电子数据提取带来事半功倍的效果。选择一款优秀的取证分析软件能够更好地对扣押设备进行数据恢复、数据分析、数据搜索、密码破解等工作，帮助办案人员精确、全面地处理各类数据，并提供图形化界面。

在完成硬盘数据、手机数据以及其他数据的提取后，相关数据之间缺乏关联性，取证人员应当将这些数据导入到可视化智能分析系统中，能够帮助办案人员有效地梳理相关数据，最大程度利用数据挖掘技术，将看似零碎的数据充分进行关联比对，从而为办案人员提供一个整体的直观的数据画面，帮助办案人员快速地分析案件经过。

六、电子数据检验鉴定

在自侦案件办理过程中，侦查人员经常会遇到口供无法突破但收集线索却明确指证犯罪，尤其是电子取证中提取或恢复的数据，犯罪嫌疑人会认为自己已经删除相关数据，对已删除的数据所反映的事实矢口否认，那么侦查人员需要对相关数据通过委托检验鉴定来确认其法律效果。自侦部门委托检验鉴定，重要的是程序符合规范。由于自侦部门在办案过程中，侦查人员并非能够预见某些设备当中有线索或者相关证据，而是在办案过程当中发现手机或计算机当中存在相关证据，而此时再去申请检验鉴定固定证据，已经失去了程序合法性基础。因此，侦查人员在扣押电子数据相关设备时，应当协调技术部门按照电子数据取证程序做好扣押工作，一旦在电子设备当中发现存在可以作为电子证据的数据，不会因为扣押程序不规范而导致证据无法使用。

检验鉴定是一项具有法律效力的司法活动，应当严格按照程序和规则进行。电子数据检验鉴定中所涉及的鉴定材料包括检材和鉴定资料，检材通常指记载有二进制数据的载体，如硬盘、移动硬盘等。鉴定资料是指记录鉴定事项的相关材料和记录。电子数据检验鉴定需指派两名以上具有鉴定人资格的检察技术人员实施，必要时可以聘请其他具有专门知识的人员参加。不是所有检察技术部门都具有开展检验鉴定的资格，一般能够开展检验鉴定的检察技术部门都是地级市院技术部门且经过司法行政机关审核登记并取得《司法鉴定许可证》的机构。

电子数据检验鉴定的步骤包括：

（一）检验鉴定受理

受理包括两部分，首先是受理登记，其次是检材接收。

1. 受理登记

办案部门向技术部门委托鉴定的，需提交鉴定委托书，并提供办案部门委托人职务信息。鉴定委托书应当符合相关规定，包

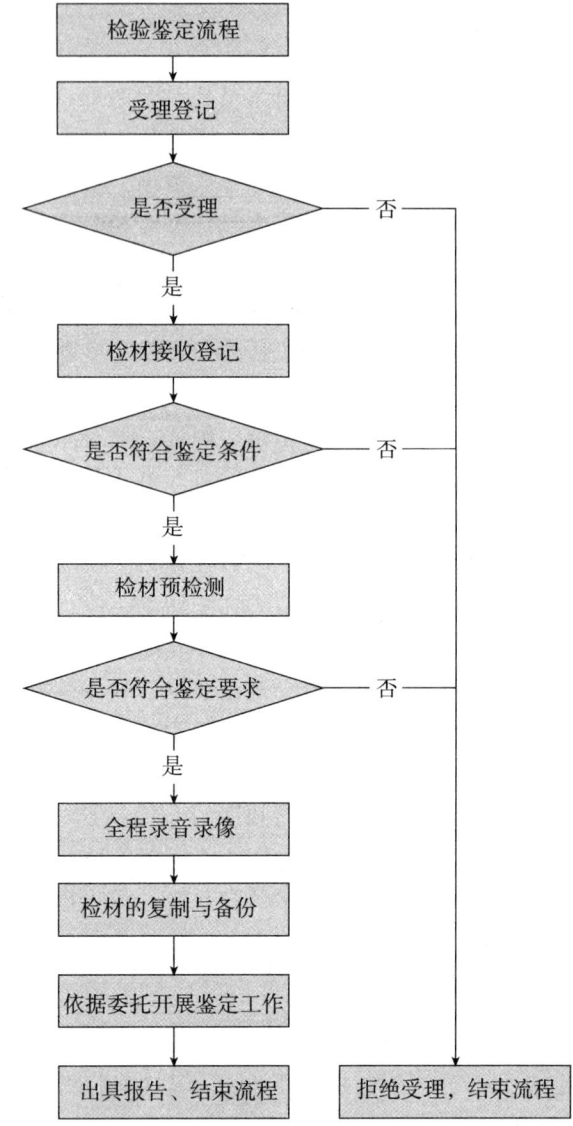

图 4 检 验 鉴 定 流 程

含委托部门、鉴定日期、鉴定事项、鉴定材料等必要信息。技术部门应当自收到委托之日起7个工作日内作出是否受理的决定。

办案部门可能无法精确地表达其委托鉴定的目的，技术部门应当与办案部门做当面沟通，了解其委托的需求。对于检材或资料不足以开展鉴定工作的，技术部门要及时向办案部门提出要求补充或更改相关资料。对于鉴定事项，技术部门应当根据自身鉴定能力判断是否能够完成相应的鉴定工作，如果鉴定事项超出自身鉴定能力的，技术部门应当当场拒绝鉴定。另外，鉴定委托中如有下列情形之一的，技术部门不得受理：（1）委托鉴定事项超出技术部门鉴定业务范围的；（2）发现鉴定材料不真实、不完整、不充分或者取得方式不合法的；（3）鉴定用途不合法或者违背社会公德的；（4）鉴定要求不符合技术部门司法鉴定执业规则或者相关鉴定技术规范的；（5）鉴定要求超出技术部门技术条件或者鉴定能力的；（6）其他不符合法律、法规、规章规定的情形。[①]

2. 检材接收登记

开展电子数据检验鉴定前，应当制作《电子数据检材清单》，检材未采取封存措施或记录材料不全的应当予以注明。检验鉴定过程应当严格按照技术规范操作，并制作《电子数据检材使用和封存记录》和相应的工作记录。在接收检材过程中，技术人员需要仔细核对委托书当中涉及的物品和实际收到的物品是否一致，同时应当填写检材接收清单，记录检材的具体信息。

在检材接收过程中，并对检材进行拍照，拍照应当能够清晰地反映检材的参数、型号、序列号等细节内容。一般电子设备除了有明显的外观特征以外，设备上都会有品牌型号、序列号、参数指标等具体信息，（a）手机接收时应当已经关机或者处于飞行模式，检察技术人员应当记录手机的品牌、型号、IMEI号、序列号、颜色外观等信息。（b）笔记本电脑接收时除了记录品

[①] 参见《司法鉴定程序通则》第15条。

牌、型号、序列号、颜色外，还应当记录笔记本电脑硬盘的品牌型号、容量、序列号、接口类型等信息。

如条件允许，技术人员应对检材接收过程进行全程进行摄像，摄像不但能够记录检材接收现场的情况，同时还能够证明检材的有效性。在检材接收过程中，应当让全部检材全程处于摄像范围之内，摄像过程从接收检材开始，直到检材装入封存袋，并且由办案部门委托人签字之后才能停止。同样，在检材拆封过程和鉴定过程中，也应当全程摄像，保证鉴定过程中所有步骤都可追溯。

如果检材的接口比较特殊，技术人员应当要求委托人提供接口转换器，保证检材能够被顺利读取。对于检材是专用电子设备的，技术人员可以要求办案部门委托人提供操作说明或其他帮助，以便鉴定人员顺利开展鉴定工作，如果无法提供相关操作说明，那么应当告知办案部门相关事宜或者鉴定存在的风险。

（二）检材预检测

预检测是电子数据鉴定的重要步骤，是为了保证鉴定能够顺利开展。由于电子设备与其他检验鉴定不同，电子数据是通过存储介质利用二进制保存，必须通过一定的设备进行读取，才能获取数据信息，因此电子设备本身是否能够正常工作是检验鉴定能否开展或如何开展的重要条件。预检测与鉴定不同，预检测的目的只是验证检材是否具有开展鉴定的条件，而并不需要读取相关数据，预检测的结果只有两个，即能够开展鉴定和无法开展鉴定。

预检测一般有以下几个步骤：（a）连接电源线。一般设备只要连接电源线就会有指示灯亮起，当电源指示灯显示正常后，说明电源组件能够正常工作。（b）连接数据线。预检测阶段检材一定要保证检材的原始性，因此在连接数据线过程中，技术人员要保证数据在只读环境下被读取。（c）检材读取。在正确连接电源线和数据线之后，技术人员在只读环境下应尝试读取数据，如果数据能够被正常读取说明检材能够用来开展鉴定工作，如果检测无法被正常读取,那么需要查找相关原因,分析是否能够进入下一步流程。

关于只读环境的重要性,有必要在这里进行强调。由于绝大多数电子设备都会记录时间属性,比如修改时间、最后打开时间等,如果不是通过只读方式进行读取,那么将会导致文件属性发生变化,在鉴定过程中,任何文件的变化都是对原始检材的污染,会导致检材有效性降低,甚至导致鉴定结果的不可信。因此,不管是在预检测过程中还是在鉴定过程中,都要保证数据不被写入。

(三)检材的复制与备份

在鉴定过程中,鉴定人员对于鉴定事项往往需要反复的研究判断,才能得出鉴定结论,因此检材的原始性是鉴定结果的唯一来源。如何能够保证鉴定当中始终能够得到原始的检材,就需要在鉴定开始之前就对检材进行复制与备份。对于原始检材,应当尽量减少使用次数以降低故障概率,因此在复制过程中,应该一次制作两份以上的复制件,一份用来开展相关的鉴定工作,另一份作为原始检材的备份件。一旦在鉴定过程中导致检材复制件被修改,那么可以利用备份件再次制作复制件再开展鉴定。

制作复制件有以下两种方式:一种是通过复制机进行位对位复制,这种方式能够保证硬盘的数据完整的被复制,即使有些数据被删除,也能通过位对位复制的方式在复制件上恢复回来,但是位对位复制对硬盘复制机要求较高,同时会比较消耗时间,对复制件的浪费也比较大。另一种是制作镜像文件,镜像文件能够对文件进行较好的复制,同时由于镜像文件是压缩文件,能够通过移动存储进行保存或复制,对硬件的要求较低,同时文件大小能够根据存储的条件进行自由定义。但是镜像文件对于已删除或格式化的数据进行忽略,从而大大降低了检材的可恢复性。

在条件允许的情况下,鉴定人员应当使用位对位复制的方式,对原始检材进行复制和备份,位对位复制虽然较为浪费并且耗时,但是对于保证检材的原始性具有不可替代的作用。除非鉴定委托事项非常明确且简单,通过镜像方式足以完成鉴定工作,否则都应当使用位对位复制的方法进行复制与备份。

(四) 检材的保存

在整个鉴定过程中,检材的妥善保存至关重要。由于电子数据鉴定的检材都是较为精密的电子设备,因此需要防潮、防磁、防震动、防静电,同时对于手机的保存还要屏蔽电磁信号,因此检材需要保存在特殊环境中,利用特殊的设备进行保存。

但并非办案部门提交的所有检材都需要特殊保存,一般办案部门往往不是计算机专业人员,在提交委托时会将电子设备整体作为检材提交,比如要对个人计算机进行鉴定,会将机箱作为检材提交,而鉴定人在鉴定过程中只对计算机硬盘进行鉴定操作,因此只需要对硬盘进行特殊保存,机箱和其他设备只要一般保存即可。

为了防止不同检材之间相互混淆,技术人员应当对检材做相应的标识,且每个检材的标识都应当唯一。同时对于存放检材的场所应当采取较高等级的保密措施,如配备监控摄像、红外报警、指纹密码锁等,以免无关人员进入检材存放室,引起不必要的麻烦。同时鉴定人员应当对检材的内容严格保密,定期对鉴定工作相关人员开展保密教育,防止泄密事件的发生。

(五) 鉴定时间及后续流程

鉴定应当自受理之日起15个工作日内完成。疑难复杂的案件,征得委托单位同意,可以适当延长时间。在鉴定结束后,检察技术部门应当向办案部门归还检材,并向办案部门提供鉴定报告。在检材归还过程中,鉴定人应当仔细核查检材是否与原先的完全一致,在确认无误后将检材及相关报告一并提供给办案部门。归还检材的过程也应当通过拍照和摄像来记录移交过程,办案部门委托人做接收检材后签字确认。对于检材的备份,技术部门应至少保留6个月以上,做案件判决生效后,根据需要决定是否销毁备份检材。若销毁检材,则应当采用DOD擦除模式进行擦除,防止硬盘存在被再次恢复数据的可能。

(六) 中止鉴定的条件

检验鉴定过程中遇到重大、疑难、复杂的专门性问题时,经分管副检察长或检察长批准,检察技术部门可以组织会检鉴定。做鉴定过程中,遇到一些突发因素需要中止鉴定,或者办案部门认为不再需要进行鉴定的情况,技术部门应当中止或终止鉴定。比如检验鉴定过程中遇有下列情况之一时,应当中止鉴定:(1) 需要补充检材的,书面通知委托部门;(2) 办案部门要求中止鉴定的;(3) 其他原因。

检验鉴定过程中遇有下列情况之一时,应当终止鉴定:(1) 补充检材后仍无法满足鉴定条件的,书面通知办案部门;(2) 办案部门要求终止鉴定的;(3) 其他原因。

第六节 技术人员电子数据实务

电子数据作为证据种类之一,是为办案服务的,必须根据侦查人员的思路进行收集。同时,电子数据具有很强的专业性,离开了技术人员的协助,侦查人员仅靠自身法律素养,很难规范收集提取电子数据或对已经提取的电子数据进行专业分析,获取有助于侦查活动顺利推进的信息。上一节主要是从侦查人员角度展开论述的,本节则侧重于技术人员视角论述电子数据实务。

一、技术人员电子数据职能定位

技术人员在电子数据实务中的职能,就是技术人员利用各种电子数据取证的科学方法和手段,依法开展各项电子数据相关工作。从侦查业务角度看,电子数据实务职能一般分为自侦辅助、刑检辅助、综合辅助等三类。从业务流程角度看,电子数据实务职能包括电子数据的收集、分析、鉴定和审查四个步骤。这四个步骤既可以连续开展,也可以相互独立开展,具体要根据业务需要来判断。在电子数据运用需求不断提升的背景下,技术人员电子数据实务能力的提升对于提高办案质量、促进办案工作效率、提升执法水平等方面具有重要的作用。尤其对于自侦案件来说,从现场勘验、证据收集,到数据分析、检验鉴定都需要技术人员的配合,技术人员实务能力水平的高低,影响着案件办理的效率。

(一)电子数据收集

电子数据收集是电子数据实务工作中的基本步骤,一般电子数据收集工作存在于自侦案件当中。从侦查流程角度分析,电子数据收工作集包括在现场勘验、实验室收集和恢复等流程中。从收集方法和手段角度看,电子数据收集包括了互联网数据收集、专用平台数据收集和相关硬件数据收集等方面。

在现场勘验过程中,技术人员会遇到两种状态的电子设备,一种是处于关机状态的设备,另一种是处于开机状态的设备。在勘验过程中,对于关机状态的设备应当采取相应的方法,将设备取回实验室再进行下一步操作。对于开机状态的设备,技术人员一方面可能利用相关设备进行在线数据收集与提取,另一方面可进行断电操作,最大程度地保留该设备的原始数据,在断电后采取相应措施,取回实验室进行数据收集与分析。

由于电子数据广泛地存在于互联网中,在电子数据收集过程中,互联网数据的收集也是必不可少的过程。互联网数据即需要通过互联网来收集的电子数据信息,主要包括搜索引擎、微博、门户网站新闻、社交网络平台等。通过这些收集方法,能够搜索到当事人一些公开的信息,这些信息是侦查人员掌握当事人概况的基础。随着侦查的不断推进,需要的信息也越来越多,技术人员需要进一步详细地收集相关信息,比如在行政信息共享平台以及在检银信息共享平台中收集身份信息、银行信息等更为准确的信息。在侦查部门展开抓捕以后,技术人员将会接触到更多的电子设备,包括当事人手机、家用和工作用计算机、平板电脑以及其他一些电子设备，技术人员需要利用提取和恢复技术尽可能多地收集到与案件相关的各类电子数据，为下一步突破口供、固定证据打下基础。

（二）电子数据分析

电子数据分析，是指技术人员在完成电子数据收集后，对有效的电子数据进行进一步筛选和处理，使其能够被侦查人员读懂的过程。该过程着重于从技术上对电子数据进行有效性分析，而非对案件情况进行分析。电子数据分析的主要功能是将收集到的原始的数据转化为侦查人员能够读懂的数据信息，同时去掉无效的数据信息。对于已经被破坏的数据文件，尝试进行恢复，并将恢复出来的数据转化成侦查人员能够读取的文字或图片信息。对于话单分析、银行账户分析等，技术人员依照相关职能进行操作，比如将其导入到相应的数据分析平台，利用平台自身的功能为侦查人员提供分析后的数据，从而提升侦查工作的效率。在电子数据分析过程中，技术人员扮演的是桥梁的角色，其主要作用是帮助侦查人员方便地读取电子数据中所包含的相关信息，以及电子数据经过计算机系统处理后，能够更加快速准确地帮助侦查人员获得关键信息。如果没有电子数据分析这个环节，侦查人员将面对海量的电子数据，或者需要人工对大量的话单和银行账单进行分析比对，这将极大地延缓案件侦破的时间。

（三）电子数据鉴定

电子数据司法鉴定是指，将在诉讼活动中电子数据司法鉴定人运用计算机科学理论和技术或者专门知识，对诉讼涉及的专门性问题进行鉴定和判断并提供鉴定意见的活动。[1] 在电子数据实务过程中，检验鉴定是技术工作的重要内容。当自侦案件在口供难以突破时，对于一些确定的电子数据，侦查部门往往需要通过电子数据司法鉴定来固定证据，强化电子数据的证明效力。而在

---

[1] 麦永浩主编：《电子数据司法鉴定实务》，法律出版社2011年版。

非自侦案件中，业务部门往往需要技术部门对于某一项电子数据的真伪或作用提供判断性结论，因此技术人员需要充分重视电子数据鉴定工作。

在开展电子数据鉴定工作过程中，技术人员要充分注意程序性原则。由于鉴定结论具有法律效力，能够作为证据使用，因此技术人员在关注鉴定实务工作本身的同时，要充分重视鉴定程序，一旦程序存在漏洞或争议，将会影响鉴定结论的证明力。如果程序存在重大问题，那么将直接导致鉴定结论无效，甚至检材的损毁，影响案件公正办理。

受理鉴定业务，应当按照以下顺序开展：首先应当对业务部门的鉴定需求进行判断，以明确该需求是否在电子数据鉴定范围内，是否具有开展鉴定的物理条件。在明确了业务需求之后，应当要求业务部门提交相关材料，包括鉴定委托书、检材清单、检材及有关检材的各种记录材料（接收、收集、调取或扣押工作记录，使用和封存记录；检材是复制件的，还应有复制工作记录）、委托说明（包括检材的来源、真实完整、合法取得、固定及封存状况等）以及其他所需材料。技术人员要做好相应的记录，包括对检材明细的记录，并对检材进行密封盖章签字，并填写受理登记表。在做好以上程序性事项之后，技术人员应当将检材送至实验室或鉴定机构开展鉴定工作。

（四）电子证据审查

电子证据审查即电子证据技术性证据审查，是指业务部门对电子证据存在一定的疑问，委托技术部门对电子证据的各要素展开审查判断，并出具审查意见的过程。业务部门在对案件中所涉及的电子证据存在疑问，即可向技术部门提出申请证据审查。对电子证据技术性证据审查主要是对已有的电子证据鉴定意见书的程序和内容的审查。电子证据技术性证据审查可以从以下方面入手：

1. 电子证据真实性审查

首先，技术人员要审查电子证据的来源是否真实合法，以及在证据形成过程中是否受到外界的干扰，干扰程度是否影响证据效力。同时要对电子证据形成的明细和过程充分了解。其次,技术人员要对电子证据载体的保存运输过程进行审查,判断电子证据载体是否真实有效。最后,还要对电子证据的真实性进行审查,以判断电子证据能否与其他证据相互印证形成证据链。

2. 电子证据的关联性审查

关联性包括以下方面:首先,明确电子证据为了证明什么,其证明的内容是否与案件事实有直接联系。其次,电子证据所涉及的内容是否能够帮助证明。最后,电子证据与其他证据之间是否存在相互印证的关系。当上述问题能够得到有效的回答时,那么电子证据才具备关联性。除了电子证据与案件的关联性需要审查,电子证据本身也需要审查,主要是电子证据本身各要素之间具有关联性。比如,电子证据的属性包括创建日期、修改日期、系统信息,甚至包括了修改者的信息和设备本身的信息。这些信息本身之间能够提供完整的证据体系,从而能够为电子证据的关联性提供有力支撑。

3. 电子证据的合法性审查

电子证据合法性包括程序和实体两个方面进行审查,程序是指电子证据形成的主体和过程是否合法。电子证据的固定应当由专业人员进行操作,操作过程要符合法定程序方能有效。实体包括电子证据的客体和电子证据固定方法,专业人员应当对电子证据所在载体采用标准化的方法对电子证据进行固定操作。

除了对电子证据真实性、关联性和合法性进行审查以外,还应当从鉴定意见生成过程中的各要素是否充分确实角度开展审查,包括鉴定条件是否充分;采用的鉴定方法是否科学、适用;鉴定的程序、操作过程是否符合本专业的检验鉴定规程和技术方法要求;检验是否全面、客观,分析论证是否科学、严谨,鉴定意见依据是否充分;鉴定文书的专业术语是否准确,相关标识是否规范;鉴定项目是否有明显遗漏,是否需要补充鉴定;检材的来源、取得、保管、送检是否符合法律、有关规定,与相关提取笔录、扣押物品清单等记载的内容是否相符,检材是否可靠;鉴定意见与其他技术性证据材料是否一致;勘验、提取、固定的方法是否符合相关规范与标准;勘验笔录涉及的内容是否客观,有无遗漏等。[①]

(五) 其他业务辅助

对于刑检办案辅助可分为庭前辅助和开庭辅助。庭前辅助主要指刑检部门在收到公安机关的相关证据材料后,对于技术证据材料存在疑问或查阅困难的,可以向技术部门提出技术协助申请,技术部门应当协助办案人员完成对技术材料的查阅和解释,使办案人员能够充分理解技术要点。庭前辅助包括手机或计算机相关事项的技术辅助、视频监控的播放、同步录音录像的查阅、PPT制作、相关文档和表格的查阅等。开庭辅助是指公诉部门在开庭过程中,遇到需要技术部门协助的情况,技术部门应当给予技术支持。开庭辅助是指在庭审阶段公诉部门对于技术性较强的案件要求技术部门给予配合的相关要求。

综合辅助主要是根据单位其他各部门的技术协助要求,开展特定的技术协助工作。比如控申部门在接待当事人的过程中,要求全程同步录音录像,法警部门在处理群体事件和紧急情况的过程中需要技术部门拍照或摄像,民行部门在办案过程中可能遇到电子数据相关内容,需要技术协助的过程。

技术部门在开展技术协助的过程,应当保持自身的独立性,从技术角度出发对案件事实形成判断,不能以其他部门的思路开展技术工作,更不能成为业务部门的附属部门,否则将会损害电子数据的客观性原则,严重情况下会带来不可估计的后果。

二、技术人员电子数据实务职能

(一) 技术协助

电子数据技术协助是技术人员根据办案部门需要,查封、扣

[①] 参见《人民检察院电子证据工作细则(试行)》。

押电子设备或存储介质及复制、提取、恢复电子数据等不属于勘验检查、检验鉴定和证据审查的其他技术活动。技术协助的含义范围比较广，也是技术部门收到频率最高的一种电子数据实务工作任务。电子数据取证不仅包括对单个手机、计算机的取证，在复杂的案件中也包括了网络取证和对大数据、云资源的取证。因此，技术协助在复杂的网络环境中变得不可或缺。其必要性，不仅是技术人员要参与协助，在一定情况下要委托第三方进行协助，而技术人员必须做好侦查人员与第三方之间的沟通与桥梁作用。

需要第三方参与的技术协助一般包括以下几种情况：（1）需要具有存储数据功能的服务商提供协助。比如犯罪嫌疑人把数据存储在百度云上，侦查部门无法获得密码，而百度的防御机制较好，则需要委托百度公司对数据进行解密和固定。（2）需要犯罪嫌疑人所在单位的专家协助。有些职务犯罪，可能只需要修改服务器中的某些数据就能够实现犯罪目的，而这些数据业务性较强，侦查人员无法获知。比如在办理某市规划局的职务犯罪案件中，犯罪嫌疑人篡改了房地产审批某个数据，而这个数据只能通过犯罪嫌疑人单位的业务人员查看到，因此需要委托犯罪嫌疑人所在单位的专家进行数据分析，技术部门再根据分析得到的数据进行电子证据固定。（3）聘请无利害关系的第三方机构进行技术协助。侦查过程中碰到一些比较偏门的电子数据鉴定，比如电子文档鉴定、用户行为鉴定等，需要委托第三方专业机构进行协助，而委托第三方需要技术部门出面签订委托协议，技术人员需要全程参与技术协助的过程。

自侦部门是各部门当中所需要技术协助门类最多的部门，其所需的技术协助门类包括：搜查与取证、数据提取与恢复、云计算数据分析、同步录音录像等。搜查与取证是侦查部门在立案后需要对犯罪嫌疑人的工作场所和住所进行必要的搜查，在搜查过程中，侦查部门会要求技术部门进行必要的摄影摄像，以防止在搜查过程中出现意外情况。对于搜查到的物品，侦查部门会要求技术部门拍照打印，让当事人进行签字确认。数据提取与恢复是侦查部门在查扣犯罪嫌疑人相关电子数据载体后，为了进一步获取犯罪嫌疑人的犯罪细节和信息，要求技术部门对相关设备进行数据恢复与提取，技术人员需要利用计算机信息提取和恢复技术对侦查部门制定的设备进行数据提取和恢复，并将提取和恢复结果反馈给侦查部门的过程。云计算数据分析是指侦查部门在获得犯罪嫌疑人话单、通讯录、银行账单等大数据后，为进一步深入挖掘数据背后隐藏的事实，委托技术部门进行数据分析的过程，在云计算数据分析当中，技术人员依托高性能的数据分析系统和服务器，对相关数据在云计算环境下进行碰撞比对，从而进一步挖掘出相关的犯罪事实。同步录音录像是指技术人员按照相关规定，在侦查部门立案侦查后对每次的讯问开展同步录音录像的过程。同步录音录像是技术人员必须配合完成的技术协助内容，并且要根据最高人民检察院相关规定做到审录分离。

刑检部门技术协助门类相对自侦部门较少，但协助内容更加分散和具体，主要体现在：技术性证据解读与分析、多媒体示证的协助、鉴定人出庭协助、开庭后技术问题咨询等。技术性证据解读是指在刑检部门在收到公安机关刑事案件证据材料后，对于其中技术性材料在查阅和解读方面存在疑问时，可向技术部门提出技术协助申请，技术部门应当协助刑检部门理解案件技术性证据的具体内容。多媒体示证是指公诉部门在庭审阶段需要通过幻灯片、视频监控等手段来展示证据的，技术部门可以酌情协助公诉部门制作并播放幻灯片和相关视频证据。鉴定人出庭协助是指对于技术比较复杂，需要专业人解释的鉴定意见，公诉部门在庭审阶段可以向技术部门提出要求鉴定人出庭作证的申请，鉴定人根据公诉部门需求决定是否出庭作证。开庭技术顾问是指对于技术性比较复杂的案件，公诉部门可以向技术部门提出技术人员陪同办案人员开庭，以便在庭审过程中及时向办案人员提供技术支持，保证办案人员能够比较顺利地完成起诉工作。

其他技术协助包括特定环境下的摄影摄像、计算机深度使用协助、视频监控提取、手机及计算机应用协助等。由于技术协助门类较多,各部门需求也不尽相同。技术人员在开展技术协助的过程中,应充分配合业务部门,但是技术人员也要做好与业务部门的沟通工作,由于电子数据实务范围很广,情况复杂,技术人员能够处理的情况毕竟有限,有些情况由于条件和技术所限无法充分满足业务部门需求,要在充分沟通情况下相互理解。

(二) 勘验检查

电子数据勘验检查是技术人员受办案部门等委托,对与犯罪有关的场所、物品等进行勘验或者检查,发现、提取、固定与犯罪相关的电子数据的活动。电子数据勘验检查包括:(1)场所勘验检查,即对涉及电子数据的场所进行勘验检查;(2)存储介质或者设备勘验检查,即对涉及电子数据的计算机、网络系统等设备或者存储介质的外在状况进行勘验检查;(3)数据内容勘验检查,即对涉及电子数据的计算机、网络系统等设备或存储介质内含的数据内容进行勘验检查;(4)其他需要勘验检查的。

电子数据勘验检查与传统的现场勘验检查不同,由于数据是存储在设备当中,需要由技术人员通过专业的设备从存储设备中提取数据方能查看。因此,侦查过程中的勘验检查只能由技术人员来完成,非专业的人员进行勘验检查可能会导致数据丢失和损坏,从而毁坏证据。一般来讲,电子数据的勘验检查包括现场勘验和远程勘验。现场勘验是技术人员通过一定的程序和步骤,将犯罪嫌疑人所在地的计算机及其他电子设备通过一定方式进行数据提取的过程。现场勘验最直观的就是技术人员能够接触到电子设备的物理形态,通过技术手段可以静态提取电子数据。远程勘验也叫网络勘验,是技术人员通过互联网获取电子数据而不接触数据所在的物理设备。在大数据和云计算风靡的背景下,远程勘验已经越来越普遍。犯罪嫌疑人会将重要数据上传到服务器上面,而不在本地留下痕迹,而远程服务端的账号与密码难以被侦查人员发现,从而保证了数据的隐蔽性。技术人员则需要通过对本地残留文件和使用痕迹的分析,发现犯罪嫌疑人的虚拟空间,从而寻找并固定电子证据。

（三）检验鉴定

电子数据检验鉴定是司法鉴定人受办案部门等委托，对诉讼活动中涉及的电子数据进行检验鉴定，并出具鉴定意见的一项专门性技术活动。电子数据检验鉴定包括：（1）电子数据内容一致性的检验鉴定；（2）各类存储介质或设备存储数据内容的检验鉴定；（3）各类存储介质或设备已删除数据内容的检验鉴定；（4）加密文件数据内容的检验鉴定；（5）计算机程序功能或系统状况的检验鉴定；（6）电子数据的真伪及形成过程的检验鉴定；（7）其他电子数据的检验鉴定。

检验鉴定是电子数据实务中重要的环节，《人民检察院电子证据鉴定程序规则（试行）》规定了电子证据检验鉴定的范围，其中包括（1）各类存储介质或设备存储的数据内容；（2）各类存储介质或设备已删除的数据内容；（3）加密、隐藏、签名异常等可疑文件的数据内容；（4）电子数据的一致性；（5）电子数据的相似性；（6）程序功能或系统状况；（7）电子数据的真伪及形成过程；（8）根据诉讼活动需要进行的关于电子数据的其他认定。通过这些方法和相应的程序，技术部门的鉴定人能够出具具有法律效力的鉴定书。同时，最高人民检察院司法鉴定中心提供了电子证据检验鉴定的八个方法即数据擦除方法、电子证据一致性认定检验方法、复制件制作方法、电子证据数据恢复检验方法、电子证据条件搜索检验方法、电子证据解密检验方法、移动电话检验方法、移动电话 SIM 卡检验方法，作为开展实验室检验鉴定工作的指导规范。

（四）证据审查

电子数据证据审查是技术人员受办案部门等委托，对诉讼活动中涉及的电子数据类证据材料进行审查，并出具审查意见的活动。电子数据证据审查包括：（1）对案件定罪、量刑起关键作用的电子数据类证据的审查；（2）同一案件中对同一专门性问题，具有两个或两个以上不同结论的电子数据类证据的审查；（3）案件承办人有异议或被告人及其辩护人、被害人及其诉讼代理人提出疑义的电子数据类证据的审查；（4）其他电子数据类证据的审查。

在自侦案件侦查过程中，技术性证据审查比较少，但是作为电子数据实务职能之一，技术人员需有一定了解。案件承办部门对电子证据的技术性证据材料存在疑问的，应当委托技术部门进行审查。电子证据技术性证据审查内容：（1）鉴定条件是否充分；（2）采用的鉴定方法是否科学、适用；（3）鉴定的程序、操作过程是否符合本专业的检验鉴定规程和技术方法要求；（4）检验是否全面、客观，分析论证是否科学、严谨，鉴定意见依据是否充分；（5）鉴定文书的专业术语是否准确，相关标识是否规范；（6）鉴定项目是否有明显遗漏，是否需要补充鉴定；（7）检材的来源、取得、保管、送检是否符合法律、有关规定，与相关提取笔录、扣押物品清单等记载的内容是否相符，检材是否可靠；（8）鉴定意见与其他技术性证据材料是否一致；（9）勘验、提取、固定的方法是否符合相关规范与标准；（10）勘验笔录涉及的内容是否客观，有无遗漏；（11）其他应当审查的内容。

电子证据审查的对象主要是公安机关和其他侦查机关（比如海关缉私局）等部门出具的电子证据鉴定报告。技术部门在开展电子证据审查工作时，不仅要在鉴定程序、鉴定条件、鉴定方法、鉴定文书上做好审查工作，而且要与刑检部门做好解释工作，让刑检部门办案人员能够更好地理解鉴定内容。对于一些不规范的鉴定意见，应当及时提出质疑，并向办案人员说明理由。

三、常用电子数据取证工具使用介绍

（一）取证大师

取证大师电子数据分析系统是一款简单实用的计算机取证软件，该软件将静态取证、自动取证、动态取证等功能集成于一

体,操作简单、分析全面、对调查者技术要求低,是电子数据取证分析人员常用的电子数据分析系统。取证大师的主要功能包括数据恢复、数据取证、关键字搜索、文件过滤等,其中最关键的功能为数据恢复和数据取证。

1. 数据恢复

取证大师软件提供了"数据恢复"功能,包括快速恢复、深度恢复、签名恢复和分区恢复。

(1)快速恢复

"快速恢复"功能是针对简单删除文件的恢复,若删除文件的记录依然存在,则可以恢复;否则恢复失败。操作过程中,只要在数据恢复界面选择快速恢复即可。

数据恢复

(2)深度恢复

深度恢复功能是根据不同格式分区下文件记录的特征信息,遍历磁盘/分区,恢复出被删除的文件。与签名恢复不同的是,签名恢复是根据文件的头部或尾部特征对文件进行恢复,深度恢复是根据磁盘上遗留的格式化前的文件系统信息对文件进行恢复。若格式化后,原来格式化前的文件记录没有被覆盖,则可以恢复;否则无法恢复。

恢复结束后,点击"确定",在分区树状结构的根目录下,即可看到类似"删除文件(NTFS_8)"命名的文件夹。

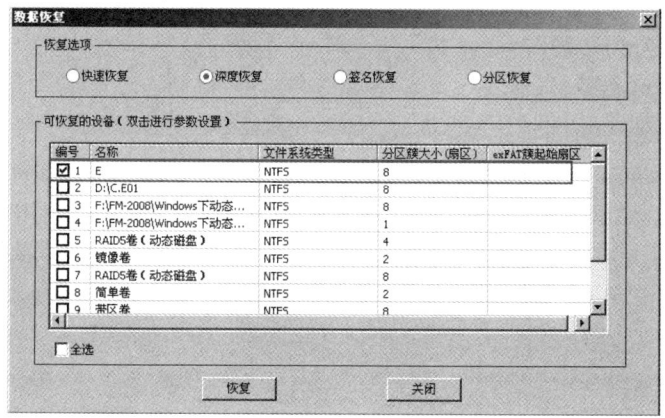

深度恢复

(3) 签名恢复

取证大师软件提供了"签名恢复"功能，可以根据文件签名从未分配簇中恢复指定类型的文件。精确签名恢复的类型种类有：支持视频及音频（包括 mp3、midi、real、rmvb、rma）、视频及音频（rmvb/ram）、windows 媒体视频（wmv、wma）、flash 视频（flv）、QuickTime 视频、Matroska 视频（mkv）、mp4 视频（特定的签名头部）、m4v 视频（特定的签名头部）、m4a 视频（特定的签名头部）、mov 视频（特定的签名头部等），图片（包括 jpg、gif、png、bmp 等），办公文档（包括 office2003/ 2007、pdf、OLE 复合文件），压缩文件（包括 rar、zip），网页（html 网页文件），电子邮件［包括 outlook – express 数据文件（dbx）、outlook 数据文件（pst）］。

(4) 分区恢复

分区恢复功能是针对分区被删除或者主分区表遭到破坏的情况，根据不同分区的操作系统引导记录的特征在磁盘的未使用空间中进行搜索，并对搜索到的结果进行解析从而实现分区的恢复，需要加载整块硬盘。恢复结束后，在加载的硬盘根目录下，即可看到恢复的分区，恢复分区的分区图标颜色较浅。

签名恢复

分区恢复

2. 数据取证

数据取证包括自动取证和动态取证两个功能。自动取证功能一步到位地完成除关键词搜索以外的几乎所有的取证分析功能，自动生成并导出报告。自动取证分为 Windows 自动取证和 Mac 自动取证两种，在这里简单介绍 Windows 自动取证功能。

(1) Windows 自动取证

自动取证能够应用在大多数常规的电子数据取证过程中,其操作简单易上手,侦查人员也能对其进行操作。树形目录展示了所有系统能够进行的恢复和提取内容,同时窗口中显示了 Windows 自动取证执行过程中的状态信息,包括当前分析的区域、处理项目、分析的文件、总体进度和已用时间、检查项目及检查结果等。

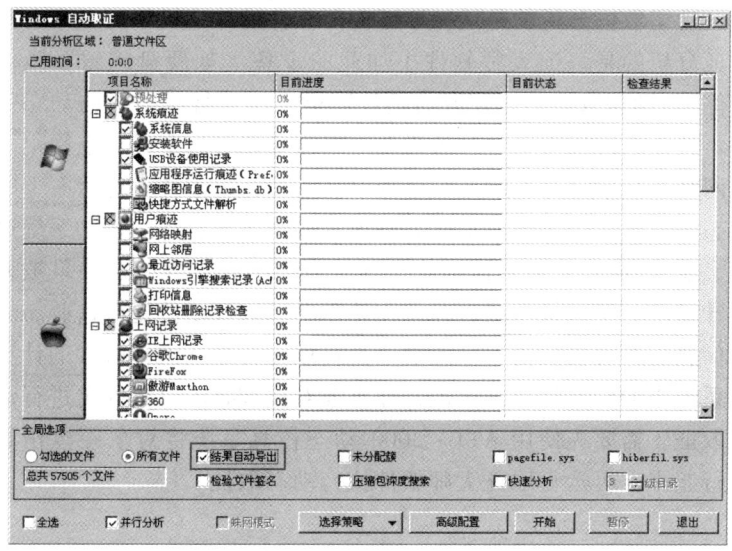

自动取证

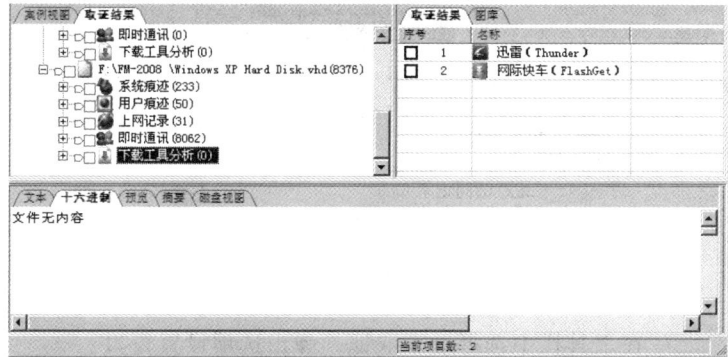

取证结果

取证结束后，可以查看取证结果，树形目录简洁明了。Windows 取证支持在取证前对软件进行设置，能够手动选择需要取证的文件或者软件进行取证，同时提供了快速分析、并行分析等功能进行分析。

（2）动态取证

动态取证功能是取证大师的另一功能，与自动取证不同的是，动态取证分析的是运行取证大师软件的计算机系统，而自动取证分析的是取证大师软件中加载的设备（如硬盘或磁盘镜像文件）。动态取证功能获取的是计算机系统运行状态下的动态信息，包括系统进程、各种通讯及网络服务账号和密码、上网记录及网络连接信息等。动态取证能够获得计算机系统运行状态下的动态信息，其中大部分信息是系统关机时无法获得的，如系统进程、账号/密码、网络连接状态等。现场勘查过程中，如果被调查计算机处于开机状态，建议先使用动态取证功能提取这些易丢失信息后再关机。由于动态取证是提取运行取证大师软件的计算机系统中的动态信息，因此，如果要对被调查的对象硬盘进行动态取证，需要先使用 ATT－3000 动态仿真系统将对象硬盘仿真运行起来，再运行取证大师软件执行动态取证。

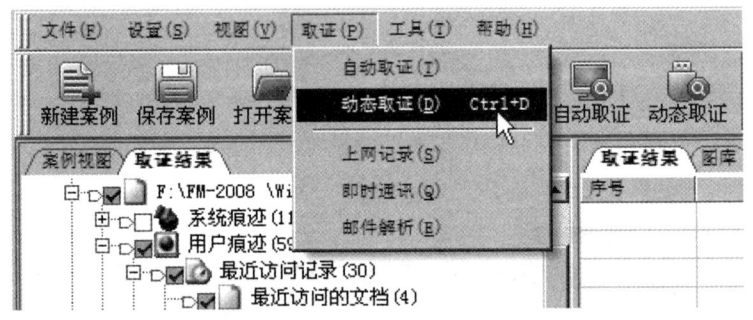

动态取证

在工具栏中选择动态取证，弹出选项设置窗口。

动态取证结果

其中，能够手动选择需要提取的数据，包括系统痕迹信息：目前主要是提取系统信息，网卡信息、系统账号信息、系统服务信息、驱动信息、设备信息、已安装程序信息。用户痕迹信息：提取用户开机自运行的程序、最近访问文档、网络隔离信息。易丢失数据信息：提取易丢失的进程数据信息、网络端口信息、TCP/UDP 统计信息。账号及密码信息：邮箱账号、即时通讯、无线账号、IE 密码、系统保护存储密码、网络服务、Chrome 密码、Opera 密码、VNC 密码等其他密码信息。密码能否提取到取决于用户是否选择了密码自动保存功能。上网痕迹：获取 IE 表单中的用户名与密码等。

取证结束后可以查看取证结果，并导出取证报告。

3. 关键词搜索

关键词搜索是取证分析的重要组成部分，用户可以自由创建关键词对案例中的所有数据进行搜索，包括文件残留区和未分配簇中的文件片段。取证大师关键词搜索速度快，支持 Unicode、UnicodeBig－Endian、ASCII、UTF8、GB2312、Base64、Quoted－Printable 等多种编码，支持灵活的正则表达式搜索。

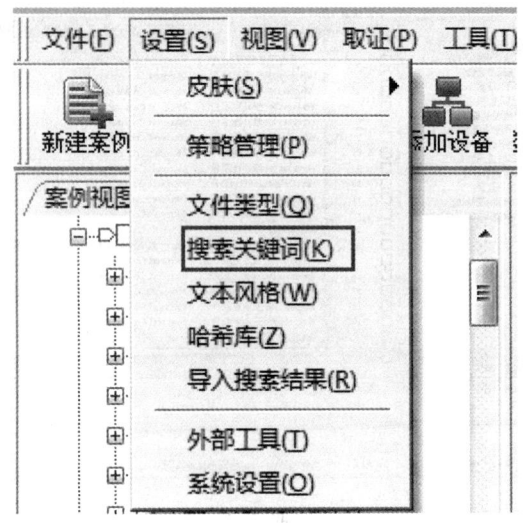

搜索关键词

点击工具栏设置中的搜索关键词，新增搜索关键词。"搜索关键词"视图中包含了系统预定义的常用关键词，在任意文件夹上单击鼠标右键，选择"新建文件夹"即可创建新的子文件夹。

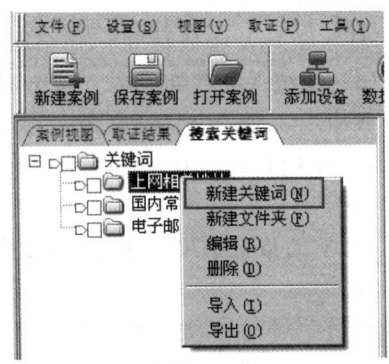

新建关键词

通过关键词设置能够按照搜索的实际需求进行搜索，大大减少搜索时间。

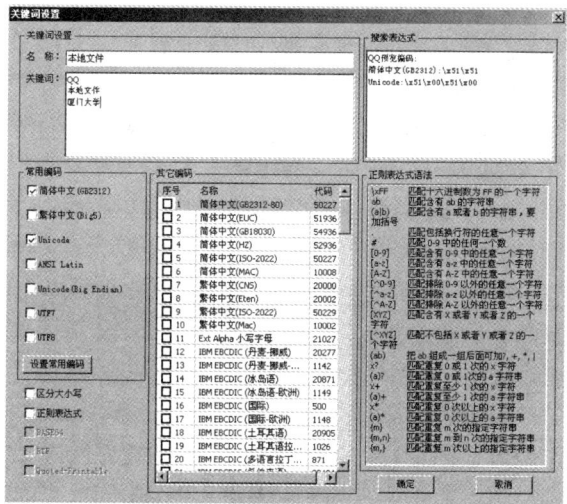

关键词设置

这里,各个选项的含义如下:

名称:给关键词设定的一个显示名称,会在搜索结果中看到,针对固定关键词,一般关键词的名称就是关键词的内容。针对关键词是一个十六进制表达式或正则表达式时有必要输入名称以便后续识别。关键词:要搜索的关键词,可进行批量输入关键词搜索,以"回车键"分隔。搜索表达式:将关键词转化为所选编码格式后的十六进制数据,该表达式是关键词搜索时实际匹配的数据,当批量搜索关键词时,默认选择首个关键词。常用编码:取证大师将编码方式按语言进行了分类,以便根据语种选择编码方式。正则表达式:采用正则表达式语法构造搜索关键词可以实现对满足一定规则的信息的模糊匹配,实现批量搜索,例如,搜索所有的手机号码、邮箱账号、网站地址等。

设置完成后,点击搜索即可开始搜索。

"搜索结果"视图中显示了搜索的关键词及命中结果数,列表中显示了命中结果的详细信息,包括关键词名称(备注)、所在文件的文件名和路径、命中上下文、关键词在文件中的偏移量、编码格式、搜索表达式等。

电子数据审查判断与司法应用

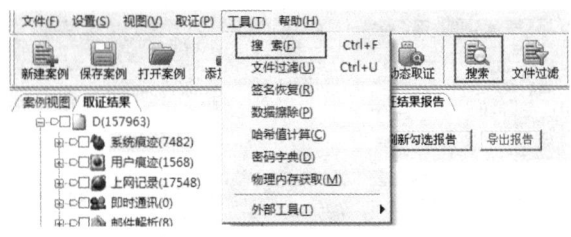

搜索按钮

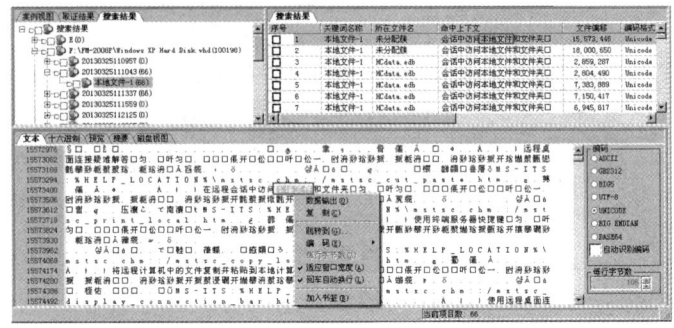

显示搜索结果

(二) DC-4501

DC-4501手机取证系统是用于手机数据提取和恢复并进行深度分析及数据检索的调查取证系统。该系统支持手机数据提取、删除数据恢复、应用程序解析与恢复、支持绕过密码、获取镜像、解析数据、恢复删除数据等功能,是目前一款较为主流的手机取证系统。

1. 手机取证

DC-4501支持数据线(推荐)和蓝牙两种方式连接手机,一般使用数据线传输较为稳定。若检测不到手机,或同时连接了多台手机,可单击"重新检测",并在弹出的连接向导中按提示选择所需手机。对于大部分手机来说,都存在屏幕密码,对于大多数苹果手机和安卓手机来说,目前的技术无法做到密码破解,若对手机进行root操作则存在较大的风险。因此,在实际取证过程中,技术人员如需对手机进行密码破解操作需要与侦查部门做好沟通。手机取证耗时较长,在取证过程中,取证人员可以选择一些必要的项目进行恢复提取,比如微信、QQ、短信等,尤其是图片和视频类文件容量较大,大多数情况下这类文件对于案件本身用处不大,取证人员可以有针对性地开展提取工作。

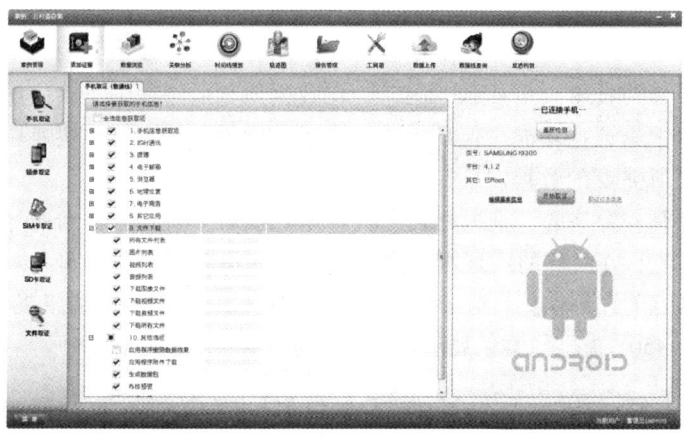

手机取证

2. 镜像取证

镜像取证的方式支持多种手机平台获取手机镜像并进行镜像解析取证,目前已支持以下三类手机:Android 手机、iPhone、非智能手机。

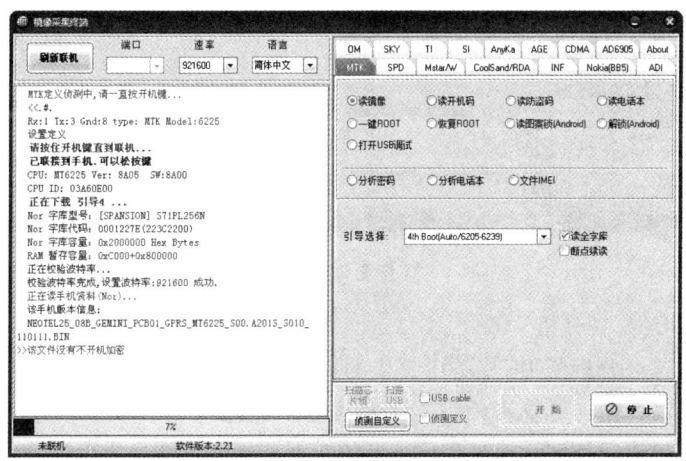

镜像采集

手机镜像的读取是手机数据恢复的有力工具,能够对手机数据进行深度恢复。但是对于苹果手机等高端手机,并不一定能够做到镜像读取,原因在于手机制造商对手机数据进行了复杂的加密过程,有些加密过程很难被破解。

3. 数据浏览

对于已经完成手机数据收集程序的,该软件提供了较为直观的界面为技术人员展示。同时,在数据浏览的过程中,软件还能提供搜索证据功能,保证用户在使用该软件的同时能够快速获取自己所需要的数据。

从左窗格的"证据列表"页签中选择需要查看其详情的导航树节点,在右侧的"证据信息"和"详细信息"页签中可查看所选节点的详细信息。对于短信息、通话记录、部分即时通讯工具,DC-4501提供"会话展示"功能,可直观查看通讯详情。

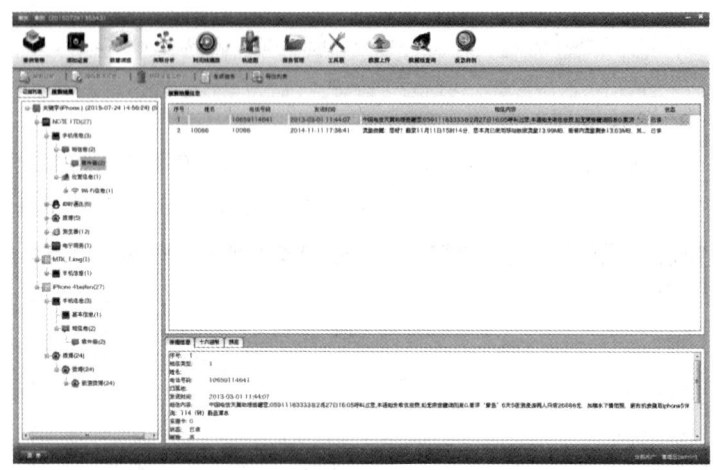

查看详情

4. 关联分析

关联分析是 DC-4501 提供的一种可视化展示的功能,能够将枯燥的数据通过图形的方式展示出来。在关联分析中,能够通过设置过滤条件,过滤出自己需要的数据,再通过图形展示出来。

第二章 职务犯罪案件中电子数据的收集提取与运用

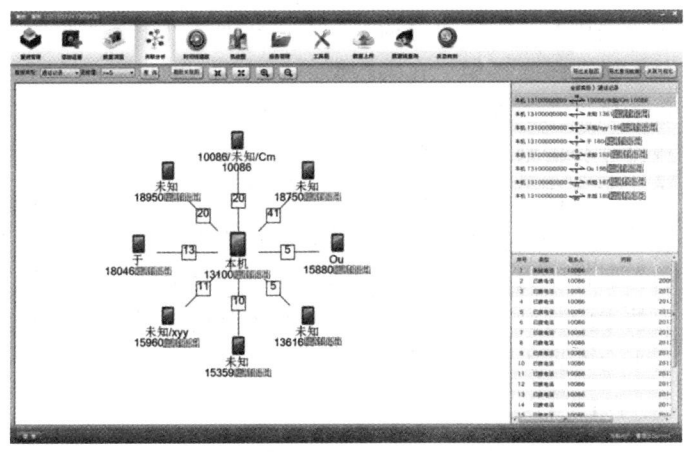

关联分析

5. 轨迹图

轨迹图功能通过获取目标手机上保存的位置信息，调用在线地图直观地显示特定时间段内目标手机的运动轨迹，该功能需要保证系统与互联网保持连接状态。通过设置定位类型来显示手机位置所依据的信息类型，包括"全部"、"Wi-Fi"和"基站"三种。根据所采集的设备数据选择所要显示的坐标系，包括原始坐标系、百度坐标系与 Google 坐标系。

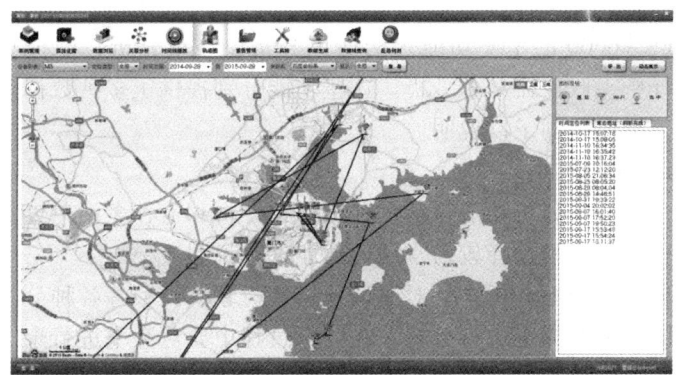

轨迹分析

对于手机取证需要说明的是，职务犯罪案件中，手机数据提取已基本做到每案必做，在大数据挖掘技术不断发展的今天，单个手机的价值在于寻找当事人犯罪的证据和线索，而多个手机数据并行碰撞分析则是职务犯罪线索的重要来源。手机数据的大数据分析能够为侦查部门展示一张全面的社会关系网络，是侦查部门长期开展工作的重要助手。因此，即使单个手机数据并不存在较大的犯罪证明力，但并不代表该手机数据毫无价值；相反，在大数据技术的帮助下，可能会出现意想不到的作用，高检院电子数据云平台在这方面做了有益的尝试。

（三）FS-6000

FS-6000可视化数据智能分析系统是一款对各种业务系统数据进行综合分析的系统。该系统具备业务数据智能清洗、综合数据智能分析、可视化图形展示等多项强大功能。系统通过自动化智能清洗，将各种不同来源、不同格式的业务数据推送到数据中心，利用各种分析模型和业务模型挖掘数据间的关系，将数据之间的关联通过图形的方式展示。系统能将大量的、低关联的、低价值的信息转化为少量的、易于理解的、高关联的、高价值的、可操作的情报，有效地协助执法部门、政府机构及金融企业（银行、保险、证券）等相关部门挖掘目标线索、警示可疑行为，起到预防各种违法犯罪行为和识别行为人的作用。

FS-6000的主要功能包括话单分析、账单分析、虚拟身份日志分析、服务器日志分析。这些功能分别提供了多种数据分析方法，下面分别予以说明。

1. 话单分析

个人话单分析功能包括六种单话单分析和七种多话单分析。

单话单分析选择较为常用的功能进行说明。

单话单频率分析：针对通话地点、对象、类型等各种分类下的不同类别的频率进行分析。在分析过程中要对频率进行聚类组合，从不同维度对通话次数、时长等进行统计，帮助侦查人员找出与案件关联性最强的通话记录。频率分析的作用在于分析掌握

第二章 职务犯罪案件中电子数据的收集提取与运用

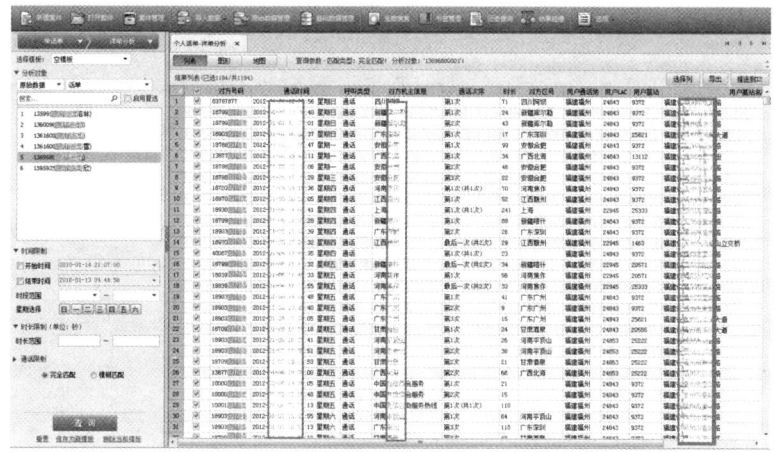

话单分析

犯罪嫌疑人的生活空间规律、主要关系人以及通话习惯等，是话单分析中最为常用的功能，取证人员需要熟练掌握使用方式。

多话单分析适用于对多个电话号码之间的通话进行查询分析。包括以下分析方法：

（1）串号比对分析：该功能可分析一个或多个电话号码所使用过的手机 IMEI 号，以此来判断每部手机是否使用过多个电话号码。如果存在一个手机使用多个号码情况存在，软件即能显示一个串号对应多个号码（一对一的将不在考虑之列），并将结果显示在列表栏左上方；或者机主有使用一个号码多个手机的情况，结果显示在列表栏右上方。

（2）同时同基站分析：该功能用以搜索多人同时在某地通话的情况。通过分析比对，可以详细地罗列出多个号码中任意两个以上在同时同基站出现的情况。主要用于：判断职务犯罪过程中面对面现金交易或行受贿人经常聚集娱乐的情况。

（3）互相间通话分析：分析多个电话号码在同一时间段及同一基站的通话情况。主要目的在于查看两个号码之间互相通话时间、频率及位置等信息。该功能常用于窝串案的通话分析，或

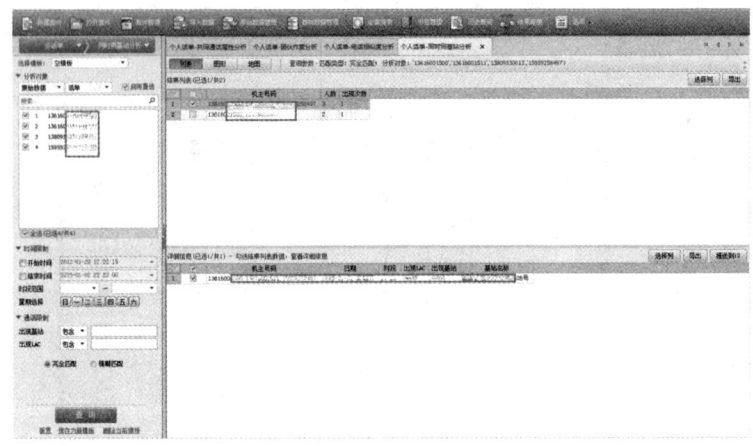

同时同基站分析

者多人共同受贿的情况。该功能组合了两个话单间存在的项目，合并在一个话单中，简洁明了。

2. 账单分析

账单分析与话单分析存在一定的相似性，也分为单账单分析和多账单分析。

单账单分析包括详单分析、频率分析、新增或消失账号分析、不同时空分析、伴随交易分析和常规异常资金分析。详单分析：对账号的详细交易记录进行具体查询分析，可对时间及金额进行限制。频率分析：对指定账号的交易频率进行分析，包括交易对象频率和交易户名频率两大块，可对交易次数、时间、金额以及账户进行限制。新增或消失账号分析：以设置的时间点为界，设置存取标记、对方户名等过滤条件，分析该时间点后符合条件的新增或消失的账号。不同时空分析：包括查询不同时段的共同交易地点和查找多条件的共同通话对象。伴随交易分析：该功能可用于通过一个嫌疑人账单寻找其他可能的嫌疑人。

多账单分析包括共同来往账号分析、共同交易地点分析、共同流窜分析、资金流向分析、同时段异常资金分析和资金流关系圈分析。多账单分析主要是为了针对犯罪嫌疑人分散犯罪金额的行为而开发的功能。要完整地呈现犯罪嫌疑人的财产资金状况，必须对犯罪嫌疑人及其近亲属的所有银行账户进行多账单分析才能找到关键所在。同时还要对账单进行共同来往账号分析、共同交易地点分析、资金流向分析，这样能够充分展示犯罪嫌疑人的资金状况。

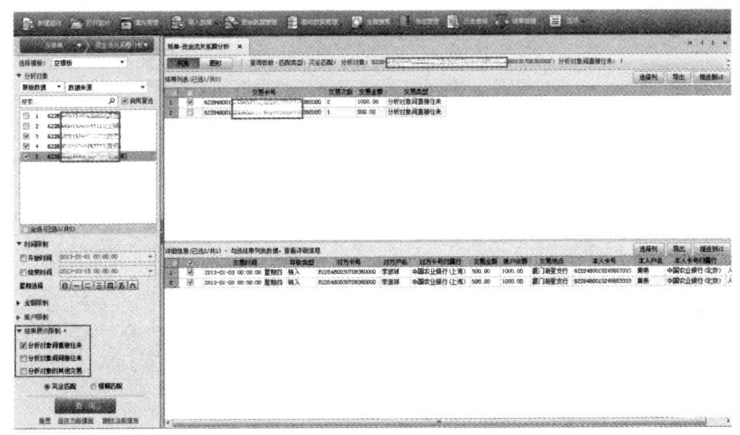

账单分析

3. 虚拟身份日志分析

目前在大多数职务犯罪案件中，虚拟身份日志分析都使用较少，原因在于当前职务犯罪的特点是当面交易不留痕迹，而网络空间一定会留下痕迹。因此，虚拟身份日志分析使用并不多。但是，从辅助判断或完善证据链的角度出发，虚拟身份日志分析并非毫无用处。虚拟身份日志分析主要对邮件和 QQ、MSN 等社交网络工具进行分析。登录日志分析可对登录日志进行多种技战法分析，包括单日志分析和多日志分析，在此不做详述。

四、技术人员电子数据实践操作

（一）委托受理阶段处理技巧

电子数据实务过程中，受理环节是最基础的环节，也是技术人员需要充分衡量是否同意业务部门受理请求的环节。受理环节需要从以下三个方面来考虑：

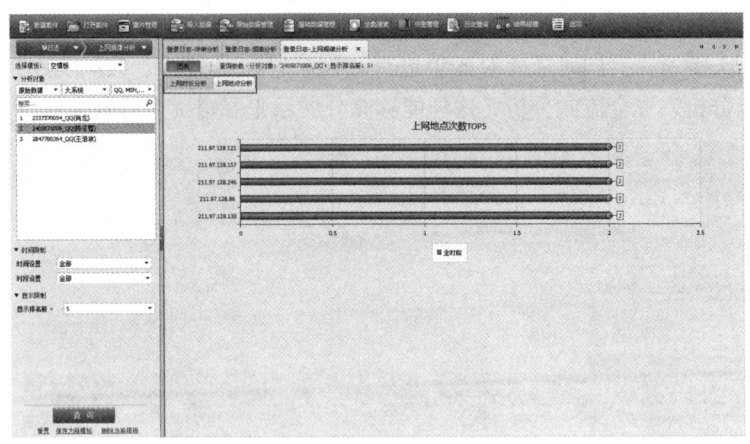

上网规律分析

1. 程序合法

在业务部门办案过程中，由于侦查时间紧迫，统一业务应用系统流程相对烦琐，以及办案部门程序意识不强等原因，技术人员往往在流程未发起或者程序不到位的情况下开展电子数据业务工作，存在一定的隐患。有些案件在事后可以得到程序上的补充，而大部分案件在电子数据无法直接作为证据的情况下，程序问题则被直接忽视了。在非法证据排除规则下，程序合法是证据合法的基础，在电子数据实务中，技术人员自身要加强程序合法的意识，在每个案件中努力做到先程序后实务。同时也要向业务部门说明程序对技术工作的重要性，避免引起不必要的矛盾。

2. 明确需求

由于自侦案件保密性较强，技术人员在开展电子数据业务前要对案件有一定的了解，同时要加强与业务部门的沟通，明确业务部门的需求，同时要向业务部门说明本院技术部门的技术能力，切不可贪功冒进，向业务部门作出不切实际的承诺，最后导致案件侦查受阻，甚至影响案件的侦查方向。同时技术部门要明确自身的能力范围，多学习电子数据实务案例，对高检院和省院的各项规则了然于胸，才能从容应对各类实务案件。

3. 责任清晰

技术人员要对自己所开展的技术工作有清晰的责任认识，所出具的技术意见书是否作为证据，技术人员是否有资格出具具有法律效力的鉴定书，这些都需要在技术工作开展之前向业务部门说明清楚。其必要性有：明确技术工作的业务边界，有利于技术部门与业务部门的紧密配合；明确出具的文书的法律效力，有利于证据链的形成；明确技术部门的职责，有利于技术工作的长期开展。

（二）手机电子数据取证技巧

手机电子数据取证是电子数据取证的重要类别之一，手机电子数据取证一般包括手机勘验、数据获取、数据固定、数据分析等步骤，手机电子数据取证注重规范，取证后需要技术人员开展深度分析，尽可能地寻找案件相关的信息和线索，为办案部门提供有力的支持。

1. 通讯录提取

常用的手机电子数据提取软件都能够提取到通讯录，通讯录包含的信息量巨大，基本能够准确描述当事人的关系网。通讯录包括以下几种：一是手机自带的通讯录，以电话号码为唯一标识。二是微信通讯录，以微信号为唯一标识。三是QQ通讯录，以QQ号码为唯一标识。这三种通讯录之间存在一定的联系，也有所区别，其中手机号码是最为常用的联系方式，QQ号码其次，微信则是最为亲密的联系方式。如果某个人与当事人之间同时相互拥有手机号码、QQ号码、微信号码，那么一定是关系较为密切的人，需充分引起注意。QQ软件会自动读取手机通讯录，而微信也将自动关联微信号与手机号，因此这三个号码之间存在较大的关联性，也就是说，当技术人员获得手机号码、QQ号码、微信号码三者其中之一时，能够通过数据分析获取其他号码。

2. 手机短信提取

手机短信是公共服务的重要手段，可以说，手机短信基本记录了当事人生活层面的各个细节，包括出行、银行账单、购物消费、事务处理等。一般与其他平台或软件进行过手机绑定的，都会有手机短信提醒，以至于如果时间跨度足够长，手机短信会记录当事人的生活轨迹，生活轨迹包括去过什么地方、使用过哪些银行卡、办理过哪些事项、使用过哪些软件等。手机短信的恢复提取较为成熟，一般使用 DC-4500 就能够恢复出大部分手机短信，关键在于手机短信提取数量与手机使用时间有关，因此一般手机最多只能提取到该手机开始被使用的那一天，如果手机较新，那么手机短信量就更少，因此手机短信的提取效果就不明显。因此，如果条件允许应当对当事人曾经使用过的手机进行短信提取，就能获得较为有价值的信息。

3. 微信信息提取

随着微信的越来越普及，以及微信功能的不断增强，微信已经成了最重要的通讯工具，微信的优势在于使用网络流量，且能够发送视频、文字、图片、语音以及其他类型的文件，安全性较好，删除后一般不可恢复。微信的价值在于微信属于较为私密的通讯工具，微信朋友圈会记录使用者的个人观念和轨迹，将这些数据综合分析能够对当事人进行人格分析，并得到其生活的更多细节。微信群能够描述当事人的交际圈，微信订阅号能够体现当事人的关注点，微信钱包能够显示当事人正在使用的银行卡信息。因此，对微信的深入分析能够获得细致而准确的数据，微信的广泛使用是一个社会现象，技术人员如果对微信数据进行深入研究，那么对办案一定能够提供有效的帮助。

（三）常用计算机电子数据取证技巧

1. 用户行为分析

用户行为分析是指利用相关方法对用户利用计算机进行的相关操作开展分析的过程。用户的操作行为一般分为：（1）系统资源访问，比如开关机，创建、修改或者删除文件，使用应用程序等行为。（2）已有电子数据认定，包括对计算机中存储的电子文档、演示文稿、数据表格、多媒体视频、图片等文件确认其存储在计算机某块区域,并认定这些文件的属性。(3)移动存储的接入和使用,对计算机设备是否接入过移动存储设备,以及是否进行过数据复制访问等操作进行分析。(4)软件的添加、删除及调用,对于计算机是否安装新的软件并调用相关程序进行分析判断,并对删除软件所残留的痕迹进行分析。

2. 文件系统分析技术

(1)日志分析。Windows 系统记录三种相互独立的日志,包括系统日志、应用程序日志和安全日志。这三种日志分别记录不同的系统操作内容,系统安全日志记录了用户登录的时间和账户等信息。(2)文件属性分析。文件的时间属性有创建时间、修改时间、访问时间,这三个时间属性能够表达文件是否被修改、复制,同时文件属性中的摘要或详细信息对文件的其他信息作了记录。(3)文件创建分析,文件创建分为两种:一种是新创建后编辑的文件,另一种是原来就有数据的复制件创建。修改时间晚于创建时间的,说明该文件创建后被编辑并保存过,修改时间早于创建时间的,说明该文件是一个副本,在创建后未经编辑。(4)文件修改分析。文件一旦被修改并保存,其修改时间和访问时间必然同步被修改,有些文件保存后直接替换原文件,有些文件保存后原文件不被替换,而是成为备份文件。(5)文件删除分析。删除文件的命令,是系统收回其文件记录,加删除标记。回收站是一个过渡区域,相当于一个文件夹,用户能够在回收站里看到被删除的文件,通过还原操作还原回收站中的文件。

3. 数据恢复技术

对于已删除的、被格式化的数据,硬盘中只是修改了这些数据的部分信息,而大部分信息则依然保存在硬盘中,数据恢复技术能够将这些数据尽可能地还原出来。一般数据恢复可以分为四大类,分别是基于文件目录恢复,基于数据特征恢复,基于逻辑分区恢复,基于硬盘原始信号恢复。(1)Windows 系统中,数据以文件的形式保存,而文件则被系统统一的目录结构所管理。因此一个文件包含两个部分,一个是目录数据,另一个是内容数据，两种数据分开存放。删除操作将该文件的目录数据的第一个字符改为 E5H，并将文件所占用的数据分配表的值置为 0，表示该区域数据空闲，可以写入其他文件，实际上该文件的数据内容并未被删除。（2）基于文件特征数据恢复，是基于不同文件本身的数据特征来恢复，Microsoft Word 文件的前 8 个字节为 D0、CF、11、E0、A1、B1、1A、E1，jpg 格式图片的前 8 个字节为 FF、D8、FF、E0、00、10、4A、46，正是因为有这些文件特征，使得数据恢复存在相应的可能。（3）对于系统重装和硬盘重新划分分区的硬盘，可以通过寻找每个分区的开头特征恢复分区表，即使重新分区也能够找到先前的分区。（4）原始信号数据恢复是最强力的数据恢复技术，当数据文件被删除并且被大量覆盖后，如何找回原数据。这时需要用到深层信号还原技术，其原理很复杂，普通的数字信号只有 0 和 1 两种，然而在硬盘盘片的磁介质上反映的并不是 0 和 1，而是在激光的作用下存在原始数据的残留影像，通过不同强度的射线对磁盘进行全面扫描，会得出不同的结果。但这种恢复方法成本高昂，只有极少数机构能够做深层信号还原数据恢复。

4. 文件隐藏

数据隐藏一般包括以下方式：设置隐藏属性、修改后缀、数据隐写。

设置隐藏属性是最常规的隐藏文件的方法，通常情况下系统文件是隐藏不显示的，但对于文件夹和文件，右键属性里面也有隐藏的功能。这类隐藏识别较为容易，由于隐藏后文件仍然占用磁盘空间，对于 Windows XP 系统只要打开"我的电脑"，在工具栏中找到工具—文件夹选项—查看—显示隐藏文件，就能显示出所有系统隐藏文件。Windows 系统查看系统隐藏文件的方法是打开计算机，在工具栏上找到组织—文件夹和搜索选项—查看—显示隐藏的文件、文件夹和驱动器就能显示隐藏文件。

修改文件名后缀也是常用的隐藏文件的方法，比如 Microsoft Office Word 2003 的文档后缀名是 doc，如果将 doc 改成 jpg，系统通过图片打开软件去打开该文件，就看不见任何信息，需要改回 doc 后再次打开才能正常显示。这种文件隐藏方法原理很简单，但是一台计算机中可能有上万个 jpg 文件，如何在这些文件中找到被隐藏成 jpg 文件的文件，是一件费力的事情，因此需要用专业的取证软件去寻找被隐藏的文件。由于被隐藏的文件的文件头并没有发生变化，比如 doc 文件的文件头为 D0CF11E0，通过取证工具搜索文件头为 D0CF11E0 的文件，然后再找到其中后缀为 jpg 的文件即为修改后缀隐藏的文件。

数据隐写是更为专业的数据隐藏的方法，通过将需要隐藏的数据嵌入到正常的文件当中，通过对正常文件的传输或复制来实现隐藏数据传输的目的。数据隐写一个较为感性的识别方法就是，通过判断宿主文件内容来判断其正常大小，然后与其文件属性当中显示的大小做比较。但这种方法只能用来判断宿主文件较小、被隐写的文件较大的隐写文件。数据隐写都有嵌入算法和提取算法，通过嵌入算法把隐秘信息嵌入到载体文件，再通过提取算法提取出来。嵌入载体往往会选择图片和视频，原因在于嵌入信息后，图片和视频只会受到轻微的影响，这种影响肉眼几乎无法分辨出来。

（四）技术人员电子数据工作注意事项

1. 严格按照电子数据相关操作流程进行操作

业务部门向技术部门提出技术协助或检验鉴定，是办案业务上的需要，同时也是对技术部门的信任。技术部门在受理相关案件后，应当要沉着应对，严格按照相关规定开展电子数据实务工作。技术部门在进行电子数据数据恢复、数据提取等业务时，一定程度上存在硬件损坏的风险。按照技术流程操作，即使恢复或提取失败，也是技术人员日常工作碰到的一面。如果技术人员贪图方便未按照操作流程，一旦出现一些不可逆的情况，甚至会影响案件的定性，那么技术人员必然需要承担责任。

2. 保持与外界的技术交流

由于信息化技术日新月异的发展，新的硬件和软件层出不穷，技术人员要不断学习，始终站在时代的前列，方能紧跟技术发展潮流。在遇到疑难案件后，技术人员需要同兄弟院技术部门的同事保持沟通，也可以就技术问题与取证设备供应商保持联系，但要做好保密工作。技术工作与业务工作不同的是，需要技术部门参与的案件较少，而技术人员大部分时间是保持学习，不断积累新的知识和技术手段，不能出现书到用时方恨少的情况。

3. 实事求是、有所作为

对于大部分基层院技术部门来说，由于人员变动较大，案件量较少，很多技术人员很少收到业务部门的技术协助委托，缺少电子数据各项业务的实战经验。在遇到需要技术协助的情况后，存在不敢接收、推诿扯皮的现象，或者急于求成、贪功冒进，有些甚至对技术部门能够做哪些门类的技术工作都不甚明了。在信息化发展的大格局下，技术工作只有越来越重要，技术人员已经站在电子数据新的征途上，技术人员只管单位计算机与网络维护的时代已经一去不复返。因此，技术人员在面对越来越频繁的技术协助和鉴定委托时，要实事求是、有所作为。对于职责范围内的必须勇于承担，同时由于技术工作门槛较高，业务部门对于技术人员的操作过程不甚明了，技术人员不能敷衍了事，要有所作为、有所突破，要有能力有信心发现业务部门尚未掌握的线索、证据，据实向业务部门提出，想方设法将其固定，为案件办理提供力所能及的帮助。

第三章　电子数据审查判断一般规则

电子数据的审查判断，是指围绕证据的基本属性，对电子数据的合法性、真实性、与相关案件事实的关联性进行认定，综合考量电子数据是否能够达到证据标准、证明力大小如何并给予一定处置的一种刑事诉讼活动。《刑事诉讼法》第 48 条规定，证据必须经过查证属实，才能作为定案的根据。根据现代证据裁判理论，证据要成为认定案件事实的依据，必须同时具备两方面的条件：一是证据能力，即成为证据的资格；二是证明力，即与案件事实具有内在联系。证据能力属于法律适用问题，一般有明确的法律规则予以规定，而证明力属于事实判断问题，主要由司法人员根据经验法则、生活常识、直观判断和逻辑标准等予以审查判断。证据能力是关系到证据能否进入诉讼程序的首要条件，因为一项证据只有在证据能力上不存在明显问题、没有任何争议的情况下，才能被司法人员采纳，证明力也才可以被列入考虑的对象。审查判断一项证据主要审查其"三性"，即合法性、客观性（真实性）、关联性。"证据裁判主义要求，作为认定事实的依据必须具有实际存在的客观性、与案件事实的关联性和按照正当程序获得的合法性。"[1] 解决证据能力问题主要审查证据的合法性和客观性，而解决证明力问题主要审查证据的关联性问题。电子数据是信息技术的产物，与传统证据相比，具有容易被伪造、篡改、毁损的特点。因此，电子数据的审查判断又具有不同于传统证据的独特之处。本章重点介绍实务操作中电子数据如何进行审查判断的问题。

---

[1] 樊崇义、兰跃军、潘少华：《刑事证据制度发展与适用》，人民法院出版社 2012 年版，第 222 页。

第一节　电子数据与相关证据规则

一、电子数据的审查判断概述

（一）电子数据审查判断原则

1. 电子数据审查判断基本原则

（1）重视电子数据对刑事证明活动的重要作用

【案例1】检察人员在审查李某贪污案时，案卷中有犯罪嫌疑人李某的网银账户信息、手机通话记录等对于案件定性具有非常重要的作用的电子数据。经阅卷，侦查部门在立案侦查某国有公司负责人李某贪污案中，发现李某有使用手机、电脑等电子设备进行通讯联系、上网办理业务的习惯。于是第一时间收集了上述相关的电子数据。两份电子数据证据均由侦查人员依法调取。一是调取犯罪嫌疑人的网银账户，由侦查人员在接触李某时即要求其列出开户银行账号，当场登录网银账户打印交易明细，再根据账单上的日期、金额、备注等内容，结合公司相关业务凭证，要求李某说明款项来源和去向，重点关注其与客户、供应商及同事之间的资金往来情况。二是调取手机通话记录。某广告公司负责人陈某被通知到案后，侦查人员要求其配合登录移动网上营业厅，自行下载打印近几个月的通话记录，发现其近期与犯罪嫌疑人李某有多次通话往来，且在其到案前几分钟刚与李某进行过通话。第一份电子数据使得李某措手不及，最终如实交待套现侵吞公款的犯罪事实。第二份电子数据促使陈某承认其与李某串供并企图欺骗检察机关。两份电子数据的运用结合犯罪嫌疑人口供和证人证言有效证实了犯罪嫌疑人李某通过该广告公司套取侵吞公款8万元的犯罪事实。

我国理论界和司法实务界对电子数据存在两种态度：一种观点认为，电子数据与传统证据都是证据，在本质上都用于证明案件事实,由于电子数据审查判断法律规定的缺失,传统证据的审查认定标准同样适用于电子数据,主张遵循传统证据规则来解决电子数据新问题;另一种观点认为,电子数据具有虚拟性、高科技性,不同于传统证据,尤其是电子数据的真实性难以确定,审查判断电子数据的证据能力与证明力必须进行全新的特殊考量。第一种观点肯定电子数据的证据属性,但忽视电子数据的特殊性;而第二种观点看到电子数据的特殊性,但走向极端,给予了电子数据较高的证明标准,忽视电子数据的证据本质属性。

笔者认为,在信息化高速发展的今天,我们应高度重视电子数据对于刑事证明活动的价值和意义,审查判断电子数据时,应当将电子数据与传统证据平等适用,既不能因自身专业知识的局限性低估电子数据的作用,也不能过分强调电子数据特殊性,提高证明要求而忽略其具有的基本证据属性。案例1中,审判人员充分认识到犯罪嫌疑人李某的网银账户信息、手机通话记录等电子数据对于案件定性的重要作用,对两份电子数据证据从证据来源、取证程序、内容等方面进行了认真审查判断,同时结合案件其他证据,确定了电子数据的真实性、合法性与关联性,将其作为用于认定案件事实的根据。联合国国际贸易法委员会制定的《电子商务示范法》体现了这一规则,对待数据电文既不歧视,也不原封不动地照抄照搬传统的认证规则。如该法第9条规定:"(1)在任何法律诉讼中,证据规则的适用在任何方面均不得以下述任何理由否定一项数据电文作为证据的可接受性:(a)仅仅以它是一项数据电文为由;或(b)如果它是举证人按合理预期所能得到的最佳证据,以它并不是原样为由。(2)对于以数据电文为形式的信息,应给予应有的证据力。在评估一项数据电文的证明力时,应考虑到生成、存储或传递该数据电文的办法的可靠性,保持信息完整性的办法的可靠性,用以鉴别发端人的办法,以及任何其他相关因素。"

司法实践中,部分司法人员在认定电子数据的真实性时往往比较谨慎,甚至对电子数据产生盲目的担心。原因在于电子数据的真实性认定较难,一是自身专业知识具有局限性;二是电子数据非常容易被人为伪造和篡改。首先,我们应当正视自身专业知识局限性的问题,司法人员不是万能的,在知识产权、财政审计、法医鉴定等方面也会遇到专门知识局限的问题,可以通过鉴定意见、专家证人等方式解决,电子数据专业技术问题同样可以通过上述方法解决。其次,电子数据在信息时代高速发展的今天显示出越来越重要的作用,作为一种新的证据形式,在法律规定相对缺失的情况下,可以放宽其进入刑事诉讼程序的门槛,让控辩双方对电子数据展开充分的论证,以更好地查明电子数据的真实性、合法性、关联性等问题。最后,电子数据确实存在被伪造且不易被发现的风险,但电子数据也具有可恢复性的特点,任何电子数据的生成、修改、存储、传递等行为,都会在其存储介质和相关程序中留下痕迹,我们可以通过高技术手段进行恢复,不能因为怕被伪造就适用电子数据相比传统证据更高的证据标准。

(2) 明确电子数据对认定案件事实的证据效力

【案例2】某县教育局工作人员黄某,收受他人贿赂,非法为他人办理教师资格证,被该县检察院反贪部门立案侦查。案件移送审查起诉部门后,承办人发现该案有银行交易记录等大部分电子数据,这些电子数据在指控黄某犯罪中起到非常重要的作用,于是对该批电子数据来源、内容、真实性等进行审查判断。经审查,该批电子数据是由侦查人员委托技术人员对扣押的黄某使用的电脑主机和硬盘进行技术处理后恢复的。先是由技术人员用硬盘数据恢复软件和密码破译软件,获取了黄某使用的电脑主机和硬盘的密码,并恢复了银行交易记录等大部分电子数据,然后由侦查人员对电子数据统计分析对比,最后发现黄某自2011年至2013年,先后15次违法为他人办理教师资格证425本,收受好处费172975元。同时,侦查人员和技术人员又将行贿人赵某的电脑数据进行恢复,并与黄某电脑中的电子数据进行比对,发现收贿与行贿的相关数据基本一致。原来,黄某自认为擅长计算机技术，他与委托办证人联系的资料和收受的款项都是通过电脑进行的，这些信息已被清除，办案人员无法查到他犯罪的证据。于是，黄某与委托办证人订立攻守同盟，一致否认违法办理教师资格证的犯罪事实，案件难以取得突破。侦查人员通过获取该案的电子数据并根据这些电子数据对黄某进行讯问，黄某终于承认了全部犯罪事实，口供得以突破。最后，法院运用这些证明犯罪行为的电子数据，结合犯罪嫌疑人口供以及证人证言等证据对黄某作出一审刑事判决。

英美法系国家刑事诉讼中有关于证据原件问题的最佳证据规则，该规则适用于文字材料或文书证据。最佳证据规则要求，在证明文书的内容时，必须提供最好的、最有说服力的原始文书（原件）证明某项事实，而不能提供复制件。我国法律也规定书证必须提供原件，但在取得原件确有困难的情况下也可以使用副本、复制件，因此确立传统证据原件的可信度与证明力要高于其复制件的规则。但这一规则很难适用于电子数据，因为电子数据的复制件在确保真实性、合法性和关联性的条件下与其原件具有同等的证据效力。第一，电子数据不存在传统意义上的原件。电子数据最初确定形成时便存储于计算机系统内存中，将该计算机内存中的电子数据转移到磁盘或光盘等存储介质中的行为实际上是复制电子数据的行为，也就是说将转移存储在介质上的电子数据已不是原件，而是复制件。我们在实践中获取的作为证据的电子数据也往往是转移复制后的电子数据，而不是最初生成于计算机内存中的电子数据。换句话说，司法实践中用作证据使用的电子数据不存在传统意义上的原件。第二，电子数据的原件和复制件具有同一性。无论是最初生成的电子数据的原件，还是输出后为人感知的复制件，其字母代码和格式信息完全相同。如没有人为因素影响，电子数据原件和复制件已经形成，都能客观准确地反映事物的本来面貌。因此，区分电子数据的原件和复制件没有实际价值。

实务操作过程中，电子数据往往需要进行转化使用，将以数字代码为原始存在形态的电子数据转化为可以感知的复制件形式,以方便控辩双方的举证、质证和司法人员的审查判断,例如通过显示器屏幕显示转化为视听资料,通过打印机打印成书面文件。在此情况下形成的电子数据复制件,如果依照最佳证据规则,则应排除在证据之外。但我国并未确立最佳证据规则,如果严格要求提交电子数据原件,在取证上不可行,在之后的诉讼程序中也不必要。因此,从实用性角度出发,可以将不可感知的电子数据原件转换成可感知的复制件,并确保在真实合法的条件下,赋予复制件与原件同等的证据效力。案例2中,审判人员没有因为银行交易记录等电子数据是由侦查人员委托技术人员对扣押的黄某使用的电脑主机和硬盘进行技术处理恢复后打印出来的就否定该电子数据的证明效力,而是认真审查判断该电子数据的取证程序是否合法性,与行贿人电脑提取出的电子数据内容对比后是否一致,赋予其和原件相同的证明效力,并结合黄某的供述、陈某的证言,将其作为认定黄某受贿的证据。

(3) 运用推定方法解决电子数据真实性问题

【案例3】某国土部门负责人张某利用其负责土地招拍挂的职务便利,为某企业在当地低价获得土地提供帮助,收受他人贿赂二十余万元。侦查部门对张某立案侦查并对张某采取拘留强制措施。张某到案后辩称其收受的二十余万元贿赂款已在两年前上交该单位纪检部门,并且有该单位纪检部门负责人收到该笔上交款项的证明材料。至此,从书面材料到当事人陈述都有合理的依据,案件似乎已经明了,如不能突破犯罪嫌疑人的口供,或者查明该份证明材料的真实性,不排除撤案的可能。但侦查人员通过对依法扣押的张某办公室电脑文档的深挖、比对、研判,发现张某制作的"上交说明"Word文档中系统生成的"创建时间"是本年,而不是张某辩称的两年前。该份电子数据是由计算机系统自动生成的,能够有效排除人为因素的影响,具有客观性。因此,根据该份电子数据可以推定出张某辩称的两年前就上交了贿赂款是不符合事实的。面对侦查人员出示的电子数据,该单位纪检部门负责人最终承认了伪造证明材料,包庇张某的犯罪事实,张某也承认与他人串通伪造证明材料的犯罪事实,最终证明该笔贿赂款是在侦查部门调查前的一个星期才予以退还。

真实推定是指根据法律规定或者经验法则,从基础事实推导出推定事实的方法。真实性是证据的三大基本属性之首,电子数据必须查证属实,才能作为定案的根据。但电子数据具有虚拟性和易变性等特征,如果一味强调证明电子数据本身的真实性有时往往是不可能的,因为其是利用计算机生成和存储的,其发生的一切正常或非正常改变均表现为计算机内部二进制运算的结果,它不像手写书面材料那样有着明显的笔迹线索,不可能通过笔迹鉴定等常规手段来鉴别是否动过手脚。同时,电子数据的高科技性使得有些犯罪不能被及时发现,也使得某些犯罪相关的电子数据因无法得到通用技术的有效证实而无法在诉讼期限内被及时地运用到诉讼中来,造成对犯罪的打击不力。因此,对电子数据的审查判断有时不宜采取直接证明方式,需要借助间接方式的推定加以处理。案例3中,侦查人员为查明涉案单位提供的证明材料的真实性,对该份证明材料的电子文档进行了审查,从该份文档系统属性中的"创建时间"看出其生成时间是本年度。由于"创建时间"是由计算机系统自动生成的,如果要人为修改该"创建时间",只能是按照有利于张某的方向修改,即上交受贿款项时间修改为张某辩称的两年前,但恰恰系统显示时间是今年,因此可以推断出文档属性显示的"创建时间"排除了人为因素影响,具有客观性,是真实的,这也反证了张某做出的供述是虚假供述。

司法实践中,推定真实的常见方法有:①被告人认可。经被告人认可后的电子数据可推定为真实。②自被告人处依法取得。侦查机关在被告人的驻地或随身物品等处,经依法搜查扣押获得的电子数据,被告人没有提出合理辩解的,推定所得电子数据是真实的。③正常业务形成。公司、企业和其他单位在日常的生产经营和业务活动中形成的电子数据,如服务于业务活动的专用信息系统形成的电子记录,包括商业及公共记录、公司企业为生产安装的监控录像及计算机在正常状态下形成的系统日志等,只要控方证明相关电子设备在涉案期间处于正常运行的状态,即可推定该电子数据为真。④经特定加密。经过加密的电子文件可以推定为真实。⑤经司法鉴定。鉴定意见是专业人士基于特定的原理,运用科学的方法和仪器得出的意见,所以具有相当的科学性和可信性。当然,推定真实也有例外。如果被告方有证据证实其先前认可的、从其处获得的、正常业务形成的、经加密或者鉴定的电子数据是虚假的,则推定不能成立,除非控方进一步证实电子数据的真实性或者证实被告方的反驳不能成立。比如,对于被告人先前认可的电子数据,被告人提出系在刑讯逼供的情况下作出,且详细讲述被逼供的时间、地点、方式等内容的,此时除非控方通过其他方式进一步证明相关的电子数据确系真实或者通过调取讯问同步录音录像等方法证实被告人辩称的刑讯逼供并不存在,否则先前对被告人认可的推定就不能成立。

(4)注重电子数据与案件相关证据的相互印证

【案例4】犯罪嫌疑人贾某在担任某国有企业某部门人事主管期间,利用主管月奖、季度奖奖金发放管理工作的职务便利,多次采用向领导瞒报奖金总额及篡改领导确认的奖金明细、私自在部分职工名下增加奖金数额然后套取现金及转账给其个人的方式,骗取单位公款共计人民币50余万元。自公司发现奖金发放异常到侦查部门收到线索开展调查,已经过了3个月,贾某也经过了至少两轮的内部调查和谈话,有了足够应对时间,并做了充分的准备,且其办公电脑中数据被毁。侦查部门在立案侦查贾某贪污案时,贾某百般抵赖,态度嚣张,案件侦查一度陷入僵局。但是贾某欲盖弥彰地删毁的电脑数据却成了对贾某定罪量刑的关键证据。侦查人员依照法定程序扣押了贾某及有关人员的办公电脑硬盘和笔记本电脑一台。同时,委托检察技术人员对电子数据进行针对性的恢复和鉴定。一是恢复贾某办公电脑中发放奖金的数据,调取一封有关人员发给其的关键邮件。二是调取贾某上级负责人电脑及笔记本中发放奖金的电子邮件。三是调取有关人员电脑中在特定时间发给贾某的邮件。技术人员对上述硬盘进行镜像复制备份,并对上述备份硬盘进行邮件数据恢复提取检验分析等工作,并将提取的数据保存在光盘中。侦查人员在取得数据光盘后,将提取的电子邮件进行了逐一筛选,从贾某与上级负责人来往的电子邮件中筛选出有关奖金发放的邮件,找到其修改表格数据从而进行侵吞公款的直接证据。围绕电子邮件,通过对贾某上级负责人和有关人员的询问,逐步拼接出贾某私自修改奖金发放表,对上欺瞒上级负责人,对下以公司要套取活动资金为借口欺骗有关人员进行贪污的证据。侦查人员还对贾某的电子消费记录及银行资金往来进行分析,调取相关的消费记录,弄清楚了贾某贪污公款的主要去向,最终形成了完整的证据锁链。凭借大量的电子数据和物证、书证、证人证言、鉴定意见等一系列扎实的证据,法院最终对贾某作出有期徒刑12年的判决。

审查判断电子数据时,应结合案件其他证据,通过彼此的相互印证,形成证据锁链后,才能最终认定案件事实。《关于办理死刑案件审查判断证据若干问题的规定》第29条第3款规定:"对电子证据,应当结合案件其他证据,审查其真实性和关联性。"两高一部《电子数据规定》第25条规定:"认定犯罪嫌疑人、被告人的网络身份与现实身份的同一性,可以通过核查相关IP地址、网络活动记录、上网终端归属、相关证人证言以及犯罪嫌疑人、被告人供述和辩解等进行综合判断。认定犯罪嫌疑人、被告人与存储介质的关联性,可以通过核查相关证人证言以及犯罪嫌疑人、被告人供述和辩解等进行综合判断。"由于电子数据在生成、传递、收集、保存、展示等环节都可能会受到人为或技术因素的影响而被篡改或失真,因此必须借助其他证据进行综合认定。龙宗智教授将我国的证明模式称为"印证证明模式",强调从相互印证中判明证据是否确实、充分,即每一个证据的证明力之有无或者大小,都不能靠该证据本身得到证明,而必须通过对证据本身的情况、证据与其他证据之间有无矛盾及能否互相印证、证据在全案证据体系中的地位等问题进行全面的衡量，才能作出合理的判断。案例4中，侦查人员依法恢复和调取了多份与贾某往来的有关发放奖金的电子邮件，同时调取了贾某的电子消费记录和银行资金往来明细等数据，上述电子数据与本案物证、书证、证人证言、鉴定结论等证据相互印证，共同证实贾某贪污公款的犯罪事实。

电子数据既可以与其他传统证据，如物证、书证、视听资料等相互印证，也可以是若干电子数据之间的相互印证，从而形成完全虚拟空间的证据锁链。在仅有电子数据的情况下，应准确把握电子数据的独立性。唯有来源独立，方可依靠电子数据定案。从内容上看，电子数据包括记录主体主要活动内容的主体电子数据（如电子邮件的正文、电子聊天记录、电子文档正文等）和与内容相关的记录电子数据生成、存储、传输、系统环境、适用条件等信息的附属电子数据（如电子文档的大小、存储位置、修改时间，电子邮件的发送时间、发送者，电子聊天中的聊天者、IP地址等）。其中附属电子数据主要用于证明电子数据的真实可靠，表明每一份电子数据自形成到获取、最后到提交法庭能够构成一个完整的证据链条。由于电子数据是不同计算机CPU运算的产物，因此来源于不同计算机的电子数据属于独立的来源。如果它们一致，即所附带的信息证据相印证，则该电子数据就可以作为定案的根据。

2. 电子数据审查判断特殊原则

（1）完整验证原则

【案例5】黄某某于2011年，在某人寿保险股份有限公司愚园南路营业部，以人民币1000元的价格从邢某某处购买含有电话、住址等资料的公民个人信息4619条用于拓展保险业务，并保存于其戴尔牌INSPIRON4050型笔记本电脑硬盘中"红双喜2万"文件夹内。2013年6月18日，被告人黄某某在某市愚园南路×××号×××楼被公安人员抓获，黄某某的红色戴尔牌IN-SPIRON4050型笔记本电脑依法被扣押。4619条公民个人信息是由鉴定机构依法对黄某某的电脑和邢某某的电脑进行检验鉴定后得到，HASH校验值一致。审理法院认为，HASH值对于电子文件而言，相当于文件的"身份证"，是根据文件的大小、类型、长度等计算出来的，文件任何一个细微的变化都会导致HASH值的不同，故根据指控检察机关提交的电子数据检验鉴定文书的结论，被告人黄某某、邢某某的电脑中至少有4619条信息是完全一致的，该一致性是无法分别通过手动录入信息而成的。最后，审理法院以非法获取公民个人信息罪判处黄某某罚金人民币3000元。二审法院驳回上诉，维持原判。

完整验证原则，是指对电子数据是否完整，应当根据保护电子数据完整性的相应方法进行验证，以确保电子数据本身及其所依赖的系统程序全面客观。电子数据不像传统证据一样，一旦生成就有很强的稳定性，而是在生成、存储、传输过程中很容易被篡改。完整性是电子数据本身的物理属性，是衡量电子数据是否具备证明力的一个重要因素。因此，完整性审查是电子数据审查判断的一个独有原则。电子数据内容收集是否全面，有无选择性收集、片面性收集或遗失性收集的可能性，将直接影响电子数据内容的客观真实性。司法实践中，部分侦查人员受重实体轻程序、重打击轻保护理念的影响，在取证时往往侧重于收集有罪和罪重的证据，而忽视无罪或者罪轻的证据，导致电子取证存在选择性和片面性。加上从磁盘、光盘等存储设备收集相关电子数据的许多工具都存在一定的程序性缺陷，以及多数电子数据存在海量性，比较分析压力较大，导致实践中可能只复制一部分电子数据。因此，电子数据部分丢失的情况时有发生。因此，对电子数据的审查判断要注重其完整性和全面性，尽可能地还原案件全部事实。案例5中，4619条公民个人信息是通过HASH校验方法得到，鉴定机构对黄某某和邢某某的电脑数据进行了全面的检验鉴定，黄某某电脑里"红双喜2万修正红双喜市区和望子成龙"目录下含有10个文件，与邢某某电脑里的"邢某某银代，个险望子成龙"目录结构文件名一致，其中8个文件HASH校验一致,共计含有公民个人信息 4619 条,审理法院对侦查过程中是否保护电子数据完整性进行了验证,依法审查了涉案电脑的扣押封存状态以及侦查机关对电子数据的收集提取过程,认定取证手续齐全,取证过程合法,从而认定电子数据在收集提取时的真实完整。实务操作中,在认定电子数据完整性时,一般通过两种途径进行认定:一是审查电子数据本身是否完整,确定电子数据在生成、存储、传输过程中,尤其是在电子数据收集提取时是否存在修改、删除等情形,是否计算电子数据完整性校验值;二是审查电子数据依赖的计算机网络系统的完整性,确定在电子数据收集提取时是否扣押封存电子数据原始存储介质,是否制作封存电子数据备份,对于数据量大、提取时间长、能够通过网络直观展示的电子数据是否进行了冻结,收集提取电子数据时是否对相关活动进行了录像等。通过两个方面的审查判断最终完成电子数据的完整性验证工作。

(2) 身份同一原则

【案例 6】路某某原系被害人楚某某聘用的电焊工。2013 年 1 月,被害人楚某某与路某某双方就"工程报酬"进行结算后,路某某离开被害人的聘用单位。2014 年 1 月至 3 月,路某某对原结算不满,认为被害人楚某某仍拖欠自己工程款项。于是多次向被害人楚某某发送威胁短信、照片,向被害人楚某某索要人民币 6 万元。被害人楚某某向路某某表示未拖欠工程款项,并要求与路某某再次当面核算,遭到路某某拒绝。路某某仍向被害人发送威胁短信和照片。2014 年 3 月 11 日,被害人楚某某不堪其扰,向路某某指定的银行账号汇款 15000 元人民币后到派出所报案,民警遂对路某某进行抓获。侦查过程中,民警依法查扣了路某某的手机和使用中的电脑,对被害人楚某某的通话、短信进行提取,同时,网络安全保卫大队民警依法提取了路某某使用的台式电脑中的聊天记录,并对提取的电子数据进行 MD5 值校验。检察人员根据侦查机关查扣的路某某的手机号码、被害人楚某某的手机通话记录和短信记录、路某某的供述以及被害人的陈述,认定路某某使用该手机威胁被害人楚某某,并向其索取财物的事实。同时,结合网络聊天记录反映的QQ号码信息和聊天内容、路某某的供述以及被害人楚某某的陈述,认定路某某通过QQ向被害人楚某某发了威胁恐吓的信息。最终,审理法院以敲诈勒索罪判处路某某有期徒刑3年,并处罚金人民币10000元。

身份同一原则是指犯罪嫌疑人、被告人的网络身份与现实身份应当同一。这也是电子数据审查判断的独有原则。传统证据遵循人——行为的证明过程,即通过传统证据能够直接确定犯罪嫌疑人、被告人的主体身份,正是指控的犯罪嫌疑人、被告人实施的犯罪行为,犯罪主体、犯罪对象、犯罪工具、犯罪过程一目了然。但由于计算机网络的虚拟性,电子数据证据不仅本身具有虚拟性特点,而且产生电子数据的计算机网络使用人也很难得到查证,即使是实名认证的网络通讯软件或网站注册信息也不能确定使用人是否该实名认证的本人。人们在互联网上交往的真实身份被合理掩盖,正如一句著名的网络段子所说:"有时候你甚至不能确定坐在对方电脑面前的是一个人还是一条狗。"电子数据在证明案件事实上要比传统证据复杂得多,其应遵循人—机—数据—行为的证明过程,即要证明该作案工具是否犯罪嫌疑人、被告人实施犯罪时使用的、电子数据是否该作案工具留下的、犯罪行为是否能够在电子数据上得到证实、犯罪嫌疑人、被告人是否是作案工具查证的使用人、所有人或管理本人等,也就是说要证明作案工具、电子数据、犯罪行为与犯罪主体之间以及彼此之间具有相关性,能够形成完整的证明锁链,这就给电子数据证据的司法证明带来严峻的挑战。案例6中,检察人员根据侦查机关查扣的路某某的手机号码、被害人楚某某手机中的通话记录和聊天记录对象的手机号码以及路某某的供述,认定路某某使用该手机对被害人进行了威胁并索取财物的事实。同时,从路某某处查扣的电脑只有路某某一人使用,从该电脑中提取的QQ号码信息与被告人供述的其QQ号码信息、被害人陈述的聊天对象号码信息相吻合,因而排除了他人使用该QQ号码对被害人实施敲诈勒索的可能性,最终确定了路某某的网络身份与现实身份的同一性。司法实践中,对于犯罪嫌疑人、被告人主体身份的查证,一般可以通过以下途径来进行审查:一是犯罪嫌疑人、被告人被抓获时,侦查机关在其地方查扣的涉案电脑、手机、U盘等存储介质的扣押封存状态,确定其住处是否有其他人使用该存储介质、实施扣押时该存储介质的位置和设备情况、有无进行现场拍照或录像等;二是核查扣押电脑等存储介质的IP地址、计算机网络存储的使用人相关的网络活动记录、上网终端归属情况等,确定电子设备及电子数据的所有人、持有人和保管人等主体上是否同一人以及互联网上有关通讯软件、电子邮件、网页、论坛等上面的账号和密码等;三是结合犯罪嫌疑人、被告人供述、被害人陈述、证人证言等言词证据,确定上述证据中反映出来的有关电子数据的情况,如查扣存储介质是否为其本人所有并使用,上网的有关账号、昵称、密码,供述、陈述和证言的内容与电子数据的内容如网页浏览记录、电脑日志、聊天记录、短信记录、交易记录、来往记录等是否一致;四是综合全案证据进行审查,确定所有证据能否形成完整的证据链条、证据之间是否相互印证、电子数据与其他证据有无矛盾之处、能否排除合理怀疑,最终认定犯罪嫌疑人、被告人的网络身份与现实身份是否一致。

(3)技术标准原则

【案例7】自2010年11月起,被告人王某某利用熟悉台湾布料进口业务的便利,为福建、深圳等地的客户代理进口台湾布料。为谋取个人或单位非法利益,被告人王某某与国内客户被告人杨某某、A公司负责人林某、B公司负责人唐某等人商定以包税方式代理进口,被告人王某某对每个集装箱收取被告人杨某某、林某、唐某等国内客户5万元至6万元包税费用,后以3万元左右价格转委托报关行等单位包税进口,从中赚取包税差价。另外,被告人黄某为给被告单位C公司谋取非法利益,委托被告人杨某某包税进口台湾布料,被告人杨某某即转委托被告人王某某包税进口台湾布料。庭审过程中,被告人杨某某的辩护人提出，证明被告人杨某某参与走私的 30 票台湾布料的真实价格的证据系涉外书证，没有经过公证认证，电子邮件的提取程序非法，证据来源非法的辩护意见。公诉人员经审查认为，侦查机关依照《计算机信息网络国际联网安全保护管理办法》、《计算机犯罪现场勘验与电子证物检查规则》等法规、制度，分别从被告人杨某某的单位邮箱、C 公司和证人史某的邮箱内提取了提单、箱单及部分表明真实价格的合同和发票等书证，并通过 D 公司在大陆的分公司向 D 公司提取了上述提单、表明真实价格的合同、发票、箱单、提单、收款凭证、海关出口报关单等书证，并制作了电子证物检查笔录，上述证据真实、合法，经各被告人签字确认，与本案事实关联并相互印证，符合《走私案件意见》关于电子数据提取、复制之规定，具备刑事证据的形式要件、实质要件。因此，法院认为上述辩护意见不能成立。

技术标准原则是指，侦查机关在侦查过程中应当遵循有关电子数据取证的技术方法和标准规范，全面、客观、及时地收集提取电子数据。绝大多数传统证据稳定性较强，只要遵守相关法定程序一般侦查人员都可以收集提取。但电子数据具有高科技性、虚拟性、无形性等特点，一旦不当收集提取就可能导致电子数据出现修改、增加、删除、毁坏等情形。因此，电子数据的收集提取不仅需要侦查人员具备扎实的计算机理论知识和熟练的取证业务能力，还需要借助于相关取证工具，遵循一定的取证技术标准，这样才能保证收集提取的电子数据的真实性。案例 7 中，公诉机关针对辩护人提出的电子邮件提取程序非法的辩护意见，根据《计算机信息网络国际联网安全保护管理办法》、《计算机犯罪现场勘验与电子证物检查规则》、《走私案件意见》等法规、制度以及侦查机关出具的电子证物检查笔录，对本案电子数据取证是否符合有关技术要求和取证程序进行了全面审查，上述电子数据有各被告人的签字确认，与案件事实有关联性，因此最终认定该电子数据真实合法。司法实践中，由于大多数司法人员都不具备较强的计算机技术知识，因此对于电子数据取证是否遵循有关的技术标准、有关技术标准有哪些、有关技术标准如何判定等显得"心有余而力不足"。在此情况下,一要司法人员切实加强计算机技术的学习,增强自身计算机专业技术知识,提升计算机操作能力;二要加强单位部门之间的技术协作,加强公安、检察院、法院等机关相关技术部门的密切配合,建立沟通联络机制;三要强化电子数据第三方协助工作,加强司法鉴定工作,推广适用专家辅助人制度。当辩护人对电子数据鉴定意见提出异议时,在必要情况下,可以让鉴定人出庭作证,当庭回答控辩双方提出的相关技术问题或操作演示电子数据,也可以通知有专门知识的人出庭,就鉴定意见提出意见,从而审查判断电子数据取证是否符合有关技术标准和取证程序。

(二) 电子数据审查判断内容

就电子数据证据本身属性而言,电子数据审查判断内容主要是对客观性(真实性)、合法性和关联性的审查判断。两高一部《电子数据规定》对电子数据的审查判断作了专门法律规制,重点规定电子数据真实性和合法性的审查判断,真实性审查判断中又突出完整性的审查判断,但对电子数据关联性的审查判断规定条款不多,主要规定如何认定犯罪嫌疑人、被告人网络身份与现实身份的同一性以及与存储介质的关联性。以上内容将在后面章节详细论述。该部分,笔者从学理上将电子数据的审查判断内容分为证明力和证明资格的审查判断,以及程序性和实质性的审查判断,并结合案例进行探讨。

【案例8】被告人于某为非法获利,于2007年8月至2010年8月10日期间,在未有《仙境传说》网络游戏著作权人授权的情况下,下载《仙境传说》程序,并租用中国移动网架设在江阴的服务器,在互联网上仿冒《仙境传说》网络游戏,开设了私服《彩虹仙境》网络游戏非法经营,并在游戏中向玩家出售各种游戏装备,非法经营数额人民币40余万元,非法获利人民币30余万元。经上海辰星电子数据司法鉴定中心司法鉴定,《彩虹仙境》游戏客户端与《仙境传说》游戏客户端存在实质性相似。本案中的主要证据均为电子数据,包括被告人于某开设私服使用的游戏软件、经营私服时的支付宝账户明细、PayPal 支付平台账户明细及电脑上的装备交易记录、装备价格清单等。承办法官首先对上述电子数据进行了查明,公安机关对存储游戏软件服务端程序的原始存储介质硬盘数据的勘查、对网络交易平台数据的提取、对电子文档数据的复制的取证行为程序合法,电子数据内容真实,故在庭审中被告人和辩护人对于上述电子数据的真实性和合法性都予以认可。本案的争议焦点在于如何确定被告人于某通过设立私服出售游戏装备的非法经营数额。承办法官将上述电子数据与银行交易明细等书证相互比对,只有网上交易记录、装备交易记录和银行交易明细一致的才予以采信,从而确定了被告人于涛通过设立私服出售游戏装备的非法经营数额 40 余万元。①

1. 证据资格和证明力的审查判断

电子数据证据作为定案的依据,应具备证据能力和证明力两个基本条件。证据能力是指电子数据必须符合法律上的要求和标准,证明力是指电子数据必须与案件有一定的联系。因此,对电子数据的审查判断可以分为对电子数据证据能力的审查判断和对电子数据证明力的审查判断。

(1) 对证据资格的审查判断

主要从取证主体资格和电子数据来源方面进行审查判断。审查取证主体是否适格是电子数据审查判断的首要步骤。电子数据取证主体是特定的,不具备主体资格的机关、机构或个人获取的电子数据不具有证据资格。除法律规定之外,某些需经认证才能授予的主体资格一般需要相关主体出具资格证明。审查电子数据来源,主要包括两个方面:一是电子数据是以什么方法、在什么情况下取得的,是否违背了法定的程序和要求;二是电子数据的来源是否客观真实,因为易变的数据信息需要可靠的来源进行稳

---

① 案件来源于《刑事诉讼中电子数据的效力审查》,载 http://www.lawyermr.net/zt/1116.html,访问日期:2016 年 8 月 25 日。

定性保障。没有经过认证的证据来源会影响电子数据的证据资格，使证据资格存在一定瑕疵，可以通过电子数据鉴定进行补强。案例 8 中，承办法官对电子数据的主体和来源进行了审查判断，被告人于某开设私服使用的游戏软件数据是公安机关通过存储游戏软件服务端程序的原始存储介质硬盘数据进行勘查后提取的；经营私服时的支付宝账户明细、PayPal 支付平台账户明细等数据是公安机关通过远程勘验检查从网络交易平台提取的；装备交易记录、装备价格清单等电子文档数据是公安机关依法从扣押的于涛电脑中提取的。上述电子数据能够用于证明案件事实，具有证据资格。

（2）对证明力的审查判断

应结合电子数据本身的技术含量及加密条件、加密方法等，综合判断电子数据是否真实、有无剪裁、拼凑、伪造、篡改等，充分运用多种方法查明电子数据反映的事件和行为同案件事实有无逻辑上的因果关系，从电子数据的生成环境、硬件环境、内容以及与操作者的关系等方面审查判断电子数据的可靠性，从电子数据本身记载内容和电子数据依赖系统审查判断电子数据的完整性。对于自相矛盾、内容前后不一致或不符合情理的电子数据应当通过附属电子数据以及其他相关证据的综合印证，形成一个完整的证明体系，对存在的矛盾的电子数据进行一一分析之后进行排除，所得结论应当具有唯一性。案例 8 中，承办法官认真审查了电子数据的原始存储介质、电子数据的内容以及电子数据内容与案件待证事实之间的关联性，听取了被告人及辩护人的意见，并将电子数据与案件相关证据进行了对比分析，认定公安机关收集的电子数据具有可靠性和完整性，能够有效证明被告人的作案过程和被告人的非法获利情况。

2. 程序性和实体性的审查判断

从对涉案电子数据的认知和审查判断的过程看，可以分为程序性的审查判断和实质性的审查判断。程序性的审查判断主要是电子数据合法性问题的审查判断，实质性的审查判断主要是电子数据真实性和关联性的审查判断。

(1) 程序性的审查判断

主要包括三项内容:一是电子数据来源的合法性,电子数据来源必须客观存在、真实可靠,重点审查电子数据形成的时间、地点、对象、制作人、制作过程及设备情况等;二是电子数据取证过程的合法性,重点审查电子数据取证过程中的取证主体、程序、方法是否合法,如电子数据的制作、储存、传递、获得、收集、出示等环节是否合法,是否使用刑事诉讼法所禁止的取证方法,取证依赖的技术标准和方法是否合法,技术侦查手段是否获得授权等;三是固定保全后的电子数据是否随卷移送,一般采用封盘刻录的方式,将电子数据刻录在一次性写入的空白光盘中,并进行完整性校验,与证据的打印件一并入卷移送。案例 8 中,被告人于某开设私服使用的游戏软件数据由公安机关通过勘验检查从存储游戏软件服务端程序的原始存储介质硬盘数据中提取,并刻录成光盘;经营私服时的支付宝账户明细、PayPal 支付平台账户明细等由公安机关通过远程勘验从网络交易平台进行网页截图或下载打印出来的,并注明了获取时间、地点和制作人等情况;装备交易记录、装备价格清单等电子文档数据由公安机关从查扣的被告人电脑中提取的,载明了获取时间、地点、过程和制作人等情况。上述电子数据也得到被告人及其辩护人的认可。因此,可以认定上述电子数据取证程序合法。

(2) 实质性的审查判断

检察机关对于案件定性或量刑起关键作用的电子数据、被告人、犯罪嫌疑人或法定代理人等诉讼参与人提出异议的电子数据、与其他证据存在矛盾,或能够与其他证据相印证而有利于补强证据的电子数据,在客观条件允许的前提下,应当对电子数据进行实质性审查。主要包括三项内容:一是电子数据内容的真实性,应重点从电子数据的生成、传输、存储、提取、复制、固定等各个环节审查证据有无剪裁、拼凑、篡改、添加等伪造、变造的情形,对于内容完整性的审查,目前比较常用的是一致性校验的方法，即运用特定算法，如 MD5、SHA、HAVAL 等，分别对原始数据与复制件计算，生成一段特定长度的唯一的校验码，如果两者的校验值码相同，则可以认定复制件与原件内容是一致的；二是电子数据的事实关联性，结合案件其他证据，综合进行评判，重点查明电子数据反映的事件和行为与案件相关事实的联系，该电子数据是否用来证明本案的争点问题，与案件证明对象之间是否存在客观联系，是否能够起到证明的作用；三是电子数据鉴定结论的审查，参照公安部、最高人民检察院制定的电子数据鉴定程序规则及检验方法，重点审查鉴定的程序、方法、分析过程能否满足鉴定的需要。案例8中，上海辰星电子数据司法鉴定中心出具了电子数据司法鉴定意见书，认定《彩虹仙境》游戏客户端与《仙境传说》游戏客户端存在实质性相似。该电子数据内容真实，得到被告人及其辩护人认可，也与被告人供述、证人证言等证据相互印证，能够证明被告人在互联网上仿冒《仙境传说》网络游戏，开设私服《彩虹仙境》网络游戏非法经营的犯罪事实，对案件定性起到关键作用。

（三）电子数据审查判断方法

我们在审查判断电子数据时，既要运用证据审查的一般规律和方法，也要根据电子数据的特殊性，注意采用更先进、更科学的方法。

【案例9】公诉部门在审查起诉某国有公司职工蒋某贪污案中，发现案卷中扣押了犯罪嫌疑人、证人的电脑，并存在大量的从电脑中调取的电子数据。这些电子数据在认定犯罪嫌疑人的主观故意及贪污的具体数额方面具有非常重要的作用。于是，公诉部门在审查判断电子数据时，对全案证据进行综合分析，并将电子数据融入证据锁链中。一是运用技术设备对电子数据反映的内容真伪进行检验，以检验报告的形式固定。对于从蒋某电脑中调取的电子文档、收支记录、QQ 与 MSN 聊天记录等证据进行委托检验，形成《电子数据检验报告》，为进一步分析及庭审过程中进行示证创造条件。二是将电子数据纳入整个证明体系中，分析电子数据与其他证据之间、多个电子数据之间是否一致,与案件发生的原因、结果、时间有无矛盾,并进一步揭示犯罪嫌疑人的主观故意及犯罪手段。犯罪嫌疑人蒋某在原始报价基础上加价套现的贪污行为,就是通过从证人汪某电脑中收集到的原始报价单的电子数据,与从案发单位获取的正式合同中的定价进行比对后予以最终认定的。三是对于扣押的涉案电脑中的聊天记录,通过让犯罪嫌疑人阅看相关内容,对其中涉案的关键部分进行解读,并进一步与银行对账单、团队结算单及相关财务凭证进行比对分析,最终认定犯罪事实及贪污的具体数额。

1. 技术检验法

电子数据所依赖的存储介质本身的可靠性对认定电子数据真实可靠性具有重要作用。技术检验是对电子数据的技术因素进行审查时使用的主要方法,往往需要计算机专业技术人员的配合,否则极易使检材受到损毁。技术检验是运用科学技术及科技设备对获得的电子数据的装置、设备,以及电子数据的技术形成过程进行检查与验证。技术检验有两项内容:一是对技术设备的质量与性能进行检查;二是对电子数据的技术形成过程进行技术检查。如案例9,公诉部门对从蒋某电脑中调取的电子文档、收支记录、QQ与MSN聊天记录等电子数据委托专业机构运用技术设备进行检验,一方面可以确定电子数据反映的内容是否真实,另一方面可以进一步固定上述电子数据,使电子数据以《电子数据检验报告》的形式呈现,方便公诉部门在庭审过程中对电子数据进行举证、示证。

2. 司法鉴定法

司法鉴定是对电子数据内容进行审查的一种方法,是运用技术设备对电子数据所反映的内容的真伪进行鉴别。电子数据的高科技性和专业性是司法人员审查判断电子数据的主要障碍之一。因此,基于计算机专业知识的局限性,司法人员对电子数据的真实性存在疑惑时,往往需要指派或聘请具有专门技术知识的人对其进行鉴定。当然,并非所有存有疑点的电子数据都需要进行鉴定,而应根据犯罪性质的轻重以及电子数据的重要性来决定,犯罪性质越严重、电子数据越关键,该电子数据的最低要求就越高。案例8中,为证实被告人是否构成侵犯著作权罪,需要认定《彩虹仙境》游戏客户端与《仙境传说》游戏客户端是否存在实质性相似,但这需要专业的技术人员和具有专业资质的鉴定机构进行鉴定,于是将被告人开设的私服《彩虹仙境》游戏软件数据交与上海辰星电子数据司法鉴定中心进行司法鉴定,从而通过司法鉴定意见书认定该电子数据的真实性。

3. 比较分析法

孤证不能定案。任何一个证据都无法借助自身来证明其真实、可靠性,只有与其他证据结合起来,加以综合分析、判断,才能确认其真伪。比较分析是审查电子数据内容真伪的一种有效方法。通过比较分析,电子数据与电子数据之间,电子数据与其他证据之间,相互印证,互相吻合,所得出的结论应是案件的唯一结论,而不能有其他合理怀疑情况的存在。一个案件发生后往往会产生多个或多种证据,证据与证据之间也往往存在横向与纵向的复杂联系。因此,必须把电子数据纳入整个证明体系中考虑,分析电子数据与其他证据之间、多个电子数据之间是否一致,与案件发生的原因、结果、时间、地点有无矛盾。如果证据之间是一致的而不是相互矛盾的,各个证据应当共同形成一个逻辑上环环相扣的证据链条;如果证据之间不能相互印证并存在矛盾时,必须用合理的方法排除矛盾,若矛盾不能排除,就必然存在虚假的一方。如在案例9中,公诉部门将电子数据纳入整个证据锁链和证明体系中进行综合分析,既分析电子数据与其他证据之间、多个电子数据之间是否一致,与案件发生的原因、结果、时间有无矛盾,即将从证人汪某电脑中收集到的原始报价单的电子数据,与从案发单位获取的正式合同中的定价进行比对,也将查扣犯罪嫌疑人涉案电脑中的聊天记录与银行对账单、团队结算单及相关财务凭证进行比对分析。通过比对分析,确定电子数据与全案相关证据相互印证,排除合理怀疑,从而认定电子数据内容真实可靠。

二、电子数据与相关证据规则

(一) 电子数据与传闻证据规则

【案例10】2013年4月至2014年8月，被告人潘某某伙同被告人乔某某以冠玉公司等5家公司的名义，在无真实货物交易的情况下，向北京、广州、大连等地188家企业虚开增值税专用发票5323份，价税合计4720225302.24元，税款543034772.83元，已申报税款543131902.94元，其中通过被告人邵某虚开增值税专用发票5322份，价税合计4719681081.24元，其中税款542972163.33元，已申报税款543069293.44元。为避免产生税费，潘某某指使乔某某为5家公司虚开农副产品收购专用发票48552份，金额4830988615.03元，其中税款628028520.03元，已抵扣进项税款541419761.48元。本案涉及的电子数据主要是大庆市公安局网络安全保卫支队黑庆公（2014）网检字第023-1号勘验检查报告书。该份电子数据经庭审举证、质证，由法院予以确认，证实对冠玉公司等5家公司电脑进行检验，对电脑中疑似图片及文档进行提取，图片及文档主要为部分下线公司与涉案公司签订的合同、公司资质、发票开具明细等。该电子数据与本案相关证据相互印证，形成完整的证据锁链。一审法院以虚开增值税专用发票、用于抵扣税款发票罪判处潘某某有期徒刑14年，剥夺政治权利3年，并处罚金人民币500000元；判处邵某有期徒刑12年，剥夺政治权利2年，并处罚金人民币200000元；判处乔某某有期徒刑10年6个月，剥夺政治权利1年，并处罚金人民币200000元。[①]

所谓传闻，是指"除陈述者在审理或听证作证时所作陈述

[①] 参见潘某某等人虚开增值税专用发票案，载中国裁判文书网，http://wenshu.court.gov.cn/content/content? DocID = 4f92ad6a - 4438 - 457d - bb0e - ec3657754bc4&KeyWord = 电子数据，访问日期：2016年8月10日。

外的陈述,行为人提供它旨在用作证据来证明所主张事实的真实性"。① 判断某一陈述是否为传闻的关键在于该陈述是否用于证明其内容所反映事件的真实性。如在某抢劫案中,证人甲出庭作证,证实乙曾对自己说看见丙抢劫他人财物,如果甲的陈述旨在证明丙抢劫,则该份证言因为甲缺乏亲身感知而列为传闻证据;如果甲的陈述旨在证明乙确实说过这些话,则该份证言就具备亲身感知的条件,不属于传闻的范畴。传闻证据规则是英美证据法中最重要的一项证据规则,曾被称为"英美证据法之基石"。英美法系国家大多规定了传闻证据规则,但在规定上存在很大差别。在英国诉讼中,对传闻证据一般情况下采纳,例外时排除。而在美国,原则上要求在审判中排除传闻证据,证人证言须在法庭上接受询问,只有在符合法定的例外情形时才允许采纳庭外陈述,即对传闻证据原则上排除,例外时采纳。目的在于,保障被告人的质证权并通过排除传闻证据的证据能力,对那些虽然具有关联性但会对程序的正当运行产生不利影响的证据进行过滤,限制其可采性。《美国联邦证据规则》规则第 801~807 条对传闻证据规则作了详细规定,首先明确传闻证据的不可采性,其次在能提供真实性保证的条件下规定许多例外情况,如正常行事的活动的记录、公共记录和报告、生命统计记录、学术论著、违反利益的陈述、先前定罪的判决等。

美国关于电子数据的传闻规则仅适用于计算机存储记录与衍生记录,如医生电脑中的诊疗记录、税务机关的电子纳税报表、公司销售清单等,而不适用于计算机生成记录,因为计算机生成记录不涉及人为因素,不包含传闻。计算机存储记录与衍生记录在知情者和制作者不出庭作证的情况下,往往被列入传闻范畴,其可采性需接受传闻规则的检验。从司法实践看,美国往往依据《联邦证据规则》规则第 803(6)条关于正常行事的活动的记

---

① 何家弘、张伟平主编:《外国证据法选译》,人民法院出版社 2001 年版,第 746 页。

录，如计算机生成的电话费单、自动取款机交易的摘要、记录进入美国的车辆报单次数的计算机记录、计算机记录薪水册、计算机打印物、从另一个来源转录的打孔机操作员形成的计算机打印物、关于毒物分析的计算机打印物等，规则第803（8）条公共记录和报告，规则第803（9）条生命统计记录和规则第807条中的其他例外等，来解决电子数据可采性问题。①

传闻证据规则是在英美法系当事人主义诉讼模式下以审判为中心的必然要求，它强调证据必须在法庭上出示，经过交叉询问和被告人质证，才具有可采性。我国实行职权主义诉讼模式，是以侦查为中心的，侦查机关获得的各种笔录在法庭上通常具有较强的可采性。目前，我国立法上尚未确立传闻证据规则，只是部分地体现该规则的精神。《刑事诉讼法》第59条规定，证人证言必须在法庭上经过公诉人、被害人和被告人、辩护人双方质证并且查实以后，才能作为定案的根据。该条规定明确了证人出庭作证的义务。但是，该法第187条同时规定，公诉人、当事人或者辩护人、诉讼代理人对证人证言有异议，且该证人证言对案件定罪量刑有重大影响，人民法院认为证人有必要出庭作证的，证人应当出庭作证。也就意味着，对于控辩双方没有异议的证人证言不需要证人出庭作证。实际上，在我国司法实践中，控辩双方和审判机关对于有异议的证人证言也往往不要求证人必须出庭作证，审判中大量采用书面证言进行举证、质证和认证。尽管修改后的刑事诉讼法规定了证人的出庭作证义务并对证人出庭作证规定若干保障措施，但证人不愿作证、不敢出庭的情况仍大量存在，证人出庭率仍然很低。尤其是电子数据获取人员，包括检察技术人员、电子技术专家、计算机专家、网络专家、网络接入服务商与网络信息服务商等网络服务商、电子数据持有人等多数不会出庭作证。上述人员是否应当出庭作证，以何种身份出庭作证也存在较大争议。司法人员在电子数据的审查认定方面，并未将

---

① 刘品新主编：《美国电子证据规则》，中国检察出版社2004年版，第119页。

传闻证据规则纳入审查适用范围，只要电子数据能够通过一些方法查证属实，是否系传闻并不能最终影响电子数据的证据资格。案例10中的电子数据勘验检查报告书，就没有出具该报告书的网络安全保卫支队人员出庭作证，控辩双方也未要求其出庭作证，而是由公诉部门向法庭出示该份电子数据，再由控辩双方进行质证。在双方没有异议的情况下，将其与本案相关证据进行综合考量，最终认定该份电子数据的证据资格。部分案件也有出庭作证的情况。如在"快播案"中①，辩护人提出本案来源不明、涉案四台服务器查封、保管程序存在重大瑕疵，以及原始数据有可能受到破坏等意见，法院委托国家信息中心电子数据司法鉴定中心对四台服务器及存储内容进行鉴定检验后，出示了该中心出具的电子数据司法鉴定意见书，并依法传唤了鉴定人到庭，鉴定人向法庭陈述了鉴定过程并宣读结果，公诉人、被告人及辩护人就鉴定结论对鉴定人进行发问，鉴定人就涉案IP地址访问情况、是否存在从外部拷入或修改的痕迹等技术性问题进行了回答。

（二）电子数据与最佳证据规则

【案例11】2012年12月至2014年7月，被告人郑某某虚构信用卡增值业务等理财项目，以投资该理财项目需要短期资金周转为由，并以丰厚利息回报为诱饵，骗取被害人刘某乙人民币884.57万元。法院审理期间，被告人郑某某亲属愿意筹措现金20万元，作为被告人郑某某的财产退赔给被害人刘某乙。本案涉及的证据包括破案抓获经过、审计报告书、被告人供述、被害人陈述、证人证言、情况说明等证据，以及由侦查机关依法提取的刘某乙与郑某某之间的微信记录等电子数据。该份电子数据证实：(1) 2014年3月3日，刘某乙与郑某某之间进行了对账记录，刘某乙称郑某某欠自己本金1020万元，郑某某认可这一数字。(2) 2014年5月11日，刘某乙与郑某某核对当月结清的利

---

① 具体案情详见本书第六章第五节。

息,郑某某在微信中承诺从6月开始,每个月退还刘某乙50万元。上述证据均经当庭举证、质证,双方当事人均无异议,并经法院确认。①

最佳证据规则,又称原始证据规则,是指以文字、符号、图形等方式记载的内容来证明案情时,其原件才是最佳证据。该规则要求书证的提供者应尽量提供原件,如果提供副本、抄本、影印本等非原始材料。则必须提供充足理由加以说明,否则,该书证不具有可采性。最佳证据规则的着眼点是书证的真实性、可靠性。书证的原件,其真实、可靠程度显然要高于抄件和复印件。由于在抄写或复制的过程中很可能遗漏了重要内容或是故意弄虚作假,因而抄件或复制件存在虚假的可能性。但是,电子数据具有易生成、易复制且易传播的特点,尤其是在网络环境下,电子数据复制和传播的范围更为广泛,时间也更为迅捷,电子数据的原件与复制件难以区分适用,这就引出了如何认定电子数据原件的难题。

从比较法的视野看,国际社会对电子数据原件的认定主要存在以下几种做法:一是功能等同法,扩大最佳证据规则的适用范围。1996年联合国国际贸易法委员会通过的《电子商务示范法》第5条规定,不得仅仅以某项信息采用数据电文形式为理由而否定其法律效力、有效性或可执行性。第8条规定,只要有办法可靠地保证自信息首次以其最终形式生成,作为一项数据电文或充当其他用途之时起,该信息保持了完整性;如要求信息展现,可将该信息展示给观看信息的人,就符合原件的规定。二是拟制原件法,扩大电子数据的"原件"范围。美国《联邦证据规则》第1001条规定了原件与复制品的范围,文字或录音的"原件"即该文字或录音材料本身,或者由制作人或签发人使用具有与原

---

① 参见郑某某诈骗案,载中国裁判文书网,http://wenshu.court.gov.cn/content/content. DocID=7ef9e3c2-f0df-4366-b273-569c23b62a11&KeyWord=电子数据,访问日期:2016年8月21日。

件同样效力的副本。照相的"原件"包括底片或任何由底片冲印的胶片。如果数据储存在电脑或类似设备中,任何从电脑中打印或输出的能准确反映有关数据的可读物,均为"原件"。三是混合标准法,综合功能等同法与拟制原件法后形成的又一种电子证据原件理论。加拿大《统一电子证据法》突破了传统最佳证据规则对"原件"的要求,没有拘泥于"原件"标准。该法第4条规定:"在任何法律程序中,如果最佳证据规则可适用于某一电子记录,则通过证明如下电子记录系统——其中记录或存储有数据的那一电子记录系统或者借助其数据得以记录或存储的那一电子系统——的完整性,最佳证据规则即告满足;但是,如果明显地、一贯地运用、依靠或使用某一打印输出物形式的电子记录,作为记录或存储在该打印输出物中信息的记录,则在任何法律程序中,该电子记录是符合最佳证据规则的记录。"四是复式原件法,主要适用于文书一式多件的情形。菲律宾《电子证据规则》在一定程度上践行了这一理论,其中规定"如果某一文件在同一时刻或前后不久就同一内容执行两份或更多复本,或者该文件是通过与原件相同的印模,或者使用同一字模,或者通过机械或电子的再录制,或者通过化学复制方法,或者通过其他能正确复制原件的相应技术而形成的复制件,则对该复本或复制件均应视为原件的相当物"。

我国刑事诉讼法没有明确规定最佳证据规则,但《刑事诉讼解释》第69条、第71条、第73条,《刑事诉讼规则》第233条,《死刑案件证据规定》第8条等规定了相关内容。根据规定,书证在收集和认定案件事实时应当是原件,只有在取得原件确有困难的情况下才可以使用副本、复制件,但书证有更改或者更改迹象不能作出合理解释,或者书证的副本、复制件不能反映原件及其内容的,不得作为定案的根据。在我国司法实践中,电子数据在运用时大多都经过特定形式的转换,被打印出来,以书证的形式交给法庭,然后进行法庭质证。这时,电子数据是否为"原件"就成为控辩双方质证和辩论的焦点。控辩双方都会以电子数据是复制件以及存在被伪造、篡改的可能等理由进行抗辩。但电子数据是以电子形式记录在计算机等存储介质内,以特定形式显示或复制出来,很难说显示和复制出来的电子数据是"原件",至少不是传统意义上的有形"原件"。由于电子数据存在的特殊性,传统的原件、复制件之分以及与之相关的最佳证据规则都无法严格适用。因为无法确定何为原件,司法人员在审查判断证据时常常面临电子数据能不能当成原始证据的困惑。

笔者认为,我们在审查判断电子数据时,只要电子数据的副本或复制件与该电子数据生成时原始数据内容一致,不管其是电子数据形式的副本或复制件,还是其打印物或输出物,都应该当作最佳证据予以采纳。审查判断电子数据是否具有原始性,可以采取两种方法:一是相互印证法。审查电子数据存储磁盘、存储光盘等可移动存储介质是否与打印件一并提交,随卷移送,如已移送,审查存储介质记载电子数据内容是否与打印件反映的内容一致,如未移交或存储介质无法打开的,由取证主体补充提交,不予补充或不能作出合理解释的,不予认定该电子数据的合法性。但是,如果犯罪嫌疑人自认或结合案件其他证据,能够证实电子数据来源真实可靠的,可以认定该电子数据的合法性。案例11中,刘某乙与郑某某之间的微信记录由侦查机关依法提取,经当庭举证、质证后,得到双方当事人的一致认可,法院结合案件相关证据,最终认定了微信聊天记录的真实性和合法性。二是完整性审查法。在原始存储介质无法封存、不便移动或者依法应当由有关部门保管、处理、返还时,审查提取、复制的电子数据是否由二人以上进行,是否足以保证电子数据的完整性,有无提取、复制过程及原始存储介质存放地点的文字说明和签名,包括电子数据形成的时间、地点、对象、制作人、制作过程及设备情况等。

(三)电子数据与非法证据排除规则

【案例12】2013年9月18日,被告人张某某、徐某冒用他人身份证租赁了温州市鹿城区小南路巴黎大厦北楼B幢602室,张某某将毒品藏放在该暂住处用于贩卖。张某某贩卖毒品过程中,被告人范某某为张某某驾驶车辆及数次帮助送毒品给购毒者,被告人谷某某多次将他人购买毒品的信息转发给张某某,被告人戴某某帮助张某某分装毒品。2014年1月底2月初的一天,谷某某发现张某某外出失联,怀疑其被抓,遂电话通知被告人徐某、梅某等人出去寻找,梅某将藏放于小南路巴黎大厦北楼B幢602室内的毒品、现金、刀具装放在两个旅行袋里,与谷某某一起转移到小南门金榜理发店的储物柜里。后徐某找到张某某,张某某让范某某到金榜理发店取回上述物品并将毒品拿回暂住处,现金由徐某存入银行账户。2014年2月21日16时许,公安人员在该暂住处抓获范某某、徐某、谷某某、梅某、戴某某,当场查获以火药为动力的枪支1把、子弹17发、刀具3把、封塑机1台,并在该暂住处的卧室、客厅、储藏室、厨房等处查获大宗毒品。本案中除被告人供述、辨认笔录及照片、证人证言、搜查笔录、扣押物品清单、情况说明等相关证据外,还包括电子检验报告、手机通话清单等电子数据。这些电子数据证明经对谷某某所扣押的手机苹果iPhone 5s进行电子取证,通讯录、短信、通话记录显示,谷某某将涉案有关事实的短信发送给张某某,且短信内容与范某某的证言相互印证证实谷某某参与张某某贩卖毒品的事实。谷某某的辩护人提出,电子检验报告无侦查机关的印章及电子数据来源(手机使用者)的信息,不具备形式要件。审理法院认为,电子检验报告明确载明委托单位、送检人及检材情况并附照片,检材来源清晰,并出具有鉴定资质的机构、人员出具,应作为定案的依据。相关质证意见理由不足,不予采纳。①

---

① 参见"张某某走私、贩卖、运输、制造毒品罪、非法持有、私藏枪支、弹药罪案",载中国裁判文书网,http://wenshu.court.gov.cn/content/content?DocID=0308038b-4788-497c-8e4a-a67d366ed63f&KeyWord=电子数据 | 张陈杰,访问日期:2016年8月20日。

非法证据排除规则,是指在审判活动中,排除那些以侵害被害人宪法权利的方式获得的证据,并否定其证据能力的规则。[1]美国对于非法证据采取严格排除的原则,限制非法搜查与扣押,以保障宪法第四修正案的实施,在非法证据排除规则的适用范围上不仅包括电话录音资料、电话拨号记录仪记录资料等传统的模拟式电子数据,还包括计算机加密文件、电子邮件、计算机图片、计算机网页等现代的数字化式电子数据。也设立一些例外规则,包括原始非法证据排除的例外,包括无需搜查令实施的搜查、证人弹劾程序非法证据排除的例外,以及"毒树之果"排除的例外,包括独立来源的例外、必然发现的例外、污点洗涤的例外和善意规则的例外等。[2]英国赋予法官排除以非法或者不当的方式取得的电子数据和对程序的公正性产生不利影响的电子数据的自由裁量权。1984年《警察机关与刑事证据法》第78条规定:"在任何诉讼中,如果在法庭看来,考虑到包括取得证据的情形在内的各种情形,采纳公诉方提请依据的证据将对该诉讼的公正性造成不利影响,法庭可以拒绝允许公诉方提出该证据。"加拿大对非法取得的电子数据并非绝对排除,通常在案情特别重大时,因犯罪的程度和违反法律程序的程度来决定获得的电子数据是否被排除。德国关于电子数据证据的非法证据排除规则存在诸多争议,多数学者不赞同对任何非法取得的电子数据证据一概排除,认为应作出一些附带的条件来最终判定是否排除非法取得的电子数据,如排除非法电子数据会影响到案件的侦破、不论是否排除都不会对案件结果起到积极效果且排除会影响案件事实真相的查明、取得某电子数据必须采用非法的手段等。

我国在立法上对非法证据采取有限排除的原则,即只有非法

---

[1] 齐树洁:《美国证据法专论》,厦门大学出版社2012年版,第222页。
[2] 高荣林:《电子数据证据与证据排除规则》,载《上海政法学院学报》2014年第4期。

获取的言词证据和非法收集的物证、书证属于非法证据的排除范围。《刑事诉讼法》第 54 条明确规定:"采用刑讯逼供等非法方法收集的犯罪嫌疑人、被告人供述和采用暴力、威胁等非法方法收集的证人证言、被害人陈述,应当予以排除。收集物证、书证不符合法定程序,可能严重影响司法公正的,应当予以补正或者作出合理解释;不能补正或者作出合理解释的,对该证据应当予以排除。"并在《刑事诉讼法》第 55 条、第 56 条、第 57 条、第 58 条规定了非法证据的排除程序。但对于不符合法定程序收集的、可能影响司法公正的其他证据,如电子数据,是否属于立法上需排除的非法证据,刑事诉讼法没有给出明确规定。案例 12 中,辩护人从程序违法角度对电子检验报告提出辩护意见,认为电子检验报告没有侦查机关的印章,也没有说明电子数据的来源,不具备形式要件,因此建议排除该份电子数据。审理法院从电子数据的委托过程、检材来源以及鉴定机构的资质等方面认定该份电子数据具有真实性和合法性。《刑事诉讼解释》第 94 条专门规定电子数据的审查、适用规则,明确规定"电子数据具有下列情形之一的,不得作为定案的根据:(一)经审查无法确定真伪的;(二)制作、取得的时间、地点、方式等有疑问,不能提供必要证明或者作出合理解释的。"其中,"不得作为定案的根据"实际上明确了该电子数据不具有可采性,应当予以排除,但哪些非法的电子数据应当予以排除,相关法律予以明确,造成司法实践的困惑。

  笔者认为,电子数据与书证、物证均属于实物证据范畴。我们在审查判断电子数据时,可以考虑借鉴刑事诉讼法关于非法物证、书证排除的规定,采取酌定排除的原则,对于收集电子数据不符合法定程序,严重影响司法公正的,应当予以补正或者作出合理解释,如不能补正或者作出合理解释的,则对该证据予以排除;对于采取非法方式或手段获取的电子数据,应当对证据予以排除。非法取得的电子数据包括主体不适格的电子数据与程序不合法的电子数据,对于经合法取证主体再次取证加以确认和补正的，或者提供必要证明或者作出合理解释的电子数据，可以作为证据使用。在排除非法电子数据前，检察人员有权就电子数据收集程序的合法性展开调查，要求侦查人员提供获取电子数据的有关情况，必要时询问提供物证、书证、视听资料、电子数据及勘验、检查、辨认、侦查实验等笔录的人员和见证人并制作笔录附卷，或者对物证、书证、视听资料、电子数据进行技术鉴定。

第二节　电子数据合法性的审查判断

【案例13】2013年，被告人刘某某以每克90元的价格，先后两次向支某某贩卖甲基苯丙胺（冰毒）各5克，计10克。2014年4月18日，刘某某驾驶赣CL×××小轿车携带毒品从宜春市来到抚州市。4月21日，民警将刘某某抓获，当场在其车上缴获甲基苯丙胺218.191克、甲基苯丙胺片剂（俗称"麻果"）19.132克。二审中，刘某某的辩护人提出，通话记录清单这一电子数据没有合法性、真实性和关联性，不能作为定案的根据。理由是证据手写标记为"刘某某手机清单"，但没有相关机构认证，调取证据的单位也没有出具合法性、真实性说明，即该电子数据记录不是通过正常司法途径获得；没有证据证明清单中关联号码机主身份和通讯内容，不能确认是刘某某与特定人之间的电话联系。对此，公诉机关出具了公安机关的情况说明，证实157×××6699手机搜查扣押于刘某某，电话记录清单系公安机关获取"相关部门"的电子档案自行打印形成。经庭审质证，二审法院认为电话记录清单无调取证据手续、电子数据存储介质、制作时间和制作人签名、电子数据持有人或单位的签名、盖章，笔注"刘某某157×××6699手机话单"也没有笔注人签名或笔注单位盖章。证据形式要件不合法，取证程序的合法性和内容的真实性没有经手单位和经手人盖章或签字确认，依法不得作为定案的根据。①

合法性是指对证据必须依法加以收集和运用,包括:收集、运用证据的主体要合法、每个证据收集的程序要合法,证据必须具有合法形式,证据必须经法定程序查证属实。② 合法性是证据能力不可或缺的构成要素,是证据具有法律效力的重要条件,是证据最为重要的外部属性。电子数据的合法性,指的是作为定案根据的证据,电子数据的取证主体、程序、方法等必须符合有关法律的规定,也就是说,电子数据只能由审判人员、检察人员、侦查人员等法定的取证主体依照法律规定的诉讼程序进行收集、固定、保全和审查认定。案例 13 中的电话记录清单就是因为取证程序不合法而被排除的。电子数据法律和技术的双重属性决定了对其审查判断的特殊性和复杂性。对于电子数据合法性如何审查判断,《联合国电子商务示范法》第 9 条第(2)款规定了一个世界各国普遍适用的总体性的指导原则,即"对以数据电文为形式的信息,应当给予适当的证据价值。在评估某一数据电文的证据价值时,应当考虑生成、储存或者交流该数据电文方式的可靠性,保持信息完整性方式的可靠性,用以鉴别发件人的方式,以及任何其他相关的因素"。司法实践中,审查电子数据的合法性,要了解电子数据是采用什么方法、在什么情况下取得的,是否违背了法定的程序和要求,是否符合法律规定的形式要件。③ 我国《关于办理死刑案件审查判断证据若干问题的规定》、《刑事诉讼解释》、《关于办理网络犯罪案件适用刑事诉讼程序若干问题的意见》等都对电子数据的审查判断内容进行了规定。

---

① 参见刘某某贩卖、运输毒品案,载中国裁判文书网,http://wenshu.court.gov.cn/content/content?DocID = a68854d9 - dcb8 - 4abb - a75a - 3728c785acca&KeyWord = % E7% 94% B5% E5% AD% 90% E6% 95% B0% E6% 8D% AE,访问日期:2016 年 7 月 25 日。

② 宋英辉、甄贞主编:《刑事诉讼法学》(第三版),中国人民大学出版社 2012 年版,第 183 页。

③ 杨迎泽、孙锐主编:《刑事证据的收集、审查与运用》,中国检察出版社 2013 年版,第 275 页。

特别需要指出的是，两高一部《电子数据规定》针对以往电子数据规定原则强的问题，具体细化了电子数据的收集提取和审查判断内容，使电子数据在取证、举证、质证和认证上更具有可操作性。其中，在合法性审查判断上，该规定明确了从取证主体和取证方法、反映取证过程的笔录制作、见证人资格和过程录像、检查手段和备份录像等四个方面进行重点审查。该规定第24条规定："对收集、提取电子数据是否合法，应当着重审查以下内容：（一）收集、提取电子数据是否由二名以上侦查人员进行，取证方法是否符合相关技术标准；（二）收集、提取电子数据，是否附有笔录、清单，并经侦查人员、电子数据持有人（提供人）、见证人签名或者盖章；没有持有人（提供人）签名或者盖章的，是否注明原因；对电子数据的类别、文件格式等是否注明清楚；（三）是否依照有关规定由符合条件的人员担任见证人，是否对相关活动进行录像；（四）电子数据检查是否将电子数据存储介质通过写保护设备接入到检查设备；有条件的，是否制作电子数据备份，并对备份进行检查；无法制作备份且无法使用写保护设备的，是否附有录像。"

笔者认为，电子数据合法性的审查判断是指在刑事诉讼过程中，司法人员对案件犯罪事实涉及电子数据的取证主体、取证程序、证据来源、证据内容等是否符合法律规定进行审查判断。本节重点介绍电子数据取证主体、取证程序和取证方式合法性的审查判断内容和方法。

一、电子数据取证主体的审查判断

【案例14】2010年10月至12月，被告人吉某某通过违规操作以帮助职工代领取公积金并收取手续费为名，在网络上发布相关信息，并与被害人王某在QQ上聊天，讨论由被害人提供相关书面材料，包括身份证复印件、银行卡、密码，由其帮忙修改身份事项，从而骗取公积金管理部门发放公积金，后苏州工业园区公积金管理中心将核发的属于被害人王某的公积金28000余元转入被害人银行卡内。后被告人吉某某在被害人王某不知情的情况下，利用之前获取的被害人银行卡和密码，分3次在银行自动柜员机上从被害人王某的银行卡中提取现金28200元。本案中，被害人陈述、被告人有罪供述、从被告人处查获的被害人的银行卡、银行卡取款记录等已经基本能够证实案件事实，但是被告人庭审中辩解，要被害人提供银行卡密码只是为了防止被害人不付手续费，而被害人却表示，被告人在网络聊天时表示，没有本人持身份证到现场是不能发放公积金的，由于被害人并没有到现场，故其并不知道其公积金已经发放到银行卡内，更不知道卡内资金被被告人取走。公诉机关提供被害人与被告人的聊天记录打印文本以证实上述内容。该打印文本上只有被害人签字证实是由其提供给侦查机关。庭审中被告人对该份聊天记录并没有提出异议，法院经审查后作为证据予以采纳。①

电子数据作为一种新的证据形式，具有易复制、易篡改的特点。高科技的发展既产生大量的电子数据，也给电子数据原始性的审查判断带来严重挑战，因为电子数据很容易被篡改并且不留一丝痕迹，导致电子数据的可采性和真实性大打折扣。在刑事案件中，电子数据取证只能由法定的主体进行，其他任何主体所进行的取证，都不能作为刑事案件中的证据使用。提供电子数据的主体不同于收集提取电子数据的主体。收集提取电子数据的主体是法律规定具有取证权的主体。而提供电子数据的主体范围比较广泛，凡是接触到涉案电子数据、能够提供电子数据的人或单位，如利用计算机进行计算机网络犯罪的犯罪嫌疑人，被犯罪嫌疑人利用网络、通讯工具、通讯软件等手段诈骗、盗窃财物的被害人，网络运营服务商，通讯运营服务商，涉案电脑、手机、移动存储介质的所有人和持有人，计算机技术专家、涉案单位等，

---

① 孙霞：《论电子数据在刑事诉讼中的适用——兼议新刑诉法对证据种类的修改》，载中国法院网，http://www.chinacourt.org/article/detail/2012/09/id/599163.shtml，访问日期：2016年8月1日。

都是能够提供电子数据的主体。如果电子数据取证主体不合法，则由此形成的电子数据是不可靠的，就不具有可采性。

（一）合法的电子数据取证主体

根据我国刑事诉讼法的相关规定，刑事案件中电子数据的取证主体主要包括四类人员：一是审判人员、检察人员、侦查人员。《刑事诉讼法》第50条规定："审判人员、检察人员、侦查人员必须依照法定程序，收集能够证明犯罪嫌疑人、被告人有罪或者无罪、犯罪情节轻重的各种证据……"其中，侦查人员包括公安人员、检察院自侦人员、国家安全机关人员、监狱侦查人员、军队保卫部门工作人员和海关缉私侦查员等。同时，两高一部《电子数据规定》第3条规定："人民法院、人民检察院和公安机关有权依法向有关单位和个人收集、调取电子数据，有关单位和个人应当如实提供。"该规定在强调有关单位和个人有配合人民法院、人民检察院和公安机关如实提供电子数据的义务的同时，也进一步明确了电子数据的取证主体只能是人民法院、人民检察院和公安机关。二是律师。《刑事诉讼法》第41条规定："辩护律师经证人或者其他有关单位和个人同意，可以向他们收集与本案有关的材料，也可以申请人民检察院、人民法院收集、调取证据，或者申请人民法院通知证人出庭作证。辩护律师经人民检察院或者人民法院许可，并且经被害人或者其近亲属、被害人提供的证人同意，可以向他们收集与本案有关的材料。"三是行政执法和查办案件的行政机关。《刑事诉讼法》第52条第2款规定："行政机关在行政执法和查办案件过程中收集的物证、书证、视听资料、电子数据等证据材料，在刑事诉讼中可以作为证据使用。"四是自诉案件的自诉人。《刑事诉讼法》第204条规定："自诉案件包括下列案件：（一）告诉才处理的案件；（二）被害人有证据证明的轻微刑事案件；（三）被害人有证据证明对被告人侵犯自己人身、财产权利的行为应当依法追究刑事责任，而公安机关或者人民检察院不予追究被告人刑事责任的案件。"

案例 15 中的电子数据聊天记录是被害人与被告人之间的聊天记录，合法取证主体应是上述四类人员中的第一类人员即公安机关，但案件显示该聊天记录打印件只是被害人向侦查机关提供的，侦查机关既没有制作调取笔录，也没有将相关存储介质与打印件一并移交法庭。虽然该聊天记录的打印文本上只有被害人签字，但被告人对该电子数据证据予以认可，法院便采纳了该证据。这里需要说明的是，该案发生于 2010 年，此时刑事诉讼法尚未修改，电子数据没有确立为法定证据种类，也没有电子数据审查判断相关规则，司法实践中常将其作为书证进行审查判断。但现在根据两高一部《电子数据规定》，电子数据收集提取和审查判断有了更为规范的可操作性规定，因此电子数据主体的审查判断更为严格。上述四类人员虽然符合电子数据取证的主体条件，但如果取证行为存在未经授权、严重违反法律程序或严重侵犯个人隐私等情形，合法主体收集的电子数据也不一定能够成为定案的根据。两高一部《电子数据规定》第 24 条规定，对收集提取电子数据是否合法，应当着重审查收集、提取电子数据是否由二名以上侦查人员进行，笔录、清单是否经侦查人员、电子数据持有人（提供人）、见证人签名或者盖章，是否按照有关规定由符合条件的人员担任见证人等。如回答是否定的，根据该规定第 27 条，则要做出补正或合理解释，否则不得作为定案的根据。

（二）非法定的电子数据取证主体

由于电子数据的高科技性和技术性，审判人员、检察人员、侦查人员、律师等法定取证主体在进行电子数据取证时，往往需要技术人员、鉴定人员、网络运营商、网络管理员等进行协助配合，来收集或提供电子数据，但这些人员虽然不属于法定的电子数据取证主体，却对电子数据取证具有非常重要的作用。总体而言，可以分为三类：第一类是具有辅助作用的主体，包括检察技术人员、司法鉴定人员、电子技术专家等。这类人员应具备专业的技术知识，并遵守严格的技术规范和技术标准辅助并在法定取证人员的主导下进行电子数据取证。第二类是具有协助义务的主体,包括当事人、证人、网络运营商等。这类人员应向取证人员如实提供电子数据。两高一部《电子数据规定》第3条规定:"人民法院、人民检察院和公安机关有权依法向有关单位和个人收集、调取电子数据,有关单位和个人应当如实提供。"第三类是具有监督证明作用的主体,包括电子数据持有人、见证人等。这类人员应在取证人员进行勘验检查、搜查、查封和扣押等过程中在场并进行签名或盖章。两高一部《电子数据规定》第15条规定:"收集、提取电子数据,应当根据刑事诉讼法的规定,由符合条件的人员担任见证人。由于客观原因无法由符合条件的人员担任见证人的,应当在笔录中注明情况,并对相关活动进行录像。针对同一现场多个计算机信息系统收集、提取电子数据的,可以由一名见证人见证。"需要说明的是,对于由计算机专家、网络服务商、第三方机构、个人等单一收集或提供的电子数据,由于取证主体的不合法不能作为证据使用,但经侦查人员、律师等取证人员通过法定途径和程序收集、固定、调取、保全后具有了法定的取证主体,可以作为定案的根据。案例14中的聊天记录是由案件当事人提供的,而案件当事人就不是法定的电子数据取证主体。需要说明的是,根据两高一部《电子数据规定》,虽然该当事人不是法定取证主体,但其应在收集提取电子数据笔录、清单上签字或者盖章,如果没有签字或盖章,公安机关还需要注明原因。同时,根据该规定,见证人也要在笔录、清单上签字或者盖章,否则要在笔录中注明原因并对相关活动进行录像。当然,并不是一般人都可以做见证人的,而是需要符合条件的人担任见证人,即有能力见证电子数据收集提取的人。至此,对于电子数据取证主体的审查方能结束。

(三) 电子数据取证主体的审查判断方法

1. 身份审查法

诉讼证据必须由法定的取证主体进行收集和调取。因此,审查证据主体的身份是最为简单的一种证据合法性审查判断方法。一般说来,侦查机关移送的刑事案卷材料中的大部分证据都是由其制作的，也有从其他部门或个人处调取的，以及律师和当事人提供的。如果是其制作的或者律师提供的并有相关文字说明，则取证主体合法。如果是从其他部门或个人处调取的以及当事人提供的，应认真审查电子数据载体上是否有文字说明及侦查人员、电子数据持有人、见证人的签字或盖章，如没有任何记录则取证主体不合法，需要侦查机关重新收集和调取。案例14的聊天记录从主体、形式和内容上看，其是由被害人把其与被告人的QQ聊天记录通过文本打印提供给公安机关的，且只有被害人的签字，虽然能够证实其与被告人之间的信息往来和被告人的作案过程，但被害人只是提供电子数据的主体，不具有取证主体身份，故该电子数据的取证主体身份不合法，应由具有取证权的公安机关依法调取，否则不得作为认定案件事实的依据。

2. 资质审查法

根据《司法鉴定机构登记管理办法》、《公安机关鉴定机构登记管理办法》、《人民检察院鉴定机构登记管理办法》、《司法鉴定人登记管理办法》、《公安机关鉴定人登记管理办法》、《人民检察院鉴定人登记管理办法》等规定，我国对鉴定机构及鉴定人采用的是登记管理制度。在对电子数据鉴定机构和鉴定人的资质进行审查时，只需查看其相关的登记信息是否属实，以及登记的鉴定专长是否相关即可。但《刑事诉讼解释》第87条规定："对案件中的专门性问题需要鉴定，但没有法定司法鉴定机构，或者法律、司法解释规定可以进行检验的，可以指派、聘请有专门知识的人进行检验，检验报告可以作为定罪量刑的参考。"两高一部《电子数据规定》第17条也规定："对电子数据涉及的专门性问题难以确定的，由司法鉴定机构出具鉴定意见，或者由公安部指定的机构出具报告。对于人民检察院直接受理的案件，也可以由最高人民检察院指定的机构出具报告。"因此，未经登记的鉴定机构和人员的鉴定意见可能会出现在刑事诉讼中。在审查此类群体的鉴定资质时，要对机构的条件、设备是否专业，鉴定人本身的技术职称、技能专长等因素综合评定。一旦发现资质存疑,应重启鉴定程序。司法实践中,我们通常会遇到电子数据检验工作报告、电子数据司法鉴定意见书等电子数据形式,此时就需要审查该电子数据的检验主体资格和鉴定主体资质。

3. 签章审查法

电子数据在生成、制作、提取、传递过程中,因为信息的脆弱性容易丢失或者失真,为了保障制作、提取、传递过程不因人为因素导致证据失真,保证电子数据取证的合法性,必须由符合相应条件的主体进行或参与。因此,《死刑案件证据规定》第29条规定,对于电子数据应当审查取证人、制作人、持有人、见证人等是否签名或者盖章。《刑事诉讼解释》第93条也规定,应当审查经勘验、检查、搜查等侦查活动收集的电子数据,是否附有笔录、清单,并经侦查人员、电子数据持有人、见证人签名,没有持有人签名的,是否注明原因。为了确保电子数据的制作、储存、传递、获得、收集、出示等环节建立完整的证据保管链条,应当重点审查电子数据载体上是否有取证人、制作人、持有人、见证人的签名或者盖章。两高一部《电子数据规定》第14条规定,收集、提取电子数据,应当制作笔录,记录案由、对象、内容、收集、提取电子数据的时间、地点、方法、过程,并附电子数据清单,注明类别、文件格式、完整性校验值等,由侦查人员、电子数据持有人(提供人)签名或者盖章;电子数据持有人(提供人)无法签名或者拒绝签名的,应当在笔录中注明,由见证人签名或者盖章。有条件的,应当对相关活动进行录像。案例13中的电话记录清单从签章上看,既没有制作时间和制作人签名,也没有电子数据持有人或单位的签名、盖章,笔注"刘某某157××××6699手机话单"以及笔注人签名或笔注单位盖章。由于没有经手单位和经手人盖章或签字确认,因此无法确定该电子数据取证程序的合法性和内容的真实性,故不能作为定案的根据。

二、电子数据取证程序的审查判断

【案例15】2008年5月至2010年1月,被告人蒋某某在某赌博网站申请代理账号,获得赌博网站的代理资格及专属链接,后被告人蒋某某在QQ群、网站论坛上发布赌博公司宣传广告及该赌博网站个人专用链接地址,从而为该赌博网站吸收19名会员参赌,赌博网站通过网络快钱支付系统向蒋某某支付"抽头"5万余元。本案中被告人的犯罪行为包括发布赌博网站的信息、网站链接,获取抽头等,都是在计算机及网络中完成的。本案涉及的传统证据包括被告人的有罪供述、参赌人的证言、快钱支付公司工作人员的证言、快钱支付公司提供的合同、银行提供的被告人账户的存取款情况等,根据以上证据已经能够证实被告人的主要犯罪事实。本案中公诉机关还提供了三项电子数据:一是被告人的电脑中的相关赌博网站的浏览记录(证实被告人浏览该赌博网站);二是QQ聊天记录(证实被告人在QQ群中发布赌博网站的信息及其个人专用链接);三是其电子邮件中的一份由赌博网站发给被告人的邮件(证实其获得的抽头数额)。本案诉讼过程中,公诉机关提供的上述三份电子数据均是打印件,同时还提供了一份由当地市公安局网络安全监察处电子数据检验鉴定中心提供的电子证物检查工作记录,详细记录了检查时间、地点、对象,检查程序,保存位置等,对于网络浏览记录、QQ聊天记录、电子邮件的内容是如何获取、保存,都做了详细记录。上述电子数据的收集程序合法。①

电子数据取证程序审查是对电子数据在制作、储存、传递、获得、收集、出示等程序和环节是否合法进行审查。刑事诉讼法规定包括勘验、检查、搜查、鉴定、扣押、技术侦查等多种侦查

---

① 孙霞:《论电子数据在刑事诉讼中的适用——兼议新刑诉法对证据种类的修改》,载中国法院网,http://www.chinacourt.org/article/detail/2012/09/id/599163.shtml,访问日期:2016年8月1日。

措施，其他法律如《计算机犯罪现场勘验与电子证据检查规则》、《人民检察院电子证据鉴定程序规则（试行）》、两高一部《电子数据规定》等也对部分取证手段和方法进行专门规定。在审查判断电子数据取证程序合法性时，应当根据刑事诉讼法和相关法律的规定，围绕电子数据取证手段，注重审查电子数据各项侦查措施在取证程序上是否符合法律的规定。对于案例15中的三项电子数据，审判人员在审查三份电子数据的打印件内容和形式的基础上，对于详细记载电子数据获取保存程序的电子证物检查工作记录还进行了详细审查，并综合考量了被告人涉案电脑的保管情况、被告人供述、证人证言等案件相关证据和被告人及其辩护人对该电子数据的意见，最终确定上述电子数据的取证程序合法。

（一）勘验检查程序的审查判断

一是对勘验检查的文书形式审查判断，包括侦查机关在进行犯罪现场勘查时是否持有勘查证，是否有勘验现场的照片或录像，是否制作勘验、检查笔录，取证人、制作人、持有人、见证人等是否签名或者盖章等。二是对勘验检查过程的审查判断，包括勘验时是否有不少于两名与案件无关的见证人在场；提取的电子数据是否在现场进行信息完整性校验；如果无法提取原始数据，是否通过截取屏幕图像、拍照、录像等方式提取；电子数据检查是否将电子数据存储介质通过写保护设备接入到检查设备；有条件的，是否制作电子数据备份，并对备份进行检查；无法制作备份且无法使用写保护设备的，是否附有录像等。三是对勘验检查文书内容的审查判断，包括是否有提取、复制、固定电子数据过程的相关文字说明并记录电子数据的规格、类别、文件格式等，远程调取境外或异地电子数据时，是否对相关情况进行说明等。

（二）搜查扣押程序的审查判断

一是对搜查扣押文书形式的审查判断，包括是否持有搜查证；紧急情况无证搜查时，是否及时补办搜查证；是否制作搜查笔录；是否制作笔录、清单并由侦查人员、持有人、见证人签名或盖章；没有签名时是否注明原因等。二是对搜查扣押过程的审查判断，包括是否依法办理搜查手续；是否取得扣押令并具备相应的扣押手续；扣押犯罪嫌疑人、被害人等存有电子数据的载体时是否由不少于两名的侦查人员执行扣押；是否有见证人在场；是否扣押、封存原始存储介质并制作笔录记录原始存储介质的封存状态；无法扣押原始存储介质时，是否在笔录中注明原因、原始存储介质的存放地点或者电子数据的来源等情况，并计算电子数据的完整性校验值等。三是对搜查扣押文书内容的审查判断，包括搜查证是否有明确的搜查对象；是否按照搜查证确定的范围进行搜查等。

（三）检验鉴定程序的审查判断

一是对检验鉴定主体的审查判断，包括鉴定机构和鉴定人是否有合法的资质，鉴定人是否存在违反回避的规定等。二是对检验鉴定对象的审查判断，包括侦查机关是否向鉴定人送交有关检材和对比样本等原始材料，鉴定的对象是否为电子数据原始存储设备等。三是对检验鉴定过程的审查判断，包括鉴定是否根据符合有关规则和技术规范等。四是对检验鉴定结果的审查判断，包括是否出具鉴定意见或检验报告，鉴定意见、检验报告上是否有鉴定机构和鉴定人的签名或盖章，鉴定结果是否已告知相关人员，当事人是否有异议等。对于存在问题的电子数据鉴定意见，不能作出合理解释或说明的，不得作为证据使用，必要时应提请重新鉴定。

（四）技术侦查程序的审查判断

一是对技术侦查的过程进行审查判断，包括技术侦查措施的审批机关和适用对象；是否履行严格的审批程序；取证过程是否保密；涉嫌犯罪行为是否法律规定的几类特定的犯罪行为；是否严格按照批准的技术侦查措施种类、范围、时间等要求进行；是否使用刑事诉讼法禁止的取证方法；是否侵犯当事人的合法权益；电子数据应用范围是否得到严格限制等。二是对技术侦查后电子数据的移送进行审查判断，包括电子数据是否随原始存储介质移送；电子数据存储磁盘、存储光盘等可移动存储介质是否与打印件一并提交；无法获取原始存储介质的，是否在笔录中注明不能获取原始存储介质的原因、原始存储介质的存放地点等情况，并由侦查人员、电子数据持有人、提供人签名或者盖章；持有人、提供人无法签名或者拒绝签名的，是否在笔录中注明并由见证人签名或者盖章；在原始存储介质无法封存、不便移动或者依法应当由有关部门保管、处理、返还时，提取、复制电子数据是否由二人以上进行，是否足以保证电子数据的完整性，有无提取、复制过程及原始存储介质存放地点的文字说明和签名等。

（五）冻结程序的审查判断

一是对冻结电子数据的条件进行审查判断，包括冻结电子数据是否符合两高一部《电子数据规定》中的四种法定冻结情形；是否经过法定的审批程序，由县级以上公安机关负责人或者检察长批准等。二是对冻结电子数据的过程进行审查判断，包括是否制作协助冻结通知书，注明冻结电子数据的网络应用账号等信息；是否将协助冻结通知书送交电子数据持有人、网络服务提供者或者有关部门协助办理冻结电子数据；是否按照规定依法解除冻结等。三是对冻结电子数据的方法进行审查判断，包括采取了几种有效的冻结的措施；是否计算电子数据的完整性校验值；是否锁定网络应用账号；采取其他防止增加、删除、修改电子数据的措施是否恰当、合法等。四是对冻结电子数据的移送进行审查判断，包括冻结电子数据是否制作移送清单；是否注明类别、文件格式、冻结主体、证据要点、相关网络应用账号；是否附查看工具和方法的说明等。

三、电子数据取证方式的审查判断

【案例16】2010年10月至2013年3月，被告单位美狮公司在从境外进口汽车过程中,为使公司谋取非法利益,由时任该公司法定代表人兼总经理的被告人王某某决定,采用低报价格、伪报原产地的方式,先后141次向海关申报进口221辆汽车,经核定,偷逃应缴税额共计人民币40022913.14元(包括反倾销税共计人民币4369755.15元)(以下币种均为人民币)。受王某某指使,时任公司总经理助理、翻译的被告人黄某某与外商联系采购事宜、付款统计,并参与制作原产地证明等,参与偷逃应缴税额共计36799362.39元;时任公司员工的被告人杨某参与制作单证、支付货款等,参与偷逃应缴税额共计2743050.5元。二审中,黄某某的辩护人提出,原判认定的ECB公司提供的销售汇总、侦查机关取得的电子邮件、短信等电子数据等证据的收集不符合法律规定,不能作为定案的依据。二审法院认为,供货方ECB公司的销售汇总表系该公司总裁戴某在我国境内签字确认提交给侦查机关的,该销售汇总表加盖了ECB公司的钢印,经侦查机关与美狮公司的报关单等单证对比并经黄某某辨认确认、一审庭审质证,故该证据可以作为定案依据;侦查员在黄某某住处的搜查程序符合法律的规定,黄某某对其手机中与戴某确认价格及支付方式的短信内容及其电脑中记录的进口车型、车架号、付款情况的文件、邮件、原产地模板等均作了辨认和确认。黄某某的辩护人提出ECB公司的销售汇总表、相关电子数据等证据不能作为定案依据的辩护意见没有依据,不予采纳。①

  取证应当合法,非法收集的证据应当排除,这是现代法治国家证据法的一项基本原则。如果证据获取的程序严重不合法,那么即便是有利于查明案件事实的证据,仍然要予以排除,这是程序正义的必然要求。司法实践中,对于非法电子数据是否一律予以排除,要综合全案进行判断。"对于电子证据而言,凡是其生

---

① 参见王某某等走私普通货物案,载中国裁判文书网,http://wenshu.court.gov.cn/content/content?DocID=1b35b51b-d29e-4cc9-aff7-7228d92c0f69&KeyWord=电子数据,访问日期:2016年8月26日。

成、取得等环节不合法,且其不合法程度足以影响证据真实性的,或者足以影响某一重大权益的,则可考虑对其加以排除。"[1]笔者认为,在刑事案件中,对于电子数据的审查判断应坚持实体真实与程序公正相结合的原则,对于违反法定程序所收集的电子数据不能一概地排除,应当分情况区别对待。对案情有关键证明作用的非法或者有瑕疵的电子数据,如果瑕疵证据能够与在案其他证据相互印证,足以排除合理性怀疑,对这类电子数据宜采取补正措施或者作出合理解释,否则应予以排除。但是如果取得电子数据严重违反法定程序,严重影响司法公正,或者与其他证据不能相互印证,或者电子数据自身之间相互矛盾,则非法或者瑕疵电子数据应予以排除。两高一部《电子数据规定》第27条规定了电子数据的补正规则,即当电子数据收集提取时,出现未以封存状态移动,笔录或清单上没有侦查人员、电子数据持有人(提供人)、见证人签名或者盖章,对电子数据的名称、类别、格式等注明不清等情形时,应经过补正或者作出合理解释才能采用,不能补正或作出合理解释的,不得作为定案的根据。案例16中,ECB公司提供的销售汇总表从取证方式上看,是该公司总裁戴某在我国境内签字确认,加盖ECB公司的钢印后提交给侦查机关的,侦查机关依法调取后将该销售汇总表与美狮公司的报关单等单证进行对比并让黄某某进行辨认和确认;电子邮件和短信等电子数据是侦查机关通过搜查程序从查扣的黄某某的手机和电脑中提取的,并让其进行了辨认和确认。因此,上述电子数据取证方式合法。

一般来说,经审查,采取以下几种取证方式获取的电子数据不具有合法性:(1)公民或个人及未经授权机构或不具有法律资质的专业机构非法侵入他人计算机系统以秘密方式获得的电子数据;(2)采用直接侵害公民的人身自由、健康、生命、财产

---

[1] 刘品新:《中国电子证据立法研究》,中国人民大学出版社2005年版,第194页。

等宪法性权利的手段获取的电子数据;(3)明显超出收集、取证范围;(4)通过非法搜查、扣押等方式获得电子数据,情节严重的;(5)所采取的收集、取证程序和方法严重失误导致整个网络服务器瘫痪或出现数据错误的;(6)使用非法和非核证软件或者有根本缺陷的方法、设备进行收集,导致电子数据真实性无法判断的;(7)未经依法授权,刑事侦查或技术人员秘密对他人的计算机及其网络系统进行数据监控、数据截取或者非法侵入他人设备、场所中对电子数据、声音图像进行复制、窃听、录像所获取的电子数据。

第三节 电子数据真实性的审查判断

【案例17】2007年至2009年3月间,被告单位广州顺亨公司为谋取不法利益,经总经理被告人李某钦决定,指使该公司职员被告人李某坚具体操作和联系被告单位广州顺泰昌公司、广州宏璟公司以及香港鸿益贸易公司、广州鸿星汽配经营部委托该公司包税进口的汽车配件和其自购的进口汽车配件,以明显低于正常报关进口应缴税款的价格,转委托被告单位深圳创竞达公司、深圳天芝柏公司、广州瀚盛公司及广东新联公司等公司包税进口,从中赚取包税差价。经海关关税部门核定,广州顺亨公司(李某钦、李某坚)走私进口汽车配件277个货柜,偷逃应缴税额人民币(以下币种同)108094245.41元。本案中,侦查机关现场固定电子数据时采用了"封存—扣押"模式:召集见证人—切断电源及接口—封存介质—拍照、录像固定—制作搜查笔录和扣押清单—送有资质部门鉴定。对于计算机中未被删除的数据,在其他证据足以佐证的前提下,采用了"打印—确认"模式。最终固定、提取涉案电脑100多台,一批U盘、移动硬盘、手机卡等存储介质。侦查机关在获得上述电子数据材料后即提交给电子数据鉴定机关进行鉴定,鉴定意见均在法庭审理时予以出示并进行质证。同时,侦查机关对扣押的100多台电脑进行分析,在不破坏数据的情况下,对现有数据提取、分析,对已删除数据恢复后提取,并使用60部只读设备和电子数据专业分析软件,解决对已删除数据的固定、分析难题。所有提取、固定的电子证据材料,在侦查和起诉阶段均打印成文字件,交由相关的被告人及证人进行签认。本案中侦查机关在网络取证中还向第三方进行了取证。侦查机关通过电子邮件所属服务商确定网络服务商的地址,向服务商调取了30个涉案邮箱中的20万封电子邮件,经过筛选后将其中与本案有关联的部分作为电子数据材料提交法庭。同时,向第三方取证的数据材料均由第三方单位存储在只能读不能写的光盘里面,阅读者无法对这些数据进行修改,从而保证了电子数据材料的真实性。[①]

合法性主要是从形式上对电子数据进行的审查判断,而真实性则主要是从实质上对电子数据具体记载的内容进行的审查判断。我国《刑事诉讼法》第48条第3款规定:"证据必须经过查证属实,才能作为定案的根据。"真实性是证据必须具备的最基本的属性,主要表现为证据的可靠性,没有足够可信度的证据即使再有证明力,也不能用于证明案件事实。电子数据的真实性,又称客观性,是指证据的表现形式、反映的内容以及与案件的联系必须是客观真实的,并且是可知的,能够为人所感知,[②]它是不以人的意志为转移的客观存在。电子数据的真实性主要表现为两个方面:一是形式客观,即电子数据可以为人们所感知,虽然电子数据本质上是由"0"和"1"组成的二进制代码,但人们可以通过技术手段将无形的数据通过各类存储介质提取和保存,并通过技术手段展现出来;二是内容客观,即电子数据是一

[①] 转引自《广州顺亨汽车配件贸易有限公司等走私普通货物案》,载《刑事审判参考》(总第93集),法律出版社2014年版,第1~11页。

[②] 叶青主编:《诉讼证据法学》(第二版),北京大学出版社2014年版,第52页。

种客观存在，电子数据在其特定的时间和空间发生，只要有行为发生，就必然会留下各种影像与痕迹，是伴随案件过程遗留下来的，具备再现案件事实的功能，并非人的主观臆造。

电子数据具有有别于传统证据的高科技性、隐蔽性、多样性等技术性特点，决定了其很容易被篡改、破坏，不仅其所依赖的计算机系统极易受到攻击、篡改而且不易被察觉，而且电子数据本身也容易受到修改、破坏而且不容易留下痕迹，导致电子数据真实性的审查判断困难重重。电子数据存储介质种类繁多，如磁盘、磁带、U 盘等可移动载体及硬盘设备或集成电路等，具有不稳定性、易破坏性，是最为脆弱、最容易受到破坏的一种证据，人们可以通过各种方法对数字编码进行增减和编辑而使电子信息被篡改、伪造、破坏或灭失。同时，计算机病毒、硬件故障、软件问题、操作失误、网络故障等技术和意外情况都会影响到电子数据的真实性。可以说，真实性是电子数据审查判断中的重点和难点所在。对此，两高一部《电子数据规定》第 22 条从举证形式、电子数据的完整性、取证过程、电子数据内容本身等四个方面规定了电子数据真实性的审查重点，第 23 条着重从电子数据是否完整方面审查判断电子数据的真实性。本节围绕两高一部《电子数据规定》，着重从以上几个方面探讨电子数据真实性的审查判断。

一、电子数据真实性审查判断原则

对电子数据真实性的审查判断应坚持三项基本原则，即完整性原则、可靠性原则和原始性原则。

（一）完整性原则

完整性原则，是指电子数据本身及其所依赖的系统程序应当全面客观，具有整体连贯性，防止遗漏。电子数据完整性的审查判断主要有直接和间接两种方法：直接的审查判断方法是对扣押的原始存储介质或者提取的电子数据，通过恢复、破解、统计、关联、对比等方式进行检查，来鉴别电子数据本身的完整性，确定电子数据在生成过程中和生成之后是否受到人为蓄意的篡改、删减或破坏；间接的审查判断方法是通过分析和鉴别提取电子数据所涉及的计算机设备或软件的完整性，确定电子数据系统、程序在案件发生过程中是否处于正常运转状态，来推断电子数据是否完整。案例 17 中，侦查机关为防止提取涉案电脑中的电子数据遭到人为破坏，使用 60 部只读设备和电子数据专业分析软件，对扣押的全部 100 多台电脑中的数据都进行分析，一方面在不破坏数据的情况下，对现有数据提取、分析；另一方面对已删除数据恢复后提取、固定、分析，然后将涉及案件事实的电子数据在侦查和起诉阶段均打印成文字材料，交由相关的被告人及证人进行签字确认，从而确保了 100 多台电脑中指控犯罪事实的电子数据的完整性。两高一部《电子数据规定》第 23 条规定了五种对电子数据完整性进行技术性审查的方法，即（1）审查原始存储介质的扣押、封存状态；（2）审查电子数据的收集、提取过程，查看录像；（3）比对电子数据完整性校验值；（4）与备份的电子数据进行比较；（5）审查冻结后的访问操作日志等。其中，第（3）、（4）属于直接的审查判断方法，第（1）、（2）、（5）属于间接的审查判断方法。

　　总体而言，电子数据完整性审查判断主要包括两项内容：一是附属信息审查。电子数据的附属信息主要包括电子数据内容的来源、创建日期、修改日期、作者、生成软件等；介质（原始及转存）的硬件状况说明，包括工作环境要求、日常运行情况、使用寿命等；所有经手人的情况和接触时间，以及数据的保存方法等。此类附属信息能够有效证明电子数据内容的真实性。因此，重点应围绕上述内容以及电子数据形成的时间、地点、对象、制作人、制作过程及设备情况等方面进行审查判断。只有通过上述独特信息，才能明确一份电子数据证据的独特"身份"。例如，对于电子邮件，可以通过电子邮件所载的电子地址，使用回信功能生成的原始发送者地址、电子邮件中包含的信息内容以及电子签名本身来辨认。对于数码文件则通过软件建立其与数码文件来源的关联。比如 Microsoft Office 软件打开后,该文件所包含的打印件名称、目录位置、作者姓名、创建修改日期等内置信息都能体现,这些内置特征也能帮助确定某个证据与特定计算机之间的关联。二是内容完整性审查。对于内容完整性的审查,目前比较常用的是一致性校验的方法,即运用特定算法,分别对原始数据与复制件计算,生成一段特定长度的唯一的校验码,如果两者的校验值码相同,则可以认定复制件与原件内容是一致的。目前国际通用的校验算法有 MD5、SHA、HAVAL 等,在审查过程中必要时可以聘请专业人员,使用专门设备进行检测。对于不能证明与原件内容一致的电子数据复制件,及不能排除其他合理性怀疑的电子数据,不宜作为定案的根据。

(二) 可靠性原则

可靠性原则,是指电子数据在内容上应具有真实性,能真实客观地反映出事实的本源。从理论上讲,电子数据的篡改往往难以察觉,如果一味强调举证方必须证明其真实可靠,有时过于苛求,对于电子数据客观性的认定可以转向对相关否定因素的排除,如果电子数据依赖的计算机系统的软硬件可靠,该系统有防止出错的监测或稽核手段,而且其运行过程是正常的,那么该电子数据就具备了足够的可靠性保障,应当推定其真实可靠,除非另有相反的证据。如人们通过银行计算机系统用银行卡进行取款、消费、办理业务,我们在银行计算机系统中可以取得相应真实的信息;又如,客户通过公共通迅系统用手机进行通话和短信联系,我们可以在手机和通信运营商那里找到通信记录和短信内容。为此,联合国《电子商务示范法》第 9 条规定:"在评估一项数据电文的证明力时,应考虑到生成、储存或传递该数据电文的办法的可靠性、保护信息完整性的办法的可靠性、用以鉴别发端人的办法,以及任何其他相关因素。"我国《电子签名法》第 8 条规定:"审查数据电文作为证据的真实性,应当考虑以下因素:(一) 生成、储存或者传递数据电文方法的可靠性;(二) 保持内容完整性方法的可靠性；（三）用以鉴别发件人方法的可靠性；（四）其他相关因素。"

审查判断电子数据的可靠性时，应当重点关注电子数据与电子数据之间以及电子数据与其他证据之间是否存在逻辑上的矛盾、电子数据与其他证据证明的问题是否一致、电子数据是否有被修改篡改的可能等。案例17中，侦查机关在网络取证中进行了向第三方取证。侦查机关通过电子邮件所属服务商确定网络服务商的地址，向服务商调取了30个涉案邮箱中的20万封电子邮件，经过筛选后将其中与本案有关联的部分作为电子数据材料提交法庭。为确保上述电子数据的可靠性，防止阅读者对这些数据进行修改，向第三方取证的数据材料均由第三方单位存储在只能读不能写的光盘里面。我们可以从以下几个方面进行审查判断：一是审查生成电子数据系统、程序以及取证技术、工具是否可靠，对电子数据从生成至提交法庭的全过程进行周密审查，重点考虑电子数据的形成系统是否是正常状态下形成的、生成电子数据的相关程序是否正常运作、取证技术和工具是否符合法律规定和相关技术标准等。二是审查电子数据的存储方式是否合法和合理，重点考虑存储的媒介是否合法，存储的方法是否合理，进行电子数据储存操作的工作人员是否公平公正。三是审查电子数据的提取过程是否科学，重点考虑是否着重提取与案件有关联、具有客观有效的电子数据。四是审查电子数据的传送过程需要可靠，重点考虑运营人员是否公正公平、是否独立以及在运送或传递过程中有无被截获加密篡改的可能。五是审查电子数据的检验鉴定意见，重点考虑电子数据是否被删减、仿造等。六是运用推定方法审查电子数据的真实可靠性，如通过认定电子数据所依托的电脑以及其系统程序来核定其承载的电子数据具有可靠性，若电子数据是由对其中一方不利的当事人提交的或电子数据是在某一活动中正常生成的，推定电子数据具有真实性等。

（三）原始性原则

原始性原则，是指电子数据的来源以及电子数据的转化产物

（如书证、勘验检查笔录等）应当与原始数据相符。电子数据具有隐蔽性、科技性的特点，需要侦查人员在收集提取时通过采取一定的技术手段对存储电子数据的电子设备进行处理才能呈现出来，为人们所直接感知。该初始可视化形态的电子数据即满足电子数据原始性的要求。根据原始性原则，电子数据必须通过显示或打印的方式才能为人们所感知，也就是说仅仅显示或打印应当不改变电子数据的性质。但电子数据往往是通过运算的方式进行的，这决定了很难根据"是否来源于原始出处"来判断原生电子数据，尤其是经过较长时间后，必须通过复制的方式予以保管，如由于磁盘的寿命、系统升级等问题，电子数据很难永远保存在其最初固定在的媒介物上面，所以原生电子数据也可能是复制而来的。

审查电子数据的来源，应重点审查电子数据形成的时间、地点、对象、制作人、制作过程及设备情况。电子数据在技术上必须满足只读、镜像复制和数字指纹的要求。只读就是保证电子数据在获取和分析的过程中不被修改，不能在涉案的计算机或存储设备上进行。镜像复制技术是取证和分析工作的前提和基础。为保证数据的完整性，需要进行位对位的精确复制，不能有任何的修改、遗漏、丢失。数字指纹用来证明复制数据与原数据的一致性。通常采用单向杂凑算法对信息的每一位进行计算，得出该信息的一个序列值，如 MD5 值、SHA、SHA2 等。文件内容稍有变化，这个值就发生变化，依据这个原理，数字指纹能够验证复制数据与原始数据的一致性。司法实践中侦查机关移送的电子数据多已转化为勘验、检查笔录、鉴定文书或其他形式的书证材料，此时应特别注意审查两者间的对应关系。案例 17 中的电子数据材料就是转化为电子数据司法鉴定意见，审判法官对鉴定依据的检材的来源进行了认真审查。检材来源于公安机关依法封存扣押的 100 多台涉案电脑，一批 U 盘、移动硬盘、手机卡等存储介质，该批存储介质的扣押有见证人在场，封存时进行了拍照录像，并制作搜查笔录和扣押清单后送鉴定部门鉴定，因此可以确定检材数据与原始数据具有一致性。

二、电子数据真实性审查判断内容

电子数据是电子信息技术发展的产物，属于科技类证据的一种，其本身具有易被修改且不易被察觉的特性。要保证电子数据的真实性，就要从电子数据的来源、主体和内容三个方面进行审查判断。

（一）电子数据的来源

真实性往往要求所出示的证据为原件。关于电子数据的"原件"问题，笔者主张用相互印证和完整性审查的方法解决，本章已有论述，此处不再赘述。从内容上看，电子数据来源的审查判断主要从原始存储介质移交情况和电子数据本身的物理属性两个方面进行。

一是对电子数据原始存储介质的审查判断。应重点审查电子数据是否随原始存储介质移送和原始存储介质的扣押、封存状态。对于电子数据存储磁盘、光盘等可移动的存储介质应和打印件一并随案移交审查。审查该打印件时，应重点审查其反映内容是否与电子存储介质显现的内容一致，如果不一致或仅有打印件，则其证据效力存疑，即使有移交的存储介质，还应当审查该存储介质是否为电子数据的原始存储设备，如果非原始存储设备，应要求侦查机关补充说明或退回补充侦查。在原始存储介质无法封存、不便移动或者依法应当由有关部门保管、处理、返还时，提取、复制电子数据是否由二人以上进行，应对该设备情况进行审查，着重审查有无提取、复制过程及原始存储介质存放地点或者电子数据的来源的文字说明和签名，该设备是否已被扣押，设备硬件系统是否完好、软件是否可靠、运行是否正常、是否受到过病毒侵袭以及案发后是否有被不当使用的情况，设备是何人保存，保存方属于中间第三方，不利方，还是侦查机关等，必要时对该设备以及电子数据应当一并进行鉴定，对打印件审查时，要查看该打印件是否经过当事人的确认，打印件上是否有当事人的签名或盖章。此外，要审查收集和复制电子数据时，电子数据是否来自使用正常的信息设备，在数据输入时，信息设备是否运行良好，收集的内容是否来自输入信息设备的数据，复制是否完整，是否与原始数据一致。

二是对电子数据本身进行审查判断。应着重审查电子数据的完整性是否可以保证。还要查明电子数据的生成时间、地点、对象、制作人、制作过程及机器设备状况，明确电子数据是否真实可靠，有无伪造、篡改的可能。电子数据具有无形性、易受破坏性的特点，这在一定程度上决定了有时其所反映的事实并不是案件的真实情况，而仅仅是表象的"真实"。如经过伪造的电子信件、经删改后的电子数据等，而这些被篡改、被破坏的电子数据，侦查人员在认定其真实性方面往往存在很大的困难。如果出现了对电子数据内容的剪裁、拼凑、篡改、添加等伪造、变造情形，比如在怀疑对电子数据的删改、伪造时，侦查人员无法以感官来进行判定，只能依法聘请具有专门技术知识的人对其进行鉴定，然后依据鉴定意见作出判断。有专家鉴定的电子数据的真伪，一般给予认可。但这并不代表专家鉴定意见的内容不可推翻，在鉴定意见可能有误的情形下，可以通过重新鉴定予以确定，也可以由专家辅助人对此提出质疑后确定其正误。当然，电子数据发生增加、删除、修改的，并不必然导致其不真实，如为了使部分损坏的视频文件能够正常播放，在视频文件的文件头增加某些信息，在无法打开的电子文件上修改打开格式使其能够打开等。另外，通过查明增加、删除、修改的具体内容和方法，可以还原出增加、删除、修改之前的状态，最终还原事实的真相。在此情况下，对电子数据存在增加、删除、修改等情形的，应着重审查是否附有说明。同时，审查电子数据是否具有数字签名、数字证书等特殊标识，可以通过简单的软件工具进行验证，也可以请具有专门知识的人帮助验证，还可以请有关侦查人员进行验证演示，通过对电子数据附带的数字签名或者数字证书进行认证,以验证电子数据的真实性。

(二)电子数据的主体

电子数据的收集和提供主体直接反映了电子数据的来源和出处。我们可以从电子数据的收集和提供主体的角度,确定电子数据的来源,并以此认定电子数据的真实客观性。

一是审查判断主体的资质。电子数据具有高科技性、无形性和易破坏性,需要具有一定专业技术的人员才能收集、固定和鉴定,尤其是对于提供网络聊天记录、通话记录等电子数据的网络、通讯运营服务商、运用计算机技术提供与案件有关的计算机信息的专家和对电子数据进行鉴定的专业技术人员等,需要审查上述提供电子数据主体的资质。如果其不具备相应的资质,则电子数据来源的真实性就存在很大的疑问。一般说来,上述人员的资质虽然通过审查电子数据的制作说明、签名和签章、询问取证主体等方法很容易审查,但对于审查电子数据的来源是否为原始数据以及电子数据是否真实可靠却非常关键。

二是调查讯问(询问)相关人员。与案件具有直接利害关系的犯罪嫌疑人和被害人是直接接触电子数据的人,也是最为知晓电子数据内容的人。因此,在审查电子数据的来源时,可以通过讯问犯罪嫌疑人和询问被害人,并结合犯罪嫌疑人口供、被害人证言以及其他案件证据材料了解案卷中的电子数据是否为原始数据以及存储介质是否为涉案物品。同时,存储介质的所有人和持有人对于自己拥有和管理使用的存储介质最有发言权,通过询问可以审查出案件移送的存储介质是否为涉案物品。

(三)电子数据的内容

由于信息技术的发达,电子数据存在被伪造、变造的可能很大。如在某人的计算机中发现一份与实施犯罪相关的文件,这一事实本身并不足以表明其有罪。因为,可能存在证据表明,这个文件是在当事人不知情的情况下由病毒、他人复制或者通过网络浏览器的漏洞植入到计算机系统中。通过分析这个文件本身、该文件所处的位置、系统的安全漏洞情况、使用系统的人为事实或者其他证据，能够帮助确定这个文件究竟是如何进入这个计算机系统的。同样情况也可能发生在网络上。如某个电子邮件标题位置的网络协议 IP 地址指向某台特定的计算机，也并不必然意味着这台计算机的所有人就是信息的发送者。有些犯罪嫌疑人可能使用公共电脑或者采用复杂一点的手段将他人的 IP 地址插入到电子邮件的标题位置等技术手段。

司法实践中，对电子数据内容真实性的质疑主要存在两种情形：一种是电子数据本身有无遭受伪造、变造的情形，是否被改动、处理过或在其形成之后被损害过；另一种是电子数据是否是正常电子设备依正常程序产生、存储、传播，通过质疑生成电子数据的系统、程序是否可靠，进而来质疑电子数据是否可靠。司法人员审查判断的重点内容有三点：一是电子数据记录的内容是否符合案件的事实真相；二是电子数据记录的内容是否是有关人员的真实意思反映；三是电子数据是否进行了修改，有无剪裁、拼凑、篡改、添加等伪造、变造情形。在此情况下，司法人员可以从电子数据本身、电子数据与犯罪事实直接的联系、电子数据与相关证据之间的关系等多方面判断电子数据内容的客观性。

三、电子数据真实性审查判断方法

上述提到的完整性审查、可靠性审查和原始性审查，既是在审查判断电子数据真实性时必须遵守的原则，其具体的内容也是在审查时可以使用的方法。同时，除了从电子数据的来源、主体、内容的角度进行审查外，还可以从电子数据的生成、存储、传输、取证等环节进行审查或鉴定检验，与全案其他证据相互印证以及对电子数据收集提取过程进行重现等方面，审查判断电子数据的真实性。

（一）环节审查法

环节审查法，是指根据电子数据的生成、传输、存储、提取、复制、固定等各个环节,来审查判断电子数据是否存在剪裁、拼凑、篡改、添加等伪造、变造的情形,以此对电子数据的真实性进行综合审查判断的一种方法。

一是在电子数据生成环节,重点审查电子数据是否是在正常的活动中按常规程序生成的;生成电子数据的系统是否曾被非法人员控制;系统的维护和调试是否处于正常状态;在正常业务中是按规范程序自动生成还是人工录制的;自动生成电子数据的程序是否可靠,有无非法干扰;采用人工录入的方式,录入者是否按照严格的操作规则、可靠的操作方法合法录入等。

二是在电子数据存储环节,重点审查作为证据的电子数据是怎样存储的,包括存储电子数据的方法是否科学;存储电子数据的介质是否可靠;司法机关在收集电子数据的过程中是否遵守法律的有关规定;存储电子数据的人员是否公正、独立;存储电子数据的操作者与本案有无利害关系;存储电子数据的环境是否具备防静电、防磁场干扰、防高温、防湿和除尘等条件;存储电子数据时是否加密;所存储的电子数据是否会遭受未经授权的接触;所存储的数据电文是否被改动等。

三是在电子数据传送环节,重点审查传递、接收电子数据时所用的技术手段或方法是否科学、可靠;传递电子数据的"中间人"(如网络运营商等)是否独立公正;电子数据在传递过程中有无安全保障措施;电子数据在传递的过程中有无加密措施;电子数据内容在传输过程中有无被改变;有无可能被非法截获等。

四是在电子数据收集环节,重点审查电子数据是由谁收集的,收集证据者与案件有无利害关系;收集、提取电子证据的方法(如备份、打印输出等)是否科学、可靠,是否会对原始数据造成删改;在收集电子证据的过程中是否遵守了有关的技术操作规程;收集者在对证据进行重组、取舍时是否客观公正,所采用的方法是否科学可靠等。

五是电子数据固定环节重点审查其保存的环境,如储存设备有无安装杀毒软件或感染过病毒；储存设备有无受到损坏；储存的电子文件有无加密等。

(二) 鉴定检验法

对于电子数据的真实性，应结合案件其他证据进行审查判断，对于自相矛盾、内容前后不一致或不符合情理的电子数据，应当谨慎。对存有疑问的证据可以要求补充侦查或不予采信，如电子数据制作、取得的时间、地点、方式等有疑问，不能提供必要证明或者作出合理解释，或者经审查仍无法确定真伪的，电子数据不得作为定案的依据。也可以对有疑问或异议的电子数据进行鉴定检验，委托专门机关对有镜像文件的电子数据进行鉴定，以确定电子数据具有的真实性。比如，对于一般人员而言，在互联网中直接删改电子数据并非易事，如网络服务器收件箱中的电子邮件，使用记录数据签名只是可读文件，拒绝删改。其另存方式也只是改变文件的位置，文件的属性并未改变。从外观上看，电子数据带有收发数据人、收发数据的网址、收发数据的时间等详细资料。故对于这类文件只要上述信息清楚，即可作为证据使用。可能发生删改的电子数据一般是非纯文本的文件或存储于网络客户计算机终端上的文件。因该类文件打开时，是在相应的编辑软件下进行的，故可以删改。该类文件的电脑打印件，与普通电脑打印件的文件无异，故仅凭打印文件很难起到证据的作用。此外，另有一类电子数据是被收件人或发件人从其电脑中删除了，依此否认电子数据的存在。此类情况虽然文件被删除，但其在存储器上的物理特性并未改变，可以请专业技术人员对之恢复。

电子数据鉴定通常是由司法鉴定机构进行鉴定，对其进行检材和样本的检验，最终形成电子信息内容和司法鉴定意见。从鉴定的类型上分，常见的有以下几种：(1) 电子信息内容检验，包括搜寻与犯罪相关的文件资料、读取加密文件、恢复和读取被删除的文件、读取被损坏储存介质中的文件等；(2) 对电子信息的真实性检验，如数据是否被编辑修改过；(3) 电子设备硬件和软件运行情况和性能检验,包括硬件的功能和状况,软件内容和应用性能等,通过文件指纹特征分析,可以反映文件写入储存的信息,如创建文件的时间范围等,且可根据文件指纹特征来推断特定日期机器运行了哪些程序;(4)电子信息同一认定检验,由专家作出认定或否定结论,包括软件源程序比较检验、电子信息内容比较检验、数字影像比对、声音比对等。在对电子数据鉴定意见进行审查时,<u>应重点审查鉴定人是否具备鉴定条件、鉴定人是否具有相应可靠的鉴定能力、鉴定资料来源是否真实、鉴定原理是否科学、技术方法是否正确等</u>。

(三) 相互印证法

相互印证法,是指审查电子数据的派生物与原件,以及电子数据与其他证据是否保持一致的工作方法。司法实践中,为了体现电子数据的直观性,电子数据往往需要通过显示或打印的方式转化,但是在转换过程中容易导致信息的失真与缺损。为了确保显示或打印出来的电子数据真实可靠,需要将电子数据存储磁盘、存储光盘等可移动存储介质与打印件一并提交,以便对二者进行对比,核实一致。同时,在全面收集各种证据的前提下,审查电子数据的真实性要结合其他证据,考察电子数据的内容与其他证据之间是否有矛盾,如果有矛盾,矛盾是否能够得到合理的排除。在通常情况下,单个电子数据证据无法证明其自身的真实性,只有与其他证据相结合,加以综合分析、判断,才能确认其真伪。

(四) 过程重现法

过程重现法,即侦查实验法,是指复现电子数据的收集、提取过程,通过再次的数据恢复,比较两次数据恢复的内容是否相同。两高一部《电子数据规定》第 22 条第 3 款规定,对电子数据是否真实,可以着重审查电子数据的收集、提取过程是否可以重现。一般来说,证据的取证过程是不可逆的,<u>一旦收集提取到证据后,该取证过程即宣告结束</u>。当然,取证过程中进行拍照或录像也可以反映取证过程。但电子数据具有可以过程重现的特性，即使已经被收集提取，其取证过程仍然可以被完全、准确、一致的重现。通过扣押封存原始存储介质进行电子数据检查后获得的电子数据则一般可以进行收集提取过程的重现。我们在审查通过电子数据检查从扣押的原始存储介质中恢复的电子数据的真实性时，除了审查查扣的有关搜查扣押笔录和原始存储介质的扣押封存状态以外，还可以再次进行数据恢复，并比较两次数据恢复的内容是否相同，如果两者相同则审查中的电子数据具有真实性。当然，并非所有电子数据都有该特性。通过网络在线提取、远程勘验以及打印、拍照、录像、冻结等方式固定的电子数据无法进行过程重现，比如拒绝服务攻击案件中从网络截取的攻击数据包，或者从计算机内存中提取的电子数据，这些数据在拒绝服务攻击结束或计算机系统关机后就会消失，其取证过程是无法重现的。

总之，电子数据作为现代科技手段的产物，其本身的脆弱性、易删改性，决定了其易被剪裁、拼凑、篡改、添加等变造、伪造、消失等情形，特别是在收集、保管、鉴定的动态过程中更容易受到破坏或删改，从而影响电子数据的真实性，因此要加强电子数据是否有被修改的审查。在审查时应对其逻辑上是否存在矛盾以及与其他证据是否逻辑上一致，结论是否唯一以及是否具有被人为改动的可能性方面进行着重分析、论证，可以采取一些间接的方式和手段，如审查电子数据的技术形成过程，审查记录、储存电子证据的设备系统性能的安全可靠性，审查收集、提取电子数据的操作方式的正确性与否等方式，来判断电子数据是否是真实的。如果无法证实电子数据的原始性以及完整性，并导致案件事实认定存疑时，应当要求侦查机关说明情况或退回补充侦查，调取相关证据证实，否则不宜采纳。若计算机设备正常运行，或者不正确运行但不破坏电子信息的完整记录，同时不存在别的质疑，则推断电子数据及其存储介质是完整的。

一般而言，对电子数据真实性进行审查判断后，应遵循以下原则对电子数据进行处理：

1. 自认的电子数据，一般予以采纳。如果控辩双方一方对另一方出示电子数据的真实性未提出异议，甚至明确表示认可的，司法人员可以采信，除非有相反证据反驳。需要说明的是，自认的电子数据即使双方没有提出异议也不等于确实无疑。

2. 由适格专家证人通过具结方式证明其为真的电子数据，一般予以采纳。电子数据能够通过专业技术人员的具结来证明其真实性。这些技术人员具有特殊的身份和独特的技术能力，他们对电子数据的真实与否具有专业眼光，能通过多种渠道对电子数据进行查明核实，由他们作出的具结应该属于充分的佐证，足以证明电子数据的真实性和可靠性，对于他们的证词一般可以采纳。但并非所有技术人员都能够担当适格的证人，司法人员需要对他们进行审查才能确定其是否具备资格。

3. 电子数据的来源、形成、制作过程及设备等正常，无被修改破坏情况，一般予以采纳。现代计算机信息技术的一个致命弱点是它难以根除遭受计算机黑客对计算机系统侵入和攻击、篡改的危险。要识别哪些电子数据曾经被篡改过，需要借助计算机技术。一般来说，由中间商或网络服务商来储存记录或转存的电子数据具有中立性，更加真实。对具有计算机专业知识，能够凭借其知识解决电子数据的专门问题的鉴定检验专家出具的电子数据鉴定意见，一般予以采纳。

4. 对于带有电子签名或其他安全程序保障的电子书证，以及通过公证方式确认的电子数据，在没有任何反证的条件下，一旦确定其具有真实可靠性，一般可以采纳作为证据。根据日常生活经验和交易习惯，由权威机构提供保证的电子签名、身份认证往往为人们放心使用。因此，如果电子证据中包含有经过权威机构提供的电子签名、CA 认证证书等内容，在没有相反证据证明该内容有误的情况下，可以认定相关信息的真实性。

5. 通过镜像工具和专业的取证软件等专业电子取证工具和写保护设备，如 Encase、FTK 等软件，取得的电子数据，在无相反证据证明的情况下,司法人员可以结合其他证据予以采信,推定其真实性。

第四节 电子数据关联性的审查判断

【案例18】2013年8月至11月,被告人杨某某通过QQ软件搜索功能,使用单位的办公电脑和自己的手机,分别用网名"多啦B梦"、"痛并舒服快乐"的QQ号,陆续添加未成年学生为好友,在聊天过程中,采取哄骗、到家里、学校找麻烦、弄出来轮奸等威胁、恐吓手段,先后将张某(女,时年13岁)、王某某(女,时年14岁)、刘某某(女,时年12岁)、卢某某(女,时年13岁)、张某甲(女,时年13岁)、张某乙(女,时年14岁)6名被害人威胁或骗至宁津县金帝、明顺、君乐聚、盐百等宾馆强行奸淫。被告人杨某某共强奸作案7次。其中,强奸张某2次,强奸刘某某、卢某某、张某甲、王某某、张某乙各1次。2013年11月3日,杨某某使用相同手段在宁津县盐百宾馆的8820房间内,欲强奸朱某某、刘某某、周某某时被举报,犯罪未遂。本案审判中,公诉部门向法院提供除传统证据以外的QQ聊天记录、截图和QQ信息等电子数据证据。该电子数据由侦查机关依法从被告人杨某某处扣押的杨某某所有的黑色惠普台式电脑主机、三星触屏手机、OPPO直板手机中提取。聊天记录能够证明被告人与各被害人进行了QQ网络聊天以及相关内容记录情况;QQ截图证明杨某某在网上对被害人使用了威胁、恐吓的手段将其威胁至宾馆奸淫的情况;QQ信息能够证明被害人网上的个人信息情况,因此对证明案件事实具有关联性。该三份电子数据对于认定杨某某构成强奸罪的犯罪事实具有实质性意义,且反映的事实与被害人陈述、证人证言、物证、书证、被告人供述等证据互相吻合,能够构成完整的证据锁链。上述证据经庭审质证,被法院采信。山东省德州市中级人民法院以强奸罪判处被告人杨某某死刑，缓期二年执行，剥夺政治权利终身的刑事判决，山东省高级人民法院依法进行死刑复核，认为原判法院认定事实清楚，证据确实、充分，定罪准确，量刑适当，审判程序合法，依法核准该刑事判决。[1]

证据的关联性，即证据的相关性或证明性，是指证据必须与待证明的案件事实或其他争议事实具有一定的联系，即证据必须与案件事实有本质性的联系且对案件事实有证明作用。关联性是证据的自然属性、客观属性，也是证据的本质属性，是证据适格的基础性条件。电子数据的内容应当与案件事实存在关联性，缺乏关联性的材料，即使其真实、合法也不能作为相关案件的证据使用。证据的关联性和证据的客观性也有一定的联系，关联性的前提条件是证据必须客观存在，并且表现为法定的形式。关联性是客观的存在，是可以被认知的，只是表现的形式多样化。

电子数据的关联性，是指电子数据应与案件事实有联系，并能对相关案件事实有证明作用。作为证据类别中的一种，电子数据同样要进行关联性审查，否则其就丧失了作为证据的一般意义。关联性的有无、大小及紧密程度决定着电子数据能否作为证据以及证明力的大小。如果电子数据和案件事实的联系紧密、有直接联系，则证明力大；如果电子数据和案件事实之间的联系是间接的、逻辑上相距较远的、需要推理才能确定其证明价值的，则关联性就单薄，证明力小。但刑事案件的电子数据之间存在多种牵扯，很多数据可能都和案件事实有关，如何在海量数据中分辨出有价值的电子数据，也一直困扰着公安司法人员。实践中，涉案存储介质中可能存有大量的电子数据，但是仅有部分电子数据与案件事实相关。典型的例子就是QQ聊天记录。犯罪嫌疑人通过QQ网络聊天工具向同伙讲述作案手段和作案过程，那么相

---

[1] 参见杨某某强奸案，载中国裁判文书网，http://wenshu.court.gov.cn/content/content？DocID＝13de0cf2－0313－4c5b－b427－288df3a8d181&KeyWord＝电子数据，访问日期：2016年8月5日。

应的电子数据就存在于网络聊天记录中,但是聊天记录中可能存在大量与案件无关的信息,如讨论天气、旅游、明星八卦、社会热点等。在这种情况下,侦查机关应截取与案件有关的电子数据作为证据使用,此即证据关联性的要求。电子数据的关联性的审查判断是一个事实判断问题,不是立法上能解决的问题,而只能由司法人员根据经验法则、生活常识、直观判断和逻辑标准予以进行。两高一部《电子数据规定》规定了电子数据关联性审查判断的条款,但过于单薄,侧重于对电子数据真实性和合法性审查判断的规定。在关联性审查判断方面,仅仅规定对犯罪嫌疑人、被告人网络身份与现实身份的同一性,以及犯罪嫌疑人、被告人与存储介质的关联性两个方面的认定,极大地忽略了电子数据取证环节关联性证据的收集与固定,以及如何审查判断电子数据与待证事实和案件相关证据的关联性的问题。本节内容重点探讨如何审查判断电子数据关联性的问题。

一、电子数据关联性审查判断概述

(一) 电子数据的关联性种类

如果说合法性是法律对电子数据形式上的要求,那么,关联性则主要考察电子数据的内容。判定电子数据的关联性是要审查其具体内容,包括犯罪行为的时间、地点、犯罪过程、犯罪的对象等与案件事实是否相关。电子数据与案件事实的关联形式有多种,如直接关联和间接关联、正面关联和反面关联等。直接关联是指电子数据证明某犯罪行为全过程或犯罪过程的某个环节,可以起到确认有罪无罪、罪轻罪重的作用。间接关联是指电子数据不是犯罪的反映,但在刑事证明中起着不可忽视的作用,如反映作案时的天气、节假日,对确定作案时间有重大作用的电子数据。正面关联是指电子数据与案件有直接联系,并且对案件事实起肯定作用,如从犯罪嫌疑人电脑中反映案件事实的电子文档、犯罪嫌疑人处扣押的手机中反映案件事实的QQ聊天记录等。反面关联是指电子数据不但与案件没有直接联系，而且对案件事实起否定作用，如反映犯罪嫌疑人不在犯罪现场的语音通话记录、与犯罪嫌疑人供述不一致的短信记录等。

（二）具有关联性的电子数据

判定电子数据的关联性强弱的关键在于其跟犯罪构成核心要件事实的联系，包括犯罪行为、过程、结果等，联系越紧密，关联性越强。司法实践中，一般对下列电子数据的关联性予以肯定：一是与行为人涉嫌犯罪的构成要件事实有关的电子数据；二是能证明行为人涉嫌犯罪的具体行为过程的电子数据，包括何人、何种动机与目的、何时、何种手段、何行为、何种危害后果等要素的电子数据；三是能证明或排除犯罪嫌疑人、被告人辩解的电子数据；四是与行为人涉嫌犯罪的犯罪情节有关的其他电子数据。案例18中的QQ聊天记录、QQ截图、QQ信息三份电子数据对于认定杨某某构成强奸罪的犯罪事实具有实质性意义：聊天记录能够证明被告人与各被害人进行了QQ网络聊天以及相关内容记录情况；QQ截图证明杨某某在网上对被害人使用了威胁、恐吓的手段将其威胁至宾馆奸淫的情况；QQ信息能够证明被害人网上的个人信息情况，因此对证明案件事实具有关联性，都是具有关联性的电子数据。

（三）不具有关联性的电子数据

一般认为，下列电子数据不具有关联性：一是品格证据，如从相关单位计算机系统调取的犯罪嫌疑人、被告人犯罪前的表现、犯罪后的表现等证据，这些电子数据与案件事实并无实质联系，但该证据虽然不得作为定罪证据，但可作为量刑的参考。二是测谎报告，它只能检查犯罪嫌疑人在做口供时的心理状态，不能检查其作案时的心理状态，与案件事实没有关联性，不能说明其作了案，而且行为人的心理素质因人而异。三是反映类似事件、行为的电子数据，犯罪嫌疑人、被告人在其他场合的某一行为与他在当前场合的类似行为通常没有关联性。四是反映犯罪嫌疑人、被告人先前行为和犯罪动机的电子数据,如有犯罪前科等,该证据虽不得作为定罪证据,但可作为量刑参考。同时,犯罪动机具有高度的不确定性,只能是侦查的线索和方向,不能作为定罪的关键证据使用。五是反映被害人过去行为的电子数据,如强奸案中的被害人生活作风不良、故意伤害案中的被害人曾经被他人多次伤害、盗窃案中的被害人有犯罪记录等。

二、电子数据关联性审查判断原则

(一)坚持全面性审查原则,注重证据之间的相互印证

我国证据法坚持印证证明的方法,孤证不能定案,必须由若干份证据构成一个相互印证的体系,即完整的证据体系或证据锁链才能认定犯罪事实。与其他证据形式一样,只有与本案有关的电子数据才能作为定案的根据。在审查判断电子数据的相关性时,不能被电子数据所反映的表面现象所迷惑。很多电子数据的信息量并不单一,在电子数据的主要信息,如文字、图像、声音、录像等或实现特定功能的数据代码等,形成过程中会衍生出其他信息:一是附属信息,如信息本身的数据来源、创建、修改日期等;二是环境信息,即这些数据内容的逻辑存储地址、物理存储地址等。通常情况下主要信息是证明案件事实的直接证据,而附属信息和环境信息可能会提供时间、地点等方面的数据。在审查判断电子数据的关联性时,既要审查存在于计算机软硬件上的电子数据,也要审查其他相关外围设备中(如光盘、U盘、移动硬盘等)的电子数据;既要审查文本信息,也要审查图像、音频、视频等信息;既要审查对犯罪嫌疑人不利的证据,也要审查对其有利的证据。通过全面综合审查,审查电子数据与其他证据之间的关系,确认电子数据与待证事实之间的关系。只有电子数据与其他证据有联系,并能相互印证,才能作为定案的证据。案例18中的三份电子数据反映的事实内容包括被告人的作案手段、作案过程、被害人的个人信息等,经审查与被害人陈述、证

人证言、物证、书证、被告人供述等证据互相吻合,彼此相互印证,能够构成完整的证据锁链,因此可以作为定案的根据。

(二)坚持排他性审查原则,注重保密

在涉及电子数据的案件中,不仅要关注数据与犯罪事实的相关性和程度,更要重视"排他性"审查:一方面要排除干扰数据,另一方面要排除无关数据。电子数据中可能包含国家秘密、商业秘密或个人隐私信息。两高一部《电子数据规定》第4条明确规定,电子数据涉及国家秘密、商业秘密、个人隐私的,应当保密。在办案过程中,应当重点审查和听取电子数据制作者、提取者、见证人的证言,同时结合该电子数据的鉴定意见,犯罪嫌疑人供述和被害人陈述,构成完整的证据链,综合评断电子数据证据的证明价值,要在确保全面性的基础上,结合在案证据审查相关数据,尽量避免过度收集其他无关信息,以保障各方人权。案例18中杨某某强奸案中的6名被害人均是未成年人,侦查机关依法从被告人杨某某处扣押的杨某某所有的黑色惠普台式电脑主机、三星触屏手机、OPPO直板手机中提取到的QQ聊天记录、截图和QQ信息等电子数据除涉及6名被害人的详细被害经过外,还包括大量个人隐私信息。侦查机关在收集上述电子数据时重点围绕杨某某强奸犯罪事实的构成要件,收集能够确定犯罪实施手段、实施过程以及被害人主体身份方面的聊天记录和信息,截图打印后由侦查机关注明制作过程并由被告人签字确认,而与指控犯罪事实无关的信息则排除在取证范围之外,很好地保证了6名被害人的个人隐私。

三、电子数据关联性审查判断内容

审查电子数据的关联性主要有以下几个方面:一是明确电子数据状态,提出的电子数据能够证明什么犯罪事实和情况,这是审查电子数据关联性的前提和基础;二是该事实是否为案件争议的认定构成犯罪的实质性问题,所提出的电子数据对解决案件中的争议问题有无实质性的意义;三是电子数据所反映的事实,同有关书证、物证、证人证言是否互相吻合,是否有矛盾。只有当对上述三个问题的回答都是肯定时,该电子数据才具备了关联性。一般来说,某一电子数据对案件争议问题具有实质性意义,即能确定或否定某一案件事实存在,则应当认定该证据具有足够的关联性。

(一)电子数据欲证明何种待证案件事实

待证事实分为实体法上的事实和程序法上的事实。

实体法上的事实主要包括两个方面的内容:一是犯罪构成要件事实。这是证明对象的核心部分。首先要查明构成犯罪的具体行为是否确已发生。如果确有犯罪行为发生,则应当查明实施犯罪行为的时间、地点、方法、手段、工具和条件,以及犯罪结果、对社会造成的危害性等。二是作为从重、加重或者从轻、减轻、免除处罚理由的事实,即作为量刑轻重的各种量刑情节的事实。这些情节,特别是其中的法定情节,对量刑轻重具有直接的影响。只有全面查明这些情节,才能正确适用法律,做到量刑适当。此外,犯罪嫌疑人、被告人在犯罪后的态度和表现,诸如自首、坦白、立功或者潜逃、毁灭证据、串供,以及被刑事追诉之人的身份情况,有无前科等,都对刑事责任有影响,属于刑事诉讼中的证明对象,在诉讼过程中需要加以证明。

程序法上的事实主要包括:(1)当事人申请回避时提出的关于回避的事实;(2)当事人因不可抗拒的原因或者有其他正当理由耽误法定诉讼期限而提出申请的事实;(3)需要对当事人采取强制措施的事实以及影响采取强制措施的事实;(4)违反法定的刑事诉讼程序而可能影响正确判决的事实;(5)违反法定的刑事诉讼程序可能导致证据被排除的事实等。电子数据必须与以上待证事实有联系,即具有关联性,才有必要进一步考察其收集程序是否合法、是否能够作为定案的根据。

(二)电子数据与待证事实的关联性

从电子数据的证明范围看,有的电子数据能够反映决定犯罪基本构成和情节的主要事实，有的则只能反映决定犯罪构成某一方面或某几个方面的部分事实。在后一种情况下，要注意它所证明的这部分犯罪事实与其他证据证明的部分犯罪事实之间的联系，只有当案件中决定犯罪构成的所有基本犯罪事实都有相应证据证明，并互相衔接互不矛盾时，电子数据才能与其他证据一起形成一个完整的证明体系，成为最后定案的充分根据。从电子数据的证明程度看，有的电子数据能与案件事实发生直接联系，起直接证明作用，如犯罪嫌疑人实施诈骗过程中，向被害人实施诈骗的微信聊天记录、犯罪嫌疑人对被害人进行威胁进行敲诈勒索的手机短信记录等；有的电子数据则只能通过证明其他证据的真实性而与案件事实发生间接联系，起间接证明作用，如微博上犯罪嫌疑人的身份认证信息、犯罪嫌疑人支付宝中的电子交易记录等。前者对案情有独立的证明作用，不依赖于其他证据，因此其对案件事实的证明力是由电子数据本身的特点决定的，相对较强；后者必须通过其他证据才能对案情起证明作用，对案件事实的证明力要受其他证据的限制，相对较弱。重点审查作为电子数据的事实与案件中待证事实的部分或全部是否重合，如果与案件事实不重合，并非案件事实的组成部分，但是与案件待证事实有直接或间接的联系，能够为案件待证事实说明情况的，可以认定其与案件待证事实存在关联，否则欠缺关联性。

（三）电子数据与其他证据的关联性

电子数据由于本身的脆弱性、易删改性，在本身真实性有待查证的条件下，可能导致其不能单独证明案件事实，而必须与其他证据联系起来，共同证明有关待证事实。《关于办理死刑案件审查判断证据若干问题的规定》第29条第2款明确要求："对电子证据，应当结合案件其他证据，审查其真实性和关联性。"如结合户籍资料、人口信息等证明犯罪嫌疑人、被告人现实身份的书证以及犯罪嫌疑人、被告人供述和被害人陈述的微信、QQ等网络信息，查明微信注册信息、QQ号码信息反映出的虚拟网络身份是否为犯罪嫌疑人、被告人本人；结合查扣的电脑、手机、U 盘等物证以及犯罪嫌疑人、被告人的供述、被害人陈述等，查明上述物证的所有人、实际使用人、管理人、持有人等是否为犯罪嫌疑人、被告人本人等。两高一部《电子数据规定》第 25 条规定，在审查电子数据关联性时，认定犯罪嫌疑人、被告人的网络身份与现实身份的同一性，可以通过核查相关 IP 地址、网络活动记录、上网终端归属、相关证人证言以及犯罪嫌疑人、被告人供述和辩解等进行综合判断。认定犯罪嫌疑人、被告人与存储介质的关联性，可以通过核查相关证人证言以及犯罪嫌疑人、被告人供述和辩解等进行综合判断。同时，对电子数据的审查，必须坚持"孤证不能定案"的原则，即每一个证据的证明力之有无或者大小，都不能依靠该证据本身得到证明，而必须通过对证据本身的情况、证据与其他证据之间有无矛盾及能否相互印证、证据在全案证据体系中的地位等问题进行全面的衡量，才能作出合理的判断。一般来讲，电子数据用于证明待证事实时通常不是孤证，只用一个电子数据就定案的情况是极为罕见的，而要对其进行最终认定，往往要结合该电子数据的一些附属信息以及其他证据，通过彼此的相互印证予以综合认定。

四、电子数据关联性审查判断方法

如前所述，电子数据关联性的审查判断并没有一个固定的标准，因为电子数据关联性的审查判断是一个事实判断问题，很大程度上依赖于司法人员的常识、经验等进行逻辑判断。但我们可以从关联性审查判断的内容，即电子数据欲证明何种案件事实、电子数据是否对案件事实有实质意义、电子数据是否与相关证据矛盾，找出电子数据关联性的审查判断一般方法。一般认为，证据的关联性，是实质性和证明性的结合，侧重的是证据与证明对象之间的形式性关系，包括两个方面，"一是证据与案件事实有直接或间接的联系；二是证明事实对案件事实有正面或反面的证明作用",① 即证据相对于证明对象是否具有实质性,以及证据对于证明对象是否具有证明性。笔者认为,上面论述的关联性审查判断内容的第一方面解决的是电子数据的证明性问题,第二方面解决的电子数据的实质性问题,第三方面解决的电子数据与相关证据的一致性问题,我们可以从证明性、实质性和一致性三个方面对电子数据关联性进行审查判断。

(一) 审查判断电子数据的证明性

关联性的实质意义在于证明力,即有助于证明案件事实,与案件事实关联程度的强弱直接影响到证据的证明力。所谓证明性,就是具有证明价值,指的是所提出的证据支持其欲证明的事实主张成立的倾向性,是依据逻辑或者经验而使欲证明的事实主张更为可能或更无可能的能力。② 如果提出的证据使其欲证明的事实主张的成立更为可能或者更无可能,那么该证据就具有证明性。这是判断证据证明性的最基本的方法。电子数据对待证事实的论证过程一般有演绎推理和归纳推理两种推理形式,并遵循形式逻辑的基本规律,如排中律、同一律、矛盾律等。对电子数据证明性的审查判断就是对电子数据对待证事实的论证过程的推理形式和逻辑规律进行审查判断,并在此基础上对该证据在论证过程中所依赖之各种大前提的真实性进行经验上的判断。如在刘某贩卖毒品案件中,公安机关现场抓获了刘某并依法查扣了刘某的手机和交易的毒品,从该手机中依法提取到了刘某与买受人范某进行沟通联系、约定交易价格和地点等内容的手机通讯记录和短信记录等电子数据证据,该电子数据能够使检察机关指控的刘某贩卖毒品的违法犯罪事实主张的成立更为可能,因此具有证明性。同时,根据刘某供述、范某的证言以及手机号码的登记信息等,能够确定电子数据证明性所依赖的大前提(查扣的手机为刘某所有并使用)的真实性,从而进一步证明刘某贩卖毒品这

---

① 周国均:《刑事证据关联性新探》,载《政法论坛》1987 年第 5 期。
② 马秀娟:《论证据的关联性及其判断》,载《政法学刊》2008 年第 6 期。

一犯罪事实的成立。

(二) 审查判断电子数据的实质性

所谓实质性，就是指证据欲证明的主张指向的是对案件裁判具有法律意义的待证事实。[①] 电子数据的关联性应具有实质性意义，即电子数据与案件的基本事实相关，能够证明当事人是否犯罪、犯罪性质及罪责的轻重等。需要说明的是，电子数据的关联性与其他类型证据基本相同，但有时电子数据必须与系统环境相结合才与案件事实发生实质性关联。证明性问题存在的前提是有待证事实的存在，即有需要证明的事实。实质性涉及的是证据与案件待证事实之间的关系。判断某项证据是否具有实质性，其关键就在于考察证据欲证明的是不是案件待证事实。因此，判断证据的实质性，首先就是要厘清什么是"案件待证事实"。一般情况下，待证事实就是争议事实，因为只有存在争议的事实才有证明的必要，不存在争议的事实不需要证明。在厘清案件待证事实的情况下，要判断某项证据是否具有实质性，主要就要考察当事人提出该证据的证明目的，考察该证明目的是否有助于证明本案中的争议事实。如果特定证据的证明目的并非指向本案的待证事实，则该证据不具有实质性，也就没有关联性。[②] 首先需要审查提出的证据针对的待证事实。该待证事实是否是案件争议的问题，而且该问题是否是案件的实质性问题，这里的实质性问题主要通过当事人的主张、检察机关的指控等体现出来。确定某种证据的关联性，就是要确定该证据是否关联到了案件的实质，对案件是否有实质意义。有的证据虽然能够证明某个问题，但却与争议的问题和案件事实没有任何关系，有的证据确实可以证明当事人有争议的问题，但这些问题对于案件的解决并没有实质价值，也缺乏关联性，如检察院起诉的罪名是重大责任事故罪，而所举

[①] 汤维建、卢正敏：《如何确认证据"关联性"》，载《人民法院报》2004年6月9日。

[②] 汤维建、卢正敏：《证据"关联"性的涵义及其判断》，载《法律适用》2005年第5期。

证据所证明的是玩忽职守罪，这时法院就不应予以变更罪名而加以裁判，而应该以证据与案件争议事实没有实质联系，即不能使检察院所指控的重大责任事故罪（案件的实质内容）更具可能性，认定检察院所举证据与案件事实没有关联性。

（三）审查判断电子数据与其他证据间的一致性

司法人员不是"自动售货机"，而是"有血有肉"的裁判主体。电子数据与待证事实的联系情况和联系程度的大小决定其对待证事实的证明力的大小，而这种联系情况和联系程度必须综合全案证据和全部案件事实才能加以确认。司法人员除了要审查电子数据本身所反映的内容前后是否一致、有无矛盾外，还要将案件中不同种类的证据结合起来进行综合审查判断，审查各个证据所证明的事实是否一致、协调，它们之间是否存在矛盾。同时，要把案件中的所有证据与案件事实联系起来，从而判断证据和案件事实的关联程度。只有当电子数据审查到证据与证据之间，而且证据与案件事实之间都相互一致，才能就案件事实作出相关结论性的意见。还应注意，证据是否充分，是进行综合审查判断时必须予以解决的问题，特别是完全依靠间接证据定案的，必须要形成完整的证明体系。案例18中，公安机关从杨某某电脑和手机中提取的QQ聊天记录、截图和QQ信息等电子数据证实了其对张某等多名被害人实施强奸进行的准备、采取的手段和各被害人的个人信息情况，上述电子数据与杨某某的供述、被害人的陈述、证人证言以及书证等证据反映的内容相互一致，彼此协调，与指控的犯罪事实具有直接的关联，足以证实杨某某对上述被害人实施强奸的犯罪事实。

第四章　案件事实认定中电子数据的审查运用

证据体现为内容和形式两方面。运用证据认定事实的过程，就是从证据中挖掘、提炼各种信息，对信息进行必要的甄别、取舍，根据这些信息分析证据本身的合法性、真实性、关联性；在此基础上，运用这些信息判断具体的案件事实。可见，证据信息是认定案件事实的细胞。运用电子数据认定案件事实，同样需要首先着眼于从电子数据中提炼相关信息。与传统证据相比，电子数据具有信息量极其丰富、信息高度精准、综合性强等方面的特征。因此，针对电子数据，不仅要利用好与传统证据相似的内容信息，也要善于发现电子数据特有的附属信息；不仅要从微观层面提炼电子数据中一条条具体的信息，也要善于运用大数据思维从宏观层面分析电子数据所蕴藏的整体特征信息，以便最大程度发挥电子数据应有的功效。在此基础上，分析电子数据的证据能力与证明力，然后进一步认定具体的案件事实。任何一个案件事实都是由很多要素所组成，全案事实也可以根据不同标准分解成各个具体的事实。一个比较有代表性的观点是将案件事实分成定罪事实、量刑事实和程序事实。[①] 就定罪事实而言，由于我国刑法理论普遍将犯罪构成要件分解成犯罪主体、客体、主观方面、客观方面，相应地，案件事实也可以分解成以上几个方面。但从司法实务操作层面看，无论是定罪事实、量刑事实，还是程序事实，需要运用证据加以证明的案件事实主要涉及三方面：一是案件中相关人员的判断，最主要是犯罪嫌疑人的认定，另外还有被

---

① 陈瑞华：《刑事证据法的理论问题》，法律出版社 2015 年版，第 231 页。

害人及其它关系人;二是相关人员尤其是犯罪嫌疑人主观认识方面的内容,包括主观故意、过失、动机、目的等;三是案件发生的具体行为及其相应的结果或影响,即案件的客观表现。因此,本章论述案件事实认定中电子数据的审查运用,在分析一般理论的基础上,重点从主体身份、主观方面、客观方面三个角度来论述如何运用电子数据中的信息认定具体的案件事实。而下一章则结合司法实践中涉及电子数据的常见犯罪,根据各类案件自身的特点,分析各类案件中常见电子数据,进而详细阐述具体类罪中如何运用电子数据认定案件事实。

第一节 运用证据认定案件事实的基本过程

从证据到事实需要一个论证、证明的过程,我们称为证明方法。历史上,关于证明方法大抵有四种:神示证明、法定证明、自由心证和印证证明。而现代国家普遍适用的是自由心证和印证证明两种方法。如果说自由心证法原理在英美法系和大陆法系各国的现代诉讼中具有普遍意义,那么我国整个刑事诉讼证明规则则是建立在相互印证的基础上。[1]

所谓印证证明,是指"两个以上的证据由于同时包含着相同或相似的事实信息,因此其真实性得到其他证据的验证,而它们所共同包含的证据事实得到了证明"。[2] 从这个定义可以看出,证据的相互印证着眼于证据中所包含的"信息"具有相同点或相似性,通过信息之间相互印证来证明事实。然而,每一份证据中又包含着各种各样的信息,有些信息与案件事实有关联,有些信息与案件事实无关联;即使有关联的信息,有些能够与其他证

---

[1] 陈为钢、张少林:《刑事证明方法与技巧》,中国检察出版社2009年版,第14~19页。
[2] 陈瑞华:《刑事证据法学》,北京大学出版社2012年版,第327页。

据的信息相互印证，有些信息无法得到印证，甚至还相互矛盾。因此，运用证据认定事实，应当以证据信息为出发点：从证据中提炼出与案件有关联的信息，然后对证据信息的真伪予以甄别、作出取舍，再运用信息认定证据的程序性事实和案件的实体性事实。

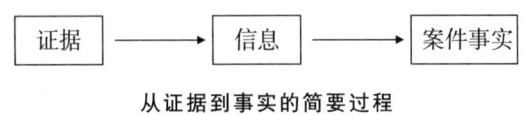

从证据到事实的简要过程

一、关联信息的提炼

（一）证据信息

关于证据的概念，学界有"事实说"与"材料说"之争，随着2012年修改后《刑事诉讼法》通过，"材料说"得到了立法的确认。然而，正如陈瑞华教授所言，"材料说"也有其不足之处，"明显地具有偏重实物证据和笔录证据的嫌疑，而大大忽视了当庭言词陈述的重要性"，进而将证据定义为"用来证明特定案件事实的载体"，并指出应当同时从两个侧面来认识证据：一是证据包含的"证据事实"，二是作为证据表现形式的"证据载体"。① 对证据这两个角度的分析，为我们认识证据的本质提供了非常有益的思路。然而，如果将证据的内容理解为"证据事实"，就会产生疑问：在侦查阶段收集的证据，经过一番审查判断、举证质证后发现，有些证据内容是虚假的，这些虚假的内容也是事实吗？经过一系列诉讼程序，为何有些证据最终没有被采纳为认定事实的依据，或者同一份证据中为何只有部分内容被采纳？对此，我们认为，"证据事实"更多的是从运用证据的结果来认识证据，而用"证据信息"来表述证据中承载的内容更

---

① 陈瑞华：《刑事证据法学》，北京大学出版社2012年版，第67~68页。

加客观中立。证据的功能在于证明案件事实,但一份证据被用来实际定案之前,证据中所包含的只是信息,这些信息有些是客观真实的,有些是虚假的或者真假难辨的信息,后者显然不属于事实;有些信息与案件有关联,有些与案件无关联,后者显然不属于案件事实;即使是有关联的、真实的信息,也需要运用一定的方法如印证证明才能认定某一案件事实。可见,在运用证据之前,证据信息客观存在;在运用证据并实际定案之后,证据信息才实现其证明事实的目的。正如刘品新教授指出,"证据的内容即信息,亦即案件事实的有关情况;证据的形式,就是信息的各种载体"。[1] 因此,从"信息"和"载体"两个角度来认识证据,更符合运用证据认定事实的逻辑过程。

证据本质上是信息的载体。然而,不同的证据,信息的情况也各不相同。有些证据信息量大,但与案件关联的信息不多,比如一份QQ聊天记录中往往包括大量与案情无关的内容;有些证据信息量不大,但可能每一份信息都与案件有关联,比如尸检报告可能每一个细节都有价值。因此,运用证据认定事实的第一步就是从证据中提炼与案件有关联的信息,为后续判断事实奠定基础。这就涉及证据信息的关联性与证据的关联性。二者的区别在于,证据的关联性强调每一份证据整体上与案件是否有关联,而信息的关联性则侧重于强调单份证据中不同信息哪些与案件有关,哪些与案件无关。当某一份证据中部分信息与案件无关时,并不必然否定该份证据整体与案件无关联性。例如,在侦查员提取的一份QQ聊天记录中,内容很多、信息量大。从证据的关联性角度讲,需要分析双方的QQ账号与当事人是否有关,聊天记录中是否有与案件相关的内容;如果答案是否定的,整份证据在该案中不具有关联性。而从信息的关联性角度讲,在运用证据时,剔除那些与案件无关的聊天内容,只留下与案件有关的聊天

---

[1] 刘品新:《证据法的信息论解析》,载王进喜、常林主编:《证据理论与科学——首届国际研讨会论文集》,中国政法大学出版社2009年版。

内容，然后进一步运用这些有关联的聊天内容认定案件事实。

（二）从证据中提炼信息的基本方法

证据所反映出的信息林林总总，这些信息客观存在于证据之中。但证据信息能否被挖掘、被发现出来用作判断案件事实的依据，提炼信息的思路、方法就非常重要。我们认为，可以从正反方面分析如何从证据中最大限度提炼关联信息。

1. 提炼信息的微观思维与宏观思维

第一，运用微观思维提炼信息。即详细研究单份证据或者证据中的单条信息，不放过每一个细节，争取可以从中发现与案情有关联的信息。以犯罪嫌疑人供述和辩解为例，犯罪嫌疑人往往有多份笔录，其关于案件经过的细节可能零零散散地分布于不同笔录中，在阅卷时一个基本方法就是选取一份比较完整的笔录，厘清相关案件经过的信息。同时也要研读其他笔录，重点挖掘两类信息：一是就同一事实与前述完整笔录陈述不一致的信息；二是前述完整笔录中没有涉及的信息。这样，就可以比较全面地提取犯罪嫌疑人笔录中的信息。

第二，运用宏观思维提炼信息。随着信息技术的飞速发展，"大数据"概念逐渐成为人们的共识，与之相对应的则是认识证据的宏观思维。具体而言，跳出单份证据或单条信息的束缚，将多份证据或多条信息放在一起进行整体分析，仔细研究这些证据的整体规律，从中挖掘相关信息。例如，一起10余名犯罪嫌疑人共同犯罪案件中，审查起诉阶段，多名犯罪嫌疑人对其侦查阶段其中一份重要的有罪供述提出辩解，即侦查员诱导其作出有罪供述。后承办人将这10名犯罪嫌疑人的供述放在一起对比看，其中7份笔录具有高度相似性，尤其在涉及关键内容时，原文陈述、标点符号以及错别字等内容都完全一致，因此就可以从中挖掘出一个信息：犯罪嫌疑人有罪供述的笔录被诱供的可能性非常大。

2. 证据信息的直接提取与专业提取

根据人类认识事物、感知信息的方式，可以将证据信息分成两类:一类是不需要专门的知识、技术、设备,人们就可以直接从证据感知的信息,如物证的外观形状,书证中文字所表述的内容。另一类信息则需要专门的人员、设备、技术才能识别和收集,如物品的物理、化学成分,生物病毒、遗传基因。[①] 证据信息的这两种区别,为我们如何从证据中提炼信息提供有益的思路。

第一,针对可直接感知的信息,普通办案人员即可以通过直接查阅方式提炼出相应的证据。需要指出的是,司法实践中,绝大多数的证据通过形成文字、图片等书面材料的方式固定在案。如果证据的原始状态本来就是文字、图片形式,直接阅卷即可以提炼信息。如果证据的原始状态并非文字、图片形式,在必要时还应当通过复核证据的原始状态,以提炼准确的信息。例如,针对现场勘验笔录,除了审查笔录本身之外,在必要时应当通过走访案发现场进行复核以便获取更多有价值的信息;针对侦查机关以文字形式呈现出来的技术监听资料,公诉人、审判员应当复核原始监听录音,以获取准确的信息。

第二,针对无法直接感知的信息,需要借助专业人员、技术、设备,以提炼出准确的信息。司法实践中,针对这类信息,侦查机关在办案中通常会主动委托专业机构进行检验、鉴定,最终以检验报告、鉴定意见等形式反映出来;在审查起诉、审判环节,如果发现无法直接解读的证据但又缺少相应检验报告、鉴定意见的,应当要求侦查机关或者直接委托专业机构进行检验、鉴定。之后,办案人员可以从检验报告、鉴定意见中直接提炼信息。当然,由于检验报告、鉴定意见有很强的专业性,在必要时,办案人员仍然需要直接求助相关专业人员,从中提炼准确的信息。

3. 避免信息的遗漏与过度提炼

前面从正面分析了提炼证据信息的微观思维与宏观思维、直

[①] 刘仲秋、熊志海:《证据中的事实信息》,载《西南师范大学学报》(人文社会科学版) 2005 年第 5 期。

接提炼与专业提炼等方法。而从反面看，提炼信息既要尽量避免信息的遗漏，也要防止信息的过度提炼。

第一，在提炼关联信息的过程中，比较容易出现的问题就是惯性思维，即办案人员简单地根据以往办案经验来寻找同类证据的相关信息，这样就很容易遗漏一些有价值甚至是非常重要的信息，或者也可能提炼错误的信息。例如，对于命案的尸检报告，我们习惯性地只使用最后关于被害人死因的结论性信息，许多情况下对被害人基本情况、体表检查、解剖检查等其他信息一带而过，或者阅卷时并没有特别留意上述信息，这样就很可能会影响到对案件整体事实的判断。因为在有一些案件中，除了死因之外，对尸体体表检查反映出来的伤口数量、位置、致命伤的特征以及解剖检查反映出来的伤口深度等信息，可以作为判断致被害人死亡的具体工具、犯罪嫌疑人主观故意（故意伤害还是故意杀人）等事实的重要依据。可见，"对于证据，只有认真加以分析研究，不遗漏有用的事实信息，我们才能从中发现能够用以证明待证事实的证据事实，这一证据也才对其他案件事实具有证明力。这就要求我们在实践中强化各种对证据的分析、鉴别、鉴定方法，强调运用所有可能的方法、包括运用最新的科学技术手段去提取、分析证据中的事实信息"。①

第二，从证据中提炼相关信息，除了要避免遗漏信息外，也要防止对信息的过度提炼，避免过度解读证据内容。证据承载一定的信息，但每一份证据所承载信息又有特定的范围，从中提炼的信息不应当超出这个范围；如果随意扩大单份证据反映的信息，可能会影响对某一事实的判断，甚至可能误将本来证据不足的情况认定为证据确实充分。以言词证据为例。在一起故意伤害案中，证人刘某目击嫌疑人实施伤害的过程，其陈述认识该嫌疑人，但又无法说出准确的姓名，只知道对方绰号"黑豹"，但对

---

① 刘仲秋、熊志海：《证据中的事实信息》，载《西南师范大学学报》（人文社会科学版）2005 年第 5 期。

"黑豹"本身又没有唯一性的描述。而其他证据显示，一名绰号刚好为"黑豹"的王某有作案嫌疑。当我们从刘某的证言中提炼信息时，就不应当直接描述成"刘某在现场看到王某殴打被害人"，而应当实事求是地描述成"刘某在现场看到一名绰号为'黑豹'的人殴打被害人"之类的内容。然后再审查刘某是否对"黑豹"进行辨认并确定真实身份，如果没有辨认就不应当直接确认其所指认的"黑豹"就是王某，否则就是对证人证言的过度解读，会影响证据锁链的完整性。

从证据中提炼关联信息并不是一次性完成的。当我们初次接触案卷材料时，提炼的信息可能比较粗糙，或者基于惯性思维，按以往的方式从某一类证据中挖掘信息。而当我们办案进入后期时，案情的疑难点比较清楚地展现出来，对有争议的事实也有很深入的了解，这时一个有效的方法就是静下心来再次阅卷，争取能否从原有证据材料中挖掘出之前没有特别留意的，但又有价值的信息，不管是能够直接判断相关事实的信息，还是用作进一步补充侦查的线索，都有利于最终更加合理地认定案件事实。

二、证据信息的甄别取舍

证据反映出来的信息是认定案件事实的基础。但证据中与案件关联的信息林林总总，这些信息并非都能成为认定案件事实的根据。首先，证据中的信息有些是真实的，有些是虚假的，这就需要我们对已经提取的信息进行甄别，只有那些真实可靠的信息才能够作为认定案件事实的依据。其次，许多情况下证据中的各种信息真伪难辨，当这些真伪难辨的信息相互矛盾时，在认定事实的过程中却必须进行一定的取舍，因为我们选择一部分信息用作认定案件事实时，实际上也是舍弃另一部分相互矛盾的信息。因此，从某种意义上说，运用证据中的信息认定案件事实的过程，其实就是对信息进行甄别取舍的过程，是对证据信息去粗取精、去伪存真的过程。

（一）证据信息的真实性

对证据信息的甄别与取舍，根本任务在于辨别哪些信息客观真实，哪些信息是虚假的、不可靠的。这就涉及证据信息的真实性与证据的真实性。众所周知，真实性是证据的三大基本属性之一。前文提到，陈瑞华教授从"证据载体"和"证据事实"两个角度来解读证据的含义。同样，他也从这两个方面解读证据的真实性：一是从"证据载体"的角度来说，证据本身必须是真实存在的，而不能是伪造、变造的，如物证必须是真实存在的，证人证言笔录也必须是真实存在的，而不能是侦查人员伪造的；二是从"证据事实"的角度来说，证据所记录或反映的证据信息必须是可靠和可信的，而不能是虚假的，如书证所记录的内容和思想应反映案件的真实事实。① 我们认为，陈瑞华教授揭示了证据真实性的内涵，尤其是后者进一步揭示出证据的信息特征。

证据信息的真实性与证据的真实性密切相关，但二者又有不同的侧重点。证据的真实性侧重于从宏观上强调证据载体的真实性和内容整体上的真实性，而证据信息的真实性则侧重于在微观上强调具体信息、各个内容的真实性。因为同一份证据中往往有不同方面的信息，这些信息可能全部真实，可能全部不真实，但更多的情况是同一份证据中部分信息真实、部分信息虚假，甚至部分信息真假难辨。以故意伤害案件中某一份被告人供述为例，一般可以分成被告人基本情况、被害人基本情况、双方的关系或矛盾、案件起因、案发过程、案发后表现以及该份证据形成过程（如取证人员、时间、地点、签名）等各方面的信息。在有些案件中，有关案发过程的信息客观真实，但有关案件起因或被害人情况的信息不真实；而在有些案件中，被告人则可能如实供述当事人基本情况、案件起因，但有关具体作案过程、关键细节的信

---

① 陈瑞华：《刑事证据法学》，北京大学出版社2012年版，第81页。

息则可能不真实;甚至有些案件中,关于被告人供述形成过程的信息存疑。

与真实信息相对的是证据中的虚假信息。根据信息的类型,不同的虚假信息会对证据真实性以及证据的运用形成不同影响:第一,虚假的程序性信息会带来两种后果:一是导致证据瑕疵,需要通过合理解释、证据补强等方法修复证据,例如鉴定意见中两个不同鉴定人由同一人签名。[①] 二是无法合理解释或补强,会影响到整个证据的合法性,从而导致整份证据不真实,作为非法证据被排除。例如,通过分析被告人供述笔录中的签名,发现被告人签名系伪造,足以否定整份证据的合法性、真实性。因此,对证据中信息真实性的甄别,也是判断证据合法性的方法之一。第二,虚假的实体性信息。同一份证据中,如果所有的实体性信息都虚假,该份证据自然被排除,但更多的情况是同一份证据中部分信息真实、部分信息虚假。此时,一般情况下只舍弃虚假的部分,对于真实的部分仍然可以运用,而不是因为部分信息虚假就简单地否定整份证据。例如,某一份被告人供述中,尽管涉及作案关键细节的信息是虚假的,可以不予采信;但有关案件起因、基本过程的信息如果真实的,这部分信息仍然可以予以采信。

(二) 影响证据信息真实性的主要因素

证据从生成到提取、固定、转移、运用的过程中,受各种因素的影响,证据信息会在不同环节、不同程度上存在失真的可能,从而影响到证据信息的真实性。从信息论角度讲,这种影响证据信息真实性的因素称为"噪声",司法人员运用证据就是要过滤掉证据信息中的"噪声",消除各种虚假信息和可信

[①] 一个典型的例子是"快播案"中,淫秽物品鉴定意见一共有三份,第二份鉴定意见就存在同一鉴定人签两个人名字的情况,后鉴定人出庭予以解释说明。

度低的信息。① 具体而言，影响证据信息真实性的因素主要有以下几类：

1. 主观因素对证据的介入程度

"证据固然要求具备客观性，但证据同时存在主观性。"② 证据在生成、收集、固定过程中，离不开人的参与，而参与者的主观因素会影响到证据的真实性。一般而言，主观因素介入越多，证据信息失真的可能性越大。具体而言，以下几种主观因素影响证据信息的可靠程度：一是证据生成环节的主观因素。例如，电子数据中有些信息是人工录入，受主观因素的影响较大；有些信息是相关程序自动生成的，主观因素的介入程度很小。又如，办案机关在勘验案发现场之前，现场的布局、相关实物存在被伪造或者人为破坏的可能，书证存在被伪造的可能。二是取证主体的主观因素。"绝大多数证据都是办案人员收集、提取的，都体现了办案人员的主观印记。比如口供和证人证言都是办案人员所记载的笔录，都体现出一定的主观性。即使是物证和书证，他们的收集和提取也完全与侦查人员的主观努力和侦查方向具有密切联系。"③ 而参与取证的技术人员、勘验人员、鉴定人员等人的主观因素，也会影响到现场勘验检查笔录、鉴定意见中相关信息的真实性。三是被取证对象主观因素也会影响到证据信息的真实性，例如证人、被害人、嫌疑人在接受询（讯）问、陈述案件的过程中，都必然掺杂着他们的主观因素。

2. 证据的提取时间与固定方式

首先，证据从生成到提取过程，间隔时间越短，证据信息的真实性越大；反之，信息失真的可能性越高。例如，针对案发现

---

① 刘品新：《证据法的信息论解析》，载王进喜、常林主编：《证据理论与科学——首届国际研讨会论文集》，中国政法大学出版社2009年版。

② 钟晋：《证据审查的方法论思考》，载《刑事司法指南》2012年第1集（总第49集）。

③ 陈瑞华：《刑事证据的审查判断与运用》，载《刑事司法指南》2010年第4集（总第44集）。

场,越早进行勘验检查,所形成的勘查笔录上的信息越能真实地反映案发时的原貌;离案发时间越久,现场被破坏的可能性也越高,信息失真的可能性越大。针对被害人陈述、证人证言等言词证据,越早进行询问并形成相关笔录,也越能准确真实地反映案件实情。

其次,证据的固定形式越接近证据的原始形式,证据信息的真实性越大;反之,信息失真的可能性增加。例如,针对书证、物证,尽量提取原始书证、物证,信息更加客观真实。针对搜查、检验、辨认过程,如果只有单纯的文字笔录,很难准确反映搜查、检验对象的完整信息;如果还辅之以照片甚至录像等形式固定取证过程、取证对象,信息的准确性也越高。针对讯问笔录,同步录音录像的价值之一也在于它能够更加完整准确地反映犯罪嫌疑人、被告人陈述的真实内容。

(三) 对证据信息进行甄别取舍的基本方法

刘品新教授指出,针对证据信息中的"噪声","司法人员可以按照经验法则、逻辑法则,对证据信息的真伪进行仔细甄别;也可以通过现场实验等科学方法,排除违背科学规律的东西,还可以将某一证据信息与其他相关的证据信息结合起来,进行比对分析"。[①] 这为我们对证据信息进行甄别取舍提供了有益的思路。

1. 经验法则法

经验法则是人们基于社会生活反复体验、长期实践积累而成的常识、常理、常情,具有高度盖然性。尽管它有一定的例外,但经验法则仍然是人类认识世界的重要工具,也是法律方法论的重要组成部分。在对证据信息进行甄别取舍的过程中,经验法则可以发挥重要作用。例如,根据经验法则,当事人之间有利害关系的,一方当事人很可能会偏袒另一方(双方互利时)或者诬

[①] 刘品新:《证据法的信息论解析》,载王进喜、常林主编:《证据理论与科学——首届国际研讨会论文集》,中国政法大学出版社2009年版。

陷另一方（双方冲突时）。因此，当与犯罪嫌疑人有利益冲突的人作证，其证言中可能既包括有利于犯罪嫌疑人的信息，又包括不利于犯罪嫌疑人的信息，前者的真实性显然更高，后者的真实性则较低。

根据经验法则判断证据信息的真实性，其中最重要的一点是要从每一份证据及其每一条证据信息的自身特点出发，结合经验法则，从证据的生成、取证、流转整个动态过程来评判哪些因素可能影响证据信息的可靠性，或者哪些因素有利于保障证据信息的可靠性，从而对信息的真实性作出相应的判断。以电子数据为例，电子数据中的信息可以分为内容信息和附属信息。[①] 内容信息直接反映相关的社会活动内容，受人为因素的影响相对较大。而附属信息反映内容信息生成、变化的相关环境、痕迹，具有隐蔽性强、客观性强的双重特征，受人为因素影响很小。许多情况下，人们可以通过直接操作、编辑等方式删除、修改电子数据中的内容信息，相比较于传统书证、物证，这种修改不会留下直接的有形痕迹；然而，在修改编辑过程中，会在相关程序中自动形成日志文件（即附属信息），这些日志文件可以全面地反映内容信息被人为修改、编辑的痕迹。可见，附属信息的可靠性远远高于内容信息。因此，当电子数据中的内容信息与附属信息相矛盾时，应当优先采信附属信息。

2. 证据客观性强弱排序法

如前所述，证据信息的真实性受各种主观因素的影响。根据受主观因素影响的不同程度，可以将我国《刑事诉讼法》所规定8种法定证据分为三大类：第一类是物证、书证、视听资料、电子数据等实物证据，这些证据是在案件发生之前或者案件发生过程中生成的，取证人员只是简单地予以扣押、提取，不需要掺杂太多个人因素，在众多证据中受主观因素的影响最小，客观性

[①] 戴莹：《电子证据及其相关概念辨析》，载《中国刑事法杂志》2012年第3期。

较高,从这些证据中所提炼的信息可靠性高。第二类是现场勘验、检查、辨认、实验笔录和鉴定意见,这类证据要么是记录取证人员的取证过程,要么是由专业人员根据专业知识对相关情况作出分析判断。这些证据的内容理应比较客观中立。然而,在取证人员记录的过程中,在专业人员分析判断的过程中,都会夹杂着他们个人的主观因素,对证据的客观性、真实性会有一定的影响。第三类是证人证言、被害人陈述以及犯罪嫌疑人、被告人供述和辩解等言词证据,这是相关当事人事后对案情的回顾,在所有证据中这类证据的主观色彩最浓,证据的内容也最不稳定,即使是同一个人的陈述,涉及相同事项的说法也往往前后不一;不同侦查人员对同一人所制作的笔录,具体表达语言也有一定的差异,从而影响到具体的信息内容。

正是基于上述区别,在我国浙江省的司法实践中,前两类证据被称为"客观性证据",并在实践中推广客观性证据的审查模式,① 其基本内容就是特别强调客观性证据在认定事实、查清案情方面的重要作用,当其他证据与客观性证据相矛盾时,一般应当坚持客观性证据优先的原则。虽然"客观性证据"的说法在理论上尚有分歧,但这种分类思路对于如何运用证据认定案件事实、如何对不同证据的信息进行取舍等方面有非常重要的实践意义。当客观性较弱的证据所反映的案件信息与证据客观性较强的证据所反映的信息相互矛盾时,一般认定后者的信息更为客观真实,并作为认定案件事实的依据。

3. 印证分析法

印证证明不仅是认定案件事实的基本方法,同样也适用于对个别证据真实性、合法性和相关性的判断。② 因此,也可以通过两个或两个以上证据的比对分析、能否相互印证来甄别证据信息

---

① 比如,浙江省人民检察院于2012年出台《死刑案件客观性证据审查工作指引(试行)》。

② 龙宗智:《刑事印证证明新探》,载《法学研究》2017年第2期。

的真伪。当然，适用印证分析法来甄别信息真伪，应当把握两点：首先，拟用作印证分析的信息应当是来源于不同的证据，具有不同的、各自独立的信息源。换言之，来自同一个信息源的信息，无法通过相互印证比较判断其真实性。例如，某证人甲陈述自己目击作案人系 A，某证人乙亦陈述作案人系 A，就"作案人系 A"这一内容上，甲、乙的说法表面上可以相互印证。然而，由于证人乙系在案发后从甲处听来的，甲、乙二人证言中的上述信息均直接来源于甲，无法通过印证分析判断其真伪。其次，不同来源的信息在具体内容上可以相互佐证。这种佐证存在两种情况：一是重合关系，即两个以上的信息之间在内容上有部分交叉或完全重叠。二是衔接关系，即反映同一主题的不同信息在时间上前后连贯、在空间上互相衔接。

证据信息的甄别取舍是一个比较复杂的过程，不同案件、不同种类的证据有不同的方法，以上分析的是几种基本方法和思路。在具体的判断中，既要结合证据信息自身的特征来分析，也可以综合运用以上几种方法进行判断。

三、案件事实的认定

信息是认定事实的基础，在提炼信息的基础上，对信息进行必要的甄别取舍，最终运用这些信息认定案件事实。在庞杂的证据材料中，信息种类多样、内容丰富，但总体上证据信息可以分成两大类：一是程序信息，比如涉及取证主体、取证程序、取证方式是否符合法律规定的信息；二是实体信息，即证据中与案件实体内容直接或间接相关的信息，可以是用来正面佐证相关事实存在的信息，也可以是用来反面佐证相关事实不存在的信息。同样地，运用证据认定案件事实，首先需要运用程序信息分析证据的程序性事实，即证据合法性问题；然后运用实体信息判断与定罪、量刑相关的事实，即案件的实体性事实。实体信息是证据中最主要的信息，在运用实体信息认定事实的过程中，又可以进一步分成两个步骤：首先，运用信息认定案件各个具体事实；其次，再将各个具体事实串成完整的案件事实。

(一) 证据程序性事实

证据程序性事实主要涉及证据的合法性问题。传统理论认为，对证据的审查判断应当从合法性、关联性、真实性三方面进行，其中证据的合法性，又称证据能力，是指证据能够转化为定案根据的法律资格。[1] 我们认为，这种理解主要是从审查证据的角度来分析。但如果从运用证据认定事实的角度来讲，证据合法性问题也属于一种待证的事实，即"相关证据是否依照法律规定取得"这一事实。判断证据的程序性事实，需要从两个角度进行分析：一方面以相关法律的规定为基础，即法律有关取证主体、取证程序、取证方式、证据形式方面的规定，这些规定属于待证事实；另一方面，根据从证据中所提取的信息判断上述有关证据合法性方面的待证事实是否成立。以鉴定意见的合法性为例，法律规定鉴定意见必须由两人作出、鉴定人及其所在鉴定机构必须取得相应资质，这是待证事实；而从具体证据（即鉴定意见、鉴定资质证书）中可以提取鉴定人落款签名、鉴定机构名称、鉴定事项范围等信息，根据这些信息判断前述法律所规定的待证事实是否成立。如果上述程序性事实得不到这些证据信息证实，则鉴定意见不具有合法性，不得作为进一步认定案件实体事实的依据。

运用信息判断证据的程序性事实，可以从两方面着手：第一，可以运用同一份证据中自身的信息判断该份证据的合法性。例如，法律规定讯问犯罪嫌疑人时侦查人员不得少于二人、讯问之后应当交由犯罪嫌疑人核对，就可以从讯问笔录中侦查员签名、犯罪嫌疑人签名等信息来判断。第二，可以从其他证据中的信息判断某一证据合法性问题。再以讯问笔录为例，法律定严禁刑讯逼供和以威胁、引诱、欺骗以及其他非法方法收集证据，这

---

[1] 陈瑞华：《刑事证据法学》，北京大学出版社2012年版，第86页。

就可以结合犯罪嫌疑人送押入所检查记录上登记的身体状况信息、同步录音录像中反映讯问过程的信息进行判断。以上是运用信息判断证据程序性事实的两种基本方法，在具体认定过程中，常常需要同时结合某一证据自身的信息以及其他证据的信息进行综合判断。

（二）部分事实与全案事实

案件的实体性事实总是由很多要素组成，包括时间、地点、当事人、具体行为过程或行为方式，伴随着犯罪工具的使用、犯罪后果的产生、犯罪金额认定以及其他犯罪情节，每一个要素都涉及一部分事实。从宏观角度讲，全案事实可以分解成几组大的事实；如果再将几组大的事实进行分解，各组事实又可以分解成更小更具体的事实；在许多复杂的案件中，还可以进一步分解。这些事实的认定都有赖于对证据中有效信息的运用。以集资诈骗案件为例，可以将集资诈骗犯罪事实分解成三部分基础事实：第一，犯罪嫌疑人向不特定的公众虚构事实、隐瞒真相骗取财物的基本事实，这取决于从被害人陈述、犯罪嫌疑人供述、相关证人证言、宣传资料等证据中提取到的有效信息。第二，犯罪嫌疑人骗取财物的总金额、已归还金额和实际损失情况，这取决于从被害人陈述、犯罪嫌疑人供述、银行账单、借款协议等证据中提取到的有效信息。第三，犯罪嫌疑人具有非法占有财物的目的，这取决于从犯罪嫌疑人供述、银行账单、相关资产评估报告等证据中能否提取到有效的信息以查明资金去向、偿债能力。而在认定犯罪嫌疑人实际骗取财物这一基础事实时，还可以将这部分事实分解成向每一名被害人实际骗取财物的各组事实。

将案件事实分成部分事实与全案事实，对于运用证据认定事实有重要意义。从逻辑上分析，全案事实是由各个具体的部分事实所组成，只有在部分事实都得到证据证明的情况下，全案事实才有依托。因此，在认定事实的过程中，总是先用证据中的信息认定各个部分的事实，然后再将部分事实串成完整的案件事实。

(三) 认定案件事实的基本方法

1. 归类印证法

从证据中提炼到各种各样的信息后，按照它们所涉及的案件不同方面的待证事实进行分门别类，然后分析各自的待证事实能否成立。例如，暴力犯罪案件中，往往有引发暴力犯罪的起因、为实施犯罪进行一定的准备、暴力行为的具体实施过程、引发人身伤亡或财产损失的后果，以及犯罪既遂后或逃跑或自首或销赃等行为。从证据中提炼信息后，可以按照上述几类待证事实对信息进行归类，通过相互印证的方法认定案件事实。信息归类印证法主要用于部分案件事实的认定。需要指出的是，许多情况下同一份证据可以在认定不同方面的事实中发挥作用。例如，在集资诈骗案件中，从被害人陈述中，既可以提取犯罪嫌疑人实施欺诈骗取财物的信息，也可以提取犯罪嫌疑人实际骗取金额的信息，然后将它们分别归入各自的待证事实中分析判断。这样有利于最大限度挖掘证据的价值。

2. 时空排序法

时间、地点是每一个刑事案件的基本要素。首先，在认定具体事实的过程中，可以将证据的信息按照时间顺序、空间顺序进行排列组合，分析不同信息能否在时间上前后衔接、空间上互相补充。例如，在一起伤害案件中，被害人于某日13：30左右在某小区遭犯罪嫌疑人A殴打。证人甲陈述见到犯罪嫌疑人A在当日不到13时从该小区门口走进小区，证人乙陈述见到犯罪嫌疑人A在当日13时过一点在该小区内活动，证人丙陈述见到犯罪嫌疑人A在当日14时许从该小区门口走出来。将上述几份信息按时空顺序串起来，就足以证明案发当日犯罪嫌疑人A在案发时曾经出现在案发小区这一事实。其次，在认定全案事实的过程中，将已经查清的各个具体事实按照一定的时间顺序、空间顺序进行排列组合，更有利于认定完整的案件事实。仍以暴力犯罪案件为例，可以将查清的案件起因、犯罪前准备、实施过程、伤亡后果等具体事实按照时空组合起来，形成完整的全案事实。

3. 逻辑推理法

时空要素在一些案件中特别重要，例如暴力犯罪、毒品犯罪等，因此时空排序法能够起到有效作用。但有一些案件尤其是经济案件中，时间信息、空间信息的精确性不高，时空要素对认定事实的作用较小，而逻辑推理法则可以发挥重要作用。归纳逻辑和演绎逻辑是人类认识事物的两种基本逻辑思维，前者体现为从具体到一般的过程，后者体现为从一般到具体的过程。在认定案件事实中，以归纳思维为主，演绎思维为辅，或者综合运用这两种方法。例如，在集资诈骗案件中，通过分析行为人向每个被害人集资的事实，可以归纳出行为人相同或相似的集资理由；通过分析行为人在涉案阶段集资款项的各种用途，可以归纳出行为人集资款主要的用途或大致的去向。在此基础上，进一步归纳出行为是否采用虚构事实、隐瞒真相的手段骗取财物，是否具有非法占有的主观故意；然后归纳出集资诈骗的基本事实。之后，再根据基本事实具体演绎出每个被害人受骗的具体事实。从而形成集资诈骗案件的全案事实。

综上分析，运用证据认定事实的基本过程可以通过表1反映出来。具体而言：首先，从证据中提炼出与案件有关联的信息，一般包括不同证据中的多方面信息。例如，表1中"信息一"、"信息二"、"信息三"等。其次，对不同证据中分别提取的信息进行分析、甄别、取舍，其中彼此相关联的信息予以各自归类整合。再次，运用适当的方法组成具体的案件事实。例如，下表中第二列的若干份"信息一"共同组成下面的"事实一"（可以是主观故意、起因预谋或者犯罪主体），后面"事实二"、"事实三"依次类推。最后，将具体的案件事实组合成完整的全案事实。例如，在主观故意、客观行为、犯罪结果等事实分别认定的基础上，组成走私犯罪的全案事实。

表1 运用证据认定案件事实的基本过程

不同证据	从证据信息到案件事实				案例
证据一	信息一	信息二	信息三	……	
证据二	信息一	信息二	信息三	……	
证据三	信息一	信息二	信息三	……	
……	……	……	……	……	
分组事实	事实一	事实二	事实三	……	全案事实
	主观故意	客观行为	犯罪结果	……	如走私
	起因预谋	实施过程	逃跑/销赃	……	如抢劫
	犯罪主体	收受财物	谋取利益	……	如受贿

第二节 运用电子数据认定案件事实的基本过程

上一节分析了从证据到事实认定的基本过程,运用电子数据认定案件事实也同样需要遵循上述一般过程。具体而言,可以分为三个基本步骤:首先,从电子数据中提炼关联信息;其次,对证据信息进行一定的取舍;最后,运用这些信息认定相关案件事实。

一、从电子数据中提炼关联信息

(一) 电子数据信息的基本类型

电子数据是现代信息科技发展的产物。与传统证据相比,电子数据中所蕴藏的信息有其显著特征。首先,传统的物证、书证都有其有形的载体,这些载体承载的信息量都比较有限;而言词证据尽管信息量较大,但也只是通过相关人员的回忆、记载于特定笔录之中，它们的信息量也有一定的范围，况且信息的准确性大打折扣。而电子数据则明显不同，借助于相关信息技术，它在信息量和精确性上都是其它证据所无可比拟的。其次，电子数据综合了文本、图形、图像、动画、音频、视频等多种媒体信息，这种将多种表现形式融为一体的特点是电子数据所特有的。① 因此，"相对于传统书证、物证、视听资料而言，电子数据在记载的证据信息方面具有明显的综合性"。② 具体而言，不仅传统证据所要表现的内容、传达的信息在电子数据上能够表现出来，而且电子数据还可以动态地、立体地记录事件发生、发展的具体经过，所记录的内容非常详细，在还原案件事实上具有传统证据所无可比拟的优势。

可见，电子数据具有信息量极其丰富、信息精确性高、综合性强等特征，反映在具体的信息类型方面，电子数据不仅有类似于传统证据的"内容信息"，还有大量传统证据所不具备的"附属信息"。③ 这两类信息在认定案件事实方面有各自的功能。

1. 内容信息

所谓内容信息，又称主体信息，是指电子数据中记载的含有一定社会内容的、可以被直接感知和理解的信息，比如 QQ 聊天记录中双方的文字、图片等聊天内容，电子邮件中的具体内容及其传递的文件。这类信息与书证、物证、言词证据等传统证据中的信息有很大的关联性：从功能角度看，二者都以记载的内容直接发挥证明作用；从形式角度看，电子数据中的内容信息多数情

---

① 汪振林主编：《电子证据学》，中国政法大学出版社 2016 年版，第 15 页。
② 陈瑞华：《刑事证据法学》，北京大学出版社 2012 年版，第 136 页。
③ 戴莹：《电子证据及其相关概念辨析》，载《中国刑事法杂志》，2012 年第 3 期。另外，在龙宗智、夏黎阳主编的《中国刑事证据规则研究》一书中提到，根据电子证据的构成分为主体数据和辅助数据，例如一份电子邮件中邮件正文是主体数据，收发邮箱名称、时间、邮件主题等则属于辅助数据。我们认为，这种分类与本文提到的内容信息与附属信息的分类标准是基本一致的。详见龙宗智、夏黎阳主编：《中国刑事证据规则研究》，中国检察出版社 2011 年版，第 422－423 页。

况下可以直接转化为传统证据形式为人们所感知，例如通过打印等方式直接转化为传统的书证。① 一般情况下，内容信息是电子数据的主要信息，在数量上这部分信息也占大部分内容；从关联性看，这类信息与案件的关联性也更为直接，而且在大多数刑事案件中，与案件有关联的信息也只涉及这类信息。因此，从电子数据中提炼有效的信息，首先体现为对内容信息的检索、寻找和提炼。

2. 附属信息

所谓附属信息，是指反映电子数据内容信息生成、存储、变更、传输、接收、消失等一系列过程中的环境信息或网络信息，比如某文档被删除、修改的信息，某账户登录时的 IP 地址及其服务器的登录、访问时间。相比于内容信息，电子数据中的附属信息具有隐蔽性强与客观性强的双重特征。因其隐蔽性强，附属信息一般难以被直接感知，通常需要利用一定的技术手段将其转化为其他形式后才能被感知，司法实践中通常以鉴定意见的形式体现出来；② 因其客观性强，当其他信息与电子数据附属信息在反映同一案情方面相互矛盾时，应当采纳附属信息所反映的内容。在证明案件事实的过程中，附属信息同样具有双重性：一方面，它可以与内容信息形成证据锁链，增强电子数据的证明力。③ 例如，在电信诈骗案件中，被害人被人套取银行账户信息后，他人通过电脑操作从网上转走该账户内的资金，其中资金转账的基本情况（账户名、时间、金额）属于内容信息，而转账时所发生的 IP 地址则是附属信息，IP 地址信息与前面的基本转账信息互相补充，共同印证了被害人受骗的情况。另一方面，在部分案件中，附属信息本身具有独立的证明价值。例如在传播淫

---

① 古芳：《论刑事诉讼中的电子数据》，载《中国司法鉴定》2013 年第 2 期。

② 刘洋洋：《网络犯罪中的电子数据证据及其审查运用》，载《信息网络安全》2013 年第 11 期。

③ 蒋平、杨莉莉：《电子证据》，清华大学出版社、中国人民公安大学出版社 2007 年版，第 193 页。

秽物品案件中，淫秽视频的传播次数、传播范围是定罪量刑的重要依据，而淫秽视频的点击率是重要的衡量参数，这就需要通过附属信息来证明。

(二) 从电子数据中提炼信息的方法

相比于传统证据，电子数据的信息具有数量巨大、精确性高、综合性强等特征，这就决定了更需要综合运用微观思维和宏观思维，才能从庞杂的电子数据中最大限度地提炼到有效的信息。

首先，电子数据信息量非常大，运用微观思维，通过对证据的深入分析研判，可以从中发现许多细节，提炼有效的信息。鉴于电子数据的准确性高，从中所提炼的信息可靠性也非常高。比如，在利用暴力犯罪案发现场的监控录像时，要仔细、反复地播放涉案期间的录像内容，从监控录像所处的探头位置、拍摄的角度、录像上标识的时间、具体人员的衣着体貌、相关动作、离开方向等各个角度进行分析研判。甚至有时还可以借助相关软件将视频的图像放慢播放，或者将借助相关技术提高图像的清晰度，尽量从中挖掘与案件有关联的信息。

其次，也正是因为电子数据蕴含着海量的信息，如果单纯从微观的角度分析，容易遗漏有价值的信息。但是，如果跳出单个或单条信息的限制，从宏观的视角进行综合分析判断，往往可以发现与案件有关联的人或事在某方面呈现出一定的规律，从而提取到更多有效的信息。以徐某文走私普通货物案为例，徐某文组织钱某红等多名当事人（即"水客"）以随身携带的方式，将国外邮寄至中国香港的相机直接走私到深圳。办案过程中，钱某红在归案时主动提供一份电子账册，记载了其与丁某辰从中国香港携带相机走私至深圳的清单，包括带货人员、具体日期、数量等信息。另外，侦查员还调取钱、丁二人的出入境记录。如果从单条出入境记录分析，这份清单上记录的当事人出入境情况，绝大多数能够与他们对应的出入境记录相印证。如果从整体上分析其二人的出入境记录，还可以发现更多与其二人在涉案期间扮演职业"水客"相吻合的信息：首先，在2010年7月至2011年7月的涉案期间，钱某红往返深、港两地共61次，平均每个月5次；而在这之前的2010年上半年，其往返深、港两地一共仅2次；在这之后2011年8月至案发时2012年10月的15个月间，其往返共12次，平均每个月不到1次。丁某辰的出入境情况也相似。其次，从出入境间隔时间看，也呈异常状态。钱某红平时居住在深圳，在涉案1年间，其每次从出境到入境的相隔时间绝大多数在两个小时以内，在61次出入境中，有50次出入境间隔时间少于2个小时，甚至其中20次的间隔时间均少于半个小时，而间隔时间多于3个小时的仅5次。通过对钱、丁二人出入境记录的整体分析，可以得出一条重要信息：其二人在涉案期间明显异于日常生活规律的频繁往返、短时间停留的出入境。这一情况正与职业"水客"的特征相吻合，从而强化证据链。

最后，必要时还应当借助检验、鉴定的方式提炼更加有价值的信息。例如，针对视频资料中的影像、音频资料中的声音，如果无法直接确认，可以通过鉴定确认相关人员的真实身份；针对海量的资金交易记录（如银行交易详单），在必要时需要委托专业机构进行司法审计，以统计出准确数据、提取资金用途等信息。

电子数据有海量的信息，可以通过各种方法从中提炼有价值的信息。然而，也不应当超出证据本身所蕴含的信息，要避免对电子数据相关信息的过度提取。特别是监控录像和监听资料这两种电子数据，尤其应当注意避免信息的过度提取。以毒品案件中的监听资料为例，犯罪嫌疑人一般不会在通话中明确地提到毒品或者涉及毒品的其他名称，往往使用一些隐晦的词语来表达特定的毒品种类（如"红的"、"白的"）和数量（如"1条"），即所谓"行话"。当我们运用这些监听资料，从中提取相关信息时，就不应当直接表述成"犯罪嫌疑人在通话中提到购买1000克冰毒"之类的内容，而应当实事求是地表达提到"白的1条"等内容。然后再结合当事人的相关供述、资金交易记录来判断，

"白的 1 条"是否代表"购买冰毒 1000 克"。如果过度提取监听资料中的信息，就可能忽视其他证据，进而误将本来证据不足的情况认定为证据确实充分，影响案件质量。

二、电子数据相关信息的甄别取舍

从电子数据中提炼关联信息是认定案件事实的第一步，接着需要对信息的真伪进行相应的甄别取舍。电子数据本身有很强的客观性，许多情况下电子数据相关信息的真实性可以直接予以确认。然而，证据中针对同一事实的不同信息又经常不一致。此时，首先应当分析不一致的原因，能否对这种不一致予以合理解释。如果无法作出合理解释，就需要在不同的信息中进行甄别、取舍，分析哪些信息可能存在虚假的成分，哪些信息更加真实可靠。对电子数据中相关信息的甄别、取舍，可以从外部比较和内部比较两方面展开。

所谓外部比较，是指将电子数据中的信息与其他证据中的信息互相比较后予以取舍。如前所述，根据取证主体、取证对象等主观因素对证据客观性的不同影响，可以将我国《刑事诉讼法》所规定的 8 种法定证据分为三大类：一是实物证据，二是笔录证据（如勘查笔录等）、鉴定意见，三是言词证据。其中电子数据属于客观性最强的实物证据。因此，当电子数据中的信息与言词证据的信息相互矛盾时，一般情况下应当坚持电子数据优先原则。而电子数据与笔录证据、鉴定意见具有相互补充的关系，要么是表明电子数据的来源，如电子勘验笔录；要么是鉴定电子数据的具体内容，因此一般情况下不会冲突。如果二者的信息冲突，则转化为不同电子数据信息之间的取舍。当电子数据的信息与物证、书证的信息相互矛盾时，对信息的取舍需要根据实际情况具体分析。

所谓内部比较是指不同电子数据中相关信息的比较，或者同一电子数据中不同信息之间的比较，然后进行一定的取舍。证据信息客观性的强弱，既会受到证据信息自身特征、内容的影响，也会受到取证过程的影响。因此，当电子数据中不同的信息相互矛盾时，可以从生成环节、取证环节、信息内容等方面展开分析判断，进而对相关信息予以取舍。

（一）从电子数据的生成环节分析

根据电子数据生成环节的不同方式，有学者将电子数据分为存储记录、生成记录、衍生记录。存储记录是指人们通过手写输入的以电子形式表现的内容，如 QQ 聊天记录；生成记录是计算机程序自动运行的结果，如用户在自动取款机（ATM）取款后形成的取款时间、地点和交易金额的记录；衍生记录同时包含上述两者的因素，指电子计算机等设备录制人类信息后，再根据内部指令自动运行得来的数据，如财务人员将收支明细输入计算机后，计算机自动计算出收支总额。[①] 我们认为，这种分类思路对判断电子数据客观性强弱有很大的启发。由于衍生记录也是以人工输入数据为前提，它本质上属于存储记录，只是存储记录的一种特殊表现形式而已。因此，从这种分类思路出发，我们可以将电子数据中的信息分成存储类信息和生成类信息。存储类信息是人工录入的，显然受人为因素影响较大，因为在人工录入过程中可能有意无意出现各种错误，例如我们在 QQ、微信上输入聊天记录时，经常会出现错误的字、词甚至句子。相比较而言，生成类信息是系统根据相关程序自动生成，与人的主观输入资料没有直接关系，不会或者很少受到人为因素的影响，其客观性显然更强。

仍然以前述徐某文走私普通货物案为例。侦查机关从徐某文的电脑内提取的电子账册，记载"水客"从香港携带手机走私入境的具体时间、数量等数据，其中涉及"水客"李某走私的记录一共 20 条。侦查机关还调取了李某出入境记录。经过比较，账册中的 18 条记录对应的时间能够与李某的出入境记录相吻合，而账册中另外 2 条记录对应的时间没有相应的出入境记录。此

[①] 龙宗智、夏黎阳主编：《中国刑事证据规则研究》，中国检察出版社 2011 年版，第 423～424 页。

时，我们应当采信出入境记录的信息，只认定18条记录对应的走私货物。因为从上述两种电子数据的形成方式看，电子账册是人为记录的，显然属于存储类信息；而出入境记录则是当事人出入境时在相关的信息管理系统上自动留下的记录，属于生成类信息，其客观性显然更强。

从不同的电子数据中提取的信息可以分成生成类信息和存储类信息，而同一份电子数据中往往也同时存在这两类信息，如果互相矛盾，也应当采信客观性更强的生成类信息。以电子邮件为例，电子邮件的具体内容是人工录入的，属于存储类信息；而邮件中的发送人的邮箱名称、发送时间、发送IP地址、收发邮箱所属网站等信息属于生成类信息。比如一份电子邮件中，写邮件的人在正文内容写的落款时间为2015年12月8日；然而，邮件"发送时间"一栏显示的时间是2015年11月8日，二者相矛盾。此时应当采信"发送时间"一栏的信息，从而认定写该封邮件的实际时间为2015年11月8日。

（二）从电子数据的取证环节分析

电子数据不同的取证方式会影响其客观性、真实性。根据刑事诉讼法的规定，证据必须依法取得。在电子数据的取证过程中，更需要严格遵守相关的法律规定和技术标准。在取证过程中，如果取证违反相关技术标准，操作过程不规范或取证程序本身存在瑕疵，或者延误取证时机导致重要内容损坏或被篡改，这些因素肯定会对电子数据的客观性造成一定影响。[①] 对于上述存在取证瑕疵的电子数据，虽然可以通过事后合理解释等方法来弥补，但其客观性显然要弱于从一开始就严格依照相关规定和标准所获取的证据。比如，根据两高一部《电子数据规定》第8条规定，"收集、提取电子数据，能够扣押电子数据原始存储介质的，应当扣押、封存原始存储介质，并制作笔录，记录原始存

[①] 齐梦莎：《刑事诉讼中电子数据的真实性认定》，载《天津法学》2016年第2期。

介质的封存状态。封存电子数据原始存储介质,应当保证在不解除封存状态的情况下,无法增加、删除、修改电子数据。封存前后应当拍摄被封存原始存储介质的照片,清晰反映封口或者张贴封条处的状况"。如果侦查人员在扣押、检查、移送相关原始存储介质的过程中,没有按照上述规定进行,则从中所提取的电子数据的客观性显然更弱。当这些电子数据的相关信息与其他严格依法提取的电子数据的相关信息相矛盾又无法予以合理解释时,应当优先采纳后者。

(三) 从电子数据的不同内容分析

根据电子数据信息反映的不同内容进行一定的取舍。前面分析到,电子数据的信息可以分为内容信息和附属信息。内容信息直接反映相关的社会活动内容,受人为因素的影响相对较大。而附属信息反映内容信息生成、变化的相关环境、痕迹,具有隐蔽性强、客观性强双重特征,受人为因素影响很小。许多情况下,人们可以通过直接操作、编辑等方式删除、修改电子数据中的内容信息,相比较于传统书证、物证,这种修改不会留下直接的有形痕迹;然而,在修改编辑过程中,会在相关程序中自动形成日志文件(即附属信息),这些日志文件可以全面地反映内容信息被人为修改、编辑的痕迹。可见,附属信息的可靠性远远高于内容信息。因此,当电子数据中的内容信息与附属信息相矛盾时,应当优先采信附属信息。

此外,根据学者研究,电子数据还可以分成孤立数据和系统数据。所谓孤立数据,是指由一方当事人独立制作或掌握的,且大多以本地文件形式存在的数据,具体还可以分成可编辑数据、只读数据、不可读数据。所谓系统数据,是指由双方或多方当事人及其设备制作、生成、控制、储存、传递的数据,组合在一起所形成彼此印证的数据系统,具体还可以分成二维数据、多维数据,多维数据又包括单机数据和联网数据。"在整个电子数据证据形式当中,系统数据的真实性高于孤立数据。其中,在孤立数据中,不可读数据的真实性高于只读数据,只读数据又高于可编辑数据；在系统数据中，多维数据的真实性高于二维数据，联网数据往往又高于单机数据。"① 在对不同电子数据中的信息进行甄别时，也可以先分析它们属于哪一类信息，进而依据上述规则进行取舍。

三、运用电子数据的信息判断案件事实

运用证据认定案件事实，需要从证据与待证事实之间的关联性（或相关性）入手。而证据的关联性可以分为积极的关联性和消极的关联性两方面，"所谓积极的相关性，是指证据的存在足以证明某一待证事实的成立具有更大可能性，或者该证据足以支持某一待证事实的成立。相反，所谓消极的相关性，则是指证据的存在足以证明某一待证事实的成立更不具有可能性，或者该证据不支持某一待证事实的成立"。② 简言之，有些刑事证据可以从正面证明某一事实成立（即证成功能），有些刑事证据可以从反面证明某一事实不成立（即证伪功能）。同样地，电子数据对待证事实也具有证成和证伪两方面的功能，而且由于电子数据客观性强、可靠性高，其在证伪方面的功能特别突出。因此，运用电子数据判断案件事实的过程中，可以从这两方面展开分析。

（一）电子数据的证成功能

刑事证据的主要功能是从正面支持某一事实的成立，尤其是进入审查起诉和审判阶段的证据，更多的是从正面发挥其证成功能。对于电子数据而言，在多数情况下从正面支持某一事实可以成立，并与其他证据相互印证共同认定全案事实。根据电子数据在认定某一事实中所起到的不同作用，又可以分成三种基本情况：

第一，有些电子数据反映的内容完整、全面，可以直接用来

---

① 何文燕、张庆霖：《电子数据类型华及其真实性判断》，载《湘潭大学学报》（哲学社会科学版）2013年第2期。
② 陈瑞华：《刑事证据法学》，北京大学出版社2012年版，第84~85页。

认定某一事实的成立。比如,案发现场的视频监控直接拍摄到犯罪嫌疑人持刀捅刺被害人一刀后致其倒地,则可以认定监控中的嫌疑人伤害被害人这一事实。

第二,有些电子数据作为关键证据或基础证据,可以与其他证据互相印证、互相补充,用来认定某一事实的成立。比如,低报价格走私普通货物案中,偷逃进出口环节应缴税款是最重要案件事实。侦查阶段,从当事人工作电脑上提取一份完整的电子账单,详细记录了提单号、合同号、货物数量、进口时间以及两个不同价格。结合犯罪嫌疑人供述,这两个不同价格中,较低的价格是报关价格,较高价格是真实价格;再结合报关单,较低的价格确实与报关价格一致。综合上述电子数据和犯罪嫌疑人供述,可以认定走私货物的数量、实际价格,这些数据作为进一步核税的依据。

第三,有些电子数据反映出的信息,对其他已经查证的部分事实起到一定的补强和佐证作用,从而强化整个案件的证据体系。以朱某华等5人跨国电信诈骗案为例。犯罪嫌疑人供述、公安机关远程勘验记录等证据,足以认定朱某华于2013年8月到11月期间受他人雇用前往马来西亚,以拨打电话的方式向我国居民实施诈骗。本案中还有出入境记录,显示朱某华等5人于2013年8月11日共同从广州白云机场离境前往马来西亚,直至案发。这一电子数据进一步补强了上述人员出境实施电信诈骗的事实,完善了证据链。

(二)电子数据的证伪功能

根据形式逻辑矛盾律的要求,"在同一思维过程中,两个具有矛盾关系的概念不能同时为真,两个具有矛盾关系或者反对关系的判断不可能同时为真,不能用它们同时来描述同一对象,以保证思维的无矛盾性。如针对同一事实前后矛盾的供述不能同时作为案件的证据予以采信"。① 同样，当电子数据与其他证据相互矛盾时，它们不可能同时被采信。由于电子数据的信息具有数量巨大、精确性高、可靠性强等显著特征，当其他证据尤其是言词证据与电子数据相矛盾时，一般应当采信电子数据所反映的信息，从而认定言词证据所陈述的相关事件不能成立。因此，相比于其他证据，电子数据在判断案件事实的过程中具有更强大的证伪功能。

以王某健贩卖毒品案为例。王某健在侦查阶段供述，其在 2014 年 5 月至 7 月间，曾经 3 次在浙江省 Y 市向付某平贩卖毒品合计 100 克左右，其中 5 月中旬贩卖 10 克，5 月下旬贩卖 20 克，7 月上旬贩卖 70 克，且 3 次均是其自己将毒品送至付某平指定的地点。而付某平也指认其向王某健 3 次购买毒品的相关情况，且时间、地点、数量基本能够相互印证，侦查机关还调取二人的通话记录，显示这期间双方确实频繁通话。审查起诉阶段，王某健翻供，且辩解其在当年 6 月已经回到贵州老家。由于之前的通话记录只能显示通话的对象和时间，不能显示通话地点，后要求公安机关补充调取能够反映通话地点的详细清单。经核实，王某健在 6 月中旬到 8 月中旬期间的通话地点确实都位于贵州省内，没有在浙江省的通话记录，说明王某健关于其在 6 月回贵州的辩解是有道理的。因此，王某建在侦查阶段关于第 3 次贩卖 70 克毒品的说法，虽然能够与付某平的说法相印证，但与客观性更强的通话记录相矛盾，其说法不应采信，只能认定其前两次贩卖毒品的事实。

---

① 钟晋：《证据审查的方法论思考》，载《刑事司法指南》2012 年第 1 集（总第 49 集）。

第三节　具体案件事实的认定

任何一个案件事实都是由很多要素所组成，全案事实可以根据不同标准分解成各个具体的事实。从司法实务操作层面看，需要运用证据加以证明的案件事实主要涉及三方面：一是案件中相关人员的判断，包括犯罪嫌疑人（包括被告人，下同）、被害人及其他关系人；二是相关人员主观认识方面的内容，包括主观故意、过失、动机、目的等；三是相关人员具体的行为及其相应的结果或影响，即案件的客观表现。因此，本节将从主体身份、主观方面、客观方面三个角度来论述如何运用电子数据中的信息认定具体的案件事实。

一、运用电子数据认定主体身份

主体身份的分析判断是案件事实认定的关键一环，包括对犯罪嫌疑人、被害人及其他关系人的判断，其中犯罪嫌疑人的认定最为重要。正如有学者指出，"虽然刑事案件多种多样，但是司法证明所要解决的问题归根结底只有两个：其一是公诉方指控的犯罪是否发生，其二是被指控者是否该作案人"。[1] 可见，在刑事证明过程中，主体身份尤其是犯罪嫌疑人身份的认定有特殊价值。

关联性是证据审查最重要的内容之一。学者普遍认为，电子数据关联性具有双重性。例如，有观点认为，关联性的审查判断"要从电子数据的内容关联性和存储介质等形式载体的关联性两个方面入手，即事的关联和人的关联"。[2] "电子证据用于定案必

---

[1] 何家弘：《司法证明同一论》，载《中国刑事法杂志》2001年第1期。
[2] 郑未媚：《网络犯罪案件电子数据运用的几点思考》，载蒋惠岭主编：《网络刑事司法热点问题研究》，人民法院出版社2016年版，第310页。

须同时满足内容和载体上的关联性。前者是指其数据信息要同案件事实有关,后者突出表现为虚拟空间的身份、行为、介质、时间、地址要同物理空间的当事人或其他诉讼参与人关联起来。"①而运用电子数据认定主体身份,从某种意义上讲就是判断电子数据同当事人或其他诉讼参与人之间的关联性,即人的关联。

任何主体身份都有一定的特征,也正是不同特征使得主体身份有其识别性。从证据的生成过程看,当反映个体身份的特征映射到证据中时,便形成相应的特征信息。而从证据的运用过程看,则首先需要从证据中挖掘出那些能够用来识别身份的特征信息,然后根据这些信息,运用适当的方法一步步还原相对应的主体身份。因此,运用电子数据认定案件事实中的主体身份同样可以分成两个步骤:一是特征信息的提炼,二是主体身份的判断。

(一)提炼电子数据中的身份特征信息

电子数据中蕴含着形式多样、内容极其丰富而又精准的证据信息,其中就包括大量能够反映主体身份特征的信息。具体而言,电子数据中的身份特征信息主要有基础身份信息、电子账户信息、生物物理信息、活动轨迹(规律)信息。

1. 基础身份信息

基础身份信息是指反映相关个人或组织日常生活、工作中涉及的名称、住址、证件号码等最基本身份情况的信息,包括个人姓名(或绰号、别名)、性别、单位名称(或简称)、身份证号码、居住证号码、护照号码、单位代码以及相关住址、籍贯、工作单位、职业、职务等信息。这是识别当事人身份情况最基础的信息,也是书证等其他证据共有的身份信息,只是电子数据中所反映的这些基础身份信息往往更加详细全面,更具有基础性作用。一方面,人们日常生活中往往借助这些基础身份信息开展活动,从而在虚拟空间中留下痕迹,例如使用身份证购买飞机票、

---

① 刘品新:《电子证据的关联性》,载《法学研究》2016 年第 6 期。

住宿登记，从而在相关信息系统中产生相应的数据；另一方面，这类身份信息常常也是产生其他电子身份信息（如电子账户、电子签名）的基础。

2. 电子账户信息

人们基于使用相关电子设备或者从事网络活动而申请的、能够反映个性化特征的电子账号、名称等，从而产生电子账户信息。基于这些电子账户而形成的电子数据也是司法实践中运用最为广泛的电子数据。电子账户种类繁多，实践中最常见的有两类电子账户：一是通讯社交类账户，比如手机号码、电子邮箱以及微博、微信、QQ号码、网络论坛账户及其网络昵称等；二是电子交易类账户，比如网店账户及其名称、银行账户、支付宝、股票账户以及其他电子交易账户。当然，其他电子账户信息对识别真实身份也有一定的价值。网络环境下，电子账户有极强的虚拟性，与使用者真实身份的关联性链条往往很长。不过，随着社会信息管理实名制的强化，通讯社交、电子交易等账户与基础身份信息的关联性越来越紧密，也越有利于电子数据真实身份的判断。

3. 生物物理信息

生物物理信息是指相关人员外在的、可视或可听的、能够反映个体身份特征的信息。实践中，带有声音、图像的电子数据可以客观地反映相关人员的生物物理特征，例如视频监控或数码图片中的人物头像、外形、体貌、衣着、动作、车辆特征、牌号，录音数据中的声音，体现为图片信息的电子签章等。生物物理信息与个体的人身依附性强，尤其是声音、头像之类的生物特征信息，便于直接与具体人员建立关联性。

4. 活动轨迹（规律）信息

电子数据如同其他证据一样，能够客观记录人们的活动轨迹、活动规律，包括时间、地点、交往对象、数量等信息，而且与其他证据相比，电子数据所记录的活动轨迹也更为详细、准确。分析电子数据中反映行为人活动的时间信息（如开户时间、通话时间)、空间信息(如 IP 地址、手机通讯位置)以及特定的活动规律,也有助于判断真实身份。需要强调的是,活动轨迹信息不仅包括细微的、特定的活动信息,比如某个手机某一次的通话时间、通话地点;还包括主体在一段时间或者一定范围内甚至整体上所具备的规律特征,比如某个电话号码日常主要通话对象有何规律,某个资金账户在一段时间内交易对象、时间、金额所呈现的整体特征,或者某款运动软件的日常活动规律,根据这些规律特征有助于反推出上述电话号码、资金账户、运动软件的实际所有者、使用者。后者可以称为宏观特征信息,它并不直接体现于证据中,需要跳出单条信息或单份证据的束缚,将多条信息或多份证据放在一起进行整体分析,才能找出其中的规律特征。

(二) 分析真实主体身份

在挖掘特征信息的基础上,需要进一步分析身份特征信息反映的是共性特征还是个性特征。共性特征泛指同类主体身份共有的内在质的规定性,个性特征泛指每个主体本身独有的质的规定性。[1] 区分共性特征与个性特征,对分析实际身份有重大意义。依据共性特征只能进行种属认定,将主体身份限定在一定范围内;依据个性特征则可进行同一认定,即直接确定某一特定主体。

具体到电子数据,某些单一特征信息具有高度排他性、特定性,可以直接确定特定身份。但这些情况毕竟少见,单一特征信息内涵信息比较有限,而且由于电子数据对应的虚拟身份具有多重性,单一特征信息大都只能做到种属认定。而将多个特征组合起来,形成相应的特征群,所对应主体身份的特定性程度大大提高,直至最后形成排他的、唯一的一组特征,从而确定相应的身份。电子数据极其丰富的信息中常常蕴含着反映同一主体不同侧面的多个特征,易于构建相应的特征群,提高主体身份判断的准确性。当然,除了运用电子数据自身蕴含的身份特征信息外,还

---

[1] 刘品新、孙玉龙:《基于电子痕迹的人身同一认定:网络犯罪的身份识别》,载《法律适用》2016 年第 9 期。

需要结合其他传统证据中的身份特征信息，共同构建相应的特征群，不断强化身份特征的特定性程度，逐步缩小种属身份的范围，最终落脚到特定身份中。两高一部《电子数据规定》第25条规定，"认定犯罪嫌疑人、被告人的网络身份与现实身份的同一性，可以通过核查相关 IP 地址、网络活动记录、上网终端归属、相关证人证言以及犯罪嫌疑人、被告人供述和辩解等进行综合判断。认定犯罪嫌疑人、被告人与存储介质的关联性，可以通过核查相关证人证言以及犯罪嫌疑人、被告人供述和辩解等进行综合判断"。这为运用电子数据判断主体身份提供了有益的思路。具体而言，可以从以下几个方面展开分析判断：

1. 从电子数据的生成机制、内在属性分析判断

电子数据以现代信息技术、网络技术、通讯技术等为依托，其生成、存储、传递有其自身的规律特征，分析电子数据自身的生成机制、相关证据信息的内在属性，便于判断实际的主体身份。如前所述，电子数据的信息可以分成内容信息和附属信息，其中附属信息是相关系统自动生成的，不容易为人们所操纵，稳定性强、可信度高，许多附属信息的特定性程度高，运用这些附属信息便于准确分析电子数据的来龙去脉，有助于分析与电子数据相关联的人员。例如，相关电子设备的 IP 地址、MAC 地址、电子文件（如照片）的定位信息、时间信息等就属于附属信息，特征明显，指向性强，许多情况下可以直接判断主体身份。

随着社会管理信息化程度越来越高，实名制管理不断推广，相关部门或机构有一套完整的实名制配套机制，这也为运用电子数据分析真实身份提供了有利条件。在有些领域，虽然国家相关规定要求实名制，但由于缺少相关配套机制，或者虽然实名但通常行为具有可替代性，很难直接推定，仍然可以通过向相关部门查询等方式初步确定身份情况，再结合其他方法进行判断。而在一些与人身密切相关、不可替代的领域，相关部门或机构有一套完整而严格的实名制配套机制，有利于真实身份的确定，可以直接推定行为人的真实身份。比如，在住宿登记、购买火车票、飞

机票、出入境、办理银行业务时，行为人必须使用个人真实身份证件进行登记，相对方（如酒店、机场、边检、银行）通常有一套完整、可靠的配套机制（例如身份证件验证、拍照、指纹等）检验核实行为人的实名信息，通常情况下足以保障相关身份信息的真实性。因此，在无相反证据时，可以直接推定住宿登记记录、购票记录、出入境记录、银行记录等电子数据中登记的名义身份（包括办理银行业务中的代理人）与实际身份相符。

2. 从电子数据的具体来源、取证过程分析判断

刑事诉讼中的证据是取证人员运用一定的方法、遵循一定的规律搜寻、发现然后固定在案。而取证过程本身蕴含着丰富的信息，也有助于分析相关主体身份。正如通过审查破案经过，回溯侦查机关对犯罪嫌疑人排查、锁定的过程，分析这一过程是否合理有据，有助于判断犯罪嫌疑人与案件事实之间的关联性；通过审查证据的来源情况，回溯取证人员对证据搜寻、锁定、提取的过程，分析取证过程中涉及的相关人员，也有助于判断相关人员与该证据之间的关联性。电子数据具有无形性，必须依附于一定的载体（如相关电子设备、虚拟空间）而存在，通过分析取证人员如何接触电子设备、如何进入虚拟空间获取电子数据，更有利于判断与电子数据相关联的人员。当然，结合证据来源、取证过程判断与电子数据相关联的主体身份，前提是该取证过程依法依规进行，针对瑕疵证据可以进行合理补正。

第一，根据当事人相关陈述、提供重要信息进而调取的电子数据，有助于认定与该电子数据相关联的主体身份。隐蔽性证据规则是认定证据证明力的一项重要规则，相关规范性文件也针对依据犯罪嫌疑人供述而获取的隐蔽性很强的书证、物证作出特别了规定。① 从该规定内容看，旨在通过隐蔽性证据确认犯罪嫌疑

---

① 《刑事诉讼解释》第106条规定："根据被告人的供述、指认提取到了隐蔽性很强的物证、书证，且被告人的供述与其他证明犯罪事实发生的证据相互印证，并排除串供、逼供、诱供等可能性的，可以认定被告人有罪。"

人供述的真实性；但如果换个视角，其实也就是确认相关书证、物证与犯罪嫌疑人之间存在很强的关联性，从而指向犯罪嫌疑人系作案人员。可见，隐蔽性证据规则同样有助于真实身份的判断。隐蔽性证据是指"不易为案外人察觉而通常只有作案人才可能知晓的案情信息……它通常具有独特性、有很强的稳定性"。[①] 根据隐蔽性证据的这些本质特性，该规则不仅适用于物证、书证，还可以适用于其他证据，甚至包括言词证据。[②] 从证据分类来讲，电子数据与物证、书证一样同属于实物证据；从证据特性来讲，电子数据产生于虚拟空间，与生俱来具有隐蔽性。[③] 因此，隐蔽性证据规则在电子数据中更有适用的空间。具体而言，如果取证人员根据当事人提供的存储介质、电子账户、密码或数据存储位置等信息而获取相应的电子数据，一般可以认定这些电子数据与该当事人之间的关联性；尤其是许多电子数据本身有一定的安全保障程序（如电子签名、密钥、口令、指纹识别等），局外人一般无从知晓或很难接触，通过当事人提供这些重要信息而获取相应的电子数据，更可以认定其与该电子数据之间的关联性，从而认定这些电子数据内反映的案件事实指向上述当事人。

第二，从与当事人人身密切相关的存储介质、电子账户中调取电子数据的，有助于分析与该电子数据相关联的主体身份。在调查取证过程中，侦查人员常常能够从相关人员人身或住处、车辆、办公室等私密性场所中查获手机、计算机、硬盘、U 盘等存储介质或者银行卡等，然后从这些存储介质中提取相关电子文

[①] 秦宗文：《刑事隐蔽性证据规则研究》，载《法学研究》2016 年第 3 期。

[②] 如在室内纵火案中，嫌疑人先描述房屋内详细的原始现场情况，之后，通过向该房屋主人核实房屋的原始情况，就能确定嫌疑人供述是否真实。这里，户主的言词证据便是隐蔽性证据。参见秦宗文：《刑事隐蔽性证据规则研究》，载《法学研究》2016 年第 3 期。

[③] 柴静：《电子数据的证明力认定研究》，载《黑龙江生态工程职业学院学报》2016 年第 6 期。

件、通讯信息、电子交易记录，进而在上述电子数据中发现许多有价值的信息。从存储介质或银行卡的查扣，到相应电子数据的发现，只要依法取证，过程合情合理，一般可以判断这些电子数据与上述人员之间的关联性。

3. 结合不同电子数据的信息进行分析判断

电子数据具有系统性的特征，其总是以系统的面目呈现的。① 同一电子数据内的不同信息之间、同一存储介质内不同电子数据之间或者其他不同来源的电子数据之间，往往存在千丝万缕的联系，充分挖掘电子数据之间的内在联系，有助于判断真实的主体身份。

首先，针对不同来源的电子数据，如果具体内容能够指向同一人，根据相互印证的证据规则，可以认定真实主体身份。以杨某走私普通货物案为例，其组织船舶从公海上直接走私燃料油入境，并使用6个他人名下银行账户用于支付油款，其认可其中4个银行账户系其所控制使用，但否认另外2个账户（户主黄某、施某）为其使用。然而，通过审查杨某与向其收购走私油的下家刘某之间微信记录发现，杨某将黄某、施某名下的银行账户信息发给刘某，分别让刘某付油款11万元、16万元。再进一步审查黄某、施某账户对应的资金交易记录，发现在上述聊天时间后不久，刘某确实向这两个银行账户支付11万元、16万元。可见，微信聊天记录和资金交易记录指向的事实可以相互印证，足以认定黄某、施某两个账户的实际控制者、使用者系杨某。

其次，通过分析同一存储介质或同一电子程序中不同电子数据之间的关联性，有助于对身份存疑的电子数据真实身份的判断。以智能手机环境下的电子数据为例，人们不仅使用智能手机进行通话、发送短信、微信、邮件等传统沟通，还借助智能手机使用各种应用软件（即App）留下相应的电子数据，例如拍照、

---

① 刘品新：《电子证据的基础理论》，载《国家检察官学院学报》2017年第1期。

网上购物、电子交易、运动等行为产生各种痕迹。通常情况下，侦查人员对手机取证只重视调取其中的微信记录、短信等数据分析案情，而不重视其他数据的调取运用。如果嫌疑人对某个手机号码、微信账户提出质疑，或者辩解在某一时间段中并非其本人使用，而通过分析同一部手机内其他应用程序产生的电子数据，有助于判断该手机是否为嫌疑人所实际使用。比如，发现某个时间段该手机拍摄过嫌疑人家庭成员、住宅室内场景甚至自拍等私密性照片，或者在某个时间使用该手机网络购物且邮寄到嫌疑人家中、单位等关联场所等类似信息，可以推断上述时间段内嫌疑人为该手机的实际使用者，从而认定相应期间该手机号码以及手机中的微信、QQ等通讯工具的实际使用者系上述嫌疑人。

4. 结合传统证据进行分析判断

我国刑事诉讼法列举证据的八种法定形式，除视听资料和电子数据外，充分挖掘、运用其他传统证据的信息，有利于分析电子数据所指向的主体身份。

第一，结合言词证据进行分析判断。向犯罪嫌疑人、被害人、证人核实电子数据身份信息的真实情况，这是司法实践中排查、确认真实身份最便捷也最常用的方式之一。首先，审查相关人员是否自认与电子数据的关联性，在后续的诉讼环节（如审查起诉、庭审环节）应再次向其复核确认。其次，审查是否有相关人员的指认，他人指认不仅可以强化自认的效力，而且在缺少自认的情况下，当多人的证言共同指向同一人时，也可以确认真实身份。例如，针对手机、微信等通讯账户，当事人通常会使用某个账户与亲友进行沟通联络，从而与这些亲友的通讯账户建立关联性，因此可以结合不同亲友的证言核实该账户的实际使用者。在确认真实身份方面，言词证据具有直接、便捷的优点，但也有主观性强、可靠性较弱的缺点，因此，审查言词证据对相关身份的确认方式、确认过程就非常重要，尤其是针对内容复杂的身份信息（如微信账号、头像，监控录像的人像），将这些内容交由确认者辨认并以书面形式固定在案，有利于强化自认或指认的效力。

第二，结合书证进行审查判断。与电子数据相关的书证一旦形成，书证的内容就有较强的稳定性，有助于判断与电子数据相关联的真实身份。首先，对于需要先行线下书面填写、然后再线上操作而形成的电子记录，可以结合线下填写的书面材料相关内容、签名、字迹等判断该线上电子记录对应的真实身份。例如，针对银行资金系统形成的交易记录，可以结合当事人所填写、在银行留存的汇款单证、存取款单证等书证，判断相应交易记录的实际操作者。其次，许多电子数据生成后也需要形成一定的书面凭证，例如购物后会有购物小票、资金交易后相关收款机构会提供回执凭证、乘车（机）买票后会提供车票等，如果从当事人身上查扣这些书面凭证，可以认定相关电子数据（即相关电子系统中留存的购物记录、资金交易记录、乘车记录）与这些当事人之间有关联，从而判断真实主体身份。

第三，结合鉴定意见进行审查判断。司法鉴定是运用、分析电子数据的重要手段。根据鉴定事项的不同性质，有学者将电子数据司法鉴定分为以"发现证据"为目标的司法鉴定和以"评估证据"为目标的司法鉴定。① 笔者分别将其称为"取证型鉴定"和"评估型鉴定"，二者可以从不同视角助力电子数据真实身份的判断。就"取证型鉴定"而言，通过鉴定提取大量电子数据尤其是附属信息，有助于判断与电子数据相关联的真实身份。以"快播案"为例，第一次庭审结束后，法院委托机构鉴定，获取四台涉案服务器 IP 地址，然后通过公诉机关补充 IP 地址归属者的证据，从而认定该服务器由快播公司实际运营。就"评估型鉴定"而言，相关声纹鉴定、图像鉴定，更有利于直接

---

① 前者是指通过鉴定发现、固定与案件事实相关的电子数据，后者则是对已有的电子数据的真实性、关联性等问题进行分析和评价，以判断电子数据的证据效力。参见杜志淳、廖根为：《电子数据司法鉴定主要类型及其定位》，载《犯罪研究》2014 年第 1 期。

判断涉案电子数据对应的真实身份。

此外，物证、勘验检查笔录也是重要的传统证据，同样有助于判断电子数据所指向的真实人员。结合现场勘验检查笔录，分析相关电子物证的来源，确认电子物证的实际所有者，进而判断与该电子物证所存储电子数据相关联的人员；或者结合电子勘验检查笔录，分析电子数据的提取过程，判断与之相关联的人员。因此，结合物证、勘验检查笔录进行审查，实际上主要是从电子数据具体来源、取证过程的角度来判断真实身份。

5. 综合分析判断

前面分析了运用电子数据判断主体身份的几种具体方法。司法实践中，有些方法得出的结论可信度高，可以单独确认相关人员的真实身份，比如鉴定的可信度就很高；而有些方法单独判断所得出的结论可信度尚存疑，比如由单个证人进行辨认或者单个同案犯指认；或者有些方法主要是一种推定，面临被反面证据推翻的风险，例如结合电子数据生成机制来认定，主要是推定相关主体身份。因此，需要结合上述多种方法进行综合分析判断。如果发现相关犯罪主体真实身份存疑，一方面，可以循着以上论述的几种思路，从不同角度寻找补充侦查的方向，进一步完善相关证据链；另一方面，还可以结合已经查证属实的其他事实，运用逻辑思维或经验法则分析电子数据的关联信息，以确定与案件相关的真实主体身份。

二、运用电子数据认定犯罪主观方面

犯罪主观方面是指犯罪主体对自己的行为及其危害社会的结果所抱的心理态度，包括罪过（即犯罪的故意或者过失）、犯罪目的、犯罪动机等因素。相对于客观行为而言，犯罪主观方面属于主观因素的范畴，往往更难判断。然而，很多情况下，犯罪主观因素又通过犯罪行为得以客观化。因为行为人的主观心理态度"不是停留在其大脑中的纯主观思维活动，它必然要支配行为人客观的犯罪活动，这样就必定会通过行为人的犯罪行为及与犯罪有关的犯罪行为前、犯罪行为时以及犯罪行为实施后的一系列外在的客观活动表现出来"。① 因此，在认定案件事实时，对犯罪主观方面的认定主要有两种方法：一是犯罪嫌疑人自认或他人的指认，这主要是言词证据；二是根据已经查证属实的客观行为，结合相关证据规则和经验法则进行推定。运用电子数据认定犯罪主观方面，主要是运用后一种方法来认定犯罪主观方面。

从具体内容看，主观方面的推定主要包括明知推定和目的推定两种，② 前者如毒品的明知、赃物的明知，后者如非法占有的目的、以牟利或传播为目的。许多案件，相关司法解释或规范性文件对认定犯罪主观方面所需要的基础事实有一些比较具体的规定，比如诈骗和集资诈骗犯罪、毒品犯罪、走私犯罪、传播淫秽电子信息犯罪、破坏森林资源犯罪、侵犯知识产权犯罪等案件中，相关文件就列举了许多认定方法。③ 当然，在多数案件中并没有这些具体的明文规定，但我们仍然可以结合推定方法的基本原理以及上述相关规定中一些共性的特征，在具体案件中运用客观事实判断行为人的主观内容。

从司法证明过程看，犯罪主观方面的推定有三个条件：④ 一是作为适用推定的前提，行为人必须具有特定的行为，即基础事实，这一事实需要有证据加以证明。二是结合相关证据规则和经

---

① 赵秉志主编：《刑法学》，北京大学出版社、高等教育出版社 2010 年版，第 105 页。

② 何家弘、刘品新：《证据法学》，法律出版社 2013 年版，第 267 页。

③ 参见最高人民法院《关于审理非法集资刑事案件具体应用法律若干问题的解释》第 4 条，《全国部分法院审理毒品犯罪案件工作座谈会纪要二》第 10 条，最高人民法院、最高人民检察院、海关总署《关于办理走私刑事案件适用法律若干问题的意见》第 5 条，最高人民法院、最高人民检察院《关于办理利用互联网、移动通讯终端、声讯台制作、复制、出版、贩卖、传播淫秽电子信息刑事案件具体应用法律若干问题的解释（二）》第 8 条，最高人民法院《关于审理破坏森林资源刑事案件具体应用法律若干问题的解释》第 10 条，最高人民法院、最高人民检察院《关于办理侵犯知识产权刑事案件具体应用法律若干问题的解释》第 9 条等。

④ 参见陈瑞华：《刑事证据法学》，北京大学出版社 2012 年版，第 273 页。

验法则推定犯罪主观方面的内容。三是在一定情况下相关推定的结论是可推翻、可辩驳的。比如前述有关"明知"和主观目的认定的相关规定中,往往提到"有证据证明确属被蒙骗或确实不知道的除外"。运用电子数据认定犯罪主观方面,关键就是运用电子数据还原出相关的基础事实,再通过分析、推理等方法推定犯罪主观因素。结合上述相关规定以及司法实践中的具体做法,可以从中总结提炼出一些具有共性的基础事实作为判断主观故意的依据,电子数据可以发挥重要作用。

(一) 前科类似行为

罪刑法定原则是现代刑事法律的基本原则,品格证据、前科行为不得作为认定犯罪事实的依据。我们认为,这主要是指对客观行为的认定而言,即不得根据行为人先前存在某种前科行为而认定其必定会再次实施同样行为。然而,前科类似行为对评价行为人主观方面仍然有很大的价值。例如,刑法规定对累犯应当从重处罚,因为累犯反映其人身社会危险性,主观恶性更大。同样,前科类似行为对评价行为人的主观认识也有积极的意义。具体而言,如果行为人在实施本案违法犯罪行为之前,有过性质相同或相似的违法或犯罪行为,并因此受过行政处罚、刑事处理,或者被相关机构警告、相关人员告知、举报等情况,说明行为人主观上应当意识到相同或相似行为的违法性。之后,如果行为人再实施相同或类似行为,一般可以认定其主观故意。比如,《走私案件意见》[1] 规定,曾因同一种走私行为受过刑事处罚或者行政处罚的,可以认定行为人有走私的主观故意。又如,《淫秽电子信息解释(二)》[2] 规定,行政主管机关书面告知后仍然实施

---

[1] 即最高人民法院、最高人民检察院、海关总署《关于办理走私刑事案件适用法律若干问题的意见》。

[2] 即最高人民法院、最高人民检察院《关于办理利用互联网、移动通讯终端、声讯台制作、复制、出版、贩卖、传播淫秽电子信息刑事案件具体应用法律若干问题的解释(二)》。

上述行为的或者接到举报后不履行法定管理职责的，可以认定行为人主观上明知系淫秽电子信息或淫秽网站。《知识产权案件解释》① 规定，因销售假冒注册商标的商品受到过行政处罚或者承担过民事责任，又销售同一种假冒注册商标的商品的，可以认定行为人主观明知。其他许多案件中，如果行为人也有前科类似行为，同样有利于判断其主观故意。

司法实践中，相关行政机关、司法机关信息管理系统中有关行为人前科记录的登记、他人通过电子邮件向行为人发送的举报信等电子数据，有助于认定前科类似行为，从而判断其主观认识。例如，在"快播案"第一次庭审中，针对大量淫秽电子信息通过快播公司免费发布的快播软件和播放程序在网上传播一事，四名被告人均辩解不知情，但案发前深圳市公安局网警部门和南山广电局分别两次行政调查并作出处罚，尤其是后一次调查过程有详细的取证录像作证，其中一名被告人当时还签字确认。上述前科行为足以认定当事人的主观故意。

（二）刻意逃避检查、监管行为

根据法律法规的授权和要求，相关执法机构在特定区域、地点或者针对特定可疑人员有依法监督、管理、检查的权力和职责，相关个人或组织也有配合的义务，如若存在隐匿、伪装、伪报、调换、丢弃、绕道、逃跑等刻意逃避监管、明显违反法定程序行为的，可以推定行为人对自己相关物品、行为违法性的认识。例如，《毒品犯罪大连会议纪要》② 规定，以伪报、藏匿、伪装等蒙蔽手段，逃避海关、边防等检查；或者执法人员检查时，有逃跑、丢弃携带物品或者逃避、抗拒检查等行为；或者行程路线故意绕开检查站点，在其携带或丢弃的物品中查获毒品的，可以认定行为人"明知"是毒品。又如，《走私案件意见》

---

① 即最高人民法院、最高人民检察院《关于办理侵犯知识产权刑事案件具体应用法律若干问题的解释》。

② 即《全国部分法院审理毒品犯罪案件工作座谈会纪要二》。

规定,在没有设关的码头、海岸、陆路边境进出境的,可以认定走私的主观故意。此外,司法实践中还普遍存在对海关监管的货物有调换、调包等行为的,说明行为人刻意逃避相关法定职责,也可以推定其走私的主观故意。

司法实践中,相关执法记录仪、现场监控录像等电子设备可以真实记录行为人接受检查时的具体过程,行为人与委托人之间相关通讯就藏匿、调换、逃跑等情形事前、事中的沟通、协调,运用这些电子数据有利于还原上述事实。以路某雅走私普通货物案为例。路某雅将他人委托代理进口的化妆品伪报成塑料粒子申报进口共8票。然而,路某雅辩解并不清楚实际货物是化妆品,货主在委托其代理时只是讲到要进口塑料粒子。但是,在以同样方式进口的一票化妆品中,货物到达码头后商检机构已经布控,准备对该票货物实施商检。同时,路某雅也开始策划如何置换货物。通过审查路某雅与国内运输司机汪某的QQ聊天记录发现,在委托司机运输这票货物时,路某雅就已经明确提出要先将货物从码头运走卸掉,然后再要求司机到指定地点装满塑料粒子重新运回港口,并且提供了装载塑料粒子的详细地址。后来司机也确实按照路某雅的要求操作,而装满塑料粒子的集装箱重新运回港口后,商检机构也进行检查,经检查确认与申报的塑料粒子相符,后顺利放行。从上述QQ聊天记录以及后来的实际操作可以看出,路某雅在一开始就蓄意策划如何置换货物,反映出其主观上有意逃避检查,从而可以认定其明知真实货物与申报品名不一致,有走私犯罪的主观故意。

(三)严重弄虚作假行为

国家对相关经济活动、商品流通有一系列规范、标准和程序,行为人在从事相关活动中应当遵守这些要求,大额商品来源应有合法渠道、货物进出口应当如实申报。如果查清行为人严重违反这些要求,在相关单证、文件的重要数据上故意弄虚作假,可以结合具体案情分析行为人的主观故意。《走私案件意见》规定,提供虚假的合同、发票、证明等商业单证委托他人办理通关手续的，可以认定走私的主观故意。《知识产权案件解释》规定，伪造、涂改商标注册人授权文件或者知道该文件被伪造、涂改的，可以认定售假者的主观故意。《机动车案件解释》① 规定，发动机号、车辆识别代号有明显更改痕迹，没有合法证明的，可以认定赃车收购者的主观故意。

司法实践中，可以结合相关电子数据，分析行为人是否明知没有合法证明，是否制作虚假材料，以判断其主观故意。以郑某鹏走私普通货物案件为例。郑某鹏以低报价格的手法从日本进口婴儿纸尿裤。郑某鹏通过QQ与在日本的出口代理商协商货物采购、单证手续的详细过程，通过审查这些QQ聊天记录，其中有这么一段内容：郑某鹏告诉代理商"最多到岸价1600元，然后从你公司开发票低一点还可以做"，代理商回复"9月有一柜，到岸价1620。现在我按照1300开票"。上述内容明确反映出郑某鹏要求对方制作虚假的报关发票，而对方也确实是按照低于实际价格开具发票，反映出郑某鹏有低报价格走私的主观故意。

（四）明显违背商业惯例行为

根据正常的商业规律，趋利避害、有利可图是人们经济活动的基本目标。而在具体的经济往来中，如果行为人的某种经济活动从理性人的角度分析根本无利可图，甚至要亏本经营，或者成本、收益明显不成比例的，有利于判断行为人的犯罪主观故意。例如，《走私案件意见》规定，以明显低于货物正常进（出）口的应缴税额委托他人代理进（出）口业务的，可以认定行为人有走私的主观故意。因为在上述情形中，委托人知道或应当知道采取合法的进出口方式，对被委托人而言无利可图，明显违背商业惯例。又如，根据《毒品犯罪大连会议纪要》，为获取不同寻常的高额、不等值报酬为他人携带、运输物品，从中查获毒品的，可以认定行为人"明知"是毒品。《淫秽电子信息解释

---

① 即最高人民法院、最高人民检察院《关于办理与盗窃、抢劫、诈骗、抢夺机动车相关刑事案件具体应用法律若干问题的解释》。

(二)》）规定，为淫秽网站提供互联网接入、服务器托管、网络存储空间、通讯传输通道、代收费、费用结算等服务，收取服务费明显高于市场价格的，可以认定行为人主观上明知系淫秽信息或淫秽网站。在走私等其他经济活动中，也经常存在受托人收费明显高于市场价格，成本、收益明显不成比例，严重违背商业惯例，这些行为有助于判断主观故意。《森林资源解释》① 规定，收购以明显低于市场价格出售的木材的，可以认定收购者的主观故意。《伪劣烟草制品案件纪要》② 规定，以明显低于市场价格进货或者销售的，可以认定售假者的主观故意。再如，《集资诈骗解释》③ 规定，集资后不用于生产经营活动或者用于生产经营活动与筹集资金规模明显不成比例，致使集资款不能返还的，可以认定集资为人"以非法占有为目的"。因为在大规模集资并需要支付高额利息的情形下，投入正常生产经营活动才有可能使资金保值增值，符合正常商业惯例。

司法实践中，结合资金交易记录数据的分析、统计，或者对往来通讯记录上承诺给予的报酬等内容，有利于判断相关行为是否明显违反商业惯例。以徐某飞集资诈骗案为例。2010年年初至2011年年底，徐某飞以扩大生产经营为名，向不特定社会公众募集资金。这期间，徐某飞也实际控制几家实体企业，其所募集的资金是否主要用于生产经营活动，成为本案的关键点。通过整理归纳徐某飞所实际控制的银行账户在涉案期间反映资金去向的交易记录（包括收款人、收款时间、金额等信息），可以反映出几个显著的特征：首先，从整体上看，在涉案期间，徐某飞的集资款有70%左右是用于归还债务，或者还本付息，这反映资

---

① 即最高人民法院《关于审理破坏森林资源刑事案件具体应用法律若干问题的解释》。

② 即最高人民法院、最高人民检察院、公安部、国家烟草专卖局《关于办理假冒伪劣烟草制品等刑事案件适用法律问题座谈会纪要》。

③ 即最高人民法院《关于审理非法集资刑事案件具体应用法律若干问题的解释》。

金主要去向，并非用于生产经营。其次，通过对每个月资金进出进行归纳比对，徐某飞从 2011 年 1 月开始，其每个月超过半数的集资款用于还本付息，而且越往后该比例越大，结合其他已经查清的证据，徐某飞此时也已经债台高筑，说明此后徐某飞明知已经没有偿还能力，仍然以拆东墙补西墙的方式维系资金链，从而可以将 2011 年 1 月确定为徐某飞具有非法占有目的的时间点，此后发生的集资款作为集资诈骗金额予以认定。

（五）其他严重背离经验法则的行为

经验规则是法律方法论的重要组成部分。它是指"人们从生活经验中归纳获得的关于事物因果关系或属性的规则。它是通过个体的反复体验，最终上升为超越个体的对事物规律性的普遍认识，成为一种常识，但不排除例外"。[①] 经验法则主要体现为实践积累而成的"常识、常理、常情"，具有高度盖然性。而在违法犯罪活动中，行为人的行事方式则会严重背离这种"常识、常理、常情"。例如，行为人在 ATM 取款时故意遮掩容貌，刻意避免被人发现；在正常工作履职时间无故缺勤，但又无法合理解释；行为人多次辩解但又被其他已查清的事实屡屡推翻，多次故意撒谎。查清这些严重背离经验法则的行为，有利于分析行为人的主观心态。再如，根据《毒品犯罪大连会议纪要》，体内或者贴身隐秘处藏匿毒品的，采用高度隐蔽的方式携带、运输物品或交接物品，明显违背合法物品惯常交接方式，可以认定行为人明知是毒品。《淫秽电子信息解释（二）》规定，向淫秽网站投放广告，广告点击率明显异常的，可以认定行为人主观上明知系淫秽信息或淫秽网站。

司法实践中，结合相关监控录像、通讯记录、考勤记录、电子勘验笔录等电子数据，有助于判断上述事实。例如，在传播淫秽物品案件中，可以运用电子勘验记录，通过判断相关投放广告

[①] 钟晋：《证据审查的方法论思考》，载《刑事司法指南》2012 年第 1 集（总第 49 集）。

的点击率来判断广告投放者的主观故意。对于使用银行卡到ATM帮助提取赃款的人员，可以结合监控录像判断是否故意遮蔽、掩盖的行为。

综上分析，可以运用电子数据认定相关基础事实，进而判断犯罪主观方面的内容。这些基础事实，有些案件中有相关司法解释、会议纪要等文件的明确规定，有些案件则缺少明确规定。我们认为，刑事案件中，运用证据认定案件事实的基本方法、思路是相通的，许多案件虽然没有关于基础事实的明确规定，但只要根据相关电子数据可以查清一些基础事实，恰当地运用相关逻辑规则、经验法则，结合案件其他方面的证据和事实情况，可以合理地判断犯罪主观方面的内容。事实上，即使是上述有明确规定的案件中，相关规定在最后一项仍然使用"有其他证据能够认定行为人明知情形的"等类似兜底条款，这本身表明相关规定不可能穷尽案件中所有情形，只能列举一些典型的基础事实。作为司法人员，仍然可以结合具体的证据和事实进行分析判断。

三、运用电子数据认定犯罪客观方面

犯罪客观方面是刑法条文中着墨最多的内容，也是刑事案件中内容最为丰富的部分。犯罪客观方面可以分成以下几大类：一是案件发生的时间、地点等基本要素。有些案件中，有非常准确的时间、特定的地点，比较常见的有故意杀人、伤害、抢劫、盗窃、斗殴、寻衅滋事等案件；而有些刑事案件的时间、空间虽然不是非常准确，但也有大致的时间范围和空间范围，比如受贿案件、毒品案件；另外一些案件可能作案地点不重要或者不明确，但也有准确的作案时间或者相对的作案期间，比较走私案件、网络诈骗案件。二是案件发生的具体经过。案件发生的经过，往往是整个案件尤其是犯罪客观方面最核心的事实，主要体现为作案手法、使用的工具、具体的操作模式、作案的对象，在共同犯罪中，还包括不同行为人具体的分工。三是相关的犯罪情节，包括行为的次数、数量、金额，造成人员伤亡情况，或者直接、间接

的经济损失，引发不良的社会影响等。

与犯罪客观方面丰富的内容相对应，证明犯罪客观方面的证据在刑事案件的证据体系中也往往占大多数。而电子数据所蕴藏的海量信息，对还原犯罪客观方面也能够发挥重要作用。

(一) 还原案件时间要素

时间是每一个刑事案件必备的基本要素。只是根据不同案件的特征，有些案件对时间的精确度要求较高，比如杀人、抢劫等暴力犯罪案件常常有很明确的时间；而有些案件对时间要素的精确度要求不高，时间往往比较模糊，但也至少需要确定大致的时间范围，比如受贿、毒品案件。电子数据具有高度的精确性，一份电子数据被发现、提取时，都常常自带有非常精确的时间，包括电子数据本身所记载的时间、不同记录各自形成的时间、电子数据整体形成或修改的时间、侦查员提取的时间等。详细分析电子数据的时间信息，有利于明确具体的案发时间，厘清案件中不同事实发生、发展的前后顺序，也便于统计相关人员、相关违法事实的涉案期间，为更好地还原犯罪客观方面的其他内容奠定基础。

电子数据具有虚拟性、技术性等特征，其所反映的时间信息有两个特征：首先，电子数据的时间信息非常精准，从形式上可以精确到具体日、时、分甚至秒等微小的时间单位，这是其他任何传统证据所不具备的优势，这为准确还原案件时间要素提供得天独厚的条件。其次，电子数据的时间信息又有相对的独立性，每一个独立信息系统所生成的电子数据对应的时间信息常常自成体系，这使得电子数据表面所反映的时间情况与实际情况可能不一致，这种不一致表现在两个方面：第一，电子数据的时间与物理空间的真实时间可能不一致。例如，电脑、手机的时间常常可以被轻易修改，而映射到该电脑或手机内电子数据的时间就可能与现实世界的实际时间不一致。第二，不同来源的电子数据，由于其生成系统自成体系，也可能出现时间上的不一致。最典型的就是反映同一地方的多个视频监控来源不同，有一些监控可能是某些单位自己设置，有一些是交警部门设置，另外一些又可能是公安机关其他部门所设置，它们的系统时间常常不一致，当这些不同监控从不同角度反映同一现象时，可能出现时间冲突。因此，在审查时间信息时，需要着重审查不同电子数据之间时间信息的一致性、电子数据时间信息与物理空间真实时间之间的一致性，从而准确还原案件的实际时间。

以杨某飞、杨某涛抢劫致人死亡案为例。2015年3月10日傍晚5时许，有群众在浙江省某市一家按摩店内发现该店店主蔡某的尸体，遂报案。后通过侦查，锁定犯罪嫌疑人杨某飞、杨某涛二人。其二人归案后，供述了3月7日早上进入该按摩店，以按摩为名对店主蔡某实施抢劫并将其杀害后逃跑。当天夜里，杨某飞还返回其店内确认被害人已死亡。然而，案发后侦查员通过对被害人蔡某的邻居调查取证，有部分证人提到3月7日晚上或8日下午仍然见到过被害人蔡某。二者显然存在矛盾。遂要求侦查人员补充调取被害人的手机通话记录，显示最后一条通话记录是3月7日9时，此后没有新的通话记录，说明杨某飞所供述作案时间发生在3月7日上午是合理可信的。再结合其他证据，准确认定被害人死亡时间就是当天上午。

（二）还原案件空间要素

空间是每一个刑事案件必备的另一个基本要素。电子数据不仅包含着精确的时间信息，还蕴藏着丰富的空间信息。如前所述，电子数据中的证据信息可以分成内容信息和附属信息两大类，这两类信息常常以不同的形式反映相应的空间方位。就内容信息而言，可以是在具体文字中直接描述相关地点，如微信、电子邮件中直接陈述某一地址；也可以是以图片、视频的形式直接反映实际地点，如监控视频直接反映具体地点；还可以是以立体形式反映相关地点，如运动软件中的活动轨迹图。就附属信息而言，诸如计算机IP地址、MAC地址、手机通话位置、通话基站以及其他电子设备、应用软件的定位信息等也都能反映相关的空间方位。内容信息所反映的方位通常直接明了，便于与物理空间的方位直接关联起来。附属信息所反映的方位信息则呈现多样化特征：有一些直接明了，如数码照片的定位信息往往比较准确，通话记录中显示所在城市等，可以直接确定具体地点。有一些则比较复杂，单凭某个电子数据的空间信息无法直接确定实际方位，还需要通过查询、分析、推理等方法来进一步判断，才能与物理空间的实际方位关联起来。例如手机通话记录通常以基站代码的形式记录相应的方位，这就需要首先查询相关基站代码所对应的实际位置，才能确定实际的通话地点。

运用好电子数据蕴含的空间信息，有利于分析与案件相关的空间要素，更好还原整个案件事实。以刘某杰故意杀人案为例，刘某杰与被害人周某系朋友关系，双方互有经济往来。某日晚上7时许，刘某杰开车接上周某，之后二人因经济纠纷在车内发生争执，争执过程，刘某杰猛掐周某颈部致其窒息死亡，之后又抛尸。刘某杰归案后，其否认杀人的事实，但通过现场勘验笔录、DNA鉴定、证人证言等其他证据，足以认定其杀人的基本事实。而鉴于刘某杰没有供述，其杀人的疑难点在于杀人地点的确认。通过分析刘某杰当晚驾驶车辆对应的路面监控，发现刘某杰开车经过学校附近时，车上还有刘、周二人，而半小时后，当刘再次开车返回经过该监控点时，车上只有刘某杰一人，可以推定周某应当是在这一时间点遇害。再通过实地走访这条路，发现刘某杰开车经过该监控点后，这条路前方500米左右就没有了去路，从而确定刘某杰开车到此停留半个小时后再离开，离开时车上不见周某，但从其车上发现周某的血迹，可以确定刘某是在此处遇害，后被开车抛尸。

例如，在杜某贩毒一案中，电子数据反映的时间、空间要素佐证了其他有罪证据，否定了作为反面证据的书证。一审法院认定，2006年1月23日，湖南省长沙市人杜某在邵阳市贩卖海洛因500克。3月5日，杜某因另一起贩毒30克案件被公安机关现场抓获。二审时，其辩护人提交长沙市某戒毒所的戒毒人员登记表复印件，证明杜某从同年1月11日至2月24日一直在该戒毒所戒毒治疗，没有贩卖500克毒品的条件，且登记表上签名经笔迹鉴定，确系杜某亲笔书写。后公诉部门承办人认真审查证据，从卷宗内杜某的手机通话清单中发现关键证据，通话清单的漫游记录显示，杜某的手机从同年1月20日至25日，一直持续漫游在邵阳市，并且还和杜某家人保持通话。显然，手机通话记录显示的时间、空间要素更加客观地反映杜某的活动轨迹，说明杜某有作案条件。而后来补充的证据证明戒毒所管理较为松懈，对自愿戒毒人员进出没有做到严格管理。二审法院维持原判。①

相反，在罗某华受贿案中，则因为其他有罪证据与电子数据反映的时间、空间要素相矛盾，采信客观性更强的电子数据，从而否定部分犯罪事实。在公诉机关起诉书所指控的多笔事实中，其中一笔系王某峰向其行贿5万元。在侦查阶段笔录中，双方均陈述当天王某峰主动联系罗某华，得知罗某华在家中，王某峰在5分钟之内赶到罗某华家中并向其行贿5万元现金。开庭审理阶段，被告人罗某华峰翻供，而出庭作证的行贿人王某峰则坚持原先说法。后法院通过补充调取其二人通话记录发现，罗某华、王某峰在起诉书所认定的作案期间刚好有且只有一次通话记录，通话清单的地址显示其二人分别在A、B两个不同城市。同样应当采信客观性更强的手机通话记录。据此分析，王某峰显然不可能在5分钟之内从A市赶到罗某华家所在的B市，从而足以否定王某峰的证言及其罗某华在侦查阶段的有罪供述。

（三）判断作案手法、模式

作案手法、作案模式反映了具体的犯罪过程，电子数据可以在一定程度上还原这些过程。在破坏计算机信息系统犯罪中，犯罪嫌疑人通过特定的程序破坏计算机信息系统，而每一个过程都会为相关电子数据所记录。暴力犯罪中案发现场作案经过的监控录像，可以比较完整地还原具体作案过程，有利于分清不同犯罪

---

① 转引自钟晋：《证据审查的方法论思考》，载《刑事司法指南》2012年第1集（总第49集）。

嫌疑人具体实施的行为。当事人往来电子邮件、QQ 或微信等即时通讯记录,也常常详细记载行为人为实施犯罪而彼此预谋、策划的具体经过,这些电子数据有利于还原具体的作案手法。

以易某忠诈骗案为例,2013 年 11 月 3 日到 11 日期间,易某忠、黄某太经事先商量,在淘宝网上冒用他人身份注册"天理财 2013"的账号,虚构多种理财产品,以年收益率18% ~22%为由销售虚假的理财产品实施诈骗,骗得 40 余被害人共计 30 余万元。其中 20 余万元分批次打入五张银行卡后,由黄某太在福建省某市银行 ATM 取款提现。本案电子数据主要有:聊天记录、淘宝账户信息及交易明细、网站信息、银行交易记录和监控录像等。这些电子数据证实了易某忠、黄某太二人的基本作案经过:一是刘某证言及聊天记录显示,黄某太向刘某经营的网点购买手机卡的情况。二是淘宝公司举报函、淘宝账户信息及交易明细证实两嫌疑人以"天理财 2013"的淘宝店铺虚假销售多种理财产品,骗取被害人钱款的时间、金额、退还被害人钱款,以及支付宝开立、停止使用的情况。其中该支付宝账户于 2013 年 11 月 3 日 10:29 注册,于同月 11 日 22:36 最后一次使用。三是手机截图打印件、网页截图打印件,证实被害人购买上述虚假理财产品的情况。四是监控录像及其对应的银行清单显示,黄某太在福建省某市多家银行的 ATM 上取走 20 余万元的经过。本案中,除被害人陈述和犯罪嫌疑人供述等言词证据外,其他证据均是电子数据,这些电子数据记录了两名嫌疑人如何开设网店、如何骗取被害人钱款和金额以及最后如何获得赃款的整个过程,比较完整地还原整个作案过程。

(四)认定犯罪情节

犯罪情节是许多案件中定罪量刑的重要依据,包括次数、数量、金额,造成人员伤亡情况,或者相关经济损失,引发不良的社会影响等。电子数据蕴含着的海量信息,对认定次数、数量、金额等方面的犯罪情节有非常重要的作用,甚至在不少经济案件中,电子数据在认定相犯罪情节中往往起决定性作用。例如,电子账册、电子邮件能够详细记录行为人实施某种违法犯罪行为的具体细节，包括时间、次数、金额等重要参数，可以直接反映作案数量、金额；而资金交易记录、出入境记录等电子数据，则能够间接佐证行为人具体作案的数量和金额；行为人之间往来的即时通讯记录也时常能够反映相关数据。

在具体案件中，犯罪情节既包括全案犯罪情节，也包括共同犯罪中各个犯罪嫌疑人参与或涉及的犯罪情节；在有被害人的情形下，还包括不同被害人涉及的损失情况。电子数据有利于从各个方面分析具体的犯罪情节。本小节从认定犯罪情节的基本原则与主要方法两个角度来分析如何运用电子数据认定犯罪情节。

1. 运用电子数据认定犯罪情节的基本原则

电子数据信息类型多样、信息量特别大，所记录的数量、金额等数字信息也非常具体。正因为这些特征，一方面，电子数据确实有利于办案人员统计出详细的次数、数量、金额等犯罪情节；另一方面，不同电子数据所记录的数据在细节上也经常不一致，电子数据与书证、言词证据等其他证据反映的细节也有出入，有些数据较高，有些数据较低。这就需要对相关信息进行分析判断。对此，我们认为可以把握以下两点原则：

（1）客观性强的证据优先原则

本章前两节已经分析，根据不同证据自身特点，不同类型证据的客观性存在一定的区别；即使同一类证据，具体不同类型信息的客观性也有一定的区别。比如，实物证据客观性一般强于言词证据，电子数据中生成类信息的客观性一般强于存储类信息。因此，当电子数据与其他证据之间，或者不同电子数据之间反映的数量、金额等信息相冲突时，就结合相关信息的生成机制、固定方式、提取时间、经验法则等因素进行分析对比，判断哪一类信息更加合理可信，从而采信相关数据。[①] 以刘某平走私普通货

[①] 关于电子数据不同信息取舍判断的方法，详见本章第二节。

物为例。刘某平在公司电子账册上记录实际货值为250万元,然而根据资金交易记录反映的实际正常付汇金额和差额汇款共计230万元。前者系存储类信息,后者系生成类信息。因此,应当采信客观性更强的资金交易记录,认定实际货值为230万元。

(2) 有利于被告人原则

刑事案件中,证据种类繁多,信息类型多样。有些情况下,司法人员可以对证据的客观性、可靠性作出非常明确的分析判断;有些情况下,只能进行大致判断,甚至经常无法分辨出哪方面的信息更加真实可靠。尤其是电子数据,其本身记录的数字、数量就非常具体、精确,往往采信不同电子数据都有一定的道理,客观上究竟哪个数据更加真实准确,司法人员难以判断。这些情况下,应当按照有利于被告人的原则,对于可以相互印证的部分予以认定,无法相互印证的部分,就低采信电子数据中次数、数量、金额等数据。

以王某强贩卖毒品案为例。在王某强与其下家的监听资料中显示,双方达成协议,由王某强以每克约50元的价格向刘某峰贩卖80克冰毒(依此推理总价应当为4000元),同时向刘某峰提供了收款账户。其二人到案后,均供述双方交易毒品的基本事实,但在具体的成交价格、数量上有一定区别。王某强供述单价约50元/克,实际成交金额约4000元,成交数量约80克。刘某峰供述单价约60元/克,实际成交金额约4500元,成交数量约75克。根据双方提供的汇款信息,依法调取的资金交易记录显示,在涉案期间,刘某峰仅仅向王某强实际汇款4200元。据此,可以按照上述两项原则计算双方实际交易毒品的数量:首先,根据客观性强的证据优先原则,反映实际汇款的资金交易记录显然强于监听资料信息、言词证据,据此认定双方实际成交金额4200元。其次,根据有利于被告人原则,刘某峰供述的成交单价约60元/克,据此计算双方实际成交毒品数

第四章 案件事实认定中电子数据的审查运用

量为 70 克。①

2. 运用电子数据认定犯罪情节的具体方法

(1) 运用单一电子数据直接确认

电子数据记录的信息比较精确，客观性较强。因此，许多情况下可以仅仅凭借单一电子数据的记载来直接认定实际次数、数量、金额等犯罪情节。例如，《诈骗案件解释》② 第 5 条规定，利用发送短信、拨打电话、互联网等电信技术手段对不特定多数人实施诈骗，诈骗数额难以查证，但发送诈骗信息五千条以上的或者拨打诈骗电话五百人次以上的，应当认定为《刑法》第 266 条规定的"其他严重情节"，以诈骗罪（未遂）定罪处罚；数量达到前款规定标准十倍以上的，认定为"其他特别严重情节"。因此，针对此类诈骗案件，只要调取相关诈骗电话的通话清单，就可以直接统计拨打诈骗电话的人次；或者对发送诈骗信息的电子设备进行勘验检测，也可以直接统计发送诈骗信息的数量。再比如，淫秽物品犯罪中，淫秽电子信息的实际被点击数、注册会员数是定罪量刑的重要情节，通过对淫秽电子信息、淫秽网站的统计，便可以确定相应的数据。这些数据客观性强、可信度高，可以直接采信，从而认定相应的犯罪情节。

(2) 运用多种电子数据综合分析统计具体的犯罪情节

运用电子数据认定的犯罪情节主要涉及次数、数量、金额等数据。具体案件中，这些数据往往分布于不同类型的电子数据，它们又存在一定的关联性。因此，认定相关犯罪情节就需要对不同电子数据进行综合分析判断。可以从以下三个步骤展开：

首先，审查不同电子数据之间的连结点，从而将不同电子数

---

① 如果依王某强供述单价 50 元/克计算，数量为 84 克。另外，其二人均供认汇款的金额都是用于毒品交易。

② 最高人民法院、最高人民检察院《关于办理诈骗刑事案件具体运用法律若干问题的解释》。

据关联起来，才有进一步对比分析的可能性。比如，走私普通货物案件中，相关电脑中存储的电子账册往往记录真实价格、实际数量，相关电子邮件中的发货清单反映真实价格、数量，这就需要将二者每一票货物的记录对应起来，同时也与相应的报关数据对应起来，而实践中往往通过相应的合同号、发票号、提单号或装箱号等数据关联起来，从而判断同一票货物的真实价格、数量与对应的虚假申报数据。

其次，审查不同电子数据中同一参数的数据是否相符。比如针对前述走私案件中的三类电子数据，可以从货物价格和货物数量进行逐票比对，从中分析是否低报，以及实际低报的幅度。

最后，通过分析对比，在与定罪量刑直接相关的次数、数量、金额可以确定的情况下，还可以结合其他电子数据相关记录，分析它们之间是否基本相符，有无明显冲突。仍然以前述走私案件中三类电子数据为例，通过分析比对，可以确定低报价格、数量的关键数据。然后再结合报关价格和差额货款各自对应的资金交易记录，将二者相加再与上述申报价格、真实价格进行对比。如果基本相符，进一步完善证据链；如果明显矛盾，则需要结合其他证据进一步分析。

（3）以电子数据为基础，结合其他证据进行综合分析计算

有些电子数据可以直接记录相关法律法规或司法解释所规定的定罪量刑情节，因此根据电子数据可以直接认定。但许多电子数据无法直接反映出这些法定的次数、数量、金额，或者电子数据只能反映某一方面的数据，虽然与犯罪情节有关联，但又并非直接犯罪情节，这就需要结合其他证据进行一定的分析判断。仍以上述王某强贩卖毒品案为例。电子数据（即资金交易记录）只能反映双方实际成交毒品资金为4200元，然而根据刑法规定，毒品数量才是毒品犯罪情节。毒品资金虽然与数量有关联，但毕竟不等于毒品数量。因此，就需要结合王某强、刘某峰所供述的成交单价，依据有利于被告人的原则，按照总价4200元、单价60元/克计算出实际成交数量为70克。

第四章　案件事实认定中电子数据的审查运用

上面分析了运用电子数据认定犯罪情节的几个主要方法和思路。在具体案件中，可以结合电子数据的具体情况，综合运用上述两种或三种方法，以便准确统计出行为人涉嫌犯罪的次数、数量、金额等情节，既确保当事人的合法权利，又不至于放纵可能存在的严重犯罪情节。以王某某复制、贩卖、传播淫秽物品牟利案为例。[①] 2014年3月以来，被告人王某某将大量淫秽视频文件复制到光盘、U盘、百度云盘、SD卡、移动硬盘内，利用淘宝网开设网店，通过QQ聊天、阿里旺旺聊天、快递等方式将存储有淫秽视频文件的上述光盘、U盘、百度云盘、SD卡、移动硬盘予以贩卖、传播，非法获利10万元。本案中，王某某复制、贩卖、传播淫秽物品的数量分为两部分：一部分是已经存在但尚未销售的淫秽物品数量，另一部分是已经通过快递销售的淫秽物品数量。本案涉及的电子数据主要是两类：一类是淫秽视频文件，包括侦查机关从被告人王某某贩卖的百度云空间截取的734张视频文件和104张图片，以及案发时从王某某家中查获已制作完毕但未售出的光盘204张、U盘8个。上述电子数据可以直接用于认定尚未销售的淫秽物品数量的依据。另一类是王某某个人及其妻子支付宝账户的资金交易记录，这是用于认定已经销售淫秽物品数量的依据。上述支付宝记录系侦查机关依法从支付宝网络技术有限公司风险管理部提取，并将该电子数据存储于光盘中，详细记录了被告人贩卖淫秽物品所使用的相关支付宝账号、注册信息、交易记录、账户明细、购买人地址、交易视频名称。该支付宝记录比较客观地反映交易情况，但被告人辩解有部分支付宝交易记录系其卖书的正常经营收入，因此单凭支付宝记录很难直接认定涉案数量。本案还有两份重要的证据：一是王某某将通过快递邮寄淫秽视频文件的详细情况予以记录，一共485次；二是找到部分购买淫秽视频的买家予以佐证。因此，在认定具体

[①] 参见蒋惠玲主编：《网络司法典型案件》（刑事卷），人民法院出版社2016年版，第215～220页。

数量时,结合上述快递记录与支付宝交易记录,二者能够互相印证的部分予以认定,合计贩卖光盘945张、U盘60个、SD卡26个、硬盘3个;另外再结合上述快递记录与买家证言相互印证,合计光盘593张、U盘65个、SD卡9个、硬盘5个。可见,本案在计算已经销售的淫秽物品数量时,结合了电子数据与书证、证人证言进行综合认定。

第五章 常见罪名案件中电子数据的审查运用

证据是认定案件事实的基础。随着现代信息技术的快速发展，电子数据在刑事证据体系中所占比重越来越大。不仅在典型的网络犯罪案件中，电子数据是最关键、最主要的证据；即使是诸如暴力、毒品、走私等传统犯罪案件，电子数据所占比例也日益增加，甚至许多情况下电子数据对认定案件事实发挥至关重要的作用。当然，不同犯罪有其独特的行为模式，相应的，不同类型的刑事案件也有其自身的特征，这些特征影响到案件的证据结构及其证据审查运用的思路。首先，刑事诉讼法所规定的的八种法定证据在不同案件中的分布情况及其作用大相径庭。例如，在贪污贿赂、毒品犯罪案件中，言词证据常常占据最大比例，证据的合法性问题需要重点审查；而在走私、金融犯罪案件中，书证则往往占据更大比例，需要更关注证据的关联性。其次，即使是同一种法定证据，仍然可以根据一定的标准作进一步区分，而各种证据（即某一法定证据内部的细分）在不同类型案件中的分布情况和相关作用也各不相同。以电子数据为例，司法实践中常见的有通话记录、即时聊天记录（如微信、QQ）、电子邮件、资金交易记录、网页信息、电子账册、技侦监听资料、视频监控、淫秽电子信息等。通话记录、网络即时聊天记录、资金交易记录通常是各类刑事案件中共有的电子数据，电子账册则是许多经济犯罪案件共有的电子数据。然而，在计算机犯罪、侵犯公民个人信息犯罪案件中，软件程序常常是最重要的电子数据，远程电子勘查记录也需要重点审查，而在其他案件中一般比较少见；电子邮件、电子单证、出入境记录是走私案件最常见的电子数据；而视频监控是暴力犯罪案件最常见也最典型的电子数据，技侦监听资料通常是毒品案件特有的电子数据，① 淫秽电子信息则是淫秽电子信息犯罪案件独有的电子数据等。因此，本章选取计算机犯罪、淫秽电子信息犯罪、电信网络诈骗犯罪以及暴力、毒品、走私这六类司法实践中比较常见、同时也是涉及电子数据最典型的犯罪，② 介绍每类案件中常见电子数据，并重点分析此类案件典型或特有电子数据的审查判断，在此基础上进一步分析各类案件具体事实认定中电子数据的审查运用，并结合有代表性的案例展开分析论述。

第一节　计算机犯罪案件中电子数据的审查运用

随着计算机网络的迅速普及，一些不法分子开始将作案地点转移到虚拟的计算机网络，计算机网络则被动充当起犯罪的"帮凶"。犯罪分子以计算机网络为阵地，大肆实施非法侵入和破坏计算机信息系统、盗窃、诈骗、敲诈勒索等违法犯罪活动，给经济社会发展和公民信息、财产安全等造成严重破坏。但计算机网络也是犯罪的"知情人"，犯罪分子操作计算机系统后留下的大量电子数据为我们证实犯罪事实提供了有力武器。如在犯罪分子使用计算机网络的过程中，计算机网络服务器会自动记录该用户的使用情况，对用户的访问时间、地址、数据名称、发送数据的字节大小等情况进行自动记录，并在一定期限内进行保存。再如电子邮件、QQ、微信、网银等交互式软件都会自动保存发

---

① 尽管刑事诉讼法规定许多犯罪可以采用包括监听在内的技术侦查措施，但实践中真正将监听资料作为证据使用的，目前主要是毒品案件，其他案件主要是作为线索使用，见本章第五节的论述。

② 当然，职务犯罪案件也有一定的独特性和代表性。但鉴于本书第二章已经详细论述职务犯罪案件中电子数据的搜集、提取、运用，本章不再重复。

件人地址，发送时间，发送数据计算机的 IP 地址。计算机硬盘也会存储相应的文档和日志，即便被普通意义上删除，也仍然能够通过取证软件进行恢复。因此，在司法实践中，电子数据在指控犯罪过程中，尤其是在证实计算机网络犯罪过程中，起着非常关键的作用。本节重点结合刑法规定的典型计算机犯罪罪名及犯罪构成要件，探讨计算机犯罪中几种常见的电子数据审查运用问题。

一、概述

（一）计算机犯罪的概念

我们在司法实务和理论研究中通常使用计算机网络犯罪的概念，计算机网络犯罪不是刑法规范意义上的一类罪名，它往往是作为犯罪学概念出现的，是传统犯罪在计算机网络领域的演化。计算机网络犯罪是行为人运用计算机技术，借助于计算机网络对计算机信息系统进行攻击，破坏或利用计算机网络进行其他犯罪的总称。简言之，计算机网络犯罪是针对和利用计算机网络进行的犯罪。公安部《关于办理网络犯罪案件适用刑事诉讼程序若干问题的意见》将计算机网络犯罪分为四类，即危害计算机信息系统安全犯罪案件（对象犯），通过危害计算机信息系统安全实施的盗窃、诈骗、敲诈勒索等犯罪案件（工具犯），在网络上发布信息或者设立主要用于实施犯罪活动的网站、通讯群组，针对或者组织、教唆、帮助不特定多数人实施的犯罪案件（网络涉众性犯罪），以及主要犯罪行为在网络上实施的其他案件。计算机网络犯罪有网络"黑客"犯罪，网络诈骗、教唆犯罪，网络侮辱、诽谤与恐吓犯罪，网络色情传播犯罪，网络赌博犯罪等多种表现形式。

本节重点介绍纯正计算机网络犯罪，即对象犯，把计算机网络作为作案对象、危害计算机信息系统安全的犯罪。犯罪分子通常运用编程、加密、解码技术或工具，通过黑客入侵、干预、破坏计算机信息系统，截获、修改以及窃取服务器数据等。这类犯罪危害计算机信息系统、网络和数据的保密性、完整性和可用性。纯正计算机网络犯罪从刑法规定上看，主要包括四种罪名：即非法侵入计算机信息系统罪（《刑法》第 285 条第 1 款），非法获取计算机信息系统数据、非法控制计算机信息系统罪（《刑法》第 285 条第 2 款），提供侵入、非法控制计算机信息系统程序、工具罪（《刑法》第 285 条第 3 款），破坏计算机信息系统罪（《刑法》第 286 条）。需要说明的是，根据《刑法修正案（九）》第 28 条和第 29 条的相关规定，网络服务提供者（包括网络连线服务商、网络平台服务商和网络内容服务商）如果存在不履行法律、行政法规规定的信息网络安全管理义务，致使违法信息大量传播，用户信息泄露或刑事案件证据灭失，或明知他人利用信息网络实施犯罪，为其犯罪提供互联网接入、服务器托管、网络存储、通讯传输等技术支持或者广告推广、支付结算等帮助行为的，构成计算机犯罪的帮助犯。特别需要注意的是，不能把与计算机网络有关的犯罪行为统统归属于计算机网络犯罪范畴，如盗窃联网计算机的犯罪就不能算在计算机网络犯罪之列。

（二）计算机犯罪的特点

从司法实践中的发案情况看，计算机犯罪具有如下特点：

1. 犯罪主体广泛，年轻化趋势明显

当今社会已进入自媒体时代，人人都是信息传播的受众，也是信息传播的主导者，任何一个能够上网的人都可能是利用计算机网络实施犯罪的潜在作案者。绝大多数网民都是青少年。实施一起计算机犯罪往往能获得巨额财富，与盗窃、抢劫、抢夺等传统犯罪相比，计算机犯罪的回报率往往要高几十倍、几百倍。违法收益高但犯罪成本低。加上计算机犯罪发现比较困难，某些计算机犯罪案件往往事隔数月、数年之后才被发现，不少年轻网民便铤而走险。因此，计算机犯罪主体也以青年为主体，低龄人的犯罪比例越来越高。

2. 犯罪手段多样隐蔽，呈现专业化特征

计算机犯罪具有高度的隐蔽性，其发生在虚拟的世界里，犯罪嫌疑人一般以网络注册的虚假身份出现，作案时不留什么痕迹，主体身份很难查证。一些犯罪嫌疑人在作案后，往往运用技术手段在计算机信息系统内抹掉犯罪痕迹，作案时间短且对计算机硬件和信息载体不会造成任何损害，造成电子数据难以收集和提取。大多了解或熟悉计算机技术，对实施犯罪领域的业务比较熟练，能够借助本身的计算机专业技术优势实施犯罪。一些计算机网络技术人员或信息安全技术专家为了牟利往往也铤而走险，犯罪手段更显"专业"。

3. 犯罪危害广泛，案件管辖难

计算机网络的无国界也造成危害结果的广泛性。犯罪分子可以利用联网计算机在互联网任何一个站点实施犯罪，世界上任何一个角落使用联网计算机的人都可能是受害者。世界各国和各地区通行的管辖原则是属地管辖，但由于互联网的无国界性，计算机犯罪的管辖权不容易确定，有时容易产生争议。

（三）电子数据在计算机犯罪案件中的作用

电子数据在认定计算机犯罪事实时起着举足轻重的作用，如明确作案对象、说明作案时间、反映作案过程、印证相关证据、证实危害结果等。从犯罪构成要件上看，电子数据在计算机犯罪中主要有以下几个方面的作用。

1. 电子数据有助于认定犯罪主体的身份权限

计算机犯罪的主体包括一般主体和特殊主体。个人是一般主体，即达到刑事责任年龄、具有刑事责任能力的自然人。但行为人是否具有操作计算机信息系统的身份以及该操作是否在权限范围之内也直接影响到犯罪的成立与否。因此，在认定行为人犯罪行为的客观性的同时，也需要对行为人的身份权限进行综合考量，从而认定侵入计算机信息系统行为是否合法。通常，认定行为人的权限范围，主要依赖公安机关和公诉机关提交的各种书证，包括户籍证明、工作责任书、岗位职责、劳动合同、保密协

议等客观性证据,同时结合被告人的供述和证言证人等主观性证据来综合判断被告人的权限,但有时电子数据在一定程度上也能有效证实行为人的身份权限,如通过提取有关计算机信息网络服务单位的有关日志记录、行为人所使用的计算机系统中的有关记录等,最终找出访问行为的实施者。例如,在杨某非法获取计算机信息系统数据案中,杨某于 2013 年 8 月至 2014 年 4 月间,通过互联网向他人手机传播"木马"程序,非法获取被害人的淘宝账号及密码、支付宝账号及密码等网络金融服务身份认证信息 100 余组,并在被害人杨某甲、庄某、金某、杨某乙、方某、黄某不知情的情况下,通过上述被害人的淘宝、支付宝账号发起交易 18900 元,支付成功 9500 元,造成其中 5 名被害人实际损失 7500 元。侦查机关现场查扣杨某作案的电脑、手机等犯罪工具,并通过现场勘验检查提取了杨某电脑中的可疑文件,该文件内有大量淘宝用户名、密码、支付密码等信息;电脑内 QQ 聊天记录、阿里旺旺聊天记录涉及网上购买手机、询问对方手机是否会发生"闪退"、发送软件链接等内容。同时,通过远程勘验,公安机关在上述链接内发现"淘宝二手.apk"文件的下载页面。在链接的"http://×××.idcman.pw/main.php"网站存有大量淘宝用户名、密码、支付密码、手机短信等内容。公安机关还聘请鉴定机构对奇虎公司提供的犯罪嫌疑人 360 云盘内存储的可疑文件进行鉴定。电子数据鉴定意见证实,鉴定机构提取出".apk"文件 24 个,均为 Android 安装包,运行于手机安卓系统,主要功能是伪装成购物网站登录界面,窃取用户信息,拦截系统收到的短信数据,通过短信方式发送给指定的移动电话号码,或通过上传方式发送到指定网址。24 个文件均存在恶意更改及破坏系统的功能。上述相关电子数据记录了杨某作案的主要手段和过程,结合被害人陈述、被告人供述以及相关书证等证据能够证实杨某无视国法,违反国家有关计算机安全保护的规定,故意在互联网上利用计算机病毒程序,非法获取他人网络金融服务的身份认证信息,并秘密窃取他人财物的违法犯罪事实。

2. 电子数据有助于认定犯罪主体的主观心态

计算机犯罪从犯罪构成要件的主观方面看，均表现为故意，即行为人明知违反国家规定，犯罪行为侵犯计算机信息系统安全或侵犯人民财产利益，仍故意为之。虽然，犯罪主观方面的认定多数依赖于被告人口供、证人证言等传统言词证据，但犯罪过程中的各种客观事实情况，如收集的各种电子数据，在一定程度上也能证明被告人主观上是否存在犯罪故意。如在删除某一文件夹中的文件时计算机信息系统是否有明确的标示或提示，在存储、处理、传输某一数据或运行某一应用程序时计算机信息系统是否有一定的警示信息或需要复杂的操作过程，在实施犯罪后行为人是否有采取积极措施恢复被删除、修改、增加的数据和应用程序等行为等，也能够反映出犯罪嫌疑人的主观心态。例如，在陈某、崔某非法获取计算机信息系统数据案中，陈某和崔某经合谋，选取存在系统漏洞的游戏网站，由陈某负责侵入网络公司计算机系统下载游戏账号数据，再由崔某将游戏账号倒卖给他人。某市公安局网络安全保卫支队对扣押在案的陈某和崔某的电脑主机、硬盘进行勘验检查，依法提取了陈某和崔某自 2013 年 4 月 19 日至 7 月 16 日期间的部分 QQ 聊天记录，该记录的主要内容是由陈某入侵网络游戏 A 及 B 的后台数据库下载游戏数据账号，再由崔某将获得的游戏账号倒卖给他人牟利。同时，提取到 QQ77×××55 与 QQ86×××95 的 QQ 聊天记录及包含两个游戏账号及密码的文本数据，通过对文本中包含的账号去掉重复数据进行统计，统计数量为 A 账号及密码 51×××43 个，B 账号及密码 54×××33 个。上述聊天记录和文本数据能够证实陈某和崔某合谋以非法手段入侵游戏网站从而获取游戏账号数据在主观上是明知的，客观上其二人经过事先商议，选择销路好的 A、B 游戏网站作为目标，而后由某负责入侵网站下载数据再交由崔某对外出售，QQ 聊天记录亦反映二被告人在此过程中就 A 游戏账号出售情况及入侵 B 游戏网站的进度等事项互相反馈、沟通。

3. 电子数据有助于认定犯罪行为的客观过程

计算机犯罪发生于计算机网络，离不开计算机网络这一物质载体，行为人如何实施具体犯罪行为可以从其在计算机网络中留下的各种犯罪痕迹得到证实。电子数据能客观上反映出行为人的作案时间、作案手段、作案内容等，如行为人调取了哪些系统资源，进行了哪些操作，以什么方法进入计算机系统，使用的是什么用户身份，进入被害人电脑使用的 IP 地址及发生的时间和时段等，这些能够证实行为人实施了非法侵入、破坏、控制计算机信息系统等违法犯罪行为。例如，在张某、吴某波破坏计算机信息系统案中，张某作为某科技有限公司开发的"神图"网络游戏代理运营商，因怀疑其投资经营的"神图"游戏分区所在服务器受到网络攻击并遭受经济损失系该游戏的其他代理运营商所为，于 2012 年 7 月 6 日至 8 月 10 日期间，通过网络聊天工具联系吴某波等人多次对"神图"网络游戏的其他代理运营商经营的游戏分区进行网络流量攻击，导致其他代理运营商经营的游戏分区所在的服务器无法正常运行累计 10 余小时。侦查机关从阿里云计算有限公司调取了张某、吴某波的攻击日志记录，并从查扣的张某、吴某波的作案电脑中提取了两人的网络聊天记录。该攻击记录及二名被告人的网络聊天记录、供述等证据相互印证，证实二人客观上实施了对游戏分区所在服务器的网络攻击行为。

4. 电子数据有助于认定犯罪行为的严重后果

多数计算机犯罪的认定都是以情节严重作为立案标准的，如非法控制计算机信息系统 20 台以上，违法所得 5000 元以上或者造成经济损失 1 万元以上，提供能够用于非法获取支付结算、证券交易、期货交易等网络金融服务身份认证信息的专门性程序、工具 5 人次以上，造成 10 台以上计算机信息系统的主要软件或者硬件不能正常运行的等。这些危害结果的认定往往需要结合侦查机关对犯罪嫌疑人处查扣的电脑、U 盘、移动硬盘等电子设备勘验提取的或者通过远程勘验收集固定的犯罪嫌疑人的文档信息、电子邮件、电子交易记录、电子账册等电子数据来综合判断。例如，在郭某得等人破坏计算机信息系统案中，郭某得通过网络纠集被告人杜某岐、杨某、温某义到其租住的房间内，利用互联网下载木马程序，在目标网站的后台漏洞植入"木马"病毒，随后利用黑客工具"中国菜刀"链接所植入"木马"的控制目标网站，后将赌博、医疗等非法网站链接目标网站（俗称"挂黑链"），依靠点击流量非法获利。其中郭某得负责联系黑链客户收取费用并伙同杜某岐、杨某入侵网站挂黑链，温某义负责检查黑链是否成功。2012年9月18日至19日，郭某得等人对商某网房产频道进行频道攻击入侵。案件侦查中，某市公安局公共信息网络安全监察大队专业技术人员，依法对各犯罪嫌疑人被扣押在案的电脑硬盘的信息进行检验并提取了相关电子数据，并出具了《电子数据检验报告》。该电子数据检验报告证实郭某得等四人利用黑客远程控制软件"中国菜刀"共入侵被害网站671家，截至案发，仍有有效权限共计220个网站。其中郭某得入侵网站165家，有效权限50家；杜某岐入侵网站305家，有效权限103家；杨某入侵网站131家，有效权限48家；温某义入侵网站70家，有效权限19家。上述4人的行为造成的危害后果已达到立案标准，构成破坏计算机信息系统罪。

二、计算机犯罪案件中常见电子数据

经过对N市及各基层院办理计算机犯罪案件的基本情况的梳理总结，以及中国裁判文书网上2013年至2016年我国各级法院作出的有关计算机犯罪的刑事判决书的文本分析和数据统计，我们发现，计算机犯罪案件中涉及的证据，从形式上看，除了案发经过、抓获和破案经过、户籍资料、有关情况说明、调取证据通知书、勘验检查笔录、搜查笔录、扣押决定书、扣押笔录、扣押物品清单及照片、证人证言、被害人陈述、被告人的供述和辩解等，还包括对计算机、手机、移动终端、互联网进行操作而产生并留存于存储介质和网络环境中的电子数据。其中，电子数据形式众多，几乎包括所有的电子数据形式，运用较多的有从犯罪嫌疑人处查扣的电脑、U 盘、移动硬盘等存储介质中的文档信息，从犯罪嫌疑人处查扣的手机中的手机短信、通话记录、网络聊天记录等，通过现场勘验和远程勘验，以屏幕录像、截屏、网页保存等手段收集和固定，并以电子证物远程勘验报告、远程勘验工作记录、现场勘验检查工作记录、现场勘验检查笔录、电子数据司法鉴定意见书等形式呈现的网站页面、上网记录、电子邮件、电子合同、电子交易记录、电子账册等相关数据信息。这里重点介绍以下几种电子数据。

（一）系统日志

系统日志是记录系统中硬件、软件和系统问题的信息，同时还可以监视系统中发生的事件。系统日志包括系统日志、应用程序日志和安全日志。系统日志跟踪各种各样的系统事件，包括 Windows 系统组件出现的问题，比如跟踪系统启动过程中的事件、硬件和控制器的故障、启动时某个驱动程序加载失败等。应用程序日志跟踪应用程序关联的事件，比如应用程序产生的像装载 DLL（动态链接库）失败的信息将出现在日志中。安全日志跟踪事件如登录上网、下网、改变访问权限以及系统启动和关闭。系统日志对于计算机信息系统安全起着举足轻重的作用。司法实践中，侦查机关可以通过提取系统日志，如服务器登录日志、流量攻击日志、运行日志等，来寻找计算机信息系统受到攻击时攻击者留下的痕迹。

1. 系统日志的主要功能

（1）确定作案的具体时间和地点

侦查过程中，在讯问犯罪嫌疑人时，犯罪嫌疑人可能会因为时间久远、心理压力、精神状态等原因对具体的作案时间、地点等记忆不清或者拒不交待，而某些作案时间可能会对确定犯罪嫌疑人具有极其重要的作用，因此可以通过勘验查扣的犯罪嫌疑人操作计算机留下的计算机系统日志来确定作案时间和地点。以黄某破坏计算机信息系统案为例，2011 年 5 月，黄某因工资问题与北京鼎江山科技发展有限公司发生矛盾，分别在本人住处及办公地点等处,使用计算机通过远程操作等方式,对北京鼎江山科技发展有限公司域名为"www.100s.com.cn"的网站系统功能、存储的数据、应用程序进行删除、修改,致使网站于2011年5月11日至17日无法正常运行。于是,该公司通过万网客服把域名转移到另一个用户名下之后,网站才能够正常使用。北京市公安局西城分局网络安全保卫大队通过勘验确定黄某的住处和办公地点的IP地址分别为"118.26.16.71"和"222.131.22.134",两个IP于2011年5月12日至13日均对"100s.com.cn"的域名解析进行过删除操作。同时,公安机关依法调取了北京万网志成科技有限公司出具的关于北京鼎江山科技发展有限公司的网站登录日志。日志显示,"118.26.16.71"和"222.131.22.134"两个IP于2011年5月12日至14日登录过万网系统。再结合证人证言和黄某的供述,可以确定黄某于2011年5月12日至13日对北京鼎江山科技发展有限公司的网站信息系统进行破坏的犯罪事实。

(2)查清造成损失的具体数量

系统日志能够在犯罪嫌疑人作案时自动留下客观的操作记录,在排除人为修改的情况下,及时勘验能够确定具体的损失数量,如修改了多少个会员账号、对多少台计算机进行攻击、多少个网站无法运行、进行多少次的非法登录等。以陈某甲、喻某等人破坏计算机信息系统案为例,自2012年7月起,陈某甲雇用喻某、罗某、肖某、陈某乙、马某、王某,在互联网通过QQ向母某、刑某(均另案处理)等人非法购入他人的南航明珠会员账号、密码,登录南航明珠俱乐部网站,并未经会员本人同意增加会员账户中里程兑换的受让人,将里程兑换为免费机票后转卖给其他旅客牟利。公安机关依法调取了南航股份公司保卫部出具的系统操作日志,该操作日志显示2012年7月至2013年5月,1476个南航明珠会员账户被非法登录,非法兑换里程共计约2766500公里。

(3) 证实具体的作案过程

对于计算机犯罪而言，在获取证人证言、被告人供述、书证等证据后，通过现场或远程勘验查扣的犯罪嫌疑人计算机或者网站服务器的系统日志，能够使证据更加客观，共同证实作案过程。以杨某破坏计算机信息系统案为例，2011年年底，杨某为了进行网络攻击而委托郭某乙（另案处理）购得"血腥"ddos攻击软件，后于2012年1月22日22时36分左右在其位于湖南省某市家中使用该软件通过国际互联网远程攻击杭州市公安局的"平平安安"网站，攻击时间达1个小时，导致"平平安安"网站无法正常访问。公安机关对"平平安安"网站服务器发送攻击流量的服务器硬盘实施电子勘验检查。服务器运行日志证实格林尼治时间2012年1月22日14：37：30（北京时间为22：37：30），IP地址为220.168.97.247（杨某家中使用的IP地址）的计算机终端调用该服务器中被植入的木马程序向IP地址为211.155.228.167的服务器（即"平平安安"网站所在服务器）发出流量攻击，攻击时间为3600秒，14：46：00（北京时间为22：46：00）出现相同指令的事实。该服务器运行日志基本上证实了杨某的作案时间、作案手段和造成的严重后果。

2. 系统日志的审查重点

司法实践中，部分具有反侦查意识的犯罪分子会在作案后迅速删除对自己不利的日志记录、修改日志文件内容或者伪造日记记录。可能因服务器未设置操作日志留存功能，出现未能保留该日志的情况。也可能因侦查人员忽视、计算机病毒、环境、技术手段不强等因素影响，在对系统日志的提取、固定和保管中造成系统日志的损坏、丢失。被告人或者辩护人也会对系统日志的客观真实性提出质疑。因此，应结合全案证据，对系统日志进行综合审查判断。重点审查以下两个方面：

(1) 审查系统日志的可靠性

可以结合电子证物远程勘验报告、现场勘验工作记录及工作说明、电子数据司法鉴定意见书以及证人证言、被告人供述等证据,审查系统日志与其他电子数据等证据是否存在逻辑上的矛盾、与其他证据证明的问题是否一致、系统日志是否有被修改篡改的可能等。一是审查系统日志依赖的原始存储介质情况,如工作环境要求、日常运行情况、使用寿命、是否进行安全无损伤镜像备份等,确定计算机在案件发生过程中是否处于正常运转状态;二是审查获取系统日志的技术、工具是否符合法律规定和相关技术标准,从原始存储介质安全地转移到取证设备上时是否采用安全的传输技术,如 IP 加密、VPN 隧道加密、SSL 加密等;三是审查系统日志的保存方式是否合法合理,重点考虑存储的媒介是否合法,存储的方法是否合理,进行电子数据储存操作的工作人员是否公平公正等。以张某、吴某某破坏计算机信息系统案为例,张某系杭州蜗牛网络科技有限公司开发的"神途"网络游戏代理运营商之一,因怀疑其投资经营的"神途"游戏分区所在服务器受到网络攻击并遭受经济损失系该游戏的其他代理运营商所为,于 2012 年 7 月 6 日至 8 月 10 日期间,通过网络聊天工具联系吴某某等人多次对"神途"网络游戏的其他代理运营商经营的游戏分区进行网络流量攻击,导致"飞越神途"、"好神途"、"嘟嘟神途"等无法正常运行累计 10 余小时,造成至少有 59000 余名"神途"网络游戏非重复注册用户无法正常游戏。公安机关依法查扣了张某、吴某某的涉案电脑,对涉案电脑进行现场勘验和远程勘验,并从阿里云计算有限公司调取了"神途"网络游戏服务器中的攻击日志记录,该攻击日志记录与勘验提取的张某、吴某某二人的网络聊天记录,张某、吴某某的供述等证据能够相互印证证明,可以确定其具有可靠性。

(2)审查系统日志的原始性

就是审查用作证据使用的系统日志与原始系统日志是否相符。主要是看系统日志的提取是否满足只读、镜像复制和数字指纹的要求,在获取和分析的过程中是否被修改,是否在涉案的计算机或存储设备上进行,是否进行位对位的精确完整性复制,复制数据与原数据是否进行一致性校验。如在上述杨某破坏计算机信息系统案中,公安机关对"平平安安"网站服务器发送攻击流量的服务器硬盘实施电子勘验检查,在服务器运行日志中发现,在目录"c:windowssystem32logfileshttperr"下名为"htperr339.log"的文件中发现两条和 IP 地址 211.155.228.167 有关的记录,于是提取该记录文件并保存于名为"httperr339.log"的文件中,提取出的文件计算 MD5 码,并将以上数据刻录光盘保存,从而确保了该服务器运行日志记录的原始性。

(二)电子文档

电子文档是人们在社会活动中形成的,以计算机盘片、磁盘和光盘等化学磁性材料为载体的文字材料。电子文档依赖计算机系统存取并可在通信网络上传输,主要包括电子文书、电子信件、电子报表、电子图纸等。司法实践中,电子文档主要是指侦查机关或者侦查机关委托的具有电子取证、鉴定资质的人员或机构,从犯罪嫌疑人、被告人处查扣的电脑、U 盘、移动硬盘、手机等电子设备中提取的,涉及计算机网络犯罪的有关电子数据,主要包括以".doc"、".pdf"、".txt"、".rar"、".xls"、".ppt"、".wps"、".htm"等格式单独或存在于某个文件夹、压缩包内的的文档。

1. 电子文档的主要功能

(1)查找涉案人,有利于提取相关涉案证据

在操作计算机信息系统进行作案时,犯罪嫌疑人往往会将相关犯案情况,如制定作案计划、方便以后作案、厘清犯罪思路,或者记录获利情况等,以电子文档形式记录下来。例如在孔某某破坏计算机信息系统案中,孔某某系某大学工作人员,负责在学校网上系统"教育在线"安排学生的日常课程工作。2014 年 5 月至 2015 年 8 月期间,孔某某在没有修改学生成绩权限的情况下,利用自己"教育在线"用户名为"kongxianyin"的账号修改张某某、王某某、李某某等多名该大学学生成绩并收取费用。案件侦查过程中,公安机关在对孔某某使用的计算机情况进行现场勘验检查时,从其电脑中提取到一份"55555.doc"

的电子文档,该文档中含有找其改分的学生名单,包括 QQ 号码、专业课及收取金额等内容。公安机关根据该份学生名单,找到了涉案的张某某、王某某、李某某等人,明确了孔某某与上述涉案人员的联系时间、联系 QQ 号码、每次牟利金额和付款账号等信息。然后,根据涉案人数交待的付款账号信息提取到孔某某的银行卡客户交易查询单。结合孔某某的供述、该大学出具的孔某某更改成绩的情况说明和关于孔某某账号权限的情况说明,公安机关最终证实了孔某某的破坏计算机信息系统的违法犯罪事实。

(2)查清后果严重情况,有利于对被告人正确量刑

有些电子文档能够从客观上反映出行为人对计算机信息系统的非法控制、破坏情况以及获取计算机信息系统的数据量。例如在黄某甲、陈某甲破坏计算机信息系统案中,黄某甲、陈某甲以及苏某某、张某某、郭某某(均已起诉)受林某某、陈某某、李某某雇用,通过苏某某购买的其他网站的 FTP 账号权限,非法入侵计算机服务器,在他人网站加挂"百搜工作室"字样的非法链接,以此提高"百搜网络科技工作室"自建网站在搜索引擎中的排名,从而达到吸引赌博网站在"百搜网络科技工作室"自建网站投放广告,获取非法收入的目的。某市公安局公共信息网络安全监察大队民警对涉案电脑硬盘、移动硬盘、U 盘进行电子勘验,从查扣的苏某某的涉案电脑桌面文件夹中提取到一个 TXT 文本文档,该文档记录有 9330 个网站域名,其中 351 个网站域名的网页文件被发现仍然存在被插入非法 html 代码。该 351 个网站域名的网页文件统计数据均可在查扣的其他电脑的硬盘、U 盘和移动硬盘中都可以查找到保存有相同内容的 html 代码的文本文档,且与证人证言、同案人供述和黄某甲、陈某甲的供述相互印证,可以证实黄某甲、陈某甲以及苏某某、张某某、郭某某(均已起诉)的行为已造成 351 台计算机信息系统中存储、处理或者传输的数据遭到非法篡改。但根据现有证据不足以证实黄某甲、陈某甲分别破坏了多少计算机信息系统,并且

全部广告收入认定为破坏计算机信息系统犯罪的违法所得与事实不符。同时,考虑到黄某甲、陈某甲系受雇用参与犯罪,时间较短,所得收入较少,归案后均能如实供述自己的犯罪事实,认罪态度较好,主动退出全部犯罪所得,有较好的悔罪表现,系初犯,犯罪情节较轻,可以从轻处罚,法院以破坏计算机信息系统罪判处黄某甲、陈某甲缓刑。

(3) 印证相关证据,有利于查清案件事实

电子文档中包含的数据信息可以与相关证据相互印证,排除矛盾,共同证明犯罪事实。例如在王某某、杨某、何某某提供侵入、非法控制计算机信息系统程序、工具案中,王某某获得一款通过修改《枪神纪》游戏客户端文件的方式,实现游戏内方框透视、显示血量、显示距离、屏幕准星、自动瞄准等《枪神纪》游戏本身不具备的功能的辅助软件,该辅助软件能够对《枪神纪》游戏实施增加、修改操作,能侵入《枪神纪》信息系统,并能非法控制该信息系统。后王某某通过 YY 语音频道和淘宝网店自行或与杨某、何某某共同销售上述辅助软件。公安机关分别对王某某、杨某和何某某使用的电脑和王某某的移动硬盘、手机进行现场勘验。其中,从杨某电脑桌面上提取到"文件夹内部版"、"工会"、"淘宝"、"逆战辅助 1.3"四个文件夹内存储的数据。在"文件夹内部版"里,发现内有前缀名为"枪神纪内部版"的 RAR 文件 32 个。在"工会"文件夹内有"公告.txt"文档 1 份,内容为官方论坛、收费辅助下载+介绍专区、枪神纪收费专区、AVA 战地之王收费专区。上述内容与警方侦查实验中登录 YY 语音软件某房间后顶页内容一致,也与王某某关于该房间提供购买链接的供述内容一致。"工会"文件夹内有"卓朗购买网址.txt"、"卓朗购买链接.txt"等文档,内含有枪神纪优化版、内部版、透视版等网址链接。公安机关根据网站链接进行侦查实验,得出的结果与被告人供述、证人证言和电子数据鉴定意见相互印证,可以证实上述被告人的作案手段、作案工作和作案过程。

2. 电子文档的审查重点

电子文档与印刷品文档相比，具有容易修改、容易删除、容易复制、容易损坏等特点。司法实践中，有被告人或辩护人提出，侦查机关提取的电子文档程序不合法、电子文档遭到篡改、电子文档已经损害无法修复等辩护意见，对电子文档的合法性和真实性提出质疑。因此，在刑事诉讼过程中既要审慎收集固定，又要在运用时仔细审查判断。

（1）审查电子文档是否合法

电子文档只有具备合法性才能具备证据的资格，作为认定案件事实的依据。刑事审判中，电子文档常见的质疑和争论点主要是电子文档调取的主体不合法或者取证程序存在严重问题。在审查中应从电子文档的取证主体和取证程序两个方面进行重点审查。从下载、截图后打印的书面材料中的签字、说明、形成过程，或提交的数据光盘中的有关说明、制作过程，可以判断出电子文档是何人通过何种途径在何时收集和调取的，只有审判人员、检察人员、侦查人员、律师、行政执法和查办案件的行政机关、自诉案件的自诉人签字盖章的电子文档才是合法的电子文档。多数电子文档都是由公安机关网络安全保卫大队或公安机关网络警察支队进行收集提取的。同时，重点审查电子文档的提取是否在取证主体的授权范围内，是否对当事人使用了威胁、暴力等手段收集，是否严重侵犯了个人隐私，是否制作收集提取电子文档的笔录，是否进行了过程拍照和录像等。例如在上述王某某、杨某、何某某提供侵入、非法控制计算机信息系统程序、工具案中，公安机关对杨某的电脑进行现场勘验时，对从其电脑桌面上提取的四个文件夹的部分涉案关键数据截图打印，并让杨某签字捺手印予以固定，同时注明提取时间、地点，由侦查人员签字盖章，保证了提取电子数据的合法性。

（2）审查电子文档是否真实

对于电子文档客观真实性的审查，可以从以下几个方面判断：一是审查电子文档的来源，原始存储介质是否封存、随案移送和提交，该电子文档是在何时生成的，在生成中所依赖的相关设备是否处于正常、安全的状态，通过比较核对原始存储介质中的电子文档就可以看出有疑问的电子文档是否真实；二是审查电子文档的内容，进行全面的审查，要确认该电子文档所反映的内容真实与否，可以看电子文档是否进行了鉴定或检验，根据司法鉴定机构出具的鉴定意见或者由公安部指定的机构出具的检验报告判定电子文档的真实性，确定有无删减、伪造、篡改等情况；三是审查电子文档的完整性，对电子文档自身及其所赖以生存的计算机系统及介质进行审查，看电子文档的记录系统是否完整，是否是在没有任何干扰的正常情况下运行的。例如，同样在上述王某某、杨某、何某某提供侵入、非法控制计算机信息系统程序、工具案中，公安机关随案移送了查扣的王某某、杨某和何某某的电脑、手机，电子文档是公安机关在现场勘验时从杨某电脑中提取的，并经过杨某签字捺手印，杨某及其辩护人对于电子文档的真实性没有异议，且电子文档反映内容与杨某的供述、证人证言等证据并不冲突、相互印证。因此，可以判定从杨某电脑提取的电子文档真实可靠。

（三）电子交易记录

绝大多数计算机犯罪的作案动机都是为了非法牟利。而非法牟利必然产生资金的来往。由于计算机犯罪的发生地点位于虚拟的互联网上，因此多数资金往来也以电子形式进行。电子交易记录是行为人通过网上交易平台进行购买、出售商品或者资金结转后留在交易平台上的记录。随着网上银行、网上支付平台等网络交易方式的普及，网上银行及各类网络支付平台的交易记录等电子数据信息成为指控计算机犯罪的重要证据。常见的电子交易记录形式主要有支付宝交易记录、淘宝交易记录、网上银行交易记录、财付通交易记录等。

1. 电子交易记录的主要功能

电子交易记录在计算机网络犯罪中主要用于证实行为人的非法获利情况，也可以用来查找作案时间、作案次数、相关涉案人员等。如在时某某提供侵入、非法控制计算机信息系统程序、工具案中，时某某通过购买的侵入、非法控制计算机信息系统的工具"Getshellv2"，入侵企业、政府等网站获取管理权限并通过QQ群多次出卖该工具。为查明时某某的获利情况，公安机关调取了时某某中国工商银行凭证单、财付通记录、支付宝交易记录，证实2015年间时某某通过交易涉案软件非法获利人民币6360元。再如在冯某、周某、何某、王某、梁某破坏计算机信息系统案中，上述五人为谋取利益，通过QQ进行销售对"龙管家网络计费系统"实名登记上网功能具有破坏作用的龙管家免刷软件，并且在网上发布广告进行推广。为证实上述人员违法所得，公安机关依法扣押了五人的涉案电脑，并进行了勘验检查，利用五人提供的淘宝、支付宝的账号和密码提取了交易记录，并对销售交易记录显示的交易对象提取了证人证言，同时结合被告人的银行交易记录、聊天记录以及被告人的供述，证实了上述人员销售龙管家免刷软件的违法犯罪所得金额。

2. 电子交易记录的审查重点

电子交易记录往往由公安机关依法通过检查勘验，根据犯罪嫌疑人提供的账号、密码，从犯罪嫌疑人的电脑和计算机网络中提取的，然后进行网页保存、拍照或下载，并截图打印出来，制作成勘验检查笔录或刻录于光盘，并且电子交易记录往往与证人证言、犯罪嫌疑人供述以及调取的银行卡交易明细等书证相互印证。因此，实务操作中，当事人和辩护人对电子交易记录在内容的真实性和程序的合法性上都没有异议。我们在对电子交易记录进行审查判断时，应重点围绕电子交易记录与案件待证事实之间的关联性进行审查判断，包括：（1）电子交易记录能否证实被告人所实施的犯罪行为；（2）不同电子交易记录，如同一使用人的支付宝交易记录与网上银行提现记录在数额、时间等方面是否有矛盾等；（3）电子交易记录在证实非法所得收益时是否存在重复计算、错误计算情形；（4）电子交易记录在取证时是否存在程序上的瑕疵；（5）电子交易记录收集是否全面等。在吉某某破坏计算机信息系统案中,吉某某为牟利,在百度恒信免刷软件的论坛发布销售免刷软件信息,并通过 QQ 聊天向山东省、黑龙江省境内网吧业主售卖该软件,并通过远程安装形式将免刷软件出售给多家网吧使用。电脑上安装该免刷软件后,程序能自动添加真实的身份证号并将身份证号植入系统,可以使上网者免予实名登记就可在网吧上网。公安机关根据吉某某的供述,依法调取了吉某某支付宝交易记录,截图打印,注明工作说明,并由吉某某签字捺手印。根据支付宝交易记录和 QQ 聊天记录,公安机关对涉案的 11 家网吧经营者进行询问,制作了证人证言,并分别提取了 11 家网吧经营者与吉某某的聊天记录和支付宝交易来往明细记录。这些聊天记录和交易记录能够证实 11 家网吧经营者向吉某某购买并在计算机中安装免刷软件的事实,进而计算出吉某某违法所得共计 5200 元。

(四)软件程序

软件程序或者计算机程序(通常简称程序)是指一组指示计算机每一步动作的指令,通常用某种程序设计语言编写,运行于某种目标体系结构上。计算机网络犯罪涉及的各种程序主要包括黑客用于远程攻击的程序、病毒程序、被故意修改或破坏的程序等。这些软件程序一般是犯罪嫌疑人实施计算机犯罪的作案工具。

1. 软件程序的主要功能

软件程序这一电子数据类型主要由公安机关通常对查扣涉案计算机、移动硬盘、网络服务器等进行勘验检查提取并通过电子数据司法鉴定,用来证实犯罪嫌疑人实施犯罪的作案工具、软件程序在犯罪过程中的主要功能,同时能进一步与案件相关证据进行相互印证,形成完整的证据锁链。以胡某、高某、陈某提供侵入、非法控制计算机信息系统程序、工具案为例,2012 年 11 月至 2013 年 12 月间,胡某为非法获利,制作了专门用于非法获取计算机信息系统数据的程序(先后命名为"猫捉老鼠"、"手机监控大师"、"手机大师""安卓腿手机大师"等),设立服务器及域名为 www.androidleg.com 的网站，并通过互联网，为该程序提供宣传介绍、下载及购买链接，高某明知该程序专门用于非法获取计算机信息系统数据，仍于 2013 年 3 月至 12 月间担任网站销售客服，参与贩卖该程序；被告人陈某明知该程序专门用于非法获取计算机信息系统数据，仍于 2013 年 4 月至 9 月间参与贩卖该程序。公安机关对胡某、高某和陈某的电脑进行扣押和勘验检查，从中依法提取了"手机监控大师"、"手机大师"、"安卓腿手机大师"程序，并委托电子数据司法鉴定中心进行鉴定。经鉴定，该程序具有对被监控安卓手机的通话记录、短信记录和所在位置、QQ 聊天记录和微信聊天记录实施监控的功能。结合证人证言和上述三人的供述，可以证实胡某、高某、陈某正是通过该监控软件程序非法获取计算机信息系统数据的违法犯罪事实。

2. 软件程序的审查重点

由于对侵入、非法控制计算机信息系统的程序、工具以及计算机病毒等电子数据是无法直接展示的，因此公安机关应当附有电子数据属性、功能等情况的说明。通常情况下，会在公安机关制作的电子证物勘验检查工作记录、远程勘验工作笔录或者公安机关委托的有关机构出具的电子数据司法鉴定意见书中，对软件程序的功能进行说明。上述证据一般都是通过合法程序进行的，对软件程序应重点从内容的原始性方面进行审查判断。在综合判断全案证据的基础上，注重审查该程序软件是否来源于原始数据、获取和分析过程中是否被修改、是否与原数据是否进行一致性校验等。例如在上述杨某破坏计算机信息系统案中，公安机关在对涉案扣押在案的电脑硬盘进行勘验检查时，在目录"d:wwwrootapkttjmeplus"发现文件名为"task.php"的流量发包程序，提取后保存为文件"task.php"。为确保该流量发包程序的原始性，公安机关对提取出的文件计算 md5 码，并对以上数据刻录成光盘保存。

（五）网络通讯记录

网络通讯记录是人们在互联网进行信息交流，自动或人为保存在网络、计算机信息系统和通讯软件程序中的数据。常见的网络通讯记录主要是电子邮件和网络聊天记录。电子邮件的内容往往涉及犯罪的手段和作案内容，是证明案件事实的直接证据，电子邮件的附属信息如发送者、接收者、发送时间等对于印证案件事实具有重要作用。聊天记录常出现在诈骗、盗窃、敲诈勒索、破坏计算机信息系统等网络犯罪案件中，是非常重要的涉案证据。

1. 网络通讯记录的功能

在计算机犯罪案件中，网络通讯记录这一电子数据在证实犯罪嫌疑人彼此之间或犯罪嫌疑人与被害人之间的意思联络，查明犯罪嫌疑人作案的时间、工具、手段，查找相关涉案嫌疑人和被害人，确定犯罪嫌疑人之间的犯罪分工和作用，反映非法所得收益，印证其他证据等方面具有非常重要的作用。例如在李某、鲍某破坏计算机信息系统案中，李某和鲍某之间的 QQ 聊天记录能够直接证实二人破坏计算机信息系统的违法犯罪行为。公安机关通过勘验检查，调取到李某电脑中其与鲍某的聊天记录。该聊天记录证实鲍某帮助李某攻击指定的网吧，每攻击 20 分钟收取 50 元人民币的事实，同时证实二人约定分别于 2014 年 11 月 16 日、18 日、19 日晚上对海门市意趣网吧、海门市爱尚腾龙网吧、南通市崇川区红果园网吧进行网络攻击的事实。再如，王某诈骗案中，王某通过互联网对部分企业的网站进行攻击，导致其网站服务瘫痪，并以支付赞助费停止攻击为要挟使用邮箱 nmdd0sl@sina.cn 发送电子邮件进行敲诈。公安机关通过远程勘验，提取了王某的 nmdd0sl@sina.cn 往来邮件并对相关内容截图打印，邮件涉及敲诈勒索的内容，包括敲诈勒索的对象和金额等。同时结合被害企业有关人员提供的证人证言、王某的供述、电子数据检验鉴定报告，可以认定王某通过电子邮件对部分企业进行敲诈勒索的违法犯罪事实。

2. 网络通讯记录的审查重点

(1) 电子邮件的审查重点。一是审查电子邮箱所有者身份是否为案件当事人。对于收费的电子邮箱即实名认证的电子邮箱，在排除被盗的情况下，只要核对邮件服务器上的真实用户名、邮箱账号和密码等资料就可以确定邮件的发送者；对于免费的电子邮箱，根据邮件服务器和 ISP 上的日志记录，查看在相应时间使用此地址发送邮件的 IP 地址，再结合案件其他证据确定发送者。二是审查电子邮件的发送和接收时间判断与案件事实的联系。根据电子邮件的属性即可简单查找到电子邮件的发送、接收时间以及发送人、接收人的邮箱名称和电子邮件的内容。三是审查电子邮件内容的真实性，重点查看是否有网络服务提供商进行技术协助提供的原始数据电文存储介质记录，是否有计算机技术专家或具有鉴定资质的专业机构出具的审查鉴定意见等，同时结合案件相关证据，如当事人的认可、公安机关勘验检查笔录等确定电子邮件的真实性。四是审查电子邮件的取证程序是否合法，通过非法搜查、扣押，非核证程序收集或非法软件收集的电子邮件不得作为证据使用。在张某诈骗案中，张某谎称能在部分刊物上批量发表论文，骗得被害人闫某的信任，在论文并未被杂志社采用的情况下，通过邮寄及电子邮箱发送虚假的录用通知书和虚假的样刊等给闫某，骗得闫某财物 293400 元。案件侦查中，公安机关根据张某提供的电子邮箱账号和密码，通过远程勘验调取了张某与闫某之间的电子邮件记录，制作了远程勘验检查工作记录，对上述电子邮件内容进行了拍照截图打印，并将上述电子邮件内容刻录成电子数据光盘。该电子邮件记录由张某签字认可，内容主要反映张某、闫某二人因论文发表一事产生矛盾后邮件往来的基本内容，以及张某多次向闫某表示论文已安排发表的情况。因此，该电子邮件取证程序合法，内容客观真实，与本案事实具有关联性，可以作为证明本案案件事实的证据。

(2) 聊天记录的审查重点。一是审查聊天记录的主体身份，确定是不是案件当事人，以确定聊天记录是否与案件犯罪事实有关联性。可以结合犯罪嫌疑人供述、证人证言对聊天记录是否认可，聊天记录所在账号内的头像和照片，以及公安机关勘验检查工作记录等确定聊天记录的主体。二是审查聊天记录的取证程序是否合法。取证时是否由当事人在场见证并签字，是否制作工作说明，取证过程是否发生过错误，聊天记录保管是否合理，扣押在案的存储设备是否出现中毒或数据丢失情况等。三是审查聊天记录内容的真实性，重点围绕聊天记录内容是否与犯罪嫌疑人供述、证人证言、公安机关勘验检查工作记录等证据相互印证，聊天软件账号是否被盗，聊天记录内容是否全面完整，聊天记录是否存在伪造情形等进行审查。例如在张某某、李某某网络诈骗案中，张某某、李某某为实施网络诈骗牟利，招聘多名业务员，通过业务员利用互联网QQ群拉拢客户，提供虚假股票赚钱截图及言论信息，承诺高额利润，推荐"黄金K线"股票软件，并由公司的客服人员向客户推荐股票，或以让客户升级软件的名义，骗取客户软件费。本案证据中有多名被害人与张某某、李某某的QQ聊天记录。上述聊天记录由公安机关依法从被害人处调取，以网络截图形式予以保存并在庭审中予以出示，证据形式和取证程序合法。同时，聊天记录包含有聊天双方的QQ号码、张某某的银行账户信息以及推荐股票软件、提供股票信息服务、会员费等内容，张某某、李某某对上述聊天记录也没有异议，并且与张某某、李某某的供述、张某某的银行卡交易明细单、黄金K线软件销售合同等证据相互印证，可以确定上述聊天记录的真实性和关联性。

三、运用电子数据认定计算机犯罪相关事实

（一）非法侵入计算机信息系统罪

1. 概述

根据《刑法》第 285 条第 1 款规定，非法侵入计算机信息系统罪是指违反国家规定，侵入国家事务、国防建设、尖端科学

技术领域的计算机信息系统的犯罪。计算机信息系统，尤其是国家特殊领域的计算机信息系统，关系着人民信息安全、财产安全和国家安全，很早就受到国家的高度重视。1997年颁布并实施的《刑法》顺应社会信息发展趋势和司法实践需要，在第285条中新增了一个罪名，即非法侵入计算机信息系统罪。时至今日，随着信息技术的长足进步和网络黑客技术的发展，计算机信息系统的安全面临着越来越多的攻击和挑战，非法侵入计算机信息系统的犯罪屡见不鲜。一些不法分子为了牟利，在未经审批或授权的情况下，通过特殊的技术手段侵入国家重要的计算机信息系统，非法访问并调取信息系统内部数据。我们经常可以在网络、报端等媒体上看到某一政府机关网站被攻击、某一人事考试网站个人信息被泄露、某一交通违法处理系统瘫痪、某一从业资格考试平台个人成绩被窃取等新闻。公安机关在办理该类犯罪案件时，往往会对犯罪嫌疑人的涉案电脑或受攻击的网站、服务器等进行勘验检查或检验鉴定，以确定犯罪嫌疑人是否存在非法侵入行为，司法人员在审查该类案件时就会遇到电子物证检查笔录、电子物证检验鉴定报告、远程勘验笔录、电子数据检验报告等多种形式的电子数据。笔者通过对非法侵入计算机信息系统罪的犯罪构成要件的分析，就其中可能涉及的电子数据如何审查的问题进行论述，并结合典型案例对电子数据的审查判断进行探讨。

2. 犯罪构成要件中的电子数据

（1）犯罪主体

犯罪主体包括一般主体（个人）和特殊主体（单位）。本罪的犯罪主体包括个人和单位。个人必须是年满16周岁、具有完全刑事责任能力的个人。虽然，从司法实践看，该罪的犯罪主体往往是具有相当高的计算机专业知识和娴熟的计算机操作技能的人，有的是计算机程序设计员，有的是计算机管理、操作、维护保养人员，但并不能将具备计算机专业知识作为该罪犯罪主体的身份资格条件，某些案件中不懂计算机的人简单的几个操作也能完成对计算机信息系统的非法侵入。根据《刑法修正案（九）》第26条规定，单位也构成非法侵入计算机信息系统罪的犯罪主体，单位犯非法侵入计算机信息系统罪的，对单位判处罚金，并对其直接负责的主管人员和其他直接责任人员，依照各该款的规定处罚。这里，需要指出的是，计算机犯罪主体年轻化趋势越来越明显，很多不满16周岁的未成年人都拥有丰富的计算机专业知识和熟练的计算机操作技能，也有领导、参与、帮助进行非法侵入计算机信息系统的行为存在，因主体条件的不适格而未以非法侵入计算机信息系统罪处罚，但我们不应当以偏概全，主张将年满14周岁不满16周岁的未成年人都纳入非法侵入计算机信息系统罪的犯罪主体中，而应注重加强家庭、学校、社会对未成年人的约束、教育等工作。司法实务中，证明犯罪主体年龄、身份的证据多是各种书证，如户籍证明、户籍资料、人口信息、劳动合同、被告人所在单位出具的情况说明等证据，从这些证据中我们可以很容易确定被告人的年龄、被告人所在单位以及被告人在单位的工作职责等。另外，多数非法侵入计算机信息系统的被告人在主观上都是为了牟利。牟利就要通过计算机网络与他人发生联系，如意思联络、资料传输、交易支付等。公安机关在侦查过程中，会扣押封存犯罪嫌疑人的涉案电脑等存储介质，收集提取微信、QQ等网络聊天记录和电子交易记录等数据。在实名认证情况下，我们也可以根据被告人上传的身份证照片和信息来确定被告人的主体年龄和身份，但这需要与被告人供述、证人证言、有关书证等证据相互印证。但这种方式没有户籍证明、人口信息等书证在证明被告人年龄和身份上直接明显。

（2）犯罪主观方面

本罪的主观方面是故意并且必须是直接故意，即行为人明知自己的行为违反国家规定会产生非法侵入国家重要计算机信息系统的危害结果，而希望这种结果发生，或者明知是国家特定领域的计算机信息系统，仍然继续实施侵入行为。过失侵入国家重要的计算机信息系统的，不构成本罪。因为，多数情况下，国家事务、国防建设、尖端科学技术领域这些国家特殊领域的计算机信息系统都拥有较强的安全防护体系，一般人是很难侵入的，行为人需要花费相当长的时间才能发现该信息系统的漏洞或者需要运用专业的黑客程序和工具方能突破防护措施实施侵入，因此只能是直接故意。同时，不排除有些人不知道该计算机信息系统是国家特殊领域的计算机信息系统，而是某些情况下知道该信息系统的账号密码实施了侵入，侵入后及时发觉该计算机信息系统的性质又立即退出了该计算机信息系统的情形。这种情况下，行为人的主观方面就是过失。但如果发现后不退出则行为人的主观方面就构成直接故意。实践中，行为人实施本罪的动机是多种多样的，有的是出于好奇，有的是为了泄愤报复，有的是为了炫耀自己的才能等。这些对构成本罪均无影响。但犯罪目的只能是了解发现该计算机信息系统漏洞和查阅、复制有关数据信息，不能有其他犯罪目的，如盗窃财物、金融诈骗等，否则将可能构成其他犯罪。比如，抱着破坏的目的，对计算机信息系统数据进行了修改、增加、删除等操作，则构成破坏计算机信息系统罪。司法实务中，证明被告人主观上直接故意的证据多是被告人的供述和辩解这一言词证据，通过综合分析被告人在侦查过程中的多次供述和听取被告人的意见明确其主观心态，也可以通过对提取收集电子数据的过程重现，即侦查实验来认定被告人的主观心态，如果过程重现中能够获得被访问计算机信息系统的性质、计算机信息系统的安全防护进行了提示等，则可以确定被告人在主观心态上是明知是国家特殊领域计算机信息系统而故意实施侵入。

（3）犯罪客体

本罪的客体是国家重要领域和要害部门的计算机信息系统安全，即三类特殊领域——国家事务、国防建设、尖端科学技术领域中的计算机信息系统安全。这些重要的计算机信息系统一旦被非法入侵，就可能导致其中的重要数据遭受破坏或者某些重要敏感的信息被泄露，不但系统内可能产生灾难性的连锁反应，还会造成严重的政治、经济损失，甚至可能危及人民的生命财产安全。《计算机信息系统安全保护条例》第 2 条规定,计算机信息系统是指由计算机及其相关的和配套的设备、设施(含网络)构成的,按照一定的应用目标和规则对信息进行采集、加工、存储、传输、检索等处理的人机系统。该规定将计算机信息系统限定为计算机及其相关的和配套的设备、设施(含网络)。但最高人民法院、最高人民检察院《关于办理危害计算机信息系统安全刑事案件应用法律若干问题的解释》则作了较为广义的解释,该解释第 11 条将计算机信息系统界定为具备自动处理数据功能的系统,包括计算机、网络设备、通讯设备、自动化控制设备。根据司法实践,司法人员在对计算机信息系统进行解释时应做广义上的理解。司法实务中,证明被告人非法侵入的是国家重要领域的计算机信息系统的证据主要是书证、证人证言以及部分电子数据远程勘验笔录和鉴定报告,如被害单位出具的情况说明和有关文件规定等书证;该网站服务器托管单位负责人的证人证言、公安机关网络安全部门出具的关于涉案网站计算机系统的鉴定报告或情况说明等。

(4)犯罪客观方面

本罪的客观方面表现为行为人实施了违反国家规定侵入国家重要计算机信息系统的行为。该罪是行为犯,只要行为人完成了侵入计算机信息系统的行为,就可以认定犯罪既遂。这里需要解决两个方面的问题:一个是"违反国家规定"如何理解;另一个是非法侵入如何界定。最高人民法院《关于准确理解和适用刑法中"国家规定"的有关问题的通知》第 1 条规定,刑法中的"国家规定",是指全国人民代表大会及其常务委员会制定的法律和决定,国务院制定的行政法规、规定的行政措施、发布的决定和命令。其中,"国务院规定的行政措施"应当由国务院决定,通常以行政法规或者国务院制发文件的形式加以规定。以国务院办公厅名义制发的文件,符合以下条件的,亦应视为刑法中的"国家规定":有明确的法律依据或者同相关行政法规不相抵触;经国务院常务会议讨论通过或者经国务院批准;在国务院公报上公开发布。根据该通知,可以看出部门规章不属于国家规定,并有条件承认以国务院办公厅名义制发的文件为国家规定。计算机犯罪违反的国家规定主要有全国人大常委会《关于维护互联网安全的决定》、《计算机信息系统安全保护条例》、《计算机信息网络国际联网管理暂行规定》、《计算机信息网络国际联网安全保护管理办法》、《计算机信息系统保密管理暂行规定》、《计算机信息系统国际联网保密管理规定》等。

关于非法侵入,需要分别认定"非法"和"侵入"两个方面的问题。"非法"主要存在两种情形:一是行为人未经授权或批准,侵入计算机信息系统,或者对计算机信息系统数据进行获取和查阅;二是虽有权操作该计算机信息系统,但超越权限,侵入或调取权限范围之外的计算机信息系统数据。"侵入"的表现形式主要有三种:一是冒用合法用户身份侵入计算机信息系统。通过窃取、趁合法用户短暂离开或其他手段,使用合法用户的用户名和密码登录到计算机信息系统。比如邓某某作为某车管所协警,利用工作便利,盗取该车管所民警黄某、秦某的计算机操作口令,登录到该车管所计算机信息系统,为他人办理车辆年审业务。二是技术攻击。利用黑客技术破解计算机信息系统安全防护措施,通过伪登录界面攻击、网络监听、专业破解软件等方法获取计算机信息系统的口令,进而"正常"地突破计算机信息系统的安全防护。比如徐某某为出售考生个人信息牟利,通过密码破解技术获得某省公务员考试中心报名网站的管理用户名和密码,登录到该考试报名网站,非法获取考生报名信息。三是漏洞侵入。利用计算机信息系统本身的安全防护漏洞,如"后门"和"陷阱门"等,绕过该系统安全防护机制,而进入该计算机信息系统。如代某某为给自己经营的网站做推广,利用全国专业技术人员资格报名考试服务平台漏洞,向该服务平台上传多个木马程序。

犯罪客观方面的证据,除了被害人单位人员和受攻击网站服务器托管单位人员提供的证人证言、被害单位或托管服务器单位的技术人员提供的计算机信息系统受到攻击的时间和具体过程的书证等,来证实国家重要领域计算机信息系统遭到非法侵入这一事实外,还往往需要电子数据来证实行为人客观上实施了非法侵入行为。从司法实务看,这些电子数据主要表现为服务器日志、服务器上的木马程序、攻击计算机信息系统的 IP 地址信息等,这些主要体现在电子物证检查笔录、电子物证检验鉴定报告、远程勘验笔录、电子数据检验报告等证据中。

3. 典型案例分析

【案例1】2013 年 7 月 19 日 21 时许,冯某为获取非法利益,在 A 市五环某小区内,利用黑客技术非法向位于 B 市 C 区 D 公司的人社部全国专业技术人员资格考试报名服务平台的服务器上传木马并下载源程序数据库,非法获取该网站考生登记的公民个人信息,并通过网络出售非法获利 5000 余元。经查,该服务平台系人力资源和社会保障部人事考试中心组织研发,属国家级管理信息系统,专门用于资格考试网上相关业务工作,试点托管在系统开发方 D 公司,2013 年 6 月 26 日开始在全国范围内进行 2013 年全国造价工程师网上报名试点工作。侦查过程中,公安机关在冯某住处扣押了其作案时使用的苹果牌笔记本电脑及台式机硬盘、移动硬盘,并对上述存储介质进行了电子物证检验鉴定,证实冯某使用的 IP 地址曾经侵入涉案服务平台,并从该平台下载数据,其使用的硬盘中检测出被上传的木马程序。法院根据证人证言、书证、物证、被告人供述以及电子物证勘验鉴定意见书等证据,认为冯某违反国家规定,侵入国家事务领域的计算机信息系统,其行为构成非法侵入计算机信息系统罪,判处其有期徒刑 10 个月。

本案是一起典型的非法侵入计算机信息系统案。除了部分人为了显示自己的计算机能力、寻求刺激以外,许多人实施计算机犯罪都是为了牟利。冯某就是典型代表,其为了出售公民个人信息牟利,利用黑客技术侵入国家事务领域的计算机信息系统,非法获取考生报名的个人信息。从本案涉及的电子数据来看,有电子物证检验鉴定报告书两份。该检验鉴定报告书由公安机关根据从冯某处依法查扣的其使用的苹果牌笔记本电脑及台式机硬盘、移动硬盘等存储介质进行检验鉴定作出的，该检验鉴定报告书中有冯某电脑的 IP 地址信息、电脑操作日志记录、检验鉴定机构和检验鉴定人员盖章签名等内容，形式合法。上述原始存储介质在案扣押封存，检验鉴定是对原始存储介质数据镜像备份后的数据进行的，本案被告人冯某及其辩护人对于公安机关出具的该两份电子物证检验鉴定报告书也没有异议，报告书反映的内容与本案的证人证言、书证和被告人供述等证据相互印证，因此可以确定报告书中的内容客观真实。

综合全案证据看，（1）根据户籍信息，可以确定冯某生于 1990 年，至犯罪时已年满 16 周岁，因此是完全刑事责任能力人；（2）根据冯某的供述，可以确定冯某职业是务工人员，本身不从事全国专业技术人员资格考试管理工作，也不是该资格考试报名服务平台的网站技术人员，再结合人力资源和社会保障部人事考试中心出具的关于全国专业技术人员资格考试报名服务平台被黑客攻击有关情况的说明这一书证，证实冯某登录全国专业技术人员资格考试报名服务平台并获取考生个人信息并没有得到该人事考试中心的授权和批准，为非法侵入；（3）根据上述说明和人社部发〔2009〕89 号文件，可以证实人事考试中心是人力资源和社会保障部直属事业单位，负责全国专业技术人员资格考试工作，其涉案服务平台专门用于资格考试网上相关业务工作，属国家级管理信息系统，即国家重要领域计算机信息系统；（4）根据该网站服务器托管单位技术人员袁某的证言，可以证实全国专业技术人员资格考试报名服务平台的服务器被侵入并上传木马的事实；（5）根据公安机关对扣押的冯某作案时使用的苹果牌笔记本电脑及台式机硬盘、移动硬盘等存储介质进行检验鉴定出具的电子物证检验鉴定报告书，可以确定冯某电脑中有考试服务平台服务被上传的木马程序、IP 地址信息和计算机系统操作日志记录，证实冯某使用该 IP 地址曾经使用该木马程序侵入涉案服务平台，并从该平台下载数据的事实。该案案件事实清楚，证据确实充分，法律适用准确，审理程序合法，量刑适当。

（二）非法获取计算机信息系统数据、非法控制计算机信息系统罪

1. 概述

为了进一步严厉打击计算机网络犯罪，保障国家信息网络安全，维持社会管理秩序，保障公民、法人和其他组织的合法权益，2009年《刑法修正案（七）》对《刑法》第285条进行了修改，新增两款规定，两种犯罪，即非法获取计算机信息系统数据、非法控制计算机信息系统罪，和提供非法侵入非法控制计算机信息系统程序、工具罪。非法获取计算机信息系统数据、非法控制计算机信息系统罪是指违反国家规定，侵入国家事务、国防建设、尖端科学技术领域以外的计算机信息系统或者采用其他技术手段，获取该计算机信息系统中存储、处理或者传输的数据，情节严重的行为，或者对该计算机信息系统实施非法控制，情节严重的行为。《刑法》第285条第2款规定了该罪。本罪为情节犯，即以情节严重作为必要条件来认定犯罪的成立，既要有非法获取计算机信息系统数据、非法控制计算机信息系统的违法行为，该违法行为的危害程度又要达到刑法规定的犯罪程度。该罪从罪名种类上看，属于选择性罪名，既可以概括使用，也可以拆解开分别使用。需要说明的是，本罪是一个罪名，并不适用数罪并罚，如果存在非法获取行为，则构成非法获取计算机信息系统数据罪；如果存在非法控制行为，则构成非法控制计算机信息系统罪；如果存在非法获取数据行为和非法控制行为，则构成非法获取计算机信息系统数据、非法控制计算机信息系统罪。

2. 犯罪构成要件中的电子数据

（1）犯罪主体

本罪的犯罪主体包括一般主体和特殊主体。一般主体即个人，仅限于自然人，即达到刑事责任年龄、具有刑事责任能力的人。一般来说，犯本罪的行为人大多具有较高的电脑水平和网络技术，对计算机信息系统和计算机网络能熟练利用，如技术人

员、网络维护员、计算机专业人员、网络黑客高手等。但一些懂得计算机网络简单操作的人在某些情况下也构成本罪主体，如虽然不会编写制作木马程序，但可以向他人购买木马程序，以此侵入服务器获取考生信息、客户资料、游戏账号、QQ 账号、医院药品统方信息等，或者虽然不懂黑客技术，但可以向他们购买他们通过黑客技术获取的游戏账号信息，凭借账号和密码正常进入游戏盗取该游戏账号中的游戏币、游戏装备等，或者根据他人的传授，掌握如何运用木马程序、网站漏洞、间谍软件等侵入他人计算机信息系统并获取该计算机信息系统数据等。实务操作中，证明犯罪主体的证据主要是各类书证，如户籍资料、人口信息等。部分电子数据也可以佐证犯罪主体年龄、身份等，如前罪论述，此处不再赘述。

（2）犯罪主观方面

本罪在犯罪主观方面表现为故意，即行为人明知是侵入计算机信息系统或以其他技术手段获取数据的行为，仍故意为之。实际上，任何计算机信息系统都有网络安全防护，虽然部分计算机信息系统也存在安全漏洞，但在正常操作下是无法突破和绕过该计算机信息系统的安全防护的，因此，过失不构成本罪。证明犯罪主观方面的证据主要是被告人的供述和辩解，通过审查被告人在侦查、审查起诉、审判等诉讼各阶段的供述和辩解，查明其非法获取计算机信息系统数据、非法控制计算机信息系统的起因、目的、对行为违法性的认识、对涉案计算机信息系统性质的认知程度和对涉案数据性质的认知程度、是否存在牟利意图、共同犯罪的行为人之间有无预谋、犯意提起和组织分工等。被害人陈述和证人证言也能佐证上述内容。相关电子数据，如电子数据勘验检查笔录中的涉案计算机信息系统所采取的安全策略等也可以印证被告人对自己行为违法性的明知程度。同时，物证、书证、现场勘查笔录、电子数据、视听资料、鉴定意见等证据能够证明行为人的犯罪手段、犯罪经过和犯罪后果等客观情况，进一步印证被告人的主观心态。司法实务中，行为人实施非法获取计算机信息系统数据、非法控制计算机信息系统的手段多种多样，但最终目的指向只有一个，即非法侵入计算机信息系统，获取其中的数据，盗窃网络游戏和网络账号中的虚拟财产，或将获取的数据转卖出售，或通过非法控制计算机信息系统进行 DDOS 攻击、设置恶意跳转链接提供网站点击量收取授意人费用等，以达到牟利的目的。

（3）犯罪客体

本罪的犯罪客体是计算机信息系统的安全，犯罪对象仅限于使用中的国家事务、国防建设、尖端科学技术领域以外的计算机信息系统中存储、处理、传输的数据，脱离计算机信息系统存放的计算机数据，如光盘、U 盘中的计算机数据不是本罪的保护对象。这里的数据，不限于计算机系统数据和应用程序，还包括权利人存放在计算机信息系统中的各种个人信息。上述的数据不被非法获取，是计算机信息系统安全的重要表现。需要说明的是，本罪的危害行为是未经权利人或者国家有权机构授权，非法获取前述计算机信息系统中计算机数据或对该计算机信息系统进非法控制的行为，即对计算机信息系统数据的获取和对计算机信息系统的控制，如果行为人对计算机信息系统数据采用植入病毒、埋伏数据炸弹、直接删除、随意修改等行为方式对数据进行破坏，则构成破坏计算机信息系统罪。作为对《刑法》第 285 条的补充，本罪扩大了受刑法保护的计算机信息系统的范围，即国家事务、国防建设、尖端科学技术领域之外的普通计算机信息系统，涵盖教育、卫生、商业等各大行业，还包括个人所有的计算机信息系统。司法实务中，证明行为人非法侵入和控制的计算机信息系统性质的证据不需要专门的证据予以证实，而是需要结合全案证据综合考量和认定，在排除案件涉及的是国家事务、国防建设、尖端科学技术领域的计算机信息系统后，很容易得出行为人侵入控制的是普通计算机信息系统的结论。

（4）犯罪客观方面

从本罪的罪状看，本罪在客观方面必须满足四个条件，即违反国家规定、非法侵入或者采用其他技术手段、获取数据或对计算机信息系统进行非法控制、情节严重。

首先,何谓"违反国家规定",前文已有论述。行为人如果没有违反国家规定,或行为人本对普通计算机信息系统中存储、传输的数据有一定的处理、使用权利,但未及时向主管工作人员申请批准,且只是利用数据来工作,此行为就不能构成犯罪。同时,行为对象是普通计算机信息系统以及数据。如果行为人获取的数据是国家事务、国防建设、尖端科学技术领域三个特定计算机信息系统中的,则有可能构成非法侵入计算机信息系统罪,而不是本罪。

其次,非法侵入既包括非法用户的侵入,即无权访问者对特定计算机信息系统的侵入,也包括合法用户的越权侵入,即有权访问特定信息系统的用户未经授权、批准或办理手续擅自对无权访问的计算机信息系统进行访问的行为。其他技术手段是指,行为人虽然没有侵入他人计算机信息系统的行为,但通过违反国家规定的方式获取了计算机信息系统数据,主要包括利用木马程序、后门软件、键盘跟踪技术、攻击病毒、开放端口等对普通计算机信息系统进行钓鱼,引诱被害的计算机信息系统自动共享数据等。[①] 司法实务中,常见的非法侵入行为主要包括通过木马程序、后门程序、计算机信息系统漏洞、黑客软件、破解密码、盗取密码冒充合法用户访问等。

再次,获取数据是指从他人计算机信息系统中非法取得数据,既包括直接侵入他人计算机信息系统复制数据,也包括通过钓鱼网站骗取用户登录输入账号密码等信息,以及人脑直接记忆。如在杨某非法获取计算机信息系统数据案中,杨某通过互联网向被害人林某、周某等多人的手机传播"木马"程序,非法获取被害人的淘宝账号及密码、支付宝账号及密码等网络金融服

[①] 李遐桢、侯春平:《论非法获取计算机信息系统数据罪的认定——以法解释学为视角》,载《河北法学》2014年第5期。

务身份认证信息 100 余组,并在林某、周某等被害人不知情的情况下,通过被害人的淘宝、支付宝账号发起交易 18900 元,其中支付成功 9500 元。非法控制,是指利用计算机网络,通过向普通计算机信息系统植入木马等程序,全部或部分取得了涉案计算机信息系统的管理权限,使行为人能够对该计算机信息系统进行控制性操作。如在李某非法控制计算机信息系统案中,李某为牟利,变相提高"一夜情"、"博彩"等推广网站在搜索引擎中的排名,通过非法程序侵入多个网站,使被劫持的网站在点击后自动跳转至被推广网站。获取数据与非法控制的主要区别在于,获取数据是针对普通计算机信息系统中存储、处理或传输的数据进行非法获取,而非法控制则是针对普通计算机信息系统本身,对其功能和运行进行了控制。

最后,情节严重是本罪定罪量刑的一个重要标准。如行为人获取来的文件资料只是一些没有任何用处的文件,其行为同样不构成犯罪。两高《关于危害计算机信息系统安全刑事案件应用法律若干问题的解释》第 1 条规定,"非法获取计算机信息系统数据或者非法控制计算机信息系统,具有下列情形之一的,应当认定为刑法第二百八十五条第二款规定的'情节严重':(一)获取支付结算、证券交易、期货交易等网络金融服务的身份认证信息十组以上的;(二)获取第(一)项以外的身份认证信息五百组以上的;(三)非法控制计算机信息系统二十台以上的;(四)违法所得五千元以上或者造成经济损失一万元以上的;(五)其他情节严重的情形。实施前款规定行为,具有下列情形之一的,应当认定为刑法第二百八十五条第二款规定的'情节特别严重':(一)数量或者数额达到前款第(一)项至第(四)项规定标准五倍以上的;(二)其他情节特别严重的情形。明知是他人非法控制的计算机信息系统,而对该计算机信息系统的控制权加以利用的,依照前两款的规定定罪处罚"。

证明犯罪客观方面的证据有很多。如被告人供述能够证实作案时间、地点、参与人、分工、经过、结果、犯罪过程中相关技术手段的运用方法、犯罪使用的技术设备来源和去向、违法所得及具体数额等;被害人陈述和证人证言证实涉案计算机信息系统的性质、涉案数据的数量、被侵入的技术过程、数据被非法获取的方式、遭受的经济损失情况等;物证、书证能够证实被告人与非法行为之间的关联性,如作案用的计算机、电信部门关于涉案房屋和网吧等 IP 地址的证明、关于涉案计算机信息系统服务器存放地的说明、版权证明等;勘验检查笔录证实案件有关数据的提取、固定、存放情况等;鉴定意见证实犯罪使用的黑客程序和工具的功能、涉案财产的价格、犯罪的作案过程和使用的技术手段等。实践中,电子数据是证明证据客观方面最有力、最直接的证据,作案用的黑客程序和工具,涉案其他计算机程序,电子邮件、聊天记录等电子通讯记录等,能够证实行为人实施犯罪的具体作案手段、犯罪危害和后果等。

3. 典型案例分析

【案例2】2013 年 4 月至 10 月,被告人康某在网上通过木马代理商从被告人郑某处购得由被告人郑某编写的"梦三国"游戏木马程序。康某将该程序通过非法流量商予以传播,利用该程序将大量"梦三国"游戏账号及密码自动传至其租用的 A 市某科技有限公司服务器后获取并转卖给他人从中获利。仅 2013 年 8 月 5 日至 9 月 5 日,被告人康某从上述租用的 A 市某科技有限公司 IP 地址为 121.12.A.B 的服务器就采用上述方法获得"梦三国"游戏账号及密码 54×××67 个。被告人康某将用上述方法获取的部分游戏账号及密码以每个 1.2 元至 1.3 元的价格出售,非法获利 2 万余元。被告人郑某制作并出售用以盗号的木马程序,非法获利计 5000 余元。

这是当前经常发生的一种网络犯罪形式,行为人通过木马程序盗取游戏账号密码并出售牟利。本案涉及的主要电子数据包括电子证物检查工作记录、手机通话记录和 QQ 聊天记录。其中,电子证物检查工作记录有两份,分别是公安机关对依法查扣的被告人康某的 U 盘和 IP 地址为 121.12.A.B 服务器硬盘以及该硬盘的系统日志光盘进行检查作出的记录。两份电子数据证据证实了康某作案时使用的木马程序和从"梦三国"游戏中提取到的游戏账号数量。U盘中发现了木马程序"mengsanguo.exe",U盘中提取的"梦三国"游戏账号共有18××75个。服务器硬盘和系统日志光盘中的"数据库导出数据"文件夹中存放有大量的"梦三国"游戏账号,共有游戏账号85×××57个。检查由两名公安人员进行并在记录上签字,记录注明了案由、对象、内容、收集提取电子数据的时间、地点、检查方法和检查过程,因此形式合法。检查对象是原始存储介质,没有通过保护设备接入检查设备进行检查,也未制作电子数据备份和对检查过程进行录像,但检查内容与被告人康某和郑某的供述、证人证言相互印证,能够确定郑某编写、康某使用的木马程序是"mengsanguo.exe",以及康某租用的服务器IP地址为121.12.A.B。手机通话记录和QQ聊天记录是公安机关依法从证人崔某某的手机上调取的,为随案移送的打印件,结合崔某某的证言和康某的供述,可以证实IP地址:121.12.A.B的服务器系公司租赁给QQ号为26×××62叫"阿飞"、"飞机哥""小阿飞机"的人,该QQ号码为康某使用。

综合全案证据,从犯罪构成要件分析:(1)主体,户籍证明和情况说明能够证实康某和郑某的身份情况和均无前科记录的事实;(2)主观方面,综合被告人供述、证人证言等言词证据以及物证、书证、电子数据等客观实物证据,能够证实康某对于通过木马病毒侵入"梦三国"游戏获取游戏账号和密码的行为违法的是明知的,郑某为他人实施侵入、控制计算机信息系统的违法犯罪提供该程序主观上是故意的;(3)客体,综合全案证据,能够证实康某使用木马程序侵入"梦三国"游戏获取玩家游戏账号和密码的行为危害了该游戏计算机信息系统的安全;(4)客观方面,被告人供述、证人证言、被害人陈述等言词证据能够证实郑某制作盗取"梦三国"游戏账号的木马并出售,获利5000余元的事实以及康某使用木马程序盗取"梦三国"游戏账号的事实；牡丹灵通卡账户历史明细表、银行卡交易记录等书证能够证实康某出售从"梦三国"游戏计算机信息系统中获取的游戏账号密码数据后的获利情况；数据分析报告、情况说明等书证以及电子证物检查工作记录等电子数据能够证实康某客观上使用木马程序盗取"梦三国"游戏账号和密码的行为，盗取的游戏账号和密码共计54××× 67个。上述证据本身客观真实，取证合法，与案件事实有关联，且相互印证，能够形成完整的证据锁链。从量刑上分析，康某非法获取"梦三国"游戏账号及密码54×××67个，情节特别严重；郑某明知他人实施侵入、控制计算机信息系统的违法犯罪行为而为其提供程序，违法所得5000元以上，情节严重。2014年7月1日，审理法院以非法获取计算机信息系统数据罪，判处康某有期徒刑3年6个月，并处罚金人民币10000元；以提供侵入、非法控制计算机信息系统程序、工具罪，判处郑某有期徒刑2年，缓刑3年，并处罚金人民币5000元。

（三）提供侵入、非法控制计算机信息系统程序、工具罪

1. 概述

提供侵入、非法控制计算机信息系统程序、工具罪也是2009年《刑法修正案（七）》在《刑法》第285条后新增的一个罪名，是指提供专门用于侵入、非法控制计算机信息系统的程序、工具，或者明知他人实施侵入、非法控制计算机信息系统的违法犯罪行为而为其提供程序、工具，情节严重的行为。本罪与其他计算机犯罪最大的区别是，行为人仅提供侵入、非法控制计算机信息系统程序、工具，即只有提供行为，而不直接实施侵害计算机信息系统的行为。设立此罪的目的在于扩大对计算机信息系统的保护范围，考虑到计算机犯罪的严重危害结果，立法直接将帮助行为拟制规定为一种独立的犯罪。本罪是选择性罪名，反映出多种犯罪行为，包括两种行为（提供侵入和提供非法控制）和两个对象（程序和工具），根据案件具体情形，可以分解为4个罪名，但不适用数罪并罚。该罪也是情节犯，以情节严重作为

认定罪名成立的必要条件。划清本罪与非罪行为界限的关键在于是否达到"情节严重"。

2. 犯罪构成要件中的电子数据

（1）犯罪主体

本罪的犯罪主体包括一般主体和特殊主体。一般主体，即达到刑事责任年龄、具有刑事责任能力的自然人。特殊主体即单位，单位犯本罪的，对单位判处罚金，并对其直接负责的主管人员和其他直接责任人员，依照提供侵入、非法控制计算机信息系统程序、工具罪的规定处罚。本罪的一般主体基本上都具有丰富的计算机专业知识和熟练的计算机网络操作技能，通过自己编译制作或者向他人购买的方式，向他人或单位提供能够侵入、非法控制计算机信息系统的程序和工具。司法实务中，户籍证明、常住人口基本信息、有无犯罪记录证明、营业执照等书证能够直接证明涉案个人和单位的主体身份，同时，被告人供述、证人证言以及被害人陈述等言词证据也可以进一步佐证涉案个人和单位的主体身份。

（2）犯罪主观方面

本罪的犯罪主观心态是故意，既包括直接故意，积极追求危害计算机信息系统安全的结果；也包括间接故意，在明知自己提供的专门性或其他的能够侵入、非法控制计算机信息系统的程序和工具会造成危害计算机信息系统安全的结果，依旧放任该危害后果的发生。需要注意的是，本罪仅指提供行为，并不限定提供的目的，即行为人提供程序、工具的行为是否为了牟利并不影响本罪的成立。认定行为人主观心态的证据主要是被告人的供述和辩解。另外，聊天记录、通讯记录、交易记录等电子数据，以及证人证言、被害人供述、被告人辨认笔录等证据都可以进一步印证行为人的主观心态。

（3）犯罪客体

本罪侵犯的客体是计算机信息系统的安全。需要指出的是，该计算机信息系统仅限于使用中的计算机信息系统，既包括国家事务、国防建设、尖端科学技术领域的计算机信息系统,也包括其他合法的普通计算机信息系统。

(4) 犯罪客观方面

从刑法规定的罪状上看,犯罪客观方面主要表现为两种情形:一是提供专门用于侵入、非法控制计算机信息系统的程序、工具,情节严重的行为;二是明知他人实施侵入、非法控制计算机信息系统的违法犯罪行为而为其提供程序、工具,情节严重的行为。由此可知,上述两种情形下的犯罪对象即程序和工具分为两种:一是专门侵入、非法控制计算机信息系统的程序和工具;二是普通的但能够侵入、非法控制计算机信息系统的程序和工具。"所谓专门用于非法侵入计算机信息系统的程序、工具,主要是指专门用于非法获取他人登录网络应用服务、计算机系统的账号、密码等认证信息以及智能卡等认证工具的计算机程序、工具;所谓专门用于非法控制计算机信息系统的程序、工具,主要是指可用于绕过计算机信息系统或者相关设备的防护措施,进而实施非法入侵或者获取目标系统中数据信息的计算机程序。"[1]第一种情形下的专门程序、工具的功能在两高《关于办理危害计算机信息系统安全刑事案件应用法律若干问题的解释》第2条作出了明确界定,即具有避开或者突破计算机信息系统安全保护措施,未经授权或者超越授权获取计算机信息系统数据的功能的;具有避开或者突破计算机信息系统安全保护措施,未经授权或者超越授权对计算机信息系统实施控制的功能的;其他专门设计用于侵入、非法控制计算机信息系统、非法获取计算机信息系统数据的程序、工具。需要说明的是,提供专门程序、工具的情形不需要被提供者实际使用,即无论该专门程序和工具是否实际使用,均不影响本罪的成立,而提供普通的程序、工具的情形则需要被提供者实际使用,只有存在实际使用情况才能认定提供者

---

[1] 全国人大常委会法工委刑法室编:《中华人民共和国刑法·条文说明、立法理由及相关规定》,北京大学出版社2009年版,第592页。

本罪成立。

认定犯罪客观方面的证据主要分为三个方面：一是认定存在提供行为的证据，主要是被告人的供述和辩解，证实是被告人实施的提供行为，以及被害人陈述和证人证言，证实计算机信息系统受到非法侵入和非法控制的事实；二是认定提供的程序、工具的功能的证据，主要是电子数据鉴定意见书，证实被告人提供的程序、工具具有侵入、非法控制计算机信息系统的功能的事实；三是认定提供的程序、工具得到被提供者实际使用的证据，主要是被告人供述和被害人陈述，证实提供给多少人使用的事实，以及交易记录、聊天记录等电子数据，证实行为人违法所得数额或者造成的经济损失数额。两高《关于办理危害计算机信息系统安全刑事案件应用法律若干问题的解释》对本罪立案标准作出规定，即"（一）提供能够用于非法获取支付结算、证券交易、期货交易等网络金融服务身份认证信息的专门性程序、工具五人次以上；（二）提供第（一）项以外的专门用于侵入、非法控制计算机信息系统的程序、工具二十人次以上；（三）明知他人实施非法获取支付结算、证券交易、期货交易等网络金融服务身份认证信息的违法犯罪行为而为其提供程序、工具五人次以上的；（四）明知他人实施第（三）项以外的侵入、非法控制计算机信息系统的违法犯罪行为而为其提供程序、工具二十人次以上的；（五）违法所得五千元以上或者造成经济损失一万元以上的；（六）其他情节严重的情形。数量或者数额达到前款第（一）项至第（五）项规定标准五倍以上的属于特别严重情节"。

3. 典型案例分析

【案例 3】深圳市腾讯计算机系统有限公司于 2013 年 11 月正式上线运营享有著作权的《枪神纪》网络游戏软件 V1.0（以下简称《枪神纪》），并将《枪神纪》网络游戏服务器"托管"在成都市温江区某中国电信光华机房内。2014 年年初，被告人王某获得一款通过修改《枪神纪》游戏客户端文件的方式，实现游戏内方框透视、显示血量、显示距离、屏幕准星、自动瞄准功能的辅助软件,《枪神纪》游戏客户端本身不具备上述功能。后被告人王某在YY语音频道名为"钓鱼岛"的78305号房间内发布公告,指引进入该房间的游戏玩家付费下载此款辅助软件用于《枪神纪》网络游戏。之后被告人王某又通过被告人杨某,先后雇用被告人何某等人担任该房间的客服人员,为购买辅助软件的游戏玩家提供程序更新、指导使用等售后服务。自2014年1月至6月,被告人王某自行或与杨某、何某共同销售上述辅助程序共计188人次,销售金额共计人民币35028元;被告人何某与王某、杨某共同销售上述辅助程序共计62人次,销售金额共计人民币11010元。

越来越多的网民,尤其是年轻网民喜欢上网络游戏,推动了网络游戏市场的火热,也客观上催生了诸如私服、外挂产业的诞生。2003年国家新闻出版总局、国家版权局等五部委联合发布《关于开展对私服外挂专项治理的通知》,该通知规定,"私服"、"外挂"是指未经许可或授权,破坏合法出版、他人享有著作权的互联网游戏作品的技术保护措施、修改作品数据、私自架设服务器、制作游戏充值卡(点卡),运营或挂接运营合法出版、他人享有著作权的互联网游戏作品,从而谋取利益、侵害他人利益。本案中,王某获得一款《枪神纪》网络游戏辅助软件即是一种外挂程序,王某、杨某、何某通过销售该辅助软件非法获利。

证明本案犯罪事实的证据主要是电子数据。本案涉及的电子数据主要有电子数据检验报告、电子文档、支付宝交易记录和QQ、YY聊天记录。(1)电子数据检验报告是公安机关委托福建中证司法鉴定中心对公安机关从杨某的电脑提取的名为"枪神纪内部版-磨砂膏.rar"的《枪神纪》辅助程序进行鉴定后作出的,证实该程序通过修改《枪神纪》游戏客户端文件的方式,实现游戏内方框透视、显示血量、显示距离、屏幕准星、自动瞄准的功能,《枪神纪》游戏客户端本身不具备上述功能,该辅助程序能够对《枪神纪》游戏实施增加、修改的操作。(2)电子文档是公安机关从查扣的杨某电脑桌面提取到的,主要是"文件夹内部版"、"工会"、"淘宝"、"逆战辅助1.3"四个文件夹,在"文件夹内部版"里,发现内有前缀名为"枪神纪内部版"的rar文件32个。在"工会"文件夹内有"公告.txt"文档1份,内容为官方论坛、收费辅助下载+介绍专区、枪神纪收费专区、AVA战地之王收费专区。上述内容与警方侦查实验中登录YY语音软件某房间后顶页内容一致,也与王某关于该房间提供购买链接的供述内容一致。"工会"文件夹内有"卓朗购买网址.txt"、"卓朗购买链接.txt"等文档,内含有枪神纪优化版、内部版、透视版等网址链接。公安机关对从杨某电脑桌面上提取的四个文件夹的部分涉案关键数据截图打印,并让杨某签字捺手印予以固定,同时注明提取时间、地点,由侦查人员签字盖章。(3)支付宝交易记录是公安机关结合王某、杨某、何某的供述,对被扣押的上述三人的电脑进行勘验检查后,根据三人交待的支付宝账号和密码登录到支付宝,对相关的收支明细进行提取下载和截图保存的。公安机关还对提取下载的数据进行光盘刻录,并提取MD5值确保文件的原始性。该支付宝交易记录能够证实上述三人销售辅助软件的获利情况。(4)QQ、YY聊天记录是公安机关从扣押的王某、杨某、何某电脑中提取的,公安机关导出部分聊天记录让上述三人签字捺手印予以固定。该聊天记录与杨某的供述、证人证言等证据并不冲突、相互印证。上述聊天记录能够证实三人销售辅助软件的具体过程。同时,本案还有书证、证人证言、辨认笔录、被告人供述、搜查和侦查实验笔录等证据。这些证据来源合法、客观真实,与本案有关联性,能够形成证据锁链。

法院经审理认为,被告人王某、杨某、何某以牟利为目的,为他人提供专门用于侵入、非法控制计算机信息系统的程序、工具,其中,被告人王某、杨某属情节特别严重,被告人何某属情节严重,其行为均已构成提供侵入、非法控制计算机信息系统程序、工具罪。审理法院以提供侵入、非法控制计算机信息系统程序、工具罪,分别判处被告人王某有期徒刑3年4个月,并处罚金人民币 20000 元；被告人杨某有期徒刑 3 年 2 个月，并处罚金人民币 15000 元；被告人何某有期徒刑 1 年 2 个月，缓刑 2 年，并处罚金人民币 5000 元。

（四）破坏计算机信息系统罪

1. 概述

本罪是 1997 年刑法新增的罪名。根据《刑法》第 286 条规定，破坏计算机信息系统罪，是指违反国家规定，对计算机信息系统功能进行删除、修改、增加、干扰，造成计算机信息系统不能正常运行，后果严重；或者违反国家规定，对计算机信息系统中存储、处理或者传输的数据和应用程序进行删除、修改、增加操作，后果严重；或者故意制作、传播计算机病毒等破坏性程序，影响计算机系统正常运行，后果严重的行为。破坏计算机信息系统罪包括三个犯罪对象：计算机信息系统功能，计算机信息系统中存储、处理或者传输的数据或应用程序，以及计算机病毒等破坏性程序。需要说明的是，针对上述三个犯罪对象分别含有四种（删除、修改、增加、干扰）、三种（删除、修改、增加）和两种（故意制作、传播）破坏行为，实施任何一种行为都构成破坏计算机信息系统罪，同时实施两种或两种以上行为的，也仍然构成一罪，不实行数罪并罚。本罪为结果犯，即只有造成实际损害才能构成本罪。破坏行为必须造成严重后果，才能构成其罪，如果没有造成危害后果或者虽有危害后果但不是严重后果，即使有破坏计算机信息系统的行为，也不构成本罪。根据两高《关于办理危害计算机信息系统安全刑事案件应用法律若干问题的解释》，认定破坏计算机信息系统罪中的"后果严重"应综合考量计算机信息系统功能、数据和应用程序受到破坏的计算机数量，因受到破坏不能提供接受服务的计算机数量、访问用户数量及不能运行时间长短，违法所得和造成经济损失的数额等。

2. 犯罪构成要件中的电子数据

（1）犯罪主体

本罪犯罪主体包括一般主体，即年满 16 周岁具有刑事责任能力的自然人,以及单位这一特殊主体。司法实践中,一般主体大多都是具有超高计算机技能的人员。需要说明的是,如果中国人和外国人在境外实施本罪规定行为,破坏我国境内的计算机信息系统功能的,应依照我国刑法规定追究其刑事责任。与传统犯罪的主体认定不同,认定本罪犯罪主体身份,除了认定行为人的现实身份,还要认定行为人的网络身份,同时认定行为人现实身份与网络身份是否具有同一性。认定现实身份主要依据的公安机关取证得到的各种书证,如户籍资料、常住人口基本信息、营业执照、出版许可证、单位出具的情况说明、公安机关的抓获经过、报案登记、情况说明等,以及被告人供述、被害人陈述、证人证言等言词证据。认定其网络身份则需要结合传统证据和电子数据,首先从书证、被告人供述、证人证言等传统证据中查明被告人作案时使用的网络身份,如登录被破坏网站、网页、博客、贴吧、网盘、淘宝、支付宝、网上银行等网络平台的用户名和密码,使用的昵称,手机、QQ、微信等网络通讯号码,电子邮件名称和密码,使用计算机网络的 IP 地址等。其次,根据收集提取的相关电子数据,确定实施破坏计算机信息系统行为的犯罪嫌疑人身份,如犯罪嫌疑人和被害人的 IP 地址信息、扣押封存的犯罪嫌疑人和被害人电脑等原始存储介质中的日志文件和网络聊天记录、实施破坏计算机信息系统的程序和工具等。最后,将传统证据中查明的身份信息和电子数据中的网络身份信息进行对比分析,确定两者之间的关联性与同一性。

(2) 犯罪主观方面

本罪在主观方面必须出于故意,即明知自己的行为可能会造成破坏计算机信息系统的危害结果,仍希望或放任这种危害结果的发生。司法实务中,本罪多表现为直接故意,过失不能构成本罪。如果因为操作的疏忽大意、技术不熟练、操作失误等致使计算机信息系统功能受到破坏或数据、应用程序丢失等,则不构成本罪。行为人实施本罪的目的在于对计算机信息系统进行破坏,如果还有其他犯罪目的,如借以毁灭证据、敲诈勒索、报复陷害等，则可能还构成其他犯罪。本罪行为人的犯罪动机丰富多样，有的是为了显示自己在计算机方面的天才天赋，有的是想泄愤报复，有的是为了恶作剧戏谑他人，有的是为了牟利，但不管动机如何，不会影响本罪成立。认定本罪犯罪心态的证据主要是被告人的供述这一言词证据，根据其多次的供述和所作笔录确定其是否故意实施破坏计算机信息系统的犯罪。在仅有被告人供述尚不足以查明其犯罪心态时，电子数据能够很好地补强，如电子数据检查笔录、电子数据远程勘验笔录、电子数据司法鉴定报告等。在被告人翻供、被告人多次供述先后不一的情况下，电子数据在认定被告人主观心态上甚至能够发挥关键作用。如收集提取的网络通讯记录能够直接反映行为人是否存在犯意的联络、犯罪工具的叫卖传输、犯罪技能的传授等。如行为人在操作计算机时，如果该操作可能对计算机信息系统的正常运行产生危害时，计算机信息系统会发出警示信息或要求进一步确认的信息，此时如果进一步操作并造成严重后果的，则可以认定行为人存在主观故意心态。再如某些破坏计算机信息系统的行为，如修改、增加、删除、干扰等，需要经过非常复杂的操作过程才可完成，如果行为人造成了计算机信息系统的破坏，则证明行为人实施上述行为属于主观故意。

（3）犯罪客体

本罪所侵害的客体是计算机信息系统的安全，既包括国家事务、国防建设、尖端科学技术领域的计算机信息系统，也包括单位、个人的普通计算机信息系统。司法实务中，计算机信息系统的表现形式可能会不一样，如个人计算机信息系统、银行计算机信息系统、各大网站的服务器、网络游戏服务器、企业网站的服务器等，但都属于本罪中的计算机信息系统。认定侵害客体的证据有很多，如报案经过、公安机关的有关说明、被害人或被害单位的陈述、被害人或被害单位出具的说明、证人证言等，都能反映出受到破坏的是哪些计算机信息系统。也有部分电子数据也可以作为认定侵害客体的证据，如公安机关调取的被害人或被害单位网站截图、服务器日志等，能够证实受到破坏的计算机信息系统的性质、功能、经营范围、托管服务器等。

（4）犯罪客观方面

本罪在客观方面的表现主要是三个：一是违反国家规定，对计算机信息系统功能进行删除、修改、增加、干扰，造成计算机信息系统不能正常运行，后果严重；二是违反国家规定，对计算机信息系统中存储、处理或者传输的数据和应用程序进行删除、修改、增加操作，后果严重；三是故意制作、传播计算机病毒等破坏性程序，影响计算机系统正常运行，后果严重。认定本罪客观方面主要分三步：第一步，认定被告人对计算机信息系统实施了破坏行为，包括删除、修改、增加、干扰、故意制作、传播计算机病毒等破坏性程序等；第二步，认定这种破坏行为对计算机信息系统功能和计算机信息系统中存储、处理或者传输的数据和应用程序造成了损害；第三步，认定这种损害造成严重后果。司法实务中，认定本罪客观方面的证据主要是电子数据。通过审查电子数据，确定破坏计算机信息系统的发生过程，包括在什么时间、使用什么计算机或者程序和工具、以什么用户身份、采取何种操作方法、造成了何种严重后果等。电子数据在表现形式上，主要是电子数据司法鉴定意见、电子证物检查工作记录、电子数据远程勘验工作记录、电子数据检验报告、电子数据光盘等。在内容上，电子数据主要有被告人和被害人计算机信息系统的 IP 地址信息，证实被破坏的计算机信息系统的访问对象是否被告人本人；计算机信息系统自动生成的日志文件，证实受到破坏的时间、持续时间、攻击的 IP 地址等；查扣电脑等存储介质中的电子文档、程序、工具，证实被告人是如何对计算机信息系统功能、数据和应用程序进行破坏从而导致计算机信息系统不能正常运行的；网络聊天记录、电子交易记录、电子邮件，证实被告人实施破坏的对象、有无通谋和意思联络、违法所得收益、使用的作案程序和工具等。当然，被告人供述、被害人陈述、证人证言以及相关书证、物证等一定程度上也能证实被告人实施了破坏计算机信息系统的行为并造成严重后果的违法犯罪事实。

3. 典型案例分析

【案例4】杨某，某药业销售，在淘宝上开有销售网店。2011年12月，因怀疑自己的销售网站遭到竞争对手的网络攻击，杨某授意其员工郭某乙从网上购买了两款名叫"台内"和"血腥"的DDOS攻击软件。该软件的主要功能是通过控制"肉鸡"（即受黑客远程控制的拥有管理权限的电脑）对攻击对象的IP地址发送大量数据包，致使该IP地址上的服务器不能响应，造成服务器瘫痪，网络中断，服务器上的网站不能正常访问。后，郭某乙在杨某要求下，攻击了长春某药业公司的网站以测试软件是否有效，测试有效后，杨某将软件复制到自己的电脑上。2012年1月22日22时36分左右，杨某在其位于湖南省长沙市岳麓区某小区5幢2204室的家中，使用自己电脑上的"血腥"DDOS软件，通过国际互联网攻击南昌某网站，但实际上远程攻击了杭州市公安局的"平平安安"网站，攻击时间达1个小时，导致"平平安安"网站无法正常访问。服务器运行商世导公司被迫修改网站所在服务器的IP地址，直至次日下午，该网站才恢复正常运行状态。截至2011年12月底，"平平安安"网站的注册用户已达93933人。

本案是一起典型的传统计算机网络犯罪案件。在该案件中，指控杨某破坏计算机信息系统罪的证据非常多。从种类上看，除受害单位相关人员、某公司相关人员、郭某乙、杨某亲属、受攻击单位的工作人员等十余个证人的证言，户籍证明、委托书、下架记录单、调取证据通知书、有关情况说明等不同形式的书证，被告人杨某多次的供述和辩解，多个电子物证检查工作笔录、扣押笔录等勘验检查笔录之外，还存在大量的电子数据证据，包括服务器出IDC联系单、工作表、主机托管回执单、流程表单、标准业务联系单、抓包数据流量图表、提取电子证据清单、调取证据清单及备案信息、电子数据光盘等。这些证据尤其是电子数据在证实杨某对计算机信息系统功能干扰，造成计算机信息系统不能正常运行上面发挥着关键作用。上述证据本身真实，收集、固定和移送的程序合法，与案件都有客观联系，杨某及其辩护人在案件侦查、起诉和审判阶段也未提出异议。本案的主要犯罪事实根据犯罪构成要件，主要是认定犯罪客观方面和犯罪主体，一是"平平安安"网站出现严重干扰后果，二是杨某对"平平安安"网站进行了严重干扰。

1. 关于犯罪客观方面证据的审查判断，即如何证实对"平平安安"网站已经造成干扰后果。一是杭州市公安网络警察分局工作人员郭某甲、某公司的技术人员俞某、IDC系统服务部员工鲍某、IDC信息工程师陈某均证实，2012年1月22日22时左右，IP地址为211.155.228.167的杭州市公安局的"平平安安"网站受到干扰，一小时以上的时间无法正常访问，修改网站所在服务器IP地址为211.155.228.181之后，该网站才恢复正常运行状态。二是抓包数据流量图表、电子数据光盘直接证实，2012年1月22日22：36至23：24，IP地址为211.155.228.167的服务器受到攻击，以及向该服务器发送攻击流量的服务器的IP地址情况、发送的数据流量数量等。三是有关"平平安安"网站用户数的说明，证实2008年1月1日至2011年12月31日，"平平安安"网站的注册用户数为93933人。此种情况符合两高《关于办理计算机刑事案件的解释》第4条关于破坏计算机信息系统后果特别严重的情形，即造成为五万以上用户提供服务的计算机信息系统不能正常运行累计一小时以上。四是某公司的IDC基础运维组主管葛某、IDC渠道总监白某、员工徐某和王某、杭电商互联科技有限公司副总经理杜某等证人证言，以及IDC服务器托管服务合同、续费说明等书证均证实杭州市公安局将服务器托管于某公司的事实。

2. 关于犯罪主体证据的审查判断，即如何证实是杨某对"平平安安"网站实施了干扰。主要应查明以下几个问题：一是"平平安安"网站遭受哪些服务器的攻击。抓包数据流量图表和电子数据光盘，证实IP地址为101.226.2.32的服务器和IP地址为210.51.38.109的服务器均向IP地址为211.155.228.167的服务器发送了攻击流量的事实。该电子数据直接找到了攻击"平平安安"网站服务器的直接"凶手",对指明侦查方向,构建证据锁链起到关键作用。二是攻击的服务器如何调取的。调取证据清单及备案信息,证实公安机关从上海某计算科学有限公司调取了IP地址为101.226.2.32的服务器硬盘及服务器备案信息和从上海某信息技术有限公司调取IP地址为210.51.38.109的服务器硬盘和该服务器的备案信息的事实。三是攻击服务器与遭受攻击的服务器有何内在联系。电子物证检查笔录、提取电子证据清单、电子数据说明证实2012年1月22日22:37:30,IP地址为220.168.97.247的计算机终端调用该服务器中被植入的木马程序向IP地址为211.155.228.167的服务器发出流量攻击,攻击时间为3600秒,22:46:00出现相同指令,以及2012年1月22日22:37:09,IP地址为220.168.97.247的计算机终端调用上海某信息技术有限公司服务器中被植入的木马程序向IP地址为211.155.228.167的服务器发出流量攻击,攻击时间为3600秒,22:46:10出现相同指令的事实。这说明IP地址为220.168.97.247的计算机终端通过"肉鸡"向"平平安安"网站发动了攻击。四是IP地址为220.168.97.247的计算机终端何人在使用。第一组证据,调取证据通知书,证实湖南省长沙市岳麓区某小区某室谢某乙使用的宽带账号的IP地址为220.168.97.247,且2012年1月22日22时37分30秒只有该账号使用此IP地址。第二组证据,谢某乙的证言,证实2012年1月22日晚,其在长沙市岳麓区某小区某室的家中,有其妻张某某、女儿谢某甲、女婿杨某及杨某之子共五人,自己不会使用电脑。第三组证据,谢某甲的证言,证实2012年1月22日,其在长沙市岳麓区某小区某室的家中,当时家中还有其父母、杨某和其儿子,其中仅有其和杨某会使用电脑上网,杨某知道无线路由器的上网密码,在家中一般使用自己的笔记本电脑上网。第四组证据,杨某多次供述其妻子谢某甲不知道DDOS软件的账号和密码。第五组证据,扣押决定书、扣押笔录、电子物证检查工作笔录,证实从谢某甲位于湖南省长沙市岳麓区某小区某室扣押的粉红色 SONY 便携式计算机没有 ddos 软件安装或使用的相关数据。上述五组证据可以直接锁定杨某,杨某即实施远程攻击的人。

最终,审理法院认为,被告人杨某违反国家规定,故意破坏计算机信息系统功能,造成为五万以上用户提供服务的计算机信息系统不能正常运行累计一小时以上,其行为已构成破坏计算机信息系统罪,且系后果特别严重,判处其有期徒刑 5 年。后杨某不服上诉,二审法院驳回上诉,维持原判。

四、电子数据综合运用的典型案例分析

(一)案情简介

犯罪嫌疑人刘某奇,男,1991 年出生,中专文化。2013 年 5 月至 8 月,刘某奇在互联网上利用他人计算机系统的漏洞,使用黑客手段控制属于他人的 143 台计算机服务器。刘某奇先是在互联网上下载一些黑客软件,然后使用一个名称为"S 扫描器"的软件对 IP 段进行扫描,IP 段是刘某奇自己设置的,扫描后软件会把是服务器的生成一个 TXT 格式的 IP 列表,再使用一个名称为"DUBRUTE"的爆破软件,对这些服务器 IP 进行爆破,获取服务器登录密码,从而获取这些服务器的登录权限,然后再对这些服务器做一些 VPN[①] 设置。方式是把控制的服务器 1723 端口打开,作为 VPN 端口,然后根据服务器的 IP 和密码在其控制的服务器里进行一些配置,将这些服务器作为 VPN 服务器。刘某奇将这些被控制的计算机服务器提供给谢某国(另案处理)作为其 VPN 平台接入服务器使用,并为其在这些计算机服务器

---

① Virtual Private Network,简称 VPN,意思是虚拟专用网络。VPN 属于远程访问技术,主要功能是通过在公用网络上建立专用网络,进行加密通讯。通俗的解释为一种中转服务。例如在内网中架设一台 VPN 服务器,外地员工在当地连上互联网后,通过互联网连接 VPN 服务器,然后通过 VPN 服务器进入企业内网。

上做好相关配置，以每台每月45元的价格收取费用。谢某国将关联了这些计算机服务器的VPN平台提供下级代理商使用并收取费用。犯罪嫌疑人刘某奇非法控制的计算机服务器包括A市高新区某贸易商行的IP地址为122.×.×.×和122.×.×.×的两台服务器。至案发，犯罪嫌疑人刘某奇共非法获利2万元左右。

（二）本案主要电子数据

本案是一起典型的青少年计算机网络犯罪案件。本案中，犯罪嫌疑人刘某奇很小就接触计算机，长期侵淫于网络，拥有丰富的计算机网络知识。受网络的影响和利益诱惑，加上自制力差和侥幸心理，刘某奇做起控制服务器出租赚钱的"生意"，殊不知在犯罪的道路上越走越远。对于计算机网络犯罪，电子数据是定罪量刑的关键。收集和调取电子数据是证据取证的主要手段。本案在查处过程中，侦查人员在获取犯罪嫌疑人口供、证人证言和相关书证的基础上，对犯罪嫌疑人刘某奇的U盘和笔记本电脑进行了扣押，对谢某国租用的VPN服务器进行远程勘验检查，将登录后获取的虚拟IP列表、账号管理等数据保存并刻录成光盘，并调取了淘宝交易记录，从而形成了完整的证据锁链。本案涉及的证据除了户籍资料、抓获经过、有关单位出具的证明、扣押决定书等相关书证、犯罪嫌疑人的供述和辩解、证人证言等外，还有相关电子数据。一是电子文档，侦查人员从刘某奇电脑中提取的包括固定IP地址列表的TXT格式文本；二是QQ聊天记录，侦查人员通过勘验检查从刘某奇电脑提取的QQ聊天记录打印材料；三是淘宝和支付宝交易记录，侦查人员通过勘验，从刘某奇淘宝账户和刘某奇、谢某国、雷某林的支付宝账户提取到三人之间的交易往来记录，同时向C市网警支队发出协查函，请其协助从淘宝公司调取含支付宝交易记录信息的电子文档；四是电子数据远程勘验工作记录，A市B区网警大队通过对谢某国的VPN平台"AAVPN"实施远程勘验检查，登录后获取的虚拟IP列表、账号管理等数据。

(三) 电子数据的审查运用

1. 电子文档

A 市公安局 B 区网警大队侦查人员在刘某奇住处将其抓获时，进行了现场搜查，扣押了刘某奇的 U 盘和笔记本电脑，并对刘某奇的 U 盘和笔记本电脑进行现场勘验检查，在电脑中找到名称为"S 扫描器"的软件，从该软件文件夹中下载打印出一份含有固定 IP 地址的 TXT 格式的 IP 列表。该电子文档有刘某奇和张某某、罗某某两名侦查人员的签字以及打印说明和打印时间，取证程序合法。电子文档能够证实 2013 年 4 月 16 日至 24 日犯罪嫌疑人刘某奇通过黑客手段获取了 220 个固定的 IP 地址，控制了多台服务器，其中包括 A 市高新区某贸易商行两个 IP 地址（122.×.×.×和122.×.×.×）的事实。该电子文档内容与电子数据勘验检查工作记录，A 市高新区某贸易商行职工、B 区教育装备研究中心网络管理员的证人证言，以及上述单位提供的服务器网络链接情况及说明等证据相互印证。

2. QQ 聊天记录

侦查人员根据刘某奇的供述和其提供的 QQ 账号、密码，从扣押的刘某奇的笔记本电脑中提取固定了 QQ 号码为 139××××××与 QQ 号码为 661×××××（系谢某国的 QQ 号码）中的聊天记录。聊天记录由侦查人员进行截图打印出来，并由刘某奇签字。聊天记录内容主要是租售服务器的价格、数量、交易方式、维护等方面的信息，谢某国向刘某奇租服务器，每台每月 45 元，通过账号为××××@98.cn 的支付宝账号进行交易，在部分服务器 IP 不能用时通过重新设置使其再次作为 VPN 使用。该网络聊天记录主要证实了刘某奇的具体作案过程，记录内容得到刘某奇认可，提取和固定程序合法，同时内容与刘某奇供述和谢某国证言相互印证，可以认定 QQ 聊天记录的真实性。

3. 淘宝、支付宝交易记录

侦查阶段，侦查人员通过刘某奇的供述和证人谢某国、雷某林的证言,获得刘某奇收取出租服务器款项的淘宝账号和支付宝账号×××@98.cn,以及谢某国与刘某奇交易使用的支付宝账号68×××××@qq.com和99×××××@qq.com。后B区网警大队根据刘某奇、谢某国、雷某林三人提供的账号、密码登录淘宝和支付宝账户,进行网页截图后打印,由三人签字,侦查人员注明提取工作说明。同时,还发出协查函给C市网警支队,请其协助从杭州淘宝有限公司调取上述淘宝账号和支付宝账号下的交易记录。杭州淘宝有限公司技术人员从淘宝和支付宝服务器中提取到上述账号的交易记录,制作成电子文档并对提取过程进行了说明,并有杭州淘宝有限公司盖章。该交易记录证实了刘某奇、谢某国、雷某林三人之前的交易往来时间、次数和金额,有力地证实了刘某奇出租非法控制服务器后的获利情况。

4. 电子数据远程勘验工作记录

侦查人员根据证人谢某国的证言,了解到其租用的VPN平台名字是"AAVPN",认证到"AAVPN"平台的服务器是谢某国从刘某奇处租来的。于是,对该VPN平台实施远程勘验检查,登录后将获取的虚拟IP列表、账号管理等数据保存并刻录成光盘,固定成电子数据清单。远程勘验获取的IP列表里的IP地址与侦查人员从刘某奇电脑里提取的电子文档内容、A市高新区某贸易商行职工、B区教育装备研究中心网络管理员的证人证言,以及上述单位提供的服务器网络链接情况及说明等证据相互印证,都能证实刘某奇入侵的服务器列表、谢某国使用的服务器IP地址、被害单位服务器中远程访问的IP地址三者具有一致性。

(四) 案件定罪量刑与处理结果

在行为定性上,根据法律、法规的规定,并结合本案,被告人刘某奇的行为应认定为非法控制计算机信息系统罪。首先,从作案手段看,刘某奇为获取非法利益,通过黑客手段攻击企业单位的服务器,获取登录权限,包括用户名、密码和企业的固定的IP地址,然后将用户名、密码和IP地址等数据出售给谢某国。从其被扣押的电脑中下载的IP地址有200多个,承认与谢某国结算的有效 IP 为 143 个。其次，刘某奇攻击服务器后是为了获取登录权限，包括用户名和密码。对于一个服务器来说，若获取了用户名和密码实际上就是控制了该服务器，服务器上的数据都能被其所查阅、删改或破坏。因此，刘某奇攻击服务器的行为属于《刑法》第 285 条非法控制计算机信息系统罪中的"对该计算机信息系统实施非法控制"的行为。

在行为量刑上，根据两高《办理计算机刑事案件解释》第 1 条关于情节特别严重的规定，被告人刘某奇非法控制的计算机信息系统在 100 台以上，获利额为 2 万元左右，属于情节特别严重，应判处三年以上七年以下有期徒刑。但考虑到被告人刘某奇对自己的犯罪事实供认不讳，认罪态度较好，是初犯、偶犯，其出售给他人的 IP 地址为他们使用的主要目的是利用服务器的流量，并未发生破坏计算机信息系统和他人利用对计算机信息系统的控制而发生危害他人人身权利或者财产权利的后果，而他人租用也是为了利用控制的服务器共享流量，一般是为了加大下载速度或者网游速度，未造成特别严重的后果。A 市 B 区人民法院以非法控制计算机信息系统罪判处刘某奇有期徒刑 3 年，并处罚金 5000 元，非法获利予以追缴。

第二节　淫秽电子信息犯罪案件中电子数据的审查运用

一、概述

淫秽电子信息犯罪属于我国《刑法》第六章第九节"制作、贩卖、传播淫秽物品罪"，主要涉及第 363 条、第 364 条所规定的制作、复制、出版、贩卖、传播淫秽物品牟利罪，传播淫秽物品罪。① 与传统淫秽物品犯罪一样，淫秽电子信息犯罪有四方面的基本特征：从主体上看，既可以是年满16周岁的自然人，也可以是单位。从主观方面看，行为人明知行为对象为淫秽物品；在制作、复制、出版、贩卖、传播淫秽物品牟利罪中，还必须要求行为人有牟利的目的。从客体上看，侵犯的是国家对文化市场的社会管理秩序和良好的社会风尚。从客观方面看，行为人实施了制作、复制、出版、贩卖、传播淫秽电子信息其中一种或多种行为。然而，与传统淫秽物品犯罪以及其他涉及电子数据的犯罪相比，淫秽电子信息犯罪又有其自身的显著特征。

首先，淫秽电子信息传播成本低、速度快、扩散范围广。这是与传统淫秽物品犯罪的主要区别。传统淫秽物品主要包括影碟、录像带、录音带、图片、书刊、画册，这些都有特定的外在有形载体，淫秽内容通过有形载体体现出来，淫秽内容的流传扩散也必须以有形载体的增加或转移为条件，传播成本相对较高，传播范围比较有限。相反，淫秽电子信息的传播一般不需要以有形载体的转移为条件，借助通讯软件、网站等网络工具，其复制、传播的范围可以在短时间内实现几何级的增长，传播速度极快、扩散范围非常广。司法实践中已经有不少案例显示，一些淫秽色情网站一两日内被点击的数量多达几十万甚至上百万次，很快就会达到司法解释所规定的"情节特别严重"标准。即使不借助网络，通过U盘、移动硬盘、光盘等存储设备，也可以轻易地、大批量地形成淫秽电子信息的复制件，违法犯罪成本极低。

其次，淫秽电子信息犯罪中，电子数据既有犯罪工具的特征，也有犯罪对象的特征。高速发展的信息技术在给人们生活工作带来极大便利的同时，许多传统犯罪也开始蔓延到网络，诸如杀人、盗窃、诈骗、走私、毒品等犯罪，也会在各种网络空间或者存储设备中留下相应痕迹，侦查机关可以从中收集到或多或少

---

① 《刑法》第152条还规定了走私淫秽物品罪，但司法实践中该罪的犯罪对象以传统淫秽物品为主，涉及淫秽电子信息的情况很少见，本节不予讨论。

的电子数据。然而,这些传统犯罪的网络化、电子化有一个共同特征,即相关网络通讯、电子设备只是犯罪的工具,电子数据是犯罪分子使用这些工具所留下的痕迹。而在淫秽电子信息犯罪中,行为人同样需要把网络通讯、电子设备作为犯罪工具传递各种信息,进而形成电子数据;同时,被传递的淫秽电子信息本身既是电子数据,又是犯罪对象。可见,淫秽电子信息犯罪中的电子数据有双重属性,这是它与多数传统犯罪中的电子数据最大区别。[1]

淫秽电子信息犯罪的上述两个特点,决定了此类案件与电子数据息息相关、密不可分,在认定案件事实中需要特别注重电子数据的审查运用。一方面,淫秽电子信息传播成本低、速度快、扩散范围广,决定了淫秽电子信息犯罪的犯罪手段与传统淫秽物品犯罪有很大区别,社会危害性更大,而且对社会危害性需要更多的评价标准,例如司法解释所规定的实际被点击率、注册会员数就是专门针对淫秽电子信息犯罪定罪量刑的标准,这也会在一定程度上影响主客观事实的认定方法。另一方面,淫秽电子信息犯罪中的电子数据有犯罪工具和犯罪对象的双重特征,决定了电子数据在此类案件中不可或缺,而且在整个证据体系中电子数据所占比重极高,侦查机关需要特别强化对电子数据的调查取证,公诉机关、审判机关在后续审查案件、判断事实的过程中,也需要特别重视对相关电子数据的审查运用。

二、淫秽电子信息犯罪案件中常见电子数据

根据电子数据在犯罪中不同的内容和作用,可以把淫秽电子信息犯罪中的电子数据分为两大类:其一,作为犯罪对象的电子数据,即淫秽电子信息,如淫秽视频、音频、图片、网站、电子

---

[1] 在这一点上,淫秽电子信息犯罪与网络知识产权犯罪(如侵犯著作权罪)、计算机犯罪比较相似,后两者的犯罪对象也是电子数据,如未经许可传播的影视剧、被非法侵入的计算机信息系统。

期刊、短消息等；其二，反映犯罪工具特征的电子数据，主要有即时通讯记录、网页电子信息、资金交易记录等。① 本小节重点分析淫秽电子信息的一般性审查判断。

（一）淫秽电子信息

在淫秽电子信息犯罪中，淫秽电子信息既是电子数据，也是犯罪对象。我国《刑法》第367条规定，本法所称淫秽物品，是指具体描绘性行为或者露骨宣扬色情的淫秽性的书刊、影片、录像带、录音带、图片及其他的淫秽物品。② 符合上述特征的电子数据属于淫秽电子信息。最高人民法院、最高人民检察院分别于2004年和2010年出台有关淫秽电子信息犯罪的两部专门性规定（以下简称《淫秽电子信息解释（一）》、《淫秽电子信息解释（二）》）③，提炼了司法实践中常见的几类淫秽电子信息，主要有电影、表演、动画等淫秽视频文件以及淫秽音频文件、电子刊物、图片、文章、短消息等。

司法实践中，针对其他电子数据，办案人员一般可以通过直接接触电子数据或者转化为其他形式的电子数据的具体内容进行审查判断。换言之，以直接审查为主。然而，由于淫秽电子信息的特殊性，除特定人员外，办案人员并不直接接触这些信息本身。因此，对淫秽电子信息的审查体现为间接审查。具体而言，应当从电子数据的来源和性质两方面审查淫秽电子信息。

---

① 这里主要是从内容角度进行不完全分类，事实上二者有交叉的部分。例如，通过微信群传播淫秽视频、图片，形式上属于即时通讯记录，内容上属于淫秽电子信息。但由于淫秽电子信息的特殊性，有必要对其单独分析论述。

② 当然，根据该条第2款、第3款的规定，有关人体生理、医学知识的科学著作不是淫秽物品。包含有色情内容的有艺术价值的文学、艺术作品不视为淫秽物品。

③ 即最高人民法院、最高人民检察院《关于办理利用互联网、移动通讯终端、声讯台制作、复制、出版、贩卖、传播淫秽电子信息刑事案件具体应用法律若干问题的解释》和《关于办理利用互联网、移动通讯终端、声讯台制作、复制、出版、贩卖、传播淫秽电子信息刑事案件具体应用法律若干问题的解释（二）》。

1. 淫秽电子信息来源的审查

淫秽电子信息的常见传播方式有网站、聊天室、论坛、即时通讯工具、网络存储空间、电子邮件、声讯台、手机短信等,在传播过程中涉及计算机、服务器、手机、U盘、移动硬盘等有形的存储介质(或电子设备)。司法实践中,侦查机关有时通过扣押上述电子设备,收集提取相关淫秽电子信息;有时借助远程勘验、技术侦查等手段,直接在线收集或者远程提取淫秽电子信息。因此,根据侦查机关实际获取淫秽电子信息的不同方式,可以分成直接来源于网络空间的淫秽电子信息和来源于存储介质的淫秽电子信息。在证据的收集提取过程中,会形成两类与淫秽电子信息密切相关的证据:一是承载淫秽电子信息的存储介质,二是为获取具体淫秽电子信息而进行勘验检查所形成的相应笔录。因此,审查淫秽电子信息的来源主要表现为对原始存储介质的审查和对勘验检查笔录的审查。

首先,原始存储介质的审查。淫秽电子信息犯罪中,常见的原始存储介质既有服务器、台式电脑等相对大型的电子设备,也有笔记本电脑、手机、U盘、移动硬盘等小微型电子设备。破案过程中,侦查机关往往从相关人员工作场所、住所或身上搜查、扣押上述存储介质。只有原始存储介质来源合法、排除被破坏篡改的可能,才可以保证从中提取的电子数据真实有效。因此,针对原始存储介质,应当审查是否有相关现场勘验检查笔录、搜查笔录、扣押笔录等法律文书证明其来源,是否按照法定要求进行扣押封存、有无相应的封存照片,对存储介质的移交、检查、保管程序是否符合法律规定,存储介质流转过程中有无被污染、篡改的可能性,以及存储介质与相关嫌疑人是否有关联。如果存在瑕疵的情况,还应审查有无相应的解释;当原始存储介质的真实性、关联性有疑问时,有无相应的司法鉴定;以及上述解释、鉴定是否足以排除合理怀疑。

其次,电子勘验检查笔录的审查。淫秽电子信息犯罪中,电子勘验检查是最终收集固定淫秽电子信息的主要方式,具体包括电子物证勘查和远程勘验检查。前者主要是对手机、计算机等依法扣押在案或者能够直接接触的存储介质进行的勘验检查,后者主要是在无法接触到原始存储介质时对网络服务器、网络存储空间、网络账户等进行的远程勘验检查。针对电子勘验检查笔录,重点要审查相关勘验检查是否符合法定程序,采取技术侦查措施的是否有严格审批手续,取证方法是否符合相关技术标准和操作规范,相关文书是否规范合法等。[1]

此外,在一些案情简单的案件中,侦查机关经常以直接拍照、打印等方式固定相关淫秽电子信息(如淫秽图片)。针对这些证据,需要审查是否来源于与行为人有关的电子账户、存储介质,打印件是否得到相关人员的确认等。

2. 淫秽电子信息性质的审查

审查淫秽电子信息的性质,是指审查某一电子信息是否属于我国《刑法》第367条规定的淫秽物品。根据《公安部对〈关于鉴定淫秽物品有关问题的请示〉的批复》规定,对于各地公安机关查获的物品,需审查认定是否为淫秽物品的,可以由县级以上公安机关治安部门负责鉴定工作,但要指定两名政治、业务素质过硬的同志共同进行,其他人员一律不得参加;当事人提出不同意见需重新鉴定的,由上一级公安机关治安部门会同同级新闻出版、音像归口管理等部门重新鉴定。可见,判断某一电子信息是否属于淫秽物品,需要由公安机关指定专门人员进行审查分析,形成结论性意见,并出具相应的鉴定报告。因此,审查淫秽电子信息的性质主要表现为对淫秽物品鉴定书的审查。

针对淫秽物品鉴定书,主要从以下几方面进行审查判断:一是鉴定人员是否为公安机关治安部门民警,是否有两人进行鉴定,鉴定人员与电子数据收集提取人员是否分开。二是检材来源是否合法,鉴定的对象与侦查机关收集的对象是否一致,用来固

---

[1] 具体审查方法见本章第一节的分析。

定淫秽电子信息的存储介质是否有被调包、数据有无增减的可能性,是否列明鉴定对象清单。三是是否符合相关鉴定标准,鉴定过程是否合理可信,尤其是一些案件中涉及淫秽电子信息数量非常多,鉴定数量与鉴定所耗费的时间是否合理。四是鉴定文书在形式上是否符合相关规定,有无写明检材来源、鉴定起止时间,有无相应的签章,是否有两名鉴定人员真实签名。如果不符合相关要求,应当进行重新鉴定或者补充鉴定。例如,在"快播案"中,其中一份淫秽物品鉴定书虽然签有两个人的名字,但却由同一人签名,而且由于鉴定上存在诸多瑕疵,后来在审查起诉阶段又进行了补充鉴定。

(二) 其他常见电子数据

淫秽电子信息犯罪中,其他常见的电子数据有:[①]第一,微信、QQ 等即时通讯记录。在淫秽电子信息犯罪中,即时通讯工具可以发挥两方面的功能。一是行为人之间使用即时通讯工具就复制、贩卖、传播淫秽电子信息的相关事项进行沟通,比如询问货源、商讨价格、布置任务等;二是直接使用即时通讯工具传递视频、图片、电子文档等淫秽电子信息。这里强调的即时通讯记录主要指前者,可以运用这些记录分析行为人在淫秽电子信息犯罪中的具体分工、参与程度、主观认识等事实。第二,网页电子信息。许多淫秽电子信息犯罪行为与具体的网站、网页密切相关,分析固定在案相关网站、网页页面信息,不仅能够反映淫秽电子信息本身,而且可以反映网站、网页的版面结构、广告信息、用户点击数量、会员注册情况、网站管理者等情况,有利于分析犯罪行为人、犯罪情节等案情。司法实践中,上述两类电子数据主要是以远程勘验笔录或电子物证勘验检查笔录的形式体现出来,因此需要结合勘验记录来审查上述电子数据。第三,资金交易记录。在以牟利为目的淫秽电子信息犯罪中,还伴随着资金

---

① 相关电子数据审查判断的要点,可以参照本章其他几节的论述。

往来情况，也会形成资金交易记录，可以运用这些电子数据分析行为人非法获利情况等。

三、运用电子数据认定淫秽电子信息犯罪相关事实

根据淫秽电子信息犯罪自身特征，可以将其分成三大类主要事实，这些事实的认定涉及大量电子数据的运用：一是复制、贩卖、传播淫秽电子信息的具体行为，包括网络传播行为和非网络传播行为；二是犯罪主观方面的内容，包括主观上明知为淫秽电子信息和以牟利为目的；三是反映淫秽电子信息涉案数量、实际被点击率、注册会员数等方面的犯罪情节。本小节从以上三个方面分析如何运用电子数据认定淫秽电子信息犯罪案件相关事实。

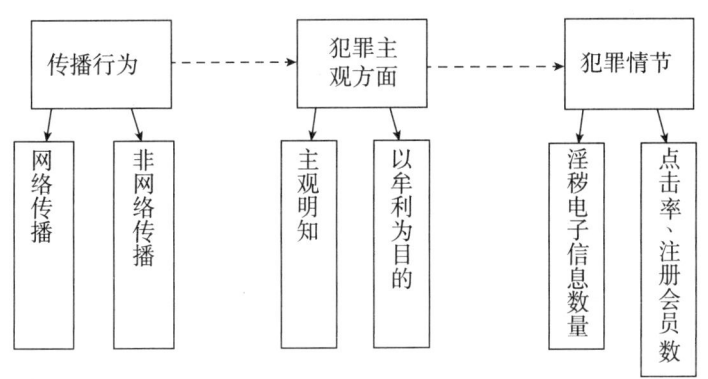

图1 运用电子数据认定淫秽电子信息犯罪相关事实的过程

（一）传播行为

淫秽电子信息犯罪的危害行为表现为制作、复制、出版、贩卖、传播淫秽电子信息的行为。司法实践中主要是复制、贩卖、传播这三种方式。根据淫秽电子信息的不同传播途径，可以分为

网络传播和非网络传播。① 网络传播是指借助互联网、移动通讯终端、声讯台等具有网络化特征的媒介直接传播淫秽电子信息,② 其他途径的传播则是非网络传播。网络传播中,淫秽电子信息的转移、扩散只需要通过上述几种媒介就可以直接实现传播的效果,不需要借助有形载体的移转。而在非网络传播中,淫秽电子信息的转移、扩散一般需要借助有形载体的移转来实现,比如将具有淫秽内容的音视频保存于存储介质中,通过存储介质的转移来实现传播的效果,传统的复制、贩卖、传播淫秽影碟、录像带、书刊、照片等行为也是典型的非网络传播。

淫秽电子信息犯罪以网络传播为主、非网络传播为辅。区分这两种传播行为,所涉及的电子数据类型有一定的区别,而且直接影响犯罪情节的判断标准。其中,网络传播犯罪情节应当适用《淫秽电子信息解释(一)》、《淫秽电子信息解释(二)》,非网络传播则适用《非法出版物解释》的标准。③ 而两个司法解释规定的数量标准相差悬殊,不同标准对定性量刑有非常重要的影响。

1. 网络传播

在网络传播中,淫秽电子信息本身直接通过具有网络化特征的媒介传播出去。这是淫秽电子信息最主要、最普遍的传播方式,扩散性极强、影响面极广,比传统传播方式的社会危害性也更大。司法实践中,比较典型的网络传播有直接建立淫秽网站、借助微信、QQ(或群组)、邮件等通讯工具以及网络存储空间等进行传播。可以从以下几方面分析、判断淫秽电子信息的网络

---

① 淫秽电子信息犯罪的社会危害性在于淫秽电子信息被扩散出去、传播开来,从而带来不良社会影响。因此复制、贩卖这几种行为本质上也属于传播的一种方式。为方便叙述,除有特别区分外,本节所指传播行为囊括上述几种行为,即采用广义的传播概念。

② 其中移动通讯终端可以理解为电信通讯网络、声讯台可以理解为广播网络。

③ 即1998年出台的《最高人民法院关于审理非法出版物刑事案件具体应用法律若干问题的解释》。

传播行为。

第一，网络传播必须是借助互联网、移动通讯终端、声讯台这些具有网络化特征的媒介直接传播淫秽电子信息的行为。换言之，如果只是以上述媒介平台宣传有关淫秽电子信息贩卖、传播的信息，但淫秽电子信息本身并不通过上述方式直接传播、扩散，则不属于网络传播行为。

以蔡某恒传播淫秽物品牟利案为例。2013年年底至2014年年底，蔡某恒通过其在淘宝网上注册含有"新E界手机下载"的网店，在该网店宣传视频下载信息。后汪某宗联系上蔡某恒购买。蔡某恒将存有6656个淫秽视频文件的移动硬盘邮寄给汪某宗，收取100元。淘宝网店、交易信息、快递信息等电子数据和行为人的供述证实了上述事实。本案中，由于淫秽电子信息本身并没有直接通过网络传播，不属于网络传播行为。

第二，网络传播还应当是让他人通过网络渠道有接触到相关淫秽电子信息的现实可能性。如果行为人虽然通过网络上传了淫秽电子信息，但设置严格加密措施，也没有将加密信息扩散出去，他人无法获取淫秽电子信息，不应当视为传播行为。反之，如果他人仍然有条件通过获取加密信息或相关权限的方式接触到淫秽电子信息，则属于网络传播。

以杨某传播淫秽物品牟利罪为例。[①] 2010年1月，被告人杨某为牟利，利用互联网在"为淫民服务"网站（后更名为"华人色片站"）上发布淫秽图片并提供淫秽视频文件链接等，前期供网民免费访问下载，后于同年2月25日加设付费提示跳转页面，要求网民支付会员费后才能访问下载，但实际未获取利益。案发前后，侦查机关先后从上述网站及下载的数据库中提取杨某发布淫秽图片610张、淫秽视频617个。杨某辩解，淫秽视频文件链接采取了加密措施，普通会员无法下载。然而，根据侦查机

---

① 参见（2010）浙嘉刑终字第176号刑事判决书，载http：//www. pkulaw. cn/，访问日期：2016年11月22日。

关提供的远程勘查记录、取证录像及情况说明，反映民警以普通会员身份便能从该网站成功下载淫秽图片及视频，说明即使实行加密，他人仍然有条件获取淫秽电子信息，具备传播的条件。

第三，网络传播中的间接传播、帮助传播行为。《淫秽电子信息解释（二）》第4条至第7条规定，在明知他人通过网络传播淫秽电子信息的情况下，实施下列三类行为的人构成犯罪：一是网站建立者、直接负责的管理者允许或者放任他人在自己所有、管理的网站或者网页上发布淫秽电子信息。二是为淫秽网站提供互联网接入、服务器托管、网络存储空间、通讯传输通道、代收费等服务，并收取服务费。三是通过投放广告等方式向淫秽网站直接或者间接提供资金，或者提供费用结算服务。这三类人员并非直接传播淫秽电子信息，而是为网络传播淫秽电子信息提供平台、技术和资金等服务的人，属于间接传播或帮助传播行为。对此，可以结合网站的建立信息、IP地址、资金交易记录、网站广告信息等电子数据和被告人供述、证人证言进行综合分析判断。

以阮某、张某传播淫秽物品案为例。① 2014年11月至2015年1月，张某担任"奸夫淫妇"微信群（群成员57人）群主，对该微信群进行管理。其间，张某放任被告人阮某等人在该群内发布淫秽视频累计达451个，其中，阮某发布淫秽视频76个。本案中，阮某系淫秽电子信息的直接传播人；而张某作为该群管理员，未履行群管理员义务、放任成员在群内大量传播淫秽电子信息。其二人的行为均构成传播淫秽物品罪。

第四，网络传播行为人的分析判断。网络本身具有虚拟化、隐蔽性的特征，通过网络传播淫秽电子信息的隐蔽性更强。实践中，发现网络传播的淫秽电子信息难度不大，但要确定谁实施了具体的传播行为、谁与具体的传播行为有关联，往往有很大难

---

① 参见（2015）温瑞刑初字第1418号，载http：//www.dffyw.com/sifashijian/ws/201601/39861.html，访问日期：2016年11月22日。

度。因此，认定淫秽电子信息传播行为关键的一环就是对传播行为人的认定。在网络传播中，行为人需要借助一定的存储介质（如服务器、手机）、相关的网络账户或网络通道等进行传播，因此要重点围绕这些传播媒介、传播渠道与行为人是否有关联进行分析判断。具体而言，可以借助 IP 地址、相关服务器委托协议、证人证言、电子物证勘验笔录、远程勘验检查笔录、司法鉴定等证据，核实相关存储介质、网络账户、网络通道的实际提供者、借用者。

以张某传播淫秽物品案为例。[①] 2015 年 3 月，张某利用微信号为"zhanglin446239"、昵称为"后生微广"的微信用户，以传播淫秽物品为目的，创建了一个名为"广交天下友"（后改名为"种子公司"）且有百余名群成员的微信群，并在该群聊天中上传了 38 段淫秽视频供群内成员观看。由于案发时张某已经从该微信群退出，因此判断张某与该微信群是否有关联就非常重要。案发时，侦查机关从张某处扣押一部三星牌手机，经过对该手机进行电子物证勘验检查，提取到"种子公司"微信群聊天记录 4377 条，内有大量淫秽视频、图片，其中在 2015 年 3 月 20 日，群成员达到 144 人，其中包括被告人张某。因此，虽然张某在案发时已经从该群退出，但仍然可以确认张某曾经系该群成员，结合张某自己的供述以及证人陈某某的陈述，还证实张某系该微信群的创立者。

2. 非网络传播

非网络传播，主要是借助有形的实物、存储介质移转实现电子信息的传播。比如，先将电子信息复制、固定于光盘、移动硬盘、U 盘等存储介质中，再将上述存储介质出售、出租、借用给他人以实现传播淫秽电子信息的效果。司法实践中，关于通过手机存储卡、U 盘等复制、贩卖、传播淫秽视频的行为，认定为网

[①] 参见（2015）东刑一初字第 406 号刑事判决书，载 http：//www.pku-law.cn/，访问日期：2016 年 11 月 22 日。

络传播还是非网络传播存在较大争议。一方面,手机存储卡是移动通讯终端的一部分,与通讯网络有一定关联;另一方面,通过存储卡复制淫秽视频,并没有发挥手机通讯的网络功能。对此,不同法院有完全不同的认定。

以胡某甲传播淫秽物品牟利案为例。① 2014年8月8日晚上,胡某甲在其"联想电脑双岗转卖店"内从其电脑硬盘上向刘某的手机存储卡、U盘内复制淫秽视频143个,收取100元;以同样方式向胡某乙的手机存储卡内复制淫秽视频10个,收取10元。后被公安人员抓获。公安人员还当场缴获胡某甲的作案工具电脑1台(经确认内有淫秽视频6340个)、淫秽视频目录本2本。二审法院根据《淫秽电子信息解释(一)》认定为情节特别严重。显然,法院将此类行为认定为网络传播行为。

而在叶某某传播淫秽物品牟利案中,一审法院、二审法院作出完全不同的认定。② 2014年12月13日下午,叶某某在其经营的手机店内从其电脑硬盘上向甘某某的内存卡复制淫秽视频10部,收取10元;以同样方式向谢某某内存卡复制淫秽视频15部,收取15元。后被公安机关抓获,公安人员还当场缴获两台电脑主机(经确认内有淫秽视频8348个)和黄色视频目录表4本。一审法院根据《淫秽电子信息解释(一)》认定为情节特别严重,二审法院根据《非法出版物解释》认定为情节特别严重。显然,一审法院将此类行为认定为网络传播行为,二审法院则认定为非网络传播行为。③

---

① 参见(2015)穗中法刑一终字第180号刑事判决书,载http://www.pkulaw.cn/,访问日期:2016年11月22日。
② 参见(2015)阳中法刑一终字第73号刑事判决书,载http://www.pkulaw.cn/,访问日期:2016年11月22日。
③ 由于网络传播中,淫秽电子信息500个以上为"情节特别严重";非网络传播中,淫秽电子信息2500个以上为"情节特别严重"。本案涉案数量8348个,不同认定对量刑没有实质影响,但如果淫秽电子信息数量在2500个以下,则不同认定对量刑有巨大影响。

针对上述差异，我们认为，将上述行为认定为非网络传播行为更合适。网络传播行为定罪量刑数额标准大大低于非网络传播，因为这种方式传播速度快、影响面广、对象不特定、查处难，危害性远大于传统犯罪手段，需要增加打击力度。《淫秽电子信息解释（一）》所规定的"利用移动通讯终端"，应当理解为通过移动通讯终端的通讯功能，即借助电信网络实施相关犯罪的情形。① 而仅仅通过手机存储卡、U盘复制淫秽视频，只涉及其存储功能，但未利用手机的通讯功能、网络功能，应当属于非网络传播行为。

(二) 犯罪主观方面

淫秽电子信息犯罪主观方面的内容主要有两类：第一，对淫秽电子信息的认知状态，即行为人是否明知相关信息为淫秽电子信息，这决定行为人是否构成淫秽电子信息犯罪；第二，是否以牟利为目的，这是区分制作、复制、出版、贩卖、传播淫秽物品牟利罪和传播淫秽物品罪的关键因素。

1. 明知淫秽物品的判断

我国刑法坚持主客观相统一的原则。具体到淫秽电子信息犯罪，主观方面首先要求行为人明知涉及的对象为淫秽电子信息。这里的"明知"不要求是"确知"，只要行为人在行为时主观认识中包含有淫秽物品这个事实，就可以认定为明知。② 当行为人直接贩卖、传播的情况下，对主观明知状态一般比较容易判断。当行为人只是为他人传播淫秽电子信息提供网络平台、技术或资金支持，或者其他帮助行为时，行为人往往辩解对相关信息的具体内容并不知情。因此，对主观故意的分析判断就非常重要。对此，《淫秽电子信息解释（二）》规定，实施第4条至第7条规

---

① 肖江峰：《利用手机卡存储功能复制、贩卖淫秽物品牟利犯罪中的几个法律适用问题》，载《刑事审判参考》2014年第6集（总第101集）。

② 王作富主编：《刑法分则实务研究（下）》，中国方正出版社2013年版，第1509页。

定的行为，具有下列情形之一的，应当认定行为人"明知"，但是有证据证明确实不知道的除外：(1) 行政主管机关书面告知后仍然实施上述行为的；(2) 接到举报后不履行法定管理职责的；(3) 为淫秽网站提供互联网接入、服务器托管、网络存储空间、通讯传输通道、代收费、费用结算等服务，收取服务费明显高于市场价格的；(4) 向淫秽网站投放广告，广告点击率明显异常的；(5) 其他能够认定行为人明知的情形。

上述规定为判断行为人主观明知提供具体依据，可以结合他人举报的电子邮件、往来资金交易记录以及通过对点击率的统计等电子数据，分析上述基础事实是否成立。对于提供技术支持甚至有直接参与淫秽电子信息传播平台管理行为的人，由于其本身直接接触淫秽电子信息的概率很大，还可以结合具体证据进行综合判断。

以李某某、张某等人传播淫秽物品牟利案为例。[①] 2005 年 7 月间，李某某为牟取非法利益，欲创建一个淫秽色情网站，通过网络找到张某。经商定，李某某每月支付 1850 元给张某，由张某帮其在境外租用服务器创建网站，同时负责维护该网站的正常运转和重启工作。其后，张某创建了域名为 www.yaomm.net 的网站并将该网站的初始账号及密码交给李某某。李某某将该网站命名为"逍遥山庄"的淫秽色情网站，创建相关版面为游客和注册会员提供交流淫秽图片、小说的平台，并为该网站招揽广告商，获取非法利益 2000 多元。后公安机关从该网站查获大量淫秽图片、小说。张某辩解，其只是通过转租服务器来赚取差价，不知道李某某经营的是色情网站。然而，根据李某某、张某的 QQ 聊天记录，再结合其二人供述，可以认定张某在知道李某某设立的是淫秽网站的情况下，仍然为其租用服务器和域名，赚取其中的差价；并且张某是该网站的超级管理员，负责网站的正常

[①] 参见（2007）穗中法刑一终字第 105 号刑事判决书，载 http://www.pku-law.cn/，访问日期：2016 年 11 月 22 日。

运转和后台管理。从张某的具体行为看，也足以判断其主观上明知李某某经营的是色情网站。

2. 以牟利为目的的判断

以牟利为目的，是指行为人主观上具有谋取非法利益的目的。判断行为人是否有牟利的目的，对定罪量刑有两方面的意义：首先，是否以牟利为目的是区分制作、复制、出版、贩卖、传播淫秽物品牟利罪和传播淫秽物品罪的关键因素。其次，在行为人贩卖少量淫秽电子信息，但同时在其个人所有的存储介质上被查获大量未出售的淫秽电子信息时，是否"以牟利为目的"直接影响着犯罪数量的认定。

第一，可以通过行为人在传播淫秽电子信息过程中是否获得相应的对价或报酬来判断是否以牟利为目的。例如，是否通过银行转账、支付宝转账、微信红包等方式进行资金往来，这些往来资金交易记录是否与传播淫秽电子信息有关联，进而直接分析行为人是否以牟利为目的。以李某远传播淫秽物品牟利案为例。2015年7月18日，李某远在互联网上将存有116个淫秽视频文件的百度网络云盘出售给罗某，后罗某向李某远的女朋友发微信红包20元。同月27日，李某远将存有54个淫秽视频文件的百度网络云盘出售给柳某，通过其女朋友袁某收到柳某转账的40元。侦查机关调取李某远支付宝、微信红包的页面截图和袁某的银行交易明细等交易记录，证实李某远贩卖淫秽电子信息后收到上述对价，足以确认其牟利的目的。

第二，以牟利为目的，只要求行为人主观上有谋取非法利益的目的即可，并不要求行为人实际获得相关利益。比如，行为人通过开设网店贩卖淫秽电子信息、通过对淫秽电子信息设置某些额外付费通道、设置淫秽电子信息目录价格表等，足以表明行为人有牟利的目的。仍以前述杨某传播淫秽物品牟利案为例。2010年1月，被告人杨某为牟利，利用互联网在"为淫民服务"网站（后更名为"华人色片站"）上发布淫秽图片并提供淫秽视频文件链接等，前期供网民免费访问下载，后于同年2月25日加设付费提示跳转页面，要求网民支付会员费后才能访问下载。虽然没有证据证明其已经实际获利，但网站上加设了付费提示跳转页面，明显具有牟利的目的。

第三，以牟利为目的，既包括直接牟利，即行为人直接通过贩卖、传播淫秽电子信息获取非法利益；也包括间接牟利，即借助于淫秽电子信息的传播，从而影响到相应广告收入或者其他收益。

在张某传播淫秽物品案中，被告人张某在开设成人用品实体店期间，同时开设出售成人用品的网站。为扩大影响吸引客户购买商品，其在该网站中增加电影和两性栏目，通过 FTP 上传了 80 余部淫秽视频到电影栏目、上传 340 余篇淫秽小说至两性栏目供网民免费浏览观看。公诉机关认为，通过传播淫秽物品间接牟利的行为也属于传播淫秽物品牟利罪的客观表现形式，本案张某以牟利为目的传播淫秽物品。一审、二审法院均认为，张某所从事的成人用品经营活动属于营利行为，其在该成人用品店的宣传网站上链接淫秽视频和淫秽小说，供网民点击浏览，直接目的在于扩大其成人用品店影响，最终目的在于增加成人用品店的营业额。但其牟利的介质是商品即成人用品，而非所传播的淫秽物品，也不是传播淫秽物品行为本身，不符合传播淫秽物品牟利罪的构成要件。同时，公诉机关也没有提供张某传播淫秽物品后其所经营商品营业额增加的证据，即不能证明张某传播淫秽物品后从其商品销售上间接获利。①

我们认为，本案一审、二审法院的观点值得商榷。本案中张某大量上传淫秽视频、小说，其目的非常明显，就是为扩大其所经营的成人用品店的影响力，从而通过增加成人用品销量以实现其牟利的目的；这与其他商家向自己淫秽网站投放广告，从而获取广告费收入一样，本质上都不是通过贩卖淫秽电子信息本身直

---

① 参见（2010）浙嘉刑终字第 125 号刑事判决书，载 http：//www.pkulaw.cn/，访问日期：2016 年 11 月 22 日。

接牟利,而是因本人传播淫秽电子信息的行为间接给自己带来相应的可预期的收益。本案尽管没有直接证据证明营业额增加,但正如前所述,"以牟利为目的"本来就不以实际上获取利益为前提,只要主观上具有该目的即可。

(三)犯罪情节

淫秽电子信息犯罪主要涉及制作、复制、出版、贩卖、传播淫秽物品牟利罪和传播淫秽物品牟利罪两个罪名,且均是按照犯罪情节定罪量刑。其中,前者根据不同情节分为三个量刑档次,后者仅"情节严重"一个量刑档次。结合《非法出版物解释》、《淫秽电子信息解释(一)》、《淫秽电子信息解释(二)》三个司法解释。评价淫秽电子信息犯罪情节的依据分为两大类:一是直接依淫秽电子信息数量区分犯罪情节,二是其他犯罪情节,主要有点击率、注册会员、服务费用或违法所得等。

1. 淫秽电子信息数量的判断

判断淫秽电子信息的数量,首先要审查收集在案的淫秽电子信息是否客观真实,在固定、提取、保管过程中有无被调换、增删的可能性。然后再根据相应的标准判断具体的数量,进而判定不同的犯罪情节。

(1)淫秽电子信息的真实性审查

根据侦查机关获取淫秽电子信息的不同途径,可以分成来源于网络空间的淫秽电子信息和来源于存储介质的淫秽电子信息。由于电子数据具有极强的易变性,而在电子数据提取、固定、保管、转移的过程中,稍有违反法定程序和技术标准,相关数据就有被篡改、增删的可能性,进而直接影响到淫秽电子信息数量的认定。尤其当淫秽电子信息来源于办案机关所扣押的存储介质时,数据被篡改、增删的可能性更大,相关数据的真实性更容易遭质疑。因此,认定淫秽电子信息的数量,首先要重点审查证据的真实性。

针对淫秽电子信息的真实性审查,主要可以从以下几方面展开:第一,审查是否依法扣押、封存相关原始存储介质,相关搜查笔录、扣押清单有无记载原始存储介质的显著特征,对存储介质的封存是否达到无法增加、删除、修改的状态。第二,审查存储介质在流转、检查、使用过程中,是否依法解封、使用过程有无相应录像、使用完成后有无再次依法封存。第三,在原始存储介质无法封存、不便移动时,有无说明原因,并注明收集、提取过程及原始存储介质的存放地点或者电子数据的来源等情况。第四,原始存储介质的扣押、流程,以及电子数据收集、提取过程存在瑕疵时,应当要求相关机构、直接经办人员予以解释说明,在必要时需要对电子数据的真实性进行鉴定。在排除淫秽电子信息被增加、删除、修改等情形的情况下,才可以将其作为认定犯罪情节的依据。

(2)淫秽电子信息数量的具体认定

根据《非法出版物解释》的规定,以实物为载体的淫秽物品,直接按照实物数量认定淫秽物品的数量。根据《淫秽电子信息解释(一)》、《淫秽电子信息解释(二)》的规定,淫秽电子信息主要按照电子信息本身的数量进行判断。然而,当行为人将大量淫秽电子信息刻录于光盘中进行贩卖时,一张光盘就可能包含数十个上百个甚至更多淫秽电子信息,如何适用上述标准直接影响淫秽电子信息数量的计算。我们认为,《非法出版物解释》是1998年所出台,在当时技术环境下,一张影碟、录像带一般只包括一个视频文件。后来随着技术发展,有形载体的功能、容量大大增强。对刻录于光盘的淫秽电子信息按实际个数来认定犯罪数量更符合立法本意。具体而言,司法实践中可以从以下两方面把握:第一,从外在形式上看,根据自然观察下,按淫秽视频、音频文件的个数及电子刊物、图片、文章、短信等件数来计数。第二,从使用方法上看,以一次点击打开后连续播放或显示视为一份淫秽电子信息。

对于从行为人的电脑等电子设备查获但尚未销售出去的淫秽视频是否计算在犯罪数量内,实践中有一定的争议。有观点认为,不应当将这部分淫秽视频计算在犯罪数量内,主要理由在于行为人可以以上述淫秽视频用于本人观看为由予以合理解释,不应当直接推定必然用于贩卖。① 另有观点认为,行为人让顾客随机从电脑设备中挑选,表明有复制、贩卖的故意,应当计算犯罪数量,否则会放纵犯罪。司法实践中,大量案件在实际处理时将上述淫秽电子信息计算在犯罪数量内,并以犯罪未遂处理。②

我们认为,主客观相统一是我国刑法的基本原则,也是运用证据认定案件事实的基本原则。对于上述淫秽电子信息,行为人可以以自己或亲友观看为由进行合理解释,一般情况下不应将其认定在犯罪数量中。但是,如果有证据表明行为人对自己拟贩卖的淫秽电子信息进行一定范围的宣传、频繁向他人推荐,长期向不特定人贩卖或进行过多次贩卖,或者准备相应的价格目录表提供给买家自行挑选等,有足够证据表明行为人对电脑中的淫秽电子信息有贩卖的故意,应当将其计算在犯罪数量中。

2. 实际被点击数、注册会员数的判断

(1) 实际被点击数的判断

实际被点击数可以反映淫秽电子信息的社会影响和传播范围。点击数量越多,说明访问该淫秽电子信息的人次越多,其社会危害性也就越大。因此,司法解释将实际被点击数作为判断此类犯罪定罪量刑的标准之一。根据《淫秽电子信息解释(一)》第1条,淫秽电子信息实际被点击数1万次以上,构成制作、复制、出版、贩卖、传播淫秽物品牟利罪,5万次以上、25万次以上应当分别认定为"情节严重"、"情节特别严重";淫秽电子信息实际被点击数2万次以上的,构成传播淫秽物品罪。根据《淫秽电子信息解释(二)》第1条,包含有不满14周岁未成年人的淫秽电子信息的,同样情节对应的实际被点击数减半计算。对淫

---

① 参见石魏、马晓宇:《贩卖淫秽物品牟利罪中淫秽物品数量的计算》,载《人民司法》2016年第14期;肖江峰:《利用手机卡存储功能复制、贩卖淫秽物品牟利犯罪中的几个法律适用问题》,载《刑事审判参考》2014年第6集(总第101集)。

② 参见前述叶某某传播淫秽物品牟利案、胡某甲传播淫秽物品牟利案,均将现场查获的淫秽电子信息计算在犯罪情节内。

秽电子信息实际被点击数的认定,可以从以下几方面进行把握:

第一,实际被点击数应当是指用户对淫秽电子信息本身的点击数量,不应当包括其他正常信息的点击率。实践中,直接通过互联网传播淫秽电子信息的过程中,同一网站往往混杂正常信息和淫秽电子信息。在认定犯罪情节时,应当将正常信息点击数予以扣除,以客观地反映淫秽电子信息的危害程度。

以黄某某传播淫秽物品牟利案为例。[①] 2009年7月,被告人黄某某先后在美国网站www.godaddy.com上注册了www.gaomami.inf和www.551x.com两个域名。2010年2月,黄某某从网宝科技(url:www.idcpay.com)网站购买物理地址位于美国的web网站存储空间,建立"搞妈咪影音"网站,将在互联网上收集的158个淫秽视频文件上传至其网站中。又通过友情链接、互相链接、交换流量的方式,与128个其他淫秽网站(其中包含淫秽视频文件48个、淫秽图片16件)建立链接关系。同时在其网站首页公布站长联系QQ号、留言板为其宣传和联系的方式,吸引网民点击。并在网站上提供专门用于播放、下载的软件工具(快播Qvod和迅播Gvod)方便网民对淫秽影音文件进行观看和下载。截至2010年3月11日,据第三方统计网站统计,该网站页面总计被444379个IP地址访问1170928次,使淫秽物品在互联网上传播。一审法院直接认定实际被点击数为1170928次。一审判决后,黄某某提出上诉认为,一审法院认定的实际点击数与客观事实不符,没有区分广告信息、有用信息及淫秽信息。二审法院认为,由于现有证据未将普通电子信息和淫秽电子信息的被点击数予以区分,导致淫秽电子信息的实际被点击数的事实不清,二审法院最终不予认定这一情节。

第二,实际被点击数还应当是对淫秽电子信息真实有效的点击浏览数量,对于无效点击数、重复点击数、自我点击数应当予

[①] 参见(2010)信刑终字第279号刑事判决书,载http://www.pkulaw.cn/,访问日期:2016年11月22日。

以扣除。因为只有真实有效的点击才能反映淫秽电子信息事实上被点击并传播的范围。当用户向相关网站请求访问后，并不等于用户已经实际接触了淫秽电子信息。因为许多情况下，对同一淫秽电子信息的页面访问可能要通过多次点击请求才能顺利浏览，甚至因客观原因最终无法访问成功；或者有些涉及同一个地方产生多次的重复点击，并没有造成传播范围的扩大；还有网站工作人员自己内部点击也不涉及淫秽电子信息的传播。因此，在技术手段允许的情况下，应该把淫秽电子信息发布者自我点击的数量、同一 IP 地址的重复点击以及点击无效的页面请求数量予以刨除，从而客观反映淫秽电子信息的传播范围。①

以林某、杨某等人传播淫秽物品牟利案为例。② 林某、杨某、刘某、袁某等人投资设立某无线网络技术有限公司（以下简称网络公司），共同通过联通手机 WAP 业务传播淫秽图片、视频等电子信息。2009 年 1 月至 5 月间，共上传淫秽图片 180 张、淫秽视频短片 75 集，手机用户的请求访问量达 6 万余次。网络公司与中国联通公司按照约定比例对手机用户浏览 WAP 网页收费信息产生的收入进行分成，中国联通公司确保 WAP 页面访问成功率大于等于 60%。司法鉴定结论显示，该网络公司通过内网对上述淫秽电子信息的点击量为 6000 余次，同一手机通过同一 IP 地址向网络公司网络服务器针对同一页面的重复点击量为 4000 余次，无法成功浏览页面的无效点击数 8000 余次。在认定实际被点击数时，将这三组数据予以扣除，最终认定为 4.2 万余次。

（2）注册会员数的判断

注册会员数也可以反映淫秽电子信息的社会影响和传播范

---

① 梁崇龙：《传播淫秽电子信息"实际被点击数"的认定》，载《法制与经济》2014 年第 4 期。

② 闫艳、吴盛：《应以何标准认定传播淫秽电子信息的"实际被点击数"》，载《人民检察》2010 年第 8 期。

围。注册会员越多，说明有条件接触到淫秽电子信息的人数越多，其社会危害性也就越大。《淫秽电子信息解释（一）》第1条，以会员制方式出版、贩卖、传播淫秽电子信息，注册会员数达200人以上的，构成制作、复制、出版、贩卖、传播淫秽物品牟利罪；1000人以上、5000人以上的，应当分别认定为"情节严重"、"情节特别严重"；注册会员数400人以上的，构成传播淫秽物品罪。根据《淫秽电子信息解释（二）》第1条，包括含有不满14周岁未成年人的淫秽电子信息的，同样情节对应的注册会员数减半计算。

与实际被点击数一样，注册会员数应当是实际有效注册会员数，不应当将重复注册会员计算在内。司法实践中一个比较有效的方法就是根据网站或网页注册会员同时在线的最高人数来认定。虽然这可能比真正的实际注册会员数要低，但同时在线人数基本可以排除重复会员的情况，既贯彻存疑有利于被告人的原则，又避免重复计算的嫌疑。

以余某某犯传播淫秽物品牟利案为例。① 2009年1月起，余某某开始经营一家付费性质的淫秽网站。一审法院认定，余某某建立的淫秽网站注册会员数为5500人。余某某上诉认为该事实与网站真实注册人数不符，属主观推测。二审法院认定，公诉机关已经出示了"涉嫌传播淫秽色情网站拷屏"的照片等证据，该证据证实该网站首页的最下角显示"在线会员总计3363人在线，最高记录是5500于2009-12-20"，故公诉机关所指控的涉案网站注册会员为5500人是有相关证据予以证实的，并不是主观推测。本案即根据该网站注册会员同时在线最高人数认定。

如果确实存在重复计算注册会员的情况，应当将重复的数量予以扣除。如果重复注册的数量无法查清，也不能排除有重复注册可能的，在认定实际注册会员数时需要特别慎重。

---

① 参见（2010）深中法刑一终字第583号刑事判决书，载 http://www.pku-law.cn/，访问日期：2016年11月22日。

仍以前述李某某、张某等人传播淫秽物品牟利案为例。李某某因经营的淫秽网站被查处。案发后,经侦查机关勘查,该网站有注册会员 101703 名。一审法院直接将此认定为该淫秽网站的注册会员数,系情节特别严重。上诉期间,李某某等人提出,涉案网站是免费注册网站,曾被黑客攻击而关闭过,原来的会员重新注册,存在重复计算问题。二审法院认为,涉案网站确实存在会员重复注册的问题,故 101703 名会员数只是会员注册次数,不能直接认定为网站的注册会员数,故原判认定的注册会员数不能直接作为认定本案犯罪行为情节特别严重的依据。本案中,因为无法单独区分出重复注册的数量,法院最终没有根据注册会员数认定犯罪情节。

四、电子数据综合运用的典型案例分析

(一)案情简介①

深圳市快播科技有限公司(以下简称快播公司)自 2007 年 12 月成立以来,基于流媒体播放技术,通过向国际互联网发布免费的 QVOD 媒体服务器安装程序和快播播放器软件的方式,为网络用户提供网络视频服务。其间,快播公司及其直接负责的主管人员王某、吴某、张某某、牛某某以牟利为目的,在明知上述 QVOD 媒体服务器安装程序及快播播放器被网络用户用于发布、搜索、下载、播放淫秽视频的情况下,仍予以放任,导致大量淫秽视频在国际互联网上传播。2013 年 11 月 18 日,北京市海淀区文化委员会从位于北京市海淀区的北京网联光通技术有限

---

① 本案由北京市海淀区检察院于 2015 年 2 月提起公诉;同年 11 月,变更起诉。2016 年 1 月以及同年 9 月上旬、中旬,海淀区法院三次公开开庭审理,并对庭审经过全程网络直播。本案相关素材即来源于网络直接庭审记录。第一次庭审记录见:http://mt.sohu.com/20160109/n434004584.shtml;第二次庭审记录见:http://old.chinacourt.org/zhibo/member/index.php?member_id=1000&zhibo_id=44878&domain=bjfyzb.chinacourt.org;一审判决情况见:http://bjhdfy.chinacourt.org/public/detail.php?id=4343。访问时间:2016 年 9 月 15 日。

公司（以下简称网联公司）查获快播公司托管的服务器四台。后北京市公安局从上述服务器中的三台服务器里提取了 29841 个视频文件进行鉴定，其中 21251 个为淫秽视频。

（二）本案电子数据及其关联证据基本情况

本案最核心的电子数据是涉案 21251 个淫秽视频。由于这些视频依赖于四台服务器而存在，因此衍生出与这些淫秽电子信息密切相关的证据。具体而言，包括以下三类：一是反映四台服务器实际来源、流转、保管基本过程的证据，包括证人证言、合作协议、情况说明、程序性文书。二是反映如何从服务器中获取视频文件进而鉴定出大量淫秽视频的证据，包括证人证言、勘验检查笔录、审验操作记录以及多份淫秽物品鉴定意见书。三是针对四台服务器流转、保管过程中存在的瑕疵，就服务器关联性、真实性进行鉴定的证据，包括北京信诺司法鉴定所出具的两份鉴定意见书、国家信息中心电子数据司法鉴定中心出具的鉴定意见书一份，以及后一份鉴定意见中涉及有关 IP 地址归属情况、使用情况的其他证据。

除了上述有关涉案淫秽电子信息的系列证据外，本案还有两组其他与电子数据有关联的证据：第一，本案案发之前，深圳市公安局网监部门、深圳市南山广电局分别于 2012 年 8 月、2013 年 8 月对快播公司行政处罚的材料，尤其是深圳南山广电局行政调查过程中的执法光盘、现场检查（勘验）笔录。第二，立案侦查之后，公安机关于 2014 年 4 月在快播公司办公现场对该公司工作人员钟某、杨某使用的两台电脑进行勘查所形成的现场勘验检查笔录，以及同年 5 月、2015 年 1 月，公安机关两次远程勘验检查所形成的笔录。

（三）电子数据的综合审查运用

本案是一起新型的传播淫秽电子信息牟利案。快播公司并非直接上传淫秽电子信息，而是广大用户利用快播公司提供的网络平台大量传播淫秽电子信息，快播公司在具备相关监管条件的情况下仍然予以放任，导致大量淫秽视频在网上传播。而快播公司利用该网络平台，通过软件捆绑等方式进行牟利。显然，快播公司的行为是一种间接传播淫秽电子信息的行为。相关电子数据及其关联证据在认定犯罪客观方面和主观方面均能发挥重要作用。

1. 犯罪客观方面

淫秽电子信息通过快播公司免费发布的 QVOD 媒体服务器安装程序和快播播放器软件在国际互联网上大量传播，这是本案犯罪客观方面最重要的内容。由于涉案 2 万余个淫秽视频文件来源于扣押在案的四台服务器，因此可以围绕四台服务器分析犯罪客观方面的事实。

第一，涉案四台服务器来源、扣押、流转、保管过程的事实。北京市海淀区文化委员会的行政执法检查记录和四台服务器的扣押清单、移交清单、接收清单，以及相关单位出具的工作说明等证据证实，2013 年 11 月 18 日下午，北京市海淀区文化委员会从北京网联公司处先行登记保存涉案四台服务器，后委托北京文创动力信息技术有限公司（以下简称文创公司）进行鉴定。2014 年 4 月 10 日，海淀公安局接收上述服务器，后移交北京市公安局治安管理总队进行数据提取、鉴定。

第二，四台服务器中实际存储大量淫秽视频的事实。北京市公安局治安管理总队工作说明、委托书、文创公司技术员李某证言、现场勘验检查笔录、淫秽物品审查鉴定书及其淫秽视频清单，以及快播服务器审验操作记录等证据证实，北京市公安局治安管理总队接收到四台涉案服务器后，发现存储的文件为 QVOD 格式，视频软件无法读取，便委托文创公司提供技术支持。而该公司于 2013 年年底接到北京市版权局送检的服务器进行转码，技术员李某经过研究开发出 QVODDECODE 软件。后公安机关利用该软件读取四台服务器中 QVOD 文件进行转码。经多次提取、鉴定，北京市公安局淫秽物品审验人员对从三台服务器中获取的 29841 个视频进行鉴定，其中 21251 个为淫秽视频，约占 70%。

第三，涉案四台服务器及其存储的淫秽视频真实性、关联性的相关鉴定。首先，就电子数据真实性而言，北京信诺司法鉴定所出具的两份鉴定意见书和国家信息中心电子数据司法鉴定中心的鉴定意见共同证实，通过对涉案四台服务器内现存的 qdata 文件属性分析，未发现在 2013 年 11 月 18 日后有从外部拷入或修改的痕迹。三次鉴定共同确认了四台服务器被扣押后，相关视频文件的真实性，不存在被篡改、污染的情况。其次，就电子数据关联性而言，国家信息中心电子数据司法鉴定中心鉴定意见表明，涉案四台服务器共计 8 个远程登录 IP 地址，并确认每个 IP 地址的访问时间，结合上网专线协议等证据，这些 IP 地址与快播公司有关联。而有关电脑的现场勘查笔录显示，快播公司工作人员钟某所使用电脑中发现上述四台服务器的 4 个 IP 地址。再结合证人证言以及网联公司与快播公司的战略合作协议，上述证据互相印证了这四台服务器由快播公司管理，实际上快播公司也确实进行过远程调试、维护，反映快播公司与四台服务器之间的关联性。这批证据尤其是司法鉴定有效弥补了电子数据原始存储介质扣押、流转过程中存在的瑕疵，证实四台服务器及其存储的淫秽视频客观真实，与快播公司之间存在关联性。

此外，公安机关在立案之后，于 2014 年 4 月在快播公司办公现场对该公司工作人员杨某使用的台式电脑进行勘查；以及同年 5 月、2015 年 1 月，两次对快播公司进行远程勘验检查，上述勘查笔录证实了快播公司的相关技术原理、视频传播手法，也反映了犯罪客观方面的内容。

2. 犯罪主观方面

深圳市公安局网监部门、南山广电局分别于 2012 年 8 月和 2013 年 8 月就快播公司涉嫌传播不良信息进行查处，并作出相应的行政处罚。尤其是南山广电局进行查处时，更是以视频录像、现场检查（勘验）笔录等形式固定具体取证过程，证明南山广电局执法人员对快播公司检查时，在被告人牛某某在场的情况下，登录 www.kuaibo.com，注册快播账号进入快播超级雷达，点击"VIP 随意插"，将图钉插在地图上"南头"，屏幕显示共有8个资源点,点击"宏发家私"资源点,显示视听节目资源,直接点击相应的资源名称或将资源先添加到私有云,可以提供视听节目资源的播放,播放的部分内容含有色情画面,牛某某当场对此予以签字确认。上述详细查处经过更加客观地反映快播公司和被告人牛某某对其公司涉嫌传播淫秽视频的主观明知情况。

此外,综合这两次行政执法检查情况,反映出快播公司在第一次被处罚后,确实设置了信息安全组,开展一些工作。但一年后,再次检查时,执法人员从快播公司官网可以非常"便利"地看到淫秽视频正在快播网络上传播,说明快播公司并没有有效发挥其公司"110"不良信息管理平台的作用。这与相关人员陈述该系统在深圳网监验收合格后基本被搁置的说法相符,印证了快播公司放任淫秽视频大量传播的不作为。

(四)本案电子数据审查运用的启示

本案作为新型网络犯罪,既是一起典型的传播淫秽电子信息牟利案,也是电子数据收集提取和运用的典型案例。通过多次全程庭审直播,引起社会公众的广泛关注,办案机关的调查取证、公诉方的庭审表现、法院对事实的认定和法律的适用等方面,都引发广泛讨论,同时也暴露出信息时代网络犯罪许多疑难复杂的法律问题,其中关于电子数据的收集运用问题尤为突出,涉及电子数据合法性性、真实性和关联性各个方面的问题。

在第一次庭审中,控辩双方就电子数据收集、提取、保管、流转、鉴定等方面展开激烈交锋,辩方对涉案电子数据的证据能力和证明力发表许多实质性的质证意见,从而引发巨大争议。本案最核心的争议有两方面:一是关于四台服务器查扣、保管、移交程序的争议。体现在行政机关对四台服务器的扣押手续过于简单,没有记载服务器的显著特征;在侦查机关接收服务器时,也缺少完整的记录,其中一份接收证据清单因为涂改还被排除;在不同鉴定意见中,关于服务器内硬盘数量及容量表述不一致;保管、流转过程中,缺少完整规范的封存、移交手续。这些程序问题引发服务器被调包、污染、篡改、增删的质疑,服务器的真实性、关联性严重存疑,给后续办案以及庭审带来很大被动。二是服务器中的淫秽视频存疑。首先,由于服务器缺乏规范的流转、保管手续,服务器中内容真实性、完整性存疑。其次,对服务器内电子数据进行提取、转码的文创公司没有相应的鉴定资质,转码程序不规范。① 最后,公安机关鉴黄部门出具的多份淫秽物品鉴定文书从内容到形式都有许多违法之处。第一份被称作"临时性鉴定",因为形式上不合法,公诉机关直接未予采用;第二份鉴定中存在两名鉴定人由同一人签字的情况,造成重大瑕疵;而最关键的则是后两份鉴定意见关于视频文件数量、淫秽电子信息数量明显矛盾,这进一步引发对电子数据真实性的质疑。

上述两个核心问题涉及电子数据及其存储介质取证和保管两个环节,归根到底就是电子数据的鉴真问题。② 鉴真是实物证据审查的特有规则,旨在证明法庭上出示、宣读、播放的某一实物证据,与举证方"所声称的那份实物证据"是一致的,如实反映了实物证据的本来面目。学界普遍认为,独特性确认和保管链条证明是实物证据鉴真的两种通用方法,前者主要适用于具有独一无二特征或标记的特定物,后者主要用于种类物。③ 具体到本案,如前所述,在保管、取证环节存在大量先天性的问题,既没有记载涉案服务器的独特性特征,也缺乏完整可靠的保管链条,这些发生在取证环节的问题往往又是不可逆转的,使得上述两种常规方法在本案中难以直接适用,这给办案机关如何鉴真提出了巨大挑战。

已然发生的取证问题不可逆转,于是办案机关在后续环节也为涉案服务器及其淫秽视频的鉴真做了诸多努力,一审、二审法院最终确认涉案电子数据的证据能力和证明力,这些工作也为电

---

① 王志刚:《从"快播案"看当前电子数据运用困境》,载《法治研究》2016年第4期。

② 刘品新:《电子证据的鉴真问题:基于快播案的反思》,载《中外法学》2017年第1期。

③ 陈瑞华:《刑事证据法学》,北京大学出版社2012年版,第131~137页。

子数据的鉴真积累了有益经验。具体体现在：第一，从目击证人的角度完善涉案电子数据的流转、保管链条。由曾经经手过四台服务器的相关办案单位、办案人员直接出具大量情况说明，一方面，从正面将四台服务器流转、保管过程较好地衔接起来，完整还原电子数据原始存储介质的保管链条；另一方面，针对原先证据中存在的矛盾之处，给予合理解释说明，比如硬盘数量不一致的情况、鉴定意见签名问题等，从而排除相关疑问。第二，通过鉴定并辅之以相关书证，对涉案服务器及其淫秽视频进行有效鉴真。鉴定与鉴真是两种不同的证据运用方式，二者有很强的互补性。一方面，作为鉴定的基础，需要借助鉴真解决鉴定检材形式上的同一性和真实性，保障鉴定结论的可靠性；另一方面，鉴定也是对电子数据保管链条瑕疵进行补正的重要方式，可以解决电子数据形式上的真实性，从而达到鉴真的效果。[①] 本案中，办案机关多次委托独立第三方进行司法鉴定，尤其是第一次庭审结束后，法院委托鉴定，获取视频文件的时间信息、远程登录四台服务器的 IP 地址以及四台服务器自身 IP 地址等客观性极强的电子数据附属信息，再结合鉴定人出庭接受询问，补充上网专线协议书、战略合作协议书等书证，大大完善了涉案淫秽视频真实性、关联性的证据链条。

总之，本案三次庭审的全程网络直播，完整呈现案件的事实和证据情况，不但引发公众对新型网络犯罪实体问题的热烈讨论，更为司法实践中收集、提取、运用电子数据积累了宝贵的经验、教训。总结这些经验教训，对今后类似案件的办理、电子数据的收集运用将会有很大的促进作用。

[①] 谢登科：《电子数据的鉴真问题》，载《国家检察官学院学报》2017 年第 5 期。

第三节　电信网络诈骗犯罪案件中电子数据的审查运用

一、概述

诈骗犯罪是司法实践中常见的刑事案件，也是典型的侵犯财产权利案件。随着科学技术的发展，电信网络诈骗在诈骗犯罪案件中所占比例越来越高，即行为人利用移动电话、固定电话、互联网以及网银技术等各种科技手段实施的诈骗。从诈骗方式看，有冒充公检法人员诈骗、冒充熟人汇款诈骗、虚假中奖诈骗、虚构银行卡消费诈骗、虚构亲友求助诈骗、虚假理财诈骗、虚假退款诈骗、"钓鱼"网站诈骗等。从诈骗手段看，主要有电话诈骗、短信诈骗、网络诈骗。电信网络诈骗本质上属于诈骗犯罪，具有普通诈骗的一般行为特征，但电信网络诈骗有许多不同于传统诈骗的特征：

第一，电信网络诈骗犯罪手段智能化、科技化程度高。行为人充分利用各种通讯、网络、网银等现代技术对被害人实施诈骗，与被害人不直接接触，骗得被害人财物后，又通过各种网上资金交易技术迅速转移资金。这就会产生许多传统诈骗不具有的情况：一是电信网络诈骗对被害人迷惑性、欺诈性更强。行为人可以通过 VOIP 网络电话、改号软件等技术手段，将相关号码修改成具有公共服务性质的通讯号码，更有迷惑性。二是辐射范围特别广，违法犯罪成本低、收益高。行为人通过打电话、发短信等形式向公众发布虚假信息，但辐射范围不受地域限制，诈骗手法成本低，被害人特别众多。三是获取赃款后可以轻易转移资金，被害人财物遭骗后能够提供的有效信息比较有限，查实被害人财物真实去向难度较大，追赃难度较大。

第二，电信网络诈骗跨区域甚至跨国（边）境作案明显。

根据电信网络诈骗的行为过程,可以分成三个基本阶段:一是嫌疑人向被害人虚构事实、骗取信任阶段;二是被害人因错误认识交付财物阶段;三是嫌疑人控制财物并随之将财物转移、变现阶段。这三个阶段的具体过程在空间上可以完全分开,行为人与被害人之间不需要直接接触,其中第一阶段可以运用网络、电话等等各种通讯工具向被害人虚构事实,不受物理空间限制;第三阶段可以通过相关众多资金账户、借助网银技术将赃款瞬间"化整为零",迅速转移。

此外,在许多职业电信网络诈骗犯罪中,还体现出团伙作案、分工明确、公司化运作的特征。诈骗犯罪团伙组织严密,呈金字塔状,甚至高端决策指挥人员在境外,以下有若干代理人负责在境内发展组织和指挥行动,分工很细。每名代理人各自招募、组织、培训和指挥其下属的行动小组,行动小组内部又往往按照职能,详细分成收集被害人资料、专门收购银行账户、专门打电话诈骗、专人转账、取款等各个单元。组织内部单线联系,各单元独立作案,具体操作人员要么互不认识,要么只使用代号互相称呼。[①] 很多情况下,司法机关往往只能抓获某个或几个单元的嫌疑人,对还原完整案件事实和准确定性有很大影响。

正因为电信网络诈骗犯罪的这些特征,在案件办理过程中,侦查机关调查取证、锁定嫌疑人、追缴赃款赃物难度大,能够抓获到案的同案犯有限,尤其是一些幕后主谋归案难度大;而后续诉讼阶段中运用证据判断嫌疑人与被害人财物损失之间的关系、相关人员是否有非法占有目的、认定实际诈骗数额等事实也有很大难度。然而,也正是因为电信网络诈骗的上述特征,行为人在作案过程中,必然产生大量电子数据,运用好这些电子数据对侦破案件与认定事实都有重要作用:从数量上看,相关电子数据往往在电信网络诈骗案件的所有证据材料中占很大比例;从对认定

---

① 顾伟:《电信诈骗犯罪案件的规律、特点及打防对策》,载《政法学刊》2013年第1期。

案件事实的作用看,电子数据对于锁定犯罪嫌疑人、认定具体作案过程、作案情节、诈骗金额等事实都有不可替代的作用。

二、电信网络诈骗犯罪案件中常见电子数据

电信网络诈骗犯罪与电子数据息息相关。根据电信网络诈骗犯罪的行为特征,常见电子数据可以分为两大类:一类是与诈骗财物密切相关的电子数据,包括资金交易记录以及对应的取款录像、网上银行操作 IP 信息、电子账册等;另一类是在虚构事实、具体诈骗过程中产生的电子数据,主要有通话记录、手机短信、即时通讯记录、虚假网络图文信息等。本小节重点分析资金交易记录的审查判断。

(一)资金交易记录

电信网络诈骗的根本目的是非法占有他人财物。由于犯罪分子本身借助现代通讯技术、网银技术实施电信网络诈骗,被害人的资金也是通过银行账户或者其他电子账户转移到与犯罪分子有关的账户中,犯罪分子控制赃款后,又常常将赃款从一级账户分散至数十个甚至上百个二级账户,这一过程中必然产生大量资金交易记录。司法实践中,除了电信网络诈骗外,其他许多常见犯罪,如计算机犯罪、抢劫犯罪、盗窃犯罪、走私犯罪、金融犯罪、传播淫秽物品犯罪、毒品犯罪的主要目的也在于获取非法经济利益,犯罪过程中常常伴随着资金交易记录。因此,在现代各类常见犯罪中,资金交易记录是最重要的电子数据之一。

1. 资金交易记录的证据属性

根据两高一部《电子数据规定》第 1 条,电子交易记录是电子数据的一种表现形式。而资金交易记录无疑是最重要的电子交易记录之一。根据支付机构的不同性质,具体可以分为银行业金融机构资金交易记录和非银行支付机构资金交易记录。司法实践中,资金交易记录往往以(银行)流水明细单的形式打印出

来，许多情况下被归入书证范畴。① 我们认为，资金交易记录是基于相应账户资金往来，从而在银行等资金信息管理系统上以数字化的形式留下的记录，本质上属于电子数据。只是在实践中基于固定证据的需要也为了办案方便，银行等相关单位将这些记录直接打印出来提供给办案机关，或者办案机关依法获得相关电子材料后自行打印出来，但这并不改变资金交易记录电子数据的本质属性，仍然需要按照电子数据的相关证据规则进行审查判断。

当然，实践中反映资金往来情况的证据还有行为人在金融机构柜台填写、签名的申请单、存取款单、转账凭证等书面材料，这些材料属于书证的范畴。但如果这些书面材料事后被金融机构扫描录入到相关信息管理系统中，相当于已经被数字化处理过，则属于电子数据，需要按照电子数据的证据规则进行审查判断。

2. 资金交易记录的主要特点

第一，信息量特别大。如果说与其他证据相比，电子数据本身具有信息量大的特点；那么，跟一般电子数据相比，资金交易记录信息量又特别大。一份资金交易记录除了有账户、户主姓名及其对应的身份证件号码等基本信息外，仅一条完整的交易记录就包括本方账号、对方账户以及具体交易金额、交易状态（即资金进或出）、时间、地点、余额等信息。在电信网络诈骗案件中，每一个账户往往成千上万条交易记录，一个案件又涉及几十个甚至上百个银行账户，具体信息量呈几何级数增长，从而形成的证据材料也特别多。②

第二，信息高度客观真实，而且特别精确。与其他证据相比，电子数据的真实性经常遭质疑，审查判断难度大；但是，资金交易记录恰恰相反，相关的信息高度客观真实，而且特别精

---

① 例如，实践中公诉机关起诉书会在描述完指控犯罪事实之后，会按照《刑事诉讼法》第48条规定的证据种类，依次列举认定案件事实证据，其中银行交易明细就往往被归入"书证"一类。

② 笔者就曾经办理过一起诈骗案件，共计120册卷宗，其中100册卷宗是从各个银行调取的资金交易记录。

确。电子数据可以分成存储类电子数据和生成类电子数据,资金交易记录属于生成类电子数据。换言之,资金交易记录的生成过程并不是直接人工输入形成,只要有人使用相关账户进行具体的转账、存取款等资金操作,就会在账户对应的信息平台中留下客观记录,每一条记录可以准确反映资金交易的金额、余额、交易时间、地点等信息,不受行为人主观因素的影响。因此,对资金交易记录真实性判断上无须下太多功夫,反倒可以利用信息高度客观真实的特点进行准确的分析统计。

3. 资金交易记录的审查要点

针对资金交易记录有信息量特别大、信息高度客观真实的特点,一方面要从中找出有效信息往往费时费力;另一方面一旦能够发现有效信息,则对案件某一事实的认定能起到非常重要的作用。因此,为提高审查效率,可以通过以下几个方法进行审查判断:第一,尽量借助相关司法审计,从中理出与案件有关的信息,或者分门别类统计出具体的总数、金额。第二,侦查机关在调查取证时,如果资金交易记录特别多,除了调取纸质打印材料外,同时也要调取电子材料,后续将纸质材料与电子材料一并移送公诉机关、审判机关,案件承办人员可以根据实际需要,借助相关应用软件(如 Excel 表格)进行统计分析。第三,除了逐条分析具体交易信息外,有时还可以根据相关金额、对方账户、时间等信息从宏观上把握某一时期内资金进出规律,以发现更多有价值的案件信息。

在此基础上,可以从以下两方面审查运用资金交易记录的具体内容:

第一,审查判断与资金交易记录相关联的犯罪嫌疑人、被害人。资金交易记录的一个最重要功能就是有助于判断具体的当事人,通过资金交易记录上相关账号、户主等基本开户信息,经常可以直接确定与资金交易有关联的人员,或者再结合相关证人证言、被害人陈述、犯罪嫌疑人供述判断相关联的人,或者借助资金交易记录对应的终端取款视频监控进行审查判断。

第二，审查犯罪嫌疑人的涉案金额和被害人的损失情况。通过分析资金交易记录上相关账户信息、交易时间等内容，可以找出哪些资金交易与相关犯罪有关联，再进一步统计与电信网络诈骗犯罪相关的交易金额。从犯罪嫌疑人的角度看，可以统计出整个案件的犯罪金额和各个犯罪嫌疑人具体的涉案金额；从被害人的角度看，可以统计出被害人被骗金额和实际损失情况。

(二) 其他常见电子数据

电信网络诈骗犯罪中，除了资金交易记录外，其他常见电子数据有以下几类：[①]

第一，通话记录、手机短信、即时通讯记录等各类通讯信息。电话、短信、即时通讯软件等通讯工具是行为人实施电信网络诈骗最重要的几种方式，在此过程中必然会产生大量通讯类电子数据，体现出嫌疑人与嫌疑人之间、嫌疑人与被害人之间沟通、互动的过程。在案件办理中，充分运用这些电子数据，有利于确定与犯罪相关的嫌疑人，有利于判断与某个具体诈骗案件、某个具体犯罪嫌疑人有关联的被害人；短信、通讯记录上留下的文字或语音信息还有助于分析犯罪嫌疑人虚构事实的具体内容；通话记录、手机短信还能够还原出嫌疑人群发短信、群拨电话的数量，这些数量对定罪量刑有独立的价值。第二，取款视频监控、网上银行操作 IP 信息。这些电子数据主要便于判断与资金交易记录有关联的涉案人员、作案地点。第三，网络图文信息、电子交易记录。诈骗分子在相关网站中发布各种虚假广告、虚假理财信息，或者开设虚假网络店铺，诱骗当事人购买虚假货物，形成网上交易记录。第四，电子账册。许多电信网络诈骗案件中，经常能够从相关工作场所、生活处所查获计算机等电子设备，会记载相关参与人员的具体分工、工作"成效"（如实际骗得被害人情况、金额）等信息，运用好这些电子数据，便于查

---

① 相关电子数据审查判断的要点，可以参照本章其他几节的论述。

清各个行为人在共同犯罪中的地位和作用。

此外,由于电信网络诈骗案件有跨区域、跨国(边)境作案的特点,许多与电信网络诈骗有关联的服务器内容需要事先提取,或者由于相关网络设备位于境外无法扣押,侦查机关在调查取证过程中就涉及对这些远程电子设备的取证问题。有些情况下可以直接扣押相关电子设备,但更多情况下难以直接扣押。因此,就涉及在线提取或远程勘验的情况。两高一部《电子数据规定》第9条规定,"对于原始存储介质位于境外或者远程计算机信息系统上的电子数据,可以通过网络在线提取。为进一步查明有关情况,必要时,可以对远程计算机信息系统进行网络远程勘验。进行网络远程勘验,需要采取技术侦查措施的,应当依法经过严格的批准手续"。对于通过上述方式获取的电子数据,需要重点审查证据的合法性,包括是否符合在线提取或网络远程勘验的条件,采取技术侦查措施的是否有相关批准手续,相应的在线提取或远程勘验是否符合相关技术规范和法定程序等内容,固定的证据是否符合法定形式等。

三、运用电子数据认定电信网络诈骗犯罪相关事实

电信网络诈骗有其自身特征,但仍然具有普通诈骗的一般行为结构:一是行为人实施了虚构事实、隐瞒真相的欺诈行为;二是被害人基于行为人的欺诈陷入错误认识交付相关财物;三是行为人具有非法占有他人财物的主观故意。[①] 本小节以普通诈骗的行为结构为基础,并结合电信网络诈骗的特殊性,从四个角度分析如何运用电子数据认定电信网络诈骗犯罪相关事实:一是实施诈骗的具体实行行为,二是与电信网络诈骗有关的帮助行为,三

[①] 在电信网络诈骗案件中,根据不同行为人的参与情况和主观认识情况,还可能涉嫌妨害信用卡管理罪、掩饰、隐瞒犯罪所得罪等其他犯罪,但主要还是诈骗罪,本节也从诈骗罪角度分析电信网络诈骗犯罪具体的行为过程。而在分析帮助行为时,对可能涉及的其他罪名展开一定的分析。

是行为人的诈骗行为与被害人受骗的因果关系,四是与定罪量刑相关的诈骗情节。

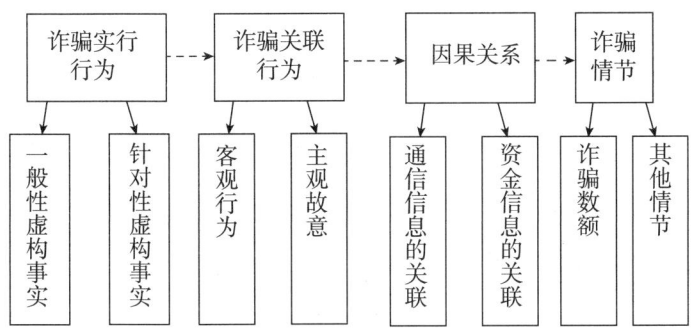

图 2 运用电子数据认定电信网络诈骗犯罪相关事实的过程

(一)诈骗实行行为

根据诈骗手段的区别,常见的电信网络诈骗有电话诈骗、短信诈骗、网络诈骗或者综合诈骗。各种诈骗手段都会形成大量电子数据,但所涉及的电子数据类型也有一定的区别。(1)网络诈骗,即行为人借助相关网站发布虚假交易诱骗社会公众,或者使用相关网络通讯工具虚构事实进行诈骗的行为。比较典型的有虚假销售、虚假刷单、骗取虚假汇款等,涉及的电子数据主要有网页图文信息、网上交易记录、即时通讯记录等。(2)短信诈骗,即行为人直接向被害人发送虚假信息进行诈骗,或者借助短信群发技术,向不特定社会公众的手机群发虚假短信实施诈骗。比较典型的有虚假中奖、虚假理财、虚假退税、虚假补助等,涉及的电子数据主要有手机短信、通话清单。(3)电话诈骗,即通过电话尤其是网络电话等通讯工具直接联系相关人员,或者群拨诈骗电话,对被害人虚构事实、骗取财物。比较典型的有冒充公检法人员诈骗、虚构亲友救助信息,涉及的电子数据主要是通话记录。(4)综合诈骗,是指行为人综合使用网络、短信、电话两种或两种以上手段进行诈骗。比较典型的有销售虚假理财产品，前期通过网络发布虚假信息，后期主要通过即时聊天工具、手机短信或电话进行具体的联络。

诈骗犯罪的实行行为主要体现为行为人向被害人虚构事实、隐瞒真相，被害人因错误认识而支付财物。传统诈骗中，虚构事实的行为一般表现为嫌疑人直接向特定被害人虚构事实。但在电信网络诈骗中，还有一种情况就是行为人先通过网站向不特定社会公众发布虚假信息或者群发短信、群拨电话；特定被害人上当后，再对其进一步有针对性地虚构事实，一步步骗取被害人的信任，导致被害人错误认识而支付财物。因此，可以分两个阶段分析电信网络诈骗的实行行为：一是向公众发布虚假信息，二是向特定被害人虚构事实，骗取财物。每一阶段都涉及大量电子数据。

1. 向不特定社会公众发布虚假信息

电信网络诈骗中，行为人诈骗行为的第一步往往是借助各种现代网络通讯技术向不特定社会公众发布虚假信息，尽量扩大虚假信息的辐射范围，力求提高被害人受骗上当的概率。具体表现方式有：一是通过网站发布虚假交易信息，例如虚假购票网站、虚假理财产品、虚假淘宝网店、虚假信誉刷单信息等。二是通过QQ、微信或手机短信等通讯工具向不特定社会公众群发各类虚假信息。三是通过网络电话向不特定社会公众群拨电话。在这一过程中，相关电子数据相对比较单一，比如相关网站信息、内容相同的群发短信、微信记录，以及反映发送短信、拨打电话的通话记录。

查清向社会公众发布虚假信息的行为，不仅有助于查清后续向特定被害人诈骗的事实，其本身对定罪量刑具有独立的意义。《诈骗案件解释》① 第 5 条规定，利用发送短信、拨打电话、互联网等电信技术对不特定多数人实施诈骗，诈骗数额难以查证，但发送诈骗信息 5000 条以上的或者拨打诈骗电话 500 人次以上

---

① 即最高人民法院、最高人民检察院《关于办理诈骗刑事案件具体运用法律若干问题的解释》。

的，应当认定为《刑法》第 266 条规定的"其他严重情节"；发送诈骗信息或拨打诈骗电话是前款规定 10 倍以上的，认定为"其他特别严重情节"，以诈骗罪（未遂）定罪处罚。

以王某彬、黄某军等人诈骗案为例。王某彬通过网络结识上家"中国大陆"（系网名），双方约定由上家"中国大陆"提供伪基站设备，由被告人王某彬帮忙找人用伪基站发送诈骗短信。后王某彬将一台伪基站设备安装到黄某军驾驶的汽车上。2015年 4 月初至 10 日期间，王某彬让黄某军驾车至江苏省无锡市、浙江省嘉兴市等地，通过车上装载的伪基站设备以中国工商银行的名义发送诈骗短信 6 万余条，从 9 名被害人处骗得资金 6.5 万余元。侦查人员从嫌疑人处扣押伪基站，经检测该伪基站在工作期间一共发送短信 8.5 万余条，在两名嫌疑人涉案期间共计 6 万余条。

2. 向特定被害人虚构事实

行为人通过各种手段以"撒网"的方式向社会公众发布虚假信息，往往只是诈骗行为的第一步。社会公众接收到信息后，部分人员信以为真或者抱着侥幸的态度，进一步与诈骗分子进行联系沟通，诈骗分子有针对性地向特定被害人虚构各种非常具体的事实，一步步骗取被害人信任，诱导被害人作出错误判断，进而获取被害人相关个人信息或者直接诱骗被害人进行相关操作，最终骗取财物。当然，在有些电信网络诈骗案件中，行为人并没有前述向社会公众发布虚假信息的行为，一开始就直接通过各种电信手段向被害人虚构事实。

向特定被害人虚构事实的过程中，主要涉及的电子数据有通话记录以及各种 QQ、微信或手机短信等通讯记录、资金交易记录，相关内容非常具体深入，相关的通讯也常常体现出一定的规律性。通过分析通讯记录，可以判断行为人的诈骗规律；分析即时通讯记录文字信息、语音信息，可以发现行为人虚构事实的具体内容。

以陈某波等人诈骗案为例。2013 年 2 月至 7 月间，陈某波、王某川、蔡某初等人在广东省深圳市非法成立"深圳阳光私募公司",招聘王某伟、钟某伟等10余人为业务员,使用化名通过电话联系被害人,用推荐股票赚钱为诱饵,欺诈被害人成为高级会员骗取会员费。之后又引导被害人投资虚假的农产品现货交易,再由陈某波、王某川、蔡某初使用虚构的身份或化名骗取被害人在上海标合电子商务有限公司所建的中国农产品买卖网上进行虚拟交易。待被害人打入资金后,即采用人为操控指数并错误引导被害人买涨买跌等手段骗取被害人巨额资金。交易亏损后,陈某波、王某川、蔡某初还以原始股股票补亏为名骗取被害人资金。一共向7名被害人骗得资金160余万元。本案的证据中,除了嫌疑人供述、被害人陈述和部分书证外,其他证据以电子数据为主,具体包括:银行账单、QQ聊天记录、通话清单和交易订单。这些电子数据在认定嫌疑人骗取财物的具体过程发挥重要作用:第一,通话清单反映相关业务员在短时间内向他人拨打大量的诈骗电话,各个具体业务员拨打电话从数十个至数千个不等。其中就包括与本案7名被害人之间频繁的通话情况。第二,QQ聊天记录反映"深圳阳光私募公司"的上述主管人员或业务员通过QQ与本案7名被害人之间的详细聊天情况,包括向被害人介绍公司业务、如何引导被害人成为公司会员、推荐在中国农产品买卖网上进行交易的内容,以及被害人亏空后骗取被害人补亏原始股股票等。第三,银行交易清单反映被害人向上述公司指定的账户支付会员费,或者转账到国付宝账户进行交易的情况,以及被害人收到部分资金回报的情况。第四,交易订单反映相关被害人在上海标合电子商务有限公司所建的中国农产品买卖网上的相关账户信息,以及进行虚拟交易的具体订单。

(二)诈骗关联行为

如本节开头所述,在许多职业电信网络诈骗犯罪中,常常体现出团伙作案、分工明确、公司化运作等特征。不仅涉及直接诈骗的实行行为,更有大量专门负责收集被害人资料、收购银行账户(卡)、专人转账、终端取款或者提供各类技术支持等各种关联行为。这些关联行为对犯罪分子完成整个诈骗活动、转移并实际控制赃款赃物有非常重要的作用。对此,《诈骗案件解释》第7条规定,明知他人实施诈骗犯罪,为其提供信用卡、手机卡、通讯工具、通讯传输通道、网络技术支持、费用结算等帮助的,以共同犯罪论处。而《电信网络诈骗意见》第3条、第4条则进一步细化,对于电信网络诈骗犯罪中各种关联行为,事前有通谋或者事前、事中明知的,以共同犯罪论处;对于事后明知的,以掩饰、隐瞒犯罪所得、犯罪所得收益罪、帮助信息网络犯罪活动罪、侵犯公民个人信息罪等其他犯罪论处。对此,可以从客观行为和主观故意两方面分析相关诈骗关联行为的认定。

1. 客观行为

结合《诈骗案件解释》第7条,《电信网络诈骗意见》第3条、第4条所列举的情况,电信网络诈骗中的关联行为可以分为两大类:一类是与技术支持相关的行为,包括提供手机卡、通讯工具、改号软件、通话线路、互联网接入、通讯传输等技术支持以及"木马"程序和"钓鱼软件"等恶意程序的行为。另一类是与资金转移、套现相关的行为,包括买卖银行卡、提供资金账户、费用结算、协助资金划转以及现金支取、销售点终端机器(POS机)刷卡套现或者通过手机充值、交易游戏点卡等各种资金套现行为。

上述行为与现代网络、通讯、网银等信息手段息息相关,行为人在实施这些关联行为的过程中,必然产生大量电子数据。比如提供通讯工具、通讯传输通道就涉及通话清单、即时通讯记录等,提供改号软件、互联网接入、"木马"程序、"钓鱼软件"本身就是电子数据,提供银行卡、资金账户、资金划转以及各种套现行为涉及大量资金交易记录,帮助现金支取则涉及资金交易记录、取款视频监控等。充分运用相关电子数据,有利于还原诈骗犯罪中的关联行为。甚至在一些诈骗实行行为的嫌疑人或者主犯没有归案的情况下,如果诈骗的基本事实能够查清,仍然可以充分运用电子数据,单独处理为他人诈骗提供相关帮助行为的嫌疑人,以有效打击电信网络诈骗犯罪。

2. 主观故意

根据《电信网络诈骗意见》第 3 条、第 4 条规定,对于电信网络诈骗犯罪中各种关联行为,事前有通谋或者事前、事中明知的,以共同犯罪论处;对于事后明知的,可以以其他犯罪论处。因此,犯罪主观故意的分析判断,不仅影响行为人罪与非罪的认定,对区分此罪与彼罪也有非常重要的意义。然而,司法实践中,行为人常常辩解自己不知道对方在实施犯罪或者实施电信网络诈骗犯罪。对此,《电信网络诈骗意见》第 4 条作出原则性规定,即"'明知他人实施电信网络诈骗犯罪',应当结合被告人的认知能力,既往经历,行为次数和手段,与他人关系,获利情况,是否曾因电信网络诈骗受过处罚,是否故意规避调查等主客观因素进行综合分析认定"。以此规定为基础,根据不同类型的客观行为,可以从两个角度分析判断犯罪主观故意:

(1) 技术支持人员主观故意

在电信网络诈骗中,不少技术人员为诈骗团伙提供改号软件、通话线路、服务器维护等技术支持,或者在服务器维护时发现 IP 地址为国外用户,或者将电话改号为国内司法机关、政府机关号码与国内通话。运用电子数据查清上述事实,有助于判断犯罪主观故意。任何一个理性公民基于经验法则可以知道,这些司法机关、政府机关不可能设置在国外,也不可能采用改号方式与国内人员联系,可以推定其主观故意。[①] 另外,在一些电信网络诈骗案件侦办过程中,侦查人员往往需要向为诈骗电话提供网络支持的技术人员进行调查取证,在取证过程中技术人员获知与其相关的电话号码涉嫌电信网络诈骗;或者侦查人员通过电话、

---

① 参考王勇:《公诉实务之电信诈骗疑难问题浅析》,载微信公众号"国家公诉",访问时间:2016 年 11 月 20 日。

邮件等方式将相关号码涉嫌诈骗的情况反馈给技术人员。此后，如果技术人员继续为这些涉嫌诈骗的电话提供各种技术支持，也可以推定其主观故意。

（2）协助资金转移人员主观故意

为电信网络诈骗分子提供资金转移帮助的行为主要有事前帮忙购买、收集大量银行卡或资金账户，事中或事后帮忙转账、套现、取款。运用电子数据查清以下相关客观行为，有助于判断行为人主观明知：第一，大批量持有或非正常多次使用他人名下的银行卡、资金支付结算账户的；第二，帮助他人将巨额现金散存于多个银行账户，或在不同银行账户之间频繁划转的；第三，大量使用他人银行卡帮助取款，取款时短时间奔波于不同ATM，又按照最大限额取款，或者取款过程中刻意采用遮蔽摄像头、伪装等异常手段；第四，以明显异于市场的价格，通过手机充值、交易游戏点卡等方式套现。上述转账、套现、取现行为都严重背离正常生活习惯、日常商业惯例等经验法则，通过综合分析相关人员实施上述行为的次数、方式以及获益情况，在排除有明确反向证据的情况下，可以推断行为人对电信网络诈骗行为或违法犯罪所得具有一种概括的违法性认识。

（三）因果关系

诈骗的因果关系，是指行为人实施诈骗的相关行为（包括实行行为和帮助行为）与被害人遭受诈骗、财物损失之间有因果关系。具体到电信网络诈骗，主要涉及如何将嫌疑人的诈骗行为与被害人的财物损失联系起来，如何运用证据在二者之间形成可靠的、确定的关联关系。由于电信网络诈骗具有技术性强、涉及被害人众多、资金账户多、团伙作案、跨区域作案等特点，行为人与被害人没有直接见面，甚至不同行为人也可能互不认识或者只以代号相称，作案手法特别隐蔽，行为人与被害人之间的关联性、不同行为人之间的关联性链条往往很长，关联性的认定难度也相应地大大增加。对此，可以结合相关电子数据，从通讯信息和资金信息两个角度进行审查分析。

1. 通讯信息的关联

如前所述，电信网络诈骗的主要手段有网络诈骗、短信诈骗、电话诈骗，许多情况下嫌疑人往往综合运用多种手段进行诈骗。但不管使用何种手段，需要有人通过相关技术工具与被害人进行一定交流、沟通，才能将相关虚假信息传递给被害人。在信息传递过程中，就会留下短信、即时通讯记录、电子邮件、通话记录等各种电子数据。分析这些电子数据与嫌疑人的关联性、与被害人的关联性，如果同一份电子数据能够同时指向嫌疑人与被害人或者同时指向不同嫌疑人，可以在嫌疑人与嫌疑人之间、嫌疑人与被害人之间建立关联。

从通讯信息的角度审查相关嫌疑人、被害人之间的关联性，首先要从中挖掘出哪些信息有助于关联性的判断。具体包括两类信息：一是通过通讯信息的实际发送者、接收者、使用者来判断，主要借助与通讯信息相关的电话号码、电子邮箱以及 QQ、微信等账户信息或者相关账户登录 IP 地址信息，可以运用这些信息直接判断，或者向相关人员进一步核实这些账户的实际归属人员、使用人员。二是通过通讯信息的具体内容进行判断，比如审查嫌疑人的通讯记录中是否涉及被害人方面的姓名、电话、住址、工作情况等信息，虚构事实的内容能否与被害人的陈述相印证；审查被害人通讯记录中是否有涉及嫌疑人方面的银行账户等信息。

鉴于通讯工具种类多样、通讯内容信息丰富，运用通讯信息审查运用嫌疑人与被害人之间的关联性，可以分成单一审查和综合审查两种方法。所谓单一审查，是指单纯借助一种通讯信息进行审查判断，比如单纯使用手机通讯来判断；或者单纯借助通讯信息中的一类信息来判断，比如单纯使用电话号码判断二者的关联性。所谓综合审查，是指综合运用不同类型通讯工具中的信息或者同一通讯记录中不同的信息内容进行审查判断，比如嫌疑人与被害人之间可能先通过 QQ 联系，之后再使用微信、电话进行联系，具体审查判断时，综合运用上述几类通讯工具形成的电子数据,既分析相关账户的关联性,又分析通讯信息具体内容的关联性。通过综合审查,有助于分析不同的内容能否相互印证,强化嫌疑人、被害人之间关联性。

以何某祖、何某杰诈骗案为例。2013年3月3日,何某祖、何某杰结伙采用"木马"程序盗取被害人屠某荣女儿的QQ号码,由何某杰冒充屠的女儿通过QQ聊天,谎称"李教授"回国需要其汇钱,要求被害人屠某荣汇款。后由何某祖冒充"李教授"通过电话联系的方式要求屠某荣汇款6万元,屠某荣按其要求向何某祖提供的银行账户转账6万元。之后,何某祖、何某杰等人通过分次取钱、转账等方式取出现金进行分赃。本案反映行为人虚构事实的电子数据有QQ聊天记录、通话记录、远程勘验笔录,详细地反映了屠某荣受骗的经过,而且经核实确认了该QQ账户确实是屠某荣女儿平时使用的QQ账户,结合远程勘验笔录反映的IP地址信息以及两名嫌疑人的供述,确认涉案期间该QQ账户由何某杰实际使用;另外屠某荣个人QQ账号、电话号码也得到确认,从而在何某祖、何某杰的诈骗行为与屠某荣的财物损失之间建立通讯信息上的关联性。本案中,就综合运用QQ聊天记录和手机通话这两类通讯信息来判断。

2. 资金信息的关联

电信网络诈骗中,被害人财物损失必然伴随着一定的资金交易记录。因此,可以从资金交易记录入手,分析相关资金往来与嫌疑人、被害人之间的关联性。从被害人角度看,查证其与资金交易的关联性比较容易。对于一些以自己名义开立的资金账户,一般也可以快速查清相关人员的真实身份。司法实践中,大量犯罪分子通过借用、冒用、租用、购买等非法手段获取他人账户进行资金往来,电信网络诈骗案件中这种情况更加突出。在一些案情比较简单的电信网络诈骗案件中,资金交易记录涉及账户不多,证据链条不长,比较容易在嫌疑人与被害人之间建立关联。但在一些团伙性、跨国(境)性电信网络诈骗案件中,诈骗团伙作案分工明确,犯罪分子控制被害人资金后,往往迅速将赃款从一级账户分散至数十个甚至上百个二级账户、三级账户，跨地域连续转账，使赃款瞬间"化整为零"，再由分布在各地的取款组成员（俗称"车手"）到银行 ATM 上取钱。[①] 这种作案手法大大增加了侦查机关破案的难度，即使能够抓获部分犯罪嫌疑人，要认定各个嫌疑人与具体往来资金、具体被害人之间的关联性也有很大难度，进而也影响到每个嫌疑人涉案金额的认定。

审查资金交易记录与嫌疑人、被害人之间的关联性，首先要从中提取便于判断关联性的信息，比如具体账号、开户名称及其对应的身份证件号码等信息。实践中，侦查机关调取的资金交易记录经常会遗漏交易相对方的账户信息，这时就应当要求补充调取。在此基础上，可以从以下几方面展开审查判断：

第一，借助其他电子数据来审查判断资金交易记录与嫌疑人、被害人之间的关联性。主要有以下几个方法：一是结合银行账户终端取款监控录像判断实际取款人。二是结合从行为人个人手机短信、微信、QQ 聊天记录等通讯工具上发现相关资金账户的信息。三是结合网上操作相关电子账户的 IP 地址、上网终端归属等信息进行判断。

以薛某某诈骗案为例。[②] 2014 年 3 月 11 日 9 时 30 分许，河南大用食品有限公司财务人员张某接到电话称其银行卡涉嫌贩毒组织洗钱案件，欲将其银行卡内资产冻结。张某为避免账户冻结，按照对方的指令，在郑州市惠济区江山路水产冷库多优食品经营部其办公室的电脑上，对其名下两张工商银行卡进行"电子资金审查"，导致卡内 3866 余万元被被告人薛某某伙同

[①] 针对层出不穷的电信网络诈骗等违法犯罪案件，最高人民法院、最高人民检察院、公安部、工信部、中国人民银行、中国银监会六部门于 2016 年 9 月 23 日联合下发《关于防范和打击电信网络诈骗犯罪的通告》，随后，中国人民银行于 2016 年 9 月 30 日出台《关于加强支付结算管理防范电信网络新型违法犯罪有关事项的通知》，加强对银行账户和非银行账户的开立、转账及其违法行为惩处等方面的管理，今后可以在一定程度上减少使用他人账户违法资金交易的情况。

[②] 参见（2015）豫法刑三终字第 00155 号判决书，载中国裁判文书网。

刘某某、高某某、陈某某、黄某某、王某某（均在逃）等人转走，取现后挥霍。本案有两份重要的电子数据证实被害人遭骗与嫌疑人行骗之间的关系：（1）公安机关出具的工作笔录证实：张某被骗时，其银行卡的一级转账 IP 是 103.244.30.206 和 103.244.30.210；其中 IP 103.244.30.206 转账 3766 万元，另一 IP 103.244.30.210 转账 100 万元，共计 3866 万元。（2）公安机关调取的 QQ 登录信息证实：2014 年 3 月 12 日 22 时 38 分至 22 时 40 分，薛某某的 QQ（1785841818）登录的 IP 地址是 103.244.30.210。通过上述电子数据可以发现，被害人张某被转走 100 万元的 IP 地址、时间正是被告人薛某某使用其 QQ 登录的地址和对应的时间，从而确认张某被骗财物与薛某某的诈骗行为（即转账）有关联关系。

第二，通过物证、书证、言词证据等其他证据来审查判断资金交易记录与嫌疑人、被害人之间的关联性。主要有以下几个方法：一是结合相关证人证言、被害人陈述、犯罪嫌疑人供述进行分析判断。二是如果有从嫌疑人身上、随身行李、驾驶车辆、住处、办公地点等关联场所查处的具体银行卡，审查相关银行卡信息与被害人存款、转移赃款等账号是否有关联。三是审查嫌疑人个人笔记本等书证上是否记载相关资金账户的信息。

综上，对电信网络诈骗中被害人遭受财物损失与嫌疑人实施诈骗行为之间的关联性，可以运用相关电子数据从通讯信息、资金信息两个角度进行分析。司法实践中，由于电信网络诈骗中既有通讯往来信息，又有资金往来信息，应当尽量同时运用资金链和通讯链来综合分析判断。当然，由于网络电信诈骗往往涉及人员众多，不同人员之间又有细致的分工，比如有些人专门负责虚构事实的行为，有些人专门提供技术协助，相关电子数据主要体现为通讯信息；有些人专门负责转账、取款，相关电子数据主要体现为资金信息。因此，对于前者主要从通讯链的角度分析其与被害人之间的关联性，对于后者主要从资金链的角度分析其与被害人之间的关联性；然后再综合资金链、通讯链并结合相关言词证据,在不同嫌疑人之间建立关联,进而再将嫌疑人与被害人之间的关联关系串起来,综合判断被害人遭受财物损失与嫌疑人诈骗行为的因果关系。之后,再进一步分析各个嫌疑人在共同犯罪中相应的作用、涉案金额或其他犯罪情节。

(四)诈骗犯罪情节

1. 诈骗犯罪情节的类型

根据刑法规定,诈骗犯罪情节可以分为两大类三档:一是诈骗数额,即数额较大、数额巨大、数额特别巨大;二是其他情节,即其他严重情节、其他特别严重情节。对此,《诈骗案件解释》第1条、第2条、第3条和《电信网络诈骗意见》第2条均对诈骗数额和其他情节作出比较详细的规定。

(1)诈骗数额

《诈骗案件解释》第1条规定,诈骗公私财物价值三千元至一万元以上、三万元至十万元以上、五十万元以上的,应当分别认定为《刑法》第266条规定的"数额较大"、"数额巨大"、"数额特别巨大"。《电信网络诈骗意见》则进一步明确,诈骗公私财物价值三千元以上、三万元以上、五十万元以上,应分别认定"数额较大"、"数额巨大"、"数额特别巨大",且二年内多次实施电信网络诈骗未经处理,诈骗数额累计计算,构成犯罪的,应当依法定罪处罚。

(2)其他诈骗犯罪情节

结合上述两部司法解释的规定,其他诈骗犯罪情节总体上可以分为两大类:

第一,依诈骗对象、诈骗手法判断犯罪情节。《电信网络诈骗意见》第1条第2款规定,实施电信网络诈骗犯罪,达到相应数额标准,具有下列情形之一的,酌情从重处罚:(1)造成被害人或其近亲属自杀、死亡或者精神失常等严重后果的;(2)冒充司法机关等国家机关工作人员实施诈骗的;(3)组织、指挥电信网络诈骗犯罪团伙的;(4)在境外实施电信网络诈骗的;(5)曾因电信网络诈骗犯罪受过刑事处罚或者二年内曾因电信网络诈骗受过行政处罚的；（6）诈骗残疾人、老年人、未成年人、在校学生、丧失劳动能力人的财物，或者诈骗重病患者及其亲属财物的；（7）诈骗救灾、抢险、防汛、优抚、扶贫、移民、救济、医疗等款物的；（8）以赈灾、募捐等社会公益、慈善名义实施诈骗的；（9）利用电话追呼系统等技术手段严重干扰公安机关等部门工作的；（10）利用"钓鱼网站"链接、"木马"程序链接、网络渗透等隐蔽技术手段实施诈骗的。[1] 该条第3款进一步规定，实施电信网络诈骗犯罪，诈骗数额接近"数额巨大"、"数额特别巨大"的标准，具有上述情形之一的，应当分别认定为《刑法》第266条规定的"其他严重情节"、"其他特别严重情节"。

第二，依诈骗信息数量判断诈骗情节。《电信网络诈骗意见》第1条第4款规定，实施电信网络诈骗犯罪，犯罪嫌疑人、被告人实际骗得财物的，以诈骗罪（既遂）定罪处罚。诈骗数额难以查证，但具有下列情形之一的，应当认定为《刑法》第266条规定的"其他严重情节"，以诈骗罪（未遂）定罪处罚：（1）发送诈骗信息五千条以上的，或者拨打诈骗电话五百人次以上的；（2）在互联网上发布诈骗信息，页面浏览量累计五千次以上的。数量达到前款规定标准十倍以上的，应当认定为《刑法》第266条规定的"其他特别严重情节"，以诈骗罪（未遂）定罪处罚。[2]

2. 诈骗犯罪情节的认定

与电信网络诈骗犯罪有关的上述几种犯罪情节，都涉及大量电子数据，相关电子数据在认定诈骗犯罪情节中可以发挥重要作用。第一，与诈骗数额相关的电子数据主要体现为资金交易记

---

[1] 《诈骗案件解释》第2条也规定了类似的5种诈骗情节酌情从严惩处，其中第一种即"通过发送短信、拨打电话或者利用互联网、广播电视、报刊杂志等发布虚假信息，对不特定多数人实施诈骗的"。

[2] 《诈骗案件解释》第5条也有类似的规定。

录。第二，与诈骗对象、诈骗手法相关的电子数据主要体现为各种网络电子数据，比如 IP 地址可以反映出是否在境外实施诈骗，网站设置可以反映出是否为"钓鱼网站"、"木马"程序链接。第三，与诈骗短信、诈骗电话、网络诈骗信息相关的电子数据主要有通话清单、手机短信、网页数据等电子数据。在认定电信网络诈骗犯罪情节时，应当以上述电子数据为基础，结合相关行为人的供述、被害人陈述进行综合认定。

被害人陈述是认定诈骗数额的重要依据，尤其在被害人有实际损失的情况下，被害人陈述更为重要。然而，由于许多电信网络诈骗案件涉及被害人众多、范围广，司法实践中侦查机关往往难以向所有被害人逐一核实。对此，《电信网络诈骗意见》第6条第1款规定，"办理电信网络诈骗案件，确因被害人人数众多等客观条件的限制，无法逐一收集被害人陈述的，可以结合已收集的被害人陈述，以及经查证属实的银行账户交易记录、第三方支付结算账户交易记录、通话记录、电子数据等证据，综合认定被害人人数及诈骗资金数额等犯罪事实"。① 因此，电信网络诈骗案件中，如果确因客观条件限制无法逐一收集相关言词证据，也可以根据资金往来、通讯往来以及行为人自身电子账册等电子数据为基础，结合其他证据来认定诈骗数额。

根据《电信网络诈骗意见》的规定，在认定诈骗信息数量时，"拨打诈骗电话"包括拨出诈骗电话和接听被害人回拨电话。反复拨打、接听同一电话号码，以及反复向同一被害人发送诈骗信息的，拨打、接听电话次数、发送信息条数累计计算。因犯罪

---

① 最高人民法院、最高人民检察院、公安部《关于办理网络犯罪案件适用刑事诉讼程序若干问题的意见》第 20 条亦作出类似的规定，且适用犯罪类型更广，即"对针对或者组织、教唆、帮助不特定多数人实施的网络犯罪案件，确因客观条件限制无法逐一收集相关言词证据的，可以根据记录被害人数、被侵害的计算机信息系统数量、涉案资金数额等犯罪事实的电子数据、书证等证据材料，在慎重审查被告人及其辩护人所提辩解、辩护意见的基础上，综合全案证据材料，对相关犯罪事实作出认定"。

嫌疑人、被告人故意隐匿、毁灭证据等原因,致拨打电话次数、发送信息条数的证据难以收集的,可以根据经查证属实的日拨打人次数、日发送信息条数,结合犯罪嫌疑人、被告人实施犯罪的时间、犯罪嫌疑人、被告人的供述等相关证据,综合予以认定。

在运用电子数据认定电信网络诈骗犯罪情节时,需要从两个方面展开审查判断:第一,核实相关账户与当事人是否存在关联关系,主要涉及哪些账户的资金记录、通讯记录可以作为认定犯罪情节的依据。[1] 第二,与行为人有关联的相关资金记录、通讯记录的起、止时间,主要涉及具体涉案范围的判断、涉案数量的计算。资金交易记录往往可以完整地反映相应账户全部的资金往来情况,而通话清单也可以反映某一段时间内完整的通话情况。在认定诈骗情节的过程中,需要厘清相关行为人参与诈骗的起止时间、被害人被骗的起止时间,只有发生在起止时间内的相关资金交易记录、通话记录、短信记录才能作为认定诈骗情节的依据。

仍以前述王某彬、黄某军等人诈骗案为例。2015年4月初至10日期间,王某彬、黄某军在无锡、嘉兴等地借助伪基站以中国工商银行的名义发送诈骗短信6万余条,从9名被害人处骗得资金6.5万余元。本案就涉及两类诈骗情节:一是发送诈骗信息的数量,二是实际骗得被害人的资金。本案除了嫌疑人供述、被害人陈述以及扣押伪基站设备外,侦查机关还依法调取了以下与电子数据相关的证据:短信截屏、银行账户交易明细、交易截屏、扣押的伪基站设备及其检测报告两份。上述证据证实了以下两个诈骗情节:第一,经过对上述伪基站的检测,确认各被害人所收到的诈骗短信均来自该伪基站,且检测到该伪基站在工作期间一共发送短信8.5万余条以及短信的具体内容。不过,结合两名嫌疑人的相关供述,该伪基站自2015年清明节开始一直安装在黄某军的汽车上,并由其操作,因此发送的短信数量结合相关证据从4月5日(即清明节)开始计算,就低认定短信6万余条,对于在

---

[1] 具体审查判断方法见本节前面分析,此处不再赘述。

此之前通过该伪基站发送出去的信息,不能认定为两名嫌疑人的诈骗情节。从而认定其二人诈骗具有"其他特别严重情节"。第二,相关银行账户交易明细、交易截屏,证实被害人被骗资金的情况。但是,被害人的陈述与嫌疑人的供述有一定的矛盾。根据被害人陈述并结合银行交易记录,被害人一共有 8 万元资金分多笔被转到与 9 个账户内。然而两名嫌疑人只认可其中 6 个账户与他们有关联,并辩解另外 3 个账户与其二人没有关联。又由于缺少其他证据予以佐证,因此从被害人账户转入这两个账户合计约 1.5 万元的资金,不能认定为两名嫌疑人诈骗的金额。因此,根据本案相关证据,认定两名嫌疑人实际骗得 6.5 万余元,系诈骗数额较大。

四、电子数据综合运用的典型案例分析

(一) 案情简介

姜某斌在淘宝网上开设店铺经营网络电话号码,并对相关号码进行网络维护。2013 年 8 月至 12 月期间,姜某斌使用"秦朗"、"李金元"的名字分别从他人处购入 021 - 5121×××、1560571×××、0571 - 2283×××等电话号码,并将 1560571×××、0571 - 2283×××两个电话号码进行绑定,出售给旺旺名为"汪米兔"的客户使用。2013 年 9 月底 10 月初,上海警方告知姜某斌其出售的上海电话号码中有涉嫌诈骗的情况。2013 年 11 月,姜某斌又帮助"汪米兔"等人制作涉嫌诈骗用的彩铃录音,还多次为"汪米兔"使用上述号码进行网络维护。2013 年 12 月 6 日至 7 日,"汪米兔"等人使用 0571 - 2283×××等号码,以被害人肖某家中宽带异常涉嫌毒品交易、需要进行资金调查为由,骗走被害人肖某中国邮政储蓄银行卡内人民币 48 万元。同月 9 日至 12 日,"汪米兔"等人使用 021 - 5121×××、0571 - 2283×××等号码,以被害人陈某家中宽带被盗用涉嫌贩毒和赌博、需验证清白为由,骗走被害人陈某交通银行卡内的人民币 120 万元。

(二) 电子数据基本情况

本案证据除了姜某斌自己的供述和辩解,以及被害人陈述、证人证言等言词证据,其他证据绝大部分为电子数据。

在侦查过程中,侦查人员对位于深圳市公明街道某小区 21 栋 1201 室进行勘验,提取指纹,对该房搜查并查获显示器、电脑主机、网关等物证。通过手印鉴定,证实上述指纹为姜某斌及其妻子杨某所留,说明该住处与姜某斌有关联。对此,姜某斌自己也承认。进一步对上述扣押的电脑硬盘进行电子勘查,形成电子物证检验报告,其中包括大量 QQ 聊天记录;又通过登录 QQ 邮箱获取大量图片文件和邮件。这些电子数据作为认定姜某斌为他人实施诈骗提供帮助的重要证据。

相关的通话清单和资金交易记录等电子数据,则反映了姜某斌将涉案的几个电话号码销售给他人,诈骗分子又利用该电话及其姜某斌所提供的网络服务,对两名被害人实施诈骗,并实际骗得 168 万余元。

(三) 电子数据的审查运用

本案直接实施诈骗的主犯没到案,而到案的姜某斌本身并没有实施直接骗取被害人财物的行为,其只是为他人诈骗提供一定的帮助。根据《诈骗案件解释》) 第 7 条规定,明知他人实施诈骗犯罪,为其提供手机卡、通讯工具、通讯传输通道、网络技术支持帮助的,以共同犯罪论处。本案中,姜某斌客观行为主要表现为其为他人提供通讯传输通道、网络技术支持等帮助行为。因此,本案要认定姜某斌构成诈骗罪,需要查清三组事实:一是"汪米兔"向被害人肖某、陈某骗取财物的基础事实;二是姜某斌为"汪米兔"的诈骗行为提供帮助;三是姜某斌明知"汪米兔"实施诈骗行为,即犯罪主观故意。本案相关电子数据在认定上述事实的过程中均发挥重要作用。

1. 两名被害人被骗财物的基本事实

本案两名被害人肖某、陈某详细描述了其家中固定电话接到自称是电信的语音电话（0118114），称其家中宽带账号涉嫌赌博和毒品交易，转接人工电话后与自称为某公安局警官、某检察院检察长身份的人通话，对方以需要资金调查或验证清白为由，分别被骗走人民币48万元、120万元的基本事实。通话清单、资金交易记录等电子数据佐证了上述事实。

首先，通话清单、VOS服务器截图证实，他人使用0571-2283××××在2013年12月9日中午与被害人肖某电话联系的情况，他人使用021-5121××××、0571-2283××××在同年12月6日中午与被害人陈某电话联系的情况。通话清单佐证了两名被害人所陈述接到诈骗电话的时间。

其次，资金交易记录证实，被害人肖某的账户在涉案期间先后分两笔汇到他人账户30万元、18万元；被害人陈某的账户在涉案期间先后被他人通过网上银行、手机银行操作分两笔转入户名为李某、田某的账户各46万元、74万元，之后又从这两个账户分流至多个账户，其中部分交易地发生在台湾。

2. 姜某斌为他人诈骗提供帮助行为

对姜某斌而言，其帮助行为体现在为"汪米兔"实施诈骗提供通讯传输通道、网络技术支持等客观行为。认定这部分事实，除姜某斌供述、证人证言外，其他证据主要是电子数据，包括电话号码的登记信息、网上交易记录、通话清单、电子邮件、QQ聊天记录等。运用这些电子数据可以认定以下几个事实：

第一，综合网上交易记录、号码登记查询记录以及从姜某斌电脑硬盘所调取的QQ聊天记录等电子数据，并结合相应的证人证言，证实2013年8月至12月期间，姜某斌使用"秦朗"、"李金元"的名字分别从经营电话号码的黄某、林某、王某三人处购入021-5121××××、1560571××××、0571-2283××××等电话号码，而且对1560571××××、0571-2283××××两个电话号码之间进行绑定。上述几个电话号码正是本案对被害人实施诈骗的电话号码，这说明被害人遭受诈骗与姜某斌提供电话号码之间存在一定的关联性。

第二，姜某斌的开设网店的信息显示，其本人通过淘宝网卖电话号码。其与"汪米兔"之间的聊天记录证实，案发前"汪米兔"向姜某斌购买涉案的上述021-5121×××、0571-2283×××两个电话号码，又要求姜某斌为这两个电话号码提供网络服务。2013年11月15日，"汪米兔"联系姜某斌为021-5121×××进行充值；同年12月6日至9日，姜某斌帮助"汪米兔"对涉案的021-5121×××、0571-2283×××两个号码进行维护。上述内容直接说明姜某斌为两个涉嫌诈骗的电话提供网络技术支持。

第三，结合姜某斌与"汪米兔"、梦枫旗舰店的QQ聊天记录，证实2013年11月15日，"汪米兔"联系姜某斌制作疑似电话诈骗的录音，姜某斌又联系"梦枫旗舰店"进行录制。而从姜某斌QQ邮箱内调取的电子邮件显示，其收到过他人发送的关于"北京市人民检察院经济犯罪侦查总队"、"北京市怀柔公安局"的疑似诈骗语音的录音；其又向他人发送过"北京市反洗黑钱资金公证处"等疑似诈骗语音的录音。这些证据更直接反映了姜某斌为他人诈骗提供帮助行为。

综上，结合姜某斌供述、证人证言以及大量电子数据，比较完整地还原了姜某斌为"汪米兔"实施诈骗提供通讯传输通道、网络技术支持等帮助行为。

3. 姜某斌犯罪主观故意

相关电子数据在认定姜某斌犯罪主观故意方面仍然可以发挥一定的作用。

首先，上海市公安局徐汇分局民警吴某出具关于"秦朗"涉及上海电信网络诈骗案件调查情况说明，证实该局电话诈骗案件中涉及由黄某销售给秦朗的021-5121×××号码。警方于2013年8月、9月联系秦朗并要求提供上海号码的出售情况，经多次联系，秦朗提供两份电子邮件附件，提供的信息与服务器记载不符、且秦朗系假名，其未如实配合调查。

其次，姜某斌使用"秦朗"名字发送给民警吴某的电子邮件,反映姜某斌应吴某要求配合调查而提供相应号码出售情况,其提供的信息与系统所见不相符。

上述两份证据,并结合姜某斌自己的供述,证实上海警方将021-5121××××号码涉嫌诈骗的情况已告知姜某斌,姜某斌却使用虚假身份与警方联系,反映其主观上认识到该电话涉嫌诈骗而不配合调查,进一步强化了其主观认识。此外,前述"汪米兔"联系姜某斌制作疑似电话诈骗的录音、姜某斌也实际制作了相应的诈骗录音,根据这些客观行为也可以推定姜某斌应当知道"汪米兔"实施电话诈骗。

综上分析,姜某斌在明知他人实施诈骗的情况下,仍然为其提供电话号码、网络技术支持、制作疑似诈骗录音等便利,造成两名被害人巨额财物损失,姜某斌系本案诈骗犯罪共犯。鉴于姜某斌本身并没有直接实施诈骗的实行行为,其在共同犯罪中起辅助作用,系从犯。

(四)本案电子数据审查运用的启示

本案是一起典型的电话诈骗案件,在直接实施诈骗的主犯未到案的情况下,充分运用电子数据认定案件事实,将电信诈骗帮助犯绳之以法。电子数据在认定基本诈骗事实、具体帮助行为、实际犯罪结果等方面均发挥重要作用。而本案最大的启示在于如何从通讯信息的角度在行为人与被害人之间、诈骗行为与诈骗结果之间建立可靠的关联性。

结合本案电子数据的运用,从通讯信息的角度分析电话诈骗犯罪事实,一般可以从以下几个步骤展开:第一,从被害人的受骗电话入手分析。电话诈骗中,嫌疑人往往使用改号软件变更号码,对被害人有更强的迷惑性,而案发后首先也需要恢复诈骗原始号码。本案中,侦查机关通过分析 VOS 服务器截图信息等技术手法,确定了三个真实的诈骗电话号码。第二,分析诈骗电话号码的实际使用者、提供者、技术支持者。电话的实际使用者反映直接实施诈骗的行为人,电话的提供者、技术支持者则可能是实施诈骗帮助行为的人。本案中,侦查机关首先找到销售这三个网络电话的卖家，结合证人证言、电子交易记录，共同指向嫌疑人姜某斌在案发前几个月买入这三个电话号码。而其与"汪米免"之间的QQ聊天记录证实姜某斌将这三个电话号码贩卖出去，并为电话号码的使用提供相应的技术支持。第三，分析涉案电话号码提供者、技术支持者对该电话实际用途的主观认识。只有在行为人明知其电话被人用于诈骗时仍提供相应帮助，行为人才需要承担相应的责任。本案中，上海警方曾经将该电话被用于诈骗的情况告知过姜某斌，有警方的情况说明与具体邮件佐证，反映姜某斌主观明知状态。

在电信网络诈骗中，诈骗的具体行为（包括实行行为和帮助行为）主要反映在通讯联络上，诈骗的犯罪结果（即被骗金额）主要反映在资金往来上，从而分别形成通讯类电子数据和资金类电子数据。本案由于诈骗实行行为人没有归案，姜某斌本身与被害人没有直接的交集，无法从资金链上建立关联性，只得转而从通信链入手寻求突破，也取得成功，为打击电信网络诈骗犯罪积累有益的经验。

第四节　暴力犯罪案件中电子数据的审查运用

一、概述

暴力犯罪是人类历史上最原始、最普遍的犯罪形态。诸如杀人、伤害、斗殴、抢劫、绑架、纵火、爆炸、强奸等暴力行为，不同国家、不同法域普遍将之纳入刑法调整的范围。根据刑法理论，犯罪可以分为自然犯和法定犯两种形态，暴力犯罪则是最典型的自然犯，有其自身的特点，这些特点影响了电子数据在暴力犯罪案件中的运用：

第一，从犯罪客观方面看，暴力犯罪普遍具有明确的犯罪现场、可感知的行为过程。与其他犯罪相比，尤其是与各类经济犯罪相比较，暴力犯罪普遍有特定的作案时间、具体的作案地点、确定的作案对象、可以直观感知的行为过程，时间、地点、对象、行为过程等一系列要素组成具体的、明确的犯罪现场。这些犯罪现场就会留下各种各样的痕迹、线索，形成各种证据，包括一些电子数据：一是视频监控，它能够全部或部分记录作案过程，而且视频监控所记录的这些作案过程非常具体、细微，便于司法人员准确、完整地还原具体的行为经过；即使一些监控视频只有部分记录，但仍然能够在关键细节上确定一部分案件事实。二是通话记录，它能够客观反映当事人活动的时间范围、空间范围，便于确定具体的案发时间、大致的作案地点，以及与当事人有关联的相关人员。

第二，从犯罪主观方面看，暴力犯罪往往具有复杂的犯罪动机、多样的犯罪目的。暴力犯罪绝大部分是故意犯罪，而且多数案件有它发生的前因后果，或为谋财，或为害命，或为劫色，或为复仇，或为泄愤，等等，不一而足。这些犯罪动机和犯罪目的就会直接影响到嫌疑人在作案前与作案后的一系列行为，形成各种电子数据。具体而言：作案前，行为人常常会经过各种各样的准备，进行一定的策划、分工、踩点，准备作案工具，物色作案目标，这些过程可能为监控视频所记录，或者在手机短信、通话记录、即时通讯记录等电子数据中留下各种痕迹；作案后，行为人又会有各种后续行为，比如逃离案发现场或者投案自首、处理涉案财物、处置被害人员（如抛尸）等情况，而相关监控录像、销售记录、银行存取款记录、乘车记录等电子数据也会客观地反映上述事实。

在暴力犯罪中，案发现场暴力行为的实施过程是最核心的内容，围绕着现场的行为，会产生案发前、案发后一系列具体的行为。在电子信息技术对我们的日常生活无孔不入地渗透的今天，这些作案过程或重要环节，常常被各种有形或无形的技术性工具、电子设备所记录，从而形成各种各样的电子数据。案件发生后，侦查机关在分析犯罪过程、研判当事人活动轨迹、确定犯罪嫌疑人真实身份时，也经常从手机通话记录、监控视频、银行账单等各种电子数据寻求突破；破案之后，根据犯罪嫌疑人供述、证人证言提供的线索，获取更多通话、乘车、存取款等记录，以判定当事人说法的真伪，完善案件证据链。在后续的刑事诉讼过程，这些电子数据也是认定暴力犯罪案件事实的重要证据。

二、暴力犯罪案件中常见电子数据

结合暴力犯罪的自身特点，此类案件中常见的电子数据有视频监控、通话记录、即时通讯记录、手机短信以及取款记录、销赃记录、资金交易记录等。本小节对司法实践中最典型的视频监控、通话记录、即时通讯记录三类电子数据的审查判断展开分析。

（一）视频监控

根据两高一部《电子数据规定》第1条规定，音视频是电子数据的一种表现形式。而视频监控无疑是最重要的音视频之一。但从视频监控的特征看，它也属于视听资料。因此，从法定证据种类看，视频监控具有视听资料和电子数据双重属性。因此，有必要对视听资料与电子数据的关系进行简要分析。2013年1月起实施的《刑事诉讼法》将视听资料与电子数据并列为同一类证据，而在此之前，刑事法律层面主要使用视听资料这一概念，[1] 有的部门规定将计算机存储资料归入视听资料范围中。关于视听资料与电子数据的关系，理论界和实务界众说纷纭。

我们认为，在现行刑事诉讼法正式使用"电子数据"这一概念，理论界也普遍采用电子数据这一称谓的背景下，应当从电子数据的视角来认识视听资料。首先，视听资料所具备的特性能

---

[1] 当然，在最高人民法院、最高人民检察院、公安部、国家安全部、司法部联合发布并从2010年7月起实施《关于办理死刑案件审查判断证据若干问题的规定》中提到电子证据的审查判断，但对这类证据仍然只限于司法解释层面，还没有上升到法律层面。

够为电子数据所涵盖，比如视听资料技术性、准确性、易修改性等特点，都是电子数据区别于其他证据的重要特征。视听资料与电子数据在本质上是相通的。其次，从技术层面讲，尽管有基于模拟技术形成的视听资料与基于数字技术形成的视听资料之分，但随着电子数字技术的普及，前者的应用范围逐渐缩小，后者的应用范围迅速扩张，将视听资料归入电子数据的范畴，符合时代发展的潮流，也有利于将电子数据的相关规范更好地适用于视听资料的取证、审查和运用中。正如陈瑞华教授指出，"除了在证据的载体方面有一定区别以外，电子数据与视听资料在证明力和证明能力方面并没有实质性的区别，它们可以适用极为相似的证据规则"。[①] 因此，关于视频监控、视听资料、电子数据之间的关系，我们认为视听资料包含于电子数据之中，音视频又是视听资料最主要的类别，而视频监控则是音视频的重要表现形式。

暴力犯罪案件中，视频监控是最常见的电子数据，视频监控对认定暴力犯罪案件的相关事实有着至关重要的作用。首先，视频监控可以大致反映甚至非常准确地记录相关人员的外形体貌特征，便于确定嫌疑人、被害人及其他相关人员。其次，视频监控可以动态地反映相关人员的具体行为过程、准确记录相关场所的分布情况，便于锁定与案件有关的地点，分析案件相关人员各自的具体行为动作，厘清案件事实。具体而言，许多暴力犯罪案件中，视频监控可以反映案发现场的基本过程，便于直接还原案发经过；即使缺少作案现场直接的视频，其他位置的监控也能够记录嫌疑人事前购买作案工具、踩点、作案期间进出案发现场或者案发后逃跑、处置相关赃款、赃物等行为，借助视频监控哪怕只是确定其中一个或多个与案件相关的细节，对认定整个案件事实都有重要作用。

电子数据的显著特征就是技术性和易变性并存。司法实践中，办案机关可能往往会从有利于自身办案需要出发，仅仅调取

---

① 陈瑞华：《刑事证据法学》，北京大学出版社2012年版，第110~111页。

部分视频,其他一些有关联的视频会有意或无意被遗漏,最后作为证据使用呈现出来的证据材料不完整。因此,在运用视频监控的过程中,首先需要审查相关视频监控是否完整、连贯,是否被人为删减或修改。具体而言,可以从以下两方面展开审查:第一,结合视频监控自带的时间标识,审查作案的时间段是否在视频的起止时间之内,时间标识是否连续不间断。第二,审查视频的画面内容是否连续、前后衔接,尤其当视频监控是从反面来证明不存在某一事实或者没有发生过某种行为,则监控的完整性、连贯性显得更加重要,更应当成为审查的重点。

(二) 通话记录

手机是信息时代最主要的通讯工具,人们的日常生活须臾离不开手机,各种各样的暴力犯罪分子也会在自己或别人的手机中留下各种痕迹,从而成为破案、定案的重要依据。通话记录是与手机有关联的最重要的电子数据,对确定相关人员的活动轨迹、关系人员、案发时间等有着重要作用。

运用通话记录时,需要重点审查手机的实际使用者或手机号码的机主。一般可以通过以下两种方法进行审查:一是直接确认,比如通过直接检查手机、向通讯公司调取手机号码的登记信息,或者通过证人、嫌疑人的直接描述、辨认,从而确认某一部手机的实际使用者或某个手机号码的实际户主。随着手机实名制的推广,今后更多地可以通过直接查询的方式确认手机号码的实际户主。[①] 二是间接确认,通话记录中总是蕴藏着海量的信息,

---

① 2016年9月23日,最高人民法院、最高人民检察院、公安部、工信部、中国人民银行、中国银监会六部门联合下发《关于防范和打击电信网络诈骗犯罪的通告》,第3条、第4条规定,"电信企业(含移动转售企业,下同)要严格落实电话用户真实身份信息登记制度,确保到2016年10月底前全部电话实名率达到96%,年底前达到100%。未实名登记的单位和个人,应按要求对所持有的电话进行实名登记,在规定时间内未完成真实身份信息登记的,一律予以停机……电信企业立即开展一证多卡用户的清理,对同一用户在同一家基础电信企业或同一移动转售企业办理有效使用的电话卡达到5张的,该企业不得为其开办新的电话卡"。该通告即日起生效。

通过分析当事人的通话记录，调查与该电话有联系的其他多个号码的实际户主，从而间接推断该号码的实际户主。

此外，在运用手机短信、照片、通话录音等与手机相关联的其他电子数据时，同样需要重点审查相关手机号码的实际使用者。

(三) 即时通讯记录

随着电子信息技术的迅速发展，基于通讯技术和网络技术综合运用而形成的电子信息，越来越成为我们日常生活不可分割的一部分。尤其在智能手机广泛普及的今天，诸如腾讯QQ、微信、微博、陌陌、MSN等网络即时聊天工具已经广泛运用，许多暴力犯罪分子也常常会利用这些聊天工具实施犯罪。甚至网络的开放性与虚拟性特征，利用这些聊天工具实施犯罪，隐蔽程度更高，扩散范围更广，侦查难度更大。当然，由于即时通讯记录经常能详细记载当事人的真实想法，案件发生的来龙去脉，一旦能获取有效的即时通讯记录，案件的办理也能获得实质性的突破。

运用即时通讯记录时，需要重点审查相关网络账户的实际身份。即时通讯记录总是形成于特定的账号之间，诸如QQ通讯工具有唯一的QQ账号、微信有微信账号。不同当事人借助于具体的通讯工具，通过各自的账户登录，与其他人在聊天平台上实现互动，留下具体的电子数据。而聊天账户又是虚拟的，要将聊天记录运用于具体案件中，就应当确认聊天账户的实际户主，从而在实际户主与聊天记录之间建立关联性。两高一部《电子数据规定》第25条规定，"认定犯罪嫌疑人、被告人的网络身份与现实身份的同一性，可以通过核查相关IP地址、网络活动记录、上网终端归属、相关证人证言以及犯罪嫌疑人、被告人供述和辩解等进行综合判断"。司法实践中，可以从以下几方面展开分析判断：

一是可以从聊天记录的来源上确认该账户的真实户主。侦查机关获取的聊天记录，可能是从一方当事人的账户内提取，也可能从对方当事人的账户提取；可能从与某一方当事人有关联的电脑、手机等电子设备上提取，也可能从第三方网络服务提供商处提取。如果是基于其中一方当事人直接登录账户，或者直接从与当事人有关联的电脑、手机上提取，则基本可以确认该账户与当事人之间的关联性，甚至可以直接确认当事人为该账户的真实户主。

二是从嫌疑人供述、证人证言、被害人陈述等言词证据中获取信息。一般情况下，当事人会使用某个聊天账户与不同人进行网上沟通联络，会与自己亲友的聊天账户建立关联性。因此，可以从与当事人有关联的亲友中确认聊天账户的实际户主。

三是从聊天记录的具体内容中分析判断。如果一方当事人在QQ聊天中明确提到其个人信息，比如具体电话号码、银行账户、住址，甚至直接提到个人姓名等内容，也可以从这些数据中获取有效信息，分析该QQ账户的实际户主。

四是通过IP地址、上网终端归属等方式判断相关网络账户的实际户主。

三、运用电子数据认定暴力犯罪相关事实

暴力犯罪普遍具有明确的犯罪现场、可感知的行为过程，案发现场中的实行行为是最重要、最核心的犯罪事实。本小节以案发现场为基础展开分析：首先，论述如何运用相关视频监控还原现场作案的基本过程；其次，结合各种电子数据，分析如何认定嫌疑人在作案前、后的相关行为，包括犯罪起因、动机，为实施犯罪进行的预谋、准备，以及后续的逃跑、投案、销赃等行为。此外，相比于其他刑事案件，侦查机关的破案经过对认定暴力犯罪案件事实至关重要，而且电子数据常常在破案过程中发挥非常重要的作用。因此，在审查上述相关案件事实的基础上，再分析如何运用电子数据综合审查破案经过。

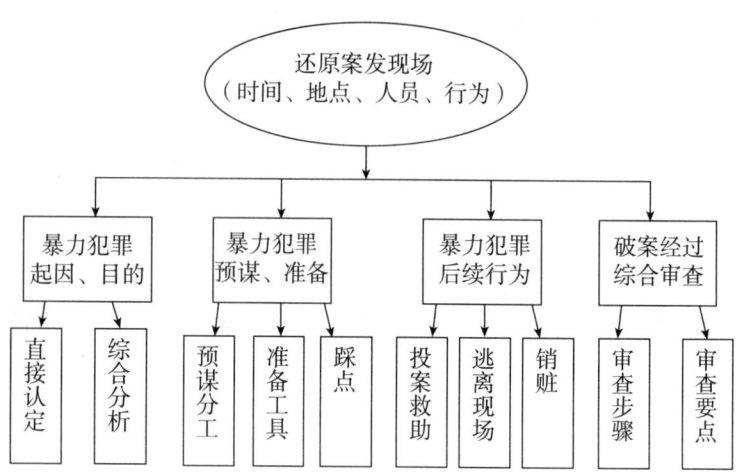

图 3 运用电子数据认定暴力犯罪相关事实的过程

（一）还原案发现场

视频监控反映的是一个动态的过程，能够非常直观、准确记录当事人在暴力犯罪过程中的具体行为，非常有利于还原案发现场。时间、地点、行为人是暴力犯罪案件的三个基本要素，在厘清这三个基本要素的基础上，再进一步分析每个人的具体行为方式、行为过程以及造成的实际后果等内容。运用视频监控还原案发现场，同样需要从时间、地点、行为人这三个角度入手，分析监控的形成地点、判断准确的案发时间、识别监控中当事人的实际身份，在此基础上，然后再审查判断监控中每个人具体的行为过程。

当然，能够通过视频监控完整地确定暴力犯罪的时间、地点、行为人以及每个人的具体行为过程，这是最理想的状态。司法实践中，不同案件的监控视频材料各不相同。有些案件发生的环境决定了没有相应的视频资料，有些案件只有反映部分事实的视频；有些视频图像模糊不清，或者只有图像没有声音。正因为个案中实际情况的千差万别，在审查视频监控时需要认真分析、仔细甄别。但是，我们仍然可以从前述时间、地点、行为人、行为过程等一个或几个角度来审查运用监控视频，为更好地还原案发现场奠定基础。

1. 审查视频监控的形成地点

视频监控能准确记录行为的过程，但只有当行为人的活动范围在监控所能辐射的范围之内，才能记录下来，而且不同距离、不同角度所形成的视频效果也有很大区别。因此，在审查视频监控时，首先应审查形成该视频的监控设备所处的具体方位，尤其是同一地点调取多个监控资料时，更应当厘清各个监控所处的原始位置，为进一步分析案件事实奠定基础。必要时，还应当通过实地走访调查监控所处的详细地点，挖掘同一地点是否有遗漏的监控视频没有提取。因为全面调取案发地各个角度的视频资料，不仅有利于实体上完善案件事实，也能在程序上保证案件的公正处理。

以罗某信等4人故意伤害案为例，犯罪嫌疑人一方与被害方均无证经营牙医诊所，双方因为竞争关系，积怨由来已久，后因琐事双方矛盾进一步恶化，互相殴打，致被害方一人死亡。在审查起诉和审判阶段，被害方多次要求调取案发现场另一处监控视频。后承办人经实地走访，发现案发地确实有多个监控卡口可能拍摄到当时的案发现场，而侦查机关只调取了其中一处视频资料，遂要求侦查机关补充调取。但侦查机关以时间太久没有保存或者监控模糊不清等为由，始终没有移送相关资料，后被害人以此为由认为案件事实不清，多次上访申诉，在办案程序上造成极其不良影响。该案留下重要启示，作案地点各个角度可能涉及的监控应当及时调取，即使模糊不清也应当随案移送，才能从程序上更加公平合理地处理案件。

2. 还原视频监控的形成时间

视频监控所反映的案件事实总是发生于特定时间、特定空间的事实。因此，查清视频监控与案件有关内容的具体时间，对于准确认定案发时间、确定涉案人员具有重要意义。一般情况下，监控视频上常常自带有时间标识，便于直接确定相应的时间。然而，许多情况下视频上的时间与标准的北京时间又存在一定差异，有时这种差异对认定案件事实不会产生太大影响，但在某些情况下会对事实的认定产生重要影响。如果一起暴力犯罪案件中，存在多个不同监控视频从不同角度反映案件事实的情况时，不同监控视频时间上的连贯性、同步性就非常重要。

以潘某浩纵火案为例。2014年11月底某晚10时许，潘某浩独自驾车赶往某市一家工厂外，停留一个多小时后，潘某浩下车步行至隔壁一家电镀厂围墙外，随后翻墙潜入厂内实施纵火，之后原路返回驾车逃离。潘某浩承认当晚曾驾驶面包车至案发工厂外，但始终否认翻墙进入厂区内纵火。而侦查机关从案发现场调取四组监控视频比较详细地反映了纵火经过。其中厂区外两组视频，可以无死角地反映出有人停车、下车、走到厂区围墙外，以及后来厂区内发生火灾之后，厂区外有人原路返回车上再开车离开等一连串事实；厂区内两组视频可以反映出有人从围墙内车棚走出、之后沿着通道走向起火的厂房以及将火把扔进厂房纵火，然后该人又原路返回走进围墙的车棚不见人影等一连串事实。然而，厂区内外的视频也存在一定缺陷：一是厂区内的纵火人员始终蒙面或者看不清面部特征；二是厂区围墙外有一辆紧靠围墙停放的厢式货车，遮挡了嫌疑人翻墙的经过，因此从视频上无法直接识别围墙外的人翻墙进入厂区纵火；三是这四组视频上的时间标识并不同步，前后无法衔接，进而影响到嫌疑人行为连贯性的认定。因此，在审查过程中，侦查机关根据相关监控设备的实际情况，将视频上所标识的时间统一转化成标准的北京时间，然后根据嫌疑人下车、到达围墙外、围墙内车棚人影出现、实施纵火这几个过程的实际时间，将这些内容串联起来，完整反映了厂区内外当事人行为在时间上的前后衔接、高度连贯，作为认定嫌疑人翻墙纵火的关键证据。

3. 判断视频监控人员身份

监控录像可以如实记录当事人的活动经过和轨迹，在运用监控录像的具体内容时，就需要识别出录像中的具体人员，将监控中的人员与实际的犯罪嫌疑人或相关证人联系起来。只有这样，才能准确地分析每个人的行为方式、行为过程。司法实践中，可以根据以下几个方法来判断监控录像人员的实际身份：

第一，结合言词证据来判断行为人的实际身份。首先，可以根据证人、被害人、犯罪嫌疑人或同案犯在言词证据中所陈述行为的衣着颜色、体貌特征、站立方位、手持工具等内容来判断各个当事人。其次，可以结合证人、被害人、犯罪嫌疑人或同案犯对监控录像的直接辨认情况来判断各个当事人。以卓某琦故意伤害案为例。2015年4月某晚，犯罪嫌疑人卓某琦与其朋友蒋某林等10余人在某市区吃宵夜，其间因言语不和，卓某琦、蒋某林发生冲突，双方均拿出刀具动手打架，蒋某林的女朋友蔡某也上来帮忙蒋某林，其他人员主要在劝架。现场监控录像拍摄到案发现场当事人之间互相争吵的大致经过，其中有一男一女共同与另一个男子在互相争吵，进而厮打，其他多人在拉架、劝架，每个人衣着有各自的特征。经过现场证人的辨认，可以确定上述打架的三人中，单独一方的男子系卓某琦，另一方的一男一女系蒋某林和蔡某。这三个人身份的确定，为后续分析每个人具体客观行为奠定基础。

第二，通过司法鉴定来判断行为人的实际身份。《刑事诉讼解释》第92条、第93条规定，对视听资料、电子数据有疑问的，应当进行鉴定或检验。同样，鉴定也是判断监控录像中相关当事人身份情况的重要方法。仍然以潘某浩纵火案为例。前面提到，潘某浩始终否认翻墙进入厂区内实施纵火。鉴于视频的客观情况，厂区内外各两组视频均无法直接识别出是潘某浩本人。但通过对厂区外两组视频的分析，并结合潘某浩认可当晚驾驶面包车到达过案发现场的基本情况，可以判断当时厂区外下车的人系潘某浩本人。而厂区内的两组视频只能看到有一个蒙面男子实施纵火。由于视频看不到当事人爬墙动作、看不清当事人面部特征，因此厂区内外两人是否同一人，成为本案最关键的疑点。前面提到，通过对四组监控视频时间矫正，首先确认监控中当事人前后时间连贯。经过一审开庭后，侦查机关又将相关视频资料委托某专业图像鉴定机构鉴定。经依法鉴定，厂区内纵火的嫌疑人人像与在厂区内、外行走以及上下面包车的人像是同一人所留，此外还鉴定出当时箱式货车边的围墙上有人在爬墙的动作。从而对确认监控视频中纵火人员身份提供了重要依据。

4. 运用监控视频认定具体的实行行为

前面从时间、地点、行为人三个角度来审查案发现场中监控视频的基本情况，明确了监控反映的案发时间、地点以及监控中当事人的实际身份。在此基础上，审查判断监控所反映的案件发生、发展的整个过程，分析每个人具体的实际行为、关键动作、参与程度，也便于准确地判断行为人在暴力犯罪过程中的地位、作用和行为性质。

首先，如果监控视频的画片清晰，监控拍摄的角度较好，可以直接分析每个行为人的具体实施过程，准确判断行为人的犯罪地位，甚至还可以认定当事人的行为性质。以宋某勇等人故意杀人案为例。宋某勇在某市网吧上网时，因座位问题与孙某发生争吵，后宋纠集夏某某、应某某二人共同殴打被害人孙某，在殴打过程中，宋某勇持刀捅刺孙某数刀致其当场死亡。网吧内的监控视频清晰记录宋某勇等人的作案过程。公安机关以宋某勇、夏某某、应某某涉嫌故意伤害罪移送审查起诉。在审查起诉过程中，通过对公安机关移送的监控录像详细分析，一开始其三人均是拳头殴打，后宋某勇突然拿出水果刀捅刺，被人发现后，包括两名同案犯夏某某、应某某在内多人前去劝阻宋，但宋某勇不顾劝阻仍然持刀连续捅刺被害人后方才离开。这些画面一方面反映出宋某勇已经超出伤害的故意，明显具有杀人的故意；另一方面说明同案犯夏某某、应某某只是进行一般性的殴打，宋某勇持刀捅人的行为超出他们的意料，其劝阻行为更表明没有杀人的故意。因此，本案最终定性为宋某勇犯故意杀人罪、夏某某、应某某犯寻衅滋事罪。

其次，如果监控视频的画面不够清晰，或者监控拍摄的角度不是很好，难以完整地反映案发现场的全貌，则应当重点审查监控视频中的关键节点，并结合相关言词证据或现场勘验检查情况进行分析判断，锁定行为人的关键动作，准确还原案发经过。仍然以前述卓某琦故意伤害案为例。通过证人证言及其辨认情况，可以确定案发现场的监控视频中犯罪嫌疑人卓某琦和被害人蔡某及其男朋友蒋某林三人。当时案发现场人员众多，言词证据可以反映卓、蒋二人均持刀打架，但言词证据均无法直接反映出是谁捅刺到被害人蔡某（其身上仅有一处刀伤），包括卓某琦自己也否认捅到被害人。案发后，卓某琦所使用的刀具无法找到，而从案发现场找到蒋某林（即死者蔡某的男朋友）所使用的刀具上恰巧有蔡某的血迹，案情更加复杂。侦查员从现场调取的监控录像可以看到当事人吵架的大致经过，但无法直接看清谁捅刺到被害人，现场混乱，双方打斗时间又非常短。通过对视频的反复、缓慢播放并结合相关证人的辨认，可以提取到以下几个基本信息：一是被害人蔡某捂胸倒地的具体时间可以明确（信息一）；二是被害人在捂胸倒地时，其正对面刚好是卓某琦，二人近距离接触，且卓某琦有伸手来回的动作，只是从监控视频看，卓某琦与被害人之间动作被第三人挡住，无法直接看清直接捅人经过（信息二）；三是被害人在捂胸倒地时，其男朋友蒋某林正与被害人平行并肩站着面朝卓某琦的方向（信息三）。由于死者蔡某身上仅有一处刀伤，说明打架过程中只有一个人持刀刺中蔡某。以此为基础，结合从视频监控所提炼的上述三条信息分析，信息一与信息三组合，可以排除蒋某林持刀刺中被害人的可能；信息一与信息二组合，可以推定系卓某琦持刀刺中被害人，被害人随即倒地。另外，通过对现场视频的分析，被害人倒地10多秒后，其男朋友蒋某林从比较远的地方走过来蹲下身去抱被害人，蒋某林辩解其蹲下去抱人时，把刀随手扔到地上。后来勘查现场时，正是从被害人一滩血迹附近提取到蒋某林打架时所使用的刀。据此，可以推断蒋某林刀上血迹应该是其扔刀后沾上的，因此对其刀上的血迹也能作出合理解释。本案中，结合尸检报告、证人辨认情况以及监控视频等证据，通过以上的综合分析论证，可以判断嫌疑人卓某琦持刀刺中被害人蔡某的基本过程。

（二）暴力犯罪的起因、动机

人的任何故意实施的行为，都是在一定的动机支配下，去追求一定的目的。所谓犯罪动机，是指刺激犯罪人实施犯罪行为以达到犯罪目的的内心冲动或者内心起因。① 相比于其他犯罪，暴力犯罪作为人类最原始的犯罪形态，具体表现形式多种多样，实施犯罪的动机、起因也往往各不相同，或为图谋钱财，或为经济纠纷，或为情感矛盾，或为生活琐事，或为打击报复，或是蓄谋已久，或是临时起意，等等。这些因素，有些会直接表现于人们日常行为交往之中，在相关电子数据中留下一些痕迹；有些虽然隐藏于行为人的内心，但也会间接体现于外在的行为，通过分析这些行为方式，可以推断出犯罪的来龙去脉。电子数据所反映出来的相关案件事实，也有利于分析判断案件的起因、动机。

1. 运用电子数据直接判断行为人的犯罪起因、动机

电子数据可以表现为文字、图像、声音、数据或者这些形式的综合体，当行为人使用文字或者声音直接陈述自己内心的真实想法，或者用来表达具体的矛盾、纠纷时，就可以通过这些内容判断行为人实施暴力犯罪的起因、动机。比如，案发前后当事人之间通过手机短信或者QQ、微信、电子邮件等通讯工具互相沟通时，在往来的通讯记录中留下当事人之间关注的焦点问题，引发矛盾互相争吵的内容，通过分析这些内容，可以判断当事人实施暴力犯罪的原因、动机。

以王某建故意杀人案为例。王某建因其妻子熊某与周姓男子有不正当往来而将熊、周二人杀害。案发后，侦查人员从案发现场调取三部手机，经检查确认这三部手机分别为王、熊、周三人

---

① 赵秉志主编：《刑法学》，北京大学出版社、高等教育出版社2010年版，第119~121页。

所有，手机内留有大量往来短信和通话记录，直观地反映出熊某与周某的不正当往来，王某建则在短信中竭力挽留熊某。通过分析这些手机短信的内容，就可以直观还原案发前王某建、熊某、周某三人之间存在的感情矛盾，熊某、周某对本案的发生有一定的责任。

2. 运用电子数据综合分析行为人的犯罪起因、动机

犯罪动机、犯罪目的属于犯罪主观因素，这些主观因素可以在一定程度上体现于客观行为之中。不过，有些可以直接体现于客观行为中，有些只是间接地体现于客观行为中。许多情况下，不同的犯罪动机或犯罪目的，也会有相同或相似的外在表现形式。最典型的就是使用汽车实施犯罪，故意驾车实施杀人、伤害等暴力行为，与交通肇事致人伤亡的行为，在表现形式上有极高的相似性，区别关键在于行为人是故意撞人还是过失撞人；是为某些特定的目的蓄意杀人、伤害，还是仅仅操作失误引发交通事故。如果单纯分析当事人驾车撞人的行为，很难对案件进行准确定性，但通过分析当事人在案发前后的各种行为，分析当事人在各种电子数据中留下的活动轨迹，有助于判断犯罪的起因、动机，有助于分析当事人是故意还是过失。

以余某喜故意杀人、保险诈骗案为例。余某喜于案发当晚7点多驾驶私家车带着妻子、女儿途经某市郊区一条沿河道路时，其将汽车驶入河中，妻、女均溺水而亡，其自己逃出后报警，后因涉嫌交通肇事罪被立案调查。在调查过程中，余某喜供述自己系初次经过该路段尚不熟悉，且当时受对向车道另一辆汽车远光灯的影响，操作不慎引发事故。然而，结合各种电子数据反映出的客观事实是，余某喜驾车落水并非简单的交通肇事。主要体现在：首先，经调取事发路段的监控录像，可以排除事发时受对向车道远光灯的影响，这表明其有意在撒谎。经进一步调查，还发现余某喜在案发前一天晚上同样驾驶该车经过此路段，且稍作停留，这反映余某喜有意虚假陈述，其前一天经过此地很可能是为了踩点。其次，事发后约5小时，余某喜拨打中国平安财产保险

股份有限公司95511客服电话，时长约10分钟，清晰记录了余某喜杀害妻女后申请赔付车险、人身意外险的情况，而且结合通话录音以及余某喜亲属的证言，当时余某喜在申请理赔时能够非常顺畅地背出一串很长的保单号码，显然违背正常人的生活经验，可见对申请保险很可能是有备而来。最后，通过分析余某喜的通话清单显示，案发后十天之内其与一名女子王某有近百次通话记录，而且显示绝大多数为余某喜主动联系王某。结合王某的证言及其二人QQ聊天记录，系余某喜在案发前已经与王某有不正当男女关系，且有意与王某结婚，而事故发生之后余某喜又反复主动追求王某。通过上述这些电子数据及其相关证人证言所还原的事实可以看出，这并不是一起简单的交通肇事案件，很可能是一起有预谋的故意杀人、骗取保险案件。在这些证据面前，余某喜最终也承认自己驾车落水的真实目的就是要杀害妻子以便和王某结婚，同时还可以借交通肇事之名骗取保险。虽然在后续的侦查阶段和审查起诉阶段，余某喜自己有所翻供，但综合运用这些电子数据，合理地判断余某喜驾车落水的真实目的，从而认定其有故意杀人、保险诈骗的犯罪主观故意。

（三）暴力犯罪预谋、准备行为

暴力犯罪绝大多数是故意犯罪，而且许多都是行为人预谋已久、有备而来，包括相关人员预谋、策划、踩点，准备作案工具、跟踪作案对象等。在实施这些行为的过程中，常常会被相关监控录像、即时通讯记录、通话记录等电子数据所记录，审查并利用好这些电子数据，有利于完善全案事实。

1. 预谋、策划

司法实践中，行为人常常通过QQ、微信等即时通讯工具互相交流，或者通过电话进行彼此沟通，对准备实施暴力犯罪进行具体的分工、提出相关的方案，或者与被侵害对象沟通交流，为后续的具体实行行为奠定基础。以孙某锋故意杀人案为例。孙某锋因不满女朋友伊某与其分手，决定报复杀害伊某，并在杀伊某之前先找其他女子进行练手。为此，孙某锋两次通过网络聊天，分别获取两名女网友刘某、王某的信任并将其二人各自骗出来见面，其中王某被其杀害，刘某在见面后因警觉而逃走。杀害王某后，孙某锋又杀害其女朋友伊某。案发后，侦查人员完整调取了孙某锋的 QQ 聊天记录，详细记录其与两名女网友聊天过程，还原了孙某锋是如何获取女网友信任、如何将其骗出来见面、约定见面的具体时间、地点等信息。

2. 准备作案工具

行为人决定实施暴力犯罪后，往往需要准备相关作案工具。当行为人在商店购买作案刀具时，一方面会被监控录像所记录，反映购买的过程；另一方面会在商店购物系统中留下相关记录，反映购买信息、支付金额等。以田某华、田某杰抢劫案为例。2014 年 8 月某日，田某华、田某杰决定驾驶摩托车的方式对路上行人进行抢劫，白天多次试手未能得逞。当晚，田某杰回到出租屋洗澡时，发现租房外有一名独自在打电话的女子，遂告诉田某华，田某华持刀前去抢劫并杀害被害人，随后二人逃离。案发后，田某华畏罪卧轨自杀。田某杰归案后，供述了作案的过程及其购买刀具的具体超市。侦查机关调取该超市监控录像，反映当天 8 时许，两名嫌疑人进入该超市挑选物品，最后田某杰选购一把水果刀，强化其二人为实施抢劫准备刀具的事实。

3. 踩点

许多情况下，行为人在案发前一次或多次到现场查看踩点，会被相关监控录像所记录。从监控录像中细心挖掘上述信息，便于更好地还原案件发生发展的整个过程。仍以上述余某喜故意杀人、保险诈骗案为例。余某喜在案发之初供述，自己系初次经过事发路段，当时因操作不慎驾车落水。后经调查，余某喜在案发前一天晚上同样驾驶该车经过此路段，且稍作停留，这反映余某喜有意虚假陈述。随着其他相关电子数据和证人证言的调取，后来余某喜如实供述了以制造交通事故的方式杀人的经过，而上述监控反映的过程正是其前一天踩点的行为。

(四)暴力犯罪的后续行为

暴力犯罪实施完成后,嫌疑人往往会有一些后续行为,比如逃离案发现场,或者打电话救助被害人、投案自首,或者处理赃款、赃物,这些后续行为也会被不同的电子数据所记录。充分运用各类电子数据,仔细挖掘相关信息,有助于还原上述行为过程,进一步强化整个案件事实的证据体系。

1. 投案、救助行为

许多暴力犯罪案件中,嫌疑人实施犯罪后会有相关的投案或对被害人实施救助等行为,反映嫌疑人案发后的悔罪态度,对其量刑有重要影响。例如,行为人主动拨打110、120、119等紧急电话报案或求助。这一过程中主要会留下两类电子数据:一是通话记录,反映当事人拨打过上述电话准确的时间;二是电话录音,当事人拨打电话后,在110、120、119电话系统中会自动留下电话录音,作为判断当事人报案或求助的实际内容。

在运用这些电子数据认定嫌疑人投案、救助行为时,需要特别注意两点:第一,嫌疑人没有直接使用自己的电话求助,而是借用别人电话拨打求助,或者直接让别人帮忙拨打相关求助电话,在通话记录上就无法直接与嫌疑人关联起来。此时,在认定嫌疑人的行为性质时,应当结合通话记录和相关证人证言进行综合判断。

第二,嫌疑人拨打110报警电话,但是否构成投案自首还需要具体分析。根据刑法规定,自首有两个基本条件:一是主动投案,二是如实供述。行为人在拨打报警电话时应当是陈述自己有涉嫌犯罪的相关情况才属于"投案",否则难以认定。运用相关的报警录音,可以准确判断上述事实。以李某婷故意伤害案为例。李某婷与同居男朋友肖某某在其租房内因琐事发生争吵,争吵过程中,李某婷持刀刺中肖某某的胸部致其死亡,后李某婷又自杀,自杀未遂后又拨打110报警电话求救。通话记录也反映李某婷的报警行为。在诉讼过程中,李某婷及其辩护人提出其有自首情节。但通过审查其报警录音,当时李某婷只是自称被其男朋友刺伤并求救,并没有如实反映自己伤害男朋友的事情,这说明其没有报案的意愿。因此,不能认定李某婷有自首情节。

此外,根据最高人民法院《关于处理自首和立功具体应用法律若干问题的解释》规定,正在投案途中,被公安机关捕获的,应当视为自动投案。最关键是"正在投案途中"这一事实如何认定,包括两方面内容:一是客观上"去投案途中",二是主观上"为了投案"。相关电子数据有助于判断上述事实。以贾某某故意杀人案为例。① 贾某某因房屋拆迁问题与石家庄市长安区北高营村村长兼书记被害人何某某结下怨恨欲实施报复。2015 年 2 月 19 日上午,贾某某在该村杀害何某某,随后驾车离开时被村民用汽车撞停并抓获。案发后,侦查员从贾某某手机草稿箱调取一份短信,内容为"我以颤抖激忿(愤)的心潮按下群发,以热泪感馈关心我之短信对方;狂野在报仇何某华的自首之路,心如沸腾的坦然;在此紧(仅)仅的分秒钟,想对你的有且只能深鞠一个真挚的谢!斯是此生,愧报淡雅;蒙恩为酬,来事相馈。贾某某"。② 从该短信看,贾某某在事前确实有投案自首的意图。但是,由于其在杀人后是被群众开车逼停,也没有将短信发出去,能否根据上述规定视为自动投案,引起法学界广泛讨论。在最高人民检察院核准死刑,但尚未被执行期间,邱兴隆教授撰文认为本案符合自首条件,主要理由:一是上述短信已经说明行为人有投案意向的表达,是否发送并不影响;二是贾某某自己始终坚称不但有自首意向,还是在投案途中被阻击;三是作案后其驾车方向为派出

---

① 具体案情见"2015 石刑初字第 00138 号"刑事附带民事判决书。一审法院判处贾某某死刑,二审法院、最高人民法院均予以核准。最高人民法院下达核准死刑裁定书,石家庄市中级人民法院于 2016 年 11 月 15 日依法对贾某某执行死刑。该案通过媒体披露后,被害人是否有过错、被告人是否有自首,以及全案是否符合死刑标准,引起社会广泛讨论。本书仅讨论根据相关电子数据等证据能否认定被告人有自首情节。

② 该短信明显有部分错别字,但为保证电子数据的客观性,此处根据判决书列举的内容原貌抄录(括号注明了正确用词)。

所方向,而且身上没带任何现金和银行卡。① 在贾某某被执行死刑当天,根据最高人民法院进一步披露的案情,贾某某杀人后驾车逃跑,村民试图拦截,其仍拒不停车并开车向村民冲撞,被群众驾车撞停后不仅没有表示要去自首,反而威胁前来抓捕的群众"再过来就打死你们",并向群众开了一枪,直至被群众制服、公安机关将其抓获归案。② 从这一过程看,即使贾某某事前编辑好投案自首的短信,但在案发后抗拒抓捕、威胁群众,不符合自动投案的条件。当然,退一步讲,如果本案中行为人没有明确抗拒抓捕,而且案发后确实是往派出所方向开车途中被逼停,我们认为根据上述没有发送出去的手机短信,可以认定为"正在投案途中"。

2. 逃离现场行为

暴力犯罪发生之后,嫌疑人逃离案发现场,许多情况下会被监控录像所记录。在破案之初,侦查机关根据相关监控录像进行追踪、查找,逐步锁定犯罪嫌疑人。在审查运用的过程中,结合现场勘验笔录,或者通过走访案发现场周边情况,了解监控录像所反映的具体方位,以还原嫌疑人的逃离现场的路线。以王某凯抢劫、纵火案为例。2012年3月某日14时许,王某凯在浙江省某市一小区,尾随被害人刘某至其家门口,后强行进入刘某家中实施抢劫,将刘某杀害后逃离现场。当天深夜,王某凯为毁尸灭迹,再次潜回刘某家中纵火焚尸,之后离开,群众发现起火后报警。侦查人员调取小区附近的监控录像,发现嫌疑人员进出情况,随后又沿着嫌疑人离开小区后的方向,调取沿街的监控录像,最后找到王某凯家中,将其抓获。案件移送审查起诉后,上述沿街监控录像并没有随案移送。承办人要求侦查机关补充移送,经

---

① 载 http://news.163.com/16/1026/06/C49JUILD00014SEH.html,访问日期:2016年10月29日。
② 载 http://www.chinacourt.org/article/detail/2016/11/id/2349424.shtml,系贾某某被执行死刑后最高人民法院刑三庭负责人答记者问。访问日期:2016年11月15日。

过详细审查分析，并实地走访沿街马路，将监控录像反映的各个地点串起来，较好地还原嫌疑人离开案发现场逃跑的路线。

此外，嫌疑人或相关人员的手机通话记录也有会在一定程度上反映他们逃离案发现场后的行踪、轨迹。认真分析手机通话记录中的具体信息，有助于强化嫌疑人逃离现场的经过，完善整个案件事实的证据链。以刘某安抢劫案为例。2014年4月某晚11时许，刘某安等人在浙江省某市郊区的暂住房附近抢劫一名被害女子，抢劫过程中持刀杀害被害人，之后电话联系其老乡李某，李某在明知刘某安实施犯罪的情况下仍然驾车送其至隔壁城市汽车站。案发后，侦查机关调取刘某安和李某的通话记录，显示在次日0时12分，刘某安的手机主叫李某的手机，通话时间2分多钟，之后双方手机的移动轨迹一致。上述电子数据反映了刘某安逃跑的基本过程，也印证李某包庇的行为。

3. 处置赃款、赃物行为

暴力犯罪实施完成后，行为人处置赃款、赃物的行为过程中，有可能留下电子数据的情况主要有两类：第一，使用被害人银行卡窃取资金，比如通过转账的，可以结合资金交易记录判断被害人钱款的具体走向；通过银行取款的，可以结合相关取款记录、取款监控录像等判断实际取款情况。第二，行为人销售赃物过程中，留下相关销售记录或者销售过程的录像等电子数据。

根据前面分析，在判断嫌疑人完成暴力行为后，逃离案发现场、处置赃款赃物过程中，监控录像都是重要的电子数据。而在运用监控录像分析相关案情时，而最关键的也是如何判断监控中嫌疑人的实际身份，前面已有详细分析，在此不予赘述。

（五）破案经过的综合审查判断

1. 运用电子数据审查破案经过的重要性

办理暴力犯罪案件中，除了要重视对具体犯罪过程、作案细节的审查外，综合审查破案经过，对于强化全案证据链、完善案件事实有非常重要的作用。"案件侦破经过就是构建证据体系的经过，既能在主观层面反映侦查人员从立案到破案的思维演进过程（即发现罪行、获取证据、锁定嫌疑犯的思维判断过程），又能在客观层面表明证据体系的构建、完善过程和嫌犯的抓获经过情况。掌握案件发破经过，对于公诉人防范'侦查神秘化'带来的案件'背景'隐患、审查案件事实证据、合理构建证据体系、发现侦查监督线索等均具有至关重要的作用。"[1]

司法实践中，许多暴力犯罪案件尤其是一些命案往往只发生于某个犯罪嫌疑人与被害人之间，由于被害人已经死亡，也没有直接的目击证人；或者在一些案件中，虽然有人指认犯罪嫌疑人，但无法直接确定嫌疑人实际身份。这些情况下，侦查人员总会根据一定的线索摸排，逐渐缩小作案人员范围，从而最终锁定嫌疑人。这种摸排所依据的证据最主要的有两类：一是案发现场的生物物证及其 DNA 鉴定；二是通话记录、监控、资金交易记录等各种电子数据。随着科学技术的日新月异，电子数据在破案中发挥越来越重要作用。

如果将刑事诉讼中各种证据按客观性强弱进行排列，这两类无疑是客观性最强的几类证据。据此展开线索摸排，进而顺理成章地确定犯罪嫌疑人，就能够很客观地反映案件的侦破过程，也能够比较明确地指向嫌疑人。然而，就这两类证据在破案过程中的适用范围而言，电子数据在案件侦破过程中的作用越来越大。因为通过生物物证侦破案件的适用范围比较有限，只有那些案发后现场被及时发现且没有被破坏、污染过的案发现场，而实践中，许多案发现场是在案发后几天、几个月甚至几年后才被发现，显然难以通过生物物证来侦破。退一步讲，即使是那些被立即发现的案发现场，也未必能提取到有效的足以用于鉴定的检材，这进一步缩小依靠生物物证破案、定案的范围。相反，电子数据的保存时间则要长得多，有一些案发后几年才发现的案件，只要能够确定被害人的手机号码、银行卡等信息，通常能够从相

---

[1] 钟晋：《证据审查的方法论思考》，载《刑事司法指南》2012 年第 1 集（总第 49 集）。

关账户内恢复出有效的电子数据,从而在案件侦破过程中发挥重要作用。事实上,近年来,许多疑难复杂命案的侦破,很大程度上得益于对电子数据的有效运用,得益于综合利用监控视频、通话记录、手机定位、资金交易记录等电子数据。

2. 破案经过的审查步骤

(1) 判断案发时间

案发时间是暴力犯罪事实的重要构成要素。一方面,可以运用案发现场的视频监控直接判断案发时间,前面已经详细阐述,在此不再赘述。另一方面,许多案件缺少能够直接反映案发现场的监控视频,或者一些监控视频只能反映案发现场外围的相关事实,这种情况下就应当结合其他视频监控和手机通话记录等电子数据来认定案发时间。通过分析案发现场周边视频监控嫌疑人或被害人进出案发现场的时间,并结合嫌疑人、被害人的手机通话记录,分析当事人何时进入案发现场、何时离开现场,可以反映嫌疑人的作案时间;分析被害人何时最后一次进入案发现场后没再出现过,或者被害人最后一次通话时间,可以反映被害人遇害时间;还可以结合当事人所陈述的行为过程、行为方式,从反面来判断当事人是否有合理的作案时间。

(2) 分析犯罪嫌疑人身份

通过对案发时间的分析,确定被害人死亡、失踪时间,然后运用电子数据进一步分析在该时间段内与被害人有接触、有交集、有关联的相关人员,逐步缩小嫌疑人的范围,同时也是逐步排除可疑人员的过程,朝着确定真正犯罪嫌疑人的目标发展。在这一过程中,监控录像、手机通话记录等电子数据同样可以发挥关键作用。在审查破案经过时,也应当综合运用各种电子数据判断锁定嫌疑人的过程是否合情合理。比如,通过分析案发现场周边监控视频,判断当事人的实际身份;通过分析被害人遇害后相关银行卡取款监控视频,锁定嫌疑人;通过分析案发前与被害人有过电话、QQ、微信联系的相关人员,分析关系人员,逐步确定犯罪嫌疑人。

以王某故意杀人案为例。案发当晚，王某驾车约被害人叶某外出游玩，双方在车上发生不正当男女关系，后因琐事发生争吵，在争吵过程中，王某采用掐颈的手段杀害叶某，后驾车将尸体抛至野外掩埋。第二天，叶某亲友无法联系上叶，经多次寻找未果，于半个月后报警。侦查机关在侦破过程中，充分运用通话记录和监控视频这两类电子数据，确定犯罪嫌疑人，也成为后续定案的重要依据。首先，经调取叶某的通话记录发现，叶某在当晚接到一个可疑电话后离开家，之后失踪。经侦查发现，该可疑电话为刚刚开通的新号码，有且只有一次通话记录，但通过技术分析发现又有另外一个号码在该可疑手机上使用过，且与王某的妻子朱某、朋友张某的手机有通话记录，经调查确认该可疑手机系王某使用，从而初步判断王某与被害人叶某的失踪有关系。其次，分析上述可疑手机号码与叶的手机号码移动轨迹，发现王某所驾驶车辆的活动区域，后在进出该县城区的某路口调取到该车辆多次往返的监控视频，能够清晰显示车辆牌号、车内人员，经过叶某亲友、王某妻子辨认，这两人分别为叶某、王某。从而确定王某作案嫌疑。最后，王某归案后，根据其供述的具体作案地点、多次途经上述监控点道路的情况，也能够得到通话记录和更完整的监控录像佐证。监控显示，案发当晚 11 时许经过该监控点时还有王、叶二人，到次日凌晨 1 时许再次返回时，只有王一人，这进一步确定了叶是在这期间失踪；而通话记录显示，在这一时间段内，上述可疑手机确实在王某所供述杀害叶的地点出现过。王某归案后如实供述了作案过程，并带领侦查人员找到掩埋被害人叶某尸体的具体地点。可见，该案的侦查，正是综合运用视频监控、通话记录，再结合相关证人证言、辨认笔录，顺理成章地确定嫌疑人王某。

3. 破案经过的审查要点

综合应用电子数据审查破案经过，应当重点把握以下几点：

一是审查破案经过是否符合一般逻辑、前后是否连贯。许多侦查机关以保密等各种理由，不愿意将破案经过叙述完整，对一些关键性电子数据避而不谈,对破案过程的描述前后不连贯,无从判断整个破案经过是否合理、完整。如果发现这些情况,应当及时要求侦查机关重新补充破案经过。

二是破案经过所陈述的电子信息材料是否有相应证据予以支持,相关电子数据是否随案移送。例如,提到监控视频时,应有相应的视频资料佐证,符合辨认条件的应有相应的辨认过程;提到通话情况、通话地点的,应有相应的通话记录予以印证;提到网吧上网登记查询情况,应当有网吧相应的登记记录。上述王某故意杀害叶某案中,审查起诉阶段承办人就发现,虽然破案经过提到进出城区一处卡口的视频监控拍摄到可疑车辆,车辆上两个人经其亲友辨认系王某与叶某。但经审查发现,侦查阶段只是让他们辨认一下,当时并没有制作辨认笔录。因此,承办人要求侦查人员补充制作相关辨认笔录,从而使破案经过更加完整合理。

三是电子数据所反映出的可疑对象是否予以逐一排除,能否得出合理解释。比如在案发时与当事人有过电话联系的人员,应当予以排查,确认是否有第三人参与作案的可能性;或者当无法直接判断嫌疑人身份,而是通过推定等方式来确定真实身份时,也需要逐一排除他人作案的可能性。仍以上述潘某浩纵火案为例。前面已经提到,厂区内实施纵火的人蒙面,通过监控无法直接识别嫌疑人的身份。因此,还需要重点排除案发当时前后一段时间,在厂区外是否有其他人员走到围墙外的可能,在厂区内是否有其他人员从围墙内的车棚离开过。本案中,嫌疑人潘某浩在案发当晚22:15许驾驶面包车抵达厂区外边上的一处停车场,23:50许驾车离开,而嫌疑人翻墙进入厂区并实施纵火的时间发生在23:40许。因此,就需要重点审查在22:15至23:50这接近100分钟的时间段内是否有其他同样的面包车到达现场过,是否有其他人在厂区围墙外活动过。经过仔细审查,厂区外的两组监控视频可以无死角地覆盖从面包车停放处至厂区围墙外的整个空间,在视频所涉及的区域和时间内,没有第二辆面包车到达过现场,没有其他人从面包车上下车后走到围墙外。经过对厂区内的两组视频进行分析，也可以得到同样结论。从而足以排除第三人作案的可能。

四、电子数据综合运用的典型案例分析

（一）案情简介

案发前，李某某在浙江省 N 市经营一家建材商铺，因生活不顺，欲寻找他人帮助自杀。李便通过名称为"杀手联盟"的网络 QQ 聊天群搭识在河南省的嫌疑人王某帅。双方在网上约定，李某某以 3 万元现金和随身携带的手机等物品为报酬，雇佣王某帅帮助其自杀，又商定好杀人的具体方式。后王某帅乘坐火车从河南赶至李某某所在的浙江 N 市，王某帅准备作案刀具与李某某会合，李带上事先准备好的安眠药、绳子等工具，开车接上王，一同驾车至该市郊外一处酒店停好车，两人携带准备好的刀具、安眠药、绳子等工具徒步至酒店附近山顶一偏僻处。随后，王某帅按事先约定的方式，先用绳子捆绑李某某，再以喂食安眠药、勒颈、刀刺等方式杀害李，又将尸体推到山坡下。后王某帅携带李遗留的 3 万元现金、手机、移动硬盘、背包等物品逃离现场，当晚乘车离开返回河南。

（二）破案经过与电子数据的基本情况

在李某某失踪一周后，其家属在该市郊外的上述酒店找到李某某本人驾驶的汽车，后家属经多次寻找未找到李某某，于 20 天后向当地公安机关报案。公安民警及时调取李某某失踪当天该酒店停车场监控视频。经调查发现，当天 15 时许，李某某停好车后与一名矮个男子从车上一起下来，之后沿着酒店附近山路走去，约 2 小时后，该矮个男子独自一人下山，不见李。民警经搜山，发现一具被捆绑的男性尸体，经家属辨认为李某某本人。同时，侦查机关又调取李某某本人的手机通话记录，发现两个可疑手机号码在案发前两天之内与其有数十次通话，甚至在案发当天14 时许仍然有通话。遂确定上述手机使用者有作案嫌疑。经外

围多方侦查推断,上述手机的实际使用者为王某帅,后民警在河南省洛阳市抓获王某帅,从其身上查获3部手机,其中1部为其本人的手机,另外2部为死者李某某的手机。王某帅随后供述了杀害被害人李某某的经过。案件侦破后,又从王某帅手机内调取了翔实聊天记录,另外还调取了王某帅在案发期间乘坐火车的记录、其本人银行账单等电子数据。

在本案侦查过程中,公安机关在嫌疑人王某帅归案前和归案后调取了大量电子数据,包括视频监控、手机通话记录、QQ即时通讯记录、乘车记录、银行交易账单等,可以说暴力犯罪案件中可能涉及的各种电子数据,绝大部分在该案中得到体现。在被害人李某某失踪近一个月才被发现尸体,无论是从案件侦查开始阶段,还是后来认定案件基本事实方面,这些依法提取的电子数据都起到至关重要的作用。

(三) 电子数据的综合审查运用

1. 监控视频

由于李某某失踪后,其家属在郊区找到李驾驶的汽车,但始终只见汽车不见人影,于是监控视频的调取成为寻找李失踪的突破口。侦查人员从发现车辆的酒店调取了尚保存的监控视频,准确获取李某某与另一名男子行踪的相关信息。经审查,该监控确实来源于上述酒店,监控显示的时间正好是李失踪的当天下午,但相关人影比较模糊,很难直接认定。破案经过显示,上述视频经李的家属辨认,虽然人影比较模糊,但结合衣着、外形等特征判定,应当是李某某本人。然而,在李的家属证言中,并没有表明其辨认过该视频,于是要求侦查机关予以补充,确定该视频经李的家属辨认。

2. 通话记录

通话记录是本案另一关键电子数据。通过调取死者李某某的通话记录,显示其失踪前与两个陌生电话有数十次通话记录,而且失踪当天两人电话轨迹高度一致,这说明可疑电话的实际使用者与李的失踪有很大关联。技术侦查措施表明,这两个电话号码在同一部手机上使用过，因此，关键是要确定该可疑手机的实际使用者。由于两个可疑电话并不是实名登记，从通讯公司无法直接确认手机真实户主的相关信息。但是，可以通过这两个手机号码与其他关系人的联系情况，从而间接推断手机号码的实际使用者。经分析确认，该手机与一个叫王某俊的男子通话频繁，且双方有亲属关系，通过技术手段确认，双方为父子关系，进而推断上述可疑手机的实际使用者为王某俊的儿子王某帅。上述侦破经过所反映的当事人之间手机通话情况，都应当有相应的通话记录予以佐证。然而，许多通话记录并未随案移送，后要求侦查机关及时补充调取，确认了上述破案过程的完整性。

3. QQ 聊天记录

在抓获犯罪嫌疑人王某帅时，民警同时缴获了 3 部手机。经调查核实，其中 2 部为死者李某某所有，另外 1 部为王某帅本人所有。结合王归案后供述的作案经过，民警依程序启动电子数据勘验检查程序，将上述 3 部手机送往某市公安局网警支队勘验检查。

经检查，李某某的 2 部手机中，一部手机无法开启，另一部手机中的内容已经彻底删除，没有提取到有效信息。但是，从王某帅本人的手机中提取到大量 QQ 聊天记录，这其中就包括其与李某某就作案经过详细商量的过程。聊天记录内容显示，李某某主动提出要自杀，雇请对方提供帮忙，而且越快越好，一定要将其心脏处置掉。此外，聊天记录还显示双方就作案工具的购买进行分工，其中由王某帅准备刀具，由李某某自己备好安眠药和绳索等。这些证据是在王某帅详细供述了自己的作案经过后，侦查人员根据其供述再提取，进一步强化了其供述的真实、可靠。

在审查过程中，要确定上述聊天内容所对应的 QQ 账户真实户主。首先，王某帅的供述及其证人张某宇均证实了王某帅 QQ 账户，而且该聊天记录是从王本人手机内提取，更印证了王某帅是该账户的真实户主和实际使用者。其次，对方账户的户主是否为李某某？通过向李的妻子、侄女调查核实，对方账户确实是李某某平时所使用的 QQ 号码。从而为进一步核实具体的聊天内容提供基础。

4. 乘车记录、银行账单

根据王某帅的供述,其在作案前一天乘坐火车从河南来到浙江,作案后当天晚上又乘坐火车离开,先到河南,后又前往山东。于是,根据王某帅个人信息调取到乘坐火车的记录,印证了其关于作案前后个人行程的说法。

而王某帅在杀害李某某后,取走李遗留的现金约3万元,后分多次分别存入银行卡内。于是,调取王某帅个人银行账户交易记录,显示其两张银行卡在李某某失踪的当天晚上、第二天分别有几笔存款记录,而且这几笔存款金额与其从李某某处所取走的数额基本相当;其中一笔存款地点发生在李某某所在浙江省N市,也就是说王某帅在作案所在城市存入钱,这又佐证了王某帅在案发当天确实在该城市出现过。

(四) 本案电子数据审查运用的启示

本案是一起运用电子数据成功破案的典型暴力犯罪案件,在后续的事实认定过程中,相关电子数据也发挥至关重要的作用。总结本案的经验与不足,对其他暴力犯罪案件的侦破和审查有很大启发。

首先,暴力犯罪案件侦破过程中,应当特别重视与嫌疑人、被害人、案发现场有关联的电子数据的收集,分析嫌疑人、被害人案发前后活动轨迹,一步步深挖相关人员与案件的关联性。例如,本案从发现被害人车辆的现场入手,及时调取了监控录像进而发现被害人遇害的准确时间;之后又调取被害人手机通话记录进行分析,逐步锁定嫌疑人。需要特别强调的是,在暴力案件侦破过程中,侦查机关往往重视对电子数据的调取,但一些电子数据只作为侦查线索使用,后续不重视及时将电子数据固定在案作为证据使用,一些证据也没随案移送,弱化了证据链条。尤其是侦查机关出具的"破案经过"往往因为缺少对应的证据佐证而变得语焉不详。本案在这方面总体做得比较好,破案经过所涉及的电子数据绝大部分能够随案移送。但就最终如何确定与案件有关联的可疑手机号码的实际使用者,第一次出具的破案经过也比较含糊。后通过与侦查机关沟通,完善了破案经过并补充移送对应的电子数据。

其次,在暴力犯罪案件成功侦查之后,还应当从嫌疑人的相关供述、辩解和证人证言入手,进一步挖掘潜在的电子数据,及时补充调取,完善案件事实。例如,本案王某帅归案之后,其供述作案前通过个人手机登录 QQ 与被害人联系作案事宜,作案后取走被害人 3 万余元现金并存入银行卡内,作案前后乘坐火车往来河南与浙江等内容。侦查机关遂根据其供述,依次调取了资金交易记录、乘坐火车记录,并对其手机进行电子数据勘验检查,调取相应的 QQ 聊天记录。这些电子数据的收集提取,强化了嫌疑人供述的可靠性,也完善整个案件事实的证据锁链。

第五节　毒品犯罪案件中电子数据的审查运用

一、概述

毒品犯罪是司法实践中常见的犯罪形态,具体体现在《刑法》第六章"走私、贩卖、运输、制造毒品罪"一节(即第七节)。与其他犯罪案件相比,毒品案件有其与众不同的特征,这些特征也直接影响着电子数据在毒品案件中的运用。

首先,毒品案件实物证据少,隐蔽性强。[①] 每一起命案总有它的案发现场,案发现场或多或少会留下一些外在的、有形的实物证据;而经济案件中常常涉及大量书面证据材料。相比之下,毒品犯罪的非法交易过程更为简单迅速,没有特定的案发现场,或者多数情况下明确的案发现场难以查证,缺少明确的书面记

---

① 陈为钢、张少林:《刑事证明方法与技巧》,中国检察出版社 2009 年版,第 202 页。

载，较少留下物证、书证等实物证据。因此，办理毒品案件中对当事人口供或证人证言的依赖性特别高，案件办理难度大。为了弥补这一缺陷，各类电子数据在案件办理中发挥重要作用。

其次，毒品案件犯罪主观故意认定难度大。主客观相一致是我国刑法的基本原则。毒品案件中客观行为尚且很隐蔽、很难查证，主观故意的认定更是难上加难。在办案中，有意识地收集电子数据，比如当事人的手机通话内容、短信记录、网络聊天记录，常常能够比较客观地还原是否有相关毒品犯罪的主观故意。

最后，毒品案件货源地相对集中。从司法实践中办理的大量毒品犯罪案件可以看出，毒品的货源地相对集中，比如我国四川、重庆、广东，以及位于边境的云南和缅甸。由于货物源地相对集中，犯罪分子为了谋取非法利益，需要从货源地将毒品销往全国各地，增加了取证的困难。毒品的异地流转，常常伴随着跨区域的毒资往来和毒品运输，进而产生各类资金交易清单、往来航班、汽车、火车乘坐记录、通话记录等电子数据。

二、毒品犯罪案件中常见电子数据

根据毒品犯罪自身的特点，毒品犯罪案件中常见电子数据有两大类：第一，毒品案件特有的电子数据——监听资料。监听资料是通过技术侦查手段获取的电子数据。鉴于毒品犯罪的特殊性，监听资料在毒品案件中使用频率高、适用范围广，在证据形式、审查方式上都有其特殊性。第二，其他电子数据，主要有通话记录、资金交易记录、即时通讯记录、视频监控等，这些电子数据在其他刑事案件中也经常涉及，在具体审查判断方面也有许多共性。本小节重点分析监听资料的一般性审查判断。

（一）监听资料

1. 监听资料的司法应用与证据属性

（1）监听资料的司法应用

修改后的《刑事诉讼法》明确规定，对于危害国家安全犯罪、恐怖活动犯罪、黑社会性质的组织犯罪、重大毒品犯罪、重大职务犯罪等，经过严格批准手续，可以采取技术侦查措施。而在司法实践中，对技术侦查措施运用最广、依赖性最大的案件就是毒品犯罪案件，并且司法实践中真正将监听资料作为证据使用的案件，目前只有毒品案件。这是因为一方面，上述几类案件在司法实践中数量最多的就是毒品案件，另一方面也与毒品案件自身特点息息相关。毒品犯罪高度隐蔽，与普通刑事犯罪有显著区别，侦查机关能够获得物证、书证等实物证据的情况不多见；也没有明确的被害人，难以从被害人方面获得证据；过于依赖言词证据，证据的稳定性、可靠性保障较弱。[1] 因此，技术侦查往往成为侦查机关办理毒品案件不可或缺的手段。而技术侦查最重要的方式之一就是电话监听，通过监听形成的录音资料，不仅能为公安机关侦查提供有价值的线索，更是许多毒品案件定案的关键证据。

《刑事诉讼法》第152条规定，依法采取技术侦查措施收集的材料在刑事诉讼中可以作为证据使用。《刑事诉讼解释》第107条规定："采取技术侦查措施收集的证据材料，经当庭出示、辨认、质证等法庭调查程序查证属实的，可以作为定案的根据。"换言之，监听资料要作为定案的根据，应当纳入法庭调查程序，未经当庭举证、质证和辩论程序，任何技术侦查材料都不能被转为定案的根据。[2] 然而，由于执法理念和工作步调不一致，公安机关技术侦查部门出于各种考虑，严格限制该类材料在司法实践中的运用，或者不愿意提供监听资料或监听资料的原始录音，导致该类材料在刑事诉讼中无法有效发挥作用。[3]

---

[1] 陈瑞华、杨茂宏：《两种特殊证据的刑事证据资格》，载《人民检察》2014年第13期。

[2] 陈瑞华、杨茂宏：《两种特殊证据的刑事证据资格》，载《人民检察》2014年第13期。

[3] 杨红梅：《转化运用技术侦查材料抗诉零口供无罪判决案件》，载《刑事司法指南》2016年第1集（总第65集）。

司法实践中,关于监听资料的运用就出现几种不同形式:一是转化运用,将监听的资料转化为当事人的口供或证言,进而根据这些供述收集其他证据材料。这种做法实际上没有将监听材料作为证据使用,仅仅将监听作为侦查手段。[①] 二是由检察官、法官到技侦部门复听原始监听信息材料,以增强案件承办人员的内心确信。然而,由于它无法在法庭上公开质证、认证,其效力往往受到质疑,实际上也不是作为证据使用。三是办案人员将监听资料的内容整理成文字材料,并附上相关情况说明和签名,作为证据提交法庭质证、认证,同时在审查起诉和审判阶段,检察官和法官到技术侦查部门通过复听原始录音进行核实。目前这种方式已经得到普遍运用,并且也发挥一定的效果,有力打击了毒品犯罪。[②]

(2)监听资料的证据属性

我国《刑事诉讼法》第48条将视听资料、电子数据并列为两种证据。而根据两高一部《电子数据规定》第1条规定,音视频等电子文件属于电子数据。监听资料的原始状态是通过实时监控获取的通话录音,显然它既属于视听资料,也属于电子数据。可见,从法定证据种类看,监听资料具有视听资料和电子数据双重属性,因此应当结合视听资料、电子数据的证据规则进行审查判断。

如前所述,司法实践中直接将原始监听录音作为证据使用的情况非常罕见,更多的情况是将监听录音整理成书面文字进行使用。从表面看,这种整理成文字的材料类似于书证。然而,这改变不了监听资料属于电子数据的本质属性,仍然需要按照电子数

[①] 白志红:《毒品犯罪案件中监听证据合法化的思考》,载《中共云南省委学校学报》2010年第3期。

[②] 据笔者对浙江省N市(地级市)公诉机关自2013年以来所办理毒品案件进行调查,几乎所有重大毒品犯罪案件侦查机关都采用过技术监听手段,而且相关监听录音也是通过转化为文字资料进行使用,并在庭审中进行举证质证,在一审二审乃至复核程序中也得到确认。

据的相关证据规则进行审查判断。根据《电子数据规定》第1条，所谓电子数据是指案件发生过程中形成的，以数字化形式存储、处理、传输的，能够证明案件事实的数据。监听资料显然符合上述特征，属于电子数据。至于将监听资料整理成文字，只是电子数据在固定、保全、使用过程中的一种方式而已。正如证人证言等言词证据既可以通过书面笔录形式固定在案，也可以通过录音录像等电子化的形式固定在案；电子数据不仅可以通过光盘刻录等电子化形式固定在案，在条件许可时也可以通过打印、摘抄等书面形式固定在案，例如将微信聊天记录、银行账户交易记录形成打印件随案移送。

2. 监听资料的合法性审查

证据合法性一般包括取证主体、取证手段、证据表现形式等方面的合法性。[①]《刑事程序规定》第八章第十节专门规定了采取技术侦查措施的适用对象、程序等内容，[②] 这是审查监听资料合法性的主要依据。根据上述规定，毒品案件中采用技术监听措施的主要条件和程序包括：第一，适用条件。技术监听应当在刑事立案后才能实施，而且监听的对象应当是犯罪嫌疑人、被告人以及与犯罪活动直接关联的人员。第二，决定程序。需要履行严格批准手续，应当制作呈请采取技术侦查措施报告书，报设区的市一级以上公安机关负责人批准，决定书有效期为3个月；需要延期的，应当制作延长技术侦查措施期限决定书，每次不得超过3个月。第三，执行程序。需要由设区的市一级以上公安机关负责技术侦查的部门实施记录监控、通信监控，而且必须严格按照批准的措施种类、适用对象和期限执行。

根据《刑事程序规定》第259条第2款，采取技术侦查措施收集的材料作为证据使用的，采取技术侦查措施决定书应当附卷。因此，对监听资料合法性进行审查时，首先，需要从形式上

---

① 陈瑞华：《刑事证据法学》，北京大学出版社2012年版，第86页。
② 即《刑事程序规定》第254条至第264条。

审查立案决定书和技术侦查措施决定书是否附卷,必要时应当要求侦查机关补充移送,否则监听资料不得作为证据使用。其次,审查技术侦查措施决定书的具体内容:决定书是否由设区的市一级以上公安机关负责人批准,采取监听决定的时间是否在立案之后;实际监听时间是否在有效期之内,超过3个月的,是否有延长技术侦查措施期限决定书;被监听对象是否为犯罪嫌疑人、被告人以及与犯罪活动直接关联的人员;实际执行部门是否为设区的市一级以上技术侦查部门,是否严格按照决定书记载的内容实施监听。

此外,转化成书面材料的监听资料是由办案部门侦查人员从技术侦查部门依法听取后摘抄的,取证人员应当制作相应的摘抄笔录或情况说明,并附有具体摘抄人员的签名及其所在单位盖章。①

3. 监听资料的真实性审查

证据的真实性包括形式真实性和内容真实性,前者是指证据本身必须是真实存在的,而不能是伪造、变造的;后者是指证据所记录或反映的证据信息必须是可靠和可信的,而不能是虚假的。针对监听资料需要从这两方面进行审查:

(1) 形式真实性审查

形式真实性主要是核实监听录音资料是否真实存在过,以书面文字固定的监听资料是否有伪造、编造、删改、遗漏等情形,书面材料是否忠实于原始录音内容。首先,可以结合通话清单进行审查。监听录音资料是以当事人之间存在通话为前提,所以通话清单是确保监听录音真实存在的基础条件。这就需要审查监听资料是否有相应的通话清单予以佐证,二者所反映的通话号码、通话时间、时长是否相一致。其次,在履行相关内部审批程序的基础上,通过前往公安机关技侦部门复听原始监听录音进行审查

---

① 《刑事诉讼解释》第108条规定,对侦查机关出具的被告人到案经过、抓获经过等材料,应当审查是否有出具该说明材料的办案人、办案机关的签名、盖章。

判断。在复听过程中，重点核实以下几点内容：第一，核实监听资料所对应的通话双方的实际手机号码。第二，核实整理成书面文字的内容是否如实反映原始监听录音，文字内容有无被改动、归纳、遗漏等情况，发现不是原文摘抄或者有遗漏的，应当重新摘录或补充摘录。第三，还应当关注监听录音通话双方的口音、语调、措词、说话方式，既便于核实监听录音所涉及的实际通话人员，也便于后续审查与犯罪嫌疑人、证人是否有关联。

（2）内容真实性审查

《刑事诉讼解释》第104条规定，对证据的真实性，应当综合全案证据进行审查。针对监听资料内容真实性，同样需要结合全案其他证据进行审查判断。首先，许多案件监听资料中往往会涉及与毒品交易有关联的汇款信息、交易数量、乘坐飞机火车等信息，这就需要复核是否有实际的资金交易记录、乘车记录予以佐证，或者能否与其他同案犯供述的毒资往来、毒品数量相印证。其次，通过复听原始监听录音，复核书面摘抄的监听资料是否完整可靠，从监听录音中能否发现新的内容、新的线索，有无遗漏的毒品犯罪事实或者遗漏的同案犯。司法实践中，许多重大疑难复杂案件，由于前期侦查机关证据固定不到位，对相关监听资料又往往有选择地摘抄，以致案件证据漏洞百出，甚至直接影响到基本犯罪事实的认定。而后期的承办人员，通过仔细复听，常常可以从中挖掘新的线索，或者可以直接发现有价值的证据，或者为继续侦查取证提供方向，更完整、更真实地还原监听资料的内容。以王某华贩毒案为例，侦查员从王某华住处查获冰毒1000克，但王某华否认用于贩卖。审查起诉阶段，承办人员通过复听原始监听录音，发现王某华曾向刘某德贩卖过50克冰毒，后通过向刘某德核实并调取相关资金交易记录，查实了上述50克冰毒交易一事，从而为全案认定贩卖毒品罪奠定基础。

4. 监听资料的关联性审查

电子数据关联性具有双重性，包括事的关联与人的关联，或者内容关联性与载体关联性。内容关联性是指电子数据的信息同案件事实之间的关联性，载体关联性是指电子数据的信息载体同当事人或其他诉讼参与人之间的关联性，前者等同于对传统证据提出一致的要求，后者体现出对电子数据关联性的特殊要求，也是判断电子数据关联性的核心。① 具体到监听资料关联性的审查，同样需要从载体和内容两方面展开。

（1）载体关联性审查

审查监听资料的载体关联性，旨在分析监听录音同犯罪嫌疑人或其他诉讼参与人之间的关联性，简言之就是判断监听录音所反映的实际通话人员。监听录音是以相关人员使用手机通话为基础，因此可以从两个角度分析实际通话人员：一是通过分析通话录音本身进行直接判断；二是通过分析通话录音所对应双方电话号码的实际所有者、使用者，在无相反证据的情况下推定该号码机主为实际通话人员，这可以称为间接判断。

第一，直接判断。通过直接向相关当事人核实监听资料，在当事人自认的情况下可以直接予以确认。当然，自认的情况比较少见，直接判断主要还是结合监听录音的声纹特征进行分析判断。首先，最有效的途径是进行声纹鉴定，分析与犯罪嫌疑人或其他关联人的声纹是否具有同一性。然而由于监听资料的特殊性，实际进行声纹鉴定的案件并不多见，实践中往往也是先行使用其他方法来审查判断，仅在其他方法行不通的情况下，才考虑通过声纹鉴定来判断。

承办人员复听原始监听资料是直接判断监听录音实际通话人员的有效方法。在复听过程中，除了关注内容本身外，重点关注监听录音通话双方的口音、语调、措词、说话方式等声纹特征，判断嫌疑人声音与监听录音中的声纹特征是否相符。证据的关联性（或称相关性）可以分为积极关联性和消极关联性，② 前者从正面证明某一事实成立（即证成功能），后者从反面证明某一事

---

① 刘品新：《电子证据的关联性》，载《法学研究》2016年第6期。
② 陈瑞华：《刑事证据法学》，北京大学出版社2012年版，第84~85页。

实不成立（即证伪功能）。通过复听监听录音中的声纹信息，要仅凭经验直接判断与犯罪嫌疑人的声音是否相符，准确率、可信度都不高；但如果二者声纹特征差异明显，则可以准确排除与犯罪嫌疑人之间的关联性。以俞某柱包庇毒品犯罪分子案为例，破案之初，侦查机关从俞某柱的住处查扣大量冰毒，后侦查机关以俞某柱涉嫌贩卖毒品罪移送审查起诉，而俞某柱本人也承认贩毒。审查起诉阶段，承办人经审查发现疑点重重，遂复听原始监听录音，结合录音中比较标准的普通话以及语音、语速、语调等因素推测，通话者显然是二三十岁青壮年，至少与俞某柱的声音大相径庭（案发时俞某柱已 60 多岁，且口音浓重），从而初步判断本案贩毒另有其人。后通过进一步调查核实，实际贩毒人员系俞某柱儿子俞某春，上述查扣冰毒的住处系其二人共同住所。

第二，间接判断。直接判断监听录音的实际通话人员固然便捷高效，然而实际审查中往往困难重重：要么犯罪嫌疑人本身拒不供述，很难使用自认方法；要么技侦部门不予提供原始监听录音，无从进行声纹鉴定；要么通过复听后单凭经验要直接确认与犯罪嫌疑人之间的关联性，准确率不高。因此，间接判断便成为重要方法，即通过判断与监听录音相关的手机号码实际所有者、使用者，在无相反证据的情况下，直接推定该机主为监听录音中的关系人。而要分析相关电话号码的实际所有者、使用者，可以从以下几方面展开：

首先，可以结合实际查扣的手机进行分析判断。毒品犯罪案件的侦破过程中，侦查人员常常能够从犯罪嫌疑人或相关人员人身或住处、车辆、办公室等私密性场所中查获大量手机，在确认手机实际归属人员的基础上，直接认定对应手机号码的实际所有人、使用人。

其次，以涉案手机号码对应的通话清单为基础，结合相关言词证据等证据进行分析判断。手机是现代社会人们日常交往的必备工具，通过分析相关电话号码的通话对象、通话规律，结合相关言词证据，有利于判断相关号码的实际所有人、使用人。以韩某军贩卖毒品案为例。2010年5月下旬的一天，韩某军纠集姚某保、姚某华三人在浙江省某市一咖啡店商量，由3人共同出资25万元从广东购入冰毒运输到浙江省某市进行贩卖。其中，韩某军负责联系货源及销路，姚某保则按照韩某军的指挥前往广东购买毒品并带回该市。后民警在姚某保、姚某华住处抓获其二人，并当场缴获冰毒750余克。其二人指认韩某军系幕后策划人员，侦查机关提供的监听资料（指挥者的手机尾号0003）也佐证二姚的说法，但韩某军始终否认该号码系其本人所有。但结合通话清单和证人证言分析发现，在案发前三天之内，上述尾号0003的手机号码一共有116次通电话，其中与姚某保、姚某华的电话通话共计32次，与广东毒品上家手机号码通话共计26次，与韩某军的情人王某的手机通话12次，与韩某军妻子的手机通话17次，另外还与韩某军的儿子、姐姐的电话一共有10多次通话。可见，在短短3天内，该手机号码90多个电话都是围绕韩某军身边的关系人、情人、爱人、亲人，足以合情合理地认定韩某军正是该手机号码的实际使用者。

（2）内容关联性审查

电子数据内容关联性审查与传统证据基本一致。但由于毒品犯罪以及监听资料的特殊性，通话中通常大量使用"黑话"、"行话"，包括毒品的代称、数量的代称等。从生活经验角度来分析，这些"黑话"、"行话"一般情况下直接涉及毒品犯罪；然而从证据角度讲，如果没有其他证据，尚无法运用这些内容直接认定案件事实，最多只能用作侦查的线索使用。因此，审查监听资料的内容关联性，其最大特殊之处在于审查监听资料中的相关谈话内容与毒品犯罪是否有关。对监听资料中的"黑话"、"行话"等暗语、隐语进行针对性了解与解释，可考虑向部分认罪的嫌疑人、同案犯核实，或者由公安机关向涉毒服刑人员制作相关询问笔录进行说明,或者由公安人员出具情况说明等。①

审查监听资料的内容关联性,需要结合相关证人证言、同案犯供述、资金交易记录、往来乘车乘机记录、手机通话记录等情况进行审查,综合判断这些证据之间能否相互印证,如果存在一定的差异,就应当进一步判断哪些信息更加真实可靠,或者如何对证据之间的差异予以合理解释。

通过以上几方面的审查判断,有利于强化监听资料在办理毒品犯罪案件中的运用。然而,仅仅将监听资料转化为文字材料,由于原始录音资料无法提交到法庭上进行质证,有条件进行声纹鉴定的情况很少见,如果当事人及其辩护人对手机号码归属、是否由当事人本人使用该号码、是否其本人的声音等提出异议时,对监听资料采信仍然需要特别慎重。

以詹某泳向周某林、罗某云贩卖毒品一案为例。2015年1月上旬和中旬,周某林、罗某云二人经商议,由周某林筹集资金,罗某云两次前往广东省向詹某泳购买毒品用于贩卖,后侦查机关从罗某云、周某林等人处查扣冰毒合计约763克。周、罗二人的有罪供述及其与詹某泳的通话清单、往来银行交易记录,足以证实双方存在买卖毒品的基本事实,但针对贩卖毒品的数量存在较大争议。公诉机关根据整理成文字的相关监听资料中提到的数量(第一次提到"3条",第二次提到"4条"),并结合两次的银行转账金额合计20余万元,指控贩卖毒品数量为7000克(两次分别为3000克和4000克)。但犯罪嫌疑人从侦查阶段直至审判阶段,从未供述过7000克冰毒的交易。因此,监听资料成为认定毒品数量的关键证据。庭审中,被告人否认监听资料的内容,辩解相关的电话号码平时也会借给别人使用,被告人及其辩护人又申请当庭播放监听资料并进行声纹鉴定。公诉机关联系侦查机关后,无法提供监听资料原始内容及其鉴定材料。据此,法

---

① 曹坚:《毒品犯罪案件"短缺证据"补强认定的思路与方法》,载《刑事司法指南》2016年第2集(总第66集)。

院认为根据相关法律的规定，被告人及其辩护人的要求合理，侦查机关未能提供，导致被告人及其辩护人客观上不能对视听资料进行辨认和质证。最终对监听资料不予采信，并在认定贩卖毒品基本事实的基础上，就低认定贩卖毒品的数量为查获的763克。

（二）其他常见电子数据

除了监听资料，毒品犯罪案件中其他常见电子数据有：[①]

第一，手机通话记录。通话记录是毒品犯罪中最常见的电子数据，尤其在交易型毒品案件中，交易的当事人之间为达成毒品交易，往往需要在短时间内频繁地进行电话联系，从而形成内容特别丰富的通话记录。通话记录对于毒品犯罪案件的重要性，相当于案发现场对于暴力犯罪案件的重要性。司法实践中，几乎每一起毒品案件的办理都离不开通话记录这一电子数据。

第二，资金交易记录，包括银行转账记录、支付宝、微信等其他资金交易记录。毒品犯罪总是伴随着一定的利益输送，这种利益输送多数体现为资金往来。充分运用资金交易记录，可以佐证毒品交易是否客观存在。

第三，短信、微信等即时通讯记录。当事人为了达到毒品犯罪的目的，除了通过电话直接沟通外，还可以运用手机短信、微信、QQ等网络聊天工具，以文字、语音等形式进行沟通。这些记录能够真实还原当事人毒品犯罪过程中的具体内容、主观故意等。

第四，视频监控。毒品案件中，当事人为存取毒品交易资金的视频监控，或者与毒品交易相关的行车路线、活动轨迹视频监控，有利于还原毒品犯罪中的部分事实。

三、运用电子数据认定毒品犯罪相关事实

毒品犯罪可以分成交易型毒品犯罪和非交易型毒品犯罪，前

[①] 相关电子数据审查判断的要点，可以参照本章其他几节的论述。

者如走私、贩卖、运输毒品罪,后者如非法持有毒品罪、容留他人吸毒罪等。非交易型的毒品犯罪中电子数据较少,在此不予讨论。而交易型毒品犯罪中,常常会留下各种各样的电子数据,这些证据既为破案提供有益的线索,常常也是定案的重要依据。因此,本节重点讨论交易型毒品犯罪案件中电子数据的审查运用。

交易型毒品犯罪中,如果撇开毒品犯罪性质,这种交易与普通的商品交易存在许多共性:一是交易主体多样性,至少存在双方,即买方和卖方,许多情况下还有中间人、受委托的运输者。二是交易双方互动性,主要包括交易之前就货物数量、交接方式进行商量、谋划,从而形成合意;具体交易过程中,相关当事人进行货物交接;货物交接前后,买卖双方资金往来。三是商品交易常常伴随着货物的转移和人员的流动。

根据毒品犯罪自身的特征,可以将其分成五大类主要事实,这些事实的认定涉及大量电子数据的运用:一是毒品犯罪主体的认定;二是毒品犯罪主观故意的判断;三是毒品的流转环节;四是与毒品交易相关联的资金流转。此外,毒品数量是毒品犯罪案件中重要的事实,电子数据对认定毒品数量有重要作用。

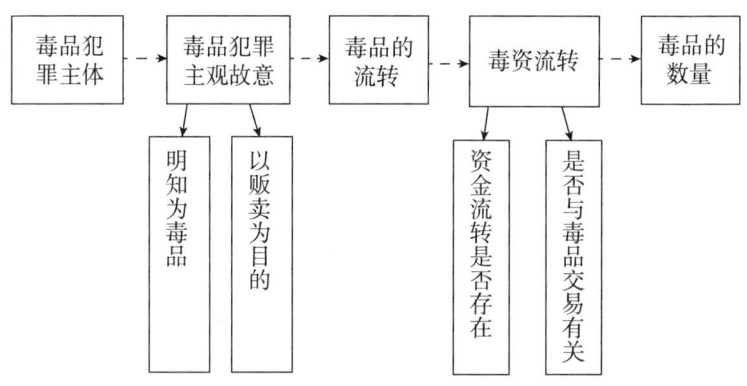

图 4 运用电子数据认定毒品犯罪相关事实的过程

（一）毒品犯罪主体

由于毒品犯罪具有高度隐蔽、缺少现场等显著特征，准确认定毒品犯罪主体常常是办理毒品案件的第一步。具体而言，在共同毒品犯罪中如何认定幕后起组织、指挥、策划或者共同出资的嫌疑人，在没有抓获现场交易的情况下如何确定与毒品犯罪有关的嫌疑人，在只抓获毒品"下家"时如何寻找作为"上家"的贩卖者，甚至即使在现场查获毒品的情况下如何确定毒品的实际所有者，这些是司法实践中认定毒品犯罪主体的常见疑难问题。

电子数据在认定毒品犯罪主体上可以发挥重要作用。具体而言，可以从通讯流、资金流展开分析，并结合相关证人证言、同案犯供述、毒品上下家指认等进行综合判断。从通讯流角度看，首先要从监听资料寻找突破口，尤其是通过复听监听资料原始录音，分析是否存在涉嫌毒品犯罪的具体内容、相关线索；然后重点审查相关监听资料中涉及电话号码的实际所有人、使用人及其相应的通话清单，如果有扣押手机的，还应当检查手机内存储的短信、图片等电子数据，从中寻找是否有与毒品有关的信息。从资金流角度看，主要从资金交易记录入手，寻找与其他毒品犯罪嫌疑人有关联的资金交易信息、取款信息、相关账户实际使用人。需要强调的是，有些情况下，可以直接运用电子数据判断毒品犯罪主体；在嫌疑人拒绝供述或者尚未归案的情况下，还需要根据对通讯流、资金流审查获取的相关信息、线索，进一步补充调取其他电子数据或者向相关证人、毒品犯罪上下家进调查核实，强化认定毒品犯罪主体的证据链。司法实践中，许多公诉机关追诉大量毒品犯罪嫌疑人，正是得益于对电子数据的充分审查运用。

以俞某春贩卖毒品、俞某柱包庇毒品犯罪分子案为例。2015月3月2日，浙江省某市公安局A区分局民警在该市俞某柱的暂住房内查获毒品999.8克，在现场的俞某柱承认该毒品系其个人所有。随后，侦查机关依据常规办案程序，固定犯罪嫌疑人供述和辩解、现场勘查笔录、毒品鉴定意见等证据，移送基层检察院审查起诉，该院上报市级检察院。结合现场勘验情况、现场手机情况及其侦查机关破案过程中监听资料等证据，公诉机关承办人发现该案疑点重重，俞某柱并非毒品实际所有人。首先，关于毒品来源，俞某柱供称系陌生男子交给其，然而毒品数量如此之多显然不合常理。其次，俞某柱辩称该住处系其一人居住，没有其他人；然而案发时该暂住房有一台开机的电脑，有几张其儿子喻某春的女朋友鲁某艳的身份证复印件以及若干女性用品，而实际情况是俞某柱连普通手机都无法熟练操作，更遑论电脑。再次，侦查机关在案发现场查获两部手机，其中一部178开头，正是侦查机关破案过程中监听的号码，承办人便复听监听资料，根据嫌疑人普通话、语音语速、语调推测，显然是二三十岁的青壮年，至少与俞某柱的声音大相径庭（其本人案发时已60多岁）。最后，案发后无法联系上俞某柱儿子喻某春本人，其很可能涉嫌贩毒。遂调取俞某春航班记录，发现其多次乘坐飞机前往广东省，却均无返回的乘机、乘车记录，根据实践中其他贩毒案件的办理经验，其涉嫌贩毒的可能性更大。其间，承办人通过进一步复听监听录音（即上述178开头的电话），发现可疑人员曾向姚某德贩卖毒品。经查证，姚某德因涉嫌另外贩毒案件已被抓获归案，遂向其核实，其供述曾前往俞某春住处购买毒品的事情，并向其银行转账支付毒资，而且姚所描述俞某春住处的细节与现场勘验情况如出一辙，遂要求侦查机关对俞某春进行抓捕。俞某春归案时，其身上被查获一张银行卡。经调取该账户资金交易记录，正好与姚某德所供述支付毒资的账户、时间、金额、地点完全一致。从而确定俞某柱向姚某德贩卖毒品的事实。同时，要求侦查机关对现场查扣的两部手机进行电子取证，发现178开头的手机有两条重要内容：一是他人发来的短信内容"俞某春，这个事情……"二是俞某春女朋友鲁某艳手机案发当天发来内容"你晚上不在家，我也不回家住了"。综合上述监听资料、手机短信、资金交易记录等电子数据以及姚某德的供述，可以确定侦查机关所监听的178开头号码系俞某春使用，而且可以推断侦查机关在上述暂住房查获毒品前，俞某春因仓促逃离而来不及携带手机、关掉电脑。上述毒品并非俞某柱本人，而是俞某春所有。后公诉机关分别以俞某春涉嫌贩卖毒品罪、俞某柱涉嫌包庇毒品犯罪分子罪提起公诉，其二人均当庭认罪。

（二）毒品犯罪主观故意

毒品犯罪的主观故意包括两种故意：一是对毒品认知的故意，即是否认识到相关物品为毒品，这直接行为人是否构成毒品犯罪。二是毒品交易的故意，即行为人是否有贩卖毒品的故意，这是交易型毒品犯罪与持有型毒品犯罪的区别。

1. 明知毒品的认定

毒品犯罪案件《大连会议纪要》对如何认定行为人"明知"为毒品有较为详细的规定。该纪要第10条规定，"判断被告人对涉案毒品是否明知，不能仅凭被告人供述，而应当依据被告人实施毒品犯罪行为的过程、方式、毒品被查获时的情形等证据，结合被告人的年龄、阅历、智力和情况，进行综合分析判断。具有下列情形之一，被告人不能作出合理解释的，可以认定其'明知'是毒品，但有证据证明确属被蒙骗的除外：（1）执法人员在口岸、机场、车站、港口和其他检查站点检查时，要求行为人申报为他人携带的物品和其他疑似毒品物，并告知其法律责任，而行为人未如实申报，在其携带的物品中查获毒品的；（2）以伪报、藏匿、伪装等蒙蔽手段，逃避海关、边防等检查，在其携带、运输、邮寄的物品中查获毒品的；（3）执法人员检查时，有逃跑、丢弃携带物品或者逃避、抗拒检查等行为，在其携带或者丢弃的物品中查获毒品的；（4）体内或者贴身隐秘处藏匿毒品的；（5）为获取不同寻常的高额、不等值报酬为他人携带、运输物品，从中查获毒品的；（6）采用高度隐蔽的方式携带、运输物品，从中查获毒品的；（7）采用高度隐蔽的方式交接物品，明显违背合法物品惯常交接方式，从中查获毒品的；（8）行程路线故意绕开检查站点，在其携带、运输的物品中查获毒品的；（9）以虚假身份或者地址办理托运手续，在其托运的物品中查获毒品的；(10) 有其他证据足以认定行为人应当知道的"。①

从整体上看，上述规定主要从行为人的行为方式和获利情况来判断当事人是否明知为毒品。而在毒品案件中，相关监控录像、银行交易清单、快递信息等电子数据，有利于还原《大连会议纪要》所规定的部分事实，作为认定毒品犯罪主观故意的依据。以谢某坤贩卖毒品为例，谢某坤与其下家王某华约定贩卖2000克毒品，后谢某坤开车十几公里将一个较重的白色购物袋存储在某超市一处储物柜内，取得密码纸后离开超市。之后，其将该密码纸交予王某华，几分钟后，王某华持该密码纸前往上述超市储物柜取走上述购物袋，走出没几步，公安民警从购物袋内当场查获毒品2000克。谢某坤在归案后曾供述上述贩卖毒品的事实，但后来又辩解只是受他人指使过来将相关购物袋放到超市的储物柜内，并不清楚是毒品。而该超市的监控录像清楚地拍摄到谢某坤存放物品后离开，几分钟后王某华来到该超市打开同一个储物柜取走物品后离开。从时间角度看，谢、王二人一前一后相差时间很近，说明其二人在这期间有条件碰头，但却需要以上述不寻常的方式来交接货物，符合前述《大连会议纪要》第10条第7项所提出的"采用高度隐蔽的方式交接物品，明显违背合法物品惯常交接方式，从中查获毒品"的情况，结合其他同案犯的指认，可以认定行为人明知涉案物品为毒品。

2. 以贩卖为目的的认定

行为人是否有贩卖毒品的故意，这是交易型毒品犯罪与持有型毒品犯罪的区别。司法实践中，许多案件能够当场查获大量毒品，但由于当事人常常辩解自己用于吸食；或者受雇用帮助携带、运输毒品的行为人，辩解并不清楚指使者将毒品用于贩卖。

---

① 在2007年出台的《最高人民法院、最高人民检察院、公安部办理毒品犯罪案件适用法律若干问题的意见》中，也规定了认定毒品犯罪主观明知的七种情形，但《大连会议纪要》更加完善。

这会影响到定贩卖、运输毒品罪还是非法持有毒品罪。在具体案件中，可以结合犯罪嫌疑人手机短信记录、短期内资金往来情况以及侦查机关对嫌疑人的监听内容、查获毒品的数量等证据，判定嫌疑人是否有贩卖的主观故意。

以陈某彬贩卖毒品案为例。侦查机关接到相关线索后，公安民警在陈某彬位于某市的一暂住地将其现场抓获，并当场查获冰毒2200余克、麻古260余克以及1000余个分装塑料袋和电子秤、手机等物品。陈某彬归案后，在侦查初期多次供述向他人贩卖过毒品，但从批捕阶段开始其否认将毒品用于贩卖，一直辩解是用来自己吸食，而之前供述具体贩卖的事实又无从查证属实。案件移送到审查起诉阶段后，案件承办人联系技术部门，从陈某彬被查获的其中一部手机中恢复、提取到大量短信记录，这些短信记录显示，在案发前的1个月内，陈某彬多次与他人洽谈毒品交易，其中对方向其询问是否有货、什么价格等，陈某彬均回复有货并告诉对方价格，并有其前去与购毒者接洽的痕迹，这些信息能明确显示出陈某彬有出售毒品的主观故意。因此，该案虽然尚未查实陈某彬已经完成毒品交易的具体事实，但结合上述短信记录以及从其住处查获的分装塑料袋和电子秤，足以认定其有贩卖毒品的主观故意。

（三）毒品的流转

毒品的流转，即毒品从一个地方流转到另一个地方、从一方当事人流转到另一方当事人，这是交易型毒品犯罪最关键的环节。在流转过程中，往往体现为毒品、交通工具以及用于藏匿毒品的行李、包裹等实物。因此，毒品的流程更多地体现为实物证据和言词证据。然而，在毒品流转过程中，仍然有几类电子数据可以间接印证毒品流转的事实。

毒品的流转通常有两种方式：一是通过当事人携带等方式实现直接流转；二是通过快递邮寄的方式实现流转。在这种流转过程中，通常伴随着三类电子数据：一是行为人的乘车、航班记录，即嫌疑人借助相关交通工具进行人员流动，在人员流动中以携带等方式直接实现毒品的流转。通过调取乘车、航班记录,印证是否存在运输毒品的可能性。二是相关快递单的物流记录,物流信息单能够客观记录快递的始发地、发出时间、到达时间以及收发货人信息,从而还原毒品流转的基本过程。三是行为人的手机通话记录,能够反映出行为人的活动轨迹,是否到达过与接收毒品、送达毒品相关的区域内。此外,监听资料也可以在一定程度上印证毒品的流转。

以陈某峰、任某安贩卖毒品案为例,陈某峰指使任某安从浙江省某市前往广东省某市向他人购买2000克冰毒运回浙江用于贩卖。本案中任某安否认案发期间曾经去过广东。侦查机关根据监听资料发现任某安系乘坐高铁前往广东,遂根据任某安的身份证号码调取其购买火车票的记录,证实乘高铁前往广东省某市。然而,监听资料又显示,任某安曾在与他人的通话中提到自己身份证不在身边。因此,在审查起诉和审判阶段,任某安及其辩护人提出其身份证已经丢失,不排除他人冒用任某安的身份证购买火车票,而在乘车时没有被发现。为此,又要求侦查机关补充了另外两份电子数据:一是任某安的手机通话记录,该记录可以显示其手机的通话地点、活动轨迹,反映出上述火车票对应的时间段内,任某安曾经在火车站出现过;待高铁发车后,其手机的活动轨迹也与该趟高铁的行驶轨迹相一致。二是完善技术监听资料,监听资料显示任某安曾经在电话中提到购买火车票、即将上火车等内容。因此,综合火车票记录、手机通话记录、监听资料这三份电子数据,足以认定任某安在案发时曾经乘坐高铁前往广东省某市,准确地还原任某安的活动轨迹,也是认定任某安运输毒品的基础事实。

(四) 与毒品交易相关联的资金流转

资金是毒品交易中对方当事人为获得毒品而支付的对价,而且资金流转和毒品流转总是相向而行。如果说毒品是从上家流转到下家,资金则是从下家逆向流转到上家。查清与毒品交易相关联的资金流转,可以进一步明确毒品交易是否客观存在、是否确实发生。

判断与毒品交易相关联的资金流转，需要查清两个事实，而相关电子数据也能在不同程度上发挥作用。

1. 资金流转是否真实存在

资金流转应当是从获得毒品的下家流向提供毒品的上家，只有这种流转才符合交易的特征，才可能与毒品交易相关联。查清资金流转，最关键的电子数据就是资金交易记录。在现金交易的情况下，可以通过下家的相关资金交易记录，判定在特定时间是否有现金存取，以佐证现金交易的可能性。在非现金交易的情况下，通过上、下家各自的资金交易记录，更能清楚地反映出交易双方的账户、交易时间、金额甚至用途等详细信息。

司法实践中，相关当事人为逃避侦查，往往不会直接使用其自己名下的银行账户，而是借用甚至冒用他人银行账户往来资金。因此，在运用资金交易记录的过程中，除了挖掘交易记录本身的信息外，还需要重点核实交易双方的账户是否分别为毒品上家、下家自身使用或实际控制的账户。

以刘某峰等人贩卖毒品案为例。刘某峰的下家王某明供认其从刘某峰处购买冰毒1000克，并将3万元毒资通过王某明母亲的银行账户汇入刘某峰所提供的刘某杰名下银行账户，但刘某峰既否认贩毒也否认使用过刘某杰的银行账户。侦查机关经调查，刘某杰系刘某峰的侄子，但由于找不到刘某杰本人，无法向刘某杰核实其本人名下的银行账户是否由刘某峰实际控制和使用。虽然该账户在银行ATM有取款记录，但侦查机关没有在第一时间调取相应的取款录像，案件进入审查起诉阶段要求侦查机关补充调取，因为时间太长没有保存。因此，本案中从王某明母亲的账户汇出的钱，由于有王某明自己供认而且系其直系亲属的账户，可以认定这3万元是王某明所汇出。但是，收款方刘某杰的账户是否与刘某峰存在实质的关联性，由于只有王某明单方面的指认，上述关联性无法确认，进而无法确认王某明曾向刘某峰汇出过3万元。

上述案件中,由于相关证据尤其是取款录像的缺失,无法认定王某明汇出的 3 万元资金与刘某峰有关联。相反,在另一起宋某明贩卖毒品案中,则通过取款录像确认资金与宋某明的关系。宋某明与其下家陈某建约定以 3 万元价格贩运 1000 克毒品,宋某明指使他人将冰毒从广东省汕头市运输至浙江省宁波市交给陈某建。送货之前,陈某建在浙江省宁波市先将 2 万元通过银行 ATM 转账至宋某明所提供的夏某的银行账户;收到货之后,陈某建又将余下的 1 万元通过银行转账汇至上述夏某的账户。陈某建收到毒品两天后尚未销售出去,被公安民警抓获。根据陈某建提供的银行转账信息,查实了陈某建向夏某账户的两笔汇款记录以及夏某账户收款后相应的取款记录,发现两笔钱汇入后均于第二天在广东省汕头市某银行 ATM 被取走。侦查员及时赶往广东调取了取款录像,两次取款均为同一人,且均为宋某明。从而确认陈某建汇出 3 万元资金与宋某明存在关联关系。

2. 资金流转与毒品交易是否有关联

如果说资金的流转有一些客观的交易记录佐证,比较容易查证,那么资金的支付是否与毒品有关联则更加难以查证。在许多情况下,如果资金交易记录的内容与当事人之间就毒品交易展开协商、提供的账户信息、商讨价格等内容能够相互印证,便可以将这些资金与毒品交易相关联,认定资金的流转是为了实现毒品交易。

以王某根贩卖毒品案件为例。王某根向欧某威购买毒品,并指使欧某威将毒品从广东省某市运输到浙江省某市,后王某根在浙江省某市汽车站接上欧某威,侦查人员当场抓获其二人并从殴某威身上缴获冰毒 1002.3 克、麻古 1957 粒。归案后,欧某威供述了其应"蔡老板"的要求将冰毒从广东运输到浙江交给王某根的事实,而王某根辩解不知道欧某威有携带毒品。结合相关电子数据,佐证王某根为购买毒品而向欧某威支付相应的对价。首先,结合王某根个人银行卡资金交易交易记录,其在案发前分别向李某欣、蔡某青的账户汇过 11 万元和 10 万元。其中李某欣系欧某威的女朋友，短信记录显示在汇款前欧某威又将蔡某青的账户发给王某根。可见，李、蔡二人的账户与欧某威有关联，而王某根汇入这两个账户的钱也必然与欧某威有关联，从而确定王、欧二人资金往来真实存在，而且资金刚好是从毒品下家流转到毒品上家。其次，针对上述资金往来，王某根辩解是用于归还向欧某威的借款，欧某威辩解对汇款不知情，但也否认王某根有向其还款。结合相关监听资料，案发前两天，王、欧二人通话中，王说有"有11个，晚一点可能还有，钱打给谁"，欧回复打到李某欣那里。第二天通话中，王说"我等下给你搞8万元，搞两个B跟一条，1+2，我现在给你打8个"、"我给你打七八万元，到了给你点现金"，欧回复打到蔡某青卡里。可见，第1次通话基本内容是王某根将11（万元）按欧某威要求转入李某欣账户，这正好与王某根第1次向李某欣账户汇款11万元相一致。第2次通话的基本内容是王某根将七八万元按欧某威要求转入蔡某青账户，这与王某根第2次向蔡某青账户汇款10万元的情况也基本吻合。再结合欧某威供述，在其所参与贩毒的行话中"一条"是1000克冰毒、麻古一般称"B"，这正好与实际查获的1002克冰毒和1957粒麻古基本吻合。从而确认王某根于案发前两天向欧某威支付21万元是用于购买毒品的资金。

（五）毒品的数量

毒品数量是毒品犯罪案件最重要的量刑情节，往往也是控辩双方争议较大的事实。而电子数据在认定毒品数量的过程中可以发挥重要作用。司法实践中，认定毒品数量一般可以分成以下几个步骤：

第一，如果有毒品现货被当场查扣的场合，以查扣的现货为基础进行认定。如果通过其他证据还能认定其他毒品数量，将二者相加作为全案毒品数量；如果通过其他证据无法确定更多的毒品数量，则只能就低认定被查扣的毒品数量。

第二，以犯罪嫌疑人的供述、毒品买家的证言等言词证据为基础，根据他们供述中提到过的成交毒品的数量、单价或者已经支付的毒资进行认定。当不同当事人之间就同一笔毒品成交数量陈述一致,可以直接认定。当不同当事人之间就同一笔毒品成交数量陈述不一致时,则应当进一步结合监听资料、毒资支付情况,综合判断哪个或者哪些当事人所陈述的数量更合理;如果结合其他证据难以认定,则一般适用就低认定原则。

第三,毒品犯罪案件中,当事人口供常常非常不稳定,有些犯罪嫌疑人从来没有有罪供述;有些犯罪嫌疑人在到案之初有过一两次有罪供述,但后来一直予以否认。在这些情况下,判断毒品的数量,主要根据他们曾经有罪供述过的数量、单价,结合监听资料中提到的数量、价格计算出大概的实际总价,再结合已经查证属实的资金交易情况,判断三者之间能否相互印证或者大体相符。或者可以直接根据查证属实的毒品单价和实际毒资交易金额计算出毒品成交数量。

以林某仙、张某群贩卖毒品案为例。[①] 2008年上半年,林某仙结识文某(在逃),并通过文某结识张某群。至2009年7月,文某、张某群分别通过银行账户汇给林某仙共计人民币81余万元用于购买毒品。林某仙收款后,陆续将1760余克冰毒、100颗麻古、480余克K粉贩卖给文某、张某群。同年7月7日,公安机关抓获张某群、林某仙时,从张某群身上和住处查获林某仙贩卖给张某群的冰毒54.24克、麻古28颗计3.185克、K粉485.431克。经查证,2008年11月10日至2009年7月3日,张某群、龚某名下银行账户先后向林某仙通银行账户汇款63笔共计81.03万元。本案中,由于没有其他证据直接确认毒品的实际成交数量,上述资金交易记录便成为认定毒品数量最重要的依据。首先,根据林某仙、林某通二人的说法,上述林某通名下银行账户由林某仙在实际使用;根据张某群、龚某的说法,上述龚某名下银行账户由张某群在实际使用。可见,上述资金往来与林

[①] 聂昭伟:《根据银行交易明细推算的毒品数量不能作为判处死刑的唯一依据》,载《人民司法》2013年第2期。

某仙、张某群有关联。其次,林某仙、张某群均供述,上述资金都是用于双方毒品交易,不存在其他性质的经济往来,可见这些资金与毒品交易有关。最后,关于具体毒品交易数量,双方都说不清楚,但林某仙供述交易价格为 380 元/克,张某群供述交易价格为 450 元/克。从有利于被告人角度出发,按 450 元/克计算,实际成交毒品 1700 余克。①

此外,在许多毒品案件中,监听资料往来显示出当事人因毒品质量问题发生退货、换货,或者存在毒品数量短少的情况,而当事人的供述也能印证上述内容。我们认为,对于确实短少的毒品数量,应当予以扣除;对于换货情况,虽然存在同一数量两次交易,但对于嫌疑人而言,实际上只有一次毒品交易的主观故意,因此不应当将换货的数量累加进去;对退货情况,虽然最终成交的毒品数量减少,但在退货之前实际上已经完成了毒品交易,毒品犯罪既遂,因此不应当予以扣减。

四、电子数据综合运用的典型案例分析

(一) 案情简介

2014 年 3 月中旬,陈某志电话联系在广东省深圳市的方某文求购冰毒。后陈某志本人或指使陈某登、詹某菊(女)等人将共计 19 万元毒资先后汇入方某文提供的银行账户。同年 3 月 20 日凌晨,陈某志与詹某菊一起乘坐动车从浙江省宁波市抵达深圳市。后陈某志与方某文碰面,方某文将其从沈某武处购得的

---

① 当然,通过这种推算方法计算出毒品数量,在适用死刑时应当特别慎重,从严把握。本案中,林某仙在侦查阶段供述上述资金均是用于毒品交易,没有其他经济往来。但在审查起诉阶段,林某仙辩解 20 余万元是借款,而在庭审阶段辩解 60 多万元是借款。一审法院判处林某仙死刑立即执行、张某群死刑缓期二年执行。二审法院核准上述判决。最高人民法院在死刑复核时,也认可上述事实,但认为依据推算出的毒品数量判处死刑不妥;而且林某仙关于其中有巨额借款的辩解,虽然根据逻辑和生活经验法则可以推断出该辩解很难成立,但却没有证据能够予以否定。因此,本案现有证据尚达不到对林某仙适用死刑的证明标准。详见前述聂昭伟一文。

1000 克冰毒交陈某志验货,陈认为质量不好。方某文又从"阿义"处购买 3860 克冰毒。同月 23 日,陈某志至方某文住处,方某文将上述共 4860 克冰毒一起交给陈某志。陈某志即指使詹某菊携带装有 4860 克冰毒的旅行箱乘坐客运大巴返回宁波市,并指使陈某登于次日上午到宁波市客运中心接应詹某菊。接到詹某菊后,陈某登将装有毒品的旅行箱带到詹某美在宁波市某小区租住的房间。同月 25 日 7 时许,公安人员至詹某美住处抓捕时,詹某美因畏罪将部分冰毒扔出窗外,被公安人员当场查获,被扔出窗外的冰毒共计重 3030 克。同时公安人员又在詹某美的住处查获 1 包冰毒计 65 克和电子秤 2 台。

(二) 本案电子数据基本情况

一是资金交易记录。主要是陈某明本人或者通过陈某登、詹某菊向方某文所提供户名为沈某华、杨某师、熊某雪的三个银行账户多次汇款合计约 19 万元。

二是监控录像。主要涉及与上述 19 万元关联的相关当事人在宁波汇款、在广东取款的录像。

三是通话清单及其监听资料。主要涉及方某文与上家沈某武和"阿义"之间毒品交易的内容,涉及陈某志让陈某明筹钱汇款、让詹某美送货的内容,以及当事人之间就毒品分量不足进行交涉的内容。

四是手机短信。主要是通过技侦手段所获取的当事人之间涉及汇款银行账户信息的手机短信。

五是铁路订票信息、飞机航空记录、宾馆住宿记录等。主要反映陈某登、詹某菊往返宁波、深圳的基本情况。

(三) 电子数据的审查运用

本案涉及贩卖毒品和运输毒品两个具体行为,在一起案件中涉及人员较多,数量较大,且波及深圳、宁波两地。部分当事人曾经作过一定的供述,但供述的内容不是非常确定,且之后又翻供。在此情况下,在核实当事人相关供述由侦查人员依法取得的基础上,需要重点核实当事人的供述是否客观真实,能否与其他证据相互印证。而电子数据反映的内容成为认定本案贩卖、运输毒品的重要依据。

本案中,资金交易是最重要、最客观真实的电子数据。相关银行交易记录显示几笔资金往来合计19万元:(1)户名为沈某华的银行卡,在3月19日至22日分两次从宁波汇入5.4万元;(2)户名为杨某师的银行卡,在同期分两次汇入3.99万元;(3)户名为熊某雪的银行卡在同期分多次从宁波汇入9.6万元。以该资金交易为基础,结合被告人曾经的有罪供述以及相关技侦资料,分析这些资金往来与本案当事人的关联性、与毒品交易的关联性,综合认定本案毒品交易的基本事实以及实际成交的毒品数量。

1. 资金流转与陈某志的关联性分析

第一,从存款的监控视频看,本案被告人陈某登、詹某菊曾先后多次在宁波某银行通过ATM操作,分别汇到上述沈某华、杨某师银行账户中共计7.8万元;监控视频与银行汇款单还显示,谢某锋在宁波某银行柜台操作向上述熊某雪的银行卡分别汇过2.2万元、3.4万元。第二,监听资料显示,陈某志让陈某登去筹钱汇到广东的账户,还提出让詹某菊、谢某锋提供协助等内容;陈某志与方某文于3月19日13:25的一次通话中,陈某志提到要马上向方某文汇去2.2万元,而前述谢某锋向熊某雪的银行账户汇款2.2万元的时间正好是当天13:40。可见,监听记录与汇款记录高度吻合。第三,从当事人供述或证言角度看,陈某登、詹某菊、谢某锋均提出,他们汇钱的行为听从于陈某志的指令,其中谢某锋提到他帮忙汇钱的目的主要是借钱给陈某志。综合上述证据,并结合银行交易记录显示这些资金确实是从宁波汇出,可以判断,在涉案期间从宁波汇到广东三个账户沈某华、杨某师、熊某雪的资金与嫌疑人陈某志有关联性。

2. 资金流转与方某文的关联性分析

首先,在方某文归案时,侦查人员从方某文处查获一张沈某华的银行卡,说明该卡与方某文有一定关联性。其次,从技侦资料看,侦查人员通过技术侦查手段获取一条由方某文发给陈某志的手机短信,该短信显示了一串十几位的数字,正与杨某师的银行卡卡号相吻合,可以确定系方某文将杨某师的银行卡号提供给陈某志。最后,另一张户名为熊某雪的银行卡,经向熊某雪本人调查核实,其曾将该银行卡出借给方某文使用过,方某文本人也承认。综上,可以认定上述3张银行卡收到的资金与方某文有关联性。

3. 资金流转与毒品交易的关联性分析

首先,监听资料显示,陈某志与"熊某昌"商谈向方某文购买毒品的事情;陈某志又让陈某登筹钱,先后将19万元左右的毒资汇到方某文指定的银行卡账户,其中"熊某昌"汇款5万元,"谢某锋"汇款2万元。其次,在有罪供述中,方某文曾提到毒品成交价格为4万元/千克,陈某志提到成交价格为40元/克。可见,结合监听资料中提到的19万元,与实际汇款金额约19万元也基本相符,按40元/克价格计算,与后来所认定的4860克冰毒也基本相当。此外,对于上述约19万元的资金往来,陈某志与方某文也无法给出其他合理解释。综上,可以认定上述资金往来与双方毒品交易有关联性。

4. 关于方某文、陈某志实际成交毒品的总量

本案涉及实际成交的毒品有多组不同的数据:如果从当事人的供述看,仅方某文曾供述过5000克毒品,其他人均辩解只有少量的几百克、几十克甚至几克毒品,不同人说法相差很大。从实际缴获的毒品看,从詹某美住处实际缴获毒品为3000克左右。但本案结合被告人的供述、资金往来数据和相关监听资料,最终实际认定4860克毒品,具体理由如下:

一是方某文供认卖给陈某志共5000克毒品,其中1000克从沈某武处买进,4000克从"阿义"处买进。二是方某文曾提到毒品成交价格为4万元/千克,陈某志提到成交价格为40元/克,按此计算,5000克毒品为20万元,与已查实的双方实际19万

元资金往来也基本相符。三是根据监听资料显示两个内容：A. 毒品运回宁波后，陈某志让陈某登将其中1000克交给"熊某昌"，陈某登指使詹某美将500克交给"谢某锋"。B. 陈某志发现其中4000克毒品的数量严重不足，少了约140克，并与方某文交涉；后方某文与"阿义"上家电话联系短斤少两的事情。四是方某文、陈某志均曾供述因为毒品短少100多克，后来双方经协商方某文同意补齐100克。综合上述供述与相关电子数据，虽然存在一定出入，但实际查获的3000余克与已经送出去的1000多克，二者相加至少有4000多克；从价格角度分析接近5000克，与方某文曾经的有罪供述相当；最后从有利于被害人角度减去短少的140克，最终认定实际成交总量毒品4860克。

5. 关于方某文向沈某武购买1000克毒品

本案中，方某文贩卖给陈某志的4860克毒品中，有1000克来源于沈某武，但沈某武予以否认。结合相关证据可以看出，首先，方某文曾经详细供述过其向沈某武购买该1000克毒品后卖给陈某志的经过；其次，监听资料显示，方某文因向沈某武买进的货物均比较黑、比较潮湿，对沈提出意见，要沈提供质量好点的，而沈则回答用空调吹吹干即可，现在只能拿到这样的货。针对监听资料中的内容，方某文、沈某武辩解双方在谈废品买卖生意，但当事人没有能够证明互相间做过毒品生意的证据，通过对其身边亲友进行进行查证，也没有证据显示其二人做毒品生意的迹象，不予采纳。结合正反两方面情况，认定方某文向沈某武购买1000克毒品的事实。

6. 其他电子数据的运用

本案除了前述监听资料、资金交易记录、手机短信外，还有动车、飞机乘坐记录、宾馆住宿记录。其中铁路订票信息反映出陈某志、詹某美二人于3月20日乘坐动车抵达深圳；宾馆住宿记录显示詹某美于3月20日至22日在深圳住宿三个晚上；航空记录显示陈某志于23日乘坐飞机从深圳返回宁波，但没有查到詹某美相应的航空记录，说明其二人分开回宁波。而詹某美的手机通话清单也显示，其手机在3月20日至23日的通话地点在深圳，而24日的通话地点在宁波，说明其24日已经返回宁波。综合上述几份电子数据反映陈、詹二人的活动轨迹，与他们供述购买、运输毒品的时间和活动轨迹可以相互印证，进一步强化了全案的证据锁链。

(四) 本案电子数据审查运用的启示

本案是一起多人参与的典型毒品犯罪案件，电子数据类型众多，在认定案件事实中也发挥关键作用。本案最有益的启示在于，当电子数据类型多样、数量较多的情况下，如何以某一电子数据为突破口构建恰当的证据体系，以便最大程度地挖掘它们各自的效用。

刑事案件形形色色，每个案件可能获取的电子数据类型、数量、质量也各不相同。有些案件中，电子数据比较单一，往往只在认定案件某一方面事实中发挥一定作用，这种情况下运用电子数据的方法比较简单。而有些案件中，电子数据类型多样、数量较多，电子数据对认定案件不同方面的事实都能发挥重要作用。在此情况下，如果没有以恰当的方法将不同电子数据有效串起来，证据中一些有用的信息容易被遗漏，各证据所能起到的实际作用也大打折扣。相反，如果能够找到一两个（类）核心证据，挖掘该电子数据与其他电子数据或其他证据的关联性，从点到面不断扩大该电子数据的辐射面，从而构建起以某一电子数据为核心的证据体系，便能最大限度发挥它们的作用。

而要构建恰当的证据体系，首先需要找出一两个（类）核心证据。我们认为，用作构建证据体系的核心证据至少需要符合以下两点：一是证据的信息量较大，便于使用该证据不同侧面的信息与其他证据建立关联性；二是该证据某些方面的信息涉及案件关键事实，以此为核心构建证据体系便于强化案件关键事实的证据链。以毒品案件为例，可以以监听资料为核心证据构建证据体系，监听资料中常常涉及不同毒品交易主体、交易价格、数量、资金等信息；也可以以资金交易记录为突破口构建证据体系，因为资金交易记录涉及不同犯罪主体、成交金额、时间等信息。具体到本案中，电子数据包括通话记录、监听资料、资金交易记录、手机短信、乘车记录、监控录像等。在认定本案事实中，正是以资金交易记录为核心，结合视频监控、技侦资料、查扣的物证等证据，逐步确认与资金交易有关的毒品买家、卖家；结合监听资料中涉及的汇款信息、毒品交易数量、被告人曾经的有罪供述等证据，逐步确认该资金交易不仅与毒品犯罪有关联，而且可以判断具体交易的金额、数量；结合交通记录、住宿记录，可以判断毒品买家、卖家有交易的条件。在此基础上，最终确定方某文与陈某志之间交易 4860 克毒品的事实。当然，本案监听资料内容丰富、信息量较大，如果以监听资料为核心构建相应的证据体系，也许同样可以起到很好的效果。

挖掘证据中的信息，侧重于从微观视角审查证据；构建案件证据体系，侧重于从宏观视角运用证据。在案情比较清楚、证据相对简单的案件中，是否构建相应的证据体系，对事实认定的影响不大。然而，在案情比较复杂、证据比较庞杂的案件中，能否构建合理的证据体系，则会有不同的效果。构建相应的证据体系，至少有以下两方面重要作用：一是有利于尽可能避免遗漏证据中有价值的信息，刑事案件每一份证据来之不易，办案人员应当用好每一份证据以及证据中每一条有价值的信息。二是有利于强化、巩固案件的证据链，因为通过证据体系的构建，可以形成证据环环相扣的状态。一般而言，证据体系的辐射面越广，有效的证据链条越长，越能够更加客观真实地还原案件原貌；同时，在构建证据体系的过程，也可以发现哪方面的证据比较薄弱、哪些事实的证据需要加强，为完善证据、补充侦查提供思路。

第六节 走私犯罪案件中电子数据的审查运用

一、概述

走私是指行为人违反海关法规,逃避海关监管,将运输、携带、邮寄国家禁止或限制进出境的货物、物品进出境,或者采取各种手段偷逃进出口环节应税货物、物品部分或全部税款的行为。[①] 走私的兴起与盛行,总是与国际贸易相伴相随,这就决定了走私案件有两个显著的特点,而正是这两个显著特点,使得电子数据在办理走私案件中具有重要作用。

第一,走私案件具有经济性,这是走私案件与暴力犯罪案件显著的区别。走私行为的当事人总是以实现某种经济利益为目的,通过各种手段逃避海关监管,以获取最大经济利益。对外,走私分子需要与其他组织或个人产生经济往来,展开交流互动,比如通过邮件往来、网络聊天等形式进行谈判沟通,在货物买卖过程中又伴随着资金进出,从而形成电子邮件、网络聊天记录、资金交易记录等各种电子数据。对内,走私分子为获取最大经济利益,通常会长时间以相同或相似的模式运作,精打细算,详细记录货物进出、资金流动、费用支出、人员往来的情况,从而形成各式各样的电子账册、电子单证等数据。

第二,走私案件具有国际性、涉外性,这是走私案件区别于普通经济案件的主要特征。走私行为总是以一定的货物、物品为对象,通过各种手法实现货物、物品的跨境转移。而为了实现货

[①] 当然,除了这里所陈述的这几类走私外,根据《刑法》规定为走私犯罪的行为还包括后续走私和准走私,即《刑法》第154条、第155条分别规定的擅自销售保税货物和直接购私行为。由于这类走私案件中涉及电子数据很少,或者不具有典型意义,司法实践中此类案件也不多见,本节不予单独讨论。

物、物品跨境流转,又需要通过另外三个要素的跨境流转来实现,从而留下大量电子数据:一是单证的跨境流转,在国际经济贸易往来中,货物权利、货物详情总是通过一定的单证体现出来,比如报价单、提单、箱单、发票、快递单等,当事人往往通过电子邮件或其他网络工具传递上述单证,从而形成大量电子数据。二是资金的跨境流转,包括通过正常途径对外付汇和通过其他个人等非正常途径支付差额货款、各类费用,从而形成大量资金往来记录。三是人员的跨境流转,即行为人出入境,以协商谈判、看货、订货甚至直接携带货物走私,从而留下大量出入境记录。

获取经济利益是走私分子的终极目的,而货物单证、资金、人员的跨境流转,又是最终完成走私、实现经济利益的重要手段和具体过程。在这一过程中,各种各样的电子数据相伴相随,这些证据不仅为侦破走私案件提供重要线索,通常也是最终定案的关键证据。

二、走私犯罪案件中常见电子数据

如前所述,经济性与国际性是走私案件的两个突出特征。当事人为了实现跨国(境)贸易,获取非法经济利益,在走私过程中总会留下各种各样的电子数据。根据不同的功能,走私案件中常见电子数据可以分为三大类:一是电子邮件与即时通讯记录,主要反映走私过程中不同当事人之间互相沟通、联系、商谈、传递信息的动态过程;二是电子账册与电子单证,主要反映走私货物价格、数量、规格、货主、货物权利凭证等静态信息;三是资金交易记录和出入境记录,主要反映走私过程中资金流转与人员流转的情况,反映的也是一种动态过程。这三大类电子数据既有各自独立的价值,也有互相补充的功能。例如,电子账册往往记录货物数量、价格或者实际已付金额、未付金额等情况,即时通讯记录、电子邮件也经常会传递货物数量、价格信息,而资金交易记录反映实际交易金额。因此,在认定货物实际价格、数量时，上述三类电子数据可以相互印证。

（一）电子邮件与即时通讯记录

1. 电子邮件与即时通讯记录的关系

在互联网时代，电子邮件、即时通讯工具（软件）是人与人、人与组织、组织与组织之间传递信息的重要工具。相比于传统的信件、快递等线下传递方式，电子邮件、即时通讯工具的优势在于快捷、高效；相比于传统电话、传真等通讯方式，电子邮件、即时通讯工具的优势在于传递的信息详细、准确。正因为此，电子邮件、即时通讯工具在走私过程中发挥着无可替代的作用。当然，这两类通讯工具又有它们各自的特点，决定了它们在传递不同信息中或者在不同类型的走私案件中有各自的优势。

国际贸易中使用电子邮件商谈合作、传递信息有以下几点优势：第一，电子邮件具有较强识别性和可靠性。电子邮箱总体现为特定的账号，并且由独有的账户名称和特定的网络地址这两部分组成，便于识别邮箱所有者的身份。在国际贸易中，当事人之间往往通过某个或某些相对固定的电子邮箱来识别对方身份，在频繁的经济往来中运用相对固定的邮箱展开经济商谈、传递贸易信息、达成买卖协议，从而形成大量电子数据。第二，电子邮件综合功能强大，传递信息详尽、完整。电子邮箱通常有很大的容量，不仅可以直接传递单纯的图文信息，还可以以"附件"的形式大批量、大规模、较完整地传递各种文件。而在国际经济贸易往来中，常常涉及大量报价信息、发货清单、电子单证等数据的传递，电子邮件的这种综合功能正适应当事人的这种需求。第三，电子邮件保密性强、信息保存时间长久。相比于即时通讯工具，邮件的内容本身可以长期保存在邮箱中，邮箱的强大功能便于使用者对不同邮件进行一定的分门别类，非常便于检索、查找。使用者在需要时，可以随时下载查阅这些长期保存的邮件，便于核对、总结进出口货物的情况。

相比于电子邮件，通过即时通讯工具进行交流互动、传递信息有以下几个优势：第一，普及广泛，使用便利。随着信息技术的迅猛发展以及智能手机的广泛普及，QQ、微信、MSN等即时通讯工具已经渗透到我们日常生活中，只要有手机和网络，即时通讯工具的使用几乎不受时间、地点、设备等条件的限制。第二，交流互动性强。通过即时通讯工具，不仅双方当事人之间可以交流互动，多方当事人可以同时在同一个封闭平台内交流互动（如微信群），所交流的信息扩散面较广。第三，通过即时通讯工具所交流的信息简洁明了，信息的形式多样，既可以是文字信息，也可以是图片、语音信息。正因为上述几个特点，即时通讯工具具有效率高、互动性强、使用便捷的优势，它不仅是人与人之间沟通交流的重要工具，也是人们工作中传递信息的有效助手。这些优势正适应了国际贸易的需求。人们可以使用即时通讯工具分批次传递货物进出口过程中涉及的箱号、提单号、价格、数量、快递单号等信息，这些信息虽然简短，但往往又是案件中反映涉案货物相关情况最关键的数据，在认定案件核心事实方面能够发挥重要作用。

综上分析，如果说电子邮件最大的优势在于保密、详尽，可以完整地传递诸如报价单、订单、货款清单、详细账目等货物信息，在那些涉案时间跨度长、票数多、数据杂的走私案件中普遍适用；那么，即时通讯工具的最大优势在于高效、便捷，可以在受时空条件影响很小的情况下，快速、简洁地传递关键数据，在那些涉案时间较短、次数较少、货物信息单一的走私案件中比较普遍适用。因此，对于走私案件当事人而言，电子邮件和即时聊天工具有很强的互补功能，在不同类型的走私案件中发挥不同作用。

2. 电子邮件的审查要点

（1）审查电子邮件当事人的身份

一份电子邮件常常涉及两个甚至多个电子邮箱，在审查运用电子邮件时，就应当审查电子邮件中各个当事人的身份。具体而言，这种审查包含两个方面的内容。

第一，审查邮件中各个电子邮箱的角色。电子邮件总是体现为一方当事人与另一方当事人之间的信息往来。因此，电子邮件的当事人首先涉及两种角色：一是邮件的发送方，体现了电子邮件信息的来源；二是邮件接收方，反映了邮件信息的送达对象。角色的内容是固定的，但某个电子邮箱在邮件中的角色却是相对的，即在这份电子邮件中某个邮箱扮演发送方的角色，而在另一份电子邮件中这个邮箱则可能扮演接收方的角色。因此，在审查每一份电子邮件中，首先应当审查清楚哪个邮箱是发送方、哪个邮箱是接收方。发送方和接收方是一份电子邮件中当事人的两种基本角色。此外，如果一方当事人在收到某封邮件后，将电子邮件的内容转发给第三方，则又多了转发方这一角色，他同时扮演着邮件接收者和发送者的双重角色。相对于原始发送方而言，转发方是电子邮件的接收方，只不过并非邮件的最终接收方；相对于接收方而言，转发方又扮演着发送方的角色，只不过并非邮件内容的原始发送方。

第二，审查各个电子邮箱的真实所有者和实际使用者。弄清楚一份电子邮件所涉及的各个邮箱的角色，可以厘清邮件内容的来源、传递途径、送达对象等基本信息。但是，仍然无法将这些信息与现实的当事人建立直接的关联关系，这就需要弄清楚各个电子邮箱的真实所有者和实际使用者，进而才能判断谁是邮件发送方、谁是邮件转发方、谁是邮件接收方，才能直接判断同一份邮件内容究竟被哪些人所了解，哪些人通过电子邮件展开了协商、达成了合意、形成了配合，进而为进一步分析邮件的具体内容奠定基础。

（2）电子邮件内容的梳理

走私案件当事人通过电子邮件协商、谈判、交流、传递贸易信息，从而形成内容丰富、数据翔实、时间跨度大的电子邮件。因此，电子邮件往往能够反映当事人就走私过程中某个问题或某些问题相互之间从无到有、从少到多、从提出到成熟这么一个逐步发展、逐步完善的过程。然而，电子邮件的内容往往又是零散的，在持续一段时间内，当事人之间可能同时就不同问题、不同事项通过电子邮件互相交流、往来,这就要将电子邮件依照一定的顺序排列整理,从而就不同问题分别形成各自相对完整的信息。而要对电子邮件进行排序,就要把握两个基本要求:一是时间顺序,二是逻辑顺序。如果说时间顺序是基础,是形式要件,只有将电子邮件按时间顺序排列,才能真实再现邮件的互动过程;那么逻辑顺序是梳理电子邮件的实质要件,按照某一问题一问一答的逻辑、不同邮件内容是否涉及同一事项的逻辑进行归类整理,从而将电子邮件合理排列,提取有效的信息。

3. 即时通讯记录的审查要点

对即时通讯记录的审查,也应当从两方面着手:

首先,审查相关通讯记录中当事人的身份情况,在本章"暴力犯罪案件中电子数据的审查运用"一节已有分析,在此不予展开。

其次,审查即时通讯记录中的相关内容。前面分析,即时通讯工具有高效、便捷的特征,它又常常成为人们日常生活交流的重要工具,这种方式下展开沟通的内容有生活化、碎片化的特征,使用口头语言、通过简短的一问一答方式交流互动。而在长期交流中,彼此间的聊天记录就会形成海量的信息,其中许多内容甚至大部分内容可能与案件无关,而与案件有关的内容只是零散地分布于这些海量的记录中。因此,在具体审查过程中,既要全面审查所有聊天记录,从中挖掘、选取与案件有关的内容,避免遗漏;又要按照一定的时间顺序和逻辑顺序,将有价值的内容合理排列,进而提炼出有效信息。

(二)电子账册与电子单证

经济性是走私案件的显著特征,当事人为最大限度获取经济利益,在长期走私过程中,常常会详细记载有关走私货物的名称、规格、数量、价格、货款支付等信息,从而形成各种各样的账册。走私案件往往涉及国际大宗货物往来,相关货物情况、货物权利通过提单、发票、装箱单等单证体现出来。在信息化时代,这些单证又经常以电子数据的方式表现出来,在不同的贸易主体间流转、传递。因此，电子账册、电子单证共同反映了货物进出口的具体时间、申报数量和价格、实际数量和价格、实际货主等详细情况。

1. 电子账册、电子单证的主要来源

一是计算机以及移动硬盘、U盘、光盘等移动存储设备。这些存储设备是人们经济活动中的重要工具，也是记录各种经济数据的主要载体。通过依法侦查，往往可以扣押大量的存储设备；然后通过对依法查扣的设备进行勘查取证，通常能获取大量反映走私货物的电子账册、电子单证。

二是业务信息管理系统。许多从事进出口贸易的公司都有自己的业务信息系统，存储信息量大、管理便捷，日常经济活动的常规数据都能体现于这些系统中。案发后，侦查机关从相关报关公司、代理公司的业务系统中常常能调取到大量业务数据。

三是网络存储空间。许多从事进出口贸易的当事人，往往会在自己的电子邮件或者其他网络账户的虚拟空间中存储大量货物数据，这也是电子账册、电子单证的重要来源。当然，这些数据有双重性质，从形式上看，它们是电子邮件的一部分，具有电子邮件的属性；从内容上看，它反映的是货物的各种统计情况或者各种各样的清单、发票、装箱单等材料，又属于电子账册或电子单证。

2. 电子账册、电子单证的审查要点

第一，电子账册、电子单证的存储介质、电子账户与案件行为人之间的关联性审查。如果相关账册、单证是从电子邮箱中提取，应当审查电子邮箱与行为人是否存在关联关系，该邮箱是否为行为人所有、实际使用或者雇用他人在走私过程中使用。如果相关账册、单证是从计算机、移动硬盘、U盘等电子设备中提取，应当审查这些电子设备与当事人之间是否存在关联关系，是否为当事人用于记录走私货物信息的电子设备。对于直接从当事人随身或办公、生活场所搜查、扣押的电子设备，容易认定其与当事人的关联性；对于并非从上述处所查扣的电子设备，则应当慎重审查。

第二,电子账册、电子单证与具体案件事实之间关联性审查。一是电子账册中各项数据实际内容的审查判断。走私案件中电子账册的一个重要特点就是形式格式化、信息批量化,账册中常常以各类简称、缩写或代码来指代某项内容,这就需要结合犯罪嫌疑人供述、证人证言或其他账册信息,查清这些代码、缩写的真实含义和完整内容,以还原账册的真实信息。二是电子账册与电子单证之间关联性审查判断。审查账册中所记载的进出口货物涉及各类单证编号(如提单号、集装箱号、报关单号、合同号)能否与相关货物单证编号相吻合,比如提单号、集装箱号是否一致,以便在记载的货物与实际进出口的货物之间建立关联性。三是审查账册中所记载货物真实价格、货款支付情况、当事人出入境情况能否与资金交易记录、出入境记录等其他电子数据相印证。

(三) 资金交易记录与出入境记录

走私活动总是以货物的跨境流转为中心,而为了实现货物的跨境流转,总是伴随着资金跨境流转和人员跨境流转。资金是为实现货物跨境流转所支付的对价,而人员跨境流转则是为了达成货物交易进行谈判,或者通过直接携带的方式实现货物跨境流转。在资金与人员的流转中,就会形成走私案件另外两类重要电子数据:资金交易记录和出入境记录。

资金交易记录、出入境记录与走私案件中其他电子数据有重要区别。其他电子数据总是行为人借助一定的电子设备、网络工具或相关信息系统,直接操作、直接生成相应的数据。比如,电子邮件是行为人通过连接互联网进入某个电子邮箱,在邮箱上直接输入相关文字或音视频信息,发送到对方电子邮箱,从而直接生成相关电子数据;电子账册是行为人借助计算机等电子设备,以制作表格、统计数据等方式直接输入文字、符号信息,形成相应的电子数据。换言之,当事人能够直接操控这些电子数据的具体内容。但是,资金交易记录、出入境记录则不同,行为人并不是通过直接操作电子设备、直接输入或制作资金交易记录或出入境记录的方式生成电子数据。而是行为人基于现实生活有形的、外在的活动，从而在某一数据系统中留下活动的痕迹，间接生成电子数据。例如，行为人凭借自己的护照，在出入境口岸登记完成出入境行为，从而在出入境信息管理系统中留下出入境人员姓名、护照号码、时间、出发地与目的地等记录，但这些记录并不是通过行为人在管理系统中直接填写、操作出入境信息而形成的。简言之，资金交易记录、出入境记录是行为人在"线下"活动，从而在"线上"形成相应的电子数据。

　　区分这两类电子数据的形成过程，对于电子数据的审查判断及其采信有重大意义。如果说电子邮件、电子账册等一般电子数据可以直接受控于当事人，有一定的主观性；那么资金交易记录、出入境记录就一般不会被当事人直接操控，这种电子数据的客观性更强。正是因为这两类电子数据在证据客观性上的差别，当两者反映的信息相冲突时，一般应当采信资金交易记录、出入境记录这种客观性更强的证据。以严某萍等人低报价格走私普通货物（鱿鱼）案为例。此案认定其货物真实价格的证据有两类：一是当事人自己记载走私鱿鱼时间、数量及其真实价格的账册，二是当事人支付差额货款的资金交易记录。通过审查发现，其中有两笔货物所支付的差额款少于账本所记载的差额款，又无证据显示当事人通过其他途径支付差额款，因此最终采信资金交易记录，就低认定货物真实价格。

　　资金交易记录、出入境记录的客观性强，不易受当事人直接操控。比如线下交易一笔资金，在线上就相应地形成一条反映交易时间、双方账号、具体金额等详细数据的交易记录。然而，行为人不能直接操控线上记录，却可以通过操控线下行为影响到线上记录。例如，行为人通过冒用他人护照出境，如果在过境时没有被发现并顺利出境，就会形成他人出境或其本人没有出境的虚假信息。因此，在审查这些线上数据时，还应当结合其他证据，审查分析当事人线下行为的真实性、可靠性。一般而言，如果行为人是长期多次出入境,或者在同一时间内与其他同伴共同出入境,则这样的记录客观性很强,虚假或冒用成分就很小。而在资金交易中,当事人更是有可能使用他人银行账户收款、付款。针对这种情况,一方面要向实际付款户主核实账户资金来源、用途和实际使用者;另一方面通过完整调取户主资金交易记录,查明其资金真实来源。

三、运用电子数据认定走私犯罪相关事实

根据走私犯罪自身的特征,可以将其分成三大类主要事实,这些事实的认定涉及大量的电子数据的运用:一是犯罪主观方面,包括走私的主观故意、走私目的等;二是走私的具体操作过程,比如走私货物的购销、具体进出口操作环节;三是走私货物数量、价格等犯罪情节。本小节从以上三个方面分析如何运用电子数据认定走私犯罪相关事实。

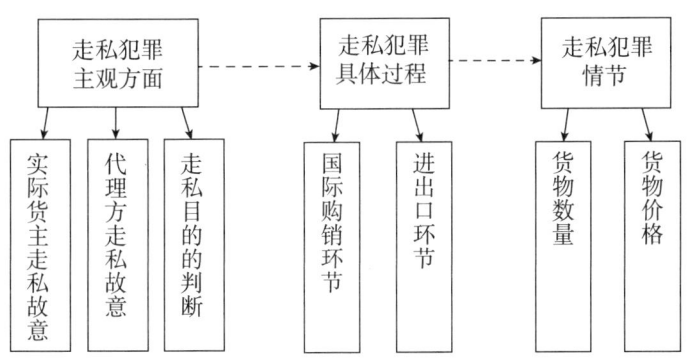

图5 运用电子数据认定走私犯罪相关事实的过程

(一)走私犯罪主观方面

走私犯罪主观方面的内容主要包括犯罪主观故意、犯罪目的。犯罪故意有直接故意和间接故意,走私犯罪的主观故意既可

以是直接故意，也可以是间接故意。① 具体而言，走私犯罪主观故意是指行为人明知自己的行为违反国家法律法规，逃避海关监管，偷逃进出境货物、物品的应缴税额，或者逃避国家有关进出境的禁止性管理，并且希望或者放任危害结果发生的，应认定为具有走私的主观故意。走私犯罪目的主要涉及行为人是否牟利、传播的目的，对部分案件定罪量刑有一定影响。例如，在以随身携带、邮寄方式走私普通货物、物品案件中，行为人是否牟利是区分货物与物品的重要标准，进而影响到税率、税则的适用；走私淫秽物品案件中，又必须以牟利、传播为目的；走私象牙制品、气枪、铅弹等国家禁止进出口的货物、物品，是否牟利对行为人的量刑也有很大影响。

走私犯罪案件中，往往有大量的书证、物证、电子数据等实物证据，这些证据可以直接反映走私客观行为的存在。比如当场被查扣违禁物品，报关单证价格低于实际合同、发票的价格，或者现场查验的货物与申报单证明显不一致，这些都直接反映走私活动的客观存在。而走私的主观故意是行为人的主观认识状态，很难像客观行为一样直接判断。而且走私犯罪属于行政犯，与自然犯相比，人们对行政犯违法性的认识程度也较低。正因为此，司法实践中犯罪嫌疑人否认自己有走私故意的情况普遍存在，从而犯罪主观故意往往成为认定案件事实最大的疑难点。不过行为人的主观心态总是通过客观行为表现出来，运用电子数据还原当事人的客观行为，有利于判断其主观心态。对此，《走私案件意见》（2002年）第5条规定，"走私主观故意中的'明知'是指行为人知道或者应当知道所从事的行为是走私行为。具有下列情形之一的，可以认定为'明知'，但有证据证明确属被蒙骗的除外：（一）逃避海关监管，运输、携带、邮寄国家禁止进出境的货物、物品的；（二）用特制的设备或者运输工具走私货物、物品的；（三）未经海关同意，在非设关的码头、海（河）岸、陆

---

① 陈晖：《走私犯罪论》（第二版），中国海关出版社2012年版，第56页。

路边境等地点，运输（驳载）、收购或者贩卖非法进出境货物、物品的；（四）提供虚假的合同、发票、证明等商业单证委托他人办理通关手续的；（五）以明显低于货物正常进（出）口的应缴税额委托他人代理进（出）口业务的；（六）曾因同一种走私行为受过刑事处罚或者行政处罚的；（七）其他有证据证明的情形"。电子数据有利于认定上述相关事实，便于判断走私主观故意。

根据逃避海关监管的不同方式，走私可以分成通关走私、绕关走私、闯关走私、后续走私等几种情形，司法实践中最难的是通关走私犯罪主观故意的判断，电子数据可以发挥重要作用。所谓通关走私，是指通过设立海关的进出口口岸，以隐蔽方式逃避海关监管，偷运应税、禁止或限制货物、物品进出境的行为。①走私行为具有很强的专业性，实践中往往被分割成各个环节由不同主体分别完成，比如货物直接委托方（货主）、中间受托方、直接进口代理方、集装箱运输方、资金提供方等，在通关走私中这种分工最为明确。根据这些当事人在走私过程中所扮演的不同角色，在认定犯罪主观故意上有不同的方法。

在通关走私过程中，有两种典型的走私手法：第一，低报价格走私，行为人通过低报价格偷逃进出口环节应缴税款。低报货物数量的走私，但低报数量的根本目的是降低货物的整体价格，以实现偷税款的目的，因此它本质上属于低报价格走私。低报价格走私中，要认定行为人有走私的主观故意，关键在于判断行为人是否明知进出口货物的申报价格低于实际成交价格，或者明知二者不一致，没有如实申报货物价格。第二，伪报品名走私，又可以分为两种情况：一是在涉税走私案件中，行为人将应税货物申报成税率为0的货物，或者将高税率货物申报成低税率货物，以全部或部分偷逃进口环节应缴税款。二是非涉税案件中，行为人将限制或者禁止进出口的货物伪报成可以进出口的普通货物。

---

① 陈晖：《走私犯罪论》（第二版），中国海关出版社2012年版，第24页。

要认定行为人具有走私的主观故意,关键在于判断行为人是否明知货物的申报品名与实际品名不一致。

1. 实际货主的犯罪主观故意

对于走私货物的实际货主而言,其是货物的实际购买方或者销售方,当然对货物的真实情况非常清楚,包括货物的真实品名以及实际的数量、成交价格、规格等内容。因此,如果是禁止进出口的货物,可以直接认定实际货主有走私的故意。如果是应税的普通货物,其目的在于偷逃税款,关键在于判断其对申报价格、品名的明知状态,即是否明知报关价格、品名,或者应当知道申报价格、品名与其实际价格、品名不一致。具体而言,运用电子数据通过以下几种方法查清实际货主是否有走私的故意:

第一,通过相关邮件、短信或即时通讯记录分析,实际货主直接确定了与实际情况不符的报关价格、品名,自行或者指使他人制作相关报关单证,可以直接认定其有走私的主观故意。

第二,代理方将与实际情况不相符的报关单证、报关价格通过电子邮件、即时通讯工具等方式发送给货主,或者货主在自己的财务报表或账册中记载了报关价格、报关品名,说明实际货主接触过报关价格,知道申报情况与实际情况不相符,有走私的主观故意。

第三,实际货主既通过代理方以正常付汇途径支付了一部分货款,自己又通过其他非正常渠道支付了一部分货款。说明实际货主明显将本应一并支付的货款分成两部分,知道或者应当知道报关情况与实际情况不一致。

第四,实际货主以明显低于货物正常进(出)口的应缴税额委托他人代理进(出)口业务。

以王某平走私普通货物案为例。王某平以低报价格的方式从日本走私进口大量苗木,其委托郑某国在日本联系苗木卖家、办理货物在日本的出口手续、提供货物发票等。王某平始终否认自己在进口过程中存在低报价格的行为,并辩解国内进口时向海关申报的价格就是实际成交价格。然而在王某平与郑某国往来电子邮件中有这么两份邮件：一是郑某国发给王某平的邮件说"代理公司以后汇款给日本伊藤公司 107 万元可不可以"，王某平向郑某国回复邮件称"不能汇 107 万元，只能按发票金额汇 50 万元，其余以个人名义汇给伊藤公司"。结合双方往来邮件可以看出，王某平明知代理公司用于报关的发票金额只有 50 万元，代理公司也只能按报关金额对外付汇，其余的钱也就是差额货款通过个人渠道汇出去；而报关单显示申报价格确实为 50 万元，资金交易记录显示其确实通过代理公司只支付了 50 万元，王某平又借用他人离岸账户向日方支付了 57 万元。上述电子数据表明，王某平明知进口苗木的申报价格与实际价格不一致，具有低报价格的主观故意。

2. 代理方的犯罪主观故意

对于代理方而言，由于其负责进出口环节的直接操作，经手了相关报关单证，对申报情况当然是知情的，包括货物申报的品名数量、价格等内容。因此，认定其走私的主观故意，关键在于判断其对货物真实情况的明知状态，即是否明知货物的实际价格、实际品名，或者应当知道申报的价格、品名与实际情况不一致，或者进出口环节是否实施了相关伪装等逃避监管的行为。具体而言，运用电子数据通过以下几种方法查清代理方是否有走私的故意：

第一，相关邮件、电子账册显示，代理方收到过实际合同、发票等报关单证，或者在收到后直接修改并重新制作了报关合同、发票上的价格、品名，直接反映出代理方有走私的主观故意。

第二，货主一方没有提供过报关合同、发票或者报关价格，代理方直接根据掌握的所谓"海关估价"自行确定申报价格并制作相应的报关合同、发票，说明其罔顾货物的真实情况自行确定申报内容，没有履行如实申报的义务，有走私的主观故意。

第三，代理方除了为货主通过正常途径支付申报价格外，还通过其他途径帮助货主支付差额货款，说明其明知正常付汇不足以支付货物的实际价格,仍然需要借助其他渠道支付货款,其应当知道实际价格要高于申报价格。

第四,为了掩盖相关的违法行为,代理方通过隐藏、调换或者准备道具货等手段进出口货物,反映出行为人有逃避海关监管的主观故意。

以路某雅、包某忠等人走私化妆品案为例。李某华委托路某雅从韩国进口一批化妆品,路某雅又委托包某忠寻找进口的代理方,包某忠又找到某进出口公司申报进口,该公司以塑料粒子为品名实际申报进口化妆品共计8票。然而,作为代理方的路某雅、包某忠均辩解并不清楚实际货物是化妆品,货主在委托其代理时只是讲到要进口塑料粒子。但是,在以同样方式进口的一票化妆品中,货物到达码头后商检机构已经布控,准备对该票货物实施商检。同时,路某雅也开始策划如何置换货物。通过审查路某雅与国内集装箱运输司机汪某的QQ聊天记录发现,在委托司机运输这票货物时,路某雅就已经明确提出要先将货物从码头运走卸掉,然后再要求司机到指定地点装满塑料粒子重新运回港口,并且提供了装载塑料粒子的详细地址。后来,司机也确实按照路某雅的要求操作,将装满塑料粒子的集装箱重新运回港口后,商检机构也进行检查,经检查确认与申报的塑料粒子相符,后顺利放行。从上述QQ聊天记录以及后来的实际操作可以看出,路某雅在一开始就蓄意策划如何置换货物,反映出其主观上有意逃避检查,从而可以认定其明知真实货物与申报品名不一致,有走私犯罪的主观故意。对于包某忠而言,一方面其与代理公司联系人陶某的QQ聊天记录表明,包某忠不仅直接确定塑料粒子作为申报品名,并且确定了申报的货物数量、价格等申报要素,说明其没有如实申报;另一方面其又直接购买了与申报数量完全一致的塑料粒子专门放置于一处仓库长达半年之久,购买该塑料粒子的货款由路某雅实际支付,后来其也参与了上述待商检货物的相关调包行为。上述事实表明包某忠不但没有如实申报,而且为逃避查验准备了道具货,明显具有伪报品名走私的主观故意。

3. 走私目的的判断

如前所述，走私行为人是否有牟利、传播等目的，对部分走私案件定罪量刑有很大影响。对行为人走私目的的判断，可以结合电子数据从以下几方面进行分析：一是从行为人走私货物的数量进行分析，如果行为人走私货物数量非常大，远远超出正常人合理自用、馈赠亲友的需求，可以认定行为人有牟利或传播的目的。而相关电子账户、资金交易清单有助于判断行为人实际走私货物的数量。二是结合行为人事前、事中或事后对走私货物的宣传、扩散情况来分析其走私的目的。例如，在行为人以代购、网购的方式走私中，可以结合行为人是否在自己的微信朋友圈、微博或其他网络平台发布与走私货物相关广告信息，如果有上述情况，可以认定行为人有牟利、传播的目的。

以刘某明走私普通货物案为例。2013年12月，刘某明利用境外奢侈品经销商在圣诞节期间开展打折促销活动的机会，前往法国采购名牌服饰、箱包等奢侈品走私进境销售牟利。同月10日，刘某明伙同他人前往法国，在法国逗留期间，刘某明通过微信、微博等社交软件联系国内买家，按买家要求采购大量奢侈品。同月8日，刘某明等人从宁波机场入境未申报，后被查获名牌服饰、箱包等奢侈品共计79件，其中认定实际走私74件，偷逃应缴税款约12.4万元。在该案中，侦查机关从刘某明个人微信朋友圈、个人微博上提取到大量电子数据，显示刘某明在出境之前以及在法国逗留期间，通过网络平台大量发布代购信息和在法国实际购买奢侈品的情况，直接反映刘某明为了销售从海外代购大量奢侈品，具有牟利的目的。

（二）走私犯罪的具体过程

走私与国际贸易相伴随，有很强的专业性，往往涉及各种不同的经济主体。最简单的是货物的销售方和采购方（或进口方与出口方），在直接进口环节还有代理方、报关方、承运方等。而不同的经济主体发生一定的经济关系，又可能涉及介绍、联络的中间商。而根据国际贸易的基本流程,走私犯罪可以分成两个基本环节,每个环节涉及不同的主体:一是国际货物的采购环节,涉及销售方和采购方,即境内进口方与境外出口方之间的购销关系,或者境内出口方与境外进口方之间的购销关系,这是走私活动的逻辑起点。二是直接进出口操作环节,即购销双方达成采购协议后,委托具体的代理方、报关方、承运方完成货物的进出口,这些主体直接实施了具体的走私过程。因此,可以从上述两个环节展开分析如何运用电子数据认定走私犯罪的具体过程、操作模式。

1. 国际购销环节

走私活动涉及多方经济主体、多重经济关系,但最基本的经济主体是货物的采购方与销售方,最根本的经济关系是境内外进出口商之间的贸易(买卖)关系。具体而言,在进口走私中,体现为境内的采购方与境外的销售方,在出口走私中体现为境内销售方与境外采购方。运用电子数据认定双方的购销关系,可以从两个角度展开:

第一,境内外购销双方达成口头或书面的买卖协议、订单、货物清单。在具体的操作中,有两种基本方式:一是购销双方直接面谈,行为人入境或出境进行市场调查、商谈货物品质、规格、数量、价格等购买货物的基本要素。在这个过程中就会产生相关人员的出入境记录,调取这些电子数据,有利于完善购销环节的相关事实。二是购销双方通过电子邮件、即时通讯工具等方式进行具体的沟通协商,或者利用这些网络通讯工具传递购销协议及其详细的货物订单、清单,这些电子数据可以很客观地反映走私货物的实际数量、价格、规格等情形。此外,在购销双方之间,采购方常常会雇用他人作为其代理人,在境外直接与销售方沟通、商谈,并向实际采购方反馈货物信息,因此也会形成反映货物实际情况的大量信息。

第二,购买方向销售方支付相应的货款。在出口走私中体现为境内销售方实际收到境外支付的货款。在进口走私中,体现为向境外支付相应的货款,从而形成以下几类电子数据:一是委托代理公司通过正常的付汇渠道将报关金额对应的货款支付出境;二是货主自己或者委托他人通过个人账户、离岸账户等途径支付相应的差额货款;三是行为人在其个人电子账册、财务报表中记录已经支付的实际货款情况。

购销协议、订单的达成,直接反映了走私货物的基本情况,而货款的支付则进一步完善了购销环节的相关事实。而且在许多走私案件中,采购协议、订单无法获取或者已经被销毁、删除,但支付货款所形成的资金交易记录却是无法销毁的,查清货款支付情况,本身就有利于判断国际购销行为是否客观存在。

仍以王某平走私普通货物案为例。王某平以低报价格的方式从日本走私进口各类苗木,并委托郑某国在日本负责联系货物、居间谈判、报价、组织发货。在具体操作过程中,郑某国与王某平通过固定的电子邮箱互相收发电子邮件,传递走私过程中的具体事项。2012年3月至6月期间,双方发送的电子邮件内容众多,既有涉及报价和下订单的内容,也有涉及货款支付的内容,还有涉及发货清单的内容。通过疏理这些电子邮件的内容,可以完整反映苗木购销环节的实际情况。针对这些电子邮件,首先按照时间顺序依次排列,其次按照发货清单和货款支付两个主题对邮件的内容排列,归纳出相应的活动内容。第一,在涉及发货清单的邮件中,清单包括发货苗木的品名、规格、卖家、数量、价格、集装箱号、发货时间等详细信息,而且每一次的发货清单不仅反映当次发货情况,还反映当次之前所有已发货物的情况,所以每一封邮件的发货清单都在上一次发货清单的基础上增加部分内容,直到最后一封邮件完整反映所有已发货物的情况。而将这些发货清单放在一起比对,前面的发货清单内容能够在后面的发货清单中体现,而且同一批次的货物数据都是相一致的,说明这些发货清单是非常客观真实的,也完整地反映出走私货物从少到多、逐步积累的过程。第二,在涉及货款支付的邮件中,有郑某国代表日方向王某平催收货款的内容,王某平回复已经支付货款的具体时间、金额、收款方的内容,郑某国答复是否收到货款以及结余货款的内容,按照这样的逻辑顺序排列,关于货款支付的内容就清晰、明了了。再结合资金交易记录发现王某平通过两个途径支付货款:一方面由进口代理商按照报关价格支付对应的货款,另一方面王某平又通过其自己或亲友的个人银行账户将差额货款支付出境。上述两部分资金的总额,与王某平在邮件中提到的支付实际货款情况、货物清单中提到的货物价格相吻合。可见,上述电子数据完整地反映了王某平通过其在日本的代理人郑某国采购苗木的实际情况。

2. 进出口操作环节

根据逃避海关监管的方式,走私行为有通关走私、闯关走私、绕关走私、后续走私等几类常见的手法,其中最为典型的是通关走私。在具体的进出口操作环节,通关走私所涉及的电子数据也最典型、最复杂。因此,我们主要围绕通关走私,展开分析如何运用电子数据认定进出口的操作环节。

通关走私具体包括伪报、藏匿、蒙混、闯关等手法,其中最典型的是伪报,而且也涉及大量电子数据。伪报走私的最直接环节是报关(代理)公司向海关递交申报单证及其合同、发票、装箱单或提单等附属单证。因此,对通关走私操作环节的分析,可以从报关单证展开。一套典型的报关单证有以下两大基本要求:一是主体要素,主要涉及报关单上的"收货单位"、"经营单位"、"报关单位"、"承运单位"、"发货单位"等,这些反映了不同经济主体在走私过程中各自所扮演的角色。二是货物要素,包括货物的品名、产地、规格、数量、价格、集装箱号码、提单号码、装箱情况等,这些反映了报关行向海关申报货物的情况。因此,运用电子数据分析通关走私的具体操作过程,就是要分析各个主体的具体行为,分析报关单证各个要素是如何确定的,单证是如何形成的。

在走私过程中,不同经济主体要完成相关的操作,需要互相配合,互相传递货物信息,互相发生一定的资金往来,就会产生电子邮件、即时通讯记录、资金交易记录等电子数据;由于各个经济主体通常同时与不同客户发生经济往来,为了统计方便,他们通常会根据不同的客户作一定的记录,比如代理公司会记录代理不同货主的信息,运输车队会记录为不同委托人拖运的信息,从而形成大量电子账册。分析这些电子数据,有利于判断各个经济主体的具体行为以及报关单的确定过程。

仍然以前述路某雅、李某华、包某忠等人走私化妆品为例。国内众多买家在韩国购买大量化妆品委托崔某将货物进口至中国。崔某又委托李某华进口,李某华委托路某雅,路某雅又找到包某忠寻找进口的代理方,包某忠又找到某进出口公司作为经营单位、某货代公司作为报关公司申报进口,该公司以塑料粒子为品名申报进口 8 票。货物进口后,路某雅或包某忠又委托司机将进口货物整个集装箱运往义乌、杭州等地,由李某华自己或者指定的人员接收,之后李某华将货物分装发往全国各地最终收货人。本案电子数据涉及 QQ 聊天记录、资金交易记录、快递记录等。相关电子数据可以认定以下几个操作过程:一是在每一个集装箱进口前后,崔某通过他人向李某华汇款约 40 万元,李某华向路某雅汇款约 38 万元,路某雅又向包某忠委托的代理公司汇款约 20 万元,该公司将该笔货款支付出境。二是包某忠在委托某代理公司时,通过 QQ 向对方询问塑料粒子的市场报关价格、有没有查验风险等,最终包某忠确定了报关数量、价格作为制作申报单证的依据。三是路某雅给国内某塑料粒子公司支付 22 万元,这正好与包某忠所说的其应路某雅的要求帮忙采购一批塑料粒子一事相符,反映这批塑料粒子是路、包二人共同购买,而且刚好与报关的塑料粒子品名、数量、规格完全一致。四是 QQ 记录显示,路某雅找到国内运输车队汪某委托其将涉案集装箱运至义乌、杭州等地,其中第 3 票货物运输之前,路某雅还明确要求汪某先将货物运走后再装上其所预先购买的塑料粒子,运回相关部门监管场所接受商检。五是快递电子信息显示,李某华收到集装箱的化妆品后,通过快递将货物发往全国各地,品名均为化妆品。上述电子数据较好地还原了走私过程中各个经济主体的操作过程。

此外,闯关走私也是实践中常见的一类走私,是通关走私的一种表现形式。最典型的闯关走私是"水客"在进出境口岸直接选走无申报通道,以"蚂蚁搬家"的方式走私货物。在走私过程中,涉及大量电子账册、即时通讯记录、资金交易记录、监管现场监控视频和出入境记录,需要特别强的是,监管现场监控视频和出入境记录在闯关走私案件中发挥至关重要的重要。①

(三)走私犯罪情节

根据货物的性质,走私犯罪可以分成涉税走私和非涉税走私。涉税走私主要依据偷逃进出口环节应缴税款定罪量刑,而偷逃税款又取决于货物数量和价格,非涉税走私主要依据走私货物数量定罪量刑,有部分罪名也取决于货物的价值。② 可见,走私犯罪情节主要取决于两个因素:一是货物数量,二是货物价格(或价值)。基于走私犯罪的特点,相关电子数据在认定货物数量和价格方面可以发挥重要作用,许多情况下电子数据甚至起决定性作用。

根据司法实践,认定走私货物数量、价格的电子数据主要有四大类:

第一,购销双方之间就交易货物所形成的并以电子数据体现出来的真实贸易合同、发票、订单、货物清单,或者购销双方通过电子邮件、即时通讯记录直接传递的货物价格、数量。例如,卖方通过电子邮件发给买方的货物清单,卖方通过 QQ 发给买方的货物数量、价格数据。这是最能完整反映货物真实数量和价格的电子数据。

---

① 最后一小节"典型案例"结合徐某文走私相机一案分析闯关走私的具体操作过程,在此不予展开。

② 有些罪名中,也会依据货物重量定罪量刑,如走私废物罪依据废物的重量。但我们认为,重量也是数量的一种特殊表现形式,为论述方便,下文一并按数量分析。

第二，嫌疑人（或嫌疑单位）所记载的反映货物进出口情况的电子账册、电子财务报表，即许多犯罪嫌疑单位所谓的"内账"。这些电子账册、报表形式各不相同，但往往格式化、批量化地记载走私货物的各种信息，一般都能够比较客观地反映走私货物的各种实际数量、价格、规格等内容。

第三，行为人在具体的进出口操作过程中，通过邮件、即时通讯工具互相传递的反映货物真实情况的各类电子数据。具体包括两类：一是境内实际货主与相关代理方、承运方、报关行之间互相传递的货物信息，比如货主将货物的真实数量发送给承运方便于运输，将真实价格发送给代理方便于安排对外付款。二是在犯罪嫌疑单位内部，负责具体操作环节的员工将货物真实信息发送给部门负责人、公司主要管理人员。以曹某华走私普通货物案为例，其所在的某船务公司借向国际航行船舶接收油污水之机，直接购买船舶自用的保税燃料油走私入境用于境内销售。每次操作结束后，相关业务员会通过微信或邮件将接收货物的数量汇报给公司管理操作的副总经理杨某，在汇报的数据中包括每次接收正常油污水的数量、接收燃料油的数量、船上支付现金金额等数据，这些微信记录、电子邮件就可以作为认定货物数量的依据。

第四，资金交易记录，包括行为人通过代理公司正常对外付汇，以及通过个人渠道将差额货款支付出境。在伪报型通关走私中，同时存在上述两种情形；在绕关走私、闯关走私中，则只有个人付汇情况。

上述四类电子数据中，前三类可以单独用于认定货物真实的成交数量、价格，资金交易记录一般起到辅助佐证的作用。司法实践中，往往有两类或两类以上的电子数据，在运用这些电子数据认定走私货物实际数量、价格时，关键要审查这些不同数据之间的关联性。例如，实际货物清单与公司内账的记载情况能否相互印证，与资金交易记录情况是否大体相当。以戴某杰走私成品油为例，戴某杰雇用他人直接将船舶驶往公海，从境外轮船上过驳燃料油直接走私入境销售，其中朱某飞受戴某杰雇用负责与代表卖油方的郭某华联系。每次走私时,郭某华、朱某飞通过微信传递走私油的数量、价格、接油具体经纬度、海上接头暗号等信息。其中一次微信记录显示接收数量为 220 吨,单价 3000 元,郭某华还提供了收款户名为王某的银行账号;接油后双方又确认实际接收 200 吨油。而在接油当天,王某的银行账户刚好收到陈某账户汇来的 60 万元,经向当事人核实,陈某账户系戴某杰买油的付款账户。因此,上述微信记录确认双方实际成交走私油 200 吨计 60 万元,这与 60 万元的资金交易记录刚好相互吻合,足以认定走私货物的数量、价格。

此外,在伪报型通关走私中,还应当审查上述电子数据与相关报关单证之间的关联性,以便在真假两套货物数据之间建立关系。而关联的参数主要有提单号、箱号、合同号、发票号、报关单号等具有唯一性的编号。一般而言,只要有其中一个参数是一致的,就可以将真假数据中的货物关联起来。只有在二者之间建立关联性,才能确认真实货物信息所反映的货物是否已经确实进口或出口,才能将同一批货物的应缴税款与实缴税款相比较,进而计算出实际偷逃进口环节应缴税款。如果部分货物无法建立唯一关联性,则应当就低认定货物数量、价格。

四、电子数据综合运用的典型案例分析

(一)案情简介

2010 年下半年以来,徐某文通过互联网向境外商家订购"徕卡"牌照相机、镜头及其相关配件(以下简称相机),并要求供货商将货物邮寄至丁某辰在香港的住处,徐某文又自行或指使李某浩、马某岭、丁某辰、钱某红等人前往香港通过个人携带的方式将 700 余件货物走私入境,在境内销售,偷逃进口环节应缴税款 300 余万元。其间,徐某文通过其亲友将大量资金汇往境外用于采购相机。根据经营模式的不同,走私相机又分两个阶段:

第一阶段是 2010 年 7 月至 2011 年 7 月间,徐某文以北京为基地租赁商铺经营相机生意。部分相机由其自己或李某浩、马某岭前往香港直接携带走私至北京,部分相机由丁某辰、钱某红走私至深圳后,再由钱某红通过顺丰快递将相机邮寄至北京。上述所有货物到达北京后,由徐某文雇用的李某浩、马某岭、张某蓉统一负责货物接收、清点,张某蓉又负责相机采购、销售等记账工作。

第二阶段是 2011 年 10 月至 2012 年 10 月间,徐某文以宁波为基地经营相机生意。其多次自行或指使李某浩、马某岭、洪某宽、董某道等人至香港地区携带相机走私入境,徐某文再通过国内快递的方式将相机邮寄至国内下家。2012 年 10 月,徐某文、董某道从宁波机场走私入境时被现场查获。

(二) 主要电子数据及其来源

1. 电子账册

账册是本案最主要的电子数据。本案电子账册主要有三大类:第一,张某蓉在北京受雇于徐某文期间,按照徐某文的指令所记载的账册,包括相机库存表、入库表、出库表、带货表、库存表等,记录了相机型号、数量、机身号、单价、带货人、快递单号、销售价格、买家、付款情况。第二,丁某辰制作的其在香港收发相机的清单,记录了其在香港地区收货时间、货物英文名称、型号、数量、机身号以及从境内到香港地区带货人员、带货时间、每次带货情况等信息。丁某辰定期更新这份清单发送给徐某文,徐某文再提供给张某蓉用于对账。上述两类电子账册均是从侦查人员查扣的徐某文一台笔记本电脑中提取。第三,丁某辰制作的其与钱某红从香港地区走私相机至深圳的清单,记录了每次带货品名、数量、带货人员、带货时间,丁某辰定期制作这份清单并发送给钱某红对账。案发后,侦查人员从钱某红提供的一台笔记本电脑中提取这份电子账册。

2. 电子邮件

本案电子邮件的内容也是张某蓉为徐某文经营相机所记录的

账册。其来源有两类：第一，张某蓉在受雇用期间，通过自己的邮箱将制作好的账册发送到徐某文电子邮箱内，用于徐某文掌握了解经营状况。这部分账册来源为作为邮件发件人的张某蓉的电子邮箱。第二，在北京经营相机的后期，徐某文又指使其女朋友黄某洁帮忙对账，遂将张某蓉发过来的相机账册转发给黄某洁。这部分账册来源为作为邮件收件人的黄某洁的电子邮箱。

3. 手机短信

本案手机短信来源有两处：一是侦查人员查扣徐某文个人使用的手机一部，并从手机内提取到其与国内买家之间关于销售相机的往来短信。二是侦查人员从徐某文国内下家之一陈某伟的手机调取到其双方关于买卖相机的往来短信。

4. 出入境记录

本案相关当事人直接前往境外提取相机，以"蚂蚁搬家"的方式随身携带大量相机，在出入境口岸直接选走无申报通道将货物走私入境，这就涉及大量出入境记录。

5. 资金交易记录

本案资金交易记录包括两方面：一是徐某文通过亲戚朋友向境外支付资金的记录，这部分资金用于徐某文境外采购相机；二是国内买家向徐某文购买相机对应的付款记录。

6. 快递物流信息

本案的快递单主要涉及两方面：首先，在第一阶段有部分相机系丁某辰、钱某红直接从香港走私到深圳后，再由钱某红邮寄到北京的快递。其次，在第二阶段，徐某文将走私入境的相机直接邮寄至国内下家的快递。案发后，侦查员从相关快递公司调取了当事人邮寄相机的相关快递信息资料，记录发件人、发件时间、收件人及其联系方式等信息。

（三）电子数据的审查运用

在办案过程中，主要犯罪嫌疑人徐某文辩解其虽然雇用张某蓉、马某岭，但并不是雇用他们帮助接收境外走私入境的相机，并没有提供笔记本电脑给张某蓉用于记账相机经营情况，其只是让丁某辰在香港地区帮忙接收国外邮寄过来的相机并在香港地区销售。换言之，徐某文否认其走私相机的基本事实。而通过审查运用本案的大量电子数据，并结合同案犯的供述及其证人证言，徐某文的上述辩解是不能成立的。

1. 电子账册的基本情况审查

本案的电子账册绝大多数来源于侦查机关查扣的一台"联想"牌 Think Pad 笔记本电脑，从该电脑内提取到张某蓉记录的账册以及丁某辰记录的清单。这两类账册是认定徐某文第一阶段走私相机的基础证据。一方面，丁某辰记录的香港地区发货清单，表明其帮助徐某文接收到的国外相机，已经由徐某文指派人员到香港带走。另一方面，张某蓉记录的入库表等情况，表明徐某文从境外采购的相机确实已经走私入境。简言之，前者反映的是香港地区发货情况，后者反映的是北京收货情况，而且二者在货物品名、机身号、数量、时间上能够一一对应。而在运用这两类账册之前，首先应当审查这些账册与徐某文之间的关联性。

本案中，虽然侦查机关从笔记本电脑中提取大量相机账册，然而由于该电脑并非直接从徐某文的随身或个人场所扣押，而是在徐某文被羁押后几天，才从徐某文的女朋友黄某洁处查扣；而且该电脑所记录的最近一次数据，也已经离案发有一年半的时间。那么，这台笔记本电脑及其电脑内的数据与徐某文是否有关联？在审查过程中，通过以下几个途径最终认定这台笔记本电脑与徐某文之间的关联性：一是查清电脑本身的直接来源，多人指证案发前一年左右徐某文将一台"联想"牌 Think Pad 笔记本电脑借给其朋友董某道使用，而在徐某文被抓之后，董某道将该电脑归还徐的女朋友黄某洁，后侦查人员正是从黄某洁处查扣到该电脑。二是侦查员辗转找到当年受徐某文雇用为其走私进口相机记账的张某蓉，经张辨认，其确实使用徐提供的一台"联想"牌 Think Pad 笔记本电脑记账一年左右，该电脑的"F2"键盘有一处缺损的明显特征，正与查扣的这台电脑相吻合，离职后其将电脑归还徐。张某蓉又对该电脑内相关文件分布情况仔细检查，有关相机账册的文件情况与其归还电脑时的情况相一致。从而查清该笔记本电脑的来源，建立了其与徐某文走私徕卡相机的关联关系。

2. 审查电子邮件及其与电子账册关联性

本案中，侦查人员从张某蓉、黄某洁电子邮箱内提取大量涉及相机账册的电子邮件。其中张某蓉还将这些相机账册通过电子邮件发送给徐某文，徐又将其中部分内容发送给黄某洁。

首先，审查电子邮箱的所有者。由于电子邮件是分别基于张某蓉、黄某洁主动提供各自邮箱账户、密码而提取的，因此可以确定她们各自的电子邮箱。但是，由于徐某文不供认自己的电子邮箱账户，那么张某蓉、黄某洁各自邮件中对方的电子邮箱是否为徐某文所有？经查证，本案中有一封电子邮件是张某蓉于2011年6月11日上午10时许发送出来，经中间人转发后，这封邮件于当天下午1时许转发至黄某洁的邮箱内，而且从黄某洁处提取的这份电子邮件还能够显示张某蓉的邮箱账户，张、黄二人均指认这名中间人的电子邮箱正是徐某文所有。因此，足以确认该中间人的电子邮箱正是徐某文的电子邮箱。

其次，审查电子邮件与电子账册的关联性。侦查人员从张某蓉的上述电子邮箱中调取到大量涉及"徕卡"牌相机的电子账册，经仔细审查，这些账册的内容与从上述 Think Pad 笔记本电脑中所提取的电子账册完全一致。换言之，张某蓉陈述其使用上述电脑记录徕卡相机账册的说法确实是客观真实的。而张某蓉正是通过电子邮箱将上述账册发送至徐某文的电子邮箱，进一步确认了这些相机账册与徐某文之间的关联关系。

3. 审查出入境记录及其与电子账册的关联性

本案中，徐某文组织多名当事人（即"水客"）以随身携带的方式，将国外邮寄至中国香港的相机通过国内深圳、北京、上海、宁波等出入境口岸走私入境。而在张某蓉记录的电子账册中，详细记载了"水客"从香港地区带货入境的人员、时间、型号、数量等信息。这就涉及相关带货人员出入境情况的真实性。通过仔细审查，电子账册中记载的带货时间绝大多数能够与当事人对应的出入境记录相符，对这些货物予以认定；对于账册中部分与出入境记录不一致的内容，采信客观性更强的出入境记录，不认定这些货物。

4. 本案电子数据的综合运用

在审查本案各类电子数据合法性、真实性的基础上，通过综合运用不同电子数据，可以比较完整地还原走私相机的基本环节和具体过程。

第一，采购。通过审查本案的资金交易记录，徐某文通过其众多亲戚、朋友，利用国家规定每人每年5万美元对外付汇额度，以循环支付的方式一共向境外支付人民币2000多万元，而且绝大多数资金支付到徐某文在香港地区开设的个人账户。这反映了徐某文从境外大量采购相机的资金来源。

第二，发货。从国外采购的货物邮寄到中国香港地区后，由丁某辰统一接收、发货。丁某辰制作的其在香港收发相机的电子清单中，记录了其收到相机的时间，以及徐某文指使他人到香港地区带走相机的型号、数量、机身号、带货人、带货日期，这表明相机确实从香港地区发出。同时，这些记录也是认定这一阶段每一项货物的基础证据。

第三，运输（走私入境）。徐某文组织"水客"从香港丁某辰处带走货物后，由具体人员带入境，有些再邮寄至北京。结合具体带货人员的出入境记录，绝大多数出入境信息能够与丁某辰在发货阶段所制作的电子清单相衔接，对于可以相印证的内容予以采信。此外，凡是先带到深圳后再邮寄到北京的货物，还有钱某红在深圳发货的快递单信息。上述证据体现了走私的具体过程。除主犯徐某文外，对其他参与人员的涉案数量，也以该阶段的实际走私数量为准。

第四，收货。走私入境的相机统一到达北京后，张某蓉等人会清点、统计，并记录收到货物的名称、型号、数量、机身号、单价、带货人、快递单号等信息。这些信息中，凡是能够与前面

"发货"阶段的电子清单和"运输"阶段的出入境记录和快递单信息相印证的,或者不相矛盾的,作为最终认定这一阶段货物数量的依据。

第五,销售。走私入境的相机在销售过程中,张某蓉还会制作出库表等销售记录,包括销售货物型号、数量、机身号、采购价、销售价、利润、卖家付款情况等信息,相关内容与"收货"阶段的电子账册相吻合;而徐某文与国内购买相机的买家之间往来手机短信以及买家支付货款的资金交易记录,更进一步印证了相机销售的具体情况。

综上分析,关于走私货物每一个环节,相关电子数据均发挥了重要作用。其中"发货"、"运输"、"收货"这三个阶段的电子数据,直接表明了相机从境外走私到境内的过程,也是认定涉案货物数量和价格的主要证据;而"采购"和"销售"两个阶段的电子数据则进一步完善了案件事实,更加完整地还原犯罪嫌疑人为牟取非法利益走私相机的整个过程。

(四)本案电子数据审查运用的启示

本案是一起典型的"水客"闯关走私案,所涉及的电子数据类型众多、数量庞大,这些电子数据较好地还原走私犯罪中的各个环节,其中最有益的启示在于电子数据关联性方面的审查运用。

首先,电子数据与行为人之间的关联性是认定案件事实的基础,如果这方面的关联性不确定或者存疑,案件证据体系将成为无源之水、无本之木。在审查运用中可以从两方面完善证据链:一方面要完善电子数据原始存储介质、相关电子账册与行为人之间关联性的证据,确保电子数据的整体来源有据可查;另一方面核实电子数据具体内容的制作、生成过程与行为人之间的关联性,确保电子数据的内容与行为人具有关联性。例如,本案来源于笔记本电脑、电子邮件的电子账册是认定走私事实最核心的电子数据,在案件审查与两次补充侦查时,从两方面完善证据链:一是通过向张某蓉、黄某洁、董某道等人核实,完善笔记本电脑这一原始存储介质在被查扣之前的流转链条，确认该电脑系徐某文所有。二是核实笔记本电脑内电子账户是由谁制作、如何生成，主要通过向张某蓉、丁某辰二人核实账户的制作流程、使用经过，又将账册数据打印成册由当事人逐一签字确认，从而形成"香港发货清单"和"北京收货清单"两类最核心的证据。

  其次，研判不同电子数据之间的关联性，是运用电子数据构建证据体系、认定案件事实的核心工作。审查不同电子数据之间的关联性，分析不同电子数据哪些内容可以相互印证、哪些内容存在矛盾。对于相互印证部分一般可以直接判定某一案件事实，对于不一致的部分还要分析能否给出合理解释，在无法合理解释的情况下再决定对这部分内容如何采信。通过对电子数据之间关联性的审查，还原走私各个环节如何前后衔接、不同行为人在走私过程中各自分工、参与的具体数量以及全案犯罪情节。例如，本案中首先需要将"香港发货清单"和"北京收货清单"这两类最核心证据通过收发货时间、具体数量、相机的序列号、直接带货人员等参数关联起来。然后将电子账册中关于不同嫌疑人到香港地区直接带货入境的记录与这些嫌疑人各自的进出境记录进行比对分析，通过分析，确实有部分记录不一致，在此情况下显然应当采信客观性更强的出入境记录，对于电子账册中有出入境记录佐证的内容作为认定每一次走私货物的依据。而资金交易记录主要起间接的、辅助的作用，与电子账册能够印证的，强化证据链；无法一一对应或者缺少相应资金交易记录的，也不影响走私事实的认定。

第六章　庭审中电子数据的运用

以审判为中心、庭审实质化逐步成为司法改革的共识。随着现代信息技术的飞速发展，电子数据在证据体系中迅速膨胀，这必然影响到庭审环节，也为如何实现庭审实质化带来新的机遇和挑战。一方面，信息技术的发展为庭审证据展示提供了独有的优势，运用好信息技术尤其是多媒体技术设备进行举证质证，必将极大推动庭审实质化的进展。另一方面，作为证据本身的电子数据具有虚拟性、技术性等特征，既有别于主观性较强的言词证据，也不同于具备有形载体的传统物证、书证，因此，庭审中如何以恰当的方式展示电子数据，如何有效地展开质证答辩，如何适应越来越普遍的电子数据鉴定人、专家辅助人出庭，这些都有待于进一步探讨总结。本章在分析庭审实质化背景下如何优化举证质证模式的基础上，详细论述电子数据的举证、质证及其鉴定人、专家辅助人出庭情况，并结合"快播案"展开重点分析，探讨该案庭审证据运用方面的得与失，以便更好理解庭审中电子数据的运用。

第一节　庭审中证据的运用

随着司法改革的推进，"以审判为中心"逐步成为我国刑事诉讼理论界与实务界的共识，其中最重要的一项内容就是庭审实质化。庭审实质化的总体要求是"保证庭审在查明事实、认定证据、保护诉权、公正裁判中发挥决定性作用"，较为具体的目标则是"实现诉讼证据质证在法庭、案件事实查明在法庭、诉讼意见发表在法庭、裁判理由形成在法庭"。① 从这些具体的目标看，始终围绕着庭审证据的运用展开。其中证据质证与查明事实两点完全取决于庭审中证据的运用，发表诉讼意见与形成裁判理由也是以庭审中证据的运用为基础。那么，我们就不免产生疑问，同样是证据的运用，庭前或庭外对证据的运用与庭审中对证据的运用有什么区别？为何特别强调庭审中对证据的运用，庭审运用证据有何特定的目标？如何合理有效地举证、质证，才能最大限度实现庭审的目标？

一、庭前证据审查运用与庭审证据运用的关系

公诉人在庭审中运用证据总是有备而来，是建立在庭前充分准备的基础上。只有庭前对证据资格的严格把关、对证据内容的全面审查以及对运用证据认定事实的充分论证，在庭审中对证据的运用才可能取得比较好的效果。

庭前运用证据，一般形成两份结论性的法律文书：审查报告和起诉书。这两份法律文书不仅是对庭前审查案件、运用证据的总结，文书的具体内容也贯穿于庭审之中。正是这两份文书把证据的庭前审查与庭审运用无缝连接起来。然而，这两份文书在庭前与庭审中的逻辑顺序又是相反的：如果说庭前运用证据的过程是先形成审查报告，再归纳出起诉书；那么，庭审则是以起诉书为起点展开，在后续具体的举证、质证、辩论中用审查报告的内容逐步演绎起诉书所认定的事实。可见，同样的证据，庭前审查时对证据的运用与庭审中对证据的运用有一定的区别。具体而言，这种区别主要体现在以下几个方面：

第一，庭前对证据的审查运用多数是单向的，庭审对证据的运用则完全是双向的。庭前审查程序以及对证据的取舍主要由公诉人主导进行。根据相关法律的规定，审查起诉阶段公诉人应当

---

① 龙宗智：《庭审实质化的路径与方法》，载《法学研究》2015年第5期。

听取辩护人的意见。实践中，一些辩护人在审查起诉阶段没有提出辩护意见，另一些辩护人则会就证据和事实提出口头意见或书面意见。但这些意见主要是作为公诉人审查案件的参考，公诉人一般不需要立即作出判断和回应，即使证据上存在瑕疵，仍然有补充证据的机会。可见，总体而言，庭前公诉人对证据运用的过程中，控辩双方互动不足、对抗性较小。而庭审中对证据的运用完全是双向的，控辩双方互动频繁、对抗性较强，并常常伴随着普通群众的旁听、监督。庭审中运用证据的程序要在法官主持下进行，严格遵守举证、质证的一系列规则。针对被告人和辩护人提出的相关质证意见，公诉人需要及时作出回应。此外，同样是针对侦查机关移送的证据材料，公诉人更侧重出示有利指控的相关证据，时常会有意或无意忽视一些有利于被告人的证据，而后一部分证据则是辩护人关注的重点，当公诉人没有出示时辩护人往往会补充出示。此时，公诉人就需要对证据取舍的理由当庭进行合理解释。

第二，庭前对证据的审查运用侧重于归纳逻辑思维，庭审对证据的运用侧重于演绎逻辑思维。归纳是从具体到一般的过程，演绎则是从一般到具体的过程，这两种方法是科学研究中运用得较为广泛的逻辑思维方法，同样也可以运用于刑事诉讼过程中。具体而言，庭前的审查起诉过程中，公诉人需要从众多零散的证据中逐个审查、依次取舍直至最后进行综合判断，这是一个从完全不了解案件到逐渐熟悉证据、慢慢吃透案情、总结案件事实的过程。而庭审中对证据的运用则是在已经形成起诉书这一结论性事实的基础上，由公诉人在法庭这个特定平台、特定时间内运用证据论证起诉书指控的事实。在论证过程中，不仅要尽可能说服法官支持控方的主张，还需要经过特定的质证和辩论程序。而被告人的个人理解能力、文化水平千差万别，且多数被告人是初次接触刑事审判程序，公诉人的举证就不仅要考虑如何论证事实，还需要考虑如何让被告人能够充分理解证据的内容以及证据所要证明的对象，被告人才有可能提出实质性的意见。

第三，从具体运用方式看，庭前侧重于以书面文字的方式运用证据，庭审则侧重于以口头表达的方式运用证据。如前所述，审查报告是庭前证据审查的结论性法律文书，其具体内容也贯穿于庭审之中。庭前是形成审查报告的过程，需要"看"证据、"写"报告，对证据进行逐步的归纳总结，用文字慢慢地论证案件事实，并且要涉及证据的方方面面。在文字的写作过程中，可以一步步地修改、锤炼、完善。庭审则是运用审查报告的过程，而且是在有限的时间内、主要以口头表达的方式来运用审查报告。然而，庭审的运用并不是机械地照搬审查报告，而是需要对审查报告中的证据进行适当组合、取舍，再组织恰当的语言表达出来或者以恰当的方式展示出来，让庭审的参与者通过公诉人的口头表达来认识证据、了解案情、作出判断。因此，庭审对证据的运用过程中，不仅仅要关注有哪些证据、证据是什么内容，还需要关注如何合理、有效地将证据当庭表达出来。

二、运用证据出庭公诉的基本目标

如前所述，同样是证据的运用，庭前对证据的运用与庭审中对证据的运用既有联系，也有一定的区别。正因为此，出庭公诉中对证据的运用就有它相对独立的目标或功能。具体而言，庭审中运用证据有两个基本目标：一是法律效果，二是庭审效果。

所谓法律效果，是指庭审着眼于查明案件事实，站在控方的角度就是出庭公诉应当围绕起诉书指控的事实展开，围绕着有利于认定案件事实、便于厘清案件法律关系展开。要实现良好的法律效果，就需要依据相关法律规定进行举证、质证，围绕是否具备证据的三性（合法性、客观性、关联性）、是否符合犯罪构成要件、是否有相应的从重从轻量刑情节等方面展开举证质证，举证中应当避免证据的遗漏，也要避免因证据合法性问题而丧失证据资格。

所谓庭审效果，是指出庭公诉的过程中，如何以看得见的方式来论证案件事实，如何让庭审的所有参与者包括辩方尤其是被告人和旁听群众"听得懂"举证过程、"看明白"庭审经过。因此，庭审举证时就需要特别关注如何科学地进行证据分类、合理地安排举证顺序，如何有针对地出示证据以及以什么恰当的方式展示证据，如何以普通人听得明白、能够接受的方式表达证据的内容。尤其是庭审中应当让被告人有充分质证的机会和可能。例如，在被告人认罪案件与被告人不认罪案件中，举证、质证节奏的把握就有所区别。在被告人认罪案件中，公诉人可以大批量地简略举证，仅仅对个别有争议的证据和事实进行重点举证、质证。而在被告人不认罪案件中，被告人往往对许多证据都有意见，如果仍然在大批量举证之后再进行质证，被告人就无法理解、消化证据的内容，对证据的质证就更无从谈起。而当被告人、辩护人提出质证意见后，公诉人能否及时地、有理有据地予以答辩，也将直接影响到庭审效果。

如果说出庭公诉的法律效果侧重于运用证据说服法官认可控方指控的相关事实，更关注案件的实体结果；那么出庭公诉的庭审效果则侧重于如何以有效的方式让大多数庭审的参加人员真正地了解证据情况，并能够根据证据情况对案件事实进行合理的判断，在打击犯罪的同时也能更好地发挥庭审的警示与教育作用，所以说庭审效果更关注案件的审理过程。一般情况下，这两个效果是可以统一的，但有些情况下，法律效果和庭审效果会有一定的冲突。公诉人在庭审中对证据的运用，就需要着眼于如何实现二者的统一。

三、庭审举证质证的四个维度

如前所述，庭审举证质证以庭前证据审查运用为基础，但并不是简单地重复庭前证据审查运用的过程，举证质证具有法律效果和庭审效果双重目标。对此，从证据组合、证据内容、表达形式和庭审节奏四个维度全面把握举证质证的具体过程，方能最大限度地实现法律效果和庭审效果的有机统一。

（一）合理的证据组合

证据是认定事实的基础，整体事实又是由各个具体事实所组成。庭审中公诉人的基本目标是运用证据来证明事实，首先就要对事实进行合理分解，将证据进行必要的排列组合，为进一步举证示证打下基础。证据组合得当，逻辑性强，庭审思路就清晰，不论是法官、被告人还是旁听群众，才能够总体上把握案件的基本脉络和证据的大体情况。反之，证据组合不当，逻辑性差，思路不清，即使认定案件事实的证据再确实、充分，都难以取得良好的庭审效果。

1. 证据分组的基本步骤

首先，合理分解案件事实。完整的案件事实总是由各个具体的事实所组成，各个具体的事实又取决于不同的证据组合情况。① 因此，在庭审举证阶段，证据的分组首先体现为对事实的分解，唯有事实分解得当，才能保证庭审思路清晰、举证有的放矢。

其次，根据所要认定的各个具体事实将证据进行分类组合。我国《刑事诉讼法》第48条按照证据的表现形式列举了8种法定证据。庭审中，应当避免机械地按照这8种证据进行分类组合，而要根据证据的内容进行分类组合，将有利于认定同一具体事实的证据组合在一起，以突出证据之间的关联性。需要指出的是，即使是同一份证据，根据证明的内容可以分别归入到不同证据组合中，在举证时从不同的角度多次使用同一份证据。例如，"当言词证据的内容较多、信息量较大，同时能证明数个构成要件事实时，可以对该份证据进行拆解，与其他相关联的证据组合出示"。②

最后，对证据进行有效的排序。这包括两个方面：一是宏观上的证据排序，即已经分组的证据，在举证时哪几组放在前，哪

---

① 详见本书第四章"运用证据认定事实的基本过程"一节。
② 张晓勇：《疑难复杂案件的举证与质证》，载《刑事司法指南》2015年第4集（总第64集）。

几组放在后;二是微观上的证据排序,即每一组证据内部,各个具体证据如何排序,哪个排前、哪个排后。在对证据进行排序时,可以考虑以下几方面因素进行合理的排序:一是将涉及案件主要事实的证据排在前,便于突出庭审焦点;二是涉及案件基础事实或者事实争议较小的证据排在前,为后续解决主要事实或庭审争议焦点奠定基础。

2. 证据分组的基本原则

证据的分组有许多具体方法,案件千差万别,证据情况各不相同。司法实践中常见的方法有:按犯罪构成要件进行分组,如职务犯罪案件;按时间发展顺序分组,如抢劫、杀人案件;按犯罪事实分组,如多笔盗窃、贩毒案件;按主次关系分组,如杀人与窝藏案件。[①] 在具体案件中,究竟采用何种方法对证据进行分组,应当视案件具体情况而定。但应当遵守以下几个基本原则:

第一,应当按照有利于整体把握案件事实、能够突出重点事实与争议事实、便于解决庭审争议焦点进行分组。我国庭审规则中,讯问被告人在先,庭审举证质证在后,在证据分组时可以结合讯问情况展开。例如,当一起案件争议事实比较明显时,可以将没有争议的事实放在一组,比较简单地举证;将有争议的事实单独放在一组,详细地举证;如果有相关事实的争议焦点比较多,可以将争议事实再分成多组进行举证,以便于庭审解决焦点问题。

第二,证据的分组应当遵循证据之间的逻辑关系,符合一般人的经验判断。[②] 例如,在一起故意杀人案中,一般有具体物证(如作案刀具)、现场勘验检查笔录、鉴定意见(如死因鉴定、刀具上血迹 DNA 鉴定)等证据。在庭审举证时不少公诉人会按

[①] 王国新在《庭审实质化和公诉人举证质证技巧》一文中归纳五种方法,即时间顺序法、一事一证法、罪名举证法、穿插举证法、连环举证法,有一定的参考价值。详见《刑事司法指南》2015 年第 4 集(总第 64 集)。

[②] 张晓勇:《疑难复杂案件的举证与质证》,载《刑事司法指南》2015 年第 4 集(总第 64 集)。

照刑事诉讼法规定的证据种类顺序依次出示,即先出示刀具,然后现场勘验检查笔录,再出示鉴定意见。这种顺序就显得非常突兀,因为在出示物证刀具时,听庭人员就会质疑这些刀具到底是从哪里来的。虽然在示证时,公诉人可以补充说明这是从现场勘验所提取,或者从其他人身上所查获。但是,如果公诉人把勘查笔录或搜查笔录先出示,然后再出示勘查或搜查所得的具体物品(如上述刀具),紧接着出示与刀具上血迹相关的DNA鉴定意见,这样的顺序就顺理成章、水到渠成。

第三,结合具体案件可以综合运用不同的证据组合方法。前面提到证据组织的各种方法,但在具体案件中,往往需要综合运用上述多种方法来分解事实、组合证据,才有利于实现最佳效果。例如,在职务犯罪案件中,可以先按犯罪构成要件分解成犯罪主体的证据、被告人牟利的证据和收受财物的证据;而在收受财物的证据中,又可以按照具体事实分解成收受不同行贿人财物的多组证据。

(二)有效的信息提炼

证据的组合是举证的第一步,接下来就涉及证据的内容。本书前面已经分析,从"信息"和"载体"两个角度来认识证据,更符合运用证据认定事实的逻辑过程。[①] 而在庭审举证质证的过程中,形式上所展示的是证据这一"载体",但实质上所展示的是证据所承载的"信息"。每一起案件中,证据种类多样,有些较复杂的案件,证据材料更是多达数十本甚至上百本。然而,庭审时间又有限,庭审效率是必须考虑的问题,这就需要对证据信息进行必要的提炼、浓缩。只有运用有效的证据信息进行举证质证,才能客观还原案情、保证庭审效率。在庞杂的证据材料中,可以提炼的内容很多,但总体上可以分成两大块:一是程序性信息,比如涉及证据来源合法性的信息,涉及取证程序、取证方式

[①] 详见本书第四章"运用证据认定事实的基本过程"一节。

是否符合法律规定的信息，以确保庭审出示的证据具有证据能力。二是实体性信息，即证据中与案件事实直接或间接相关的信息，可以是用来正面佐证相关事实存在的信息，也可以是用来反面佐证相关事实不存在的信息，这也是庭审举证中需要重点出示的信息。

证据是信息的载体。然而，证据中有些信息真实可靠，有些信息是虚假的或者真假难辨；有些信息与案件事实关联性较强，有些信息与则案件事实关联性较小，甚至与案件无关。而在庭审中，需要展示的是那些客观真实、与案件有关联的证据信息。因此，提炼有效的信息，首先应当是真实可靠、与案件事实相关或者关联性强的证据信息。就证据信息的真实性而言，对于那些经过审查判断后认为是真实的信息进行举证，而真实性已经被否定的信息不作为庭审举证的对象。如果两种证据信息同时展示，就会带来矛盾。例如，实践中公诉人常常将某一被告人就同一案件内容前后不同的供述同时出示，这就会给人带来疑问：公诉人究竟采信哪一个供述作为指控事实的依据？就证据信息的关联性而言，需要剔除那些与案件事实无关的信息，提炼与案件事实有关的信息，作为庭审举证质证的对象。尤其在同一份证据中，可能大量信息与案件事实没有直接关联，如果将这些信息完全出示，不仅费时费力，而且严重影响举证质证的针对性。

在确保用作庭审举证质证的证据信息真实可靠、与案件有关联的基础上，应当重点于提炼涉及案件关键事实、庭审争议焦点的证据信息。庭审举证质证是以庭前的审查报告为基础，而审查报告已经对证据信息进行必要的提炼。然而，庭前审查报告中所展示的证据信息与庭审中举证质证时所要传达的证据信息又有一定的区别。审查报告要求对证据信息进行比较全面、详细的提炼、分析，包括证据合法性、客观性、关联性等方方面面的信息，都应当在审查报告中有所体现。而庭审则不同，既要有效率也要有针对性，应当围绕庭审争议焦点、案件关键事实提炼相关证据信息，对证据中一些次要的、细枝末节的内容，需要区别对待、有所取舍。例如,当一起案件的争议焦点在于相关犯罪行为是否为被告人所实施,那么就应当围绕被告人与犯罪时间、案发地点、案件当事人之间的关系,详细提取相关信息,对于其他没有争议的事实可以简略对待。而当庭审争议焦点在于作为证据使用的口供是否存在刑讯逼供等非法取证情形,那么涉及证据合法性方面的信息就至关重要。而在多数案件中,证据合法性较少成为争议焦点,在举证时有关取证程序的信息就可以一笔带过,甚至可以不需要单独说明。

(三) 通俗的证据表达

所谓证据表达,是指庭审中以什么样的方式将证据的内容展示出来,让法官、被告人、辩护人以及其他旁听人员知悉证据所要证明的对象。证据是信息的载体,运用证据出庭公诉的基本目标是实现法律效果与庭审效果的有机统一。而同样的证据内容,在庭审中以不同的方式展示出来,其效果又大相径庭。在传统举证模式中,公诉人表达证据的最主要方式是直接宣读证据内容。然而,随着现代科技的进步,近年来多媒体示证在庭审中得到越来越广泛的应用,也取得较好的效果,这正反映出庭审中使用有效方式出示证据的重要性。我们认为,只有将证据承载的信息以恰当的方式、通俗的语言表达出来,才能让公诉人以外的庭审参与人员更好地理解证据的内容。这也是庭审举证与审查报告中证据罗列的重要区别所在。具体而言,庭审中表达证据的主要方式有以下几种:

1. 宣读

庭审中,由公诉人直接宣读相关言词证据、书证、鉴定意见、勘查笔录等文字材料,或者转化书面材料的其他证据,这是传统举证中最主要的表达方式。需要强调的是,宣读并不等于庭上照本宣科地读证据的所有内容,而是结合庭审的具体情况,有针对性地宣读,详略得当、重点突出。

庭上宣读证据有两种基本方式:一是原文宣读,二是概括宣读。这两种方式有各自的优缺点。原文宣读的优点在于尊重证据原貌，有利于展示证据的细节内容，不会曲解证据；缺点在于证据的原文往往冗长、繁多又零散，原文直接宣读不易突出证据的关联性。概括宣读则简洁明了、针对性强，便于强调证据重点内容；但不足之处在于容易断章取义、曲解原文。庭审举证中，使用哪一种方式宣读，既要视不同的证据形式而定，也要结合具体的案情。就言词证据、书证而言，涉及案件核心事实的证据，比如打架斗殴案件中具体谁动手、使用什么工具、刺了几刀等事实，以原文宣读为主；对于一些次要证人证言，比如当事人在哪里买的刀、案发前有什么恩怨等，以概括宣读为主。就鉴定意见、勘查笔录、电子数据而言，这些证据往往内容多，信息量大，以庭审举证时概括宣读为主，原文宣读为辅。

2. 展示

庭审中，在法庭主持下，将相关物证或其他实物、勘验现场的照片、相关书证展示出来，交由被告人进行识别、辨认，以便被告人直接作出判断。如果说宣读证据主要是由公诉人主导进行，被告人往往被动接受证据内容；那么展示则是由被告人对证据直接近距离接触、辨别，可以使证据的出示更加直观，便于当事人提出更有针对性的质证意见。

3. 多媒体示证

公诉人运用电脑、法庭专用屏幕等电子设备，将相关音频、视频资料等证据材料在庭审过程中直接播放出来，这种多媒体示证得到越来越广泛的应用。多媒体示证的优势在于"改变诉讼参与人只能听不能看的状况……使法庭内的每一个人都能清楚地看到证据的细节，便于从证据的客观性、关联性和合法性上进行监督和质询"。[1] 实际庭审中，可以根据不同情况运用多媒体进行示证。

首先，对于案情复杂、证据种类繁多的案件，可以运用多媒

---

[1] 周永年：《庭审实质化条件下多媒体示证的发展与完善》，载《刑事司法指南》2015年第4集（总第64集）。

体展示总体的证据结构、证明对象,让公诉人更好地表达案件的基本证据情况,更好地揭示证据之间的关联性。示证者简洁清晰,听证者一目了然。

其次,对于音频、视频、图片等电子数据,运用多媒体来表达证据的内容,有利于最大程度地还原这类证据的原始内容。当然,在这种情况的多媒体示证过程中,公诉人仍然需要对这些证据的来源、证明的对象以及音视频中一些疑难、模糊的内容进行适当的补充说明,以方便旁听者更完整地理解这些证据的内容。

最后,对于言词证据、书证、现场勘验笔录等证据,在必要时也可运用多媒体,将这些证据的重要内容展示出来,增强庭审的举证效果。

多媒体示证的优点在于直观明了,便于取得良好的庭审效果,但其缺点在于庭前往往需要耗费大量人力物力进行准备,对法庭的技术设备也有一定的要求,司法成本较高。公诉人需要结合具体庭审情况,对是否采用多媒体示证以及哪些证据运用多媒体示证作出较为合理的处置。

4. 询(讯)问

庭审中,由法庭通知相关证人、被害人、鉴定人、侦查员、有专门知识的人出庭,直接接受控辩双方交叉询问。这既是庭审表达证据的有效方式,也是庭审直接言词原则的应有之义。

需要指出的是,在法庭调查开始阶段对被告人的讯问,也属于广义的举证范畴,而且可以归入到询(讯)问这种举证方式中。相比较而言,在法庭讯问阶段时的"讯问"比较单一,很难结合证据进行讯问;而在举证阶段,结合已经出示的证据来"讯问"被告人,有更强的针对性。

前面分析了庭审中表达证据的四种基本方式。在具体庭审中,选用哪一种方式来表达证据,取决于证据的种类、证据的内容和具体的案情。具体到电子数据,以宣读和播放为主。但不管采用哪种方式举证,应当遵循以下几点要求:一是尽量采用直观、通俗的方式来表达证据的内容。举证的目的不仅要证明起诉书指控的事实,还要让庭审参与人员理解从证据到事实的证明过程。二是出示证据内容要与对举证目的、证明对象进行必要的说明相结合。在举证前,应向法庭简要介绍公诉人基本的举证顺序,使法庭和旁听者对公诉人举证意图先有一个总体了解;在举证完成或每组证据出示完毕后,公诉人还应及时作出小结,便于法庭其他听庭人员明白所举证据的证明意义。[①] 相反,如果只出示证据的内容,但没有对证明对象予以必要阐述,听证者难以了解公诉人举证的目的,这样的举证是比较失败的。

(四)恰当把握举证质证的节奏

公诉案件庭审中,证据的运用是在法官的主持下进行的,但却是在公诉人的主导下展开。而公诉人主导下出示的证据,需要经过当庭质证才能作为定案的根据。而举证的节奏对辩方尤其是被告人有很大的影响。司法实践中,经常遇到公诉人举证节奏过快,或者举证的内容过于简略,被告人无从了解证据的内容,难以提出有效的质证意见。正如有学者指出,庭审实践中"成批举证时,被告人质证权不能得到保障。由于被告人事先不知道检察官举证的方式和内容,一旦检察官成批举证,被告人常常不能作出有效反应,记不全乃至记不住检察官所举证据及其内容,而只能就记录的某些内容发表意见"。[②] 因此,恰当把握举证质证的节奏,是庭审运用证据过程中至关重要的一环。

对举证质证节奏的把握,应当考虑两方面的因素:一是被告人因素,二是案件因素。

首先是被告人因素。这体现在两点:一是被告人自身的认知能力、理解能力、文化水平。如果其文化水平较高,理解能力较好,可以适当加快举证节奏;反之,则应放慢节奏。二是被告人的认罪程度。如果被告人完全认罪或者大部分认罪,则可以加快

[①] 张晓勇:《疑难复杂案件的举证与质证》,载《刑事司法指南》2015年第4集(总第64集)。

[②] 龙宗智:《庭审实质化的路径与方法》,载《法学研究》2015年第5期。

举证节奏；反之则应放慢节奏，并围绕被告人不认罪部分所对应的证据，尽量一证一质。

其次是案件因素。根据审查起诉阶段公诉人对案件证据材料的把握，以及控辩双方庭前交流、庭审第一阶段法庭讯问的情况，庭审的复杂性与争议点已经比较清晰，举证就应当围绕案件重点事实和争议事实展开。因此，在把握举证节奏上，对于没有争议且不是重点事实所对应的证据，可以加快举证节奏，提高庭审效率；对于重点事实或争议较大的事实所对应的证据，则应当减缓举证节奏，给辩方尤其是被告人以充分质证的机会，也方便控方对辩方的质证意见进行有针对性的答辩，以提高庭审效果。

举证质证的节奏与证据的分组密切相关，如果说证据的分组静态上反映整个庭审举证质证的基本脉络，为把握庭审节奏奠定基础；那么举证质证的节奏则动态地反映整个庭审的进度，是证据分组的具体展开，也有助于检验证据分组是否合理妥当。

四、小结

庭审的基本结构由控、辩、审三方组成。站在辩方角度，庭审实质化要求辩护人和被告人通过庭审有机会充分了解指控的依据、理解证据的内容，并能够据此作出有效的、实质性的质证、回应和辩驳。站在法庭的角度，庭审实质化在于合议庭作出事实判断时必须依据控辩双方在庭审中所出示的证据、必须听取并回应控辩双方在庭审中发表的质证意见，并以此作为判断证据、认定事实的依据。而站在控方的角度，庭审实质化则要求公诉人必须将指控犯罪的证据和理由在法庭上予以充分地展示，既给辩方以充分了解证据内容、发表质证意见的机会，也要对辩方的意见和观点予以合理回应，实现法律效果和庭审效果的统一。因此，对公诉人而言，庭审举证质证就不只是简单地罗列各种证据，也不只是机械地复制审查报告的内容，而应当综合考虑证据构架、信息内容、出示方式以及庭审节奏等多方面因素，即前面所分析的举证质证的四个维度。

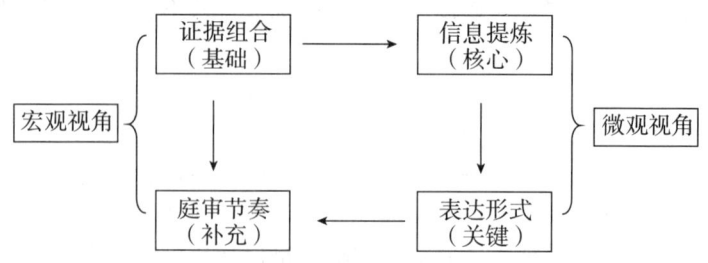

图 1　庭审举证质证的四个维度

举证质证的这四个维度既有各自的特征和内容,同时也是环环相扣、层层递进、互相影响。首先,证据分组是基础,它反映整个庭审举证活动的结构和骨架,只有证据结构清晰、层次分明,公诉人庭前证据审查的结果才能较好浓缩在庭审中展示出来。其次,证据信息的提炼是核心,因为对案件事实的认定取决于从证据中能提取到多少有效信息,这些信息客观性的大小、信息与信息之间关联程度,直接决定了庭审中证据运用的法律效果。再次,证据内容的表达是最关键的一步,庭审中只有将证据的信息以恰当的方式、通俗易懂的语言表达出来,才能让公诉人以外的庭审参与人员把握证据的内容,合理地判断案件的事实。最后,合理把握举证质证的节奏是对前三点的有效补充。举证质证过程中,当控方主动发现举证节奏不合理,或者辩方对举证节奏提出异议或者无法理解证据的内容时,就需要回头反思前面的证据分组是否合理妥当,证据信息的提炼是否存在问题,证据的表达是否清晰明了,举证的进度是否快慢得当,在必要时需要及时作出调整。总而言之,如果说证据组合、庭审节奏更多强调从宏观上把握举证质证的进度,那么信息的提炼与证据的表达则更多从微观层面把握举证质证的过程。庭审过程中,按照"宏观—微观—再宏观"这种思路来运用证据,方能最大限度地实现法律效果和庭审效果的有机统一。

第二节 电子数据的举证

随着信息技术的快速发展,电子数据在刑事司法领域发挥越来越重要的作用。一方面,电子数据客观性强、精确度高,对认定案件事实具有无可替代的作用,甚至在许多案件中起着决定性作用;另一方面,电子数据具有虚拟空间性,[1] 信息量极其丰富,证据形式多种多样,在庭审中如何以恰当的方式举证示证,既影响庭审效率和质证效果,也影响公诉人出庭的整体效果。对此,两高一部《电子数据规定》对电子数据的举证示证作了原则性规定,第18条规定,"对网页、文档、图片等可以直接展示的电子数据,可以不随案移送打印件;人民法院、人民检察院因设备等条件限制无法直接展示电子数据的,侦查机关应当随案移送打印件,或者附展示工具和展示方法说明"。第21条规定,"控辩双方向法庭提交的电子数据需要展示的,可以根据电子数据的具体类型,借助多媒体设备出示、播放或者演示。必要时,可以聘请具有专门知识的人进行操作,并就相关技术问题作出说明"。本节以该规定为基础,结合上一节有关庭审举证的相关论述,对电子数据举证的具体问题展开分析。

一、电子数据的举证原则

(一)客观示证

客观公正是司法的基本价值之一。体现在庭审举证阶段,就要求举证时应当确保证据的完整性、客观性,在展示证据时,不应曲解证据的原本内容,不应背离证据的真实含义,也不应仅仅

---

[1] 刘品新:《电子证据的基础理论》,载《国家检察官学院学报》2017年第1期。

为了实现指控犯罪的目的而人为地对证据断章取义。因此，电子数据举证时应当遵循客观示证的原则，尽量客观、全面地展示电子数据的原始状态。

针对电子数据客观示证原则，可以从以下三方面来理解。第一，从形式上看，在条件允许的情况下尽量展示电子数据的原始形态。电子数据是以电子化、数字化的形式存在的证据，庭审中也应尽量以电子化、数字化的方式展示电子数据，尤其是针对一些带有声音、图片、动画的电子数据，更应当展示这些证据的原貌，而不是转化为其他形式（如书面文字）出示。第二，从内容上看，尽量展示电子数据的原始内容。比如将监听资料转化为书面材料时，取证人员在听取相关录音后，常常会根据被监听者对话所表达的意思进行概括性的摘抄，这就违背了保持原状原则，因为对话本身的内容与对话所要表达的意思是有区别的。取证如此，示证同样如此，展示电子数据的原始内容，便于更准确地传达证据所反映的信息。当然，这里所讲的原始内容，强调的是电子数据中拟当作证据使用的那部分信息所对应的原始内容。第三，庭审举证中，必要的概括说明有利于提高举证的针对性。而对电子数据进行举证说明时，应当尊重证据的原意，不应当过度解读电子数据的信息内容。

（二）详略得当

详略得当也是庭审举证时要遵循的基本要求。一方面，举证的任务就是围绕案件事实，从证据中获取有价值、有关联的信息，从而实现指控犯罪的目的。然而，各个独立的电子数据又是分散的、孤立的，即使是单份电子数据，也可能包含着海量的信息。比如银行交易清单、手机通话清单，其信息动辄几百条、上千条，而微信、QQ等即时通讯工具所形成的聊天记录，转化成书面材料时也是几页甚至几十页，不同主题的内容交错分布其中。面对这些信息量极大的电子数据，如果没有进行一定的取舍，就难以通过举证达到证明事实的目的。另一方面，如前所述，庭审效果也是举证所要达到的重要目的。通过公诉人的举证,让被告人、辩护人、审判者、被害方等诉讼参与人以及其他参与庭审的旁听人员,能够对事实作出合理的判断。尤其在面对信息量非常大的电子数据,如果公诉人在举证时面面俱到、重点不明,庭审中的参与者无法了解电子数据的主要内容,无法根据证据对相应的事实作出判断,庭审的效果必然要大打折扣。

因此,不论是要达到证明犯罪事实的目的,还是要实现良好的庭审效果,公诉人在举证时,应当根据电子数据的重要性、证明力、逻辑性等因素对证据的出示过程进行合理分组、有效排序以及对证据信息内容进行一定的取舍,力求逻辑清晰、重点突出。

(三)举证时处理好两者的关系

电子数据的举证示证中,客观示证的义务与详略得当的要求并不矛盾。客观示证旨在强调保持电子数据的完整性、客观性,尽可能将电子数据的原始状态全面展示出来,以便当事人和其他庭审的参与者能够了解电子数据的来龙去脉。而详略得当则要求在遵循客观公正的基础上,对电子数据与案件事实关联性大、内容重要的信息重点出示,对重要证据的来龙去脉完整地展示。比如监控录像的出示中,对于当事人进出案发现场、直接动手作案的关键细节,可以详细、反复地播放,以便诉讼参与人能够准确把握案件的核心事实。

然而,在实际庭审的举证中,二者又容易发生冲突。如果过于机械地客观示证,可能会陷入举证时面面俱到、重点不明的情况;如果过于强调详略得当,又可能会有断章取义的嫌疑。在电子数据的举证过程中,应当协调好这两者的关系,可以按如下的方式展开:第一,凡是与案件有关联的证据都应当逐一出示,当然关联性小的证据可以简明扼要地出示。第二,对于与案件的主要事实、当事人否认的事实以及其他与案件争议焦点关联性大的电子数据,要突出举证、详细举证。第三,对于前述的重要电子数据,除了出示实体内容外,对电子数据的来源、生成时间、获取方式、保管过程等内容也应当相应地出示,以确保这些重点证据完整、客观，不会让人对重要电子数据的合法性、真实性产生怀疑。第四，对不同的电子数据之间的关联性以及电子数据与其他证据之间的关联性进行简要的分析、说明，以突出电子数据所要证明的内容，提高举证的针对性，为后续的质证和辩论打下基础。

二、电子数据的举证方式

电子数据的举证方式与其固定方式、表现形式息息相关。电子数据的原始内容存在于特定的存储介质或虚拟空间中。而基于刑事诉讼的需要，又需要将这些电子数据转化为有形的、可感知的内容。实践中通常有以下几种做法：其一，直接将电子数据固定于光盘、硬盘等可存储设备中。这种证据形式有利于最大限度保持电子数据原貌，但缺点是不利于办案人员审查、运用证据。因为刑事案件从破案到侦查、批捕、公诉、辩护人阅卷以及一审、二审的各个环节，通常有不同办案人员参与，如果每一份电子数据都只固定于电子设备中，那么后续办案人员每一次都必须借助相关电子设备来读取内容，就会大大影响办案效率。其二，将电子数据直接转化成书面材料，以书面形式固定。它适合于可以从相关存储介质或虚拟空间中直接获取电子数据的具体内容，这样方便办案人员查阅，便于在法庭上出示。其三，将电子数据转化为电子勘查笔录、鉴定意见等形式。有一些电子设备通过一般性检查，无法有效提取所有电子数据；或者有些电子数据本身是一些程序性内容，无法直接固定成书面材料。这就要由专业人员通过对取证对象的勘验、检查、鉴定，尽可能地还原电子数据原始状态，再以勘查笔录、鉴定意见的形式予以固定。

根据电子数据的固定方式和表现形式，庭审中出示电子数据可以分为直接出示和转化出示两种基本方式。此外，基于庭审举证的需要，将不同的电子数据或者电子数据与其他证据组合出示，有利于提高举证示证的针对性，也是司法实践中常见的举证方式。

(一) 直接出示

电子数据具有数字化、无形性的特点，它需要依附有形的存储介质和虚拟的网络空间而存在。因此，电子数据的直接出示需要借助于特定的电子设备才能实现。

第一，使用存储电子数据的原始电子设备直接出示。比如，从当事人处扣押一部手机，这些设备上有反映与案件事实相关联的短信记录、照片、通话记录等，在庭审举证时直接打开手机，将手机上的内容直接在法庭上展示出来。当然，电子数据极易被篡改，除非确有必要的情况下，一般不主张这种出示方式。更为重要的是，电子数据取证的一般原则是不直接针对原始存储介质进行操作，[1] 公安部《计算机犯罪现场勘验与电子数据检查规则》就明确规定，一般情况下不能直接检查原始存储介质，检查只能在原始存储介质的备份或复制存储媒介上进行。在证据的收集固定阶段尚且难以直接进行，在证据的出示阶段，要直接出示上述电子数据就更无从谈起。因此，这种方式直接出示电子数据的应用范围非常有限。

第二，使用专用电子设备出示电子数据。比如，侦查员在取证时，将相关电子数据固定于特定的光盘、移动硬盘或 U 盘等可存储设备中，在举证时借助电脑、投影仪等特定设备，将上述已经固定的电子数据在庭上展示、播放。司法实践中，电子数据直接出示运用最广的是视频监控的出示，即运用电脑、专用屏幕等电子设备将视频监控以直接播放的形式进行出示。下文将单独详细分析庭审中视频监控的出示。

电子数据直接出示具有一定的专业性，根据庭审的实际需要，还可以聘请专业技术人员协助出示。《电子数据规定》第 21 条规定，"控辩双方向法庭提交的电子数据需要展示的，可以根据电子数据的具体类型，借助多媒体设备出示、播放或者演示。

---

[1] 文卫疆：《刑事电子数据出示问题研究》，湘潭大学 2013 年硕士学位论文。

必要时，可以聘请具有专门知识的人进行操作，并就相关技术问题作出说明"。该条规定为技术人员出庭协助出示电子数据提供了法律依据。

(二) 转化出示

借助电子设备，将电子数据的声音、图像或其他画面直接展示出来，对示证者而言简单明了，不需要太多解释说明；对诉讼参与人或其他旁听人而言，也一目了然，客观完整。但是，"可直接出示的电子数据是指可视可听的电子数据，而且通过展示不会改变其任何属性"。[①] 由于电子数据形式多样，再加上许多客观条件的限制，实践中更多的电子数据无法直接出示，而是通过转化为其他形式进行出示，称为转化出示。

所谓转化出示，是指将电子数据的内容转化成可以直接阅读、感知的书面材料进行出示。这就涉及以书面材料形式体现出来的电子数据和以电子形态体现出来的电子数据之间的关系。二者的联系主要在于书面材料的内容来源于电子形态的内容，它们的主体内容是一致，而且在格式上相同或相似。例如，电子形态下的微信聊天记录是双方或多方的互动，手机上可以直接显示互动交流的主体、内容、时间、前后顺序等，而将其直接打印成书面材料后在格式上没有太多变化。当然，二者也有一定的区别。在电子形态下，电子数据可以完整地反映各方面的信息；而书面材料只能将那些直接的、可视的内容原样地体现出来，这些内容只是电子数据的主要内容，但并不是全貌。虽然存在上述差异，然而将电子数据转化成书面材料在庭审中出示，仍然可以大大提高诉讼效率，适应司法实践的需要。

两高一部《电子数据规定》第 10 条规定，"由于客观原因无法或者不宜依据第八条、第九条的规定收集、提取电子数据的，可以采取打印、拍照或者录像等方式固定相关证据，并在笔

[①] 文卫疆：《刑事电子数据出示问题研究》，湘潭大学 2013 年硕士学位论文。

录中说明原因"。第18条规定,"对网页、文档、图片等可以直接展示的电子数据,可以不随案移送打印件;人民法院、人民检察院因设备等条件限制无法直接展示电子数据的,侦查机关应当随案移送打印件,或者附展示工具和展示方法说明"。第19条规定,"对侵入、非法控制计算机信息系统的程序、工具以及计算机病毒等无法直接展示的电子数据,应当附电子数据属性、功能等情况的说明"。上述规定为电子数据转化成书面材料出示(展示)提供了法律依据。结合上述规定,将电子数据转化为书面材料出示主要有以下几种情况:

第一,在取证环节就通过打印等方式直接以书面材料的形式将电子数据固定在案。例如,从银行处调取资金交易记录时,由银行直接打印出来以书面材料的形式移交给侦查机关,直接用于后续的查阅和庭审举证。再如,针对监听资料,相关部门往往不移交原始监听资料,只能由办案人员听取监听材料后抄录、打印出来。

第二,在取证环节以电子形态的形式固定证据,要么直接扣押原始存储介质后再提取电子数据,要么直接提取电子数据后固定于光盘等存储介质中随案移送。这些电子数据本身可以直接展示,但为了便于查阅或者因相关办案机关客观条件的限制,仍然将其打印成书面材料随案移送,方便后续公诉机关查阅,也便于庭审中直接展示书面材料。

第三,当电子数据无法直接转化为书面材料时,由专业人员通过勘验检查或鉴定的方式获取电子数据,形成相应的勘验检查笔录、鉴定意见等书面材料固定在案,这些电子数据成为勘验检查笔录、鉴定意见的一部分,在庭审中以勘验检查笔录、鉴定意见的形式出示相关电子数据。例如,在传播淫秽物品案中,针对淫秽视频及其定性,无须展示淫秽视频本身,只需出示通过勘验获得的视频基本情况及其视频清单,以及关于视频定性的鉴定意见。

（三）组合出示

刑事案件中每一类证据都不是孤立存在，而是与其他证据存在一定的关联性，才能作为定案的根据。电子数据具有无形特征，更需要与其他证据相关联，才能作为定案的根据。在庭审举证的过程中，将电子数据与其他证据相结合一并出示，既有利于证明相关案件事实，也便于法庭组织控辩双方进行质证。因此，组合出示是庭审中常见的电子数据出示方式。

前面谈到电子数据转化出示的方式之一就是转化成勘查笔录、鉴定意见出示，这也可以看成是将电子数据与勘查笔录、鉴定意见组合出示。可见，这种转化出示也是组合出示。此外，电子数据还可以与相关物证、书证、证人证言、犯罪嫌疑人供述等证据之间组合出示。在组合出示的过程中，既可以是电子数据与其中一种证据组合出示，比如电子数据与物证组合出示；也可以是电子数据与多种证据组合出示，比如电子数据与相关物证、证人证言之间组合出示。

司法实践中，比较典型的组合出示就是电子数据与相关电子设备（即电子物证）的组合出示。电子数据往往存在于电子设备中，侦查人员在取证时也会扣押涉案电子设备，之后再从中获取有价值的电子数据，进一步转化成书证、勘查笔录、鉴定意见等证据形式。因此，在电子数据举证环节，可以将无形的电子数据与有形的电子设备组合出示。先按照物证的规则来出示这些电子设备原件或者实物照片，出示获取实物的相关法律文书（比如搜查笔录、扣押清单），说明实物的来源、特征或特定序列号，并由相关当事人辨认。出示电子设备在保管、转移过程中相关封存清单、使用记录等证据，以证实相关电子设备得到合理保管、合法使用。在确认电子设备来源合法、有效保管、与案件当事人或案件事实有关联的基础上，再进一步出示电子数据的具体内容。比如，在一起毒品案件中，通话清单是重要的电子数据，但首先要证明某个电话号码是当事人所使用的。而侦查员正好从当事人身上扣押一部手机，而多名证人证实这部手机的号码正是当事人所使用的电话号码。庭审举证时，应当先出示手机来源的证据（即作为手机的物证和作为扣押清单的书证）、确定手机号码的证据（即相关检查记录、证人证言等证据），然后再进一步出示该号码对应的通话清单（即电子数据）。

三、若干典型电子数据的举证

(一) 视频监控的出示

1. 出示的方式

前文提到，庭审中证据的表达方式（即以什么样的形式出示）可以分成宣读、展示、多媒体示证、询（讯）问四种。而视频监控能够动态地反映与案件有关的实际情况和具体经过，伴有动画、图像甚至声音。因此，视频监控最主要的出示方式就是多媒体示证。借助于电脑、投影仪、大型显示器等电子设备，在法庭上将相关视频直接播放出来，这样能够最直观、最明确地反映与案件有关的事实。当然，在借助电子设备播放的过程，有两点值得关注：

首先，播放视频并不等于将已有视频监控全部播放出来。在侦查取证的过程中，为了不影响视频监控的完整性，侦查员往往将获得的视频监控全面提取并固定在案。而实际上与案件直接关联的证据可能就是其中若干分钟甚至几秒钟，选取关键时间段进行播放，有利于提高庭审效率。以潘某浩纵火案为例，[①] 嫌疑人于案发当晚22时15分驾车停在案发现场，停留近一个半小时后，于23时40分许进入工厂实施纵火，23时50分许驾车离开。在实际播放过程中，主要将其驾车到达现场、下车进入工厂、驾车离开这几个点播放出来即可，其他过程无需播放。

其次，视频播放过程中，公诉人应当进行必要的补充陈述。视频监控可以明确地反映案件的相关事实，但侦查员实际获取的

[①] 案情详见本书第五章"暴力犯罪案件中电子数据审查运用"一节。

视频情况千差万别。庭审中公诉人就需要结合视频监控的具体情况，在播放过程中进行适当的补充说明，让视频的内容更加完整。常见的补充说明有以下几点：第一，视频监控的来源问题，包括视频监控是如何生成的、监控探头所处位置、侦查员获取过程以及相关法律文书。第二，对视频中相关方位、人员、过程进行补充说明，尤其是视频反映的一些人员比较模糊，如果这些人已经经过辨认，或者结合其他人的陈述足以确定，就需要予以说明。当然，这种补充陈述也应当客观，尊重原貌。比如，在前述潘某浩纵火案中，视频中嫌疑人驾驶面包车抵达案发现场附近、下车走向纵火厂区，以及在厂区内实施纵火的过程都有所体现。但是通过视频，厂区外的面包车无法看清牌照，嫌疑人也无法看清面部特征；厂区内实施纵火过程非常清楚，但纵火人员戴着头套，也无法看清面部特征。而举证过程中，公诉人在补充说明时直接陈述系"潘某浩"开车到达现场、下车走向厂区、进入厂区纵火，这种说明就与客观情况有一定出入，也可能产生误导。而比较合理的方式是使用"嫌疑人"这一称谓来陈述视频的内容，出示完证据后，再结合其他证据分析论证视频中的"嫌疑人"系被告人"潘某浩"本人。第三，对视频中关键节点予以补充说明，以便明确一些关键动作、过程。例如，在卓某琦故意伤害案中，案发现场有两人持刀，现场人员众多，但言词证据均无法反映出是谁捅刺被害人（其身上仅有一刀伤），公诉人在庭前对视频进行详细研判，可以确定被害人捂胸倒地的具体时间，但过程又非常短，在播放过程中，通过反复播放并适当说明，确定被害人受伤害的时间点，再结合当时与其直接接触人员的衣着特征以及其他人的辨认情况，从而确定卓某琦的伤害行为。

  视频监控以播放出示为主，但有些情况下视频监控也可以通过截图的方式进行出示。这种方法简便易行，便于提高庭审效率。例如，在王某明故意杀人案中，当晚其驾车前往案发现场途中被路面监控拍摄到，监控可以看清车牌号码、驾驶员头像。庭审时只需将该图像截图出示即可。

2. 出示的时间

司法实践中，根据视频监控播放的时间节点，可以分成庭前播放和庭审中播放两种方式。庭前播放是指在审判长主持下，公诉人、被告人、辩护人均在场的情况下小范围进行播放，然后等庭审进入举证阶段，再由审判长主持对庭前已播放的内容进行质证。庭审中播放，是根据案件举证的进度，运用电脑以及法庭大型显示器等设备进行实时播放，然后立即进行质证。

上述两种播放方式各有利弊。首先，庭前播放简便易行，直接使用电脑即可，不需要其他电子设备和技术保障，有利于提高庭审效率。但是，庭前播放后不是立即进行质证，而是重新进入庭前准备阶段，接着法庭讯问、其他证据先行出示，等到对庭前播放的视频进行质证时已经过了很长时间，辩护人尤其是被告人很可能已经忘记或者淡化庭前播放的内容，从而影响到质证效果。例如，在上述卓某琦故意伤害中，公诉人在审查起诉阶段通过对视频进行详细研判，确定被害人捂胸倒地的时间，结合其他人辨认情况确定卓某琦即为持刀伤害人员。然而，卓某琦自己始终否认。开庭前，审判长召集控、辩双方播放视频，且公诉人对被害人倒地的关键时间点也进行反复播放和必要说明。之后等到对该视频进行质证，已经是当天下午，被告人辩称不了解视频内容无法质证。法庭只得再次组织播放，影响庭审效率。

其次，庭审中播放便于当事人及时进行质证，对于质证过程中不太明白的内容还可以重新播放，也有利于其他庭审参与者结合已经出示的其他证据来了解视频中的内容，从而更完整地把握案件情况。然而，这种方式需要庭审中使用电脑连接法庭大型显示器播放，一方面需要保证法庭确实有可供播放的大型显示器，否则只能进行庭前播放（实践中不同法院信息化程度确实有一定差异）。另一方面在庭审中还需要有专门技术人员提供额外技术支持，庭前为了调试相关设备往往浪费大量时间；即使庭前已经做好准备，庭审中相关设备时常出现问题，影响播放效果，从而影响庭审效率。

庭审中，选择哪个时间节点进行播放，往往需要结合具体的案件情况而定。对于案情比较清楚、视频内容比较单一的案件，一般是庭前播放，提高庭审效率。对于案情比较复杂、视频内容比较繁多的案件，以庭审中播放为主。我们认为还可以有另一种折中的方法：如果庭审中播放确实影响到庭审效率，或者缺少相关设备支持，但又需要详细质证的案件，可以在举证过程中，当公诉人进展到需要播放视频的阶段时，由法庭休庭，然后审判长召集控辩双方进行庭外小范围播放，之后恢复庭审立即进行质证，既提高效率，又不影响质证效果。

3. 多个视频的出示

一些案件中，视频监控只有一两个，有关联的内容也不多，出示方式比较简单。但另一些案件中，视频监控非常多，而且不同视频之间有一定关联性。因此，在庭审中就应当重点围绕证据的关联性进行出示。具体有以下两点：一是不同视频与现场之间的关联性，二是不同视频之间的关联性。

仍以前述潘某浩纵火案为例。相关视频有两大类：一类是当晚驾驶面包车前往案发现场的多个路面监控视频，主要用于分析潘某浩当晚是否驾车到达过案发现场。另一类是纵火厂区内外多个监控视频，主要用于分析潘某浩是否翻墙进入厂区实施纵火。在庭审举证中从以下几点展开出示：一是先出示方位示意图，对每个监控反映的现场位置有一个清晰的轮廓，并说明每一个方位监控的大体情况。二是按照时间顺序逐一播放每一个监控，其中反映汽车经过的路面监控主要以截图的方式出示，有部分路面监控清楚反映车牌号，有部分路面监控只能反映车辆外形。三是在播放每一个监控或者出示截图时进行必要的补充说明，详细陈述每个监控的时间、具体内容等。四是由于不同监控的时间与北京时间存在一定的差异，为了保证前后不同监控的连贯性，统一转化为北京时间，出示相关情况说明予以确认。五是以表格的形式将每一个监控对应的时间点、每个时间点反映的主要内容尤其是人物活动状况串联起来，运用已有的播放设备将表格展示出来，使庭审参加人员对各个监控之间的关联性及其所反映出来的案件整体情况更加清晰。

4. 视频监控与鉴定意见的组合出示

鉴定是挖掘视频监控相关信息的重要方式，尤其通过鉴定有助于解决视频监控中相关人物图像同一性问题。如果庭前已经形成相关鉴定意见，在庭审举证中，应当将视频监控与鉴定意见结合在一起一并出示，有助于提高证据的针对性。以赵某国故意杀人案为例。监控录像显示，2015 年 5 月某晚（即被害人李某失踪当晚）8 时许，有一个人驾驶商务车至浙江省某县西河小区一处弄堂，后有一位穿浅色长袖衬衫男子打开一辆商务车车门，将一女子接上车。司法鉴定确认视频监控中打开车门的嫌疑人为赵某国本人。在庭审举证中，先出示上述视频监控，紧接着出示相关鉴定意见，直接认定系赵某国开车接上被害人，有力地驳斥赵某国关于当晚并没有接触过被害人的辩解。

（二）监听资料的出示

监听资料是基于技术侦查措施而形成的电子数据。我国《刑事诉讼法》第 152 条规定，依法采取技术侦查措施收集的材料在刑事诉讼中可以作为证据使用。《刑事诉讼解释》第 107 条进一步规定："采取技术侦查措施收集的证据材料，经当庭出示、辨认、质证等法庭调查程序查证属实的，可以作为定案的根据。"换言之，根据法律的规定，监听资料要作为定案的根据，应当纳入法庭调查程序，未经当庭举证、质证和辩论程序，任何技术侦查材料都不能被转为定案的根据。[1]

由于监听资料的特殊性，实践中侦查机关及其技术侦查部门不愿意提供监听的原始录音资料，公诉机关或者审判机关要求提供时又常常被侦查机关以保密为由予以拒绝。因此，司法实践中关于监听资料的运用就出现几种不同形式：一是转化运用，将监

---

[1] 陈瑞华、杨茂宏：《两种特殊证据的刑事证据资格》，载《人民检察》2014 年第 13 期。

听的资料转化为当事人的口供或证言,进而根据这些供述收集其他证据材料。二是由检察官、法官到技侦部门听监听所获取的信息材料,以增强案件承办人员的内心确信。三是侦查人员将监听资料的内容整理成文字材料,并附上侦查人员的情况说明和签名,作为证据提交法庭。上述三种使用方式中,前两种做法都不存在庭审时举证质证的问题,其中第一种仅仅将监听资料作为侦查的手段。[①] 第二种是将监听资料作为检察官、法官办案的辅助材料。第三种方式则是将监听资料转化为书面材料间接使用,在庭审中需要进行举证质证。

针对已经转化为文字材料的监听资料,在庭审举证时可以从以下几方面展开:首先,出示证据证明监听资料中涉及电话号码的使用者。比如,从被告人身上或相关场所查扣到手机时,应当先出示手机及其对应的或者曾经使用过的电话号码。如果有相关证人或其他同案犯陈述到具体手机号码的情况,则出示相应的证言或供述。其次,出示证据证明监听资料中所涉不同电话号码之间相互通话的记录,通过通话记录上的通话情况、通话时间与监听资料互相对应,以佐证监听资料的客观性。最后,结合具体案情出示监听资料文字材料的详细内容。当然,由于这些文字材料并非监听资料的原始录音,而原始录音又难以提供法庭进行质证。因此,除了当庭对监听资料的内容举证之外,在必要时需要法官、检察官对监听资料进行庭外核实,作为庭审举证辅助手段。

(三)其他常见电子数据的出示

视频监控和监听资料有其各自区别于其他电子数据的独特之处,在庭审举证时也有特殊的举证方式和要求。除此之外,司法实践中比较常见的其他电子数据主要有三种类型:一是微信、QQ、电子邮件等网络通讯类电子数据;二是通话记录、出入境

---

① 白志红:《毒品犯罪案件中监听证据合法化的思考》,载《中共云南省委学校学报》2010年第3期。

记录、乘车（机）记录、物流记录等反映人员或物品活动轨迹的电子数据；三是资金交易记录、财务会计账册等反映财务资金流转的电子数据。这三类电子数据也有其各自的特性，但它们的一个共性在于主要是以文字（包括数字）的方式来传达相关信息，司法实践中这些电子数据也主要是转化为文字，以书面材料的形式固定在案作为证据使用。因此，在庭审中出示这些电子数据时，主要体现为对这些书面材料的运用与出示，具体表现为书面材料的宣读或者相关图片的直接展示。在具体庭审中，又可以分为两种基本出示方法。

1. 原文出示法

所谓原文出示法，是指从单份电子数据或者一些简单的电子数据中，截取与案件有关联的相关信息，在法庭上将电子数据内容原原本本地展现出来。这种出示的优点在于最大限度尊重电子数据的原貌，可以在出示过程中尽量减少人为因素对证据所要传达的信息产生误解、误判，让法官、被告人和旁听者自行作出判断。比如，在出示电子邮件或微信记录时，将这些数据中与案情有关联的原始内容原封不动、不加任何修饰地展示出来。需要指出的是，在原文出示电子数据后，也应当对原文所反映的内容或可以据此直接推导的事实予以必要的说明，以增强庭审举证的针对性。

例如，在王某平走私普通货物案中，王某平以低报价格的方式从日本走私进口大量苗木，其委托郑某国在日本联系苗木卖家、办理货物在日本的出口手续、提供货物发票等。王某平始终否认自己在进口过程中存在低报价格的行为，并辩解国内进口时向海关申报的价格就是实际成交价格。然而在王某平与郑某国往来电子邮件中有这样两份邮件：一是郑某国发给王某平的邮件说"代理公司以后汇款给日本伊藤公司107万元可不可以"；二是王某平向郑某国回复邮件称"不能汇107万元，只能按发票金额汇50万元，其余以个人名义汇给伊藤公司"。在庭审中，公诉人宣读上述两份电子邮件原始内容，并且在出示后对这两份文件的证明对象予以必要说明:从王某平的回复内容看,其个人明知代理公司用于报关的发票金额只有50万元,代理公司也只能按报关金额对外付汇,其余的钱也就是差额货款通过个人渠道汇出去,这反映出王某平主观上完全知道进口苗木的过程中存在低报价格的现象,在客观操作中又通过非正常渠道支付了差额货款。通过上述原文出示与必要说明相结合的方法,起到较好的庭审效果。

2. 归纳出示法

在本节所讨论的这几类电子数据中,往往是基于某种软件工具或信息管理系统而形成的,侦查机关在调取证据时,基于客观公正的要求,又常常需要非常完整、全面地调取证据的原始内容。面对这些信息量极其庞大的电子数据,如果仍然以原文宣读的方法进行出示,不但会严重影响到庭审的效率,也会影响到庭审举证的针对性。因此,对这类电子数据进行必要的归纳和组合,将其中与案件关联较大的重点内容予以出示。具体而言,归纳出示法可以分成两个步骤:第一步出示证据的形式要件,比如在出示微信记录时,概要宣读谁的微信账号、什么时间的内容、侦查机关如何提取等。第二步出示证据的实体内容,即直接宣读对电子数据进行一定归纳与组合后得出的结论性内容,让旁听者对电子数据的主要内容以及所要证明的对象形成清晰的认识。

根据所要出示的电子数据的具体情况,归纳出示又可以分为两种情况:

第一种是单份电子数据的归纳出示。例如,在涉及相关当事人之间的微信聊天记录时,这些记录的内容往往本身非常多,形成书面材料可能多达十几页、几十页。这些记录中,既有与案件有关的内容,也存在大量与案件无关的、生活性交流的内容;而且这两种聊天内容信息往往交错分布其中,有价值的信息分布得非常散。通过归纳出示,针对性强,举证效率高。

第二种是多份电子数据的综合归纳出示。许多情况下,单份电子数据与案件有关联的信息往往不多,单独出示的针对性不强,但如果把不同的电子数据串联起来一并出示,证据之间的关联性就大大增强。以詹某泳贩卖毒品案为例,周某林以自有资金或向林某花借款等方式将筹集的资金分多次汇入罗某云个人银行账户中,罗某云将该银行卡交给詹某泳,詹某泳又将其中一部分资金转入其侄子詹某福的银行账户中,其余资金直接现金取出。该案一共涉及周某林及其女朋友史某玲、林某花、罗某云、詹某福这几个人银行账户完整的资金交易记录,庭审中这些资金交易记录必须全部出示。出示过程中,如果将每个银行账户上相关的资金记录都原文出示,不但费时费力,而且严重重复。为此,在出示这些资金交易记录时可以采取归纳出示法:首先,说明每份交易记录的来源、每个银行账户的基本信息。其次,对每个账户资金往来情况予以逐一说明,即涉案期间从史某玲、林某花和周某林账户分别转入罗某云账户 2.5 万元、3.3 万元、3 万元,罗某云账户又在广东省惠来县分 26 次共取出现金 6.25 万元、分 4 次向詹某福账户转入 2.5 万元。这样就很清楚地反映出当事人之间的资金往来关系。

第三节　电子数据的质证

质证是举证、示证的延伸,是控方与辩方之间对证据的质疑与反驳。站在对方角度看,质证是对己方证据提出质疑。站在己方角度看,质证是对对方质疑的回应与反驳,这种回应与反驳在庭审中表现为"答辩"。比如庭审过程中当控方出示完一组证据后,在审判长主持下由辩方进行答辩,然后审判长再询问公诉人"是否需要对被告人及其辩护人的观点进行答辩?"可见,在质证环节就有一定的辩论性质。因此,司法实践中庭审调查阶段的质证常常被称作"小辩论",庭审调查结束后的法庭辩论阶段则被称作"大辩论"。① 这两种"辩论",从方法看有相通之处,从内容看有交叉的地方,尤其涉及证据关联性方面的内容,在质证环节会提及,在辩论环节更是绕不开。从实际的庭审看,在法庭调查阶段结束、开始正式法庭辩论前,审判长常常会提示控辩双方"下面进行法庭辩论,针对举证质证阶段已经陈述的内容或者发表过的意见,在辩论阶段不要重复发表,或者只需要简单阐明观点,不需要重复展开论述。"但如果从二者的区别看,"质证是要解决单个证据的客观性、合法性、关联性的问题,其更多针对前两者。而辩论针对的是事实与法律适用的分歧,着眼于宏观"。② 本节旨在分析出庭公诉运用电子数据的过程中,如何围绕电子数据展开质证。

一、电子数据质证方式

（一）及时质证与综合质证

如前所述,质证与辩论有一定的交叉之处,司法实践中往往很难截然区分开来。在举证过程中,有时辩方针对单份或单组证据所提出的质证意见,公诉人又需要结合其他尚未出示的证据才能够做出合理的答辩。因此,控、辩双方的质证就可能存在一个时间差。但是庭审中有时又会出现另一种倾向,即针对辩护人提出的质证意见,公诉人又不区分情况,统统不予及时答辩,习惯性地将质证的内容留到法庭辩论阶段进行,给法庭和旁听者造成公诉人回避问题的印象,这肯定会影响举证的效果。③

因此,庭审中应当妥善处理好及时质证与综合质证的关系。首先,庭审要以及时质证为主,针对辩方在质证阶段发表的意见、观点,控方尽量及时予以回应,而不能不区分情况,将所有

---

① 龙宗智:《庭审实质化的路径与方法》,载《法学研究》2015年第5期。
② 李爱君:《审查起诉重点与方法》,中国检察出版社2008年版,第185页。
③ 张晓勇:《疑难复杂案件的举证与质证》,载《刑事司法指南》2015年第4集（总第64集）。

控方的质证意见都放到最后回应。其次,以综合质证为辅,即"公诉人通过出示多份证据之后再行反驳更为有利的,可以在之前予以说明,在之后予以综合答辩"。[①] 当然,这里所说的放在后面综合答辩,也有两种方式:一种是在后续的举证质证时,当相关的证据已经出示,可以结合这些证据,对先前尚未回应过的观点及时答辩。另一种是在法庭辩论阶段予以综合质证。最高人民检察院下发的《公诉人出庭举证质证指导意见》第39条即提出:"公诉人答辩一般应在辩护方提出质证意见后立即进行,也可以根据需要在法庭辩论阶段结合其他证据综合发表意见,但应当向法庭说明。"

(二) 直接陈述与逐一对质

质证是控方与辩方之间互相对质、互相交锋的过程。这种交锋与对质可以分成两种方式:直接陈述和逐一对质。所谓直接陈述,是指由公诉人先出示完证据,再由被告人、辩护人发表对证据的看法,之后控方再予以答辩。在这一过程中,控、辩双方都可以比较完整地陈述各自对证据的意见。所谓逐一对质,是指在公诉人出示证据的过程中,结合示证的进度,将证据的具体内容逐一与被告人对质。比较典型的就是在出示视频监控时,结合视频的播放过程,由公诉人或审判长以讯问的方式向被告人逐一核实、确认视频中具体人员身份、具体内容,及时发表相关意见。

直接陈述与逐一对质这两种质证方式有各自的优点。首先,直接陈述便于辩方尤其是被告人比较完整地对证据发表观点,可以全面阐述质证意见,控方也可以针对辩方的意见完整地答辩。其次,逐一对质有利于被告人逐一确认证据的内容,可以深入发表相关意见。在我国庭审规则中,法庭讯问在法庭举证之前,由于证据尚未出示,使得一些需要结合证据内容来讯问的问题无法

---

① 王环海:《多元化审理程序下的公诉人举证质证模式探讨》,载《刑事司法指南》2015年第4集(总第64集)。

展开。而在庭审举证阶段，由控辩双方或者审判人员结合具体的证据进行讯问，既是对之前法庭讯问的合理补充，也是庭审质证的有效途径，让讯问与质证的针对性更强。

二、电子数据合法性的质证

（一）判断电子数据合法性的基本法律依据

证据的合法性一般包括以下几个方面：一是取证主体的合法性，二是证据表现形式的合法性，三是取证手段的合法性。[①] 电子数据的合法性，是指电子数据是否符合相关法律、法规或司法解释有关电子数据取证主体、表现形式、取证程序等方面的规定。因此，在庭审对电子数据合法性进行质证的过程中，首先需要依据相关规定来判断。我们认为，关于电子数据合法性的相关规定，可以分三个层面来理解。

首先，关于证据合法性的一般规定。电子数据是我国八种法定的证据之一，因此关于证据合法性的一般规则也必然适用于电子数据合法的审查判断中。比较典型的有：（1）《刑事诉讼法》第 50 条规定，"审判人员、检察人员、侦查人员必须依照法定程序，收集能够证实犯罪嫌疑人、被告人有罪或者无罪、犯罪情节轻重的各种证据。严禁刑讯逼供和以威胁、引诱、欺骗以及其他非法方法收集证据，不得强迫任何人证实自己有罪"。（2）《人民检察院刑事诉讼规则（试行）》第 64 条规定，"行政机关在行政执法和查办案件过程中收集的物证、书证、视听资料、电子数据等证据材料，应当以该机关的名义移送，经人民检察院审查符合法定要求的，可以作为证据使用"。

其次，关于电子数据合法性的一般规定。主要体现在相关部门所颁布的涉及电子数据具体运用的相关司法解释等文件中。两高一部《电子数据规定》以及《网络犯罪程序意见》第 13 条至

[①] 陈瑞华：《刑事证据法学》，北京大学出版社 2012 年版，第 86 页。

第18条对电子数据提取、收集以及审查判断的一般原则、重点内容和具体程序作了详细规定。《刑事诉讼解释》第93条、《关于办理死刑案件审查判断若干问题的规定》第29条规定了审查判断电子数据的具体方法。

最后，关于电子数据的勘验、鉴定等具体规则中的有关合法性的内容。比如公安部出台的《计算机犯罪现场勘验与电子证据检查规则》、《电子数据鉴定规则》，最高检察院出台的《人民检察院电子数据鉴定程序规则》等。这些具体规定，既是电子数据取证、勘验、鉴定的操作，也是审查判断电子数据合法性的具体依据，在庭审质证环节也作为合法性辩论的依据。

（二）电子数据合法性质证的内容与方法

针对电子数据的合法性，同样可以从取证主体、证据表现形式、取证手段等方面来论证证据的合法性，前面所列举的涉及电子数据合法性的具体内容中，也主要是从这几个方面进行规定。在庭审过程中，控辩双方有关电子数据合法性的质证也主要从这几方面展开。对电子数据合法性的质证中，可以从以下几方面予以简述和回应：

第一，通过出示相关程序性证据、法律文书来证明电子数据取证过程的合法性。两高一部《电子数据规定》第12条规定，"冻结电子数据，应当制作协助冻结通知书，注明冻结电子数据的网络应用账号等信息，送交电子数据持有人、网络服务提供者或者有关部门协助办理"。第13条规定，"调取电子数据，应当制作调取证据通知书，注明需要调取电子数据的相关信息，通知电子数据持有人、网络服务提供者或者有关部门执行"。因此，可以通过出示协助冻结通知书、调取证据通知书等法律文书，以证明相关原始存储介质或电子数据来源的合法性。

第二，通过勘验、检查、搜查等笔录型证据以及录像等方式来证明电子数据取证过程的合法性。两高一部《电子数据规定》第8条规定，"收集、提取电子数据，能够扣押电子数据原始存储介质的，应当扣押、封存原始存储介质，并制作笔录，记录原始存储介质的封存状态"。第 14 条规定,"收集、提取电子数据,应当制作笔录,记录案由、对象、内容、收集、提取电子数据的时间、地点、方法、过程,并附电子数据清单,注明类别、文件格式、完整性校验值等,由侦查人员、电子数据持有人(提供人)签名或者盖章;电子数据持有人(提供人)无法签名或者拒绝签名的,应当在笔录中注明,由见证人签名或者盖章。有条件的,应当对相关活动进行录像"。第 16 条规定,"电子数据检查,应当对电子数据存储介质拆封过程进行录像……制作笔录,注明检查方法、过程和结果,由有关人员签名或者盖章。进行侦查实验的,应当制作侦查实验笔录,注明侦查实验的条件、经过和结果,由参加实验的人员签名或者盖章"。结合上述规定,通过出示符合法定条件的笔录型证据或相关取证录像来论证电子数据的合法性。

第三,通过相关资质证书来证明取证主体的合法性,比如勘查人员的技术勘查资质、鉴定人员的技术鉴定资质等。

第四,通过合理解释解决电子数据的合法性问题。取证程序的瑕疵是司法实践中普遍存在的状况,可以通过侦查员、见证人的证言或出庭说明,或者相关取证主体以及相关存储介质移交、接收主体出具相应的情况说明,对取证过程中存在的瑕疵予以解释说明,以论证电子数据的合法性。

三、电子数据真实性的质证

电子数据有很强的技术性,相比于其他证据,电子数据更容易遭到伪造、篡改,从电子数据的生成、存储环节,到提取、传递环节,被修改或者遭到破坏的可能性很大。因此,司法实践中,进行真实性(又称客观性)判断重点要看电子数据是否被篡改、是否被添加。[①]

[①] 郑未媚:《网络犯罪案件电子数据运用的几点思考》,载蒋惠岭主编:《网络刑事司法热点问题研究》,人民法院出版社 2016 年版,第 310 页。

针对电子数据的真实性容易遭到质疑的特点，在电子数据取证和审查运用环节，首先要求办案人员应当特别重视，严格按照相关取证规则认真审查。而在庭审中，针对电子数据客观性的质证和辩论，主要可以从两个环节来阐述和回应：一是电子数据的生成环节，二是电子数据的取证与流转环节：

（一）电子数据生成环节的真实性

第一，通过电子数据生成方式论证其真实性。相关电子数据如果是从当事人日常生活、工作使用的电脑、手机等电子设备中提取，电子数据是在正常活动中按常规程序自动生成或人工录入，说明这些数据比较真实地反映当事人日常生活或工作状况。

第二，通过电子数据的生成机制来论证其真实性。一份电子数据如果是依照相关程序自动生成，由于不受人为因素的影响或者影响较小，则其客观性更强；如果是人工操作或录入，由于受人为因素的影响较大，其客观性较小。尤其在针对同一件事情时，如果自动生成的电子数据与人工操作形成的电子数据发生矛盾时，一般应当采信自动生成的电子数据。例如，在徐某文走私数码相机案中，其电脑上的账册记载通过个人直接携带入境的方式走私相机的时间、口岸、货物，但结合相关人员的出入境记录，账册上所记载部分人员部分涉案时间里，却找不到相对应的出入境记录，这种情况下，应当采信客观性更强的出入境记录。

第三，从电子数据是否附有安全保障程序来论证其真实性。[1] 安全保障程序是现代信息技术的重要内容。人们往往通过电子签名或其他安全程序包括口令、密码、数字加密、生物特征识别来保障各类信息安全。诸如我们日常使用电子邮件、微信、电子银行账户都有相应的安全保障措施，甚至连直接进入手机、电脑的应用界面都可以设定特定的密码。而相关电子数据如果是从上述附有安全保障程序的硬件、软件或账户中获取，一般可以

---

[1] 成岗：《刑事诉讼中电子数据的认证规则研究》，南京大学 2012 年硕士学位论文。

推定其客观、真实。

(二) 电子数据取证、流转环节的真实性

第一，从电子数据取证、保管的过程论证其真实性。电子数据的真实性既包括生成、制作环节是否客观真实，也包括证据经储存、传递后是否仍然客观真实。《电子数据规定》第8条规定，"收集、提取电子数据，能够扣押电子数据原始存储介质的，应当扣押、封存原始存储介质，并制作笔录，记录原始存储介质的封存状态。封存电子数据原始存储介质，应当保证在不解除封存状态的情况下，无法增加、删除、修改电子数据。封存前后应当拍摄被封存原始存储介质的照片，清晰反映封口或者张贴封条处的状况"。上述内容涉及电子数据存储介质在提取、保管、转移过程中具体规范，也为电子数据真实性提供法律保障。因此，就取证、保管过程而言，可以从两个角度来论证电子数据的真实性：①一是电子数据提取、分析过程的可回溯性，即结合相关提取扣押笔录、证人证言、实物照片等证据，将电子数据提取、转移的各个环节无缝对接，形成一个可追溯、可逆推的过程。二是电子数据保管链的可视性，结合相关提取笔录、电子设备在封存、解封前后照片、检查使用电子设备的录像等证据，将电子数据相关设备保管与使用过程完整呈现出来，论证电子数据的真实性。

第二，通过相关检验、鉴定论证电子数据在取证、流转过程的真实性。《刑事诉讼解释》第92条、第93条规定，对视听资料、电子数据有疑问的，应当进行鉴定或检验。两高一部《电子数据规定》第26条规定，"公诉人、当事人或者辩护人、诉讼代理人对电子数据鉴定意见有异议，可以申请人民法院通知鉴定人出庭作证。人民法院认为鉴定人有必要出庭的，鉴定人应当出庭作证……公诉人、当事人或者辩护人、诉讼代理人可以申请

---

① 王志刚：《从"快播案"看当前电子数据运用困境》，载《法治研究》2016年第4期。

法庭通知有专门知识的人出庭，就鉴定意见提出意见"。司法实践中，鉴定是论证电子数据客观真实的重要方式，而由法庭鉴定人或有专门知识的人出庭，则是庭审中电子数据真实性质证的有效方式。以"快播案"为例。[①] 由于涉案四台服务器从扣押、保管到流转、使用过程中均有不同程度的瑕疵，证据真实性存疑，先后通过北京信诺司法鉴定所的两次鉴定以及国家信息中心电子数据司法鉴定中心的一次鉴定，以及最后一次鉴定的鉴定人出庭，最终确认涉案四台服务器被扣押后，相关视频文件的真实性，不存在被篡改、污染的情况。

四、电子数据关联性的质证

关联性是指电子数据与案件待证事实之间是否有实质的关联。如果说电子数据合法性、客观性的判断，主要着眼于对单个电子数据的判断，那么对电子数据关联性的把握则更多着眼于多个电子数据彼此关系的判断，着眼于电子数据与其他证据之间的整体判断。因此，针对电子数据关联性进行质证和辩论时，很难孤立地、单个地论证，需要结合不同电子数据、结合其他证据进行论证。有学者指出，电子数据关联性的审查判断"要从电子数据的内容关联性和存储介质等形式载体的关联性两个方面入手，即事的关联和人的关联"。[②] 这为我们庭审中电子数据关联性的质证提供了思路。

（一）电子数据与当事人之间的关联性

电子数据来源于相关存储介质、电子账户及其对应的网络存储空间，只有当这些存储介质、电子账户与当事人之间存在关联性，才能进一步论证来源于这些存储介质或账户的电子数据可能与案件有关联性。两高一部《电子数据规定》第 25 条规定，

---

① 具体案情详见本章最后一节。
② 郑未媚：《网络犯罪案件电子数据运用的几点思考》，载蒋惠岭主编：《网络刑事司法热点问题研究》，人民法院出版社 2016 年版，第 310 页。

"认定犯罪嫌疑人、被告人的网络身份与现实身份的同一性,可以通过核查相关 IP 地址、网络活动记录、上网终端归属、相关证人证言以及犯罪嫌疑人、被告人供述和辩解等进行综合判断。认定犯罪嫌疑人、被告人与存储介质的关联性,可以通过核查相关证人证言以及犯罪嫌疑人、被告人供述和辩解等进行综合判断"。由此可见,电子数据与当事人之间的关联性包括身份关联与设备关联两方面。

结合上述规定,我们认为庭审中对于电子账户与当事人之间的关联性,可以结合账户名称、开户信息、账户实际使用者、相关 IP 地址、网络活动记录、上网终端归属以及当事人自己的陈述或其他证人指认等方面予以论证。对于存储介质与当事人的之间关联性,可以从存储介质来源、具体的内容、相关证人证言、当事人陈述等方面判断其与当事人是否有关联。如果电子设备是从当事人生活、工作场所扣押,或者是当事人曾经使用过的电子设备,则它与当事人的关联性就大;反之,应当再从其他角度论证。

以徐某文走私普通货物案为例。[①] 徐某文雇用他人将境外采购的徕卡相机以"蚂蚁搬家"的方式从香港地区直接走私入境,并雇用张某蓉记账。案发后,侦查员从相关笔记本电脑、电子邮件中调取大量涉及徕卡相机的电子账册。那么,首先要解决的问题就是该电脑、电子邮件与徐某文之间的关联性。经侦查员调查取证,案发前半年左右,徐某文将该电脑交与另一犯罪嫌疑人董某道使用,之后董某道又将该电脑邮寄至徐某文的女朋友黄某洁处,后侦查员正是从黄某洁处查获该电脑;又经张某蓉辨认,该电脑键盘 F2 键上有一处损坏的显著特征,正是其受徐某文雇用为经营徕卡相机记账时所使用的电脑。上述事实有董某道供述、黄某洁、张某蓉等证言以及扣押笔录、辨认笔录等证据佐证,从而得以确认该电脑系徐某文的电脑,电脑内的电子数据与徐某文

---

① 详细案情见本书第五章"走私犯罪案件中电子数据审查运用"一节。

走私有关联。另外，侦查员还从张某蓉、黄某洁分别与同一个电子邮箱的往来邮件中调取到大量涉及徕卡相机的电子账册，虽然徐某文始终予以否认，但张、黄二人本身互不认识，她们均指认上述同一电子邮箱系徐某文的邮箱，可信度非常高，从而足以确认该邮箱系徐某文的邮箱，相关邮件中的电子数据与徐某文走私有关联。

(二) 电子数据与案件事实之间关联性

确认电子数据与当事人之间存在关联性是基础，但最终目的还在于确认电子数据中的具体内容与案件事实之间存在关联。对此，可以从以下几方面展开：

首先，可以通过分析电子数据的具体内容、分析电子数据所反映出的某些规律来论证它与案件事实之间的关联性。例如，在徐某飞集资诈骗案中，通过整理归纳徐某飞所实际控制的银行账户在涉案期间的交易记录，可以反映出几个显著的特征：其一，从整体看，在涉案期间，徐某飞的集资款有70%左右都是用于归还债务，或者还本付息，这反映资金主要去向，并非用于生产经营。其二，通过对每个月资金进出进行归纳比对，徐某飞从2011年1月开始，其每个月超过半数的集资款用于还本付息，而且越往后该比例越大，说明此后徐某飞明知已经没有偿还能力，仍然以拆东墙补西墙的方式维系资金链，从而可以将2011年1月确定为徐某飞具有非法占有目的的时间点，此后发生的集资款作为集资诈骗金额予以认定。

其次，可以结合证人证言、当事人陈述来论证电子数据与案件事实之间的关联性。例如，在赵某国故意杀人案中，其始终否认自己杀人作案，也否认案发前见过被害人刘某。通话记录显示，被害人刘某生前最后两个电话均系与嫌疑人赵某国联系，最后一个电话通话时间是被害人失踪当晚20：05时许，通话时长为15秒。在刘某所居住的小区门口附近开小店的证人黄某陈述：案发当晚8点左右，刘某到其小店站了一会儿，当时刘某说会有人开车过来接她出去，没过几分钟，刘某接了一个电话后就离开。而监控录像显示,当晚20:06时许,刘某在其小区附近上了一辆面包车,但监控录像无法看清面包车的车牌号码。虽然赵某国否认当晚开车接过被害人刘某,但上述通话记录、监控视频反映出刘某确实在接了一个电话后就上了一辆面包车,与证人刘某的证言完全相吻合,而当时与刘某通话的正是赵某国的手机号码,再结合其他路面监控、证人证言,当时赵某国确实驾驶一辆面包车出现在刘某的小区附近。通过综合分析论证,足以认定案发当晚赵某国开车接上被害人刘某这一基本事实,为后续运用其他证据认定赵某国杀人事实奠定基础。

最后,可以结合不同的电子数据来论证电子数据与案件事实之间的关联性。例如,在路某雅、李某华等人走私化妆品案中,韩国人郑某委托中国人李某华将化妆品走私至中国,李某华又委托路某雅办理具体通关手续,以上述方式一共走私进口8票。李某华曾供述,郑某以每票40万元左右的费用委托其进口,其再以每票约38万元左右的费用委托路某雅办理手续。但是,由于郑某没有到案,路某雅又否认,而李某华后来又翻供,否认其与路某雅之间的委托进口化妆品的关系。但是,通过分析资金交易记录,在涉嫌走私期间,每一票化妆品进口前后,郑某每次会向李某华汇款约40万元,李某华又向路某雅汇款约38万元,路某雅又将其中20万元以支付货款的名义通过代理公司汇至韩国。通过进一步分析还发现,在李某华每一次向路某雅汇款约38万元中,总是分两笔支付,其中约18万元是在进口前一两天汇出,另外约20万元是在进口后一两天汇出,这20万元汇出后随即作为货款支付出境。上述资金往来的规律贯穿于整个走私期间,而李某华、路某雅又对上述资金往来无法给予合理解释。因此,可以印证李某华先前有罪供述的真实性说法,这些资金交易记录与路某雅、李某华共同走私化妆品存在关联性。

第四节 电子数据鉴定人、专家辅助人出庭

《刑事诉讼解释》第93条规定，对电子数据有疑问的，应当进行鉴定或者检验。两高一部《电子证据规定》第17条规定，对电子数据涉及的专门性问题难以确定的，由司法鉴定机构出具鉴定意见，或者由公安部、最高人民检察院指定的机构出具报告。司法实践中，大量电子数据所涉及的专业性问题，也确实需要借助于鉴定意见或专门报告来解决，甚至许多电子数据从固定形式到数据的实质内容都依附于鉴定意见而存在。因此，电子数据与鉴定意见这两类证据有天然的联系，庭审中对电子数据的运用也就常常涉及电子数据鉴定意见的运用。与其他鉴定意见相类似，电子数据的庭审运用既包括书面形式的直接运用，也包括相关鉴定人、专家辅助人的出庭。对此，两高一部《电子证据规定》第26条规定了与电子数据鉴定意见有关的鉴定人、有专门知识的人等出庭情况。本节以该规定为基础，分析电子数据鉴定人、专家辅助人（即"有专门知识的人"）出庭。

一、电子数据鉴定人、专家辅助人出庭概述

（一）鉴定人、专家辅助人出庭的理论基础

鉴定意见是我国《刑事诉讼法》所规定的8种法定证据之一，它是指鉴定人运用科学技术或者专门知识，对诉讼中所涉及的专门性问题通过分析、判断所形成的一种鉴别意见。[1] 从这个定义就可以看出，鉴定意见有两个显著特征：

第一，鉴定意见具有言词证据（证人证言）的属性。[2] 在英

---

[1] 陈瑞华：《刑事证据法学》，北京大学出版社2012年版，第113页。
[2] 陈瑞华：《刑事证据法学》，北京大学出版社2012年版，第114页。

美法系国家，有专家证人证言的证据形式，在大陆法系国家则体现为鉴定意见。虽然二者的称谓、证据形式、具体内容有所区别，但它们本质上是某一领域的专业（技术）人员对案件中涉及的专门问题所发表的个人意见和陈述。而普通证人证言是证人对案件某一事实的陈述。如果撇开专业性问题，鉴定人形成的鉴定意见和普通证人提供的证言都体现为个体通过自身的感知和认识对案件某一事实所作的陈述，这些陈述内容都带有个体自身的主观因素。这也是鉴定意见、证人证言与书证、物证、电子数据等实物证据的区别所在。

第二，鉴定意见有很强的专业性和技术性。如前所述，鉴定意见与证人证言有其相通的一面，但二者也有显著的区别。普通证人具有不可替代性，而提供鉴定意见的鉴定人具有可替代性，只要是符合法定条件的鉴定人均可以完成同样的任务。[1] 这是因为普通证人是基于自己对案件的亲身经历、直接感知而作出的陈述；鉴定意见则是鉴定人基于自己在某一领域的专业技术和知识而形成的意见证据，这种专业技能和知识是人类在长期发展过程中对社会现象和自然现象进行科学研究和总结得出的规律，这种规律在特定领域内得到人们普遍的认可，据此作出的鉴定意见普遍有很强的客观性。

正是基于鉴定意见的上述两个特征，庭审中通过鉴定人出庭的方式对鉴定意见进行举证、质证，既有其现实可能性，也有其客观必要性。一方面，鉴定意见具有言词证据的属性，决定了庭审中可以通过类似于证人出庭的方式对鉴定意见进行举证、质证，而且鉴定人、证人出庭都是贯彻落实直接言词原则、证据裁判规则等庭审规则的必然要求，出庭时也应当遵守共同的庭审规则。[2] 另一方面，由于鉴定意见有很强的专业性和技术性，决定

---

[1] 季美君：《专家证据制度比较研究》，北京大学出版社 2008 年版，第6页。
[2] 参见《最高人民法院关于适用〈中华人民共和国刑事诉讼法〉的解释》第213条至第216条。

了对鉴定意见进行审查判断有很高的难度。① 庭审中控辩双方及其法官绝大部分情况下不具有形成鉴定意见所必备的专业知识技能，很难对其进行实质审查，特别是辩方要提出实质的抗辩意见难度较大。因此，通过鉴定人出庭，接受诉讼参与人的询问，对鉴定过程和鉴定结论进行更完整、更通俗的陈述，有助于诉讼参与人更直观地理解鉴定意见的内容，进而对鉴定意见的真实性、关联性作出判断，也便于发现可能存在的问题。同时，也正是因为鉴定意见具有可替代性，控辩双方还可以借助于有专门知识的人出庭，对鉴定人作出的鉴定意见提出意见。

（二）电子数据鉴定人、专家辅助人出庭的功能

我国《刑事诉讼法》第187条规定，"公诉人、当事人或者辩护人、诉讼代理人对鉴定意见有异议，人民法院认为鉴定人有必要出庭的，鉴定人应当出庭作证。经人民法院通知，鉴定人拒不出庭作证的，鉴定意见不得作为定案的根据"。第192条规定，"公诉人、当事人和辩护人、诉讼代理人可以申请法庭通知有专门知识的人出庭，就鉴定人作出的鉴定意见提出意见。有专门知识的人出庭，适用鉴定人的有关规定"。两高一部《电子数据规定》也作出同样的规定，这是电子数据鉴定人、专家辅助人出庭的基本法律依据。

从上述规定可以看出，鉴定人出庭与专家辅助人出庭在庭审功能上有较大区别。鉴定人出庭具有举证和质证双重功能。鉴定人出庭接受控辩双方询问，质证功能是其应有之义。而鉴定人出庭的举证功能主要体现在两点：一方面，通过鉴定人出庭，由鉴定人自行在庭上直接宣读其庭前所作出的书面鉴定意见，以代替由公诉人在庭上宣读鉴定意见，达到出示证据的目的。另一方面，鉴定人出庭并不仅仅宣读鉴定意见，还要对鉴定人情况、鉴定过程等内容进行必要的补充说明，在接受交叉询问时也要进行

---

① 胡铭：《鉴定人出庭与专家辅助人角色定位之实证研究》，载《法学研究》2014年第4期。

补充陈述,这些陈述仍然属于鉴定意见的有机组成部分,只不过鉴定人在庭前提供的书面材料看作鉴定意见的书面形式,而其当庭陈述则看作鉴定意见的口头形式。①

相比较而言,专家辅助人出庭只有质证功能。当然,专家辅助人出庭的质证功能包括质疑和巩固鉴定意见两方面:一方面,可以从证伪的角度对鉴定意见进行质疑;另一方面,也可以从证实的角度对鉴定意见作进一步解释说明。相对于质疑功能来讲,专家辅助人对鉴定意见的巩固功能仅仅具有补充的性质。也就是说,刑事诉讼中专家辅助人出庭对鉴定意见提出的意见,主要的功能是质疑,帮助当事人甚至包括法官从中寻找出瑕疵或者挑出错误。②

《刑事诉讼解释》第 87 条规定,对案件中的专门性问题需要鉴定,但没有法定司法鉴定机构,或者法律、司法解释规定可以进行检验的,可以指派、聘请有专门知识的人进行检验,检验报告可以作为定罪量刑的参考。两高一部《电子数据规定》第 17 条、第 26 条进一步规定,对电子数据涉及的专门性问题,除了由司法鉴定机构出具鉴定意见外,也可以由公安部或最高人民检察院指定的机构出具报告,庭审中也适用有关鉴定人、专家辅助人出庭的相关规定。可见,对于电子数据而言,除了涉及鉴定人、专家辅助人出庭,还涉及作出专业报告的人出庭。由于上述规定并没有对鉴定意见和专业报告作特别区分,而且在出庭程序上也一致。为便于论述,我们可以将这类专业报告称为"准鉴定意见",作出报告的人称为"准鉴定人"。"准鉴定人"出庭同样具有举证和质证的双重功能。③

---

① 陈瑞华:《刑事证据法学》,北京大学出版社 2012 年版,第 115 页。

② 郭华:《专家辅助人制度的中国模式》,经济科学出版社 2015 年版,第 174~175 页。

③ 除非有特别强调区分,本节所论述的电子数据鉴定人出庭包括作出专业报告的人出庭,对后者不再单独论述。

二、电子数据鉴定意见的基本类型

电子数据鉴定意见种类繁多，可以根据不同标准进行不同的分类。有学者根据鉴定事项的性质，将电子数据司法鉴定分为两类：一是以"发现证据"为目标的司法鉴定，即借助司法鉴定找到与案件事实相关的证据；二是以"评估证据"为目标的司法鉴定，即对电子数据的真实性、关联性等问题进行分析和评价，以判断电子数据的证据效力。[①]

我们认为，这种分类对电子数据鉴定意见的审查运用、庭审举证质证以及鉴定人出庭有重要意义。为叙述方便，我们可以将上述两类电子数据司法鉴定分别称为"取证型鉴定"和"评估型鉴定"。前者的功能在于通过鉴定直接发现、收集电子数据本身，例如通过对电子设备的数据恢复，发现被删除或者破坏的电子数据。后者的功能则是对已经存在的电子数据的内容、性质进行分析和评价，以判断电子数据是否同一、是否真伪、是否有关联或者电子数据的内容属性，比如淫秽视频的定性鉴定、病毒软件的功能鉴定、声纹图像的同一鉴定等。可见，所谓"取证型"鉴定中的"证"专指电子数据这种证据，这类鉴定会影响到实际获得电子数据的多与少，涉及电子数据"量"的方面；而"评估型"鉴定则事关电子数据的真实性、完整性、关联性，直接影响到电子数据证明力的大与小，涉及电子数据"质"的方面。

从这两类鉴定意见的形成过程、鉴定依据看，取证型司法鉴定主要依赖于侦查机关的专门内设机构。在侦查取证阶段，鉴定人与侦查人员往往相互配合程度高，鉴定过程有一套相对统一的鉴定规则，鉴定人只要依据鉴定规则展开，一般能够比较客观地获得电子数据本身。因此，取证型鉴定受鉴定人主观因素的影响

[①] 杜志淳、廖根为：《电子数据司法鉴定主要类型及其定位》，载《犯罪研究》2014年第1期。

较少。侦查终结后，在后续诉讼各个环节中重新鉴定的必要性较低，而且在许多情况下也没有重新鉴定的可能性。正因如此，取证型司法鉴定的争议一般较小，重新鉴定概率低，庭审中也很少需要申请鉴定人、专家辅助人出庭。在举证阶段，主要通过直接宣读的方式出示证据；而质证时，围绕相关电子数据保管链的完整性展开。

与之不同，评估型司法鉴定既可以由侦查机关的相关内设机构完成，例如淫秽视频的定性鉴定；更多的时候还可以委托社会中介机构来完成，例如委托专业机构进行声纹、视频图像的同一性鉴定。在具体鉴定过程中，鉴定人需要借助于自己的技术和经验来分析鉴定对象，而且不同种类的鉴定所依据的规则也各不相同，评判过程中带有较多主观性。[1] 侦查终结后，重新委托鉴定的必要性也较高。事实上，许多在审查起诉阶段和审判阶段重新鉴定的电子数据，绝大部分属于评估型司法鉴定。正是因为这类司法鉴定有重新鉴定的现实必要性，往往也是庭审中争议较大的内容，申请鉴定人、专家辅助人出庭的情况也主要是针对评估型司法鉴定。以"快播案"传播淫秽物品牟利案为例，[2] 关于淫秽视频的定性鉴定侦查阶段有两次、审查起诉阶段有一次；关于视频完整性、关联性的鉴定，在审查起诉阶段和审判阶段各有一次。庭审中，两类鉴定的鉴定人经法庭通知，各出庭一次。

三、出庭前的启动程序与庭前准备

根据电子数据鉴定人、专家辅助人出庭的相关情况，可以分为庭前和庭审两个阶段，其中庭前阶段包括两方面的内容：一是出庭的启动程序，二是庭前准备。

---

[1] 廖根为：《电子数据真实性司法鉴定研究》，法律出版社 2015 年版，第 14 页。

[2] 具体案情详见本章最后一节。

(一) 启动程序

两高一部《电子数据规定》第 26 条规定,"公诉人、当事人或者辩护人、诉讼代理人对电子数据鉴定意见有异议,可以申请人民法院通知鉴定人出庭作证。人民法院认为鉴定人有必要出庭的,鉴定人应当出庭作证"。从该规定可以看出,鉴定人出庭有两个条件:

首先,控辩双方对鉴定意见有异议,并申请通知出庭。这里所涉及的对鉴定意见的异议,如果单纯从字面理解是指对鉴定意见的不同看法。但我们认为,这里所说的异议,既包括不同的看法,也包括不清楚的内容。具体而言包括以下两方面:第一,对鉴定意见的方法、过程、结论等具体内容有部分或完全不同的看法、不同的理解,希望通过鉴定人出庭接受询问,能够推翻鉴定意见的内容或者发现鉴定意见存在的瑕疵以削弱其证据效力。第二,对鉴定意见的方法、过程、结论等内容存疑,或者鉴定意见并没有完整地表述清楚,或者表述过于专业令一般人员无法理解,希望通过鉴定人出庭接受询问,进一步简明上述内容,以便更全面、更清晰地还原鉴定意见的真实情况。

其次,法院认为鉴定人有出庭的必要。控辩双方只有申请鉴定人出庭的权利,但最终是否通知鉴定人出庭,决定权仍然在法院。当然,法院作为居中裁判者,在没有充分理由的情况下,只要控辩双方提出鉴定人出庭的申请,而且鉴定人有出庭的现实可能性,就不应当轻易否定上述申请。法庭决定通知鉴定人出庭后,需要向鉴定人发出《出庭通知书》,鉴定人应当依法出庭。对没有正当理由拒不出庭作证的鉴定人,人民法院应当通报司法行政机关或者有关部门。

两高一部《电子数据规定》第 26 条还规定,"公诉人、当事人或者辩护人、诉讼代理人可以申请法庭通知有专门知识的人出庭,就鉴定意见提出意见"。从字面上理解,鉴定人出庭以控辩双方对鉴定意见有异议为条件,而专家辅助人的出庭并没有这个条件。但从实际来看,专家辅助人出庭的目的旨在协助相关诉讼参与人行使质证权利，如果对鉴定意见没有异议也就不需要进一步提出质证意见，更无须借助专家辅助人进行质证。因此，申请专家辅助人出庭实际上也是以对鉴定意见有异议为前提，这里所说的异议也包括上述分析的两个方面。

（二）庭前准备

法庭决定通知鉴定人、专家辅助人出庭后，进入庭前准备阶段。由于鉴定人、专家辅助人出庭涉及不同的诉讼参与人，最典型的是鉴定人、专家辅助人、公诉方、辩护方四方诉讼主体，因此出庭前的准备主要也是这四方诉讼主体的准备。由于他们在庭审中扮演不同角色，有不同的立场，庭前准备既有相同的内容，也有不同的思路。

1. 庭前准备的策略

从法律规定看，控辩双方均可以提出异议并申请鉴定人出庭，然而考虑到辩护方并没有直接独立委托鉴定的权利（最多只能申请重新鉴定），我国刑事案件中鉴定意见几乎都是公诉方委托鉴定人提供的。① 因此，对于公诉方而言，如果经庭前审查认为鉴定意见本身有问题，公诉方直接不予提交法庭，就不存在鉴定意见的使用问题，更谈不上鉴定人出庭。当公诉方拟在庭上出示鉴定意见时，其在法庭上的立场在于支持起诉书的指控及其所依据的鉴定意见，而出庭鉴定人的立场则在于维护其自身作出的鉴定意见。可见，出庭鉴定人和公诉方在法庭上的基本立场是一致的，即都致力于维护鉴定意见的证明能力和证明力，说服法官采信鉴定意见的内容。

尽管法律规定公诉方和辩护方都可以申请专家辅助人出庭，但实质上由于鉴定意见基本由公诉方垄断，公诉方一般没必要再申请专家辅助人出庭。对于辩护方而言，其在庭前通过与专家辅助人的沟通，如果专家辅助人的意见与鉴定意见一致，辩护方也

---

① 陈瑞华：《刑事证据法学》，北京大学出版社2012年版，第150页。

没有申请出庭的必要；而只有在专家辅助人的意见与鉴定意见不一致，或者存在一定差别的情况下，辩护方申请出庭才有意义，以达到行使抗辩权的目的。正如有学者指出，专家辅助人最大的作用在于对鉴定意见的弹劾效力。[①] 因此，从司法实践上看，法庭上专家辅助人与辩护人的基本立场是一致的，即推翻由鉴定人所提供的鉴定意见，或者削弱鉴定意见的效力。

可见，鉴定人和公诉方庭前准备的着眼点在于"立"，需要就鉴定意见的相关内容进行全方位的准备：包括如何完整地论证鉴定经过，对于可能存在的争议如何给予信服的解释，对于确实存在的纰漏或瑕疵如何进行合理的说理或必要的补充。而专家辅助人和辩护方庭前准备的着眼点在于"破"：一方面尽可能多地找出鉴定意见不合理之处，另一方面对于找到的其中一两点不合理之处予以深入分析论证，只要能够有效攻破其中一点，就可以实现抗辩的目的。

2. 庭前准备的内容

公诉方、出庭鉴定人与辩护人、出庭专家辅助人尽管基本立场不同，庭前准备的策略有所区别，但庭前准备的具体内容和方法上仍然有相似之处。

第一，出庭前的信息沟通，并做好相应预案。当然，这里是指有相同立场一方的诉讼主体之间互相沟通。以鉴定人和公诉方为例，不论是公诉方主动申请鉴定人出庭，还是辩护方申请鉴定人出庭，庭前鉴定人与公诉方都应当进行沟通。沟通的内容主要包括两方面：首先，通过沟通了解更多与鉴定意见有关的案件信息、专业知识、出庭规则。公诉人与鉴定人有各自的优势，公诉人的优势在于对案情细节、检材来源、庭审规则程序等内容比较熟悉，而鉴定人的优势在于对电子数据相关专业知识、鉴定规则和具体鉴定过程更为了解。在庭前沟通中，公诉人、鉴定人分别

[①] 樊崇义、李思远：《以审判为中心诉讼制度下鉴定人出庭制度研究》，载《中国司法鉴定》2015 年第 4 期。

向对方介绍各自熟悉的内容、向对方了解需要强化的知识。通过沟通,公诉人更加了解相关电子数据的专业知识、鉴定流程和具体鉴定过程,而鉴定人则更加熟悉与检材来源相关的细节以及庭审规则、流程。其次,在熟悉相关信息材料的基础上,公诉人与鉴定人共同理出鉴定意见的疑难点,对庭审中公诉人需要询问的问题做好准备,对辩护方可能询问的问题进行一定的预测,并做好相应预案。针对每个可能的问题罗列好应对的提纲,尤其是面对专家辅助人提出的专业性问题,更应该充分准备。必要时,公诉人与鉴定人可以进行一定的模拟训练。

对于辩护人和专家辅助人而言,其立场基本相似,也需要进行相应的庭审准备、沟通,基本的准备内容与前面一致,只是庭前准备更多围绕鉴定意见可能存在的相关疑问进行准备,提出问题。

第二,出庭前的材料准备。出庭前,拟参与庭审的各方诉讼主体应准备好相应的材料,尤其是拟出庭的鉴定人、专家辅助人。以鉴定人为例,应当准备好鉴定资质材料、具体鉴定的材料、法庭质证答辩材料。鉴定资质材料包括鉴定人身份证明、相关资格证书、所在鉴定机构的资格证书等。鉴定材料包括鉴定书,以及相关电子数据、电子设备照片、法律法规、操作规则等。法庭质证答辩材料涉及相关的问题提纲、答辩要点,尤其是针对鉴定疑难点更要做好充分的书面分析。在必要时,电子数据鉴定人应当发挥自己的专业优势,通过计算机等电子设备制作好相关材料,便于庭上借助多媒体手段进行播放和展示。对于专家辅助人而言,除了鉴定材料外,其他庭前需要准备的材料也基本相同。

四、出庭的庭审程序与庭审应对

经依法通知出庭的鉴定人、专家辅助人,在出庭过程中应当听从审判长的指挥参与庭审,接受法庭的调查和质询。根据法律规定,电子数据鉴定人、专家辅助人出庭后,由申请出庭的一方先行询问，询问完毕后经审判长许可，对方也可以询问；双方询问后，有疑问的还可以补充询问。此外，审判长认为有必要的，可以直接询问。询问过程中，应当共同遵守几项规则：一是发问的内容应当与本案事实有关，二是不得以诱导方式发问，三是不得威胁鉴定人、专家辅助人，四是不得损害鉴定人、专家辅助人的人格尊严。这是鉴定人、专家辅助人出庭的基本程序和基本规则。

电子数据鉴定人、专家辅助人出庭后，从询问的角度看，庭审中参与诉讼的人可以分为两类：一类是询问方，包括控方询问、辩方询问、法官询问；另一类是被询问方，包括鉴定人、专家辅助人。当这些人共同参与庭审调查和询问中，他们相同之处在于都要围绕鉴定意见进行调查；不同之处在于询问方与被询问方处于不同角色，又有各自应对的策略和方法，即使作为询问方，代表控方的询问与代表辩方的询问也有不同之处。

（一）庭审询问的主要内容

鉴定人出庭的前提条件是对鉴定意见有异议，专家辅助人出庭旨在协助控辩双方对鉴定人作出的鉴定意见提出意见。可见，鉴定人、专家辅助人出庭后，参与庭审调查的询问方与被询问方都应当围绕鉴定意见展开相关诉讼活动，这也是庭审询问涉及的主要内容。

《刑事诉讼解释》规定，对鉴定意见应当重点审查以下内容：（1）鉴定机构和鉴定人是否具有法定资质；（2）鉴定人是否存在应当回避的情形；（3）检材的来源、取得、保管、送检是否符合法律、有关规定，与相关提取笔录、扣押物品清单等记载的内容是否相符，检材是否充足、可靠；（4）鉴定意见的形式要件是否完备，是否注明提起鉴定的事由、鉴定委托人、鉴定机构、鉴定要求、鉴定过程、鉴定方法、鉴定日期等相关内容，是否由鉴定机构加盖司法鉴定专用章并由鉴定人签名、盖章；（5）鉴定程序是否符合法律、有关规定；（6）鉴定的过程和方法是否符合相关专业的规范要求；（7）鉴定意见是否明确；

(8) 鉴定意见与案件待证事实有无关联;(9) 鉴定意见与勘验、检查笔录及相关照片等其他证据是否矛盾;(10) 鉴定意见是否依法及时告知相关人员,当事人对鉴定意见有无异议。以上这些既是对鉴定意见审查的内容,也是在鉴定人、专家辅助人出庭时,法庭上进行询问和提问所要涉及的内容。① 具体而言,电子数据鉴定人、专家辅助人出庭接受询问时,应当围绕以下几方面展开:

一是鉴定人、专家辅助人主体资格。包括鉴定机构及其鉴定人是否有相关电子数据的鉴定资质,接受委托的鉴定事项是否在其法定服务范围内,鉴定人是否有从事相关电子数据鉴定的具体经历等。专家辅助人获得的相应职称,从事与电子数据有关工作或研究的经历,主要学术研究成果等。

二是鉴定检材的来源、保管问题。包括委托人是如何提供电子数据,鉴定人是否直接接触存储电子数据的原始存储介质,接受委托后如何保管电子数据及其存储介质等。在"快播案"中,其中一项鉴定就是关于所扣押四台服务器中淫秽视频定性的鉴定,开庭过程中,法庭应辩护方申请通知鉴定人员出庭,在辩护人的询问中大量涉及办案机关如何向鉴定人提供涉案的视频。

三是鉴定的具体过程。鉴定人员鉴定的地点或者相关实验室的条件,所使用的鉴定设备,在鉴定过程中是否对电子数据进行一定的处理以及如何处理,对电子数据的处理会对电子数据形成怎样的影响等。

四是鉴定所依据的标准和技术规范。从司法鉴定和技术规范的级别看,有国家标准和技术规范、行业标准和技术规范、同行认可的标准和技术规范、自制的标准和技术规范等几种。如果国家有强制性标准和技术,是否严格采用国家标准和技术规范;当存在多个级别不同的标准和技术规范时,是否优先采用级别高的

---

① 赵幼鸣、黄娟娟:《鉴定人出庭作证及技巧刍议——以刑事诉讼为视角》,载《中国司法鉴定》2014 年第 6 期。

标准和技术规范。①

(二) 庭审询问的基本策略

如前所述，司法实践中出庭鉴定人与控方的立场基本一致，出庭专家辅助人与辩方的立场基本一致。正是因为这种区别，控方询问与辩方询问在策略上有较大区别。

1. 控方询问策略

控方询问是指由公诉人在法庭上对出庭的电子数据鉴定人、专家辅助人进行询问，其目的在于支持、维护鉴定意见的证明力和证明能力，说服法庭采信相关鉴定意见。

如果控方申请鉴定人出庭，根据规定由控方先询问。在询问中，控方应当把握好先行询问的优势，通过询问强化鉴定意见的效力。控方在提问时，最好采取开放式的发问，给予鉴定人充分陈述的空间，发问过程中不要随意打断鉴定人的陈述。具体而言，首先应当让鉴定人在庭上陈述庭前所做鉴定意见的具体内容，直接发挥举证的功能。鉴定人宣读完鉴定意见后，控方可以围绕鉴定的条件、鉴定人所做的主要工作、如何得出鉴定结论等书面鉴定意见上没有涉及或者不够清楚的内容进行适当询问，以对书面鉴定意见补充完善。如果控方在庭前已经发现鉴定意见确实存在一定的瑕疵或者可能给人一定的疑虑，控方也可以主动提出问题，让鉴定人进行及时回应，以争取主动权。

如果辩方申请鉴定人或专家辅助人出庭，根据规定均由辩方先询问，控方后询问。在后询问的控方主要围绕两方面进行：一是补充询问辩方没有问到但有必要询问的问题，或者换个角度进行询问，以强化控方的主张；二是针对辩方在询问过程中可能存在的一些误导性、模糊的问题，或者被询问人没表述清楚的问题，控方可以进行补充询问，给予充分陈述的机会。当然，在辩方申请出庭的情况下，如果辩方通过在先询问，并没有对鉴定意

---

① 廖根为：《电子数据真实性司法鉴定研究》，法律出版社2015年版，第188页。

见形成实质影响,控方视情况放弃询问也是较好的策略。

2. 辩方询问策略

辩方询问包括两部分:一是被告人及其辩护人向出庭的电子数据鉴定人、专家辅助人询问;二是在电子数据鉴定人、专家辅助人都出庭的情况下,由于专家辅助人可以协助辩方对鉴定意见提出意见,因此专家辅助人也可以向鉴定人询问,以履行辩方的抗辩职责。[1]

辩方询问的目的在于揭示鉴定人及其庭前所作鉴定意见中存在的矛盾、错误或不真实的因素,以此否定或降低鉴定意见的证明能力和证明力。因此,对于辩方而言,不论是由辩方申请出庭还是控方申请出庭,其询问过程中虽然也是围绕鉴定意见展开,但不需要面面俱到,只需要围绕鉴定意见中可能存在的一些问题进行刨根问底式的询问,力求攻破其中一两点,以达到有效抗辩的目的。

(三) 鉴定人、专家辅助人的应对

在法庭上,鉴定人回答的内容具有举证和质证双重功能,专家辅助人回答的内容具有质证的功能。因此,鉴定人、专家辅助人如何有效回答控辩双方的询问,对鉴定意见的采信有重大影响。

1. 应对询问的基本策略

第一,紧紧围绕与鉴定意见、案件事实相关的问题答辩。鉴定人、专家辅助人在接受与自己立场相同一方的询问时,询问方一般比较中规中矩,回答难度不会太大;但在接受与自己立场不同的一方询问时,挑战性比较大,如果回答不当也很可能陷入对方陷阱。以辩护人对鉴定人的询问为例,询问的问题可能涉及各

---

[1] 虽然刑事诉讼法及其最高人民法院司法解释规定,专家辅助人出庭规则适用鉴定人出庭规则,并没有明确提到专家辅助人可以询问鉴定人。但我们认为,基于专家辅助人协助履行抗辩的职责,由其询问出庭鉴定人是专家辅助人制度的应有之义。

个方面，其目的就是打乱鉴定人的思路，或者暴露鉴定人的知识短板，或者使得鉴定人陷入前后陈述的矛盾中。鉴定人应该紧紧围绕鉴定意见，根据有关法律法规和自己的专业知识灵活加以应对。对于涉及鉴定意见之外的案件事实的询问，鉴定人完全有权利拒绝回答，并向法庭说明该询问已经超出鉴定人职责范围。①

第二，语言表达通俗易懂，回答问题简单明了。鉴定人、专家辅助人出庭接受询问，与普通证人、犯罪嫌疑人出庭接受询问有相似的一面，也有不同的地方。相对而言，鉴定人、专家辅助人往往有较高的文化水平，接受过良好的教育，需要回答的又是普通人不太熟悉的专业问题。一方面由于问题比较专业，常常需要涉及许多专业术语；另一方面由于受过良好教育，一般有相对较好的口头表达能力。因此，出庭鉴定人、专家辅助人应当尽量使用通俗易懂的语言，将专业的问题清晰表达出来，既能传达其专业性的一面，也便于庭审各方理解。如果只是照本宣科陈述庭前的书面鉴定意见，或者用语过于专业，起不到出庭的效果。

第三，客观面对鉴定意见中存在的瑕疵、疑点。鉴定意见毕竟是行为人作出的意见性证据，带有一定的主观色彩，难免存在一些瑕疵甚至可能是错误。通过庭审接受询问，如果发现确实存在上述问题，也应当理性应对。对于鉴定人而言，如果发现鉴定意见确实存在一些瑕疵，应当予以适当说明或合理解释，必要时可以建议法庭延期审理。对于专家辅助人而言，如果发现鉴定人作出的鉴定意见存在较明显的缺陷，在揭示其薄弱点后，也不必咄咄逼人地攻击，只需采取合适的语言进行必要的分析反驳即可。

2. 回应询问的基本方法

鉴定人、专家辅助人在接受法庭询问时，除了要把握以上三点基本策略外，还可以采取一些比较具体的方法来回应。

---

① 邹积超、袁雪娣：《公诉视角下的鉴定人出庭研究》，载《中国司法鉴定》2014年第6期。

第一，直接使用相关书面材料予以回应。例如，针对鉴定资质问题，可以直接出示相关资质证书、研究成果、获奖证书。针对鉴定条件，可以通过出示实验室及其仪器设备照片，相关部门对实验室的论证材料。

第二，引用具体规定、标准来回应法庭询问。在前述"快播案"中，审判长对淫秽视频鉴定人补充询问时，就询问如何判定某一视频系淫秽视频，鉴定人直接陈述："根据《刑法》第367条和新闻出版署关于认定淫秽及色情出版物的规定确定。只要有性交行为的画面就判定为淫秽。"鉴定人这种回答简单明了，听者也容易判断。

第三，通过必要分析说理来回应。鉴定意见是鉴定人根据自己所掌握的专业知识和技能，对鉴定对象进行检验、研究得出的结论。在得出结论的过程中必然要进行一定的分析推理。庭上应对询问时，可以直接还原在鉴定过程中是如何进行推理分析，在必要时通过一定的类比进行说明。以潘某浩纵火案为例。[①] 认定潘某浩纵火最主要的证据就是厂区内外的两段视频监控，但通过视频无法直接辨认出某个具体的人，也无法直接观察到有人翻墙的动作。经依法鉴定，厂区内外两段视频中出现的人系同一人像。在鉴定人出庭过程中，辩方始终围绕如何认定两段视频是同一人员、如何认定翻墙动作进行询问。对此，鉴定人首先强调运用相关专业软件对图像进行处理，在不改变图像内容的情况下大大提高图像的清晰度；然后结合内外两段视频在时间上前后衔接、动作依次连贯、人员外形特征高度相似等特征进行分析，而且通过图像处理后可以见到有人在翻墙的动作，从而判断厂区内外两段视频系同一人像。

第四，运用多媒体的方式直接播放、展示鉴定内容、鉴定过程。电子数据本身与计算机等多媒体设备密切相关，鉴定人作为专业人员，更有使用多媒体设备的优势。鉴定人可以通过庭前准

---

① 具体案情详见本章第二节有关视频监控举证的相关内容。

备,制作PPT等电子文件,庭上将具体的鉴定内容、鉴定过程直接演示出来。在前述潘某浩纵火案中,鉴定人接到法庭出庭通知后,庭前就发挥自己的专业优势,以相关鉴定资质材料、实验室设备照片、具体的规定标准、鉴定意见的具体内容、鉴定视频及其截取的图像等为素材,制作好PPT。出庭时,鉴定人借助多媒体设备将庭前制作好的电子文件直播播放出来,起到很好的效果。

第五,描述具体鉴定过程予以回应。仍以"快播公司"传播淫秽物品案为例。在淫秽视频鉴定人出庭时,由于涉及近3万个淫秽视频,如何完成这么多视频的全部鉴定。如果对鉴定过程不了解,普通人确实容易产生疑问。鉴定人员客观回应,鉴定视频时并不需要全部看完视频,只要一个视频中存在淫秽画面即可认定淫秽视频,鉴定人在观看时都是拖动视频,而且根据自己长期的经验可以判断拖动到哪里可能会有淫秽画面。鉴定一个视频的时间并不长。可见,通过鉴定人描述,足以打消普通人的疑虑。

前面主要是从鉴定人的角度分析应对庭审询问的具体方法。而专家辅助人应对庭审询问的基本方法也是一样的,只是侧重于从反面来找出鉴定意见可能存在的漏洞,例如,相关的鉴定资质是否覆盖鉴定意见的范围,鉴定意见可能与相关规定、标准相佐,鉴定人的分析推理可能存在某些漏洞,具体的鉴定过程可能存在一定的不合理之处等。

第五节 电子数据举证质证的司法实例分析
——以"快播案"为例

前几节系统分析了运用电子数据出庭公诉的实战技能。由于出庭公诉本身有很强的实务操作性,本节将在前面理论分析的基础上,选取在全国范围内有重大影响的"快播案",从个案角度系统分析出庭公诉中电子数据的运用，分析本案电子数据举证、质证以及相关鉴定人出庭得与失。[①]

一、"快播案"庭审概述

2013年11月18日，北京市海淀区文化委员会从位于北京市海淀区的北京网联光通技术有限公司（以下简称网联公司）查获快播公司托管的服务器四台。2014年4月，北京市公安局海淀分局（以下简称海淀公安局）对快播公司涉嫌传播淫秽物品牟利案刑事立案侦查。同年7月、9月，该局以快播公司及其4名主要负责人王某、吴某、张某某、牛某某涉嫌传播淫秽物品牟利罪向北京市海淀区检察院移送审查起诉。2015年2月，海淀区检察院向海淀区法院提起公诉；同年11月，海淀区检察院向海淀区法院变更起诉，主要涉及增加淫秽视频的数量。2016年1月上旬，本案第一次公开开庭，开庭历时两天；同年9月上旬，本案第二次公开开庭；9月中旬，海淀区法院对本案作出一审宣判，认定起诉书指控的事实成立，快播公司及其四名公司主管的行为构成传播淫秽物品牟利罪，并分别对四名被告人判处三年至三年半不等的有期徒刑。[②] 三次庭审均全程网络直播。第一次庭审，辩方一致作无罪辩护，控辩双方对电子数据及其关联证据均存在很大争议。第二次庭审，被告单位、被告人承认起诉书的指控，其辩护人仍然认为本案中相关电子物证以及从中提取的电子数据的真实性、关联性存疑。两次庭审涉及电子数据及其关联证据的举证、质证具有典型意义。

---

① 第五章"淫秽电子信息犯罪案件中电子数据的审查运用"一节与本节都引用"快播案"进行分析。然而，前者侧重从事实认定的角度分析电子数据的审查运用，而本节则重点从庭审角度分析电子数据的举证质证。虽然二者使用的基本素材是一致的，但鉴于本案的典型意义，从不同角度进行分析有其各自的价值，同时也可以结合本案更好认识庭前证据审查运用与庭审证据运用的区别。本案基本案情和素材来源详见前面介绍，在此不再重复介绍。

② 一审宣判后，被告人吴某上诉，二审法院于同年12月裁定维持原判。

二、本案电子数据及其关联证据的基本情况

在本案第一次庭审中，公诉人将全案证据整体上分成五大组证据出示。其中第五组是电子数据及其关联证据。

本案最核心的电子数据是21251个淫秽视频，这些视频依赖于四台服务器而存在，这就衍生出电子数据的关联证据。从庭审举证质证的角度，这部分证据可以分成四大类：一是四台服务器与快播公司关联关系的证据，包括证人证言、合作协议、鉴定意见；二是四台服务器获取、保管、流转过程的证据，包括相关程序文书、鉴定意见等；三是从服务器中获取视频文件的证据，包括证人证言、勘验检查笔录、审验操作记录等；四是视频文件定性的证据，主要是鉴定意见。上述鉴定意见还涉及两个情况：一是多次鉴定或补充鉴定，主要是对淫秽视频定性的三次鉴定，以及服务器是否受污染的两次鉴定；二是鉴定人出庭，包括初次庭审中视频文件定性鉴定的鉴定人出庭，以及二次庭审中对服务器客观真实性、关联性鉴定的鉴定人出庭。

此外，在第一次庭审时，辩护人补充出示了公诉人庭上没有出示的部分证据。第一次庭审后，法院补充了相关鉴定意见等证据，公诉人补充勘查笔录、行政处罚材料等证据。第二次庭审时以法庭出示证据为主，主要补强了四台服务器与快播公司的关联关系，及其四台服务器的客观真实性。

三、具体的举证质证

（一）第一次庭审举证质证的具体过程

在第一次庭审中，本案电子数据及其关联证据主要体现在第五组证据中，综合证明了相关部门从北京网联公司查处快播公司托管的服务器四台，并从中查获大量淫秽视频的事实。具体的庭审举证、质证如下：

1. 第一组证据

（1）举证

举证顺序：快播公司市场部员工侯某、网联公司互联互通部员工陈某和行政经理张某三人的证言，网联公司与快播公司的战略合作协议等。

证明对象：证明从网联公司处查扣的涉案四台服务器由快播公司管理和维护。

（2）质证

辩方主要质证意见：这几台服务器是否是快播公司存进去的不确定，几万部视频是否是快播公司上传的也不能确定。数据来源碎片化，不是完整影片。

控方主要答辩意见：庭审举证的 PPT 中有原件图影可以查看。

2. 第二组证据

（1）举证

举证顺序：北京市海淀区文化委员会工作说明，行政执法物品清单，文化市场行政执法检查记录，行政执法询问记录，著作权鉴定申请书及其告知书，北京市版权局工作说明。

证明对象：2013 年 11 月 18 日 15 时，北京市海淀区文化委员会根据北京市版权局转交的线索对北京网联公司进行执法检查，查扣（即先行登记保存）该公司涉嫌违法的四台服务器，并向北京市版权局申请著作权鉴定，该局又委托北京文创动力信息技术有限公司（以下简称北京文创公司）进行鉴定。

（2）质证

辩方主要质证意见：相关行政程序存在问题，涉案物证的查封、保管、鉴定程序不合法，文化部门缺少立案手续，也没有将快播公司列为当事人；针对著作权进行鉴定，但没有关于著作鉴定的材料，无法证明服务器的文件来源于快播公司。

控方主要答辩意见：行政执法权是经依法批准，手续完备。即使行政手续存在瑕疵，经侦查机关合法转换，可以作为定案证据。随后公诉人会出示证据证明。

3. 第三组证据

（1）举证

举证顺序：海淀公安局的调取证据清单（2014年4月11日）、接受证据清单（2014年4月10日）、工作说明，北京市版权局工作说明，海淀公安局田村派出所工作说明。

证明对象：涉案的四台服务器由行政执法部门依法转移给公安机关的经过，即2014年4月10日，北京市版权局将涉案四台服务器先行移交给海淀公安局，由田村派出所民警接收，当日又移交北京市公安局治安管理总队进行鉴定。北京市版权局在保管期间，没有对服务器数据增删或修改，田村派出所也没有进行任何操作。

（2）质证

辩方主要质证意见：物证移交程序存在瑕疵，调取清单和接受清单时间不一致，物证的交接清单所涉及办案人员不一致、时间有涂改痕迹等。

控方主要答辩意见：通过公安机关的相关工作说明，将存在瑕疵的证据予以合理说明。另外治安支队与派出所联合办案。

4. 第四组证据

（1）举证

举证顺序：北京市公安局治安管理总队工作说明、委托书，北京文创公司技术员李某证言，现场勘验检查笔录，淫秽物品审查鉴定书一份（即第三份鉴定）及其淫秽视频清单、情况说明，快播服务器审验操作记录，北京信诺司法鉴定所出具的两份鉴定意见书。

证明对象：北京市公安局治安管理总队于2014年4月10日接到四台涉案服务器后，发现存储的文件为QVOD格式，视频软件无法读取，便委托北京文创公司提供技术支持。而该公司于2013年年底接到北京市版权局送检的服务器进行转码，技术员李某经过研究开发出QVODDECODE软件。后公安机关利用该软件读取四台服务器中 QVOD 文件进行转码。北京市公安局淫秽物品审验人员从三台服务器中提取视频 29841 个，经鉴定其中 21251 个为淫秽视频。最后两鉴定意见书还证明，该四台服务器除其中一台已损坏无法开启外，另外三台服务器在 2013 年 11 月 18 日（即被行政部门查扣之日）之后没有任何 QDATA 格式的视频文件拷入。

（2）质证

辩方主要质证意见：相关服务器由北京文创公司保管一段时间，提取、开启、鉴定电子数据的手续不合法，无法证明服务器及其内容的唯一性，服务器的原始数据已经被破坏。公安机关、检察院对电子数据重新鉴定程序不合法，公安机关关于淫秽视频定性的三次鉴定都存在瑕疵。

控方主要质证意见：公安机关调取服务器合法有效，行政阶段相关的瑕疵情况已经由公安机关弥补，或者通过补充鉴定予以完善，物证的流程过程和鉴定不存在污染。

5. 公诉人补充出示

经审判长询问后，公诉人补充出示有关淫秽视频定性的第二份鉴定书，证明从四台服务器中提取淫秽视频；前面所出示过的第三份鉴定是对该份鉴定的补充，而不是重新鉴定。另外，第一份鉴定是临时性鉴定，主要证明是一个刑事案件，不予出示。

辩方主要质证意见：第三份鉴定内容完全推翻原来的鉴定结果，并不是补充鉴定，而是新的鉴定。（注：第三份鉴定中关于视频文件、淫秽视频文件的数量都相应增加。）

控方主要答辩意见：第二份鉴定没有对过程进行说明，第三次鉴定完善了鉴定过程，是补充鉴定。

6. 鉴定人出庭

公诉人出示完第二份淫秽物品审查鉴定书后，审判长应辩护人申请，依法通知北京市公安局治安管理总队鉴黄部门民警、鉴定人丁某出庭。

基本过程：第一步，审判长核实鉴定人的身份情况、鉴定情况,并由鉴定人签署出庭保证书。第二步,辩护人及部分被告人依次进行询问。第三步,审判长进行询问。公诉人没有进行询问。

辩方主要围绕鉴定检材的来源和鉴定的过程展开询问,另外也询问了鉴定的依据以及鉴定意见的瑕疵问题。审判长询问了淫秽视频的判断标准。

7. 公诉人继续举证质证

(1) 举证

举证顺序:北京信诺司法鉴定所出具的鉴定意见书两份。(注:该证据在前面第四小组证据的最后面已经出示过,这里公诉人又出示。)

证明对象:涉案四台服务器除其中一台已损坏无法开启外,另外三台服务器在2013年11月18日(即被行政部门查扣之日)之后没有任何QDATA格式的视频文件拷入。

(2) 质证

辩方主要质证意见:该鉴定没有技术依据。电脑主机的时间可以随意改,无法证明视频文件中标注的时间确实是案发前的时间;每个服务器都减少了1个硬盘,无法排除服务器被调包的可能性,无法排除数据受污染的可能性。公诉人没有提交行政执法查封时的照片。

公诉人主要答辩意见:上述鉴定合法有效,鉴定意见描述的物理特征与服务器相吻合,从IP地址上可以确定,足以证明服务器从扣押之日起并没有受到污染。

(二) 第二次庭审举证质证的基本过程

该案合议庭认为,第一次庭审结束后,鉴于辩方提出本案来源不明、涉案四台服务器查封、保管程序存在重大瑕疵,以及原始数据有可能受到破坏等意见,鉴定检材真实性存疑,且该证据对于案件事实查明和定罪量刑至关重要,合议庭经评议后决定进行调查核实,由法院委托国家信息中心电子数据司法鉴定中心对四台服务器及存储内容进行了检验。法院还要求公诉机关补充了上述鉴定中涉及 IP 地址归属的上网专线协议、上网网络业务协议等证据。

1. 法庭通知鉴定人出庭

国家信息中心电子数据司法鉴定中心鉴定人王某某出庭。出庭基本过程：第一步，审判长核实鉴定人的身份情况、鉴定情况，并由鉴定人签署出庭保证书。第二步，鉴定人宣读鉴定意见书的结论。第三步，公诉人询问鉴定人。第四步，辩护人询问鉴定人。第五步，公诉人补充询问鉴定人。控辩双方询问鉴定人的主要问题：如何确认服务器内现存的 qdata 文件没有从外部拷入或修改的痕迹，如何确认服务器内的时间是客观实际、没有改动的时间。

证明对象：一是 2013 年 7 月至 10 月，一共有 8 个 IP 地址登录送检的四台服务器及其登录的具体时间情况。二是 2013 年 11 月 18 日以后，服务器内现存的 qdata 文件没有从外部拷入或修改的痕迹。

2. 法庭组织出示的其他证据

举证顺序：IP 地址归属的上网专线协议、上网网络业务协议等证据，北京市公安局治安管理总队、北京市版权局、文创公司工作说明各一份，国家新闻出版广电总局反非法和违禁出版物司工作说明。

证明对象：一是上述鉴定意见涉及的 IP 地址与快播公司有关联关系。二是对多次鉴定中服务器出现前后硬盘数量不一、整个案件原始来源、是否受到污染等问题予以解释说明。

3. 质证

控方主要质证意见：上述证据说明四台服务器文件硬盘内的内容没有发生任何拷入行为，可以证明文件内容的原始性。

辩方主要质证意见：鉴定意见仍然无法完全排除对淫秽视频真实性、与快播公司关联性的合理怀疑。

此外，公诉机关还补充出示原来已经有的涉及电子数据的相关现场勘验检查笔录和远程勘验检查笔录等证据，证实案发前后公安机关对快播公司进行电子数据调查取证的情况，以及案发之前快播公司被行政处罚的情况。

四、本案电子数据举证质证的综合评析

结合两次庭审记录，庭审中关于电子数据及其关联证据的争议焦点有：一是四台服务器的查扣、保管、移交程序是否合法，与快播公司关联性存疑；二是服务器内容的真实性存疑，能否排除被污染、调换、篡改等可能性；三是服务器中淫秽视频的鉴定过程存疑，为何对同一检材的多次鉴定出现前后淫秽视频数量有很大差距。

（一）成功经验之处

围绕上述焦点，本案电子数据及其关联证据的举证以控方举证为主，辩方举证与合议庭举证为辅。在举证质证的过程中，公诉人通过合理的证据组合、及时的证据说明以及庭前准确的情况说明等方式，较好地出示本案电子数据及其关联证据。法院两次依法通知鉴定人出庭作证，在初次庭审后又围绕庭审争议焦点补充许多关键证据。控辩双方展开充分质证。因此，尽管对于本案整体的庭审效果，引发较大的社会争议，但仅就电子数据方面的举证质证而言，控方取得较好效果。主要体现在：

1. 恰当的证据分组

如前所述，本案电子数据及其关联证据所要证明的事实有四组：包括服务器与快播公司的关联关系、服务器的获取和流转过程、如何从中提取视频文件、淫秽视频的定性鉴定。这四组事实是一种前后衔接、层层递进，前一组事实是后一组事实的基础；前一组事实如果不成立，将导致后一组事实及其后续的其他事实都成为无源之水、无本之木。例如，如果四台服务器与快播公司没有关系，则后续的扣押、转移及其所提取的相关视频都与快播公司无关；如果服务器的流转过程存疑，无法排除服务器被污染，则后续提取的视频文件的真实性存疑，对淫秽视频的定性鉴

定也就没有意义。

本案举证过程中，公诉人基本按照这四组事实的上述逻辑关系分组举证。而每一组事实内部，又根据所涉及证据多寡以及证据的争议程度，再视情况进行分组。在分组举证的基础上，较好地运用电子数据转化出示、组合出示、归纳出示等多种具体的示证方式。例如，涉及第一组事实即服务器与快播公司的关系，在初次庭审时只有相关证人证言和合作协议，内容不多，一并举证，没有再分组。涉及第二组事实即四台服务器的扣押、转移，由于涉及文化行政部门和公安机关两类不同性质多个主管部门，其间间隔时间又非常长，公诉人又细分为两组举证。因此，总体而言，本案举证思路清晰、分类得当。

2. 证据出示与证据说明有机结合

本案全案分六组举证，其中电子数据及其关联证据属于第五组，但这组证据是本案涉及数量最多、争议最大、内容最杂的证据。即使再分成几小组，每一组仍然有很多证据。在具体的举证过程中，公诉人较好地将证据出示与证据说明结合起来，增强了庭审举证的针对性，提高了举证质证的庭审效果。

本案的证据说明包括两部分：一是示证前对证明对象的简要说明，二是示证后对证明内容的总结归纳。例如，在整个电子数据及其关联证据出示之前，公诉人先总结：该组证据证明了公安机关从某公司扣押的由快播公司维护和管理的服务器中提取并鉴定出21251部淫秽视频。整组证据出示后，公诉人再次总结：第五组证据出示完毕，证明相关部门从网联公司查处的快播公司托管的服务器并从中查获大量淫秽视频的事实，而相关证据足以证实涉案服务器的扣押、流转、检验，没有对服务器视频造成污染。再如，在出示第三组证据时，公诉人先说明：接下来出示一组证明服务器转移的证据。证据出示完后，公诉人又补充：上述一组证据证明涉案服务器移转给公安机关的过程。上述示证前和示证后的两部分说明，虽然内容大同小异，但一方面由于整个举证过程时间很长，两次的说明确实很有必要；另一方面，示证后总结归纳的内容更为详细、具体,更好地揭示了证明对象。

3. 及时质证与综合质证互相补充

本案在电子数据及其关联证据的质证过程中,针对辩方提出的质证意见,公诉人基本能够及时予以答辩;有些需要结合其他证据答辩的,也予以必要说明并后续答辩,或者在几组证据出示完后通过综合答辩,提高答辩效率,增强答辩效果。例如,在出示完第二组证据后,辩方提出行政机关保管、查封和鉴定程序不合法,无法证实服务器中文件来源;而公诉人则答辩,取证程序合法,行政机关的程序瑕疵经侦查机关合法转换可以作为定案证据,随后公诉人会出示证据证明。等到出示完第三组证据后,控方对侦查机关合法转换予以答辩。再如,在前面四组证据均举证完毕后,公诉人除了对第四组证据予以答辩外,还就整体上对这四组证据予以综合回应。

4. 直面瑕疵证据,多种方式予以答辩、回应

本案前期是行政调查程序,这就涉及行政执法证据与刑事证据的衔接问题。由于本案行政部门在查扣、保管涉案的四台服务器中,存在先天性的瑕疵,客观上对证据的合法性、真实性和关联性造成很大影响。公诉方没有回避这些问题,通过庭前与侦查机关的沟通,由侦查机关、行政部门以及其他相关单位出具了大量工作说明,将瑕疵的行政证据予以合法转换;更重要的是通过司法鉴定,证明涉案服务器没有被修改、污染。这些庭前工作,为庭审中较好地答辩奠定了基础。后续法院通过补充证据,包括再次委托鉴定并要求公诉机关核实相关IP地址,则进一步完善了电子物证的来源及其与快播公司的关联关系。另外,对于确实存在瑕疵而且无法合理解释的证据,控方也没有作为庭审出示的证据使用,例如存在涂改的物证交接清单、存在疑问的第一份淫秽视频鉴定意见书,控方就没有出示。

5. 鉴定人出庭取得较好效果

两次鉴定人出庭是本案的一大看点。鉴于控辩双方对鉴定意

见争议较大，法庭两次依法通知鉴定人（即丁某、王某某）出庭接受询问，尤其是辩护方非常深入具体的询问，鉴定人也进行有效回答，取得较好的庭审效果。

从询问角度看，鉴定人出庭后以辩方询问为主，公诉方与合议庭询问作补充。以第一次鉴定人（即丁某）出庭为例，法庭在向鉴定人核实基本身份情况后，由辩方开始进行询问。辩方从鉴定人资质入手，之后围绕鉴定人如何获得检材、获得检材与扣押服务器之间的关系、鉴定人如何开展具体鉴定等问题进行非常充分的询问。四名辩护人及其中两名被告人分别询问，不同的人询问各有重点，互相补充，也不存在诱导性发问，能够遵守法庭询问规则。鉴定人回答问题的过程中，审判长也没有轻易打断辩方发问，充分保障辩方质证权；而且在辩方询问结束后，审判长还就辩方没有提及的淫秽视频鉴定标准补充询问了两个问题，强化整个庭审询问的效果。

从鉴定人的应对看，两次出庭鉴定人都能直面相关问题，紧紧围绕鉴定事项，运用多种方法予以回应，回答语言简洁明了、通俗易懂。一是直接引用相关规定予以回应。例如审判长就淫秽视频鉴定标准对丁某进行询问时，鉴定人直接陈述："根据《刑法》第367条和新闻出版署关于认定淫秽及色情出版物的规定确定。只要有性交行为的画面就判定为淫秽。"二是通过描述具体鉴定过程回应相关询问。例如，辩护人询问丁某在播放视频时要多少时间、如何确定有淫秽画面时，丁某回答："鼠标一拖进度条，就能出来影片的某一个情节。我鉴定多了，大概一拖就知道……不需要看完，正常情况下一分钟两三个，慢一点一分钟一个多……我给自己的标准，一天一般看600到800部。"三是直面瑕疵证据，进行合理解释。例如，针对辩护人询问两次鉴定书上鉴定人赵某的名字是谁签的，丁某承认第一次鉴定是自己工作失误，当时没想那么多就给签上，但实际是两个人鉴定。

（二）尚可完善之处

整体而言，本案电子数据举证质证积累了许多有益的经验。

不过，结合本书前面几节有关电子数据举证质证的一般性论述，通过分析本案公开的庭审记录，可以发现控辩双方仍然有一些方面可以做得更好、更完善。

1. 关于证据分组与举证节奏

第一，如前所述，本案电子数据涉及其中两个重要事实：一是从扣押的服务器中提取视频文件，二是视频文件的定性鉴定。从举证思路上看，按照先出示视频文件提取过程的证据、再出示视频定性的证据，这种举证顺序符合事实之间的内在逻辑。控方也基本按照这个顺序举证，但却将这两类证据合并进来一并出示（即前述的第四组证据）。由于这两类证据内容又非常多，也是庭审争议的焦点所在，将其合并出示，会在一定程度上影响质证效果。从庭审实录看，公诉人在出示完这组证据后，质证阶段辩护人的质证对象就比较乱，有时对鉴定意见进行质证，有时对视频文件的提取过程进行质证。

第二，北京信诺司法鉴定所鉴定意见，其目的主要是用来证明涉及四台服务器没有被污染、更改；而本案电子数据相关证据其中一组涉及到服务器相关扣押、转移手续，主要目的也是用来证明四台服务器依法扣押、保管、流转，没有被污染。显然，二者的目的是一致的。但在举证过程中，这两证据被前后分开出示。如果将这两类证据放在一起举证，更有利于证明四台服务器取证程序的合法性以及服务器内容的客观性。另外，对于这两份鉴定意见，公诉人前后一共出示过两次，有重复举证之嫌。

2. 关于鉴定意见的举证质证

第一，视频文件定性的鉴定意见与该鉴定人的出庭，其证明的目的是一致的，应当合并举证或者紧靠着先后进行更为妥当。然而，本案举证过程中，这两者也被分隔开来，即先出示视频文件定性的鉴定意见，又出示关于视频文件如何被提取、是否被更改等方面的证据，之后才进入鉴定人出庭程序。当然，本案是辩护人申请鉴定人出庭，并非公诉人申请出庭。但公诉人可以通过庭前与审判长的沟通，考虑举证时将这二者互相衔接，效果更好。此外,由于鉴定人出庭陈述的内容是鉴定意见的有机组成部分(即鉴定意见的口头形式),也应当接受控辩双方的质证。然而,法庭仅组织控辩双方对书面鉴定意见进行过质证,在鉴定人退庭之后,法庭没有组织控辩双方对鉴定人出庭陈述的内容(即鉴定意见的口头形式)进行质证。

第二,关于淫秽物品定性的鉴定意见一共有三份,三份证据从形式到内容都有一定的区别,按公诉人的解释第一份是临时性鉴定,始终未予出示;第三份鉴定是对第二份鉴定的补充,主要是对鉴定的具体过程进行补充,并增加了视频的数量。可见,第三份鉴定与第二份鉴定有一定的关联性,应当一并出示。然而,在初次举证时,公诉人没有出示第二份鉴定,后来在辩护人提出质证意见以及法庭询问公诉人是否出示后,公诉人才补充出示。如果在初次举证时,能够将第二、三份鉴定意见一并出示,并对二者的补充关系予以主动说明,则公诉人会更加主动。

第三,根据《刑事诉讼法》以及两高一部《电子数据规定》的规定,控辩双方可以申请专家辅助人出庭,对鉴定意见提出意见。本案涉及许多专业性知识和问题,而且第一次庭审中被告人均否认起诉书的指控,控辩双方如果申请专家辅助人出庭,有利于取得更好的质证答辩效果。

法律规范缩略语

法律规范全称	本书简称
《中华人民共和国刑法》	《刑法》
《中华人民共和国刑事诉讼法》	《刑事诉讼法》
《最高人民法院关于适用〈中华人民共和国刑事诉讼法〉的解释》	《刑事诉讼解释》
《人民检察院刑事诉讼规则》（试行）	《刑事诉讼规则》
《公安机关办理刑事案件程序规定》	《刑事程序规定》
《最高人民法院、最高人民检察院、公安部关于办理刑事案件收集提取和审查判断电子数据若干问题的规定》	两高一部《电子数据规定》
《最高人民法院、最高人民检察院、公安部关于办理死刑案件审查判断证据若干问题的规定》	《死刑案件程序规定》
《最高人民法院、最高人民检察院、公安部关于办理网络犯罪案件适用刑事诉讼程序若干问题的意见》	《网络犯罪程序意见》

续表

法律规范全称	本书简称
《最高人民法院、最高人民检察院关于办理危害计算机信息系统安全刑事案件应用法律若干问题的解释》	《计算机案件解释》
《最高人民法院关于审理非法集资刑事案件具体应用法律若干问题的解释》	《非法集资解释》
《最高人民法院、最高人民检察院关于办理诈骗刑事案件具体运用法律若干问题的解释》	《诈骗案件解释》
《最高人民法院最高人民检察院公安部关于办理电信网络诈骗等刑事案件适用法律若干问题的意见》	《电信网络诈骗意见》
《全国部分法院审理毒品犯罪案件工作座谈会纪要二》	《毒品犯罪大连会议纪要》或《大连会议纪要》
《最高人民法院、最高人民检察院、海关总署关于办理走私刑事案件适用法律若干问题的意见》	《走私案件意见》
《最高人民法院关于审理非法出版物刑事案件具体应用法律若干问题的解释》	《非法出版物解释》

续表

法律规范全称	本书简称
《关于办理利用互联网、移动通讯终端、声讯台制作、复制、出版、贩卖、传播淫秽电子信息刑事案件具体应用法律若干问题的解释》	《淫秽电子信息解释（一）》
《关于办理利用互联网、移动通讯终端、声讯台制作、复制、出版、贩卖、传播淫秽电子信息刑事案件具体应用法律若干问题的解释（二）》	《淫秽电子信息解释（二）》
《最高人民法院关于审理破坏森林资源刑事案件具体应用法律若干问题的解释》	《森林资源解释》
《最高人民法院、最高人民检察院关于办理侵犯知识产权刑事案件具体应用法律若干问题的解释》	《知识产权解释》
《最高人民法院、最高人民检察院关于办理与盗窃、抢劫、诈骗、抢夺机动车相关刑事案件具体应用法律若干问题的解释》	《机动车案件解释》
《中华人民共和国计算机信息系统安全保护条例》	《计算机信息条例》

后 记

对电子数据的关注已经很多年了,作为一名喜欢在理论与实务间跳跃,有志于在实践中践行理论,注重司法实务研究的学者,我向来特别关注证据法学。而电子数据作为一种新产生的证据类型,随着信息技术的突飞猛进,不仅在日常生活中体量越来越大,2012年刑事诉讼法的修改更是明确了它的法律地位。平心而论,电子数据在司法实践中是逐渐向好,但是远未发挥出应有的效用。这当中,既有主观重视程度不够的问题,也有客观条件不具备、能力不足的原因。

当初选择电子数据开展专题研究,并不代表着我们早就是这方面的专家,尤其是对于电子数据,技术发展的快,知识更新的快,只要稍有停顿,就会被时代落到后面。我们选择它,正是因为在未来发展中,电子数据地位会日益凸显,目前检察机关此方面研究不足,而我们愿意为它付出时间和精力。2014年7月,在中国检察出版社的邀请下,由我牵头,组成了一个研究团队,团队成员中有长期从事公诉工作的优秀公诉人,有一直从事技术取证的检察技术人才,有长期在职务犯罪侦查和预防条线的刑事诉讼法学硕士,这些同志,无一例外都具有很强的科研能力和文字功底。我们写作本书的分工基本秉持分头负责和集体智慧相结合的方式。在总体框架思路上,由牵头人提出基本思路后,课题组成人员在阅读消化大量资料的基础上提出完善修改意见,集体讨论,最终确定。分工负责基础上充分发挥各自长处,刑事法学硕士毕业的万世界同志根据写作框架以梳理提炼电子数据理论、立法和一般规则为主;陈鹿林同志作为长期奋斗在一线的优秀公诉人,主要负责常见罪名案件中电子数据的审查运用和出庭公诉

后　记

时电子数据运用技能的写作；而职务犯罪案件的电子数据收集提取运用则由从检时间长，业务经验相对丰富并且曾经担任过反贪污贿赂局副局长的潘申明同志和一直从事电子数据取证实践的检察技术骨干童庆庆负责。其间我们一次次碰面研究和微信研讨，从逐章逐节修改，到同志们交叉互改，2017年4月申报了最高人民检察院《刑事案件中电子证据的审查判断》的课题后，又加快了写作速度，全书的写作充分体现了分工不分家的团队合作精神。

本书具体分工是：潘申明同志负责全书书稿体系和框架的搭建，写作思路的梳理，体例和写作风格的确立，全书最后的组稿、统稿、审定、修改。初稿执笔分工，潘申明与童庆庆负责第二章"职务犯罪案件中电子数据的收集提取与运用"，该章第四、五、六节主要由童庆庆完成初稿；万世界负责第一章"电子数据的基本理论与立法综述"、第三章"电子数据审查判断一般规则"和第五章"常见罪名案件中电子数据的审查运用"的第一节"计算机犯罪案件中电子数据的审查运用"；陈鹿林负责第四章"案件事实认定中电子数据的审查运用"、第六章"庭审中电子数据的运用"和第五章"常见罪名案件中电子数据的审查运用"的第二、三、四、五、六节。应当说明的是，在书稿最后形成过程中，恰逢北京市、山西省、浙江省开展监察委员会改革试点，三地检察机关反贪、反渎、预防三个部门整体转隶，十九大又明确监察体制改革试点即将推向全国，所以，本文第二章有关职务犯罪的电子数据中，就职务犯罪侦查主体表述上作了处理，称为职务犯罪侦查机关（部门），以适应试点期间，既存在绝大多数检察机关仍然是职务犯罪侦查主体，又存在三个试点区域由监察委员会承担反腐败重任的两元格局。

在课题组成员两年多时间的共同努力下，在党的十九大期间，我们终于比较圆满地完成了书稿的写作。在"互联网＋"的时代，无论是知识的传播还是信息技术的发展都是突飞猛进的,在这个什么都讲究跨越式发展、几何式增长的时代,我一直在思考我们到底需要怎样的法律职业人。正如当下正在掀开帷幕的监察委员会改革试点,我们检察机关应该如何应对。窃以为,司法作为最后一道防线,坚守的是社会正义的底线,作为一名法律人,无论身处何时何地,慢工出细活的"工匠精神"、"工匠意识"都是不可或缺的。可喜的是,通过这种专题的团队合作,我们不仅自身延伸固化了这方面的研究,也让我发现了很多年轻检察干警积极向上的进取心。为了让书稿传达真正有价值的信息,我们一次次唇枪舌剑,思想交锋。在一个浮躁的时代,坚持长期投入的学术研究是需要情怀和毅力的;在追求诗和远方的路上,团队成员之间相互激励是最好的鞭策,很难想象,如果不是团队型研究,两年多时间能否坚持下来。这让我想起一句话,一个人走,也许走得更快,但是几个人一起走,可以让你走得更远。

书稿成形,首先要感谢宁波市人民检察院戎雪海检察长,"检察机关作为国家法律监督机关'不能高人一等,必须高人一筹'"的论断,一直在耳边徘徊,也鞭策我在取得博士学位、评上全国检察业务专家之后,丝毫不敢放松,通过各种方式不断敦促自己前行。感谢宁波市人民检察院陈贺评副检察长,作为法律政策研究室的分管领导,他一直鼓励我要有追求,要留点痕迹,要带动年轻人,要营造大调研格局,我一直在想,如果没有一个领导在耳边谆谆教诲,我是否也就懈怠了。感谢宁波大学领导和法学院张炳生院长,给我机会让我在虚龄四十五岁之年,仍能从检察机关转身到心仪已久的高等学府从事教学科研工作。感谢团队几位年轻人,每一次团队合作都是自我提升和发现人才的过程,你们的投入、敬业和高专业素养,让我感到后生可畏,感到了检察事业的希望所在,我相信随着司法改革的推进,我们的优秀人才会不断脱颖而出,我们的检察事业在大变革时代,一定会

后　记

走出一条有中国特色的法律监督荣光之路。最后我还要感谢中国检察出版社编辑室李健、周密主任和王伟雪编辑，很多时候是她们的执着与付出，让我们的成果最终如期面世。

潘申明

二零一七年十一月二十六日于宁波